第七章　奇门遁甲枢要诠释

奇门遁甲枢要序

阴阳之道，其来远矣。溯其源，实肇于三皇，述于五帝，衍于三代，盛于汉唐，历朝未乏其传。稽古之哲，有风后、大挠、箕子、鬼谷、黄石、京房、君平、季主、及管、郭、袁、李、陈、邵、刘、姚诸子。之间各创一艺者，不胜枚举。考今之书，传有天文、地理、太乙、奇门、六壬、周易、望气、演禽、并风角、推步、算术、星相诸术，之外旁立一门者，不可胜数。然者遍览经史所录所载，皆有专家遗传宇内。独奇门一学，自三代而下，能以洞明者，不过三国忠武侯、六朝陈霸先二人而已。奈又不遗支字片言，以教后世。呜呼！竟容讹舛于斯，可不惜哉!？夫奇门一学，系阴阳家最尚之术，仰可以观天时，俯可以察地利，平可以决人疑；远可以达古，近可以知今，治乱兴衰之机，靡不全备。呜呼！竟容淹没于斯，可不惜哉!？予从弱冠，酣嗜斯术，历今二十余年，阅约数十余函，读尚百千余卷，所过目者，率皆《秘籍》、《统宗》二书之糟粕。虽有稍标榜，亦止起例一则，其布局诸格，谬不堪言，占用断验，妄无可比。度之，必是假名好事者为之，决非的旨。则学人依若鼻祖，真无殊守株待兔、缘木求鱼之痴顽，更何由究穷其本末也耶？

继外姊丈路子壮游沈阳，邻左路公言沈阳有史补堂《吾学编》一书足注目，予不惘鞅掌胼胝之苦，往购求之，获其全璧，携带以归，一夜诵读，较世本犹超然可观，但仍有张冠李戴、指鹿为马之弊障，于篇纸、亦仅选择一端，与《奇门阐秘》、《奇门秘诀》二书似出一源，其与诸葛、子房之论，尤致远无涯矣。以此寝不就枕，食不甘味，三还七返，搜罗思索，不胜日计，至使神疲气惫，力尽道迷，欲攻之而不破，欲捐之而不舍，惟心怏怏然起懈怠之念。幸宿缘良深，皇天不负志坚之人，于辛未冬日，偶逢天真老人，条分缕析，手画心印，口授我秘密玄关。予觉似昏睡之中猛被震醒；蛰藏之时俄履天空，而茅塞顿开豁然贯通焉！考之《一得》、《阐秘》、《秘录》、《传心》、《心法》、《五总龟》、《千金诀》等书，种种腐谈，何足数哉！故欲不笔之于纸，恐至道日亡，而后我者无所追求。欲笔之于纸，恐犯造物之忌，而先我者未曾直陈。徘徊三思，两心相持，终必两不相失，不如斧断其惑，坐进其道，随述仙师垂训之言，结撰辞于后。布而命之曰《经甲》，收而名之曰《括囊》。鸣吟海内，公诸同好。

屈指计之，自学数术以来十有四载，恩师教诲将满五年，玩其占约万之内，观其象尚千之外。则验者如对镜看花，诞者若投水摸月，亦不足黏齿。而熟者即灵机随生，变者就误中得化，更不必注墨。嗟乎！大道难泯，至德难隐，数日益广，理日益微。故复为赘出，以定此集，命名曰《奇门枢要》，告我同志，得览古人之真旨。是为序。

时

光绪元年岁次乙亥夏四月二十一日

辽东临溟逸民布衣子娇廷嘻子阳氏自序于樵云窝之灯柱下

奇门枢要目录

枢要上卷

枢要下卷

奇门枢要上卷

辽东龙伏山人撰

原始篇第一

［**释**］一个奇门局起出来之后，下一步工作是对该局面根据所测事项进行解读。解断思路因门派不同而大有差异，本章介绍《奇门枢要》的解断思路。《奇门枢要》，以下简称《枢要》，是矫子阳先生的著作，成书于1875年。此时已经是矫先生钻研数术第14年，得到天真子孙道一秘传《鸣法》奇门之后的第五个年头。在过去的五年中，矫先生进行了大量预测实践，他在《奇门枢要·序言》中写道："屈指计之，自学数术以来，十有四载；恩师教诲，将满五年；玩其占尚万之内，观其象约千之外"。有了这成千上万的占测、观象深厚实践功力，此时的著作已经不象五年前作《奇门遁甲鸣法》一样，当时只能原封不动记录老师所口授的内容，此时的他已经有了自己的真知灼见。与《鸣法》相比，《枢要》侧重点放在对奇门局面的解断上。

八门自古顺宫旋，飞跳轮流五紧连。

［**注**］考古课，评八门，无不自一至九飞跳，轮流顺宫，连五数去，并未有以休生伤杜景死惊开五归中宫之版格也。古云伪法日炽，真道日失，诚不误焉。

［**释**］《枢要》的第一篇《原始篇》简要地概括了起局方法，其法与《鸣法》一脉相承，没有变化。

本篇简要地讲起局，继续沿用《鸣法》所披露的起局方法：飞盘、折补局；用九个门而不是八门，比一般奇门多出"中门"或称"五门"；神有九个，而不是一般所传八个，多出太常；门、星无论阴遁阳遁均顺布；九神按阴阳遁分顺飞和逆飞。

但是，《枢要》里引进了一个新的概念，“人事制筹犹可测，天时地利正时专”，意思是，起局的时柱不一律用正时，而是区分情况，分为用正时或制筹随机取时两种。占测人事用制筹取时，占天时、地利用正时。作者在注释中有一大段专门阐释为何如此，以及如何制筹。

九星顺布如天步，

［注］九星亦自一至九，法天左旋而去，其以禽寄坤二，而作蓬、任、冲、辅、英、芮、柱、心数者，是缘不知九星出自九宫、发自洛书，洛书法于天道，无逆周皆顺挨之也。

［释］《枢要》与《鸣法》一脉相承，始终认为门是九个，比一般所云八门多出一个中五，而且九门无论阴遁还是阳遁，均顺飞九宫，不能用转盘的排法。并且认为“伪道日炽，真道日失”。

与《鸣法》一样，《枢要》坚持认为星有九个，不寄宫，无论阴遁阳遁均顺飞九宫。认为寄宫、阳顺阴逆都是错误的，“是缘不知九星出自九宫，发自洛书。洛书法于天道，无逆周、皆顺挨之轮也”。

顺逆飞宫九神迁。

［注］九神盖本天星五曜四余，故有时而顺，有时而逆，因事用虎，因事用武，因事用勾，因事用朱，以逐九宫飞跳。其削去太常以寄中五，而强谓曰：八神顺逆八宫者，则何曾见其真旨也耶？

［释］《枢要》与《鸣法》一样，认为神有九个，比市面上的奇门多出一个太常；九神阳顺阴逆飞布九宫。

值得注意的是，《枢要》明确提出，“因事用虎，因事用武，因事用勾，因事用朱”，即要根据所预测事情确定到底是白虎还是勾陈，是玄武还是朱雀，而不是市面上一般奇门流派所传的阳遁一律用勾陈、朱雀，阴遁一律用白虎、玄武。

六仪往来归二遁，三奇顺逆发坤乾。

［注］六仪三奇之顺逆，皆准二遁而飞跳轮之，但有仪顺奇逆、仪逆奇顺之别。盖以六甲顺逆之故也，并无他说。其《五总龟》及《统宗》以八宫定十八局，剪盘四重，顺逆周流，而六甲不连，三奇不接，区区小论，

则何足道哉！

静是主兮动是客，生为喜也克为愆。

［注］奇门之学，惟所出者洛书，所法者天地，故其盘有六重，乃三天两地一人之次序也。是以天主动而为客，即天盘直符一时一移者；地主静而为主，即地盘直符一局一移者。详其两宫相生者喜，相克者忧，而天时地利人事之臧否，盖系于其中矣。

［释］如果论两宫关系，比如主、客宫之间关系，或者中人宫与主、客宫的关系，那么只能有生、克、冲，何来“合”？两宫的关系无非是九宫八卦的关系，例如坎一宫属水，克离九宫之火，也可以称坎宫对冲离九宫，但九宫八卦中没有合的关系。如果没有原注，那么，另一种版本所把“合冲”换成“克生”是有道理的，可是原作者的注却分明指出“考其合冲主客，可知有益于谁”。这一点，到了后来的《遁甲括囊集》就有了明确的说法，原来，作者没有说论两宫之间的关系，而是论两宫中暗支的关系，由于暗支是地支，是地支就当然有生克合冲关系。

直使在宫云太乙，克生彼我视机权。

［注］太乙者即人盘直使，系事之中人，考其生克主客，可知有益于谁。故曰视机权也。

时干乃是合盘宰，

［注］时干乃是一卦之主宰，生克会合命用、制服冲克主客，则事之进退，为之成败，盖莫不本于此也，乃复赘。至于《鸣法》、《衍象》二书，比之天、喻之皇，是甚言其德、甚言其权也。非死以皇天当之，学人盍思。

［释］时干宫非常重要，这是《鸣法》里面就提出的观点，《鸣法》说“时干乃是主宰神，格局吉凶考臧否”。《枢要》明确指出，需要考量时干宫对主、客、命宫的关系。但是，无论《鸣法》还是《枢要》都没有明确指出是论宫与宫的关系，还是论宫中某个要素的关系。《枢要》原注透露出一点端倪，原注云“时干乃是一卦主宰，会合用命，冲克主客，则事之进退，为之成败，盖莫不本于此”。如果论宫与宫的关系，上面讲过，宫与宫的关系只有生克冲，没有会、合关系。但《枢要》点到为止，没有进一步展开

讲，只有到了《遁甲括囊集》我们才真正明白作者其实指的是时干宫中暗支与主、客宫中暗支的关系，所以才有生克冲合。凡理解成宫与宫关系的，都是受了市面上其他奇门思路的影响，并非《鸣法》体系的真正思路。

三乙原为三等传。

[注] 三乙之论，概详《鸣法》、三传之说，备在《衍象》。不必复赘，读者考焉。以天暗地三干作初中末，尤妥。

[释] “三乙原为三等传”是《枢要》原文，李藏作“三乙之论概详《括囊》，兹不复赘。以天暗地三干，作初中末尤妥”。按：据《龙伏山人年谱》，《枢要》成书时，《括囊》一书尚未写就，当从营口本。这里，矫先生思路上有一个变化，《鸣法》上说的初中末三传是指天盘值符为初传，人盘值使为中传，地盘直符为末传，但到了这里，他说以天、暗、地三干作为初中末三传，即天盘干为初传，暗干为中传，地盘干为末传。合理的理解是，天暗地均指时干，即天盘时干为初传，人盘时干的暗干为中传，地盘时干为末传。这与《鸣法》中的说法有什么区别呢？区别很大，如果我们把天盘直符宫记作 A，人盘值使宫记作 B，地盘直符宫记作 C，天盘时干宫记作 D。则《鸣法》中的顺序是：A－B－C；由于天盘的直符宫即是地盘时干宫，《枢要》的顺序是：D－B－A。可见，《枢要》的说法在顺序上颠倒过来了，并且还引入了天盘时干宫，而天盘时干宫在《鸣法》里面讲三传的时候没有用到。后一种说法更强调了时干的作用，三传全是讲时干；前一种说法则更重视旬首，因为天盘直符是旬首，地盘直符也是旬首，只有人盘值使不是讲旬首。无论怎样，人盘太乙值使宫始终居中这一点没有变，有疑问的是到底重视旬首还是重视时干，是天盘在先还是地盘在先。

寄宫不必言恳切。

[注] 俗以中五无门而寄坤二宫，以生死为直使，殊不知用五之法，而五即直使也。然则五者立天子之位，座皇极之阙，统摄百官，匡服万国，有时理政于朝，有时巡狩于郊，岂有死守中五、寄居艮坤、用于死生者乎？要之，旺相胎没死囚休废之论，而中五无属，始可以言寄。其寄者，则无过乾艮巽坤四立之宫，与四立之属也，岂有板格之论哉！？故曰不言恳切，

盖本诸此矣。

[释] 矫先生在《枢要》中仍然反对寄宫，认为“五者立天子之位，座皇极之阙；统摄百官，匡服万国；有时理政于朝，有时巡狩于郊。岂有死守中宫，寄居艮坤，用于生死者乎!”?

折补应然是真诠。

[注] 俗以超神、接气、闰局、正授认作金科玉律，不敢易一、意，实良为可哂。夫气本无定数，而局自不悖理，岂有数自为数，理自为理，两不相涉之论乎?然则理者即数，数者即理；理不出数中，数不出理外。如是定之，则可以言理数也者。况奇门之学，理数兼优，安可以死死板格、凿凿之论哉！予本欲不辩，因不得已故。请析《鸣法》书中，直指非是，惟愿尔曹省察之。

人事制筹犹可测，天时地利正时专。

[注] 凡掌卜者，预先按六甲制筹六十，纳之朱筒，以待卜事人至，委其取筹一枚，掌卜者觑之，随即定局分符而决焉。要之，天文地理之垂象献形，卜者欲决其臧否，则以正时课起，不必求之于筹也。何谓也?然则人事繁杂，天地简易，天管君政，地司国事。君政顺，天必假吉时以垂象。国事服，地必假吉时以献形。是以云尔，以告学者知之。

夫制筹一诀法，较揲蓍、钱筮、求时之法，尤简而且易，但亦必须虔敬诚求，不可视其简易、狎其亵渎而轻侮之也。盖以世之富贵之徒，乘骄奢之态、淫佚之念，或谋于财，或谋于色，举意不正，视卜犹轻故耳。并有心怀叵测，天怒相关，又仰伏卜者决其休咎，虽心属虔诚，而天理难恕，其取响应，未闻有几。予故直陈于此，告诸尔曹，临祈卜之际，可不戒之慎之珍重也哉!

[释] 所谓制筹，指事先做好60根签子，上面刻上六十花甲子，装在一个朱桶内，有人求测时，让求测人摇晃签筒，然后，从中抽出一根签子，看上面写的是哪一个花甲干支就用该干支作为时柱起局。

矫先生认为，天时反映君政，地理现象反映国事。君政顺，天必假吉时以垂象；国事服，地必假吉时以现形，所以用发生特殊天象或地理事件的正时起局，以推测君政和国事。天地简易，人事繁杂，应对繁杂的人事就不能用正时那样简单几个局面，而应当用抽签来确定起局的时柱。

笔者认为，制筹抽签是奇门预测史上的重大突破，有划时代意义。关于这一点，笔者撰写了一篇专门论文，题为《关于奇门遁甲抓机起局》，收录于本书中，请读者参考。

星神用被奇门用，

［注］ 九星九神，权力微轻，虽有为用神，亦得奇仪八门以依之。如天芮主病神，则不能知病之脏腑，又不能知病之虚实，必须兼奇仪八门而决之，故曰被奇门用者也。

［释］ 这句话是指九星、九神的作用不大，它虽然有被取作用神的时候，但详细信息需要奇仪八门作补充，比如天芮主病神，但光是天芮星还不能知病人之脏腑，又不能知病之虚实，必须兼看奇仪八门。

关于九星，上面这种说法与《鸣法》有变化，《鸣法》中认为九星乃是守门人，决定着进还是退，有生入、克入，生出、克出之说，这里却不再提守门人的概念，也不再提决定进退之说。

暗干原来暗支躔。

［注］ 暗干在处即暗支在处，干支相依，则六甲之数始终备矣。

［释］ 市面流传的奇门遁甲一般没有暗干，更没有暗支；另一种飞盘奇门遁甲名著《奇门旨归》里大量使用暗干，但没有暗支概念。矫先生的奇门遁甲中却既重视暗干也重视暗支，《鸣法》、《枢要》乃至最终的《括囊》都是如此，关于暗干暗支的起法详见起局部分。

格式篇第二

［释］《格式篇》讲格局，《枢要》的格局共有进神退神、进茹退茹、前间后间、耗气夺权、乘权倚势等五对共十格与《鸣法》不同。其他都相同，而且总体思路一致。

神星克入当前进，宫克星神退守全。

［注］ 此标题进神、退神二格，以明进退之机，动静之道也。

［释］《枢要》提出，天盘直符所在之宫代表客，地盘直符之宫代表主，值使门所在之宫为中人宫。主客相生者喜，相克者忧；中人宫生主宫则利主，中人宫生客宫则利客。根据以上规则，以及一般奇门遁甲常识，还应该有一条：以主客两宫生克判定利主还是利客。

根据这句歌诀及注释，进神、退神指九星、九神对宫的生克关系，生入、克入为进神，生出克出为退神。

迫来要备他凌我，

［注］迫也者，何谓也？即门克其宫之谓也。盖以宫为我，以门为他。我居宫室之内，并不欲招非于他，他忽来克我，不知有何关碍，则谓之迫。迫事最速，故甚言得防也。

制去还须侵彼边。

［注］制也者，何谓也？即宫克其门之谓也。然而以我制他，非属无关，盖以我居宫室之内，他偶来惹我，我以郑重克服，他甘受我制，故言得侵于彼也。

交和我力多昌盛，

［注］何以谓之和也？即门生其宫之谓欤。然而我居穷困之际，并无意去求他，他不辞辛勤，强来济我，我必当念其虔，以纳他的周济，故谓之和，应我力多昌且盛矣。

结义他人高枕眠。

［注］何以谓之义也？即宫生其门之谓欤。然而他人不远千里而来奔我，我必当念其诚，接之以礼，款之以仪，故谓之义，应他人多昌且盛矣。

［释］与《鸣法》一样，《枢要》在论门与宫的关系时，仍然论迫、制、交、和。门迫指门克宫，要防他人来欺凌我，而且门迫之应甚速；门制指宫克门，在遭他人挑衅时，我郑重制服之；交和指门生宫，是我在穷困之际得他人周济，应我力多且昌盛；结义指宫生门，他人受我之礼遇接济。

退茹退步忧愁去，

［注］在他干前一位者谓之退，宜退守为吉。

进象进趋景色妍。

［注］在他干后一位者谓之进，宜进取及昌。

［释］《枢要》对退茹、进茹的说法与《鸣法》不同。《鸣法》的退茹指天、地盘二干五行相同，且天盘干比地盘干倒退一个，例如天盘是辛、地盘是庚即是，天盘己加地盘戊也是，歌诀是“辛庚己戊退茹是，休咎皆宜步回旋”。到了《枢要》这里“退茹退步忧愁退，进象进趋景色妍”，意义还是退步，但构成却不同。《枢要》原注称“在地干前一位者谓之退，宜退守为吉”，原文本行有批语云：“以时干为主，都得向时干办事、说话。主前一位者，是在地盘时干前一位。走过时干了，要打算和时干办事，得退回来，才能办呢。是天教退，宜守之则吉。至于进象，同论。余可类推。活论”，还有眉批：“用神走过了时干之当值，见不着。没法办事，必得退回来才能见面办事。再看生之全吉，克之是何方，即那方面有疵。各方照理查是，活论”。按这些说法，如果地盘时干是庚，而用神宫是辛，则用神宫已经走过了时干宫，需要退回来，所以称为退茹宫。反过来，如果用神宫再往前走一步才是地盘时干宫，那么就是进茹格，需要前进。

后有拥扶因后隔，

［注］在他干后二位者，谓之后间格，则应我心欲退，而身后偏有催促于我者，令我退之不能也。

前逢拦阻为前间。

［注］在他干前二位者，谓之前间格，则应我心欲进，而身前偏有拦阻于我者，令我进之不能也。

［释］与进茹退茹相类似，后间、前间格到了《枢要》这里也有了变化。《鸣法》中讲的是天盘干与地盘干之间如果相隔一个干，而且是顺序是倒着，比如丁加乙，由于中间隔着一个丙字，而且顺序是丁丙乙，而不是乙丙丁，这就是后间格。《枢要》则认为，如果用神宫地盘干与地盘时干宫之间恰好隔着一个干，而且顺序是倒着的，则为后间格；反之则为前间格。后间、前间的意义没有变，后间指退后之中遇到障碍，令我无法后退，前间指前进之中有障碍，难于前进。

夺权耗气皆伤患，

［注］凡阴去生阴，谓之夺权；阳去生阳，谓之耗气，皆是脱我精华之属。则主我竭力助他，而妄有伤我之膏血者也。（天生地）

［释］《鸣法》中的耗气指天盘阳干生地盘阳干，夺权指天盘阴干生地盘阴干。

倚势乘权任仰攀。

［注］凡阴来生阴，谓之倚势，阳来生阳，谓之乘权，皆是增我神气之属，则主他竭力助我，而我必获他资助者也。（地生天）

［释］关于倚势、乘权，《枢要》原注云："凡阴生阴曰倚势，阳来生阳谓之乘权"，这种说法不像《鸣法》一样明确。《鸣法》指出"庚加戊字乘权格，假势兴隆大吉昌"，"丁加于乙是倚势，赖侍他人我得扬"。而且《鸣法》在注释中具体列出："庚加戊，戊加丙，丙加甲，甲加壬，壬加庚，谓之乘权格。虽属后间，但宜进步而威扬之也"；"丁加乙，乙加癸，癸加辛，辛加己，己加丁谓之倚势格。主赖他人之力而我得以飘扬也"。两种说法不矛盾，而是一个详细具体，另一个不很具体而已，两者联系起来，还是很清楚的，即天地盘两干全为阳，而且下生上，此为乘权格；天地两盘全为阴干，且下生上，此为倚势格。

椿萱并茂怙恃盛，

［注］凡阴得阳生，谓之获父；阳得阴生，谓之得母。故有椿萱并茂之象，则必有长上之人恩垂于我者也。（地生天）

［释］椿树代表父亲，萱花代表母亲。与《鸣法》相同，下生上，阴得阳生谓之获父，阳得阴生谓之得母，故有椿萱并茂之象。得此格必有长上之人恩垂于我也。

叔嫂交阴长幼奸。

［注］凡阴去生阳，谓之交阳；阳去生阴，谓之交阴。故有叔嫂交淫之象，则必有尊卑失仪之阴谋于我矣。

［释］这是讲《鸣法》中所称的交阴、交阳格。凡天盘阴干去生地盘阳干谓之交阳，天盘阳去生地盘阴干谓之交阴。故有叔嫂交淫之象，必有尊卑失仪之、阴谋于我者也。

侵制害乱皆因外，谨备乡邻口舌牵。

侵制害乱皆因内，家下翻腾事扰缠。

［注］ 阳受阳克为制，阴受阴克为乱，阳受阴克为害，阴受阳克为侵。若皆自外克内，须谨备外人欺凌；若皆自内克外，须谨备内人刑害。

［释］ 这四句话讲的是八个格，即：侵制害乱四种情况，每种情况各有内外两格，共八格。与《鸣法》相同，阴受阳克为侵，阳受阳克为制，阳受阴克为害，阴受阴克为乱，天盘为外，地盘为内。若皆自外克内，须谨备外人欺凌；若皆自内克外，须谨备内人刑害。例如，天盘干是丙，地盘干是辛，丙为阳干，辛为阴干，阳克阴为侵，天盘为外、地盘为内，天盘丙克地盘辛为外侵，须谨备外人欺凌。其他仿此。

结党成群祥百至，

［注］ 凡曲直、从革、炎上、润下、稼穑等格，谓之结党。事必须聚伙成群而始能有成，不然则待时可矣。

［释］ 结党格是《枢要》新引入的概念，但所指内容却是《鸣法》中已经有的。《枢要》原注云："凡曲直、从革、炎上、润下、稼穑等格，谓之结党。事必须聚伙成群而始能有成。不然，则待时可也"。可见，《枢要》是把曲直、从革、炎上、润下、稼穑等格概括成为结党格，而曲直、从革、炎上、润下、稼穑等格在《鸣法》中都有定义，只是当时没有给这些格一个总的名称，现在都统称为"结党格"。曲直格指天地盘均为木，而且落在木宫，即天地盘为甲乙落三四宫，宫中属木的要素聚集，故称结党。同理，庚辛金落在六七宫，此为从革；丙丁火落离九宫，此为炎上；壬癸水落坎一宫，此为润下；戊己土落在二五八宫，此为稼穑。凡此等等均为同一属性要素聚集，统统为结党格。这里，有一点从前模糊之处现在似乎清楚了，即，当时《鸣法》中甲乙落三四宫为曲直格，并没有点明甲乙在天盘地盘是无所谓，还是只有天盘是甲、地盘是乙才算。这里既然把这些格统称为结党，应该是没有上下顺序问题，不管天盘甲、地盘乙，还是天盘乙、地盘甲，都是属木的要素集中扎堆在属木的宫里，这就是结党。

获生得力福多端。

［注］凡胎息、增辉、变象、扬威、通关等格，谓之得力。事必得他人周济而始能有成，不然则待时可也。

［释］“得力”也是《枢要》提出来的新概念，但这个概念所指的内容则是《鸣法》中已有的。《枢要》原注云：“凡胎息、增辉、变象、扬威、通关等格，谓之得力，事必得他人周济而始能有成。不然，则待时可也”。天地盘干均为木，落在坎一宫，木得水宫之生，此为胎息，指甲或乙落坎一宫；同理，天地盘干同为火，落在三四宫，火得木宫之生，名为增辉；天地盘同为土，落在离九宫，土得火宫之生，名为变象；天地盘同为金，落二五八宫，金得土宫之生，此为扬威；天地盘同为水，落在六七宫，水得金宫之生，此为通关。上述，胎息、增辉、变象、扬威、通关等格，均为天地盘干得到所落之宫之生，均为得力。

吾制于他吾失力，

［注］凡兴创、斗力、迫水、逢刃、无荣等格，谓之失力。事必须破我心力，威服他人而始能有成，不然则伤其身也。

［释］失力是《枢要》中提出的新概念，但其内容是《鸣法》中已有的，凡是天地盘干五行相同，落在所克之宫为失力。《枢要》原注云：“凡兴创、斗力、迫水、逢刃、无荣等格，谓之失力。事必须破我心力，威服他人而始能有成，不然则伤其身也”。根据《鸣法》，兴创是指天地盘干俱为木，落在二五八土宫；天地盘干俱为火，落在六七宫，此为斗力格；天地盘干俱为土，落在水宫为迫水；天地盘干俱为金，落在三四宫为逢刃格；天地盘俱为水，落在离九宫，《鸣法》中称此为“灭润格”，《枢要》中称为“无荣格”。

他侵于我我摧残。

［注］凡罹伐、掩目、坏体、闭口、绝迹等格，谓之摧残。事必须伏服他人之下，卑躬折节而始能有成，不然则罹其害也。

［释］《枢要》中把天地盘干俱为同一五行而落在受克之宫概括称为摧残格。原文注：“凡罹伐、掩目、坏体、闭口、绝迹等格，谓之摧残。事必伏服他人之下，卑躬折节，而始能有成，不然则罹其害也”。天地盘干同为

木，落在六七宫为罹伐格；天地盘同为火，落在坎一宫为掩目格；天地盘同为土，落在三四宫为坏体格；天地盘同为金，落在离九宫为闭口格；天地盘同为水，落在二五八宫为绝迹格。以上各格均统称为摧残格。

同人与我生他地，已破精华何所完。

［注］凡焚林、失光、绝精、泄津、败源等格，谓之破精。凡事必须辅佐他人，保护同志而始能有成，不然则破其财也。

［释］《枢要》把天地盘二干五行相同，落在所生之宫的格局统称为破精格。天地盘二干均属木，落在离九宫为焚林；天地盘均为火，落在二五八宫为失光；天地盘俱为金，落在坎一宫为泄津；天地盘均为水，落在三四宫为败源格。以上各格在《枢要》中有了统一的名称：破精。

印绶动兮印不印，

［注］格逢父健、母顺，谋事称意，必有标题音信田土之宜，但问子孙之事则不吉也。

［释］“标题”应指标榜提名。父健、母顺均在《鸣法》中有定义，父健指父宫旺动，母顺指母宫旺动。无论父健还是母顺，均宜音信、田土，但不利于问子孙，因为父母总是克子孙。

官鬼发兮官非官。

［注］格逢官兴鬼扰，谋事维艰，必有词讼、口舌、灾病相难，但问官非不吉，问求名、升迁之事尤为喜也。

［释］官鬼格在《鸣法》中称为官兴格。官宫旺动为官兴格，鬼宫旺动为鬼扰格，谋事维艰，有词讼、口舌、灾病，唯利于求职、升迁。这里面有一点值得注意，官兴、鬼扰都有词讼、口舌、灾病的意义，都有利于求职、升迁，不区分官兴还是鬼扰。

兄弟强宫悲且乐，

［注］格逢兄夺弟争，谋事不遂，必有妻灾、财败、祖破之忧，但问子孙否泰之事最善也。

［释］兄弟宫旺动为兄夺格或弟争格，诸事不顺，因兄弟克妻财，故有妻灾、破财；兄弟生子孙，所以利于问子孙之事。

子孙旺地暖还寒。

［注］格逢子任孙作，谋事堪成，必有添丁、继子、忧消之喜，但问功名升迁之事最恶也。

［释］子宫动为子任格，孙宫动为孙作格，主添丁继子之喜，但子孙克官鬼，所以不利于功名升迁之事。

名登金榜遭财助，哀泣椿萱妻位攒。

［注］格逢财摇妻动，谋事亨通，必有进财、添喜、功名之庆，但问基业父母之事尤为凶也。

［释］财宫动为财摇，妻宫动为妻动，利于谋事求财、功名，但不利于问父母之事。

返吟堪动不堪动，

［注］返吟格局多主动象，然而亦有不可动者，以个中有逢时干合、时支合、动合、用合之谓也。

［释］返吟是各种奇门遁甲中都有的格局，但矫先生的体系中返吟情况比较复杂一些，因为它还考虑时干合、时支合、动合、用合，等等。

伏吟可安不可安。

［注］伏吟格局多主静象，然而亦有不可静者，以个中有逢时干冲、时支冲、动冲、用冲之谓也。

［释］与上文返吟相类，伏吟还要考虑是否有时干冲、时支冲、动冲、用冲等等情形。

格之凶者吉常有，

［注］格局属凶而常有吉者，何谓也？然非格能不凶，以得时令而能转凶为福矣。

时令逆时易亦难。

［注］此言吉格而与时令相背，虽易亦难者是也。

［释］格局吉凶还要看时令，得时令转凶为福，时令逆者转吉为凶。

动静篇第三

［释］动指旺动，在《鸣法》也有此概念。旺动在《鸣法》中指奇仪、

星、门、神落在五行相同的宫中，如戊己落在二五八宫，甲乙落在三四宫；生门、天任星落在中宫，死门、天芮星落在中宫，等等。返吟、伏吟不为旺动。例如生门、天芮星落在坤二宫，虽然五行相同，但属于返吟，故不以旺动论。

但在《枢要》中，旺动的概念有拓展。《枢要》有这样一句眉批“动是由本宫飞于他宫者。旺是应时得气得位得地。如春为东方甲乙木为应时之生旺，旺动为落在旺上”。《鸣法》中没有考虑时间因素，只是落宫五行相同即为旺动，这里却提出“应时、得气、得位、得地”的概念，而且举春天甲乙木为应时之生旺的例子，落在旺上为旺动。

静的概念在《鸣法》中没有明确提出，是与动相对的概念，不旺动者为静。

动如用喜无非喜，动被用干无所干。

[注] 此指旺动生扶用神，克制忌神而言，皆主个中有恩人庇荫卫护之象也。

[眉批] 动是由本宫飞于他宫者。旺是应时得气得位得地。如春为东方甲乙木为应时之生旺，旺动为落在旺上。

[释] 这句话应该这样理解，如果旺动为用神所喜，则必然有喜；反过来，用神不能反作用于旺动，即旺动得到用神之生，或者被用神所克，均属不相干、不必论。这就好比六爻中的月建与用神的关系，月建生扶或冲破用神对用神有好的或坏的影响，但反过来，用神生扶或冲破月建则不论。

生吾生用动尤美，

[注] 此指旺动生用、生命而言，主个中有君子扶佐，掇合两象而成也。

克用克吾动反愽。

[注] 此指旺动克用、克年命而言，主个中有小人谗害，唆调两象而败也。

[释] “生喜生用动尤美”，指旺动生用、生命而言，主个中有君子扶佐掇合两象而成也。愽，忧虑之意。

“克吾克用动反愽”，指旺动克用、克命而言，主个中有小人谗害唆调两象而败也。

克用生年有可用，

［注］旺动克用神、生年命，本为不吉，盖以问口舌词讼则喜，故曰是也。

［释］指旺动克用神、生年命，本为不吉，但若问口舌词讼则喜，这是因为口舌官司的用神是惊门，旺动克口舌词讼用神，预示口舌词讼将息，自然是好事。

克年生用有堪观。

［注］旺动克年命，生用神，本为不宜，盖以问求财生意则喜，故曰是也。

［释］旺动克命、生用，本为不宜，但若问求财生意则喜，因为旺动克年命则年命宫为财，加之旺动生求财的用神，自然利于求财。

递生位次终须吉，

［注］时生动，动生用，用生命，谓之递生，乃大亨之象也。

［释］时生动、动生用、用生命，谓之递生，乃大亨之象；时克动、动克用、用克命，谓之递克，乃大咎之象。咎，意思是不吉、凶。

递克宫分终自残。

［注］时克动，动克用，用克命，谓之递克，乃大凶之象也。

［释］递生、递克的顺序很好记，记住“时动用命”即可。其中，时是大环境，动宫是机，用神是具体事情的标杆，命宫是求测人自身。“时动用命”的顺序是从大环境开始，一步一步具体化，最后归结到求测人身上。

动遇冲开情解散，

［注］夫动者必有所为，不宜偶逢时冲、动冲以散之，则不但不能作为，由此而凋零者有也。

［释］各种数术中都有冲则散，合则合住、无法动、安稳下来之意，《枢要》中也有这个概念。这两句歌诀讲的是旺动遇冲或合的情况，《枢要》原注云：“夫动者必有所为，不宜偶逢时冲、动冲以散之，则不但不能作为，由此而凋零者也。夫动者本有意为，不宜偶逢时合、动合以绊之，则

不但不能作为，由此而安常者有也”。

动逢合住意盘桓。

[**注**] 夫动者本有意为，不意偶逢时合、动合以绊之，则不但不能作为，由此而安常者有也。

[**释**] 这里讲的是命宫或者用神旺动，动而逢冲、逢合，逢冲主散，逢合主绊住。冲、合指被时或动所冲、合。至于被时冲是指被时干所落之宫冲，还是被时干冲，还是被时干宫中的地支冲，此处并不明确。市面上流行的奇门都是论宫与宫的关系，或者本宫内天地盘干之间的关系，而不论两个宫内的天干或地支之间的关系。但是，从“合”来看，则很明显不是指宫而言，因为若是论宫与宫的关系，则只有冲而没有合。例如，坎一宫冲离九宫，震三宫冲兑七宫等等，但是却没有哪一宫合哪一宫之说，而天干、地支都有相冲、相合之说。所以，要么是论干，要么是论支。如果论天干，则这个歌诀有以下三种理解：1. 动宫本宫之内天地盘相合或相冲，相冲则散，相合则静而不动。2. 动宫天盘干与时干相冲或相合，相冲则散，相合则静而不动。3. 动宫天盘干与另一个动宫天盘干相合或相冲，由于动宫不唯一，可以有不止一个动宫，所以这种情况也不能排除。关于冲合，下一节“冲合篇”中有明确交代。

静也遭冲因振起，

[**注**] 夫静者本无意欲为，而偶逢时冲、动冲以挑拨之，则不但不能守旧，由是而振作者有也。

恬兮得合更胶黏。

[**注**] 夫静者自意已静，又忽逢时合、动合以牵连之，则不但不能振作，由是而困守者有也。

[**释**] 这两句歌诀与上面之论一脉相承，上面两句讲的命宫或者用神旺动，动遇冲合，这里讲的是命宫、用神安静，即不旺动而遇冲合的情况。命宫、用神安静而受冲则树欲静而风不止，或者遇到鼓动、挑拨、煽动、忽悠而动起来，振作起来；静而遇合则从此沉沦、销声匿迹。

动者无关何畏旺，

［注］动神与年命、用神毫不相涉，虽值强暴，亦无殃咎，则我奚足为惧，故言此也。

动而有用勿玩占。

［注］动神与年命、用神互有损益，虽值衰弱，亦当详审，则我勿视轻小，故言此也。

［释］前面几句都是讲命宫或用神旺动，此四句口诀则指出，若命宫、用神都不旺动，此时要看旺动之宫与年命、用神宫的关系，若无关系，则即使旺动宫很凶，也不必担心；若有关系，则需要详审损益。

动若为他吾谨慎，

［注］夫动者克脱于我，及我、用生扶于他，并生他使，即谓之“为他”，则吾务须谨慎提防，备隙中有奸细陷我则是也。

动如损彼我无殚。

［注］夫动者克脱于他，及他使生扶于我，并生我用，即谓之损彼，则我务须安然逸乐，不惮忧虞，疲殚于我是也。

［释］具体地讲，要看旺动之宫对他有利还是不利，有“为他”和“损彼”的区别。生他、扶他称为“为他”；克他、脱他称为“损彼”。其中，“扶”意为比和，“脱”指泄气，五行相生关系中子泄母气，亦称子脱母。“为他”则需要谨慎提防，“损彼”则我安然无恙。

空动动空终有待，

［注］空动者，谓在本旬之空而动。动空者，谓落本旬之空，然而不可以不动者作论。若得出空、冲空之时，皆能为灾福者也。

空静静空各论焉。

［注］空静者，谓在本旬之空而静。静空者，谓落本旬之空，然而不可以不静者作论。总得出空、冲空之时，不能为灾福者也。既无时冲、幼冲、明暗干支相冲，而处旬空之地，或落于旬空之地，所求多虚不实，若水中望月，镜里观花之谓也。

［释］这里《枢要》提出落本旬之空和在本旬之空的概念，在本旬之空称为空动，落本旬之空称为动空。地盘干空为在本旬之空，天盘干空为落

本旬之空。不论空动还是动空都不可以看成不动，若得出空、冲空之时，皆能为灾福。同理，空静谓在本旬之空而静，静空谓落本旬之空，两者都不能看成不静，得出空、冲空之时，则不能为灾福。

冲合篇第四

[释] 本节专门讨论冲合的意义。

值合病危谋必就，

[注] 在天干第六位者谓之合。凡合者，谋事必成，惟占病、占讼则多主不爽。

逢冲灾散事维艰。

[注] 在地支第七位者谓之冲。凡冲者，谋事不就，惟占病、占讼则多主有喜也（阳一局甲子戊，戊与癸合，丁冲癸）。

[释] 合意味着谋事必成，主吉利，但是，若是占病、占讼则不吉，因为病合住你、粘在你身上不易去掉，自然不吉，同理官司缠身无法脱身也是不吉。同理，冲意味着散，谋事不就，但占病、占讼、占散伙则吉利。

那么到底怎样的情形才算是合，怎样才算是冲，换言之，谁与谁论合论冲？原注："在天干第六位者谓之合"……"在天干第七位者谓之冲"。据此，合指天干的五合，即甲与己合，十天干中，从甲数到己恰好是第六位，同理，乙与庚合，丙与辛合，丁与壬合，戊与癸合；冲指甲被庚冲，从甲数到庚恰好是第七位，同理，乙被辛冲，丙被壬冲，丁被癸冲，戊被甲冲，己被乙冲，庚被丙冲，辛被丁冲，壬被戊冲，癸被己冲。

用遭命合双情恰，

[注] 夫用神与命宫毫无有益，奈其上下二干而和我年命交合，虽事多艰窘而终成就也。

[释] 若用神宫与命宫毫无益处，但是用神宫天地盘两干与命宫两干相交合，则虽然艰难，最终还是能成。这种拿两个宫中奇仪互相说话的断法是市面上流行的奇门所没有的，连同是飞盘奇门的《奇门旨归》也用的非常少，可谓矫先生一系的独门绝技。

用见年冲两意闲。

［注］夫用神与命宫毫无有损，奈其上下二干而和我年命相冲，虽事多容易而终破者也。

［释］同样道理，用神即使对年命宫没有任何损伤，但只要两宫中天地盘干相冲，一般预示着事情看上去容易，但最终归于失败。

两家结合谐连理，

［注］他我两宫天地二干上下结合，主两家情同胶漆而谐成者也。

彼我交冲相破诡。

［注］他我两宫天地二干上下交冲，主两情不睦，彼别我离之象也。

［释］参上两句注释。

合极逢冲忽创作，

［注］凡值数合之者，偶得一字来冲，则随时兴创而忽然成就者多也。

冲多得合陡成全。

［注］凡值数冲之者，偶得一字来合，则随时以交而陡然成就者多也。

［释］若相冲者多，但有一合，则为合极逢冲，表示头绪多，但忽然获得成功；反之，若合多而有一冲，则为冲多得合，表示原本纹丝不动、没有进展，却忽然成功。

注意，数术判断中，应验的先后顺序往往很难分清，这里是告诉我们，多者先应，唯一者后应。

冲者撞冲冲更散，

［注］凡冲之至，又逢诸冲及反吟乱冲，则不但不成，而求爽散之者更速矣。

合兮罹合合弥坚。

［注］凡合之至，又遇诸合，及伏吟乱合，则不但不散，而求坚固者更坚矣。

［释］冲主散，合主牵绊纠缠、不散。有多重冲，而且只有冲而没有合，不但主散，也主应验迅速；只有合而没有冲，又加伏吟，则主牢固。

注意，反吟也是冲，但伏吟与合却是两回事。

暗合犹如明合美，

[注] 他我两宫暗干、暗支相合，不见他驳，则以明合作论，亦不至为误。

明冲不及暗冲怨。

[注] 他我两宫暗干、暗支相冲，又见他驳，则胜明冲而论，始不至有误。

[释] 这里矫先生提出暗合、明合、暗冲、明冲的概念，“明”指天地盘奇仪，暗指暗干支。他我两宫，暗干、暗支相合，不见他驳，则以明合作论，所以说“暗合犹如明合美”。他我两宫，暗干、暗支相冲，不见他驳，则相冲力道胜过明冲而论。“他驳”指其他因素干扰，如合而见冲，或冲而见合，都属于“他驳”。

生合暗藏冲与破，明中成就暗中翻。

[注] 他我两宫天地二干相生相扶，个中暗干暗支相冲相破，事主明成暗败，外真内伪，所谋则受暗算，终无成就之象。

[释] 注意，这里不仅讲相冲，还论相破。相破指子未相破，丑午相破，寅巳相破，卯辰相破，申亥相破，酉戌相破。相破也要考虑，这是矫先生秘传，市面上的奇门是不论相破的，由于市面上的奇门没有暗支概念，地支不全，只有六仪的六阳支，即甲子戊中的子，甲戌己中的戌，甲申庚中的申，甲午辛中的午，甲辰壬中的辰，甲寅癸中的寅，全都是阳支，无一阴支，相破就无从谈起，因为相破既要用到阳支，也要用到阴支。

[明冲暗隐合和面]，暗里情投明里冤。

[注] 他我两宫天地二干相克相冲，个中暗干、暗支，相生、相合，事主明败暗成，内实外虚，所谋则必得暗助，而终成就之象。

[释] 此两句与上面两句为互文，上两句讲明里是合，暗里藏冲，这两句讲明里是冲，暗中藏合，所以容易理解。

冲中带合观非是，

[注] 他我两宫天干相冲，及与他地干相冲，而他地干与我相合及与我地干相合；或全已相冲，间爻及动宫有与我合之者，谓之冲中带合，须观

旺衰动静、分取当舍之机而决之可也。

［释］间交爻，亦称间爻，指两宫之间的宫，此概念为矫先生的奇门所独有，市面上的奇门一般见不到。

合里加冲辨冷炎。

［注］他我两宫天干相合，及与他地干相合，而他地干与我相冲及与我地干相冲；或全已相合，间爻及动宫有与我冲之者，谓之合中夹冲，须观旺衰动静，当进当退之机而决之可也。

［释］先拿我宫天盘干与他宫天盘干相较看，如果相冲属于第一种情况，或者不相冲，再看与他宫地盘干是否相冲，如果相冲则属于第二种情况，或者我宫天盘干与他宫天地盘干都相冲，此为第三种情况，出现这三种情况之一，此时如果间交爻或动宫有与我相合者，此为冲中带合。此时是要权衡合的力道与冲的力道孰大。与此相仿，冲中带合很容易理解，兹不赘述。

注意，这里也是明明白白地教我们如何分出先后。

用命相冲多有穆，

［注］夫用宫与命宫及干支相冲，本不为吉，若问口舌、词讼、疾病、灾患反以为喜也。

用年相合亦疑嫌。

［注］夫用宫与命宫及干支相合，本为至吉，若问口舌、词讼、疾病、灾患、反以为忌也。

［释］这两句讲用宫和命宫干支相合相冲的关系，一般相合为吉，相冲为凶，但是若问官司和疾病正好相反，相冲为吉、相合为凶。。

空墓合冲分彼我，

［注］凡空、墓合、冲四者，须观彼空、我空，彼墓、我墓，彼合我、我合彼，彼冲我、我冲彼诸象，则决其彼我之情，始无误也。

克生刑破任往还。

［注］凡克生刑破四者，须观他克吾，吾克他，他生吾，吾生他，他刑吾，吾刑他，他破吾，吾破他诸象，始可以与语吉凶悔吝之道也。

［释］原注很清楚："凡空墓合冲四者，须观彼空、我空、彼墓、我墓、彼合我、我合彼、彼冲我、我冲彼诸象。则决其彼我之情，始无误也。凡克生刑破四者，须观他克吾、吾克他、他生吾、吾生他、他刑吾、吾刑他、他破吾、吾破他诸象，始可与论吉凶悔吝之道也"。

本节主要讲冲合，关于空和墓则是下一节的主要内容。

空墓篇第五

墓库囚禁病者厄，

［注］墓者，遁居山林，囚禁牢狱，身赴黄泉，困守穷途之象也。凡事必须劳其筋骨，饿其体肤，空乏其身，以候其志，毫不可振作。然而非事之不可振作，而时之不可振作者也。故时干、年命入墓无伸，疾病、词讼入墓危殆。噫！墓之时，其甚矣哉！

［释］时干入墓或年命入墓，主隐居蛰伏，囚禁、丧失自由，死亡、穷途末路、困守之象，占疾病、词讼均不吉，疾病则主病危甚至死亡，占词讼主被羁押。

空亡虚诈事徒然。

［注］空者，天空地阔，恍惚杳冥，有声无色，灵幻诡诈之象也。凡事则谋无成就，事无准实，求之不得，叩之不应者。若谈空道谎，违俗离尘，行欺作诈，唱鬼惊神，尤能为至顺。嘻，空之时义大矣哉！

［释］空主虚幻、诡诈、不靠谱、信息不实、谋事不成、有声无色；主谈空论道、脱离世俗。

入墓不墓墓中发，

［注］此言入墓之际，偶得日冲、时冲，干冲、支冲，反吟、动冲以开之，不但不墓，入墓者由是而脱出多矣。

［释］奇门也和其他以干支为工具的数术一样，入墓并非一概应凶，墓被冲开则吉。

乘空不空空里填。

［注］此言乘空之际，偶得日冲、时冲，干冲、支冲，旺相、动冲以填

之，不但不空，乘空者由是而践实多矣。

［释］奇门也讲究填空，或称“填实”，但是矫先生所传奇门与一般数术不同，在这里，空被冲称为填实，而一般数术把与空之字相同者称为填实。原注谓：“此言乘空之际，偶得日冲、时冲、干冲、支冲、旺相、动冲以填之，不但不空，乘空者由是而践实多矣”。

空墓刑来何有惧，

［注］他已乘空、入墓，而总来刑害我命宫干支，亦属无忧无厉，则卜事人何所惧哉也耶？

［释］刑在奇门中属于大凶，但如果来刑者逢空或入墓则无妨。

墓空冲破亦无愆。

［注］他已入墓、乘空，而总与我命宫干支相冲相破，无非谋事不成，则祸愆何有？

［释］来冲我或破我者若逢空或入墓，最多是谋事无成，不致有祸。

空生墓合开关日，

［注］他入墓、乘空，而复贪生、合我命宫干支，是有意济我，然其心有余，其力不足，必待开墓、出空之年月而始能成也。

墓克空欺启键年。

［注］他入墓、乘空，还来顾克制于我，是其意已怀叵测，奈何无权可掌，伏我不得，须备其破墓、填空之年月而罹其凶咎也。

［释］乘空、入墓者来生我、合我，目前都不起作用，要等到墓被冲开或空被冲实之时才能发挥作用。同样道理，乘空或入墓者来克我，也要等墓开之时或空被冲实之时才有作用。启键，意思是开锁。原书有行批：“开之应用，在值年月。启键年，正当值年管月”。

破刑篇第六

破者无成灾祸息，

［注］破者，国亡家破，物损人离之象也。并主败事、伤财，小人谗害，谋求艰辛，事无终始之应。惟占口舌官讼，则立时而息。

［释］前面讲过，破在市面上的奇门里面是不用的，只有矫先生秘传给我们带暗干支的奇门才能用到破。破寓意破败不成，破财、破身、小人谗言等等。但占口舌、官讼则主事息人宁。

刑宫有就起忧煎。

［注］刑者，人行凌辱、欺害我之象也。凡事交无不成，但不免刑克、争竞、斗打、殴伤之事，功名被夺之忧，官讼罹刑之患也。

［释］刑主凶，原注讲的很清楚："刑者，人行凌辱欺害我之象也。凡事交无不成，但不免刑克，争竞、斗打，殴伤之事，功名被夺，忧官讼罹刑之患也"。

又有击刑刑俄免，

［注］夫当刑之际，而能得日冲、时冲、干冲、支冲、动冲、吉门、吉时以解之，不但不刑，被刑者有由此而释刑矣。

［释］刑也有解救之道，被冲则不能刑，吉门、吉神也可以解救。

偶然支破破还圆。

［注］夫当破之际，而能得日合、时合、干合、支合、动合、命合以牵之，不但不破，已破者由此而重还圆矣。

［释］破如果遇合，则已破犹能还圆。原注谓："夫当破之际而得日合、时合、干合、支合、动合、命合以牵之，不但不破，已破之者，有由此而重还圆矣"。

破者来冲冲愈破，

［注］他宫之支与我宫之支已竟相破，事即属维艰，若再逢他我两宫之干复为冲射，是破而逢冲，愈冲愈破之象，所谋则何能遂也耶？

［释］破而逢冲，愈冲愈破。注意，根据这句口诀，先论支的关系，再论干，地支相破在先，然后再考虑天干相冲。

刑之结合合多悁。

［注］他宫之支与我宫之支已竟相刑，事即属相谗，若再逢他我两宫之干复为坚合，是刑而逢合，愈合愈刑之象，所谋虽就，则终相害矣。

［释］刑而遇合不吉，好比有人拿刀子要残害你，你却与他纠缠在一

起，必受其害。

生扶刑破非为患。

［**注**］他宫之支虽与我宫之支相刑、相破，然而个中若有生有扶，亦不可认为致患，终有由怒反为喜之象。

［**眉批**］日久迁机反目，如满生日或冲克生扶，又受刑破者到旺，暂时忍待。

［**释**］刑破而遇生扶，预示由怒转为喜。

克我破刑恶不悛。

［**注**］他宫之支既与我宫之支相刑、相破，事即属不吉，岂宜再逢他宫明暗干支克制我年命、宫分者乎？所谓刑而愈刑，破而愈破之象，则何能免哉。

［**释**］刑破而遇克制，凶不能免。注意，本节有些口诀是刑和破相提并论，有些则刑是刑、破是破，比如破遇合为吉，刑遇合则不吉。但是，刑破遇生扶、刑破遇克制都是刑和破同论。

生克篇第七

来生扶命千般美，

［**注**］用神宫分并干支来生扶我年命宫分及干支，则事无不成而谋无不遂也。

奔克凌年百象残。

［**注**］用神宫分并干支来克凌我年命宫分及干支，则事终无就而谋终无利也。

［**释**］按原注，用神宫来生扶年命宫，或者用神宫里面的干支来生扶我宫里面的干支，则主诸事遂意，来克则主不遂意。这里矫先生既论两宫各自里面的干支关系，也论宫与宫之间的生克，因为生克关系不同于刑冲破合关系，宫与宫之间有生克关系，也有相冲关系，但没有相合、相刑、相破的关系，天干才有生克、合的关系，地支才有生、克、合、刑以及破的关系。

间爻好恶中人见，

［注］间者，在命、用之中间者是也，详其格局吉凶，生克扶抑，而即知中人之有损益于彼我者也。

［释］前面讲过，矫先生的奇门里面有市面上的奇门所没有的“间爻”概念，间爻指命宫与用神宫之间的宫，此宫代表中间人，它与彼我两宫之间生扶克抑关系代表中间人对彼我双方损益。

关处否臧邻里瞻。

［注］关者，从本位数去前四宫、后四宫者也。所见喜忌，审其扶抑之象，即知我乡里关阑之中，有损益彼我之机也。

［释］这里矫先生用到“关”的概念，这也是市面上的奇门所无。关，指乡里、关镇、关卡。从年命宫开始数，往前数到四为前关，往后数到四为后关。

属宫同气非全善，

［注］属者，即他宫所见之干，我宫亦见，事虽其气已通，但要考其生克，而祸福始能洞悉。

［释］“属”的概念也是矫先生独门所有，指他我两宫中有相同的天干，预示他我两宫互相通气，或有关联，但是，吉凶祸福仍要看生克关系。

连位相接岂尽甜。

［注］连者，即他宫有壬、我宫有癸，我宫有庚、他宫有辛之类，事虽其情已连，但须考生克而始知吉凶之应也。

［释］“连”又是一个矫先生独有概念，原注讲的很清楚：“连者，即他宫有壬，我宫有癸，我宫有庚，他宫有辛之类。事虽其情已连，但须考生克而始能知吉凶之应也”。

互克纷纷争切切，

［注］他我两宫天地二干上下互克，或天地并克，主内外竞发，纷纷相争之事也。

协生穆穆并谦谦。

［注］他我两宫天地二干上下协生，或天地并生，主两造彼此和睦，谦

谦不已之事也。

[释] 互克、协生都是矫先生独门概念。互克指他我两宫天盘干克天盘干、地盘干克地盘干，或者天地盘干交叉相克。主内外竞发，纷纷相争之事。与此相对照，两宫天地盘干相生则称为协生。主两造和睦，谦谦不已之事。

暗干暗支克生审，来抑来扶来往看。

[注] 他我两宫暗干暗支，看其来扶、来抑、往扶、往抑之四端。概不出扶我、我抑为吉，抑我、我扶为否也。

暗干暗支生克俱，且歌且泣且悲欢。

[注] 他我两宫，暗干暗支生克相兼，或彼克我生，我克彼生，事多主易难相得、泣歌并见之象也。

[释] 除了要看两宫中的明干关系，还要看暗干、暗支的关系。如果两宫之间暗干暗支有的相生、有的相克，则难易、喜悲互见。

明暗相依多是福，

[注] 他我两宫、天地二干及暗干支，皆得自然生扶拱合，则属纯善之兆，而所谋皆宜也。

暗明背战乃非元。

[注] 他我两宫，天地二干及暗干支，皆得自然克脱冲破，则属纯恶之兆，所谋皆不宜也。

[释] 明干和暗干支如果全是他来生我扶我，自然是全吉，如果全是相克则全凶。

刑害之宫逢喜好，克冲得遇毋求援。

[注] 刑害之宫者，如我命系甲子，当察午、庚、辛字诸宫之明暗干支，与我生克吉凶，而决其冲合年月日时之值之应其灾福者是也。

[释] 此歌诀讲的是，找与我年命相冲、相刑的干支所在之宫，看那一宫里面明暗干支与我宫中明暗干支的关系，得生扶者喜，得克冲者凶。应期就从那一宫里面的干支相冲、相合者断。其中，由于我年命是甲子，冲天干甲的是庚，所以要找天盘庚所在之宫；冲地支子的是午，所以要找午

宫和天盘甲午辛所在之宫，看天盘还是地盘。

生扶他位值忧否，合属交加妙莫言。

[注] 生扶之宫者，如我命系甲子，当察丑、壬、癸字诸宫之明暗干支，与我生克吉凶，而决其冲合年月日时之值之应其休咎者是也。

[释] 与上面看相冲、相刑之宫对照，还要找与我年命相生扶之宫。由于我年命是甲，甲属木，壬癸水生甲，所以要看壬癸所在之宫；我年命地支是子，所以要找与子相合的丑字所在之宫，看天盘还是地盘？

用生命次非全吉，

[注] 夫用神入墓、乘空之际，不见一点冲发，虽属生命，亦若不生，则所求无得，故斯言也。

用克年宫有得宜。

[注] 夫用神空墓、值死囚之地，不得动引，并问求财、谋望之事，又喜其克，故曰是也。

[释] 用神宫来生命宫不一定全以吉论，来克命宫不一定全以凶论，如果用神宫入墓、乘空，没有冲来激发，来生命宫亦属无益；反之，来克命宫也无害。而且，如果问求财，我宫反而喜他宫来克。

主生客位或为喜，

[注] 夫我去求他，以我为客，以他为主，主生其客，则他必与我，我必获利于他，故曰于是也。

主克客躔亦殆危。

[注] 夫他来求我，以他为客，以我为主，主克其客，则我必不与他，他必不获利于我，故云于是也。

[释] 分清主客是奇门遁甲的特色之一，看主客生克以确定有利于谁，受生者得利，受克者有损。

比之为吉互相利，

[注] 他我两宫，天地二干，上下同类，谓之俱比，事必两地维持而始能成也。

两造同宫内外嬉。

［注］用、命一处，主客归一，谓之同宫，事必须两造协力而始能成也。

［释］这里引入“俱比”、“同宫”的概念。用、命一处，主客归一，谓之同宫。事必须两造协力而事能有成也”。

盗客客人何所美，

［注］为客者卜事，屡被主宫盗泄其气，则主人必获胜去，客人必输于主，及用神盗命者，概仿诸此矣。

泄年年主何能遂。

［注］为主者卜事，屡被客宫盗泄其气，则客必获胜去，主人必输于客，及用神脱命者，概仿诸此矣。

生中带克详哀乐，

［注］生中带克者，乃命、用两宫，天地干支，上下相生相兼，吉凶未定是也，必须观彼我两象，是吉里藏凶、哀里藏乐之端倪，则语之祸福，始无误也。

害里藏恩考是非。

［注］害里藏恩者，乃阖局之中全属凶象，独有一二干支调和众患，按抑群贼，而竭力扶我，则事虽凶险，而终可以能保无咎也矣。

［眉批］外克内生凶里吉，外生内克蜜中砒。未讲什么是外，什么是内。

［释］当彼我两宫天地干支生克夹杂，吉凶难断之时，需要看注：“生中带克者，乃命、用两宫天地干支，上下生克相兼，吉凶未定者也，必须观彼我两象是吉里藏凶，哀里藏乐之端倪，则谓之祸福，始无误也。害里藏恩者，乃阖局之中全属凶象，独有一二干支调和众患，按抑群贼，而竭力扶我，则事虽凶险而终可以能保无咎矣”。

三乙醋疵十格辨，生年夺用仔详之。

初乖末美稽中次，面者欢欣背者悲。

［注］天乙、太乙、地乙，谓之三乙。三乙之宫，须考十格，而醋疵多寡始能辨焉。如不详十格而呼之凶、唤之吉，则响应二字必疏且远矣。然而十格已明，察其生用、生命、克用、克命、生用、克命、克用、生命，则初中末之断验，必豁然通、洞然悉也。总之，以生扶者，为面、为欣，

克泄者，为背、为悲。欣者趋之，悲者避之，虽百不失一而不能，而十失其一者亦罕有之矣。

[**释**] 动静、冲合、空墓、破刑、生克，共五对十格；天乙、太乙、地乙谓之三乙。初中末。实际判断时，需要把三乙、用宫和命宫分别用十格加以考量。矫先生在这里还提出“面”、“背”的概念，生扶为面，克洩为背。

旺衰篇第八

旺相自然不畏死，

[**注**] 凡命宫、用神，若临旺、相、月、日之地，虽值伤、死、凶门，克、冲、刑、破，亦不足为忧。何谓也？盖缘其气盛矣。

[**行批**] 旺为有气，有气为旺。旺分初旺、中旺、极旺。

休囚虽动亦何怡。

[**注**] 凡命宫、用神，若临休、囚、月破之地，虽值生合、旺动、吉门吉神，亦不足为乐。何谓也？盖缘其气败也。

[**释**] 奇门判断原则，拿身体作比方就很好理解，旺相犹如身体好，身体好则抵抗力强，有克洩亦无大碍，身体不好则抵抗力弱，一遇克洩虽有生扶亦恐难消受。命宫、用神宫旺则不怕死门、伤门、破冲克刑；反之，命宫、用神宫临休、囚、月破之地，则虽有生合、旺动、吉门，也无济于事。

克奔旺相挫其锐，

[**注**] 凡命、用旺相，而他爻来克，虽不致大咎，则小有不足恐未之能免。

克及休囚伤至肌。

[**注**] 凡命、用休囚，而他爻来克，则不但招咎，而伤身之患恐必有所罹。

[**释**] 命宫、用神宫旺而遭克，还是衰而遭克，意义不同。原注清楚地指出：“凡命、用旺相而他爻来克，虽不致大咎，则小有不足，恐未能免。

凡命、用休囚而他爻来克，则不但招咎而伤身之患恐必有所罹”。

身旺尤惮侵者众，

［注］身虽居旺，亦怕克神结伙来迫，然彼既伙众来迫，而我不招尤罹伤者，未之有也。

身衰更恐众官欺。

［注］身已居衰，更怕克神结伙来逼。然彼既伙众来逼，而我无力支持，能保全躯者，未之有也。

［释］身旺也怕克者多，何况身衰？

真旺真衰须辨彻，

［注］真旺者，以时在当令，又得月建、日时之值，虽有微克，毫无忌惮者是也。真衰者，以时在死囚，又受月日之破，少有来克，即属损躯，而随克制去者是也。

假衰假旺要深知。

［注］假衰者，以时不在当令之衰，而又得日月生合，虽有克神，亦无大咎者是也。假旺者，以时不在当令之旺，又不得月建、日时之值、之扶，一见克神，即属惊险，而随克制服者是也。

［行批］真旺真衰，旺之外皆曰衰，初衰、极衰。

［释］假旺的定义恐怕有问题。“不在当令之旺，又不得月建、日时之值、之扶”，这哪里有旺的假象，分明是衰。

真中有假假为用，

［注］凡真旺、真衰之际，内中隐假，当以假者论事，何也？谓祸心包藏于中，日日添假抽真，而假炽真昧，故云于是也。

假里藏真真者思。

［注］凡假衰、假旺之际，内中含真，当以真者论事，何也？谓福心存诚于中，日日加真去假，而真进假退，故云于是也。

衰宫隐旺当言旺，

［注］此言已在衰令之际，而内藏真旺，又得月日生合，则即以旺者作论是也。

旺地潜衰且论衰。

［注］此言已在旺令之际，而内隐真衰，又遭月日克破，则即以衰者论是也。

衰墓衰空徒费力，

［注］夫既在衰时，而又值空墓，是衰而愈衰之象，所谋所求，则何益之有？惟卜病尤凶，卜讼为喜。

旺空衰墓待时施。

［注］若时当旺令，总值空墓，亦无非暂时蹇滞之象，一朝跳出空墓，则陡然而兴者有之。

［释］衰而逢墓，是衰而又衰，只有占讼为喜，其他不吉，占病尤凶；旺而逢墓则不妨，跳出空墓之时则云开雾散。

［注］凡动静冲合、空墓刑破、生克衰旺种种，有主客者，以主客二宫而论，无主客者，以命、用二宫而论，再兼之三乙，参之四值，而决其当衰当旺、当进当退之趋避，并详其是关、是间、是连、是属之征验，以分阴阳二神，以定休咎两象，则始无误矣。

［释］以上原注为第八章小结。

期应篇第九

应远干支全取暗，近期都在地仪奇。

丙重丁轻天乙半，孟迟仲缓季飞驰。

［注］课应于远，须取暗干六甲，课应于近，须取地盘奇仪。六甲者，即自甲子终癸亥也，如乙丑、丙寅日应期是之。奇仪者，即自戊己终丙乙也，如庚日丁日应期是之。知其终始，则必当辨其远近，远者孟甲与丙月，近者季甲与丁星，缓者仲甲与乙日。三甲既辨，三奇既知，而期限不验者，未之有也。

［眉批］期应于暗，方向应明。断验不离旺衰生合。三甲，孟甲寅申，仲子午，季甲辰戌。

［眉批］三甲可否照戊己属土，二土合为一性，为一甲，庚辛金算一

甲，壬癸水算一甲。戊己为孟甲，庚辛为仲甲，壬癸为季甲。待详研之。

［**释**］断课需明理，意思是，要根据具体情况先把远近定出了。有些事情近期之内不会发生，有些事情不会太遥远。矫先生提出，远的事情看暗干支，连干带支都断出来；近事要看地盘奇仪，只定出天干。这里，矫先生提出另两种三分法，一是远、近、中，二是迟、缓、飞驰。远者、迟者，看孟甲与丙月，中者、缓者看仲甲、乙日，近者、飞驰者看季甲、丁星。孟甲指甲寅、甲申，仲甲指甲子、甲午，季甲指甲戌、甲辰。三奇乙丙丁，其中，乙为日奇，丙为月奇，丁为星奇。原注未指明这两种三分法与上面两句歌诀什么关系，比如什么时候看暗干支、地盘奇仪，什么时候看乙丙丁，什么时候看孟仲季。两句眉批则不但未能给我们指明方向，眉批二甚至提出了另外一种完全不同的思路，认为戊己为孟甲，庚辛为仲甲，壬癸为季甲。

流年太岁干支判，所属合冲年已而。

［**注**］以暗干支自旬首（行批：管此年干支之首）数至本年太岁宫（行批：国朝那年年干支），观其所值干支，空墓，与本命、用神二宫之干支空墓、生克、冲合，则知其年内之臧否。大要以所喜者为贞，所忌者为悔也。

月自年来观否泰，

［**注**］以暗干支自旬首（行批：管此月干支之首）数至本月月建宫，观其所值干支空墓，与本命、用神二宫之干支，空墓、生克、冲合，则知其月内之忧虞，大要以所喜者为吉，所忌者为否也。

［**行批**］此判月年吉凶，又进退。

日时宫分系安危。

［**注**］以暗干支自旬首（行批：管日干支之头）数至本日日辰宫，观其所值干支，空墓，与本命、用神二宫之干支，空墓、生克、冲合，则知其日内之祸福。又于本日时辰暗干支自旬首（行批：时干支之首）数至本时时辰宫，观其所值干支，空墓，与本命、用神二宫之干支，空墓、冲合、生克，则知其时内之休咎，亦以所喜为吉，所忌者为凶也。

［**行批**］旬首即符头，用甚么年月日时，皆从符头起，赶到本应用止

住，断干支事。

［释］看暗干之年干宫论本年吉凶，月、日、时仿此。此处与《鸣法》不同，《鸣法》看天盘干，这里是看暗干。《鸣法》：年月日时四天干，天盘奇仪九宫旨；与命生克相较看，祸福吉凶可启齿。

会宫有利当知害，

［注］会局者，即我有甲申，彼有甲子，或彼我俱同，或彼我会合之类。然而既会必成，兼有应虚一待用，及成局、破局之日，更当观彼我当会之际，个中有破局无破局，有空墓无空墓，至所问吉凶之事，值日而应，故曰：有利当知还害也。

破局凋残亦有宜。（相冲即是破）

［注］破局者，即我有甲申、甲子，彼有甲寅、甲午，或彼我俱会、俱破、各会相破之类。盖以即破必败，兼有应合破及会局之日，更当观彼我当破之际，个中有会局无会局，有生合无生合，至所问吉凶之事，值应合破而成败，故曰：凋残亦有宜也。

［释］会局指申子辰三合会水局，巳酉丑三合会金局，寅午戌三合会火局，亥卯未三合会木局。如果我宫有申，彼宫有子，由于申子辰会水局，此时三合会水局缺辰字，此为虚一待用，若有辰字出现则为成局，若有午来冲子或寅来冲申则为破局。辰日为成事之期，午为破局之期。

有合有生皆晦朔，

［注］格中多破、多冲、多刑、多制，必当应夫值合、值生、去制、去刑之日也。

逢冲逢制尽盈亏。

［注］格中多合、多生、多空、多墓，必当应夫值冲、值制、出空、出墓之日也。

［释］破和冲遇合为应期，刑、制遇生为应期，反之，合遇冲破为应期，生遇刑、制为应期。空遇出空、填空为应期；墓遇出墓、冲墓为应期。

暗里藏明明里发，

［注］暗里藏明者，即当应明干之生克冲合，而不应者有之，反应暗干

所值之明干之生克冲合也。

明间藏暗暗间察。

[注] 明间藏暗者，即当应暗干之生克冲合，而不应者有之，反应明干所值之暗干之生克冲合也。

[注] 凡观所应日辰，不离扶、抑、墓、拔之四端，故在学人临机领会。

[眉批] 阴阳互根，虚实参用。暗者明之，明者暗之，反复互用。主要扶抑墓拔生克冲合，按理活用，不要执着。

[行批] 向之扶拔皆应，还得看看有间隔否，有背叛拂逆否，生合倘有，也看看即生即成，或是成在何时，合字是那日合成，有别说否。

[释] 应期比较难断，有应在明干生克墓冲者，有应暗干生克墓冲者。“拔”字多次出现，书写比较清楚，不存在辨认问题，但其意不明。

应暗地盘干是主，

[行批] 暗间查。看看明暗相合相冲相生相克，看后再断空。相和相近有应有成，有好关系者为上为吉，反以上者，看犯何病。

[注] 此承上章明间藏暗而来，然已应暗，更当观地盘之干，如暗干是癸，而应地盘癸字宫暗甲之类是也。

[行批] 应在对癸字宫暗中字。从暗断暗。全在明透冲合扶拔抑墓，参以旺衰空墓各节，主要是按抑拔墓冲合。会败局与合，不犯忌破各病，必应日时。

应明天干是根芽。

[注] 此承上章暗里藏明而来，然已应明，更当观天盘之干，如明干是庚，而应天盘庚字宫暗甲之类也。

[行批] 应对庚字宫暗中的何字是。从明断暗。

征福逢生逢合处，禳灾去克去刑司。

[注] 察福之所来，必当决其逢生、逢合之日；审灾之所去，则应定其去克、去刑之时。如戊加丙之类，福来应丙日、癸日，福去应壬日、辛日。（行批：原来无福，必须应辰日来。冲去原无之戊，或动戊即顶灾。末云灾应戊日是。）乙加辛之类，灾去应丁日、乙日，灾来应辛日、庚日是也。至

于击刑，如甲子戊在震，福应午日、灾应子日之类。甲戌己在坤，福应辰日、灾应戌日之类是也。（行批：此下节得上细究。）余仿此。

［眉批］悟透理，可触类旁通曲引，用于变化无量。

［行批］会败局与合，不犯忌破各病，必应日时。

［释］逢生逢合表示有喜、有福，那么应在什么时候呢？应在来生、来合的时间，例如，局面上有戊加丙，戊得丙生为吉，应在何时？应在丙日时，或者癸日时，因为癸来合戊。反之，克丙之壬日、合去丙之辛日都是不吉的应期，合去丙的辛日使丙贪合忘生，不能再生戊，所以亦属不吉。

如果局面上有刑克等凶象，应在何时呢？应在刑克之字。例如，局面上有乙加辛，辛被乙冲克，有灾、不吉，应在何时？应在辛日或庚日，庚来强化辛金故亦不吉。何日灾去？应在丁日或乙日，因为丁来克辛，乙木来帮扶原本天盘的乙，所以为灾去。

合墓冲开开是应，旬空发起起为期。

［注］合者、墓者、空者，概应冲开、发起之日。如丙墓乾，应辰日、壬日；丁合壬，应癸日、丙日；空在庚，应寅日、申日之类是也。余仿此。

［释］有合者、墓者、空者，应期在冲，空的应期还包括出空或填空，即所空之字出现之时。例如，丙墓在乾宫之戌，待到辰日冲戌之时为应期；局面上有丁与壬合，则应期在癸日或丙日，因为癸冲丁、壬冲丙；局面上显示庚空，由于甲申遁庚，寅冲申，所以应寅日，或者申日，因为申为出空之日。

祸来贼日兼克日，祥去脱时并盗时。

［注］假如来人年命属甲，问何日防祸，只断庚日辛日；问何时祸退，只断丙时、丁时是之。余仿此。

［释］关于何时有祸、何时祸退，原注云："假如来人年命属甲，问何日防祸，断庚日、辛日；问何时祸退，只断丙时、丁时是之。余仿此"。对此，笔者不敢苟同。按此说法，若年命是甲，则无论何时来求测，防祸之日总是庚、辛日，退祸之日总是丙时、丁时，岂能如此僵化？看年命宫生克制化、刑冲克害，按笔者前面注释进行判断较为符合逻辑。

［行批］吉祥的好处去时并盗时，看脱盗命日时。

静欣冲动动欣合，冲喜合住合喜冲。

［注］盘中皆静，概应冲动之日；盘中旺动，概应合住之日。故曰：静欣冲动动欣合也。盘中冲开，概应合住之日。盘中合住，概应冲开之日。故曰冲喜合住合喜冲也。如甲木冲应庚日、合应己日是之。他仿此。

［行批］如系甲冲，得庚来克去之，克也顶冲，能制甲木之冲。如用合，即用己，己与甲合住。活用，有冲应，有合应，怎合理怎用。

［释］满盘皆静，或者合住不动，应期在冲之日；盘中旺动，或者有冲，应期在合日。

少有安闲当值管，偶然动作把权持。

［注］安静、旺动二者，兼有应当值之日。如甲安静应甲，亦有应甲下之见己也；己旺动应己，亦有应己下之见甲也是矣。他仿此。

［眉批］动静都有应时。

［行批］也得照天理人情实在好使才行，再合似五行生克制化。

［释］如果安静，一般应当值之日，比如甲安静，就应在甲日，也有应甲字下面所临地盘之字；假如甲旺动，则应在与甲相合的己字，或己下面所临之字。无论应在当值还是应在相合，还是应在下面所临之字，都要根据实际情况。

囚死动生生者属，

［注］爻中已囚死之际，偶有动生者，概以生宫为应期。如乙动应乙日、壬动应壬日是也。余类此。

旺胎动克克之规。

［注］爻中已旺相之际，偶有动克者，概以克宫为应期。如庚动应庚日、戊动应戊日是也。余类此。

［释］死囚之时，如果有发动来生者，则应在来生之字，如乙奇发动来生则应在乙字，壬字来生则应壬字，等等。反之，旺相之时，如果有发动来克者，应期就在发动来克之字。如庚发动来克就应庚日，戊发动来克就应戊日。

死囚动克克侵干，

［注］爻中已囚死之际，俄有动克者，盖以身已弱而不喜其克，课吉则当应克去克神之日。如乙动来克，应期在辛是之，若课凶，直断乙日而备祸譿也。余类推。

胎旺动生制生支。

［注］爻中已旺相之际，俄有动生者，盖以身已强而不喜其生，课吉，则当应制去生神之日。如乙动来生应期在庚是之，若课凶，直断乙日而备咎患才是也。余仿此。

［眉批］亢龙有悔，怕是物极则反。

［释］在死囚之时，如果课吉，应期在克去克神之字。例如，课体有吉象，但逢死囚而有乙字来克，那么应期就在辛字，因为辛克去忌神乙。如果课体并无吉象，则乙字即是应凶之日。

［释］奇门也象其他数术一样，讲究中和、过犹不及。如果旺相已极，则不喜再有其他发动来生者，如果课体吉，克去来生者之字为应期；如果课体凶，则凶事应在来生之字。例如，乙奇动而来生，吉则应在庚日，因为庚把乙字克去；凶则应在乙日，因为乙成了走向极端的推手。

囚死无援须待气，

［注］然而身居囚死之地，毫无援引，事必须待时乃可。如夏至令，身居坎一，应冬至后成者是也。

［行批］补缺欠，益不足。

旺胎失制候时衰。（损有余）

［注］然而身居旺相之地，毫无制伏，事亦须待时乃可。如夏至令，身居离九，应冬至后有成是也。（水克火时才应）

［行批］至春分木旺，能足生起火来才应。必得出冬令，至春令将好，至夏本令正好有成。春分和交夏至。此节另研，坎一水克火，夏令居坎水，已经受克，不宜再克。须待木生火助才好。

［眉批］是说的理，一合于《易经》准对。老不可到极点才行，以其不了。又以多过者去制其太旺，不足者补之，添其缺欠。总归中和，堪为

准确。

[释] 这两句歌诀再次明确了奇门重视中和、过犹不及的原则。死囚需要等到有气之时，过于旺相而无制约则需要等到衰弱之时。

妙机要审天干地，元旨当明速共迟。

[注] 里中机微，概审应期之宫天干、地干、暗支、暗干而断。大抵旺极者从衰，衰极者从旺，旺喜其冲克，衰喜其生合，并详之迟速、较之轻重，而能越出其范围者，曾未闻有几也。

[释] 这句歌诀指出定应期要从天地干来断，但注释里把“天地干”扩大到包括天盘干、地盘干、暗干、暗支。应期之速与迟也从在其中。无论歌诀还是注释都没有讲迟速如何断，数术的一般原则是旺者速、衰者迟。

暗干须详非与是，暗支要考合和离。

内藏君子为多福，内隐小人是祸基。

[注] 暗干所关无非五凶与四吉，内藏之机密可知。暗支所关无非冲合邪正，内隐之良莠可表。其藏四吉、合德，则暗中必有君子直谏；其隐五凶、刑冲，则暗中必有小人谗害。有君子者进之，有小人者退之。知进知退，则可以明存亡之道也。

[释] 暗干主要看吉凶是非，暗支主要看离合。十天干之中，甲乙丙丁为四吉，戊己庚辛壬癸为六凶。注：“暗干所关，无非五凶与四吉，内藏之机密可知。暗支所关，无非冲合邪正，内隐之良莠可表其藏。四吉合德则暗中有君子直谏；其隐五凶刑冲，则暗中必有小人谗害。有君子者进之，有小人者退之。知进知退，则可明存亡之道也”。

时乘他性当从化，格得原由以本为。

[注] 从化性者，则立秋之令坤为金，立冬之令乾为水，立春之令艮为木，立夏之令巽为火。然而当此令时，则不可以坤土、乾金、艮土、巽木谓之，故曰：当从化。如不当此令时，则仍以坤土、乾金、艮土、巽木谓之，故曰：以本为。知此者，则可以明化育之道矣。

[行批] 参天地之化育。(机事不密则害成。凡大事，密事在暗)

[释] 根据以上原注，在立秋、立冬、立春、立夏四立之时，尽管按地

盘八宫仍未进入各该季节的五行之宫，但此时要按月支五行论该宫五行。例如，交立秋开始是进入申月，申月在地盘属于坤宫，坤宫属土，但是申已经是金，所以进入立秋时坤宫以金论，未进入立秋时坤宫仍属土。同样道理，交立冬时则进入亥月，在乾六宫，尽管乾六宫属金，但亥月已经是水，所以交立冬开始乾宫以水论；交立春之后艮宫属木而不属土，因为立春开始为寅月，而寅属木；交立夏之后巽宫属火而不属木，因为交立夏之后为巳月，巳属火而不属木。

兼其所属征其数，审定分州辨九夷。

［注］以五行所属而定数目，以九宫所属而定分，则数之消长盈缩可立辨，分之东南西北可立别矣。余研临事十二法，用动、静、反、面、冲、合、连、属、关、夹、间、照，所效者亦颇居多。然而动盘中之动，静局内之静，反者盗我，面者生我，冲者冲我，合者合我，连者连我（行批：宫干支都相同之类），属者同我，关居前四后四，夹居前一后一，间在命用之间，照在前六对宫也，亦非矫揉之论，乃大有理义者也，学人不可不知焉。

［旁批］熟能生巧，旁通曲引。

［释］这里矫先生教我们用五行定数目，用九宫定方向。注解中还把临事十二法又简要温习一遍。

奇门枢要下卷

临溟矫廷嘻子阳譔并释

推衍篇第十

国运须稽三十冬，唐尧虞舜作天中。

［注］以《皇极经世》推之，自子会至亥会，共有四千三百二十世，正与奇门局数吻合。则一世当应一局。依局布断，而国运因革兴废系焉。今以尧舜居五帝之季，执天中之法，定为阳极；夏禹起三代之初，述仁义之行，定为阴始。故截至夏禹八年甲子，阳遁乃革，阴遁始作，算至迩时，正当夏至阴六局己庚辰世课。而世道治乱、王霸诚伪，莫不备载，但非儒者所先言者也。逆推往古，减三十策算之，虽千百世代，皆可历知，惟愿学者考耳。

［释］己庚辰，是本书的惯用法，意思是甲戌己旬、庚辰，以后会多次出现这种写法。

根据这段注释，夏禹八年甲子即公元前2217年是夏至下元阴六局。《皇极经世》以三十年为一会，那么下一个30年是辛巳，再下一个30年是壬午，等等，一直往下推，每六十个干支变换一局，即每60个30年＝1800年换一局。从公元前2217年到前417年的1800年是夏至下元阴六局，前417年到公元后1384年的1800年是小暑上元阴八局，公元后1384年到公元后3184年的1800年是小暑中元阴二局，目前是2014年，正处在此时段之内，所以目前是阴二局。

上面已经确定了局数。根据第一章所介绍的奇门基础知识，要起出奇门局，需要两个基本条件，有了局数，还需要起局用的干支。由于从前2217年的庚辰开始每30年往下走一个干支，每60个30年就等于又回到庚辰，根据上面一段的推算，到2182年又是庚辰。从2182年往回退30年是

2152 年，庚辰往回一退一个是己卯，2152 年再退 30 年是 2122 年，干支是戊寅；再退 30 年是 2092 年，干支是丁丑；再退 30 年是 2062，干支是丙子；再退 30 年是 2032 年，干支是乙亥；再退 30 年是 2002 年，干支是甲戌。今年是 2014 年，正处在 2002 到 2032 年这段时间之内，是甲戌干支。

综合上面的计算，2002 年到 2032 年这段时间，干支是甲戌，小暑中元阴二局。

甲戌时　小暑中元　阴二局

值符蓬星在 2 宫　值使休在 6 宫

休宫		废宫		旺宫
	地 劫 申 子 任 乙 辛 巳 伤 杜 丙 子 玄 丙 庚 辰 辰 巽 巳 劫	阴 官 申 子 冲 辛 丙 子 惊 景 庚 辰 蛇 庚 乙 亥 丙 午 丁 官	值 妻 申 子 蓬 己 甲 戌 中 死 戊 寅 天 戊 壬 午 未 坤 申 妻	
囚宫	天 财 申 子 英 戊 壬 午 杜 伤 丁 丑 地 乙 辛 巳 甲 卯 乙 财	朱 孙 申 子 柱 丙 庚 辰 死 中 乙 亥 常 丁 己 卯 戊 五 己 孙	虎 母 申 子 禽 癸 戊 寅 景 惊 壬 午 合 壬 丁 丑 庚 酉 辛 母	相宫
	合 父 申 子 辅 壬 丁 丑 生 生 辛 巳 阴 辛 丙 子 丑 艮 寅 父	蛇 鬼 申 子 芮 庚 乙 亥 开 休 己 卯 值 己 甲 戌 壬 子 癸 鬼	常 子 申 子 心 丁 己 卯 休 开 甲 戌 虎 癸 戊 寅 戌 乾 亥 子	
死宫		没宫		胎宫

大要岁君为主宰，最欣生合忌交攻。

[注] 夫世课兴废、年局安危，盖系于岁君与诸宫动静损益决之。凡生扶合德于我者为益，克泄刑冲于我者为损。是以益者则天地顺成，五谷丰登，君政得道，民事安宁，并寒暑随时，风雨随调，贤良辅佐，外夷来朝，日月合璧，五星连珠，种种祥瑞时献。而损者，则天地反复，五谷灾歉，君政失道，民事离难，并寒暑不时，风雨不调，奸臣叛逆，外夷来寇，日

月薄蚀，山崩地震，种种灾异时现。及扶之者有济我急，泄之者有祈我济，类尚繁庶，不胜枚举，惟只在学者临事斟酌断验可耳。

［释］此两句歌诀讲的是如何断前面起出来的国运课，即每三十年的局面。起出30年的国运课之后，看每一年的年干在哪一宫，该宫即预示当年的国家大事。

我们不妨看看过去的癸未年，看天盘癸所在的兑七宫，白虎所在之宫，主疾病伤灾，暗值使惊门为担惊受怕，也主呼吸系统疾病，天禽星主飞快传播，景门为信息、谣言；六合为万众一心。地盘癸在乾六宫，那里天心星、开门为医院，休门为在家休息、关张歇业，子孙宫为治疗。

再看戊子年，天盘干戊在震三宫，伤门、九天落财宫主破大财；地盘戊落在坤二宫，死门、己土、甲戌遁己、中门土，如此多的土，为掩埋、死伤；天蓬星主规模大、影响大。

九州治乱全依此，六十流年验歉丰。

［注］九州治乱，盖主世课宫分所值。当年丰歉，惟依岁局任宿所管。以太岁为农神，以定灾祥；天任为谷使，以辨成破。神使生克，此彼脱盗，而断之始无误焉。

［注］如同治甲戌年，系午会十二运，小雪二局，己甲戌课目，太岁在震，格成曲直，生扶天任，而任星又得宫生，则丰收可卜。但乘旬内空亡，逢芮宿退守，不免有大醋小疵之象。察其三传，初格稼穑，泄谷使之气，盗农神之精，初必不利，中末递生，吉不胜言。况乙奇旺动，天冲发摇，并来生扶岁任，而丰收之秋，康乐之年，更有可据矣。余仿此。

［释］甲戌年　庚空，小雪下元，阴二局，甲戌己，未申酉空，

值符天蓬星在2宫，值使休门在6宫。

死宫		囚宫		休宫
	子庚辰　官 庚九地 　天冲乙巳 玄生门丙辰	官乙亥　子 丁太阴 　天任辛子 蛇杜门庚亥	财壬午　子 壬值符空 马天蓬己戌 天开门戊午	
没宫	子辛巳　时 辛九天 　天芮戊午 地惊门乙巳	子己卯　父 己玄武 　天辅丙辰 常景门丁卯	母丁丑　妻 乙白虎空 　天心癸寅 合死门壬丑	废宫
	父丙子　财 丙六合 　天柱壬丑 阴伤门辛子	鬼甲戌　子 癸螣蛇 　天英庚亥 值中门己戌	孙戊寅　母 戊太常 　天禽丁卯 虎休门癸寅	
胎宫		相宫		旺宫

既然太岁在震三宫，那么太岁应该是戊，甲戌旬中是戊寅，则当年的年柱是戊寅 1878 年，而不是甲戌年（1874 年）。而 1878 年的年号已经是光绪 4 年，不再是同治年号。但看上段文字的描述，分明是在讲 1878 年戊寅的局面。换言之，上段文字如果是在讲 1878 年，则每一句话都完全吻合；如果是在讲 1874 年，则完全错误，无一句吻合。难道矫先生有误？非也，原来此例中为我们揭示了一个矫先生秘传奇门的重要诀窍 - 遇到六甲旬首之时，一律以甲子戊看。这个例子是年奇门局，欲看甲戌年，由于甲戌是六甲旬首，此时不看甲戌遁己，而要看甲子戊所在之宫，即震三宫。前面基础知识部分讲过，六甲旬首指以甲字开头的干支，六十花甲中一共有六个这样的干支，分别是甲子、甲戌、甲申、甲午、甲辰、甲寅。

矫先生的断语逻辑是这样的：

1. “太岁在震，格成曲直，生扶天任”。由于六甲旬首一律看甲子戊，因此尽管当年的年干支是甲戌己，也要看甲子戊所在之震三宫。天盘甲与地盘乙落震三宫，形成曲直格。根据《鸣法》，“甲乙落逢三与四，曲直格兮仁寿名。大利兵家施号令，探听敌弊合经营”，这是吉格。谷使天任星落在离九宫，震三宫之木生离九宫之火，两宫相生，农神生谷使，所以吉。

2. “而任星又得宫生，则丰收可卜”，意思是谷使天任星属土，得所落离九宫之火所生，所以丰收可期。

3. “但逢旬内空亡，逢芮宿退守，不免有大醇小疵之象”，意思是，离九宫有庚，在甲戌旬内庚空；太岁所在之震三宫天芮星克出，为退守之象，古云不免有大醇小疵之象。

4. “察其三传，初格稼穑，泄谷使之气，盗农神之精，初必不利。中、末递生，吉不胜言”，意思是，初传天盘值符所在之坤二宫，天盘戊、地盘己，为稼穑格，《鸣法》云“戊己忽临五八二，格名稼穑宜躬耕。大力守边并下寨，安营乐业与雕甍”，此为吉格，但是，坤二宫土泄谷使天任星所在离九宫之火，所以初必不利。中传值使门在乾六宫，末传地盘值符在坎一宫，乾宫属金，坎宫属水，金生水，形成递生吉格，所以吉不胜言。

5. “况乙奇旺动，天冲发摇并来扶岁、任，而丰登之秋，康乐之年更有可据矣”，意思是，乙奇落在巽四宫旺动，天冲星在巽四宫亦属旺动，此旺动之宫属木，来生离九宫之火，所以今年丰收、康乐。

月盘知涝又知旱，

［注］依世局而推月局，月局定矣，则详雨师、水神所值，火宿、火神所临，其得地失时，一一详察，则亢旱水潦，始能洞悉。如乙亥年夏四月系谷雨八局，己辛巳月课，月干居巽四，当夏令之旺；雨师在离九，遭宫分之克。癸加丙，壬合丁，逢死地而受炎火制。英跨虎，雀乘龙，值废垣，偏得巽风吹。白虎旺动，风伯狂号，螣蛇摇尾，火精作祟，则我盛京省南而亢旱必矣。余类推。

［释］辛巳月，庚空，谷雨下元，阳八局，甲戌己，未申酉空，

值符天英星在 2 宫，值使景门在 7 宫

没宫		死宫		囚宫
	鬼戊戌　妻 戊六合空 天禽丁酉 虎伤门丙戌	比壬寅　官 壬九地 天蓬己丑 天生门庚寅	父庚子　子 庚太常 马天冲乙亥 玄休门戊子	
胎宫	官己亥　财 己白虎 天辅丙戌 常死门乙亥	妻丁酉　比 乙太阴 天心癸申 合杜门丁酉	子乙未　母 丁值符 天任辛午 蛇开门壬未	废宫
	孙甲午　父 癸九天 天英庚寅 值惊门辛午	母辛丑　鬼 辛玄武 天芮戊子 地景门己丑	财丙申　时 丙螣蛇 天柱壬未 阴中门癸申	
相宫		旺宫		休宫

矫先生断语解读：

1. “月干居巽四，当夏令之旺”，月干是辛，天盘辛在巽四宫，巳月已经是火当令，古云当夏令之旺。

2. “雨师在离九，遭宫分之克”，天柱星为雨师落在离九宫，天柱金遭离九宫火之克。

3. “癸加丙、壬加丁，逢死地而受炎火制”，水涝需要看壬癸，今癸在乾六宫，正处在“死宫”（见上面盘中右下角所标），又受地盘丙火之制；壬在中五宫，受地盘丁火之制。

4. “英跨虎，雀乘龙，值废垣”，天英星在坤二宫，地盘得辛，辛为白虎，朱雀在艮八宫，地盘戊，戊为青龙，但艮八宫值废宫（见盘面左下角）。

5. “偏得巽风吹，白虎旺动，风伯狂号”，白虎即阳遁之勾陈，主大风，落在乾六宫为旺动，该宫中还有风伯天辅星，故言风伯狂号。

6. “螣蛇摇尾，火精作祟，则我盛京省南而亢旱必矣。”

日局占雨又占风。

[注] 凡占风雨晴霁，先看日局，地盘壬癸雨师、丙丁火神、风伯、白虎之三般旺衰得失，再详日干宫分与其生克决之，始无误焉。然而地盘三

般已属得地，又与天盘三般相见，又得日干、动爻、生扶、冲起，又乘旺相胎宫地界决之则准。若不得地盘之地，不与天盘之见，不得动日之生，不乘旺相之时，须当他论，不必然矣。及诸象皆美，惟有一二宫之驳，亦当他论才是。

如乙亥年五月初六日（查系光绪元年），辛壬寅课，系小满二局，地盘水神得地，天盘水神相见，雨师、日建又同居乾六，必当雨论，而反晴烈者，何也？盖壬局旬空，值夏四衰弱，丁丙炎上，当纯阳旺相，风伯排动，旺辛被交，白虎发摇，死金受制，则弱者不得扶而旺者反获助，是以不雨，应巽风狂振耳。余类此而推也。

［释］壬寅，壬空，小雪下元，阴二局，甲午辛，卯辰巳空，

值符天任星在 7 宫，值使生门在 9 宫，

没宫		死宫		囚宫
	鬼戊戌　妻 戊六合空 　天禽丁酉 虎伤门丙戌	比壬寅　官 壬九地 　天蓬己丑 天生门庚寅	父庚子　子 庚太常 马天冲乙亥 玄休门戊子	
胎宫	官己亥　财 己白虎 　天辅丙戌 常死门乙亥	妻丁酉　比 乙太阴 　天心癸申 合杜门丁酉	子乙未　母 丁值符 　天任辛午 蛇开门壬未	废宫
	孙甲午　父 癸九天 　天英庚寅 值惊门辛午	母辛丑　鬼 辛玄武 　天芮戊子 地景门己丑	财丙申　时 丙螣蛇 　天柱壬未 阴中门癸申	
相宫		旺宫		休宫

矫先生断语解读：

1. “地盘水神得地，天盘水神相见，雨师、日建又同居乾六，必当雨论”，地癸水落在乾六宫，按四大长生，乾宫为水之冠带、临官之地，故称“得地”，天盘壬亦为水神，天柱为雨师，都在此宫之中，而壬是日干，所以必当雨论。

2.“而反晴烈者何也？风伯排动，旺辛被交，白虎发摇，死金受制，则弱者不得扶，而旺者反获助，是以不雨，应巽风狂震耳”。天辅星为风伯，在震三宫为旺动，

此外，从上例可以看出，《枢要》所言日建，非指一般数术所言的日支，而指日干所在之宫。因为当天是壬寅日，寅支在艮宫而不在乾宫，但壬干却在乾宫。

二十四盘分野定，州城府县便能通。

［注］二四十盘者，即二十四节气也。由二十四节气命起二十四课，则十二宫、二十八宿之分野莫不可知。由二十八宿之分野，则各省九宫之分野无不可辨。既知各省分野，则府州县驿、东南西北、四维四正之分野，亦可以缕析矣。

［注］夫分野者，即角亢氐郑分兖州，属清明谷雨课局；

房心宋分豫州，属惊蛰春分课局；

尾箕燕分幽州，属立春雨水课局；

斗牛女吴越分扬州，属小寒大寒课局；

虚危齐分青州，属大雪冬至课局；

室壁卫分并州，属立冬小雪课局；

奎娄胃鲁分徐州，属寒露霜降课局；

昴毕赵分冀州，属白露秋分课局；

觜参魏分益州，属立秋处暑课局；

井鬼秦分雍州，属小暑大暑课局；

柳星张周分三河，属芒种夏至课局；

翼轸楚分荆州，属立夏小满课局是也。

造宅推详山与向，安坟先考替和隆。

二般生彼又扶此，管许丁财两不空。

［注］造宅葬茔须择日时二局。要日时二宫，得乙丙二奇，开生二门，辅心二星，九地九天二神，始可以用之。并要山向二宫临三吉三奇，受日时二宫进格生扶，及来龙去水之处乘旺乘相生扶山向、妻妾、男女、财帛、

官禄诸宫，或三传、日时旺动、递生诸宫尤吉。

［释］注意，原注中所谓“日时二局”并非指日奇门和时奇门，而是指时奇门中的日干所在之宫和时干所在之宫。

嫁娶推占夫妇命，日时生合妙无穷。

［注］嫁娶预择日时二局，要日时二宫得乙丁二奇，休景二门，辅禽二星，太阴六合二神，始可以用之。并要日时二宫生扶男女二命，及男女二宫生扶子息之座，或三传旺动递生诸宫尤吉。

［释］此处所谓“日时二局”并非指日奇门和时奇门，而是指时奇门中的日干所在之宫和时干所在之宫。

建都预定将军岁，大要生年动九宫。

［注］登极建号，要日时二局，生扶帝王年命，并要太岁三乙诸宫递生旺动尤佳。

星为雷雨风云主，神是山川草木精。

八门男女老和少，六甲屈伸性与情。

［注］九星应天文，九神应地理，八门应人事，奇仪应性情。所以雷雨风云系乎冲蓬辅任，山川草木系乎蛇玄地合，老长中少系乎开伤休生，性情屈伸系乎金木水火土也。

［释］这四句歌诀讲星、神、门、奇仪各自所应。

杂事篇第十一

丙丁旺动癸壬旺，雨不滂沱晴不明。

［注］水火二神，卓然旺动，则多应雨不滂沱、晴不清明天象也。

［释］占晴雨时，局面上经常出现表示晴朗的丙丁旺动，表示下雨的壬癸也同时旺动，这种局面一般预示着下雨也不会是滂沱大雨，晴天也不是纯粹的大晴天。

日生壬癸丙丁制，细雨微微点点倾。

［注］日局日干宫生扶水神，本主逢霖，怎奈火神来制，不但不能逢霖，纵微微细雨，亦常化为点点滴滴者矣。

［释］如果日干宫来生壬癸水神所在之宫，这是有雨之象，但是丙丁火神宫却来克制水神宫，则不但不能下大雨，连微微细雨都可能不出现，仅仅点滴而已。

火投水地淋漓雨，

［注］火投水地，即丙丁入一六宫之谓也，故主多雨。

水入火乡烂熳晴。

［注］水入火乡，即壬癸入四、九宫之谓也，故主多晴。

［释］二七，原文作四九，旁边改作二七。此处颇有疑义。按河图数，一六主水、二七主火、三八主木、四九主金、五十主土。由于奇门遁甲用的是洛书九宫，不是河图，在奇门里坎一宫是水，但乾六宫是金而不是水，所以不存在一六水之说；坤二宫是土，兑七宫是金，都不是火，所以也就不存在二七火之说。原文本来写作四九，后来改为二七，这也说明作者大概也有犹豫。奇门里面离九宫属火，可是巽四宫是木，不是火，不能称"水入火乡即壬癸入四九宫之谓也"。但是，如果这样理解还是可以讲通——"一六宫"指水宫，在奇门里指坎一宫；"二七宫"指火宫，在奇门中指离九宫。那么这两首歌诀的意思是，丙丁火落坎一水宫主淋漓多雨，壬癸水落离九火宫主晴。

日法癸壬居在旺，连阴雨雪阻前程。

［注］日局壬癸水神居在旺宫，不逢他位制伏，则雨雪连阴必多矣。

［释］日奇门中，壬癸水神落旺宫，又没有其他宫来制伏，则主雨雪连阴。

日法丙丁居在旺，亢旱天时任所行。

［注］日局丙丁火神居在旺宫，不逢他位克害，则亢旱晴热必矣。

［释］日家奇门中，丙丁火神落旺宫而不受他宫克害，则主亢旱晴风。

太阴振动多阴晦，玄武当旬少朗清。

［注］日局地盘太阴旺动，而水神又为辅佐，并玄武当于局内，则阴霾天气何能免焉。

［释］注意，根据原注，此句歌诀的太阴指日奇门地盘太阴旺动，这很

不寻常，因为娇先生在其他地方没有讲过要看地盘九神。

辅星不动栖林鸟，

［注］日局天盘天辅居于死囚之地，谓之不动，并兼日干、动爻诸宫克制，则林鸟顿息，而风自安然必矣。

［释］日家奇门天辅星若居死囚之地，而且还有日干、动爻诸宫来克制，则主无风，鸟儿可以安息。

白虎狂摇逐睡鸿。

［注］日局地盘白虎居于旺相之地，谓之狂摇，并兼日干、动爻诸宫扶助，则睡鸿惊飞而狂风凛冽必矣。

［释］日家奇门地盘白虎居于旺相之地主大风凛冽。

生辅制虎风观辅，生虎制辅虎来风。

［注］日局日干宫生扶天辅，克泄白虎，则风观于辅下；生扶白虎，克泄天辅，则观风于虎下是之。

［行批］卦内暗存神灵妙意，总得追寻暗中旁通曲引，借义属连，由则简，按理而摭繁，必能应断。

［释］这两句歌诀讲日奇门中日干宫与天辅星所在之宫和地盘白虎所在之宫的关系，以日干宫所生者定夺，即如果日干宫生天辅星所在之宫，但克白虎所在之宫，则以天辅星所在之宫论；反之，如果日干宫生白虎所在之宫而克天辅星所在之宫，则以白虎所在之宫论。

来意时干门是应，悲欢作用九神同。

［注］时干宫可以决人之来意（行批：暗猜人未说），又可以观人之行事（行批：明断人已说，看他可否行）。如：

休门主婚姻喜美，死门主田地疾病，伤门主争斗失物，

杜门主出行亡人，中五主谋求动静，开门主功名官讼，

惊门主口舌虚惊，生门主贸易求财，景门主音信行人之意也。

直符主攀高接贵，螣蛇主降妖驱邪。太阴主淫荡阴私，

六合主结好说媒。勾陈主争雄斗打，太常主酒食筵会。

朱雀主讲文斗口，白虎主演武教兵。玄武主被偷行窃，

九地主谋产寻穴，九天主行欺作诈之事也。

学人苟能洗心省察，存诚应断，任他意之举，他事之为，而我浑然未有不前知哉！

［释］时干宫即可以断来意，即来人不用问，我们可以根据时干宫直接断其为何事而来，也可以断其所问之事成败。

官星生我开门制，今日孙山异日登。

［注］克时干者为官星，若官星生扶我命，虽开门克制，无非今时不第，而异日仍有所望。何谓也？盖以官星之权有胜于开门者焉。

官星克我开门助，今日成名异日扔。

［注］官星克制我命，虽属开门生扶，亦属今时假侥幸偶得，异日恐未能保固而复失之。何谓也？盖以开门之权不及官星者焉。

［释］功名在古代指科举考试是否榜上有名，今指应聘工作、升迁调动或公务员考试。矫先生秘传奇门中有六亲，这是一般市面上的奇门所没有的体系。用六亲取用神若与其他取用神方法结论不一致，则六亲为最终结局。例如看事业功名，一般看开门，但六亲中克时干者是官星，官星也主事业功名，如果官星生扶我年命宫，而开门克制我年命宫，这预示着今日名落孙山，但将来仍有希望。反之，如果官星宫克我年命宫，而开门宫生我，主今日侥幸偶得，将来亦会丧失。按：另有网络传本，有“官开之上问功名，内外需究科榜登”之语。官星、开门是看功名的用神，需要研究这两宫本宫之内及与年命的关系以定吉凶。

细心的读者可能注意到，矫先生在这部《枢要》中判断功名词讼时用的是双重用神，既看开门也看六亲的官星，而市面上的奇门却只看开门，没有六亲概念。矫先生在后来的《遁甲括囊集》里放弃了双重用神，只注重六亲用神。

主客迫宫开命遇，名无成就讼招刑。

［注］主者先举，客者后举。两宫遭迫于开门，或命亦偶逢其迫，则问名无成而反遭斥革，问讼无赢而反罹刑杖焉。

［释］问词讼则原告为主，被告为客，主、客或某人的年命宫中有开门

迫宫，即开门落在三四宫，则该宫之人不但问功名事业不吉，问词讼不赢，还有被刑杖之忧。

财星生克生门泄，失寡得多亦安宁。

[注] 时干克者为财星，若财星生克命宫，虽生门盗泄，亦主得财。何谓也？盖以财星之权有过于生门者哉。

[释] 与断功名事业相类似，六亲中的财星之权大于生门。而且，断财时需要主要不仅财星生命宫为吉，克命宫亦为吉，因为被财星所克也是财，而且财星来克一般主财来迅速。

若也财星来值命，何妨他情冷如冰。

[注] 夫财星值命，财亦有得，虽生门无情，亦无至咎，故曰是也。

[释] 如果财星与年命同宫，此时即使生门空亡、无气，被我克亦无妨。

生门生克财星克，财似源头忌战竞。

[注] 生门财星值旺、乘吉，协力生克于我，其得必迅速，财必加倍，有涌泉之象。但不宜见旺动来克，乃为上吉。如有克，而耗散争夺之忧则必有见也。

[释] 生门或财星值旺、乘吉来生我年命或克我年命，得财迅速、财源滚滚不绝，但是，如果有旺动之宫来克我，则有耗散争夺之象。乘吉指宫中有吉格、吉神、吉星。

比劫两般临在命，财生用助亦多争。

[注] 命若是与时干有比肩、劫财，任生门、财星生克扶助于我，虽属得财，不免被他人分争，故曰是也。

[眉批] 命干与时干旁有同性为比肩。

[释] 如果年命宫六亲是比肩或劫财，即年命与时干五行相同，为兄弟宫，则即使六亲之财星所在之宫或生门宫来生年命宫，也预示着纷争、争财。

旺相胎宫行市长，休囚死地价钱衰。

[注] 生门值旺相胎宫，主行市必涨；值没死囚宫，主行市必消；值休废之宫，主行市必中平，而消长皆无大关焉。

［释］此句用旺相胎死囚等状态预测行市涨跌，以生门宫之旺衰定。

五阴秋盛春危殆，五阳春晖秋气乖。

［注］生门值五阴干，主秋日盛而春日衰。值五阳干，主春日升而秋日落。此阴干阳干之应也。

［释］五阴指五阴干，即乙丁己辛癸，五阳指五阳干，即甲丙戊庚壬。

财星旺动亦升涨，财星衰朽亦沉埋。

［注］财星旺动亦主行市升长，财星衰朽亦主行市消降。此财星临八宫之应也。

［释］财星指六亲的财宫，即天盘干为时干所克之宫，此干若旺动，则称为财星旺动，否则称为衰朽。

财旺月生八节庆，高行大市步云阶。

［注］财星旺相而月令生扶，节气比助，则行市必大涨之至。

［释］“节气比助”意思是节气五行来生扶财星所在之宫，例如夏季属火，财星落在二五八土宫，火来生土。“月令生扶”是月支来生财星所在之宫。

财衰月刑八节制，这般行市落无涯。

［注］财星衰囚而月令刑害，节气克制，则行市必大消之至。

［释］此两句歌诀与上面的歌诀相对，联系起来看意思很清楚。

财动月刑八节害，月令虽涨亦枯萎。

［注］财神旺动而月令刑害，节气克制，则目今虽升而转瞬即降矣。

［释］如果财星旺动，但是，月支来刑、八节相害，则眼下虽然上涨，但转眼即将下跌。

财衰节生月令助，目今虽危亦天台。

［注］财神衰休而月令生扶，节气帮助，则目今虽危而异日必盛矣。

［释］财星虽然衰休，但月令、节气生扶，则眼下虽岌岌可危，但未来前景看好。

财动月生八节克，消去忽然涨又来。

［注］财神旺动而节气克制，月令生扶，则多应消而复涨之象。

财动节生月令泄，涨而复消可知哉。

[注] 财神旺动而节气生扶，月令盗泄，则多应涨而复消之象也。

[注] 以上占行市消涨数则，不可专主生门断验，亦不可专主财神断验，须以两般详参，弃衰迎旺，弃静取动，旺极迎衰，动极取静而断验才是，不可执泥死法，坚守板格，学者临事可不斟酌也哉。

[释] 节气与月令相比，节气在前、月令在后，意即如果节气生扶、但月令克制，则主先涨后跌，反之，节气克制、月令生扶，则先跌后涨。

矫先生在上述行市涨跌判断中，用的是生门和六亲财星两重用神，市面上的奇门一般只用生门为用神。一个用神已经头绪繁多，经常出现难以决断的情况，现在是两个用神，局势更为复杂，那么到底以哪个用神为主，矫先生也做出了明确提示，原注“以上占行市消长，则不可专主生门断验，亦不可专主财神断验。须以两般详参。弃衰迎旺，弃静取动，旺极迎衰，动极取静而断验才是。不可执泥死套，坚守板格，学者可不斟酌也哉”。这里还是两重用神，到了比《枢要》晚出的、代表矫先生奇门遁甲大成的著作《遁甲括囊集》那里，重点转向了用六亲作用神，不再突出生门。

生没气生死旺克，何能躲过面阎罗。

[注] 占病，生门无气生命，死门有气克命，则应延医易而祛病难，服药多而成功少，阎王上箓，判官挂簿，而卢扁束手，无术求生焉。

生有气生死殆克，沉沉重病免蹉跎。

[注] 占病，生门有气生命，死门无气克命，则虽沉沉重病，亦宜调治，不可误听庸医之言，认作死候，而塞其生路者也。

[释] 生门无气来生扶命宫，死门旺相来克命宫，此为不吉之象。反之，若生门有气来生扶，而死门无气来克制，病虽沉重亦无妨。

冲在命前刑在死，劝君不必望痊瘥。

[注] 天冲在命宫之前，死门又来克害，则求痊之想，恐失所望焉。

死在命前冲克害，天然大限谁逃过。

[注] 死门守在命宫之前，冲星又来克害，大限已注冥簿，而延医求效，恐终归幻景。

[**释**] 这里讲死门和天冲星在疾病预测中的意义，如果天冲星在命宫之前，死门来冲克命宫，病难治愈；如果死门在命宫之前而天冲星所在之宫来克害，则大限难逃。

这种断法是市面上奇门所没有的，一般奇门里面不看什么“在命宫之前”。这里所讲的在命宫之前应该是指命宫的下一宫，例如年命在震三宫，阳遁的下一宫是巽四宫，阴遁的下一宫是坤二宫。

冲克时生死芮脱，延医无效待如何。

[**注**] 占病，天冲、天芮、死门三宫克脱年命，虽时干生扶，亦属难疗者也。

[**释**] 如果天冲星所在之宫来克、死门天芮星所在之宫来脱泄，即使时干宫来生，亦难治疗。

时克死生冲芮助，高床虽卧亦讴歌。

[**注**] 占病，虽时干克命，即不为大忌，况又逢天冲、芮、死来生者乎？故任病卧高床，亦主无忧苦也矣。

[**释**] 如果时干宫来克年命，但是死门、天冲星、天芮星之宫来生扶，亦主无忧。

病死动生多不死，

[**注**] 占病，诸象克害，似属死兆，偶而动爻来生，有泄诸克之气，则不但其病不死，有由是获生者多矣。

病生动克死还多。

[**注**] 占病，诸象生扶，似属愈兆，不宜动爻来克，有泄诸生之气，则不但其病不愈，有由是入死者多矣。

[**眉批**]（深研详揣，摭充开用，借此断他，变化旁通。）

[**释**] 即使诸多克害，但如果动爻来生扶年命宫，脱泄诸克，则仍有可能不致病死，而且有好转可能；反之，诸多来生，但动爻来克，脱泄诸生，则仍有不愈、死去之虞。

动生被克其何美，

[**注**] 占病，动爻生命，本为至吉，但不宜诸象克害动爻，或动爻无力

生扶，则谓之其生不真，亦且真若无动，而其咎终难遏免。故于是云焉。

动克罹侵怕甚么。

［注］占病，动爻克命，本为至否，幸喜诸象克伏动爻，或动爻又无力克制，则不但其克不真，亦且真若不动，而其咎则终久自去。故云于是也。

［释］如果动爻来生，但是动爻自身却被诸爻克害，则动亦无益；反之，如果动爻来克，但诸爻克制动爻，祸害最终会过去。

化神无气身化死，合象有权病有迍。

［注］衰者，谓之化，旺者谓之合。化者，多随化而解脱，合者，多因合而迤逦。此则一死之候、一病之磨而已矣，则命何由生而病何由退也。

［旁批］气是化了了，终止无气，不能再往前进之化。有权是有力量往前扯扯病。

［释］前面奇门基础知识部分讲过，十天干有合化之说，即甲己合化土，乙庚合化金，丙辛合化水，丁壬合化木，戊癸合化火。如果所化之五行衰弱则称之为化，如果旺相则称之为合，化衰占病有利，化旺则不妙。

月克不如气克利，

［注］月干宫克命，则病虽昏沉，尚有可医。若并节气来克，不但医治不效，而命且不能保全。故云于是焉。

月生怎比气生和。

［注］月干宫生命，则病即受医调治，又兼节气并生（旁批：旺合），不但医治获效，纵无药亦主痊愈。故云于是焉。

［释］月干与节气相比，月干力道弱一些。所以，月干来克年命，而节气来生，则病虽重而尚可医。若月干来生年命宫，节气也来生，则可无药痊愈。

生死二门生死日，时干迫制死无挪。

［注］病之生者，决在生门，当看生宫之所临，以定愈期。病之死者，决在死门，当看死宫之所临，以定死期。又曰：时干宫生我者为愈期，克我者为死期，及天心临干为愈期，天冲宫临干为死期，皆兼有所应者。惟在随时裁剪，随命度量，虽千百之占，则可以无误矣。

［眉批］病主死期，现在将来之月。

［释］关于病愈或病死之应期，矫先生提出以下几条：生门所在之宫地盘干为愈期；死门所在之宫地盘干为死期；若时干宫生我，则时干为愈期，时干宫克我则时干为死期；天心星所临之干为愈期；天冲星所临之干为死期。

甲乙悬梁林内死，壬癸蹦井并投河。

庚辛道路诛刑鬼，戊己崩颓横死坡。

丙丁窑灶身焚火，男女奇门无谬讹。

八门形像九星类，旺动螣蛇破祟魔。

［注］审鬼祟之作怪，卜螣蛇之所临。甲乙主棒死、缢死及林内之鬼。壬癸主淹死之鬼、井死及河内之鬼。庚辛主诛戮、车轧及道路之鬼。戊己主冻馁、墙压及坡陇之鬼。丙丁主酒醉、火焚及窑灶之鬼。开休生伤为阳象，杜景死惊为阴象。旺为少象，衰为老象。蓬主蓬垢，芮主黑暗，冲主操戈，辅主持杖，禽主飞跃，心主僧道，柱主师巫，任主愚蠢，英主戴花。休主淫痨，死主孕妇，伤主刑伤，杜主妖仙，五主洞怪，开主谪官，惊主斗殴，生主财劳，景主文雅。如是属类断之，则禳镇可安焉。

［释］占何鬼为祟，看螣蛇所在之宫，若螣蛇旺相，则看该宫的奇仪、星、门。奇仪为甲乙，甲乙属木，所以为棒死、吊死或林中死鬼；壬癸主投河跳井而死；庚辛主道路交通事故或被诛杀之鬼；戊己主冻馁而死，或由于塌方横死于山坡之鬼；丙丁为窑灶、火焚而死。八门以断鬼之男女，开休生伤为男，杜景死惊为女。旺相为年少之鬼，衰为老年之鬼。以九星断特征，天蓬为蓬头垢面，天芮星主暗，天冲星主手持武器，天辅星主手持文房四宝，天禽星主飞跃，天心星主僧道，天柱星主口舌之人，如教师、翻译、歌手等，天任星主愚蠢之鬼，天英星主带花之鬼。从另一个角度描摹鬼祟的特征，休门为淫劳，死门为孕妇，伤门主有刑伤，杜门为妖仙，中五为洞中妖怪，开门为被贬官员，惊门为斗殴而死，生门主为财而亡，景门为文雅之人死。

芮宿曾将流医应，螣蛇亦主是巫婆。

巫医不出此二类，药性生门不偏颇。

［注］欲问医之贤愚，须观天芮宫分。要卜巫之善恶，仔玩螣蛇在处。依八门而断，始无误焉。至于方术醅疵，药性寒热，则立辨生门，直指奇仪，宗五行决断，法四象推占，岂敢云非是者，未曾闻有几哉！

［释］欲测医生如何，看天芮星所在之宫，若问巫婆神汉如何，则看螣蛇所在之宫。若问药性寒热，看生门所在之宫的奇仪五行。

近来行者观天乙，远去行人六合神。

六合之方决远近，东西南北命宫轮。

［注］占行人近出者，以天乙所临奇仪冲合决之归期。占行人远出者，以六合所临奇仪衰旺决之归期。如出不知往，入不知方，只详其年命宫，临生临旺、值合值冲，并详其时刻在处与命宫扶抑，又详其生克命宫者在于何地，而断之方位可矣。

［行批］时干克者，财神也。

［释］占近出之行人看天乙宫，即天盘值符所在之宫，看该宫奇仪冲合以决归期，占远出之行人看六合宫奇仪旺衰以决归期。如不知行人远近则看年命宫，看其旺衰冲合，同时还需要看六亲之财宫，看该宫对命宫的扶抑关系，生年命宫之宫为其人所在之方。

乾马坤牛知走兽，文书是景生奇珎。

财星又有云为物，向远归来背远巡。

［注］占走失，则以开马、死牛、休豕、生狗、杜鸡、惊羊，兼之六合而决。若失物则不然，仅以景文书、生珍宝、开金玉、死舆布，兼之财星而决，再参详二者向我背我，向我者得，背我者失，而断之可也。

［释］占牲畜走失，须看所失者为何物，以八门类象取用神，马看开门，牛看死门，猪看休门，狗看生门，鸡看杜门，羊看惊门，同时还要兼看六合所在之宫。占失物也是以八门取象，文书看景门，墨宝看生门，金玉看开门，车、布匹、衣物看死门，兼看六亲之财宫，看此两宫与我年命向背关系，向我者得，被我者失，向我者指来生扶我，背我者指克洩我者。

星命篇第十二

年是命宫月是运，时为晚景日为身。

流年暗甲当小限，生克时干验六亲。

［注］凡看命者，先察天盘之奇仪，以年干安命宫，月干起大运，日干定身主，时干稽归计，岁命暗甲布流年，时干生克验六亲，然后则详其衰旺，参其格局以断之。如评癸酉，乙卯，己巳，系阳一局，以癸命加丁，值太常，心，死于兑七，即谓之命宫。乙加戊值九天，英，五于坎一，即谓之大运宫。己加庚值螣蛇，芮，惊于震三，即谓之身宫，又曰归计宫。于是时干已定，以庚加辛值太阴，冲，生于巽四、辛加壬值六合，辅，景于中五，即谓之子孙宫（旁批：照落宫算本宫性）。壬加癸值勾陈，禽，休于六宫、并癸命所在，即谓之妻财宫。丁加丙值朱雀，柱，伤于艮八，即谓之田宅宫。丙加乙值九地，任，杜于离九，即谓之父母宫。戊加己值直符，蓬，开，于坤二，谓之兄弟宫。月干大运所在（当为一），即谓之官疾宫是也，余仿此。

［释］算人终身以出身年命的年干为命宫，月干所在之宫起大运，日干宫为身主，时干宫为归计宫。再以时干起六亲。

癸酉　乙卯　己巳　己巳　已空

惊蛰上元　阳一局　甲子戊　酉戌亥空

值符天蓬星在 2 宫　值使休门在 6 宫

相宫		胎宫		没宫
	母丁卯　子 乙太阴 天冲庚寅 合生门辛卯	妻壬申　父 壬九地 天任丙未 天杜门乙申	鬼乙丑　子 丁值符 天蓬戊子 蛇开门己丑	
旺宫	父丙寅　时 丙螣蛇 天芮己丑 阴惊门庚寅	子戊辰　子 戊六合 天辅辛卯 勾景门壬辰	子庚午　财 庚太常 天心癸巳 朱死门丁午	死宫
	子辛未　母 辛朱雀 天柱丁午 地伤门丙未	官甲子　鬼 癸九天 天英乙申 值中门戊子	孙己巳　妻 己勾陈空 马天禽壬辰 常休门癸巳	
废宫		休宫		囚宫

此局的起局有些问题，己巳日是中元符头，每年的 3 月 5 日—4 月 5 日左右是卯月，此时间段内只有两个节气，一是惊蛰，一是春分，两个节气的中元都不是阳一局，只有惊蛰上元才是阳一局。

命宫决定兴和废，

［注］由命宫而随遁布去财帛、兄弟、田宅、男女、妻妾、疾厄、官禄、父母之九宫，以决生平之兴废。如阴遁五局，乙命，癸，戊午时生，则以乙加辛值六合，心，开于坤二为命宫。戊加壬值白虎，禽，五于坎一为财帛宫。己加癸值太常，辅，杜于离九为兄弟宫。庚加丁值玄武，冲，伤于艮八为田宅宫。辛加丙值九地，芮，死于兑七为男女宫。壬加乙值九天，蓬，休于乾六为妻妾宫。癸加戊值值符，英，景于中五为疾厄宫。丁加己值螣蛇，任，生于巽四为官禄宫。丙加庚值太阴，柱，惊于震三为父母宫。以是旺、衰、动、静、空、墓、合、冲，而断之也矣。阳遁顺布九宫，概仿此。

［眉批］批八字，照现应批这人的年月干支，及何年何月生人，应在何遁，何节气，再起何数之局。以时为宗，由旬起卦。照时辰干支在哪旬内，好比戊午时，在甲寅癸旬内，再由九宫癸字往前逆飞，到中五念之遇戊午名字，即安景门，按法飞，依层次起卦。

［释］乙命　戊午时　戊空　阴五局　甲寅癸　亥子丑空

值符天英星在 5 宫　值使景门在 5 宫

子己未　官 己螣蛇 　天任丁卯 常生门己未	鬼甲寅　兄 癸太常 　天辅己未 值杜门癸寅	子辛酉　命 辛六合 马天心乙巳 地开门辛酉
子庚申　父 庚太阴 　天柱丙辰 玄惊门庚申	孙戊午　疾 戊值符 　天英癸寅 虎景门戊午	父丙辰　男 丙九地 　天芮辛酉 阴死门丙辰
官乙卯　宅 丁玄武空 　天冲庚申 蛇伤门丁卯	财壬戌　财 壬白虎空 　天禽戊午 天中门壬戌	母丁巳　妻 乙九天 　天蓬壬戌 合休门乙巳

日在推详假共真。

[注] 日干为身宫，主生平行藏、立身贵贱、赋性贤愚、人心善恶，故云如是也。如上己日加庚，为交阳格，天芮退神，惊门迫宫，螣蛇旺动，太白经地（庚遇己，金逢土），主为人凶横，虚浮惊险，并疾病缠身，妖怪异奇之质也，又且多夭而不寿。后果验。

[眉批] 落地受克为妄。装法、评法与古卦断事一样，以时起卦，日干为本身，月干为大运，年干所在为命宫，管一生之事。

[行批] 日干所同居同宫者，皆为日本身。同宫一切何样，其人即何如。

[释] 原注中举了一个例子，假如一个人的日干是己，落在震三宫或巽四宫，该宫有天芮星、惊门、螣蛇，则己加庚为交阳格，天芮土星落在木宫为退神，惊门在木宫为迫宫，螣蛇旺动，庚遇己为太白经地，主此人轻浮、冒险，疾病缠身，妖怪奇异，还主短寿，后来果然应验了。

二干合数知藏否，

[注] 由大运宫而随遁布去，合上下二干之数，以定年限多寡，行运盈缩，始知荣枯得失。如乙亥年辛巳月（旁批：以辛月干起大运）阳八局庚，丁亥时生，以辛加丙值螣蛇，芮，伤于六宫（旁批：此辛系月干，为起运之首），管一岁至十一岁事；壬加乙值太阴，冲，柱于七宫，管十二岁至二十五岁事；癸加戊值六合，辅，五，于八宫，管二十六岁至三十六岁事；丁加乙值勾陈，禽，开于九宫，管三十七岁至四十八岁事；丙加庚值太常，心，惊

于一宫，管四十九岁至六十四岁事。详其衰旺，参其格局以断之是也。阴遁逆布大运，概仿此。

[旁批] 评大运之法子。月干是。

[行批] 此下由一岁断至六十岁，每十岁多点，以评这十年内的事好歹，余则类推。

[眉批] 二干合数知臧否，以管十来年，每宫管的，往前挨宫都和前一样管。(手抄本注有：二干合数知臧否，以管十来年，每宫管的。往前挨宫都和前一样管。照六甲断每年，以时起卦，以生辰年干支察在哪旬，由旬首数至本生年干支上。起一岁挨之往前一年一年的查岁数。六旬察到头，重轮数之，□限年数，挨在何字，即照何字断之。每宫管一年，往前挨之，算多少年岁都可以算。)

[释] 乙亥　辛巳　庚寅　丁亥　辛空

谷雨下元　阳八局　甲申庚　巳午未空

值符天蓬星在 5 宫　值使休门在 4 宫

相宫		胎宫		没宫
	比丁亥　孙 丁九天 马天英己辰 合休门癸亥	官壬辰　时 庚勾陈空 天禽丁子 天开门己辰	母乙酉　母 壬朱雀空 天柱乙寅 蛇生门辛酉	
旺宫	比丙戌　子 癸九地 天任戊卯 阴景门壬戌	子戊子　妻 丙值符 天蓬庚申 勾死门丁子	妻庚寅　官 戊太阴 天冲壬戌 朱杜门乙寅	死宫
	财辛卯　鬼 己六合 天辅癸亥 地中门戊卯	父甲申　比 辛太常 天心丙丑 值惊门庚申	孙己丑　财 乙螣蛇 天芮辛酉 常伤门丙丑	
废宫		休宫		囚宫

六甲流年审富贵，

[注] 由本命年（旁注：人生年）暗干暗支之宫而起小限。如阳遁九局戊，丁卯时生人，系丙辰命。即以地盘甲寅癸宫顺布去，一岁丙辰在兑七宫，值己丙螣蛇、天蓬，杜门。二岁丁巳在艮八宫，值庚乙天（按：当为

太阴）芮太阴、中五。三岁戊午在离九，值辛戊六合，天冲，开门。四岁己未在坎一，值壬己勾陈，天辅，惊门。五岁庚申在坤二，值癸庚太常，天禽，生门。六岁辛酉在震三，值丁辛朱雀，天心，景门。七岁壬戌在巽四，值丙壬九地，天柱，休门。八岁癸亥在中五，值乙癸，九天，天任，死门。九岁甲子在离九。十岁乙丑在坎一。十一岁丙寅在坤二，依斯递换六甲，逐宫数去，详其每年所在，所值格局吉凶，与命宫、财帛、妻妾、田宅、父母、男女、兄弟、官禄、身宫、大运之生克扶抑，断其休咎是也。阴遁逆推，概仿此例也。

[眉批] 每宫管一年，往前挨之算，算多少年岁都可以。

[行批] 由一岁往前，评一年事情休咎。

[释] 丙辰年　丁卯时　己空

大寒中元　阳九局　甲子戊　酉戌亥空

值符天英星在 6 宫　值使景门在 3 宫　暗干与天盘雷同，求变入中

没宫		死宫		囚宫
	子戊辰　比 癸九地 马天柱丙未 勾休门壬辰	父甲子　财 己六合 天冲辛卯 值开门戊子	比丙寅　鬼 辛太常 天禽癸巳 阴生门庚寅	
胎宫	比丁卯　时 壬朱雀 天心丁午 合景门辛卯	孙己巳　母 丁九天 天任乙申 常死门癸巳	财辛未　孙 乙螣蛇 天蓬己丑 地杜门丙未	休宫
	官壬申　妻 戊太阴 天芮庚寅 天中门乙申	母乙丑　官 庚勾陈 天辅壬辰 蛇惊门己丑	妻庚午　子 丙值符空 天英戊子 朱伤门丁午	
相宫		旺宫		废宫

从地盘年命宫开始，起年命干支旬首，阳顺阴逆飞布本旬干支，例如上面这个局面，地盘年命丙在兑七宫，丙辰的旬首是甲寅，即从兑七宫起一岁甲寅，二岁丁卯在艮八宫，以此类推。

生吾父母克吾鬼，我克妻财生子孙。

比和昆弟年基业，拨换九宫验亡存。

［注］以生时干者为印绶，克时干者为官煞，时干克者为妻财，时干生者为伤食，同时干者为比劫，岁干在者（旁注：人生年干）为基业。由是以正印作父母宫，以决父母灾详；偏印作田宅宫，以定祖业薄厚。正财作妻妾宫，以察妻妾贤愚；偏财作财帛宫，以观财帛得失。正官作官禄宫，以审官禄荣枯；偏官作疾厄宫，以详灾疾有无。伤食作子女宫，以辨子女善恶。比劫作兄弟宫，以看兄弟离合。而拨换九宫，分列八门，参详死旺，考察亡存，则命之穷通寿夭，富贵贫贱，运之盛衰，得失休咎，且庶几定矣！

［释］《枢要》以时干为我，与各宫天盘干论生克关系推算出六亲，生我者为父母，亦称印绶，阴阳异性者为正印、为父母，以占测父母，阴阳同性者为偏印、为田宅，以定祖业，例如，时干为乙木，水生木，则壬癸为父母，其中，壬为阳干、乙为阴干，阴阳异性，故壬为正印、为父母，癸为偏印、为田宅；克我者为官鬼，阴阳异性者为正官，以审事业官禄，阴阳同性者为偏官、为疾厄宫，以测灾疾；我生者为子孙，阴阳异性者为伤官，阴阳同性者为食神，均用以判断子女；与我比和者为兄弟、为比劫，用以断兄弟。

命破身强何足语，

［注］然而命宫破浊不堪，虽身宫整敛精神，亦属一世虚浮，故曰是也。

命强身破亦堪论。

［注］然而命宫醋美清秀，虽身宫狼籍破浊，亦属一世英华，故曰是也。

［释］底本“年”旁注“命”字，“身”旁注“日”字。命宫与身宫相比，以命宫为重。

运衰命旺甜中苦，

［注］然而运在死囚废没，虽命居旺相胎休，亦属蜜中之砒、美中不足之象也。

运旺身衰怨里恩。

［注］然而运在旺相胎休，虽命居死囚废没，亦属怨里成恩、忧里获虞之象也。

［释］底本“运”旁注“月”字，“身”旁注“日”字。眉批：“运为上”。运与身相比，运为重。

运行稳泰千般稳，

［注］运行喜神之地，谓之稳泰。如命宫弱者、反者、冲者、破者、动者，而行生扶拱合之运；旺者、空者、合者、墓者、伏者，而行克泄冲抑之运是也。

［释］大运所行之宫若为喜神，则称为稳泰运，行忌神之地为奔驰运。若命宫弱、返吟、有冲、有破、动者，若大运行生扶拱合之运，此为稳泰运；若命宫为旺者、空者、合者、墓者、伏者，而行克洩冲抑之运，亦为稳泰。

运到犇驰万事奔。

［注］运行忌神之地，谓之犇驰。如命宫弱者、反者、冲者、破者、动者，而行克抑冲泄之运；旺者、伏者、空者、墓者、合者，而行生扶拱合之运是也。

［释］若命宫弱、返吟、有冲、有破、动者，而行克抑冲洩之运，此为奔驰运；若命宫为旺者伏者空者墓者合者，而行生扶拱合之运，此亦为奔驰运。

末限初中分切切，诚言掌上列乾坤。

［注］天乙为初限（旁注传字），太乙为中限，地乙为末限。三限既辨，详其宫分所值，与命宫生克扶抑决之，则祸福自应，随手捻来。故云如是焉。

［释］天盘值符宫为天乙，为初限；值使宫为太乙，为中限；地盘值符为地乙，为末限。以三限与命宫论生克扶抑，以断祸福。

军制篇第十三

［释］本章语意明晰，读者自行阅读即可了解，不再加以解释。

闻贼不知贼虚实，先寻正课辨何如。

天蓬囚死贼焉有，旺相胎宫建彩旗。

［注］闻贼不知虚实，须以正时课起，详察天蓬临于何地。若临旺相填实之地，所闻不谎；若临休囚空墓之地，所闻不确，则必流言之误也。

空虚勿击难得利，墓库深藏任卷舒。

［注］天蓬乘空则毋须与击，击之必我失利。天蓬入墓则毋须往擒，擒必徒劳神。故云如是也。

捕亡六合伤门定，

［注］差役若问捕逃亡犯人，则以六合宫与伤门宫相断。若伤门克合，及合生伤门，捕必能得。若合克伤门，及伤门生合，不但不能应捕，而反与我不利也。如卜擒被控之人，只以惊门宫与天乙宫，若此相断，则不必以伤门、六合矣。

擒贼天冲玄武拘。

［注］勇弁若问擒逃匿之贼，则以玄武宫与天冲宫相断。若天冲克玄，及玄生天冲，擒而必易。若玄克天冲，及天冲生玄，不但不能应擒，而反与我不利也。如将官卜捕盗贼，则以丙奇与天蓬，若此相断。差役卜捕窃贼，则以伤门与玄武，若此相断。弁勇卜捕盗贼，则以天冲与天蓬，若此相断。将官卜捕窃贼，则以荧惑与玄武，若此相断。将官卜讨叛逆，则以荧惑与太白，若此相断。元帅卜讨叛逆，则以天禽与太白，若此相断。是者只在学人临事区分，随机应断，而不可胶柱于一例可也。

彼地宫分临极远，我邦宫位在乡闾。

［注］彼地宫分者，即天乙四宫也。若太白、天蓬所临，则应在外界而与我不干。我邦宫位者，即地乙四宫也。若太白、天蓬所临，则应在内界而与我有关者。决贼远近而言也。

侵我与我同一处，

［注］客克于主，则谓他来侵我，必与我相见，故曰同一处也。

侵彼与彼遇当途。

［注］主克于客，则谓我去寻他，而与他相见，故曰遇当途也。

欲探消息从丁下，要察贼藏觅蓬朱。

［注］要探贼人底细，从现时天丁而出；要察贼人藏密，从现时蓬玄而

往，则其机可以知，而其密可以防也。

三隐宫中兵可伏，阴私惟有此方虞。

[注] 九地、六合、太阴，谓之三隐，则兵可埋伏、私可作用之地也，并贼可备伏、私可防作之处也。而为将者，不可不知此也。

白克生荧逢贼易，

[注] 太白克荧，贼必易见，但须防之不测。太白生荧，贼更易见，但须待之获益。故云于是也。

荧生克白眼中无。

[注] 荧惑克白，贼必难逢，但须任之徒劳。荧惑生白，贼更难逢，但须备之失利。故云于是也。

二将相克终见阵，

[注] 天禽为主将，天蓬为客将，主将克客将，我必求战于他；客将克主将，他必求战于我，则应两军决意交锋。故曰是也。

二将相生两情符。

[注] 客将生主将，彼必遗贿于我。主将生客将，我必交好于他。则应两军决意相持。故曰是也。

我克于他我军胜，他克于我我军屠。

[注] 主克于客，主军胜而客军败。客克于主，客军胜而主军负。前知胜负，而为将者则不可不明矣。

我军若被时干克，紧急提防速设弧。

[注] 我军士之宫，若被时干克制，宜谨慎提防而整顿器械，以应于彼才是。故云是也。

要悉贼来左右路，先将白虎仔规摹。

[注] 要知贼来从左从右，须看白虎在后在前。在后者从右，在前者从左，同我者，从中而定之可也。至左近右远，右近左远，左东左西，右东右西，左南左北，右南右北，亦可如此而决哉。其卜平人自何路而来，只以六合在时干左右前后详断，则不必然矣。

自己休咎寻命下，忌时刑克喜生扶。

［注］欲问自己或吉或凶，则从自己年命宫与时干宫生克决之而定。大抵生扶命宫皆属之吉，刑克命宫皆属之凶也。

游戏篇第十四

闲暇无事观中五，偶然射覆把时标。

八门形象九星色，类聚五行立刻昭。

［注］闲暇作戏射覆，以验术理精粗，则稽察地盘中五所值而决诸。偶然诚心射覆，以视术中玄妙，则详考天盘时干宫所值而决诸。以八门断其体像，九星辨其颜色，九神征其妍媸，奇仪类聚定其五行，而始无误焉。

火旺为金衰从火，金囚坐木木镂雕。

火胎化土多砖瓦，土旺为石类黄硝。

金衰磁器兼石性，水死为泥土共调。

水强为火兼生木，木旺发花带火苗。

金若旺兮遭火炼，木如衰朽变灰焦。

土囚为粪相为土，斟酌五行道自超。

［注］火旺则炼金（旁注：金成），故属金（旁注：受克必成金）。火衰则固本，故属火。金坐木宫为囚，多镂刻之木（旁注：木成美物）。木坐水宫为旺（旁注：本性增益），多锦绣之文。木旺生花而带火，得生者则属布帛。金强增辉而带水（旁注：强则变生他），受克者则经陶冶。木衰朽烂，灰燋如土。火胎变化，瓦土砖石。（反复究之，如瓦土砖石内必有火，他则如推。注意胎字。得成胎。细研。）土旺时则性坚，非金石即属磺硝（旁批：反复究之，如瓦土砖石，内必有火。他则如推。注意胎字，得成胎，细详）。金衰时则性弱，非磁石即为铅铁。水入土宫为死，则化像为泥；土入水宫为囚，则变质为粪。聊备数则，告诸同志，在临事斟酌，随机揣度，能不拘拘于字义版格，则某之幸也。

出行须把正时量，祸福吉凶个里藏。

生命为吉克命否，临方与我仔猜详。

［注］出行须择正时，察所往之方与命宫损益决之。大抵以生扶我者为

吉，克泄我者为否；递生我者为吉，递克我者为否也。

欲问临方何所见，要将往处细参详。

门玩品貌男和女，星审流人短与长。

神应所为何等事，干稽其尚那般装。

手携身束门常应，只要临时心不遑。

大地乾坤全羁此，漫推悔吝判休详。

[注] 出门克应，盖得临时、临宫取断。以八门决其品貌男女之象，九星决其颜色邪正之人，九神征其所为，奇仪验其所装。至于手携身束、吉凶悔吝，多应于门，亦多应于神。只在临时取断，随方指证，不可拘拘于版格也（旁批：灵静、真诚、活用）。

[眉批] 此一条，要详研静细断准确。从出门克应，至不拘板的一段。再详研静断以下说的实事，令熟妙，以应实事，真为最上。此事题怎断能准，他一切事也能准应确。

[行批] 又自己与他人都是出门，对见之应验确实细研。自己出门所见所应，自己在家静坐那，见他人出门上这来，皆应验。

[眉批] 临事心不遑最主要。

[注] 如春分九局，己，庚辰时，有客问东南克应，计辰时正二刻起行。予曰：四里内当遇妇人于街上趋走，以阴私事开口欲讼，有二差人持刃，祈为巫祝劝解。客返，面告：果验。叩之理，予对曰：东南者，巽也，得辛加壬为进茹格，乃趋走之象，值惊门迫宫，乃斗口之象，天冲旺动，在通衢之象。太阴迫位，必阴私之象。客：然哉言也。但二差人持刃祈为巫祝为劝解者，何也？予对曰：时干宫得庚加辛，成罹伐格，乃刃器之象，开门迫宫，乃差役之象，天芮受制为病神，为巫医，螣蛇旺生，为祈祷，为妖异，乃祈为巫祝之象。以两宫相扶，而震当旺令，故断之劝解之象。问客闻之，俯首拜谢曰：诚哉是理也，诚哉是理也。予随录之告诸同志，临事之际，作一小补云尔。

[释] 庚辰时　庚空

春分中元　阳九局　甲戌己　未申酉空

值符天蓬星在 2 宫　值使休门在 7 宫

相宫		胎宫		没宫
	官丁丑　比 乙太阴 天冲辛子 合惊门壬丑	孙壬午　妻 壬九地 天任乙巳 天伤门戊午	妻乙亥　母 丁值符空 天蓬己戌 蛇中门庚亥	
旺宫	鬼丙子　时 丙螣蛇 天芮庚亥 阴开门辛子	父戊寅　孙 戊六合 天辅壬丑 勾生门癸寅	比庚辰　官 庚太常空 天心丁卯 朱休门丙辰	死宫
	比辛巳　鬼 辛朱雀 马天柱丙辰 地死门乙巳	财甲戌　父 癸九天 天英戊午 值杜门己戌	母己卯　子 己勾陈 天禽癸寅 常景门丁卯	
废宫		休宫		囚宫

［**注**］余屡征之时干、年命之宫，各有三应。如天盘之干应已往之事，即心中所谋求者；人盘暗甲应当时之事，即心中所无聊者也；地盘之干应将来之事，即心中概无着者。何也？天盘谓之已发出，人盘谓之始萌芽，地盘谓之无形象者也。

大凡外宫得有（旁写：旺动）动、用（旁写：用神）之会和者，谓之得天时。内宫得有动用之会和者，谓之得地利。支宫得有动用之会和者，谓之得人和。又月宫干支会和者，谓之得天时。日宫干支会和者，谓之得地利。时宫干支会和者，谓之得人和。

［**眉批**］支宫，即本时应用当值之暗干支，同应有之值使门。

矫生弱冠丧严亲，浪迹江湖避海滨。
不理经营求道术，屏除俗事效幽人。
枚占闹市三千日，穆卜垂帘十一春。
不觉苍霜欺绿鬓，谁知白云洒青纶。
堪怜世业因他荡，可惜居身为此贫。
幸遇天真孙大老，才能福祸眼前陈。

［**注**］此序自学术卖卜，至得诀明道，不下十数余年，而辛苦备尝，饥寒几历，竟使神惫体弱形槁，才至于是。而学者可不三思乎？

［**按**］闹市，李藏本作“開市”，营口本作“鬧市”。按《宣统海城县

志》："平生特立独行，与世不苟合，遂以卜隐于世，推测多奇中。日得千钱，足以自给，即闭肆下帘，陶然读书自乐，有严君平风"。则子阳先生大隐隐于闹市无疑，故此处从营口本作"闹市"。

从我仙师授玉篇，忧虞悔吝始知先。

浮言浪泄天机密，妄语掀翻道法玄。

懵懂狂歌陈醉后，浑然乱句语窻前。

不妨造物之相忌，只管山人写妙诠。

［**注**］此序自明道之后，其直指祸福，泄漏天机者，不胜掌记。又且笔之于纸，著之成书，而不被造物所忌，未闻有几。故录于此，以告诸同志，谈笑之间，有关天地秘密者，可不戒慎也哉！

（奇门遁甲枢要终）

第八章　遁甲括囊集校释

遁甲括囊集序

汉刘歆谓："阴阳家流，凡一十三门。"予见者则否矣。盖太乙、奇门、六壬，谓之三式；高弧、勾股[①]、推步[②]，谓之二算；日月、星辰、云气、风角、四时，谓之五占；相都城、相宅墓、相人形、相字画，谓之四相；干支衰旺、从辰煞曜、七政四余、斗首元辰，谓之三造；五星四柱、暗藏纳音，谓之三命；灼龟、揲蓍、纳甲、演禽，谓之四卜；三指深沉、一针补泻，谓之二诊，斯乃阴阳家之大致也。况于至微至著，无见无闻，不可核数而指计者乎？又言之不胜言也。但在塾中，先君尝以经学教授，严禁旁求，以故他涂不敢稍涉。

弱冠，先君谢世，戚戚忧心，欲读无资，欲学无就，随于斯道日渐进焉。竟至日求日悴，愈进愈迷，冬不炉，夏不扇，寝不就枕，食不甘味，如涉大川，茫无畔岸。慈亲每有酷读之怜，荆妻复献乏油之困，徒使望洋兴叹，得不惜哉！奈太乙、奇门、相宅、相墓、观星、望气、七政、五行、推步、卜易、百家诸子之学，又属癖块，[③] 惟生置辽东，寡于闻见，及所读者，于数术在天文仅《蒙求》会意，勾股则《周髀》割图；风角则《管窥辑要》之载，云气则《乾坤变异》之述；地理则《青乌》、《葬书》，蒋大鸿、范寅旭、章仲山、尹一勺、周景一、沈六圃所定之经；医术则《伤寒》、《金匮》、《千金》、《外台》，喻嘉言、徐洄溪、黄坤载、陈修园、陆懋修、王孟英所正之文；推步则穆尼阁、倪月培之真原，卜筮则《火珠林》、

① 高弧、勾股：历算中常用名词。常用于天体运行的推算。

② 推步：推算天象历法。古人谓日月转运于天，犹如人之行步，可推算而知。

③ 癖块：中医名词。在中为痰饮，在右为食积，在左为血积。此处比喻研习术数之学之难，正如癖块之疾，难于消除。

《黄金策》之的旨；星命则《三命通会》、《五星集腋》、《命理约言》之《滴天髓》，相法则《麻衣大全》、《相理衡真》、《水镜集》之《铁关刀》；选择求之于《浑天宝鉴》、《选时造命》、《紫白全秘》、《协纪通书》。其他丛杂，不堪言计。至于孟氏、焦氏、京氏、虞氏、来氏、黄氏之《易》，《太玄》、《皇极》、《三易洞机》、[①]《卜法详考》之经，老子、庄子、关尹、文、列、《参同》、《悟真》、《慧命》、《玄要》之道，孙子、吴子、尉缭、鹖冠、黄石、李靖、戚公、曾公之兵，并姚广孝之三悟，刘慕农之六壬，诸葛武侯之《白猿经》，无不逐一考核。十数年之鸡窗，仿佛皆有所得。独太乙荒邃，尚有《金镜》、《秘书》、《指津》、《宝鉴》，崔浩、应廷吉之引证；而奇遁一书，虽有《秘籍》、《统宗》、《传心》、《古本》、《五总龟》、《元灵经》数袠，大抵皆《钓叟歌》之余粕，人云我云，一般觔两，从无溯本求源，直指元微之奥。

予于庚午季夏，游暇廛市，见多人环睹，因而探之，乃都城新来卜者邹妙峰也，演奇门术耳。见其布置，与诸书迥别；询其所学，乃《遁甲演义》、《奇门明鉴》、《吾学编》、《阐秘前编》数种而已。既而购求，查其布置，颇多合法；征其断验，亦有偶中。然于我师所授十八字真诀，不啻天壤之远，况夫七十二课目也乎！夫我师者，乃南极星君也，托名本原，道号天真，于丙子仲秋同天纲先生往拜宫阙，授以《木炁秘论》，不独包涵超凡入圣之元，抑且直指济困扶危之妙，岂止发前人之未发，传遁甲之未传而已哉！得之者三生有幸，陆地升遐。用之小，可以指引迷途；用之大，可以匡王勘乱。予本庸材，谬承教诲，欲为抱璞，誓有明言，随援笔结撰俚言七篇，藏诸名山，纳之石室，以公同志。虽不敢相合符契古人，然于子房、诸葛、郭景纯、郁离子，倘神游而见之，未必不点头暗笑。

是为序。

光绪二十三年（1897）岁次丁酉荷月中秋伏二日

辽东澄州卓卓子矫晨熺子阳甫自序于通化县帽儿山之公寓

---

① 机，原文如此。当作“玑”。

遁甲括囊集上卷

辽东海城　龙伏山人矫晨煊子阳甫撰

门人陈玉书一清甫正

第一章

大道原从天地数，黑白分方隅。

[注] 天一地二，天三地四，天五地六，天七地八，天九地十，即天地之数也。戴九履一，左三右七，二四为肩，六八为足，五黄居中，即方隅之位也。

[释] 所谓天地之数，从一至十，奇数一三五七九为天数，偶数二四六八十为地数。方隅指东南西北四正方，东南、西南、西北、东北四隅方，奇门遁甲用洛书九宫，戴九履一，左三右七，二四为肩，六八为足，五黄居中。

一消一息阴阳判，动静在虚无。

[注] 阳消则阴息，阴消则阳息，天地之间无过此消息而已。周子曰："无极而太极，太极动而生阳，静而生阴"，天地之间又不过此动静而已。盖消息动静无不自虚无中来者，老子故曰："有生于无"，又曰："虚而不屈，动而欲出"。

[释] 息，意为孳生增长。"阳消则阴息，阴消则阳息"，指阴阳之间此消彼长的过程，天地之间无过此消息而已。动为阳静为阴，阴阳动静皆从虚无中来，周敦颐曰："无极而太极，太极动而生阳，静而生阴"，亦即老子所谓："有生于无"。老子曾把阴阳动静、有无比喻成风箱："天地之间，其犹橐龠乎？虚而不屈，动而愈出"，意思是天地之间，不正像风箱一样吗？虽里面空虚却不会穷竭，越是排除，它风量越多。看似虚无，实则里面蕴藏着无限的有。

子半午前进阳火，午后退阴符。

［注］《参同契》曰：春夏据内体，自子至辰巳；秋冬当外用，自午讫戌亥。正所以发明自子至巳为阳，自午至亥为阴也。原夫丹家炉火，以活子时而进阳火，活午时而退阴符，大抵准诸此耳。

［释］以时令而论，春夏属阳，阳气从微渐盛，渐至极盛；秋冬为阴，阳气渐衰而阴渐盛，渐至极盛；以一天而论，从子至巳为阳气渐盛、渐至极盛，从午至亥为阳气渐衰而阴气渐盛、渐至极盛的过程，正如《参同契》所言："春夏据内体，自子至辰巳，秋冬当外用，自午讫戌亥，正所以发明自子至巳为阳，自午至亥为阴也"。内丹家练小周天功讲究活子时，以阳气萌动时为子时，此时开始运气上行至泥丸宫，此为进阳火；到气机充盈且完成进阳火功夫之时称为活午时，开始退阴符，很像十二地支从阳微渐盛到阴微渐盛的过程。

八节都归廿四气，顺逆运灵枢。

［注］冬至坎，立春艮，春分震，立夏巽，夏至离，立秋坤，秋分兑，立冬乾，谓之八节。冬至坎一统小寒坤二、大寒震三，立春艮八统雨水离九、惊蛰坎一，春分震三统清明巽四、谷雨中五，立夏巽四统小满中五、芒种乾六，谓之阳遁，顺行九局。夏至离九统小暑艮八、大暑兑七，立秋坤二统处暑坎一、白露离九，秋分兑七统寒露乾六、霜降中五，立冬乾六统小雪中五、大雪巽四，谓之阴遁，逆行九局之二十四气也。

［释］奇门遁甲中，先将二至、二分、四立共八节分配给八卦，每卦统三个节气，恰好三八二十四个节气，分布一周。冬至坎，立春艮，春分震，立夏巽，夏至离，立秋坤，秋分兑，立冬乾，谓之八节。冬至坎一统小寒大寒，立春艮八统雨水惊蛰，春分震三统清明、谷雨，立夏巽四统小满芒种，谓之阳遁，顺行九局。夏至离九统小暑、大暑，立秋坤二统处暑、白露，秋分兑七统寒露、霜降，立冬乾六统小雪、大雪，谓之阴遁，逆行九局之二十四气。

一气三元上中下，拆补日相须

［注］一气者，即承上文言之，二十四气也。每气皆有三候，即上中下之三元也。如冬至以一七四，小寒以二八五，大寒以三九六，立春以八五

二，雨水以九六三，惊蛰以一七四，春分以三九六，清明以四一七，谷雨以五二八，立夏以四一七，小满以五二八，芒种以六三九，为阳局之一起也。夏至以九三六，小暑以八二五，大暑以七一四，立秋以二五八，处暑以一四七，白露以九三六，秋分以七一四，寒露以六九三，霜降以五八二，立冬以六九三，小雪以五八二，大雪以四七一，为阴局一起也。凡上一字为上元，中一字为中元，下一字为下元。每元五日，每气十五日，故一气有三元也。二十四气，共有七十二元，亦即五日为一侯，共有七十二候也。盖以甲己日干值子卯午酉日支为上元，值寅巳申亥日支为中元，值丑辰未戌日支为下元。当换节气日时，察甲己二日下系上中下何元？如在上元，则即以此交节日时定为上局。如在中元，则即以此交节日时定为中局。如在下元，则即以此交节日时定为下局。每局六十余时，无论何时交节交气，即以此交节气时拆之。夫拆自上局者则以上局补之，拆自中局者则以中局补之，拆自下局者则以下局补之，故曰：拆局、补局。他书以积日以成闰月，积时以成闰奇；节前值甲子、甲午、己卯、己酉四日者为超神，气后值甲子、甲午、己卯、己酉四日者为接气，当交节气之日值甲子、甲午、己卯、己酉四日者为正受，较于此，似大相径庭。至于山西罗声远传有诸葛武侯羽扇图，言以交节气日即认为上元上局，逾六十时为中元中局，又逾六十时为下元下局；挨至芒种、大雪之下，倘积时有差，则为闰奇。较与池本理之论，又不啻霄壤，何则？是缘不知上古圣人授时之法，皆自甲子年甲子月甲子日甲子时天正冬至为算首也。故太乙数至我国朝光绪二十年岁次甲午，共积一千空一十五万五千八百十一年。如推年前冬至，以月法日法闰法归除之，则癸巳年十一月十四日冬至，则必是壬辰日也。大抵皆自此甲子始矣。予既为蠡正，以俟高明。

夫天地之大本者，气也。气既来，而万物随之所以起。气已往，而万物随之所以伏。盖当来之气，万物未有不发生者；当往之气，万物未有不收敛者；天地之间，只此气而已矣！一消一息，万化备具，未有越出其范围者。况于奇门一学，乃数术中之最有理义者乎！古圣先王法消息盈虚，冬至后而衍为阳遁，阳遁中有阴局在焉；夏至后而衍为阴遁，阴遁中有阳局在焉。于斯顺之逆之，以十五日有奇，分为三候。五日一侯，共准三元。自甲子为首，癸亥为止，周而复始，终无了息。以之宫移度改，分秒殊情，节气盈缩，花甲乖离，所以不尽以甲子为元首，癸亥为元尾也。岂有今本气已至而局不交，气未来而局先换；节前为超，节后为接，积时以成闰奇之论乎？似此以伪乱真，大失根本，欲求响应，其得能哉？

[眉批] 超神者，节之前也。节气者，气之后也。凡超神之在前，则气应亦必在前，如未交春而春气至也。凡接气之在后，则气应亦必在后，如已交秋而夏气仍存也。夫春气者，即东风解冻，蛰虫始振，獭祭鱼，候雁北，而先立春见之者是也。夫秋气者，如凉风至，白露降，寒蝉鸣，鹰及祭鸟，而后立秋见之者是也。故先见者，则气必在超，后见者，则气必在接，以故谓之超神接气也。是以仍以上局为主，次中局，又次下局矣。至于正授者，即值节气之日而逢上局也。因之积时以成闰奇，在芒种、大雪之下耳。光绪癸卯年十二月望日，因夫气之验而记。子阳又笔。

[释] 一气者文所言之二十四气，每气皆有三候，即上中下之三元。奇门定局时，冬至一七四，小寒二八五，大寒三九六，立春八五二，雨水九六三，惊蛰一七四，春分三九六，清明四一七，谷雨五二八，立夏四一七，小满五二八，芒种六三九，以上皆为阳局。夏至九三六，小暑八二五，大暑七一四，立秋二五八，处暑一四七，白露九三六，秋分七一四，寒露六九三，霜降五八二，立冬六九三，小雪五八二，大雪四七一，皆为阴局。每组三个数字中，第一字为上元，第二字为中元，第三字为下元。每元五日，每气十五日，故一气有三元。二十四气，共有七十二元。亦即五日为一侯，共有七十二候。

调和六甲仪为配，三奇列九区。

[注] 六甲者，甲子、甲戌、甲申、甲午、甲辰、甲寅也。以甲子配戊，甲戌配己，甲申配庚，甲午配辛，甲辰配壬，甲寅配癸谓之六仪也。既以戊己庚辛壬癸为仪，则乙日之帝出乎震，丙月之齐乎巽，丁星之相见乎离。甲木之归藏于戊，仅可以乙丙丁谓之三奇也。盖奇者阳也，仪者阴也。阳者升也，阴者降也。易无阴不生，无阳不长，奇与仪亦阴阳之道耳。

准三奇六仪之九干布河图洛书之九畴以正其位，以成其名，则遁甲之名由是出；八门之位由是定，君臣于是而分，夫妇于是而别，化育之功成而生育之德备矣。阴符经曰："八卦甲子，神机鬼藏"其谓之此乎？

［释］六甲指甲子、甲戌、甲申、甲午、甲辰、甲寅。以甲子配戊，甲戌配己，甲申配庚，甲午配辛，甲辰配壬，甲寅配癸，此为六仪，简称戊己庚辛壬癸为六仪。乙为日奇，丙月为月奇，丁为星奇，此为三奇。奇为阳，仪为阴，阳升阴降。无阴不生，无阳不长，奇与仪亦阴阳之道。三奇与六仪共九个天干，分布于河图洛书九宫，九宫配以八卦，八卦演化出八门，三奇、八门、六甲遁于六仪之下，此三点恰是奇门遁甲名称之由来。

中五八门当使者，值符六仪呼。

［注］休、死、伤、杜、五、开、惊、生、景，谓之八门，即直使也。蓬、芮、冲、辅、禽、心、柱、任、英谓之九星，即直星也。当以休蓬配坎，死芮配坤，伤冲配震，杜辅配巽，五禽配中，开心配乾，惊柱配兑，生任配艮，景英配离为直使、直星之所起，而于遁局之甲子戊、甲戌己、甲申庚、甲午辛、甲辰壬、甲寅癸之六仪，与直星并行，谓之直符。《参同契》云："月节有五六，经纬奉日使"，其此之谓乎。

［释］休、死、伤、杜、五、开、惊、生、景，谓之八门，为值使。蓬、芮、冲、辅、禽、心、柱、任、英，谓之九星，为值星。以休蓬配坎，死芮配坤，伤冲配震，杜辅配巽，五禽配中，开心配乾，惊柱配兑，生任配艮，景英配离，此为值使、值星之所起。而于遁局之甲子戊、甲戌己、甲申庚、甲午辛、甲辰壬、甲寅癸之六仪，与值符九星并行，谓之值符。关于八门值使、九星值符、六仪，详见《奇门遁甲鸣法》注释。

阳自左边循次转，阴从右边趋。

［注］此承上章冬至后用为阳遁，夏至后用为阴遁之阳九局、阴九局而言也。即如冬至一局所布者，甲子戊在一宫，乙在九宫，丙在八宫，丁在七宫，甲戌己在二宫，甲申庚在三宫，甲午辛在四宫，甲辰壬在五宫，甲寅癸在六宫，顺布六仪，逆布三奇也。如夏至九局所布者，则甲子戊在九宫，乙在一宫，丙在二宫，丁在三宫，甲戌己在八宫，甲申庚在七宫，甲

午辛在六宫，甲辰壬在五宫，甲寅癸在四宫，逆布六仪，顺布三奇也。

[释] 阴遁阳遁如何飞布六仪三奇，详见《奇门遁甲鸣法》注释。

每符皆有阴阳使，来往两交输。

[注] 按《古经》有“天乙直使，起宫异所，直门相冲”之语。王氏璋注曰：“天乙直使，起宫异所。直门相冲者，谓阴阳二遁，各有二使。假令冬至后阳遁一局，阳使初起一宫，阴使则初起九宫；夏至后阴遁九局，阴使初起九宫，阳使则初起一宫。故曰“起宫异所”。至于冬至后阳遁一局，阳使则初起休门直事；阴使则初起景门直事。夏至后阴遁九局，阴使则初起景门直事，阳使则初起休门直事，故曰“直门相冲”。

予见《神应经》所载：每遁、每局、每六甲符头皆有二使。如阳遁一局，甲戌己值符在二宫，以死门为直使，乃阳使也，阳使顺飞，对二宫者是八宫，对死门者是生门，则以生门为阴使也。阴使逆飞。盖每宫皆有阴阳二使之两门也，则以所直者为明，对宫者为暗。沈阳史补堂先生引而申之曰：按今之用遁者，自冬至以后一百八十二日六十二分半，历子午之东部，阳气用事，惟用阳使。夏至以后一百八十二日六十二分半，历子午之西部，阴气用事，惟用阴使。《古经》云：“冬至后用阴使，夏至后用阳使，则鬼神隐伏之机，运于无形，布于无象，有所不见，以俟后人”，其斯之谓乎。

[释] 注意，阳使、阴使是矫先生在《括囊》中提出的新概念，前面《鸣法》、《衍象》、《枢要》中均未涉及。此新概念并非矫先生空穴来风凭空自创，而是来自他对古书和前人用法的一种领悟。矫先生根据《奇门古经》有“天乙直使，起宫异所，直门相冲”之语，又据王璋所作注释：“天乙直使，起宫异所，直门相冲者，谓阴阳二遁，各有二使。假令冬至后阳遁一局，阳使初起一宫，阴使则初起九宫。夏至后阴遁九局，阴使初起九宫，阳使则初起一宫，故曰‘起宫异所’。至于冬至后阳遁一局，阳使则初起休门直事；阴使则初起景门直事。夏至后阴遁九局，阴使则初起景门直事，阳使则初起休门直事，故曰：‘直门相冲’。”又根据《神应经》所载，每遁、每局、每六甲符头皆有二使，如阳遁一局，甲戌己值符在二宫，以死

门为直使，乃阳使也。阳使顺飞，对二宫者是八宫，对死门者是生门，则以生门为阴使也，阴使逆飞。沈阳史补堂先生引而申之曰：按今之用遁者，自冬至以后一百八十二日六十二分半，历子午之东部，阳气用事，惟用阳使。夏至以后一百八十二日六十二分半，历子午之西部，阴气用事。惟用阴使。《古经》云“冬至后用阴使，夏至后用阳使，则鬼神隐伏之机，运于无形，布于无象，有所不见，以俟后人”。据上述诸条启示，矫先生于是悟出这样一点：每宫皆有阴阳二使，地盘旬首宫之门为明使，其对宫为暗使。明使阳顺阴逆，暗使阳逆阴顺。

干加符兮支加使，星神同一途。

[**注**] 干者，即甲乙丙丁戊己庚辛壬癸，地盘上之十干也。甲隐戊下。凡六甲之时者，皆加于戊上，故曰“遁甲”。支者，即自六甲直符之宫，顺逆飞去之子丑寅卯辰巳午未申酉戌亥之十二支也，亦即暗支。支中所藏者即暗干，又名飞干。假如阳遁一局甲子戊直符，戊辰时，而以休门为阳使，景门为阴使，蓬宿为直星，以甲子戊一宫顺数，甲子在一，乙丑在二，丙寅在三，丁卯在四，戊辰在五，而以休景二门加于其上，即谓之直使加时支也。又察地盘戊字在一宫，即以蓬宿直星。甲子戊率九神同加于一宫之上，即谓之直符加时干也。他局仿此。

[**释**] 关于如何飞布九星、八门、天盘奇仪、天盘神，详见《奇门遁甲鸣法》注释。

阳遁阳星阳使顺，阴使右边铺。

阴遁阴星阴使逆，阳使顺逶迂。

[**注**] 冬至后十二气为阳遁，则阳使顺行，阴使逆行。夏至后十二气为阴遁，则阴使逆行，阳使顺行。至于九星，亦同二使。史补堂所著《吾学编》业已发明，但先生于阳遁止传阳星阳使顺飞，而阴使未之详也；于阴遁止言阴星阴使逆飞，而阳使未之指也。他如“避五”一法，仍属囫囵。直使至中五，犹同俗论。未免于起例一端，稍有疵疠，大抵亦甘石望、陈畊山之一俦耳。不知中五直符于阴阳二使皆有左右两途，乃为主客避五之定章。他书无论阴阳二遁，皆顺宫飞布者。及池本理，无论阴阳二遁皆顺

宫挨去者，则与我大相径庭矣。此乃有顺即有逆，有阴即有阳。假如阳遁九局，甲子戊直符，英宿直星，景门直使，用丙寅时。甲子九宫，乙丑一宫，丙寅二宫。地盘所布者，戊在九宫，己在一宫，庚在二宫，辛在三宫，壬在四宫，癸在五宫，乙在八宫，丙在七宫，丁在六宫，谓之地盘直符也。又以直符之神加九宫，塍蛇一宫，太阴二宫，六合三宫，勾陈四宫，太常五宫，朱雀六宫，九地七宫，九天八宫，谓之地盘九神也。于是以直使景门加于时支寅上，景是阳使顺行，二宫是景，三宫是休，四宫是死，五宫是伤，六宫是杜，七宫是五，八宫是开，九宫是惊，一宫是生，谓之人盘阳使也。阳使为主。又以直使对宫休门为阴使，而加阴一局时支丙寅上，阴使逆行，休在八宫，死在七宫，伤在六宫，杜在五宫，五在四宫，开在三宫，惊在二宫，生在一宫，景在九宫，谓之人盘阴使也。阴使为客。次则以甲子戊加地盘丙奇时上，戊在七宫，己在八宫，庚在九宫，辛在一宫，壬在二宫，癸在三宫，乙在六宫，丙在五宫，丁在四宫，谓之天盘直符也。又以英宿加于地盘丙奇时上，阳星顺行，英在七宫，蓬在八宫，芮在九宫，冲在一宫，辅在二宫，禽在三宫，心在四宫，柱在五宫，任在六宫，谓之天盘九星也。再以直符之神加于七宫时干丙上，顺宫飞去，塍蛇在八，太阴在九，六合在一，勾陈在二，太常在三，朱雀在四，九地在五，九天在六，谓之天盘九神也。如斯则布奇门毕矣。

国朝高泽先生撰有《奇门秘诀》，谓自坎至巽左半为阳，其星其门皆属阳而顺飞；自离至兑右半为阴，其星其门皆属阴而逆飞。顺为阳星阳使，以休、死、伤、杜、开、惊、生、景，蓬、芮、冲、辅、禽、心、柱、任、英也。逆为阴星阴使，以景、生、惊、开、杜、伤、死、休，英、任、柱、心、禽、辅、冲、芮、蓬也。然而虽分来往两途，终若此则休生伤杜、蓬任冲辅为阳星阳使，景死惊开、英芮柱心为阴星阴使必矣。是顺行一路，其于葛洪、史补堂之论皆不相合符。

又有《秘传》，以甲子戊、甲寅癸、甲辰壬为阳符，无论阴遁阳遁直使乘之，皆顺飞九宫。如休在二而死在三，伤在四，杜在中，五在六，开在七，惊在八，生在九，景在一之类也。以甲午辛、甲申庚、甲戌己为阴符，无论阴遁阳遁直使乘之，皆逆飞九宫。如景在八，休在七，死在六，伤在中，杜在四，五在三，开在二，惊在一，生在九之类也。谓有阴必有阳，有顺必有逆。如六壬家有阳贵人、阴贵人顺行、逆行之分，太乙家有阳局顺布，阴局逆布之例，天文家五星有顺行、逆行之度。至于主客二使，均以对宫区别。大抵我阳符而彼在宫为阴，我阴符而彼在宫为阳。我顺则彼逆，我逆则彼顺，亦颇有近理，以质高明。

《道藏·三丰全集》载《九皇经》，谓九星乃上应北斗，为摩利支天斗母元君之九子。其一曰英，二曰任，三月柱，四曰心，五曰禽，六曰辅，七曰冲，八曰芮，九曰蓬，皆象列宿天左旋，照斗柄所指，从无逆飞九宫之理。予度之，及验之，乃确乎不拔之论。

他书又言，八门直使皆须顺飞九宫，于阳遁乃步步进行，与阴遁乃步步退行。进行者，如阳遁一局，乙丑时则休在二，乙亥时亦休在二之类也。退行者，如阴遁九局，丙寅时景在七，丙子时亦景在七之类也。似此正如太乙行九宫法相合符契，然于史补堂之古课评则不相侔矣。

或问曰：三奇六仪皆属天干，无不以甲为首，何布之有殊乎？矫子阳曰：日出东而盛南，日在东而照西。所谓出于乙、盛于丙、极于丁者，此也。盖奇者，阳象，阳与阴违，况行之于明者乎？日没西而晦北，日在西而蔽东，所谓囚于戊己、没于庚辛、晦于壬癸者，此也。盖仪者，阴象，阴与阳错，况行之于暗者乎？原夫阴必有阳，阴无阳不生；阳必有阴，阳无阴不长。《易》言：“天地氤氲，万物化生，男女媾精，万物化醇。”化育之道，即阴阳之数也，是以一奇必有二仪以应之。夫所应者，大抵戊己应乙，庚辛应丙，壬癸应丁。讵非星月于日，百官于君，妻妾于夫之义乎？以故《易》阳画一而阴画二，人君子罕而小人众，事吉者寡而凶者多，得不天多淫雨，国多变乱，年多灾歉之义乎。不惟此也，日南行，地北去；天左旋，星右转；七政四凶，四余一吉；辰分十二，宿列廿八；局布三垣，帝归五座；乾三爻纯阳，坤六画纯阴；逆子倍于孝子，奸臣广于良臣，又讵非天地之应对人事之参差，万物之不齐而必然之理乎？况于奇门之妙，岂止明人物之情，申坤乾之道，泄造化之曲巧而已哉！

或问曰："三奇阳也，于阳遁而何逆布，于阴遁而何顺布？六仪阴也，于阳遁而何顺布，于阴遁而何逆布？且六仪于阴遁逆布似矣，而阳遁顺布，得不乖戾也乎？"矫子阳曰："善哉！问也！夫三奇即三阳之气也，六仪即六阴之气也。盖当阳运之时，气必自内而达于外，缘阴在外屈卷于阳，则阳不能不后行，以逊其屯难而渐渐试之伸也者；则阴不能不前行，以却其蒙昧，而渐渐使之舒也者。以逆者刚而顺者柔，乃阴顺于阳之义也。迨阴气舒畅，阳气发散；阳气振作，阴气潜伏，三奇于阳局而始化为逆，六仪于阳局而始变为顺。是以阳候之际，三阳在内，六阴在外，外气多和，内气多燥。和乃阴柔，是为阳所化也；燥乃阳刚，是为阴所激也。二气激搏，故仪必顺而奇必逆矣，讵非阳象之亢而不胜阴柔之义乎？在阴运之时，气必自外而阖于内，以阳在外，开放于阴，则阴不能不后行，而施其蒙昧，即渐渐使之卷也者；则阳不能不前行，以避其蹇困而渐渐试之藏也者。以逆者强而顺者弱，乃阳顺于阴之义也。及阳气凝聚，阴气凛冽，阴气振作，阳气潜伏，六仪于阴局而始变为逆，三奇于阴局而始化为顺。以故，阴候之时，六阴在内，三阳在外；外气多急，内气多缓。急则阳缩，是为阴所敛也；缓则阴长，是为阳所息也。二气消息，故奇必顺而仪必逆矣，岂非阴象之卑而不胜于阳刚之义乎？《青囊经》云：'阳以含阴，阴以含阳；阳用阴朝，阴用阳应'者，其斯之谓欤！"

市本以休生伤杜景死惊开而顺八卦用之，是缘不知八门之所出也。何则？盖八卦出自太极生两仪，两仪生四象，四象生八卦，而八卦位焉。八门出自洛书，戴九履一，左三右七，二四为肩，六八为足，五黄脊背，而八门位焉。以故，八卦与八门，虽同而实异。夫八卦止有八方，以四正四维而无中位。八门乃有九宫，以四正四维而有中宫，且开休生三门出自三白，故皆大吉。死出自二黑，中本五黄，故皆大凶。伤于三碧，杜于四绿，惊于七赤，故为次凶。独景门自九紫，所以又为次吉焉。于是奇门一家，星必用九星，神必用九神。门虽八而加中五，若天子巡狩，百官从之；干数十而遁甲一，若三才布列，九品分焉矣，故必须飞九宫也。不然，何必以一连二，二连三，三连四，四连五，五连六，六连七，七连八，八连九；

九连八，八连七，七连六，六连五，五连四，四连三，三连二，二连一，如太乙之行九宫矣乎？若用八门，而直使之支，何不以一挨八，八挨三，三挨四，四挨九，九挨二，二挨七，七挨六，六挨一，一挨六，六挨七，七挨二，二挨九，九挨四，四挨三，三挨八，八挨一，依次而排之？又何必自直使本旬起时支之宫，阳顺阴逆而飞布也哉？似此时支既飞，三奇六仪亦飞，独八门九星寄此藉彼而挨位顺排，岂足以为后世法耶？

八门之谬，惟市本为尤甚。夫八门既为直使，即有阳顺阴逆，进退之分，而何求时之法依于九宫进退，而直使之起又从九宫顺逆，则分布之法何竟有直使在宫作休生伤杜景死惊开者论乎？即如阳遁一局，甲子直符，休门直使，甲子在一，乙丑在二，丙寅在三，丁卯在四，盖休门之所在也，而他门竟不随休门所布，以至有休在一而生在八，休在二而生在七，休在三而生在四，休在四而生在九之弊焉。然则休门直使既得顺九宫飞入，而生门何不能如休在一而生在二，休在二而生在三，休在三而生在四，休在四而生在五之论耶？似此直使自有直使之行，八门自有八门之布，及言生必须对死，杜必须对开，休必须对景，惊必须对伤，具纵横十五之数，岂不与直使之行九宫大相径庭哉？要之，诚不足信矣。夫彼止知胶对之说，不识进退之理，乌可与同日而语？予故以奇门诸书概为伪传，是以定焉。休死伤杜五开惊生景之顺逆飞布活盘，以公同世，惟要同志细揣，自能有得，何则？夫休在一则死在二，休在二则死在三，休在九则死在八，休在八则死在七，不过顺逆其九宫之位耳。以直使顺进则八门亦顺进，直使逆退则八门亦逆退，从无紊乱不伦之弊，更无首从无序之咎，所以胆敢以告于世之知奇门者，然亦不可遵史补堂超五寄二之说，则庶几近矣。

寄宫之说，阳遁当寄四，阴遁当寄六，而寄二八者非也。何则？以阳使顺行而杜门入中宫，阴使逆行而开门入中宫，故以寄四六为是。然而终不如不寄为妙。夫何言哉？以阳使顺行，譬以五为直使，则五在中也；阴使逆行，如以五为直使，亦五在中也。若五为直使之时，讵非唐宗之越海，宋祖之征西，虽小国强梁，亦难冲其锋锐。夫《古经》所言“避五”者，其此之义乎？盖五不但避于所在之宫，即直符在五，而用五为直使者，此十时更宜避之。以直使在五，而二使同主，顺之逆之，只是天子出狩，臣民力不能撄，经故曰“避五”。

［释］请注意，《括囊》的起局方法与以前《鸣法》、《衍象》、《枢要》诸书有重大改变，其中，除了上面提出的明使、暗使概念之外，在九星、八门的飞布上面也有重大变化。以前的九星八门，无论阴遁阳遁，均为顺飞；到了《括囊》这里，九星和八门，阳遁顺飞，阴遁则要逆飞。矫先生的原注用了较长篇幅讨论坊间奇门各种不同起局方法，有飞盘转盘、寄宫不寄宫、顺逆等等，均有讨论，有兴趣的读者可仔细研读。

两象絪缊成万化，飞布是规模。

卅六宫中奇耦辨，方知德不孤。

［注］两象者，即阳一象，阴一象，顺一象，逆一象。究竟即阳本顺而有逆一象，阴本逆而有顺一象，两象絪缊，而万物始化醇矣。然而知此两象，则必须飞布三奇六仪，九星八门，循其规模，而始无讹谬。其他剪成十八局，以三盘轮转者，则何曾梦见。殊不知其十八局，乃十八甲子时课耳。至于局本十八，今言三十六宫者，以阳九而亦有阴九在内，阴九则阳九又在其中矣。知此则阴阳始能分别，否则终是依样葫芦。

右第一章，释入式起例之纲领。

［释］两象者，即阳一象，阴一象，顺一象，逆一象，引进暗使概念之后，阳本顺而又有逆一象，阴本逆而又有顺一象，阴阳两象，阳中有阴、阴中有阳，两象絪缊，交错变化，则各种奇妙局面自此而出。三十六宫指阴阳遁各九局，共十八局，但每局皆有顺逆两种飞布之法，阳九而亦有阴九在内，阴九则阳九又在其中，故称三十六宫。

以上为第一章，提纲挈领地讲解了起局的关键诀窍点。详细研究，可参阅《奇门遁甲鸣法》一书之注释。

第二章

休水婚姻多喜庆，悽悽死不虞。

捕猎伤门寻震路，巽杜塞通衢。

五主乖违宜退守，开门望名誉。

惊乃口舌生财货，离景作文书。

［注］戴九履一，左三右七，二四为肩，六八为足，五黄在背，洛书之数也。故坎配一白，休门主之。休者，喜神也，主婚姻歌唱和美庆贺之事。坤配二黑，死门主之。死者，吊客也，主凄惨死亡悲泣不虞之灾。震配三碧，伤门主之，猎兽捕鱼者而一朝可获。巽配四绿，杜门主之，韬光匿迹者于四路无踪。中配五黄，皇极之位，五门出入，退守为宜，故《经》言“避五”也。乾配六白，开门主之，不但阀阅门楣，亦可名驰寰海，谒贵者宜之，见官者责焉。兑配七赤，惊门主之，妇人口舌，须防女子，猜疑难免，斗殴者避也，擒讼者宜矣。艮配八白，生门主之。生者，财神也，奇珍异宝，堆成富贵之家，故货财殖焉。离配九紫，景门主之。景者，翰士也，赤字朱文，上应图书之府，乃文在兹乎。虽人事之繁露多端，而用神自丝毫不爽。

史补堂曰：八门素本八卦，乾为天门，阳气之始，宜辟，故曰开。巽为地户，阴气之始，宜阖，故曰杜。坎居正北，阳刚中实，休美内涵，故曰休。离当正南，盛满中虚，景光外发，故曰景。成言乎艮，斗柄回寅，于时为春，万物皆生，故曰生。致役乎坤，斗柄指申，于时为秋，万物皆死，故曰死。震东方也，向明甲折，元气剖泄，故曰伤。兑西方也，金行所触，剥落揫敛，故曰惊。门号有八，气止一元，乾坤其易之门耶。

［按］八门本出洛书而气通八卦，若谓出自八卦则非矣。以乾健何以言开？坤顺讵可言死？震，动也，动则有丧有得。兑，悦也，悦岂有惊有喜？以坎之陷，乌得为美？当离之丽，有景堪瞻？艮止，何以谓生？巽入，几能成杜？似皆不以卦为凭矣。大抵顺八节之气，尽消长之理则是也。《易》云：“帝出乎震，齐乎巽，相见乎离，致役乎坤。说言乎兑，战乎乾，劳乎坎，成言乎艮”，其有似相符者乎？

［释］本节讲八门所主，休门婚姻喜庆，死门主凄惨悲泣、不虞之灾，伤门主狩猎捕鱼，杜门主闭塞不通、深藏不露，中五门主无门可出、退守为宜，开门主通达、宜见官求名，惊门主口舌、斗殴、猜疑，生门主财货、奇珍异宝，景门主文字、彩饰。

矫先生认为，八门所主出自洛书九宫，而非来自八卦。有兴趣的读者可以认真通原注。

蓬主盗贼芮多病，冲星是武夫。

巽为风伯禽飞鸟，天心药宝珠。

柱则雨师任五谷，英花美且姝。

[注] 夫九星者，皆自八门而来也。名虽异而义同，理固一而事变。乃若天蓬以觇盗贼而骤雨作焉。天芮以卜瘟疫而障雾兴焉。雷之起处看天冲，亦应投充武士。风之来地责天辅，更兼世外神仙。将帅天禽，谁谓指挥无定处。家禽异鸟，详观凶吉莫移时。至于珠玉天心，亦乃丹砂药饵。雨霖天柱，还看雪霰冰雹。祈谷于天任兮，小民望岁，亦望云霓。散花于天英兮，女子修妆，更修章句。斯乃上悬天象，下考人情；是诚天心之易见，无怪天道之不言也。

史补堂曰：北斗为天之喉舌，九星昼夜运行，斡旋造化奇门。既下八方，上符璇玑，其九星之名义尊号，故皆取象于草木。贪狼在坎，一阳初动，如蓬始生，故曰蓬。左辅在艮，三阳开泰，物皆任养，故曰任。禄存在震，木皆勃发，其势若冲，故曰冲。文曲在巽，夏木成林，如相辅比，故曰辅。右弼在离，草木繁茂，英华尽发，故曰英。巨门在坤，秋令初行，草木衰杀，故曰芮。破军在兑，金风陨泽，木皆干立，故曰柱。武曲在乾，冰坚木老，生意内敛，故曰心。廉贞在中，飞寄坤宫，无有定位，如鸟之翔集于林木，故曰禽。

[按] 九星命名之义，史补堂论者颇恰其理，然于羽扇图所载蓬字子禽，贪狼水德星君，赤身披发，跣足四臂，一手执剑，一手执戟，一手执皂旂，一手执印。宜守城防边、争讼对簿事。芮字子威，巨门土德星君之余，朱冠介胄，右手执戈，左手执印，印涌黄云，宜交易和合事。冲字子耀，禄存木德星君，青巾青袍，右手执剑，左手执印，印涌青云，宜攻城破敌事。辅字子青，文曲水德星君之余，金冠绣铠，右手执戟，左手持印，印召风雷，宜婚姻修造事。禽字子公，廉贞土德星君，黄巾金甲，坐骑黄龙，右手执剑，左手执印，印涌五色，光照八极，宜祭祀、埋葬、婚姻、

移徙、上官、求财事。心字子襄，武曲金德星君，披发银铠，右手执杆，左手执印，目运金光，口吐黑云，宜婚姻、移徙、隐遁、远行事。柱字子韦，破军金德星君之余，素袍银铠，白马长矛，左手执印，印涌白云，宜固守堤防事。任字子中，左辅土德星君之余，朱衣貂蝉，双幢前引，配剑垂绅，顶涌青云，宜登坛干谒事。英字子然，右弼火德星君，朱冠蝉翼，坐骑火龙，右手执剑，左手执印，印涌真火，遍烧三界，宜战斗争讼事。凡每星直时用事，存想真形，默呼其字，日久通灵，自然拥护。揣其理大谬，用其事颇然，似与史氏之说，不啻霄壤。然史氏以天禽寄二，若鸟之飞集于林木而无定所，尤无理之致。何则？不闻乎《阴符经》曰："禽之制在气"。斯禽星居中临制八方，而他八星无不被其控制，故《神应经》以为大将军比也。高明审诸。

［释］九星所主，天蓬以主盗贼、骤雨，天芮主瘟疫、障雾，天冲主雷电、武士，天辅主风、世外神仙、将帅，天禽主主帅、家禽、异鸟。天心主珠玉、丹砂、药饵、雨霖，天柱追杀雪霰、冰雹，天任主祈谷、丰歉、云霓，天英主花朵、女子修妆、文书章句。

［眉批］一本：贪属木，巨属土，禄书土，文属水，廉属火，武属金，破属金，辅属土，弼属土。

符乃元戎蛇怪异，阴私绿野居。

媒妁逃亡合是主，勾斗争田闾。

狂风战阵皆观虎，太常酒食娱。

贼窃玄神弄嘴雀，地藏养太初。

九天用武当前进，天下可匡扶。

［注］《羽扇图》曰：直符为天乙贵人，临六七八宫宜谒贵求财，临三四宫宜扬兵耀武，临二五宫宜埋葬、婚姻，临一九宫宜求谋百事。《奇门大全》曰："为诸神之元首，九星之领袖，因名直符。"其体属火，其干为甲。其神所到之处，百恶消散，万凶寂灭。所畏者太白庚金并入墓之宫。至于螣蛇则丁火之精也，其性柔，口毒，其梦寐惊恐，专司怪异、回禄、妖蛊、反覆、羁留之事也。太阴则辛金之化也，宜私约交通，喜隐匿暗昧，专司

妾妇，全身避害，欺蔽埋藏之事也。六合者，乙木也。乃阴阳合和，隐匿逃亡，专司交易、牙人、营谋、婚姻、媒妁之事也。勾陈者，戊土也，乃阻塞、阴滞，叛亡、遗失，专司牢狱、斗争、田土、残害、损伤之事也。白虎则庚金之精，兵戈之主，专司杀伐，统辖道路，非疾病则死伤，不损伤则争斗。玄武乃癸水所化，盗贼之主，专司掠劫，惯行曲径，不水溢即阴谋，非逃亡必偷窃。夫朱雀者，乃祝融之氏焉，丙火之精也，专司文明，通达音信。得第者名登金榜，失时者讼至公庭。所谓口舌之神者，诚然有之。太常者，则庖厨之神矣，壬水所化也，专司宴乐，尝诵歌淫。当时者旨酒羊羔，失位者悲凄忧戚。所谓祭祀之主者，不误焉。惟九地为六甲之终，坤土所化，下司黄泉，上隐幽宫，潜形匿迹，腰劫伏兵者为利也。九天为六甲之始，乾金所化，上通九霄，下照九州，耀武扬威、厉兵选士最宜焉。《奇门阐秘》以直符、九地、太阴、六合、勾陈、九天、螣蛇、朱雀、太常为九神，飞布九宫，又因其所纳，照其所属，而以坎配为水阵之天阵、天遁，坤配为陆阵之地阵、地遁，震配为行阵之云阵、云遁，巽配为止阵之风阵、风遁，中配为太极之中央、人遁，乾配为潜阵之龙阵、龙遁，兑配为扬阵之虎阵、虎遁，艮配为主阵之蛇阵、鬼遁，离配为客阵之鸟阵、神遁。要其情理虽在，无过多张名目，实与奇门无补。

［释］值符主元戎、元帅、头领，螣蛇主怪异、梦寐、反覆、羁留、妖蛊，太阴主阴私、绿野、欺蔽、埋藏，六合主媒妁、中介、逃亡，勾陈主田土、争斗，白虎主狂风、战阵、杀伐、死伤、争斗，太常主酒食、宴会、娱乐，玄武主盗贼，朱雀主口舌、火灾，九地主深藏、伏兵，九天主耀武扬威、选士练卒。以上是紧扣赋文所作的阐释，原注中尚有较多发挥。

丛林甲木直长柄，乙日在王都。

丙月明堂多窑灶，丁星玉女巫。

戊是天门己地户，庚霸赛匈奴。

屠宰辛金牢狱里，壬水近江湖。

癸则罗网华盖下，霖雨锦云铺。

［注］龙伏氏补曰：夫地理之化乃天机之触动。甲为直木，在丛林之

中，乙为太阳，临王都之地。丙月光辉，立明堂而修窑灶。丁星灿烂，伴玉女而起巫风。戊是天门而登天有路，己为地户而入地因时。赛匈奴之霸术，凛冽庚金。陷牢狱之横灾，宰杀辛命。壬为江湖，水派迢遥，直接乎天河。癸为网罗，霖雨旺动，便成夫华盖。信如是也。引而伸之，远取诸物，近取诸身，而用神具矣。静之则观阴阳之消息，而致知格物；动之则观卦爻之法象，而应变玩占。奉明命以周旋，述天理而时措，有不自天佑之吉无不利者乎？

[释] 十干克应，甲木为丛林、直而长、为柄；乙为树，亦为日奇，为王都；丙为月奇，为光辉、明堂、窑灶；丁为星奇，为玉女，为巫风；戊为天门，为山；己为地户，为沟渠、隧道涵洞；庚为霸道、威严；辛为牢狱、为横灾；壬为江湖、为大水；癸为网罗、霖雨、华盖。

[眉批] 世本奇门书以丙为勃，庚为格；勃逆乱，庚格隔。取丙为荧惑之炎烈、庚为太白之刚劲，皆主兵象。然虽如此，而其气大有不同者。

用在灵机神在我，真意不胡涂。

[注] 龙伏氏补曰：总之，事在于后，机兆于先。心随机而变化，神因事而感通。虽品物不能以枚举，而今古皆可以神通，夫亦尽其在我而已矣。真意者，即子阳先生之丹家黄婆，先天良知，后天良能，无声无臭，不作不为之元始一点灵觉也。

右第二章，释八门九星九神十干之所属所主，天文地理人物之用。

[释] 以上星、神、门、仪各自所主，仅列举基本意象数端，平时多观局玩象，临事捕捉灵感，灵活运用。

以上是第二章，讲的是八门、九星、九神、十干之所属所主，以及天文地理人物之用。

第三章

木火金水四时旺，月令气相宜。

[注] 春木、夏火、秋金、冬水、四季土，为四时之旺气。及正月甲、寅，二月乙、卯，三月戊、辰，四月丙、巳，五月丁、午，六月己、未，

七月庚、申，八月辛、酉，九月戊、戌，十月壬、亥，十一月癸、子，十二月己、丑；并春令木局，夏令火局，秋令金局，冬令水局，四季之月土局，皆谓之旺也。受月令生比者，皆谓之相也。旺相之时，皆为有气。凡有气者，吉事虽乘凶星、凶门，不至为咎；如吉星、吉门，又利莫大焉。惟凶事值凶星、凶门，则不吉矣。

［释］关于旺相，先记住各节气、月建、天干、地支五行，再看与月令、月份五行所生或比和者为旺相。就季节而言，春木、夏火、秋金、冬水、四季土为四时之旺气；天干五行，甲乙木，丙丁火，戊己土，庚辛金，壬癸水；地支五行，亥子水，寅卯木，巳午火，申酉金，辰戌丑未土。月建五行及所旺之干支，正月建寅，逢甲、寅为旺；二月建卯，逢乙、卯为旺；三月建辰，逢戊、辰为旺；四月建巳，逢丙、巳为旺，五月建午，逢丁、午为旺；六月建未，逢己、未为旺；七月建申，逢庚、申为旺；八月建酉，逢辛、酉为旺；九月建戌，逢戊、戌为旺；十月建亥，逢壬、亥为旺；十一月建子，逢癸、子为旺；十二月建丑，逢己、丑为旺。其中，戊在辰月、戌月均旺，己在未月、丑月均旺。

金水木火四时谢，月令气相离。

［注］春金、夏水、秋木、冬火，为四时之衰气，及正月庚、申，二月辛、酉，三月壬、戌，四月壬、亥，五月癸、子，六月甲、丑，七月甲、寅，八月乙、卯，九月丙、辰，十月丙、巳，十一月丁、午，十二月庚、未，并春金局、夏水局、秋木局、冬火局，皆谓之衰也。受衰神生者，皆谓之休也。受旺神克者，皆谓之死也。休、死之时，皆谓无气。凡无气者，凶事乘凶星，凶门，不至大凶。惟占病及升迁、行市、行人，则凶之至矣。吉事纵乘吉星、吉门，亦得待时而举。于营谋事，则皆不偕也。

［释］凡克制四时五行或月建五行者，皆为衰气。受衰气之生者为休，受旺气之克者为死。所以，春金、夏水、秋木、冬火，为四时之衰气。凡克月建之干或与月建对冲之支，皆为衰气。所以，正月庚、申，二月辛、酉，三月壬、戌，四月壬、亥，五月癸、子，六月甲、丑，七月甲、寅，八月乙、卯，九月丙、辰，十月丙、巳，十一月丁、午，十二月庚、未，皆为衰。衰、休、死之时，皆谓无气。凡无气者，凶事遇上凶星、凶门，

不至大凶。只有占疾病及升迁、行市、行人，大凶；如有吉事，纵乘吉星、吉门，亦得等待时机。凡营谋诸事，均不吉。

万象都来归二九，吉凶全在兹。

[注] 此起下文万象者，指七十二课三百六十格也。盖七十二课皆出于十八局中，故曰“归二九”也。夫此十八局，非阳遁九局之阳使、阴使、阴遁九局之阴使、阳使十八局也，乃历圣口口相传，从未笔于简端。予三十五岁秋七月望，梦袁天罡先生引拜长生大帝，行弟子礼，以《木炁论》授之所指之十八局也。计星君曾嘱予之生平皆在于兹，近已知非年矣，犹落落江湖，回忆十八字口诀奥义不可独得，亦不可湮没终古，故胆敢尽星君之圣意，逐一笔出，以告当世之志奇门之学者，倘能畊心揣悟，自然有得。其吉凶之机，随象而解。讵非全在兹乎？

[释] 矫先生 35 岁那年，约 1876 年，梦见袁天罡引荐前去参拜长生大帝，行弟子礼，长生大帝授矫先生《木炁论》，其中有十八字真诀、七十二课。这十八个字全面概括了奇门遁甲判断诀窍，即上面歌诀中所言“万象都来归二九，吉凶全在兹”，二九十八，即指十八字真诀而言。十八字真诀为十八种格局，每种格局下面又细分为若干子格局，共 72 个子格局，名为七十二课。十八字真诀及七十二课具体内容见下。

一、伏——伏吟局：俟时、守穴

伏吟二卦固非一，符使辨公私。

守穴于门须待志，直符是俟时。

私情眷恋施脂粉，最怕公相欺。

[注] 甲子戊加戊，甲戌己加己，甲申庚加庚，甲午辛加辛，甲辰壬加壬，甲寅癸加癸谓之“直符伏吟”，名曰“俟时”，公也。休加坎一，死加坤二，伤加震三，杜加巽四，黄加中五，开加乾六，惊加兑七，生加艮八，景加离九谓之“八门伏吟”，名曰“守穴”，私也。俟时者，乃圣贤在下位之象，须待志而举也。守穴者，乃龙蛇在蜇藏之时，要待时而动也。然则守穴终可尽小人之欢，而待潄进栉以乐我家庭，终有眷恋之情；而俟志则不然，上为权倖所迫，下为小人所耻，孑立孤身而无依无辅，动心忍性以慎终慎始，诚非大英雄不能为也。是处虽八而不无俗务拨弄，品虽立仍不

免若辈欺凌，可不惜哉？如二卦并见，则守之为上。

［释］十八字真诀第一字为伏，即伏吟局。伏吟中又分值符伏吟、八门伏吟两课，值符伏吟称作“俟时格”，八门伏吟称作“守穴格”。

俟时格为公，守穴格为私。甲子戊加戊，甲戌己加己，甲申庚加庚，甲午辛加辛，甲辰壬加壬，甲寅癸加癸谓之“值符伏吟”，名曰“俟时”，公也。休加坎一，死加坤二，伤加震三，杜加巽四，黄加中五，开加乾六，惊加兑七，生加艮八，景加离九谓之“八门伏吟”，称作“守穴”，私也。

俟时格乃圣贤在下位之象，须待志而举，等待时机之意。守穴格乃龙蛇在蛰藏之时，要待时而动，亦是等待时机之意。然而守穴为私，可守在自家安乐窝之中，尽小人之欢，以乐我家庭，终有眷恋之情。而俟时格则不然，上为权佞所迫，下为小人所耻，不免俗务拨弄、宵小欺凌，孤立无援，无依无辅，需动心忍性，慎终慎始，非大英雄不能为也。如既见值符伏吟又见值使伏吟，则守之为上。

二、反——反吟局：家反、不果、还阳、降泽、悖亲、不仁

反吟六卦当思古，家反内生悲。

九星不果何攸往，降泽钓江隈。

生上还阳凶变吉，悖亲坏幕帷。

不仁上乃贼于下，颠倒意徘徊。

［注］休加离，死加艮，伤加兑，杜加乾，开加巽，惊加震，生加坤，景加坎，谓之“八门反吟”，名曰“家反”。蓬加九，芮加八，冲加七，辅加六，心加四，柱加三，任加二，英加一，谓之“九星反吟”，名曰“不果”。若夫甲寅癸加甲申庚，甲午辛加甲子戊，以下生上者，乃反吟之名曰“还阳”也。甲申庚加甲寅癸，甲子戊加甲午辛，以上生下者，乃反吟之名曰“降泽”也。甲辰壬加甲戌己，以下克上者，乃反吟之名曰“悖亲”也。甲戌己加甲辰壬，乃反吟之名曰“不仁”也。夫家反者则家庭啾唧，不果者则情意徘徊，还阳者若死而复苏，降泽者如甘霖下沛，悖亲者忤逆而忘恩，不仁者刚愎而越礼。君子于反吟之际，当反观自省，屏扫前非，小人则自用矣。

［释］十八字真诀第二字为反，即反吟局。反吟又分为家反、不果、还阳、降泽、悖亲、不仁等六课。休加离，死加艮，伤加兑，杜加乾，开加

巽，惊加震，生加坤，景加坎谓之“八门反吟”，称作“家反”。蓬加九，芮加八，冲加七，辅加六，心加四，柱加三，任加二，英加一谓之“九星反吟”，称作“不果”。甲寅癸加甲申庚，甲午辛加甲子戊，庚金生癸水，以下生上者之反吟称作“还阳”。甲申庚加甲寅癸，甲子戊加甲午辛，以上生下之反吟称作“降泽”。甲辰壬加甲戌己，以下克上之反吟称作“悖亲”。甲戌己加甲辰壬，上克下之反吟称作“不仁”。

家反者则家庭啾唧、争吵不安，不果者则情意徘徊、难以修成正果，还阳者若死而复苏，降泽者如甘霖下沛，悖亲者忤逆而忘恩，不仁者刚愎而越礼。遇反吟格，君子当反观自省，屏扫前非，小人则仍刚愎自用。

三、进——进局：倾泰、协力

进者前行当前进，还看进所之。

倾泰真阳全诚尽，协力步云梯。

成局成方宜大举，气惫忌翔飞。

［注］戊加己，己加庚，庚加辛，辛加壬，壬加癸，乙加丙，丙加丁，谓之“进局”。进者，己加庚，辛加壬，乙加丙，乃进而生下者也，名曰“倾泰”。夫倾泰者，正是日盈则昃，月盈则亏，如泰卦上九“城复于隍”之象。且夫掘隍垒土，积而成城，今守以自怠，不暇修补，而城土颓土巳——复反为隍，岂不是在上者无法，而在下者去义乎？又如修道之士，真阳脱泄，元精亏损，“晋如鼫鼠贞厉”者也，虽进而相时可耳。至于丙加丁，戊加己，庚加辛，壬加癸者，乃进而比助者也，名曰“协力”。盖协力者，我与他人共力也。正如范文正公与韩魏公，协力据西，而夏元昊闻之投诚。故《边上谣》曰：“军中有一韩，西贼闻之心骨寒。军中有一范，西贼闻之惊破胆”。要之，亦互相资助之义耳。则晋卦之六五，“悔亡，失得勿恤，往吉，无不利”，乃进局之可进者也。诗云：“二人同心，其力断金”，其此之谓乎？然而凡当进局之时，若得三合成局，一面成方，值旺相之际，而羽檄并举，则一战必克。如在休囚，惟宜俟志，毋须妄进。

［释］十八字真诀的第三字为进，即进局，进局下面又细分为倾泰、协力两课。戊加己，己加庚，庚加辛，辛加壬，壬加癸，乙加丙，丙加丁谓之“进局”。己加庚，辛加壬，乙加丙，进而上生下者，称作“倾泰”。倾

泰者，正是日盈则昃，月盈则亏，如《泰》卦之上九“城复于隍”之象。隍是无水之城壕，掘隍垒土，积而成城。今守者懈怠，不暇修补，而城土颓圯复反为隍，为在上者无法，而在下者去义之象。又如修道之士，真阳脱泄，元精亏损。正如《易经·晋·九四》“晋如鼫鼠，贞厉”所言，虽欲进而胆小如鼠。所以，倾泰课实际上不是真正可进之课，需待时而进。丙加丁，戊加己，庚加辛，壬加癸者，乃进而比助者也，称作“协力”。协力者，我与他人共力也。正如北宋范仲淹与韩琦协力据西夏，元昊闻之投诚。边上谣曰：“军中有一韩，西贼闻之心骨寒。军中有一范，西贼闻之惊破胆”，两者协力、互相资助以成大事。如《晋》卦之六五“悔亡，失得勿恤，往吉，无不利”。协力课乃进局之可进者。《诗》云：“二人同心，其力断金”。然而凡当进局之时，若得三合成局，或一面成三方会局，或值旺相之际，而羽檄并举，则一战必克。如在休囚，惟宜俟志，毋须妄进。三方会局指寅卯辰会木局，巳午未会火局，申酉戌会金局，亥子丑会水局。

四、退——退局：荣归、偕归

退者后行须勇退，且审退之基。

偕隐山林真有趣，衣锦看荣归。

虽然成格休前进，迅速掩柴扉。

［**注**］己加戊，庚加己，辛加庚，壬加辛，癸加壬，丙加乙，丁加丙，谓之“退局”。退者，庚加己，壬加辛，丙加乙，乃退而生上者也，名曰“荣归”。正如大臣致仕，二疏归田，上有厚赉，下有躬迎而携币衣金以谢亲谊，亦即节卦：六四，安节亨之义耳。若夫己加戊，辛加庚，癸加壬，丁加丙，而上下比者，名曰“偕归”。乃如管宁邴原同疾曹氏而避地归辽，李膺，郭泰畏其党锢而同舟返里，正当《遁》卦九五，“嘉遁贞吉”之象。虽居元位，而结庐山畔，垂钓江限，亦退之至乐者也。至于退局而成方会局，亦宜好遁效君子吉，毋为小人否耳。

［**释**］十八字真诀的第四字为退，即退局，细分为荣归、偕归两课。己加戊，庚加己，辛加庚，壬加辛，癸加壬，丙加乙，丁加丙谓之“退局”。庚加己，壬加辛，丙加乙，退而下生上者，称作“荣归”。己加戊，辛加庚，癸加壬，丁加丙，而上下相比和者，称作“偕归”。荣归之课，衣锦还

乡之意，亦即《节》卦六四，“安节亨”之义。

偕归，意思是与志同道合者一起归隐，乃如管宁、邴原，两人皆不满曹氏而避地归辽。据《魏略》记载，汉末三国时期之华歆、邴原、管宁三人同学，各有才名，被时人并称为“一龙”，其中华歆是龙头，邴原是龙腹，而管宁是龙尾。

又如南朝时期李膺、郭太，因畏党锢而同舟返里，恰似《遁》卦九五“嘉遁贞吉”之象。据《后汉书》，南朝时期，太原界休人郭太字林宗，出身贫寒，但他积极好学，到处游学。游学到洛阳见到河南尹李膺。李膺十分喜欢与他交往，一时传为佳话。后来郭太要回家，京师很多学者来送行，郭太只与李膺两人乘船而行，送行的人说他们像一对神仙。若遇荣归、偕归之格，虽居高位，而结庐山畔，垂钓江隈，亦隐退之至乐。若退局而成方会局，虽然成方会局预示势力强大，但亦宜好自为之，效君子隐遁乃吉，不宜效小人营谋。

五、间——间局：塞前、阻后、凌云

当中隔一为间局，要详间是谁？

后有拥扶因阻后，塞前前睽违。

涂逢驿马凌云去，凿破亦光辉。

［**注**］戊加庚，己加辛，庚加壬，辛加癸，乙加丁，丙加戊，谓之“前间局”。前间者，上生下也，名曰“塞前”。癸加辛，壬加庚，辛加己，庚加戊，戊加丙，丁加乙，谓之“后间局”。后间者，下生上也。名曰“阻后”。若午见申，子见寅，卯见巳，酉见亥及戌见申，辰见寅，未见巳，丑见亥，虽谓间局，下乘驿马，乃虽有小人阻挠其间，而间隔不能，值冲间神之日，事竟告成。故名曰“凌云”。当间之时，正如成王退省，周公摄政，君臣不能同出，而管叔、蔡叔散布流言以行间谍也。至管蔡遭诛，周公还政于成王，则是凌云之象矣。至于塞前者，又似京君明不得行其术，文中子不能进其辞。阻后者，则似岳武穆不能立其功，杨椒山不得成其名，中被权幸阻挠，以至事体败坏，而君上不悟也。悲夫，君子于间之时，要知上下交征，大臣护位，小臣护禄，虽有龙韬虎略，中为所间，亦无用于

时也。

［释］戊加庚，己加辛，庚加壬，辛加癸，乙加丁，丙加戊，天盘与地盘干之间顺数恰好间隔一字，谓之“前间局”。前间者，上生下也，称作“塞前”。癸加辛，壬加庚，辛加己，庚加戊，戊加丙，丁加乙，天盘与地盘之间倒退数去而中间恰好间隔一字，谓之“后间局”。后间者，下生上也，称作“阻后”。若午见申，子见寅，卯见巳，酉见亥及戌见申，辰见寅，未见巳，丑见亥，虽谓间局，然下乘驿马，虽有小人阻挠其间，而间隔不能，值冲间神之日，事竟告成，故称作“凌云”。这里矫先生提出了一个断应期的诀窍，即凌云格时，冲中间间隔之字时为应期，午见申，中间隔着未，冲未之时为丑，故丑为应期，同理子见寅则未为应期，卯见巳则戌为应期，酉见亥则辰为应期，戌见申则卯为应期，辰见寅则酉为应期，未见巳则子为应期，丑见亥则午为应期。

当间局之时，正如成王退省，周公摄政，君臣不能同出，而管叔、蔡叔散布流言以隔阂成王与周公。至管蔡遭诛，周公还政于成王则是凌云之象。周成王（公元前 1055 年—前 1021 年），姓姬，名诵，周武王之子，是西周第二代国王。灭商后的第二年，周武王病逝，13 岁的儿子姬诵即位，周公姬旦辅佐成王。先前，武王病重时，周公旦曾去祭祀，为武王祈祷，写下一个简书，放在盒子里面。后来管叔和蔡叔对周公进行诬陷，说盒子里藏的简书是诅咒武王早死、周公自己篡权的内容。后来成王打开盒子，发现里面的简书上写的是周公愿代武王去死，而根本不是对武王的诅咒。后来，周公平定了管蔡之乱，待成王长大之后，还政于成王。

塞前格好似西汉时期易学大家京房不得行其术，又恰如隋代人称文中子的王通不能进其辞。京房从焦延寿学《易》，深得焦氏易学“真谛”。他把焦延寿以灾异讲《易》的做法推向极端，到处宣讲，并以之干政，使易学此一流派在当时声名显赫，对后世影响极大，以致人们把该派称为今文易学“京氏学”。他还发明一套《考功课吏法》，大约相当于今天的官员业绩考核办法，但遭到其他大臣的反对，未能推行。当时，中书令石显专权，石显的友人五鹿充宗为尚书令，二人把持朝政，与京房有矛盾。京房想除掉他们，在一次元帝召见他时，他趁机进言，先讲了一通帝王任人不当，会造成天下大乱，灾异横生，然后指出："《春秋》纪二百四十二年灾异，以视万世之君。今陛下即位以来，日月失明，星辰逆行，山崩泉涌，地震石陨，夏霜冬雷，春凋秋荣，……《春秋》所记灾异尽备。"他进一步指出：之所以出现这种情况，就是用人不当所致。这些话，令元帝悚然心动，连忙向京房打听错用的是谁，京房趁机提出："上最所信任，与图事帷幄之中，进退天下之士者是矣"，把石显、五鹿充宗端了出来。由此，石显、五鹿充宗等对京房更心怀怨恨。元帝接受了石显等的建议，把京房外放去做魏郡太守，让他在那里试点考功课吏法治，实际上是趁机把京房排除在王朝核心决策层之外。京房离京后，石显等借机罗织罪名，最终竟将其置于死地。

文中子（584－617）就是《三字经》"五子者，有荀扬，文中子，及老庄"中的文中子，隋代大儒，姓王名通，字仲淹，河东郡龙门县通化镇（今山西省万荣县通化乡）人，是一位教育家，谢世后，被门弟子私谥为"文中子"。王通累世业儒，儒学渊源深厚，祖、父辈都是有名的学者。王通15岁在学术界就有一定影响，20岁西游长安，谒见隋文帝，上《太平十二策》，受到文帝称赞，但未实行。后被任命为蜀郡司户书佐、蜀王侍读。不久弃官归里，不再出仕为官，一心从事著书立说，授课讲学。一生不辞辛苦，勤奋讲学，鞠躬尽瘁，死而后已。他的学生很多，"门人自远而至"，为国家培养了众多杰出人材，著名的弟子有后来成为唐代名相的杜如晦、温颜博等。王通的著作很多，代表作是《中说》，又名《文中子》，是模仿《论语》而作，据说是在他的门人记录和追忆的基础上整理而成的，其中记录了王通的言论、师生间的问答及弟子间的对话，共10篇。此外还有《续六经》，是模仿《六经》而作，已佚。

阻后者，好似岳飞不能立其功，杨椒山不得成其名，皆因其中有权奸幸臣阻挠，以至事体败坏而君上不悟。杨椒山（1516～1555），明代著名谏臣，兵部武选司员外郎。曾上《请诛贼臣疏》，奏劾严嵩十大罪状，被削职下狱。3年后，严嵩将其与死刑犯一起上报并处死。

遇到间局，虽有龙韬虎略，中为小人所间，亦无用于时也。君子要知上下交征，大臣护位，小臣护禄。

六、冲——冲局：射内、矢外

癸丁子午寅申见，逢冲两面开。

上克下兮为射内，阴贼外安排。

矢外原因下克上，萧墙起祸胎。

木金水火无多类，猖狂物自乖。

［**注**］甲庚，庚甲，辛乙，乙辛，壬丙，丙壬，癸丁，丁癸，谓之“冲局”。冲逢上克下者名曰“射内”，下克上者名曰“矢外”。射内者，祸自外来。如秦姚泓初立而刘裕率王镇恶等直抵长安，泓君臣无措，伏首迎降，以至身亡国灭。矢外者，如唐玄宗宠幸贵妃酿成安史乱作，以至幸蜀中道，而贵妃卒以身殉。若金木局之相冲，水火局之相射，则是会局之冲射也。当察其在主在客，值衰值旺，以决其休咎可也。

［**释**］甲庚，庚甲，辛乙，乙辛，壬丙，丙壬，癸丁，丁癸，谓之“冲局”，又分射内和矢外两课。冲而上克下者称作“射内”，下克上者称作“矢外”。射内者，祸自外来。庚甲、辛乙、壬丙、癸丁为射内；甲庚、乙辛、丙壬、丁癸为矢外。射内者，如秦姚泓初立，刘裕率王镇恶等直抵长安，姚泓君臣无措，伏首迎降，以至身亡国灭。姚泓（公元388年——公元417年），后秦文桓帝姚兴长子，十六国时期后秦政权最后一位君主。东晋权臣刘裕遣王镇恶、檀道济攻后秦，后秦姚懿乘机自立为帝，偷袭长安，不克，刘懿旋即败亡。但是刘懿之乱削弱了后秦的实力，南朝王镇恶军趁势攻入长安平朔门，击败秦将姚前，后秦末主姚泓投降，后秦国灭，姚泓被刘裕杀害。矢外者，如唐玄宗宠幸贵妃酿成安史乱作，以至幸蜀中道而贵妃卒以身殉。寅卯辰为木局，申酉戌为金局，亥子丑为水局，巳午未为火局。若金木局之相冲，水火局之相射，则是会局之冲射。当察其在主在客，值衰值旺，以决其休咎。

七、合——合局：钟情、伉俪、阳奉、尘羁

辰酉丁壬言合局，合惧犯疑猜。

钟情支合相交谊，私意属同侪。

伉俪干支偕和好，茶树不移栽。

面恰情浮阳伪奉，浪子串花街。

尘羁深恩无可却，人情壮士怀。

［注］甲子、乙丑，己巳、壬申，庚午、辛未，乃甲子旬之支合也。乙亥、戊寅，丙子、丁丑，壬午、癸未，乃甲戌旬之支合也。甲申、癸巳，庚寅、丁亥，乙酉、壬辰，戊子、己丑，乃甲申旬之支合也。甲午、乙未，己亥、壬寅，庚子、辛丑，乃甲午旬之支合也。乙巳、戊申，丙午、丁未，壬子、癸丑，乃甲辰旬之支合也。乙卯、壬戌，甲寅、癸亥，丁巳、庚申，戊午、己未，乃甲寅旬之支合也。凡支合者，名曰“钟情”。乃暗地交谊，私相约结之象，于中不但真意相委，抑且私情相约。若姜维之与钟会，虽称降而复背也，以私约后帝者在焉。至于戊戌、癸卯，甲辰、己酉，丙辰、辛酉，戊辰、癸酉，甲戌、己卯，丙戌、辛卯，是干支明暗相合，名曰“伉俪”。乃两情相恰，生死相许。如梁鸿之与孟光，有举案齐眉之好。伯牙之与子期，有高山流水之知。伯桃之与角哀，有生全死寄之许。及管子知我以鲍叔，诸葛倾身以先皇，至死不变也者。他如乙丑、庚午，丁卯、壬申，乙亥、庚辰，丁丑、壬午，乙酉、庚寅，丁亥、壬辰，乙未、庚子，丁酉、壬寅，乙巳、庚戌，丙午、辛亥，丁未、壬子，乙卯、庚申，丁巳、壬戌，虽属干合，而支皆悖谬，则名曰“阳奉”。若庞涓之与孙膑，苏秦之与张仪，公伯寮之愬子路，管幼庵之去华歆，皆类相聚而志相别，胸怀有贰。君子则曰相离，小人则曰相害也。其甲子、己巳，丙寅、辛未，丙子、辛巳，戊寅、癸未，甲申、己丑，戊子、癸巳，甲午、己亥，丙申、辛丑，戊申、癸丑，甲寅、己未，戊午、癸亥，不但干合，而且内藏金水木火相生之义，故名曰“尘羁”。夫尘羁者，盖人间事也。即君与臣，父与子，夫与妇，兄与弟，师与生，朋与友，皆人情之常，为人子分内之事，不可须臾离也。原夫以甲己为中正合，乙庚为仁义合，丙辛为威制合，丁壬为淫泆合，戊癸为无礼合，讵知甲己合因同甲子，乙庚合因同丙子之故欤？似此直如齐东之语，于吾师不论焉。

［释］十八字真诀的第七字为合，即合局，细分为钟情、伉俪、阳奉、尘羁等四课。

天地盘暗支逢六合者为支合，具体而言，甲子、乙丑，己巳、壬申，庚午、辛未乃甲子旬之支合。乙亥、戊寅，丙子、丁丑，壬午、癸未乃甲戌旬之支合。甲申、癸巳，庚寅、丁亥，乙酉、壬辰，戊子、己丑乃甲申旬之支合。甲午、乙未，己亥、壬寅，庚子、辛丑乃甲午旬之支合。乙巳、戊申，丙午、丁未，壬子、癸丑乃甲辰旬之支合。乙卯、壬戌，甲寅、癸亥，丁巳、庚申，戊午、己未乃甲寅旬之支合。

凡支合者，名曰“钟情”。乃暗地交谊，私相约结之象，不但真意相委，而且私情相约。若姜维之与钟会，虽称降而复背叛，因为姜维与蜀汉后主事先已经暗中约定好向钟会诈降。

戊戌、癸卯，甲辰、己酉，丙辰、辛酉，戊辰、癸酉，甲戌、己卯，丙戌、辛卯是干支明暗相合，名曰“伉俪”。乃两情相恰，生死相许，原注用五个典故来比喻这种关系。一，梁鸿与孟光举案齐眉的典故。《后汉书·梁鸿传》记载，梁鸿与妻子孟光夫妻恩爱，相敬如宾，梁鸿每次归家时，孟光备好食物，低头不敢仰视，举案齐眉。二，伯牙与钟子期高山流水知音之典故。据《列子》记载，伯牙善鼓琴，钟子期善听。伯牙鼓琴，志在高山，钟子期曰：“善哉！峨峨兮若泰山！”志在流水，钟子期曰：“善哉！洋洋兮若江河！”伯牙所念，钟子期必得之。三，羊左过命交情的典故。西汉《烈士传》记载一个感人的故事，战国时有左伯桃与羊角哀两人相识，结伴去楚国求见楚庄王，途中遇到了大雪天气，他们穿的衣服都很单薄，带的粮食也不够吃。左伯桃为了成全朋友，把衣服和粮食全部交给了羊角哀，自己则躲进空树中自杀。后世于是将友谊深厚的知心朋友叫做“羊左”。四，管子与鲍叔牙的深厚友谊。《列子·力命》：“生我者父母，知我者鲍子也。此世称管鲍善交也。”管仲和鲍叔牙之间深厚的友情，已成为中国代代流传的佳话。“管鲍之交”，用来形容自己与好朋友之间彼此信任的关系。五，诸葛亮对刘备忠心耿耿的典故，家喻户晓，兹不赘述。

他如乙丑、庚午，丁卯、壬申，乙亥、庚辰，丁丑、壬午，乙酉、庚寅，丁亥、壬辰，乙未、庚子，丁酉、壬寅，乙巳、庚戌，丙午、辛亥，丁未、壬子，乙卯、庚申，丁巳、壬戌，虽天干相合而地支皆悖谬，则名曰“阳奉”。此等关系恰如庞涓与孙膑，虽为同窗，却百般迫害；又好比苏秦与张仪，从无诚信可言；又如公伯寮在季孙氏面前告子路黑状；又恰似管宁与华歆割席断交。其中用到的典故，庞涓与孙膑皆为春秋战国时的军事家，二人同窗，一起拜鬼谷子为师学习兵法。庞涓后来出仕魏国，担任了魏惠王的将军，但是他认为自己的才能比不上孙膑，于是暗地派人将孙膑请到魏国加以监视。孙膑到魏国后，庞涓嫉妒他的才能，于是捏造罪名将孙膑处以膑刑和黥刑，砍去了孙膑的双足并在他脸上刺字，想使他埋没于世不为人知。后孙膑逃出魏国，投靠齐王，并计杀庞涓。苏秦与张仪皆为战国时期纵横家，两人主要活动时期虽然不处在同一时段，但一般以之为欺诈、毫无诚信可言的代名词而相提并论。公伯寮与子路是同学，两人共同服务于季孙氏，但公伯寮在背后告子路黑状，有人为此愤愤不平，要杀掉公伯寮，此事传到孔子耳朵里，孔子制止了这种过激行为。管宁与华歆割席断交的故事出自南朝宋刘义庆所撰《世说新语》。三国时期的管宁和华歆二人是非常要好的朋友和同学，由于管宁看不惯华歆对金银财宝和富贵奢华的态度，很失望，决定与华歆断绝朋友关系。管宁把他们一起坐着读书的席子割成两半，并痛心地对华歆说：“既然我们的志向和情趣不同，还是分道扬镳吧。从今后，我们就像这被割开的席子一样，再也不是朋友了”。此皆类相聚而志相别，胸怀有贰。君子则曰相离，小人则曰相害。

甲子、己巳，丙寅、辛未，丙子、辛巳，戊寅、癸未，甲申、己丑，戊子、癸巳，甲午、己亥，丙申、辛丑，戊申、癸丑，甲寅、己未，戊午、癸亥不但干合而且内藏金水木火相生之义，名曰“尘羁”。尘羁者，指尘世间羁绊之事，即君与臣，父与子，夫与妇，兄与弟，师与生，朋与友，皆人情之常，为人子分内之事，不可须臾脱离。一般所言甲己为中正合，乙庚为仁义合，丙辛为威制合，丁壬为淫逸合，戊癸为无礼合，岂知甲己合因同甲子，乙庚合因同丙子之故。子阳先生以为，似此之言俱为齐东之语，道听途说，毫无根据，与其师所传体系不同。

八、杂——杂局：郊疑、家疑、郊谍、家谍、标题、来朋、交远、迫主，逐客

丁己己丁原是杂，丙己亦跟随，

戊丁丁戊同其类，己丙则标题。

都来癸丙云郊谍，邻国生狐疑。

丙癸却为家谍课，庭下起休戚。

丁己郊疑宜守内，家疑外有为。

[注] 丙加己，丁加己，丁加戊，以上生下，名曰："郊疑"。己加丙，己加丁，戊加丁，以下生上，名曰："家疑"。夫此皆相生也，何以云杂？又何以云疑哉？以外象虽生，而内象皆具，水火同炉，金木交并，有不当生而生之象，所以云"杂"、云"疑"也。如甲子旬，丙寅之与己巳有贼害焉，丁卯之与己巳有交并焉，故指为错局而生疑耳。至于癸加丙，以上克下，名曰："郊谍"；丙加癸，以下克上，名曰"家谍"。郊谍者，外交激也。家谍者，内自残也。如甲戌旬之癸未、丙子，甲子旬之丙寅、癸酉，不独干克，而其支亦具仇害交并之象，所以亦名杂与谍焉。以其丙火之高明，癸水之渠下，有不当克而克者。君子于疑、谍之际，内宜慎于家庭，外宜谨于乡里。孔子曰"危行言逊"，孟子曰"行拂乱其所为"，其是之谓乎！

[眉批] 惟甲寅旬之丙辰、己未，己未、丙辰；上下二干相生，复内涵水木相资之情，则名曰"标题"，如士子之临场屋，虽置特下之等，而复翻然前列，文字一新，不独价高十倍，抑且金榜题名。《易》云："枯杨生稊，老父得其女妻"，义在此乎？

[释] 十八字真诀的第八字为杂，即杂局，细分杂局为：郊疑、家疑、郊谍、家谍、标题、来朋、交远、迫主，逐客等九课。丙加己，丁加己，丁加戊，上生下称作"郊疑"。己加丙，己加丁，戊加丁，下生上称作"家疑"。此皆上下相生，何以称杂？何以云疑？原来，矫先生不仅考虑天地两干之间的关系，还考虑各自所带地支的关系。他把天干之间关系称为外象，把地支之间的关系称为内象。这些杂局和疑局，外象虽有相生之义，而内象皆具相克之义，水火同炉，金木交并，有不当生而生之象，所以云杂、

云疑。如甲子旬丙寅之与己巳，虽然外象丙生己，而内象寅与巳互相贼害；丁卯之与己巳有交并，卯中藏有乙木，巳中藏有庚金，乙与庚是又相合又相克的关系，故指为错局而生疑。癸加丙以上克下称作“交谍”，丙加癸以下克上称作“家谍”。郊谍者，外面激荡冲突。家谍者，家内自残。如甲戌旬之癸未、丙子，甲子旬之丙寅、癸酉，不独干相克，而其支亦具仇害交并之象，所以亦名杂与谍。以其丙火之高明，癸水之渠下，而两者相克，此为不当克而克。君子于疑、谍之际，内宜慎于家庭，外宜谨于乡里。孔子曰：“危行言逊”，孟子曰：“行拂乱其所为”，大概说的就是这种情况。

［**眉批**］指出另外一种特例，甲寅旬之丙辰、己未，己未、丙辰，这两种情况下，上下二干相生，二支亦相生，有如内涵水木相资之情，则称为“标题”，如士子参与科举前，虽然成绩不好，但考场临时发挥，却名列前茅，文字一新，不独价高十倍，抑且金榜题名，正符合《周易》所说的：“枯杨生稊，老父得其女妻”之义。

乙壬壬乙虽然好，生来亦赫曦。

乙戊庚丁虽一类，逢时振羽仪。

来朋格是上生下，交远更情怡。

他人迫主突然入，逐客不称奇。

［**注**］乙加壬，壬加乙，乙加戊，戊加乙，丁加庚，庚加丁，乃杂局之有义者。夫杂局之上生下，名曰“来朋”。来朋者，如有朋自远方来也。马援去公孙述之与光武，李靖去杨素之与唐宗，《易》曰“大蹇朋来”。而下生上者，则名曰“交远”。交远者，即柔远人也。陆贽之往见张镒，程子至询问五经，《易》曰“往蹇来誉”。至于乙戊、丁庚而上克下者，乃名曰“迫主”。迫主者，若梁冀之与汉冲，司马之与魏元，陈元礼缢杀贵妃，魏忠贤杖毙万景。如下克上者，则曰“逐客”。夫逐客者，即杨大年之拂衣，不附丕休哉去也；李斯之阬儒，而师古者亡也。然虽如此，傥内得生合，稍具恩义，亦可以驾驭于上矣。

［**释**］乙加壬，壬加乙，乙加戊，戊加乙，丁加庚，庚加丁，乃杂局之有义者。夫杂局之上生下称作“来朋”。来朋者，如有朋自远方来也。马援

去公孙述之与光武。李靖去杨素之与唐宗。《易》曰：大蹇朋来。而下生上者，则称作“交远”。交远者，即柔远人也。陆贽之往见张镒，程子至询问五经。《易》曰：往蹇来誉。至于乙戊，丁庚而上克下者，乃称作“迫主”。迫主者，若梁冀之与汉冲，司马之与魏元，陈元礼缢杀贵妃，魏忠贤杖毙万景。如下克上者则曰逐客。夫逐客者，即杨大年之拂衣，不附丕休哉去也。讲的是北宋真宗时，朝廷刚刚制定了弥封、誊录等一套防范措施，就有关节之弊在科场上产生了。当时，有个叫杨亿的翰林学士，声名很高，在省试开号前夕，他特地招待来京应试的同乡举子。应邀前来聚会的考生个个兴奋不已，席间极尽阿谀奉承之能事，有的称颂杨学士诗名著天下，此次能当“文衡”（主考官），有的则直接请求杨亿给予“指导”。听到这些，杨亿勃然变色，口中边说“丕休哉”，边甩袖而去。“丕休哉”三个字出自《尚书》，是一句骂人的话。在场的同乡举子们，死脑筋的以为碰了钉子，聪明点的则听出话中有话。果然，数日后，几位卷子中用了“丕休哉”的考生都被录取了。李斯之阬儒，而师古者亡也。阬儒，即坑儒，又称“焚诗书，坑儒生”，西汉之后称“焚书坑儒”。秦始皇在公元前 213 年和公元前 212 年焚毁书籍、坑杀“犯禁者四百六十馀人”。“焚书坑儒”一词出处《史记·卷 121·儒林列传》的说法是“及至秦之季世，焚诗书，坑术士，六艺从此缺焉”。经常被“坑儒”观点引做证据的是《史记·秦始皇本纪》中秦始皇长子扶苏的话：“天下初定，远方黔首未集，诸生皆诵法孔子，今上皆重法绳之，臣恐天下不安，唯上察之。”西汉末孔安国（孔子 10 世孙）《〈尚书〉序》亦言：“及秦始皇灭先代典籍，焚书坑儒，天下学士逃难解散。”西汉刘向《〈战国策〉序》：“任刑罚以为治，信小术以为道。遂燔烧诗书，坑杀儒士”。

九、会——会局：灌顶、缺一、赴约、际会、类聚

戊壬庚丙局成会，会兮处处皆。

丁辛己癸同其象，并非是曲谐。

气足支全为贯顶，光辉万象佳。

动宫来会齐赴约，大举去无涯。

类聚成方当展力，缺一待时来。

日支凑合风云变，际会拔株荄。

曲直三春炎上火，百川润下该。

丑未戌辰云稼穑，从革是雄材。

［注］戊加壬、壬加戊，乙加己、己加乙，乙加癸、癸加乙，癸加己、己加癸，谓之一家。庚加丙、丙加庚，丁加辛、辛加丁，谓之一家。大抵止此两家也。两家相见，不过四象，故总谓之“会局”。夫乙、己、癸三字全者，名曰“贯顶”。贯顶者，气势足也。如当旺时，则即《乾》卦之上九“亢龙有悔”之象。如当衰时，则即《否》卦之上九“倾否，先否后喜”之象。若戊壬、庚丙、丁辛、乙己、癸乙、己癸二字见者，名曰“缺一”。缺一者，以待补也，若月之上弦而未望之义耳。即《兑》卦初九“和兑，吉”。若二字已备，而九宫之中有动而来会者，名曰：“赴约”。赴约者，如桓公之九合诸侯，汾阳之单见回纥，汉高祖之筵鸿门，关夫子之折孙权，即《临》卦六五“知临，大君之宜，吉”、《晋》卦六五“悔亡，矢得勿恤，往吉，无不利”之象。若二字仅备我，无动爻来会，得日支凑合者，名曰“际会”。如昭烈之顾卧龙，苻坚之请王猛，唐公之遇刘文静，明祖之逢郭子英，即《萃》卦“用大牲吉，利有攸往”、《豫》卦，“利建侯，行师”之象。其寅卯辰、巳午未、申酉戌、亥子丑成方局者，则名曰“类聚”。类聚者，同类相聚，同志相求也。若先帝之与关张，陈涉之与吴广，汉高之纵徒，田横之死士，皆谓之“聚”也。《易》云：“人以类聚”，若当其时，卒可成大事；若不当其时，亦可以立微名。他如曲直之木局，炎上之火局，从革之金局，润下之水局，稼穑之土局，亦不过《洪范》“曰雨，曰旸，曰燠，曰寒，曰风”之五者已备之类也。

［释］十八字真诀的第九字为会，即会局，细分为灌顶、缺一、赴约、类聚四课。戊加壬，壬加戊，乙加己，己加乙，乙加癸，癸加乙，癸加己，己加癸，谓之一家。庚加丙，丙加庚，丁加辛，辛加丁，谓之一家。大抵止此两家。两家相见，不过四象，故总谓之会局。乙己癸三字全，称作“贯顶”，气势足之意。如当旺时，则即符合《乾》卦之上九“亢龙有悔”

之象，并非全吉，实乃过犹不及。如当衰时，则即《否》卦之上九“倾否，先否后喜”之象，先凶后吉。若戊壬、庚丙、丁辛、乙己、癸乙、己癸，其中任意二字出现，名为缺一，缺一以待补成局，好比上弦新月即将逐步成为十五的满月。即《兑》卦初九“和兑，吉”，意思，是和合、吉利。若二字已备，而九宫之中有动而来会者，称作“赴约”。赴约者，如齐桓公九次召集诸侯会盟，郭子仪之单骑见回纥，汉高祖赴宴于鸿门，关羽单刀赴会面折孙权，即有《临》卦六五“知临，大君之宜，吉”之象。“知”通智。以聪明才智来领导，是伟大君主最适宜的统治之道，吉。有《晋》卦六五“悔亡，矢得勿恤，往吉，无不利”之象，意为悔恨消失，不需顾虑失与得，只管一往直前，吉，无不利。

若我仅有二字，无动爻来会，得日支来凑合者，称作“际会”。如刘备之三顾卧龙，苻坚之请王猛，唐公之遇刘文静，明祖之逢郭子英，即《萃》卦“用大牲，吉，利有攸往”、《豫》卦“利建侯，行师”之象。

寅卯辰、巳午未、申酉戌、亥子丑成方局者则称作“类聚”，寓意同类相聚，同志相求。先帝刘备与关张，陈涉之与吴广，汉高之纵徒，田横之死士，皆谓之聚。《易》云“人以类聚”，逢类聚格，若当其时，卒可成大事。若不当其时，亦可以立微名。

其他如曲直木局，炎上火局，从革金局，润下水局，稼穑土局，指五行局，即《洪范》里所谓雨、旸、燠、寒、风五局。

上面涉及一些历史典故，除刘邦赴鸿门宴、关羽单刀赴会、刘备三顾茅庐的故事家喻户晓，无需赘言之外，尚有以下一些故实。

一，齐桓公九合诸侯。齐桓公在管仲的辅佐下，使齐国实力日渐强大，在诸侯国中逐步树立了威信，多次召集诸侯国，订立盟约，史称齐桓公九合诸侯。

二，郭子仪单骑见回纥。唐朝大将郭子仪手下一名将领名叫仆固怀恩，在安史之乱中立过战功，因不满唐王朝对他的待遇，发动叛变，派人跟回纥和吐蕃联络，欺骗他们说，郭子仪已经被宦官杀害，要他们趁机联合反对唐朝。公元765年，仆固怀恩带领回纥、吐蕃几十万大军进攻长安，但仆固怀恩本人在途中得急病死去。回纥和吐蕃大军继续进攻，一直打到长安北边的泾阳（今陕西泾阳）。当时，郭子仪正在泾阳驻守，手下没有多少兵力。他了解到回纥和吐蕃两支大军虽说是联军，但是互相不团结。他们本来是仆固怀恩引来的，仆固怀恩一死，双方互相不服从对方。据此，郭子仪决定采取分化敌人的办法。他派部将李光瓒偷偷地到了回纥大营，去见回纥都督药葛罗。药葛罗曾经与郭子仪有交情，他听信仆固怀恩的话，不相信郭令公还活着，坚持请郭令公亲自来见面。郭子仪于是带着几个随从兵士，到了回纥大营。药葛罗见了郭子仪，觉得很惭愧，跟郭子仪起了誓，双方订立了盟约。郭子仪单骑访回纥大营的消息传到吐蕃营里，吐蕃将领们害怕唐军和回纥联合起来袭击他们，连夜带着大军撤走了。

三，苻坚与王猛。王猛（325－375），字世雄，十六国时期前秦宰相，著名政治家、军事家。五岁时父亲遇害，母韦氏携之逃遁而侥幸存活。及长，勤学不倦，博涉经史，兼习孙、吴兵法。苻坚是氐族首领苻洪的孙子，八岁的时候，一天，他突然向爷爷苻洪提出请个家庭教师的请求。苻洪惊奇地望着孙子说："我们这个民族从来只知喝酒吃肉，如今你想求学，实在太好了。"于是欣然答应。第二天就请来了家庭教师。苻坚学习非常刻苦，潜心研读经史典籍，随着学识的不断增长而立下了经世济民、统一天下的大志，遂又结交了许多当世豪杰，很快成了朝野享有盛誉的佼佼者。353年，苻坚的堂兄苻生即位氐族首领。这位苻生荒淫残暴，以杀人为儿戏，苻坚欲除掉他取而代之。但苻坚在如此大事之前觉实力不足，急需网罗人才，王猛就是在这样的背景下被人举荐给他。苻坚与王猛一见如故，谈及兴废大事，句句投机，苻坚觉得就象刘备当年遇到诸葛亮一般，如鱼得水。于是，王猛留在苻坚身边，为他出谋划策。357年，苻坚一举诛灭苻生及其帮凶，自立为大秦天王，改元永兴，以王猛为中书侍郎，相当于丞相助理，职掌军国机密。后来，王猛的才华得以充分施展，成为十六国时期出将入相的人物，他与苻坚的关系也经常被比喻成诸葛亮与刘备之间的关系。

其他如唐高祖李渊父子与刘文静，朱元璋与郭子英，皆为历史上著名的主公与谋士如鱼得水的佳话。

四，汉高纵徒的典故。刘邦为亭长时，一次奉命押送一批犯人到骊山修秦始皇陵。当时，征发到骊山修秦始皇陵的刑徒被称为“骊山徒”。刘邦所押送的“骊山徒”一路上不断有逃亡现象，走到“丰西泽”时，已逃亡过半。“丰西泽”离骊山还远得很，按此逃亡速度，到不了骊山，犯人就都跑光了，依照严苛的秦律，他作为押送负责人也只有死路一条。刘邦一不做二不休，在“丰西泽”索性把剩下的“骊山徒”全放了，还对他们说，你们走吧，我也就此消失了。刘邦的纵徒之举得到了剩下的“骊山徒”的盛赞，有十几位壮士表示愿意跟着他一起举事。就这样，刘邦带着这些人在芒砀山正式起义了。

五，田横的五百壮士甘愿与之生死与共的故事。田横（前250—前202年）是秦末齐国旧王族，齐王田氏的后裔，继田儋之后为齐王，是我国古代著名义士。汉高祖消灭群雄，统一天下后，田横的齐国已经灭亡，但他同战友五百人仍困守在一个孤岛上（现名田横岛，在山东）。汉高祖听说田横很得人心，担心日后为患，便下诏令说：如果田横来投降，便可封王或封侯；如果不来，便派兵去把岛上所有人通通消灭掉。田横为了保存岛上五百人的生命，便带了两个部下，离开海岛，前往汉高祖的京城，但到了离京城三十里的地方，田横便自刎而死，遗嘱同行的两个部下拿他的人头去见汉高祖，表示自己不受投降的屈辱，也以此保存岛上五百人的生命。汉高祖用王礼厚葬他，并封那两个部下做都尉，但那两个部下在埋葬田横时，也自杀在田横的墓穴中。汉高祖派人去招降岛上的五百人，但他们听到田横自刎的消息，便都蹈海而死。司马迁感慨地写道：“田横之高节，宾客慕义而从横死，岂非至贤！

十、变——变局：独足、争衡、联芳、翻腾

变局汹汹情最切，须知浊与清。
一为孤掌独爻动，合会笑相迎。
金木连环无水火，要向我抗衡。
两宫一类联芳美，同情做弟兄。
阳四阴三云俱动，翻腾内外争。

蜂应都来归两样，纷纷慎用兵。

［注］甲乙在三宫、四宫，丙丁在九宫，戊己在二、五、八宫，庚辛在六宫、七宫，壬癸在一宫，皆谓之“动”。凡动者，皆有其机。《卜易》云：“神兆机于动，动必有变，变必有因”，此之谓也。若夫一宫动者，名曰：“独足”。独足者，乃一足之象矣。凡人一足不能立，物一足不能行，即《易》云：“剥床以足”之象也。占者当看其在内在外，于彼于我，而吉凶自剖。如刘黑闼之无遥应而卒灭亡耳。若二宫动者，一宫是金、一宫是木，一宫是水、一宫是火，则名曰：“争衡”。争衡者，夺我权也。要看其当衰当旺，如我衰必彼旺，我旺必彼衰；旺者强而衰者弱，强者胜而弱者负，即《易》云：“得敌，或鼓或罢，或泣或歌”之象也，如钟邓之猜忌而互相杀耳。至于二宫动者，一宫是乙，一宫是己是癸；一宫是癸，一宫是己是乙；一宫是己，一宫是乙是癸；一宫是戊，一宫是壬；一宫是丙，一宫是庚；一宫是辛，一宫是丁，乃名曰：“联芳”。联芳者，如兄弟同科，高名并举。如《北齐书》崔悛为侍郎，弟仲文为银青光禄大夫，同日拜授，时谓两凤联飞。及梁简文帝饯临海太守刘孝仪、蜀郡太守刘孝胜，曰：“两杜昔夹河，二龙今出守”者是也。《诗》云：“伯氏吹埙，仲氏吹篪”，《易》云：“同人于宗”，其此之谓乎？他如阳局之四宫、阴局之三宫俱动，则名曰：“翻腾”。翻腾者，乃内外竞发之象也，此举彼应，彼举此应，瓜分割拒，如六朝诸豪各霸一方者是也。若一动属金，一动属水；一动属木，一动属火；金水木火，相生相扶，则名曰：“蜂应”。夫蜂应者，如群蜂在窝，偶因所触，而翻然惊起，两地勾应，哄动飞聚，不安于室，即病家之挥霍变乱，天家之星陨如雨，兵家之队伍散漫，国家之饥荒流离。惟宜仔详，始知其在彼在我。《阴符》云：“天发杀机，易星移宿。地发杀机，龙蛇起陆。人发杀机，天地反复”，及《易》云：“家人嗃嗃，妇子嘻嘻。初登于天，后入于地”之义也。

［释］十八字真诀之第十字为变，即变局，细分为独足、争衡、联方、翻腾四课。甲乙在三宫、四宫，丙丁在九宫，戊己在二、五、八宫，庚辛在六宫、七宫，壬癸在一宫，皆谓之动。凡动者，皆有其机。《增删卜

易》云："神兆机于动，动必有变，变必有因"，说的就是这个情况。一宫动者，称作"独足"。凡人一足不能立，物一足不能行，就是《周易》所说的"剥床以足"之象。占者当看其是在内还是在外，是于彼还是于我，吉凶自剖。

刘黑闼之无遥应而卒灭亡，讲的是如下典故。刘黑闼（? —623 年），贝州漳南县（今山东武城漳南镇）人，隋末唐初割据势力。少时与窦建德为知己好友。隋末从郝孝德参加瓦岗军，李密败后，为王世充俘虏。后逃回河北，依附窦建德，封汉东郡公，以骁勇多谋著称，曾大败李神通、罗艺联军，斩杀李道玄，擒斩罗士信。窦建德死后，刘黑闼召集窦建德旧部起兵，后自称汉东王，建元天造，都于洺州。与唐朝多次交战，先败于秦王李世民之讨，武德六年（623 年）死于太子李建成之征。武德五年六月，刘黑闼再次起兵，至十月已尽复故地（参见下博之战），齐王李元吉畏其兵强不敢东进，朝野震动，朝臣多主张秦王李世民领军平乱。当时李世民与太子李建成争夺皇位继承权的斗争日益尖锐，太子中允王珪、太子洗马魏征担心李世民击败刘黑闼后声望更高，遂劝李建成请求亲征，自取功名，并趁机结交山东地区豪杰，以保皇位继承权。十一月，高祖李渊诏令李建成将兵讨刘黑闼，陕东道大行台及山东道行军元帅、河南、河北各州均受其指挥，有权便宜从事。十一月二十二日，李元吉派兵在魏州（治贵乡，今河北大名东北）击败刘黑闼弟刘十善军。刘黑闼挥军南进，自相州（治安阳，今河南安阳）以北州县皆归附，唯魏州总管田留安拒守。刘黑闼久攻魏州不下，便南取元城（今山东莘县西南），再回军攻魏州未果。十二月十一日，刘黑闼军陷恒州（治正定，今属河北），杀唐恒州刺史王公政。十六日，幽州大总管李艺收复廉（治今河北藁城）、定（治安喜，今河北定州）二州。十七日，田留安击败刘黑闼军，俘其莘州刺史孟柱，6000 将卒降唐。十八日，唐并州刺史成仁重破刘黑闼军范愿部。刘黑闼久攻魏州不克，李建成和李元吉率唐军主力北至昌乐（今河南南乐西北），与刘黑闼对峙。李建成纳魏征建议，在军事进攻同时，辅以释放囚俘，瓦解刘黑闼军。刘黑闼粮草已尽，部属多逃亡，或缚其将官降唐。刘黑闼见众心涣散，又恐唐军内外夹击，遂夜逃馆陶（今属河北），永济渠桥未架好，难以渡过。二十五日，李建成和李元吉率大军追至，刘黑闼命部将王小胡背水列阵，自己却见桥已搭好，即过河西逃。刘部将士见主帅先逃，军心涣散，被唐军击败，赴水死者数千人，余者皆弃甲投降。唐军乘胜过桥追击，刘黑闼率数百骑逃脱。李建成命骑将刘弘基追击。六年正月初五，刘黑闼逃至饶阳（今河北饶阳东北），从者仅百余人，欲入城求食，被其饶州刺史诸葛德威诱至城边擒获，送于李建成。刘黑闼和刘十善在洺州被杀，河北地区复为唐有。

若二宫动者，一宫是金、一宫是木；或一宫是水、一宫是火，则称作"争衡"。争衡者，夺我权也。其判断原则是看其是当衰还是当旺，如我衰必彼旺，我旺必彼衰；旺者强而衰者弱，强者胜而弱者负。即《易》云"得敌，或鼓或罢，或泣或歌"之象。

钟邓之猜忌而互相杀，讲的是三国时钟会和邓艾的故事。邓艾在灭蜀汉后，对司马昭说应该封刘禅为扶风王，结果使司马昭猜忌邓艾，姜维为了复兴汉室，假装听命于钟会，然后让钟会趁机诬告邓艾欲叛。结果邓艾父子被卫瓘收捕，押往洛阳。邓艾被捕后，钟会独大于蜀中，结果与希望恢复汉室的姜维联合发动叛乱。钟会打算派姜维率兵五万出斜谷，占领长安，再派骑兵经陆路、步兵经水路，攻打孟津、洛阳，夺取天下。但出乎钟会意料之外，司马昭派万余兵占据斜谷，自领十万兵屯于长安。结果钟会决定占据巴蜀，割据西南，姜维建议钟会屠杀牙门骑督以上官职的人，但钟会犹豫不决，结果魏将起兵反叛钟会。姜维带着钟会的卫兵和四面涌来的几万魏军激战，姜维已六十二岁高龄手刃五六个魏兵后被杀，魏兵杀死姜维后又杀死钟会，在成都城内烧杀抢掠。在钟会被杀之后，邓艾的将士去迎接邓艾，但卫瓘怕邓艾报复，派田续领兵去杀邓艾，双方在绵竹附近遇上，邓艾被杀，至此钟会的叛乱结束。

至于二宫动者，一宫是乙，一宫是己是癸；一宫是癸，一宫是己是乙；一宫是己，一宫是乙是癸；一宫是戊，一宫是壬；一宫是丙，一宫是庚；一宫是辛，一宫是丁，乃称作"联芳"。联芳者，如兄弟同科，高名并举。如北齐书崔㥄为侍郎，其弟仲文为银青光禄大夫，同日拜授，时谓两凤联飞。梁简文帝饯临海太守刘孝仪、蜀郡太守刘孝胜兄弟，曰："两杜昔夹河，二龙今出守。"《诗》云"伯氏吹埙，仲氏吹篪"，《易》云"同人于宗"，其此之谓乎？

另有一种情况，如阳局之四宫、阴局之三宫俱动，则称作"翻腾"。翻腾者乃内外竞发之象也，此举彼应，彼举此应，瓜分割拒，如六朝诸豪各霸一方者是也。若一动属金，一动属水；一动属木，一动属火，金水、木火，相生相扶，则称作"蜂应"。夫蜂应者，如群蜂在窝，偶因所触而翻然惊起，两地勾应，哄动飞聚，不安于室，好象病家之挥霍变乱，天家之星陨如雨，兵家之队伍散漫，国家之饥荒流离。蜂应之课，理就仔细推详，方知其在彼在我。《阴符》云："天发杀机，易星移宿。地发杀机，龙蛇起陆。人发杀机，天地反复"，及《周易》所言："家人嗃嗃，妇子嘻嘻。初登于天，后入于地"，均属此义。

十一、从——从局：日禄、专禄、乘禄、聚禄

甲禄于寅丁己午，酉辛卯乙铭。

巳宫丙戊壬同亥，癸子至申庚。

十干日禄登台辅，身专金满籝。

若夫乘禄招徕远，天乙贵人呈。

聚禄田家称最美，空破禄珠倾。

［**注**］甲禄在寅，乙禄在卯，丙戊禄在巳，丁己禄在午，庚禄在申，辛禄在酉，壬禄在亥，癸禄在子，盖十干之禄也，故谓之"从局"。夫年命、用神之干而值日支为禄神者，名曰："日禄"。日禄者，乃天家之禄也。《书》云："受天之祜"。若甲寅、乙卯、庚申、辛酉，本干所值，名曰："专禄"。专禄者，自己之禄也。《易》云："自求口实，实受其福。"至于本身无禄而地干之支隐有禄神者，名曰："乘禄"。乘禄者，如《井》卦九三"并受其福"、《晋》卦六二"受兹介福"之义。他如日禄、干禄、宫禄、地支藏禄皆聚会于我年命、用神下，则名曰："聚禄"。聚禄者，如《诗》云"是荷"，《易》云"自天右之，吉无不利"。汾阳之迭考中书，沐公之籓封贻世，皆俸禄之最厚者也。其于天乙贵人，偶有凑合而不犯他咎，亦作美

瞻。但不可概以吉定，以有余疵者在耳。若内涵刑害空墓之气，吉凶皆减其半。

［释］十八字真诀第十一字是从，即从局，细分为日禄、专禄、乘禄、聚禄等四课。甲禄在寅，乙禄在卯，丙戊禄在巳，丁己禄在午，庚禄在申，辛禄在酉，壬禄在亥，癸禄在子。盖十干之禄也，故谓之从局。夫年命、用神之干而值日支为禄神者，称作“日禄”。日禄者，乃天家之禄也。《书》云：“受天之祜”。若甲寅、乙卯、庚申、辛酉本干所值称作“专禄”。专禄者，自己之禄也。《易》云：“自求口实，实受其福”。至于本身无禄而地干之支隐有禄神者，称作“乘禄”。乘禄者，如《井》卦九三“并受其福”、《晋》卦六二“受兹介福”之义。他如日禄、干禄、宫禄、地支藏禄，皆聚会于我年命、用神下，则称作“聚禄”。聚禄者，如《诗》云：“是荷”，《易》云：“自天右之，吉无不利”。汾阳之迭考中书，讲的是郭子仪二十四考中书令的故事。唐朝郭子仪任中书令时，主持官吏的考绩达二十四次，后遂以借称郭子仪。迭考中书，后用为称颂秉政大臣位高任久的典故。出自《旧唐书．郭子仪传》。沐公之籓封贻世，讲的是明初大臣沐英的典故。沐英（1345—1392），安徽凤阳回族人。小时双亲亡故，明太祖朱元璋将他收为养子。他经营川藏地区，开拓边疆数千里，洪武十年（1377）被封为“西平侯”；因平定云南有功，留守开发西南边陲，死后追封“黔宁王”，子孙世代镇守云南，承袭“黔国公”的爵位。二人都是俸禄之最厚者。对于天乙贵人，偶有凑合而不犯他咎，也属于比较好的情况，但不可一概而论，因其有余疵在内。若内涵刑害空墓之气，吉凶皆减其半。

十二、空——空局：没首、濡尾、腰斩、橐籥、三杳、四虚

十日不临空局用，六卦在其中。

天为没首人腰斩，濡尾地涵空。

没首先难而后易，腰斩半涂穷。

两空橐籥三三杳，四虚四处空。

橐籥中通如镜照，三杳入洪濛。

四虚主客都惚恍，濡尾不全踪。

若是有情时可待，万里御长风。

若是无情休盼想，飘飏陌上蓬。

［注］甲子戊旬空戌亥，甲戌己旬空申酉，甲申庚旬空午未，甲午辛旬空辰巳，甲辰壬旬空寅卯，甲寅癸旬空子丑，谓之："空局"。凡空者，止十日之内，故曰：旬也。夫旬空之于上干者，名曰："没首"；之于下干者，名曰："濡尾"；之于暗支者，名曰："腰斩"。如甲子戊旬得甲申庚直符，天盘甲戌己及丙戌、丁亥，谓之"没首空亡"。《易》曰："濡其首。"八门暗支所值之戌亥，谓之"腰斩空亡"。地盘甲戌己及丙戌、丁亥，谓之"濡尾空亡"。《易》曰："濡其尾。"若天盘丙戌加地盘丁亥，名曰："橐籥"，盖两空也，如老子云"天地之间，其犹橐籥乎？虚而不屈，动而愈出"之义。又如甲申庚旬，甲寅癸直符，天盘戊午、己未，地盘戊午、己未，暗支亦戊午、己未皆在旬空，名曰："三杳"，盖三空也。如苏东坡诗"乾坤浮水水浮空"之义耳。又如天盘干空，地盘干空，人盘支空，九宫宫空，名曰："四虚"，盖四空也。如甲午辛旬，甲戌己直符，辛巳时在阳遁九局，天盘庚辰及地盘甲辰，合巽宫之辰巳是也。如占功名，开门被迫而指秋令，则文落孙山而无闻问者矣。正如《金经》之"无我相，无人相，无众生相，无寿者相"，《心经》之有时"照见五蕴皆空"，颜子之"屡空"者焉耳。夫空而有时者，待出空可期；空而无时者，则终始皆空，况空而类聚者乎？惟得日冲有时者，不作空论。相气者，待时而成。旺气者，填空即就。休囚者，几成画饼。

［释］十八字真诀之第十二字为空，即空局，细分为没首、濡尾、腰斩、橐籥、三杳、四虚等六课。甲子戊旬空戌亥，甲戌己旬空申酉，甲申庚旬空午未，甲午辛旬空辰巳，甲辰壬旬空寅卯，甲寅癸旬空子丑，谓之"空局"。旬空按日柱推算，如丙子日属于甲戌旬，申酉空，其他类推。若某宫中上面之干支落空，名曰"没首"，下面之干支落空名曰"濡尾"，暗支落空名曰"腰斩"。如甲子戊旬得甲申庚直符，天盘甲戌己及丙戌、丁亥谓之没首空亡，即《易》所谓："濡其首"。八门暗支所值之戌亥谓之腰斩空亡。地盘甲戌己及丙戌、丁亥谓之濡尾空亡，即《易》所谓："濡其尾"。

若天盘丙戌加地盘丁亥，名曰“橐籥”，即风箱两头空，用老子所云：“天地之间，其犹橐籥乎？虚而不屈，动而愈出”之典故。又如甲申庚旬，甲寅癸直符，天盘戊午、己未，地盘戊午、己未，暗支亦戊午、己未皆在旬空，名曰“三杳”，意为三空，如苏东坡诗：“乾坤浮水水浮空”之义。

若天盘干空，地盘干空，人盘支空，九宫宫空，名曰“四虚”，即四空之意。如甲午辛旬辰巳空，甲戌己直符，辛巳时，阳遁九局，天盘庚辰及地盘甲辰，合巽宫之辰巳即是，局面见下：

庚子日　日空辰巳　辛巳时　甲戌　己，申　酉，　庚空　雨水上元阳九局

值符蓬星在 3 宫　值使休在 8 宫

蛇 比 寅 辰 芮 庚 乙 亥 开 惊 己 卯 合 壬 丁 丑 辰 巽 巳 劫	朱 鬼 寅 辰 柱 丙 庚 辰 死 死 乙 亥 天 戊 壬 午 丙 午 丁 官	天 父 寅 辰 英 戊 壬 午 杜 景 丁 丑 蛇 庚 乙 亥 未 坤 申 父
值 母 寅 辰 蓬 己 甲 戌 中 生 戊 寅 阴 辛 丙 子 甲 卯 乙 母	阴 劫 寅 辰 冲 辛 丙 子 惊 开 庚 辰 勾 癸 戊 寅 戊 五 己 比	勾 子 寅 辰 禽 癸 戊 寅 景 杜 壬 午 朱 丙 庚 辰 庚 酉 辛 孙
常 官 寅 辰 心 丁 己 卯 休 伤 甲 戌 地 乙 辛 巳 丑 艮 寅 鬼	地 妻 寅 辰 任 乙 辛 巳 伤 休 丙 子 值 己 甲 戌 壬 子 癸 财	合 孙 寅 辰 辅 壬 丁 丑 生 中 辛 巳 常 丁 己 卯 戌 乾 亥 子

比如占功名，开门被迫而值秋令，则文落孙山而无闻问。正如《金刚经》所谓“无我相，无人相，无众生相，无寿者相”，《心经》之有时“照见五蕴皆空”，又如颜回之“屡空”，即多次出现物质匮乏。

但是，空亦分为空而有时、空而无时两种情况。空而有时者，待出空可期。空而无时，则终始皆空，何况空而类聚呢？下面几种情况皆属空而有时：得日冲者，不作空论。相气者，待时而成。旺气者，填空即就。休

囚者，为真空，为空而无时，几成画饼。

十三、墓——墓局：牢狱、垢陵、掩目、埋足

支宫与日为三墓，三墓喜旁冲。

宫墓垢陵身绊鬼，无影又无踪。

日支墓去投牢狱，未免罹其凶。

掩目皆因天上墓，终日事曚昽。

地干入墓名埋足，一身若土壅。

发破冲开都是吉，始可至明通。

[注] 甲乙见未及坤宫，丙丁见戌及乾宫，庚辛见丑及艮宫，壬癸见辰及巽宫，独戊土则墓戌乾，己土则墓丑艮。盖阳土之生也，得春日之暖，自表而融于里；阴土之生也，逢夏日之炎，自内以畅于外。《淮南子》以为土生午者，似近道矣；他书以为土生申者，则大相径庭。然而既生于此，必墓于彼。夫墓局者，凡年命、用神、符使、时干入于丑、辰、未、戌四日者，谓之："日墓"。日墓者，名曰"牢狱"，若大夫之治狱而以系罪人。如入乾坤艮巽四宫，谓之："宫墓"。宫墓者，名曰"垢陵"，若先王之冢而谓之"陵寝"，《经》曰："藏于垢陵"者是也。至于天干之自墓及地干见墓于天干之支者，名曰"掩目"，如冬蛇蛰藏而目自掩也。若地干自墓并天干见墓于地干之支者，名曰："埋足"，如夏行泥泞而足自陷也。自墓者，如乙未、癸未、己丑、丁丑、丙戌、戊戌、辛丑、壬辰。借墓者，如天干甲乙而见地盘未，天干丙丁而见地盘戌，天干庚辛而见地盘丑，天干壬癸而地盘见辰，天干戊而地盘见戌，天干己而地盘见丑，并天干所藏之辰戌丑未而亦墓地干者。总谓之"三墓"。即《易》坎卦初六"习坎，入于坎窞，凶"。若夫日冲月破而开我墓库，又即是《黄金策》云"墓中人不冲不发，身上鬼不去不安"之义也，而转难呈祥矣。

[释] 十八字真诀之第十三字是墓，即墓局，细分为牢狱、垢陵、掩目、埋足等四课。甲乙见未及坤宫，丙丁见戌及乾宫，庚辛见丑及艮宫，壬癸见辰及巽宫，戊土见戌乾宫，己土见丑艮，皆为入墓。

凡年命、用神、符使、时干入于丑、辰、未、戌四日者谓之日墓，名

曰“牢狱”。如入乾坤艮巽四宫谓之宫墓，名曰“坵陵”。至于天干之自墓及地干见墓于天干之支者名曰“掩目”，好比冬蛇蛰藏而目自掩。若地干自墓并天干见墓于地干之支者名曰“埋足”，如夏行泥泞而足自陷也。

自墓是指乙未、癸未、己丑、丁丑、丙戌、戊戌、辛丑、壬辰。借墓者，如天干甲乙而见地盘未，天干丙丁而见地盘戌，天干庚辛而见地盘丑，天干壬癸而地盘见辰，天干戊而地盘见戌，天干己而地盘见丑，并天干所藏之辰戌丑未而亦墓地干者。入墓、自墓、借墓，总谓之三墓，即《易》坎卦初六“习坎，入于坎窞，凶”，意思是，置身于重重的艰险困难之中，落入到陷坑的最底下，凶。窞读作旦。若日冲月破而开我墓库，又即是《黄金策》云：“墓中人不冲不发，身上鬼不去不安”之义，而转难呈祥。

关于戊土墓于戌，己土墓于丑，矫先生有一番解释：盖阳土之生，得春日之暖，自表而融于里，阴土之生，逢夏日之炎，自内以畅于外。《淮南子》以为土生于午，有些道理。其他书以为土生于申者，则大相径庭。然而既生于此必墓于彼。

十四、刑——刑局：击刑、相凌、自辱、纠凶、贼克、衔冤、惊鸿

仪刑支刑乃两个，时逢月色融。

子卯相凌辰自辱，击搏仪来攻。

相凌殴斗起争讼，自辱自懵懵。

惟有纠凶多不吉，丑戌未忽忽。

动者来刑为贼克，毋与他人逢。

衰者衔冤于地下，旺者若惊鸿。

［注］甲子戊直符在三宫，甲戌己直符在坤宫、艮宫，甲申庚直符在艮宫、巽宫。甲午辛直符在离宫，甲辰壬直符在巽宫，甲寅癸直符在巽宫、坤宫，名曰：“击刑”。盖六仪击刑也，乃两人相击之象，如孙策之战太史慈是也。若天干子加地盘卯，天盘卯加地干子，名曰：“相凌”。盖子卯相刑也，乃互生欺凌之象，如六朝秦夏相搏而卒相灭是也。若天干午加地干午，天干辰加地干辰，天干亥加地干亥，天干酉加地干酉，名曰：“自辱”。盖辰、午、酉、亥自刑也，乃自寻之象，如田横自杀于中道，项羽自刎于

乌江是也。他如天干寅加地干巳，天干巳加地干申，天干申加地干巳，天干巳加地干寅，天干丑加地干戌，天干戌加地干未，天干未加地干戌，天干戌加地干丑，及日支、暗支以实之，名曰："纠凶"。盖寅巳申、丑戌未之三刑也，乃三家纠结之象，如韩赵魏卒分晋国而卒相吞并，三孙氏卒乱鲁君而卒相刑杀是也。《易》曰："虎视眈眈，其欲逐逐"，其此之谓乎？按：击刑有入宫墓者，支刑有六害者，入宫墓则曰：刑墓，乃既墓且刑矣，如楚平王薨后鞭其尸，洪秀全死后戮其尸，《易》曰："得其大首"者是也。刑逢六害则曰：刑害，如莫须有三字而卒陷武穆，夺门功一事卒害于谦，《易》云："壮于趾，征凶"是也。

［**眉批**］若动宫来刑害于我命者，则谓："贼克"，如我命值戌、动宫是丑，我命值卯、动宫是子之类也。盖动旺我衰，则曰："衔冤"，如周顗卒杀于王导；动衰我旺，则曰："惊鸿"，如曹瞒竟逃于董卓是也。当贼克之际，小人暗算，必为图我；君子于兹，宜慎防之。

［**释**］十八字真诀之第十四字是刑，即刑局，细分为击刑、相凌、自辱、纠凶、贼克、衔冤、惊鸿等七课。

甲子戊直符在三宫，甲戌己直符在坤宫、艮宫，甲申庚直符在艮宫、巽宫，甲午辛直符在离宫，甲辰壬直符在巽宫，甲寅癸直符在巽宫、坤宫，名曰"击刑"，即六仪击刑，此乃两人相击之象，如孙策之战太史慈是也。

若天盘子加地盘卯，天盘卯加地盘子，子卯相刑乃互生欺凌之象，名曰"相凌"，如六朝秦夏相搏而卒相灭是也。

若天干午加地干午，天干辰加地干辰，天干亥加地干亥，天干酉加地干酉名曰"自辱"，因为辰、午、酉、亥是自刑，自寻烦恼、自己寻死之象，恰如田横自杀于中道，项羽自刎于乌江。

天干寅加地干巳，天干巳加地干申，天干申加地干巳，天干巳加地干寅，天干丑加地干戌，天干戌加地干未，天干未加地干戌，天干戌加地干丑，及日支、暗支凑足三刑，名曰"纠凶"，由于寅巳申，丑戌未为三刑，乃三家纠结之象，好比韩赵魏三分晋国而卒相吞并，三孙氏卒乱鲁君而卒相刑杀。《易》曰："虎视眈眈，其欲逐逐"，是对此种情形的生动写照。

击刑又入宫墓者为刑墓，如楚平王死后鞭其尸，洪秀全死后戮其尸，《易》曰："得其大首"是也。刑逢六害则曰刑害，如莫须有三字而卒陷岳飞，夺门功一事卒害于谦。《易》云："壮于趾，征凶"是也。

上面提到一些历史事件：一，楚平王被鞭尸。楚平王，春秋时楚国国君，比较昏庸，他宠幸奸臣费无忌等，伍奢被费无忌迫害至死，其子伍子胥逃至吴国，先后兴兵伐楚五次，屡次大败楚国，使楚国国力江河日下，不但失去了晋楚争霸的强大实力，还屡屡被小国侵犯，诸侯国都叛楚归晋，楚平王郁郁而死。公元前506年，吴王阖闾率伍子胥等大举伐楚，占领楚国的都城，继承楚平王之位的楚昭王逃亡随国（今湖北随州）。伍子胥知仇人平王已死，不解心头之恨，掘楚平王墓，鞭尸三百。二，洪秀全死后被戮尸。湘军攻入南京时，洪秀全已经死去十几天，湘军找到他的尸体，曾国藩断然下达了对他最严厉的惩处方式："戮尸，举烈火而焚之!"洪秀全的尸体被拖了出来，被刀斧剁得粉碎。曾国藩又命人把肉泥拌进火药，装入炮弹，然后接连发射出去。就是死了，也要让他灰飞烟灭，阴魂无归。三，岳飞被秦桧以莫须有罪名杀害，此为家喻户晓的历史故事，兹不赘述。四，夺门功一事卒害于谦。夺门之变，又称南宫复辟，指明英宗复辟的政变。明英宗朱祁镇被瓦剌俘虏去之后，弟郕王朱祁钰被众臣推举为皇帝，是为代宗。后来明英宗安然归来，代宗朱祁钰却无心归政，反而把朱祁镇囚禁起来。八年之后，将领石亨、政客徐有贞、太监曹吉祥等于1457年发动政变，拥戴被囚禁在南宫的明英宗朱祁镇复位，政变将士簇拥着朱祁镇，冲出南宫时，南宫宫门坚固异常，怎么也打不开。石亨派人用巨木悬于绳上，数十人一齐举木撞门。门没有撞开，门右边的墙反倒先被震坍了一个大洞，众人便从墙的破洞中一拥而入，此次政变因此被称为夺门之变。朱祁镇复位之后，大肆捕杀当年拥立代宗的大臣们，于谦就在这次大清洗中被杀害。

［眉批］讲到了另外三课：若动宫来刑害于我命者，则谓："贼克"，如我命值戌、动宫是丑，我命值卯、动宫是子之类也。盖动旺我衰，则曰："衔冤"，如周顗卒杀于王导；动衰我旺，则曰："惊鸿"，如曹瞒竟逃于董卓是也。当贼克之际，小人暗算，必为图我；君子于兹，宜慎防之。

周顗卒杀于王导，讲的是如下典故。周顗（yǐ）（269 年—322 年），字伯仁。汝南安成（今河南省汝南县）人。两晋时期名士、大臣，西晋安东将军周浚之子。曾任荆州刺史，官至尚书左仆射。敢进忠言而被朝廷重用，天性宽厚仁爱遂被敬重，王敦之乱时被王敦杀害，终年 54 岁。后追赠左光禄大夫、仪同三司，谥号康。先是王敦举兵，刘隗劝元帝将王氏一族满门抄斩，司空王导入朝请罪，恰好遇见正要进宫的周顗，王导叫住周顗说："伯仁，我们家这几百口性命就全靠你了！"周顗连看都没看他一下，径自去了。周顗入宫后向元帝进言，备言王导之忠君爱国，决不可错杀忠良。元帝采纳了他的建议，他一高兴，又喝多了酒才出来。此时王导还跪在宫门口谢罪，看见周顗出来，又喊周顗的名字，周顗依旧不搭理他，只对左右说："如今杀了这帮贼子，便可换个大官作作。"出宫之后，周顗又上书朝廷，坚持说王导不可杀。而王导却不知情。而后王敦兵入建康，王氏一族重又得志。王敦问王导："周顗、戴若思是人望所在，应当位列三司，这是肯定的了。"王导没吱声。王敦又说："就算不列三司，也得作个仆射吧？"王导依旧不答。王敦说："如果不能用他们，就只能杀了他们了。"王导还是不说话。不久，周顗和戴渊果然都被逮捕，路过太庙，周顗大声说到："天地先帝之灵；贼臣王敦倾覆社稷，枉杀忠臣，陵虐天下，神祇有灵，当速杀敦，无令纵毒，以倾王室。"话音未落，左右差役便用戟戳其口，血流满地而周顗面不改色，神情自若，遂被杀，时年五十四岁。王敦之乱平定后，王导浏览以前的宫中奏折，看到了周顗营救自己的折子，其中言辞恳切，殷勤备至。王导拿着这封奏折，痛哭流涕，悲不自胜。回来之后他对他的儿子们说："吾虽不杀伯仁，伯仁由我而死。幽冥之中，负此良友！"

曹瞒竟逃于董卓，讲的是三国演义中曹操献刀的故事。西凉刺史董卓乘朝野之乱，统帅二十万大军进驻洛阳，废了少帝，立了献帝，自封为相国。他欺主弄权，残暴凶狠；大臣们想除掉他，却没有办法。校尉曹操暗中早有杀董卓之心，他经常出入相国府，渐渐取得了董卓的信任。一日，曹操从王司徒处借来宝刀一口，藏刀来到相府，走入小阁，见董卓坐在床上，义子吕布侍立于一侧。董卓问"孟德今天为何来得这么晚？"曹操说：

"我的马走不快，所以迟了。"董卓听后，命吕布选一匹西凉好马送给曹操，吕布出去了。曹操心想："老贼该死。"想刺他，又怕董卓力大，没敢妄动，只好站在一旁等待机会。董卓身体肥胖，不能久坐，不一会，即侧身而卧。曹操见他躺下，急抽刀欲刺，董卓从铜镜内看见曹操抽刀，转身急问："孟德你要干什么?"这时吕布也牵马回来了，曹操急忙说："我得了一口宝刀，想要献给相国。"董卓接刀一看，长足盈尺，锋利无比，果然是一口宝刀。董卓引曹操出阁看马，曹操谢道："愿借马一试。"曹操牵着马出了相府，快马加鞭往东南疾去。吕布对董卓说："曹操好象有行刺之举。"董卓有些醒悟，于是派人去追。此时曹操已经飞马奔出东门，逃得无影无踪了。

十五、害——害局：主陷、嫁祸、自残

日害支害本身害，害字喜贪生。

主陷日害须防险，冲开一叶轻。

动爻嫁祸人谋我，自害自残阬。

害中若也逢恩用，作做亦峥嵘。

［**注**］子加未、未加子；丑加午、午加丑；寅加巳，巳加寅；卯加辰，辰加卯；申加亥，亥加申；酉加戌、戌加酉，谓之："害局"。凡日支与我年命、用神、时干相害者，名曰"主陷"。主陷，乃主人相害于我也。如吕后之醢彭越、明祖之诬善长是也。若动宫之支而来害于我者，则名曰"嫁祸"。嫁祸者，乃他人之咎而遗累于我也。如"城楼失火，灾及池鱼"之类是也。吾夫子之与匡人以貌似阳虎，范滂之与党锢以交游张俭，君子于此，亦宜戒慎。至于我年命宫及时干、用神宫上干之支与下干之支相害，而名曰："自残"。自残者，乃自生疑窦而复自相残害，如建成、元吉之与唐宗兄弟猜忌，卒至殄灭者是也。《诗》云："鹡鸰在原，兄弟急难"，似此讵不于伦常有悖乎?

［**释**］十八字真诀之第十五字为害，即害局，细分为主陷、嫁祸、自残等三课。

子加未、未加子；丑加午、午加丑；寅加巳，巳加寅；卯加辰，辰加卯；申加亥，亥加申；酉加戌、戌加酉，皆为六害，谓之"害局"。凡日支

与年命、用神、时干相害者，名曰："主陷"。主陷者，主人相害于我也，吕后之醢彭越，明太祖之治罪李善长是也。若动宫之支而来害于我者，则名曰："嫁祸"。嫁祸者，乃他人之咎而遗累于我也。如"城楼失火，灾及池鱼"之类的事情。孔夫子被匡人误认为是阳虎而遭围攻，范滂之与党锢以交游张俭，君子于此亦宜戒慎。

若我年命宫及时干、用神宫上干之支与下干之支相害，则名曰："自残"。自残者，乃自生疑窦、自相残害之意，如建成、元吉之与唐宗兄弟猜忌，卒至自相残杀。《诗》云："鹡鸰在原，兄弟急难"。鹡鸰，读作急灵，一种常在水边活动的小鸟。

其中涉及的一些历史故事如下：一，吕后之醢彭越。吕后即刘邦之后，醢读作海，意思是剁成肉酱。彭越（？—前 196 年），西汉开国功臣、诸侯王，秦末聚兵起义，初在魏地起兵，后率兵归刘邦，拜魏相国、建成侯，与韩信、英布并称汉初三大名将，西汉建立后封为梁王。公元前 197 年秋天，陈豨在代地造反，汉高祖亲自率领部队前去讨伐，到达邯郸，向彭越征兵。彭越称病，派将领带兵赶到邯郸。刘邦很生气，派人去责备彭越。彭越很害怕，打算亲自前往谢罪。他的部将扈辄说："大王当初不去，被他责备了才去，去了就会被捕，不如就此出兵造反。"彭越不听从他的意见，仍然说有病。彭越对他的太仆很生气，打算杀掉他。太仆慌忙逃到刘邦那里，控告彭越和扈辄阴谋反叛，于是刘邦派使臣出其不意地袭击彭越，彭越不曾察觉，因此被逮捕，刘邦把他囚禁在洛阳。主管官吏审理后，认为他谋反的罪证具备，请求刘邦依法判处。刘邦赦免了他，废为平民百姓，流放到蜀地青衣县。他向西走到郑县，正赶上吕后从长安来，打算前往洛阳，路上遇见彭越，彭越对吕后哭泣，分辩自己没有罪行，希望回到故乡昌邑。吕后答应下来，和他一块向东去洛阳。吕后见到刘邦后说："彭王是豪壮而勇敢的人，如今把他流放蜀地，这是给自己留下祸患，不如杀掉他。所以，我带着他一起回来了"。于是，吕后就让彭越的门客告他再次阴谋造反。廷尉王恬开呈报请诛灭彭越家族，刘邦批准，于是诛杀了彭越，灭其家族，废除其封国。

二，明太祖治罪李善长。李善长（1314年—1390年），明朝开国功臣，少时爱读书有智谋，后投靠朱元璋，跟随征战，出生入死，功劳颇多，比肩汉代丞相萧何。1380年丞相胡惟庸因谋反被诛杀，十年后，1390年有人告发李善长与胡惟庸互相勾结，首鼠两端，知情不报，朱元璋将李善长连同其妻女弟侄七十余人一并处死，年七十六岁。

三，范滂之与党锢以交游张俭。范滂（pāng）（137—169）东汉官员。汉桓帝和灵帝时期名士与宦官之间斗争激烈，灵帝刚即位的时候，窦太后临朝，封她父亲窦武为大将军，陈蕃为太尉，为一些桓帝时期受到宦官迫害的人官复原职。陈蕃和窦武商量，由窦武向窦太后提出，要求消灭宦官。可是窦太后相信宦官，不能下此决心。陈蕃又向窦太后上奏章，举出宦官侯览、曹节、王甫等几个人的种种罪恶，窦太后仍旧把奏章搁在一边不理。但此举打草惊蛇，曹节、王甫先下手为强，从窦太后那里抢了玉玺和印绶，把窦太后软禁起来；又用灵帝的名义，宣布窦武、陈蕃谋反，把他们杀了。这样一来，宦官又掌了权，凡是窦武、陈蕃提拔的人统统被撤职。与宦官作对的李膺、杜密被撤职回到家乡，但一些名士、太学生，更加推崇他们，也更痛恨宦官。宦官也把他们看作死对头，找机会陷害他们。有个名士张俭，曾经告发过宦官侯览，侯览一心想报复。正好张俭家赶走了一个仆人。侯览利用那个仆人，诬告张俭跟同乡二十四个人结成一党，诽谤朝廷，企图造反。宦官曹节抓住这个机会，吩咐他的心腹上奏章，要求汉灵帝下令逮捕党人。灵帝时期受党锢牵连的包括范滂，被杀的一共有一百多人；还有六七百个在全国有声望的，或者跟宦官有一点怨仇的，都被宦官诬指为党人，遭到逮捕，不是被杀，就是充军，至少也是禁锢终身。历史上把汉桓帝和灵帝时期两次大规模迫害名士称为“党锢”，锢的意思是终身不能做官。只有那个宦官侯览的对头张俭，却逃过了官府搜捕。他到处躲藏，许多人情愿冒着生命危险收留他。等到官府得到消息来抓他的时候，他又躲到别处去。于是，凡是收留过他的人家都遭了祸，轻的下监狱，重的被杀，甚至整个郡县遭到灾殃。

十六、破——破局：斩关、坏垣、摧锋、亡国

三春申酉三秋木，夏令水无成。

十冬巳午皆为破，破者力难撑。

九宫值破名亡国，国亡家亦平。

斩关天破坏垣地，一路任纵横。

若夫卯午为支破，摧锋最可行。

［注］正申，二酉，三戌，四亥，五子，六丑，七寅，八卯，九辰，十巳，十一午，十二未，谓之："月破"。酉见子，子见酉；午见酉，酉见午；午见卯，卯见午；及时在休没而被日支冲者，谓之"日破"。若天干月破者，名曰："斩关"。斩关者，破其关也。夫关以限人既破之，关不足恃也。在守者不吉，为攻者大利。《易》云："籓决不羸，壮于大舆之輹"是也。如地干月破者，名曰："坏垣"。坏垣者，破其垣也。夫垣以整为宜，既坏之垣，不足凭也。垣无凭，则盗窃易入。《易》云："剥床以肤"是也。他如支破在彼，则名曰："摧锋"。摧锋者，我可以摧折彼之锋刃也。如吴璘摧灭辽军、武穆折冲金卒是也。然此止利于攻而不利于守。老子曰："挫其锐，解其纷"者，其此之谓乎。

［眉批］至于九宫破者，乃八节冲射之宫也。如立春而破在坤，立秋而破在艮者是之。当破之际，而又逢月破、日破，则名曰"亡国"。亡国者，如徽、钦之被俘，幽、厉之遭诛。《易》云："舆说輹，栋桡，凶"者是也。

［释］十八字真诀之第十六字为破，即破局，细分为斩关、坏垣、摧锋、亡国等五课。各月月建所冲之支为月破，即正申二酉三戌四亥五子六丑七寅八卯九辰十巳十一午十二未。天盘遭月破者名曰"斩关"。斩关者，破其关之意，关既破则不足恃。在守者不吉，为攻者大利。《易》云："籓决不羸，壮于大舆之輹"，像篱笆已经被扯破，羊角从中解脱出来，又像坚固的车轮能负重载远那样。如地干月破者名曰"坏垣"。坏垣者，墙垣已破，既坏则不足凭。垣无凭则盗窃易入。《易》云："剥床以肤"，床破了，伤了皮肤，有切肤之痛。他如支破在彼则名曰"摧锋"。摧锋者，我可以摧折彼之锋刃也，如吴璘摧灭辽军，武穆折冲金卒是也。吴璘和岳武穆即岳

飞皆为南宋抗金名将。然此止利于攻而不利于守，正如老子所言："挫其锐，解其纷"。

酉见子，子见酉，午见酉，酉见午，午见卯，卯见午，以及时在休没而被日支冲者谓之"日破"。

［**眉批**］又讲到九宫破，乃八节冲射之宫也。如立春而破在坤，立秋而破在艮者是之。当破之际，而又逢月破、日破，则名曰"亡国"。亡国者，如徽、钦之被俘，幽、厉之遭诛。《易》云："舆说輹，栋桡，凶"者是也。

徽、钦二帝在"靖康之变"后，由锦衣玉食的大国皇帝沦为金国的俘虏。北宋靖康二年（金天会四年，1126 年）十二月，北宋灭亡。天会五年（1127）四月，金兵统帅宗翰、宗望带着被俘的徽宗、钦宗和赵氏宗室、大臣 3000 余人，以及掠夺的大量金银财宝、仪仗法物，北归金国。宋徽宗在金国囚禁了 8 年，于天会十三年（1135）死于五国城（黑龙江省依兰县），终年 54 岁。幽、厉，周代昏乱之君幽王与厉王的并称。

周幽王姬宫涅（前 795 年—前 771 年），姬姓，名宫涅，周宣王姬静之子，母姜后，西周第十二任君主，前 782 年—前 771 年在位。前 782 年，周宣王去世，姬宫涅继位，是为周幽王。前 771 年，犬戎攻入西周都城镐京，杀死姬宫涅，西周灭亡。姬宫涅死后，谥号幽王，诸侯共同拥立其子姬宜臼继位，是为周平王，史称东周。

周厉王姬胡（？～前 828），公元前 858～前 828 年在位。他在位期间，横征暴敛，同时还剥夺了一些贵族的权力，任用荣夷为卿士，实行"专利"，将社会财富和资源垄断起来。因此招致了贵族和平民的不满。他还不断南征荆楚，西北方面又防御游牧部落，西北戎狄，特别是猃狁，不时入侵。与周边的少数民族也有矛盾。曾臣服于周的东南淮夷不堪承受压榨，奋起反抗。"国人暴动"后厉王只好逃出镐京，越过黄河，逃到周朝边境—彘（今山西霍县东北）。周共和十四年（前 828 年）死。

十七、生——生局：滋本、超拔、甲折

亥巳寅申为四长，四维是四生。

亥乾甲子其生地，艮寅戊丙丁。

己土庚辛归巽巳，坤申壬癸泓。

宫生乃号为滋本，超拔上光荣。

甲折都绿归地位，世代继簪英。

［注］木长生于乾亥而甲乙是之，火长生于艮寅而丙戊丁是之，金长生于巽巳而己庚辛是之，水长生于坤申而壬癸是之。若夫戊土则子于丙火，所以从生寅也。寅在艮，艮为长生之地。己土则母于庚金，所以从长巳也。巳在巽，巽为长生之地。夫长生于乾坤艮巽四宫，则名曰："滋本"，如本固而枝荣也。老子曰"生之畜之"，庄子曰"生我以息"，《易》曰"是以大生焉，广生焉"是也。若乙亥、己巳、辛巳、壬申、戊寅、丙寅，而见于天上之干者，名曰"超拔"。超拔者，自下而直升于上也，如大木挺拔之象。管子曰"欲为十年之计者，莫如树木"，《易》曰"贞吉，升阶"者是矣。他如甲乙二干而逢地盘之亥字，丙戊丁三干而逢地盘之寅字，己庚辛三干而逢地盘之巳字，壬癸二干而逢地盘之申字，名曰"甲折"，如草木萌芽而折其甲也。《易·象》曰"百果草木皆甲坼"者，其在此乎！（《虞氏易》为甲宅）

［释］十八字真诀之第十七字为生，生局也，细分为滋本、超拔、甲折等三课。

木长生于乾亥而甲乙是之，火长生于艮寅而丙戊丁是之，金长生于巽巳而己庚辛是之，水长生于坤申而壬癸是之。戊土则子于丙火，所以生于寅。寅在艮，艮为戊土长生之地。己土为庚金之母，所以从长巳，巳在巽，巽为己土长生之地。长生于乾坤艮巽四宫则名曰"滋本"，如本固而枝荣。老子曰："生之畜之"。庄子曰："生我以息"。《易》曰："是以大生焉，广生焉"是也。

若乙亥、己巳、辛巳、壬申、戊寅、丙寅，见于天上之干者名曰"超拔"，自下而直升于上之谓，如大木挺拔之象。管子曰："欲为十年之计者，莫如树木"。《易》曰："贞吉，升阶"者是矣。

如甲乙二干而逢地盘之亥字，丙戊丁三干而逢地盘之寅字，己庚辛三干而逢地盘之巳字，壬癸二干而逢地盘之申字名曰"甲折"，如草木萌芽而折其甲。折、坼通。《易·象》曰："百果草木皆甲坼"。坼读作彻，甲坼意思是冲破甲壳，《虞氏易》作“甲宅”。关于易象部分的论述，请参看《周易虞氏义笺订》一书，兹不赘述。

十八、绝——绝局：闭口、绝迹

甲申乙酉支神绝，丙丁亥子倾。

庚辛二字同寅卯，巳午壬癸烹。

戊子绝乡冬月水，己土卯春迎。

绝在天干为闭口，地干绝迹名。

然而恩用全为吉，得第亦元亨。

［**注**］木绝在申，甲乙当之。火绝在亥，丙丁当之。金绝在寅，庚辛当之。水绝在辰，壬癸当之。土绝在子、在卯，戊己当之。至于甲申、庚寅、癸巳、丁亥、乙酉、辛卯、壬午、丙子、戊子、己卯，见于天干者，名曰“闭口”。闭口者，闭其口也，即孔子在陈绝粮，语云：“非礼勿言”，老子曰：“塞其兑”是也。若见于地干者，名曰“绝迹”。绝迹者，灭其踪也。即孔子削迹于卫，庄子曰：“绝迹易，无行地难”，吾夫子曰“危邦不入”是矣。按绝局，若当月令则不谓绝，当从旺论。如为我恩、我用，仍作吉看。何也？然既绝于彼则必向于我，故虽当绝，亦作有生论也。

［**眉批**］戊子、己卯为绝，谓戊生在寅，而绝在亥，亥中而戊轮不到，故绝在子也。己生在巳，而绝在寅，寅支而己轮不到，故绝在卯也。

［**释**］十八字真诀之第十八字为绝，即绝局，细分为闭口、绝迹两课。

木绝在申，甲乙当之。火绝在亥，丙丁当之。金绝在寅，庚辛当之。水绝在辰，壬癸当之。土绝在子、在卯，戊己当之。

甲申、庚寅、癸巳、丁亥、乙酉、辛卯、壬午、丙子、戊子、己卯见于天干者名曰“闭口”，闭其口之意，正如孔子周游列国时，在陈国曾经绝粮七日，又如语云：“非礼勿言”，又如老子曰：“塞其兑”，即闭上嘴之意。若见于地干者名曰“绝迹”，绝迹灭踪之意，就如孔子在卫国被消除足迹。庄子曰：“绝迹易，无行地难”，掩盖自己的踪迹容易，不在地上行走则很难。孔夫子曰“危邦不入”是矣。绝局若当月令则不谓绝，当从旺论，如为我恩、我用仍作吉看，何以故？既绝于彼则必向于我，故虽当绝亦作有生论。

所指中专门就戊子、己卯为绝作出了一番解释，谓戊生在寅而绝在亥，亥中而戊轮不到，故绝在子也。己生在巳而绝在寅，寅支而己轮不到，故绝在卯也。

伏反间中进退象，性堪辨晦明。

合会冲方分杂类，内里隐微情。

禄为福地变为兆，仔细考粗精。

死生病局含真意，破害墓空刑。

四时为体日支用，知得识亏盈。

[**注**] 伏吟、反吟、进局、退局、间局，乃十八局之体象也，可以审其明现于外、晦藏于内之机括。至于冲局、合局、会局、杂局，又当索其隐微，于彼于我之性情，则一事之关节于兹见矣。倘一宫发动，即有三宫照应。《系辞》云“以动者尚其变”，野鹤云“神兆机于动”者是也。十八局中，故以动局为变。若夫禄局、生局，乃福地之征，《经》云“天锡纯嘏”，而遇者必有嘉祥在，孟子则“可以辞万钟”也。然而其精粗，必须仔细详究。他如空局、墓局、刑局、害局、破局、死局，又属十八局之病也。凡病者待医待药，得医药者亦可回春，如疾人逢良医而病除也，危国逢良相而乱治也。若失医失药，如病入膏肓，虽医有和缓，不能疗也。君在昏暗，虽相有比干，不能安也。于戏！空墓刑害破死之为病局之义者深矣。

[**眉批**] 世本奇门所重者在乙丙丁之三奇，开、休、生之三门，辅、禽、心之三星，九天、九地、太阴、六合、直符之五神，如奇门星神之凑合即谓吉格，他则不与焉。而六仪非直符无言吉时，然而最恶者庚辛，以庚为太白之精，辛为昴宿之象，所遇非吉。而壬癸次之，戊己又次之。似此仅以十干分定而旺衰藏支之论一字不讲，毋乃将轩圣造意，讵不失之远乎？要之，奇门失真亦来远矣。予得师传，概皆在生克冲合上定，又皆在时之衰旺上决。盖得时则兴，失时则否，而奇而门全在兹矣。

[**释**] 伏吟、反吟、进局、退局、间局，乃十八局之体象也，可以审其明现于外、晦藏于内之机括。至于冲局、合局、会局、杂局，又当索其隐微，于彼于我之性情，则一事之关节于兹见矣。倘一宫发动，即有三宫照

应。《系辞》云："以动者尚其变"，《增删卜易》的作者野鹤老人所提出的"神兆机于动"者是也，十八局中故以动局为变。

禄局、生局乃福地之征。《经》云："天锡纯嘏"，意思是天赐大福，遇者必有吉祥在，孟子则可以辞万钟，然而其精粗必须仔细详究。

空局、墓局、刑局、害局、破局、死局又属十八局之病。凡病者待医待药，得医药者亦可回春，如疾人逢良医而病除，危国逢良相而乱治。若失医失药，如病入膏肓，虽医有和缓，亦无能为力，君主昏暗则虽有比干这等贤相，国亦不能安，如此则空墓刑害破死之为病局之义深矣。

孟子辞万钟的典故是这样的，孟子曾经在齐国任客卿，后来因为与齐王的意见不合，便决定辞职回家，齐王托人挽留孟子，承诺在首都的中心地区建一座房子给孟子，并送给孟子万钟粮食作为弟子们的生活费，结果遭到孟子的严辞拒绝。

医缓和医和是春秋时期秦国的两位医家，因医术高明而被秦国国君派往晋国给其国君晋景公、晋平公治病。《左传》记载了他们这次跨国医疗援助的事迹，使人们知道了医缓、医和，以及二竖、膏肓、六气致病等医家、名词等。

比干是商纣王时期的宰相，也是商纣王的叔叔，对商纣王的暴虐无道和荒淫无耻苦苦劝谏，却被商纣王剖心残害致死。

[眉批] 所言奇门占断真诀，皆在生克冲合上定，又皆在时之衰旺上决。盖得时则兴，失时则否。

伏局潜藏难动转，迁乔力未能。

反局猜疑心不果，冲散更无凭。

进者神功不可去，一家袭德馨。

退兮其位不能守，坏我落飘零。

间中必定有拦阻，仇难不相应。

[注] 伏局者，旺动为忧，否则深藏伏匿。反局者，交合是爱，弗然猜忌狐疑。进局者，有神助，不绊羁则长飞万里。退局者，遭人遏，有合好亦歌奏千般。惟间局有前有后，驿马相逢，翱翔亦可；否则前行不利，于前后退，尤难于后。斯盖体象一端，不同他家议论。

［释］若得伏局，则旺动为忧，本为深藏伏匿，旺动则无法伏藏。反局则交合是爱，否则猜忌狐疑。进局者有神助，不遇绊羁则长飞万里。退局者必遭人遏，然若有合好亦歌奏千般。惟间局有前有后，驿马相逢翱翔亦可，否则前行不利，尤难于后。此等体象之论，不同他家之说。

冲本离心兼离德，得合勃然兴。

合乃情投并意洽，遭冲两地憎。

杂则相宜和则好，飞分意不宁。

会是同心协助力，最忌见欺凌。

［注］冲局心意相违，败则南辕北辙，逢合神而勃然兴起。合局性情一志，胜则东就西牵，见冲宿乃纷然瓦解。杂局则气相参也，而通则臧，悖则否，生则乐，克则衰。会局乃情相契也，而旺则兴，衰则息，忌则仇，恩则宜。此皆局势之情也，切须临时临事斟酌。

［释］冲局原本预示心意相违，败则南辕北辙，但若逢合神则勃然兴起。合局本主性情一志，胜则东就西牵，但若见冲则纷然瓦解。杂局则气相参，通则吉，悖则凶，生则乐，克则衰。会局寓意两情相契，旺则兴，衰则息，忌则仇，恩则宜。此皆局势之情，切须临时临事斟酌。

禄者神皇锡我福，得第面天庭。

变者卓然堪大举，万里任飞腾。

垂恩抚育求生下，势败力难胜。

［注］禄局乃天锡祉福，当时者姓字飞扬。变局为地走龙蛇，得令者名传遐迩。生局有生育之机，可以济人兼济我；败时无造化之权，岂能抚我以抚人？大哉神化，兆端于此。

［释］逢时与否十分关键，例如，禄局乃天赐祉福，当时者姓字飞扬。变局为地走龙蛇，得令者名传遐迩。生局有生育之机，可以济人兼济我，逢败时则无造化之权，岂能抚我抚人？

空而不实心怀诈，拔空日上升。

墓局守株如待兔，闻声不见形。

刑是招刑刑迭见，刑全祸不停。

害为遇害仇兼并，孤影寄伶仃。

支宫月破成何有，立志要坚贞。

伤身致命死为最，吉至亦堪称。

[注] 陈荫桥曰：空虽不实，逢拔空如升云驾雾；墓则守死，遇败地必无臭无声。刑主官刑，遭三刑而祸不旋踵。害为暗害，值六害乃影亦零丁。破则元神散乱，志却贵乎坚贞。死乃真意茫茫，心宜存乎至善。十八局纲领于兹毕露，卅六般心法岂有别传。须于空空洞洞之中，课虚无以责有，叩寂寞而求音，则彷彷佛佛，自觉如醉而初醒。

右第三章释十八局中七十二课卦体之吉凶并动静用象之机括。

[释] 矫先生一位朋友名叫陈荫桥，1879 年秋，《遁甲括囊集》正文稿初具规模，陈荫桥先生携去并欲为之注解。原注中表明，本段的注释是陈荫桥的观点。空虽不实，逢拔空如升云驾雾，墓则守死，遇败地必无臭无声。刑主官刑，遭三刑而祸不旋踵。害为暗害，值六害乃影亦零丁。破则元神散乱，志却贵乎坚贞。死乃真意茫茫，心宜存乎至善。以上一十八局讲解完毕，分别是：伏吟局，反吟局，进局，退局，间局，冲局，合局、杂局，会局、变局，从局（又名禄局），空局，墓局，刑局，害局，破局，生局，绝局。相应可以看到，子阳先生所讲的一十八字真诀，即为一十八局的提纲，分别是：伏、反、进、退、间、冲、合、杂、会、变、从（又名禄）、空、墓、刑、害、破、生、绝。（注：前文所讲死局当亦为绝局。）

十八局纲领于兹毕露，第一局各有阴阳二般，故说“卅六般心法岂有别传”。“须于空空洞洞之中，课虚无以责有，叩寂寞而求音，则彷彷佛佛，自觉如醉而初醒”，正是本书的心法，理应特别重视。

一十八局，共七十二课，前文已经细讲，下面将七十二课之名罗列如下：

伏吟局二课：俟时、守穴。反吟局六课：家反、不果、还阳、降泽、悖亲、不仁。进局二课：倾泰、协力。退局二课：荣归、偕归。间局三课：塞前、阻后、凌云。冲局二课，射内、矢外。合局四课：钟情、伉俪、阳奉、尘羁。杂局九课：郊疑、家疑、郊谍、家谍、标题、来朋、交远、迫主，逐客。会局五课：灌顶、缺一、赴约、际会、类聚。变局四课：独足、争衡、联芳、翻腾。从局四课：日禄、专禄、乘禄、聚禄。空局六课：没首、濡尾、腰斩、橐籥、三沓、四虚。墓局四课：牢狱、坵陵、掩目、埋足。刑局七课：击刑、相凌、自辱、纠凶、贼克、衔冤、惊鸿。害局三课：主陷、嫁祸、自残。破局四课：斩关、坏垣、摧锋、亡国。生局三课：滋本、超拔、甲折。绝局二课：闭口、绝迹。

遁甲括囊集中卷

辽东海城　龙伏山人矫晨熺子阳甫撰

门人陈玉书一清甫正

第四章

二使阴阳分彼我，知主又知宾。

阳符在此阳为主，阴宫是客人。

阳星在彼阳为客，阴宫是主身。

中五之宫申造化，九畴卦可均。

两军对垒观衰旺，须明六甲阴。

［**注**］二使者，阳使阴使也。直使在阳宫，则阴使是客；直使在阴宫，则阳使是客。观二使之所在，即悉主客之隐情。然则阳使顺，阴使必逆；阴使逆，则阳使必顺。顺之逆之，以决衰旺。如我衰则彼旺，我旺则彼衰。衰旺生死，互相对待，而丝毫不爽，故曰“中五之宫申造化”也。夫中五乃限两家者，如我在一、二、三、四，彼必在六、七、八、九；我在六、七、八、九，彼必在一、二、三、四。阳边有二，乃阳以含阴；阴边有八，乃阴以含阳。故《符应经》以坎、艮、震、巽为阳，为阳局之内；离、坤、兑、乾为阴，为阴局之内。对内者，即外耳。如阳遁一局，此以甲戌己为直符，甲戌己在坤二宫，以死门为直使，死为阳使，阳使顺布。对着坤二即是艮八，彼之甲戌己在艮八宫也，乃以生门为直使，生为阴使，阴使逆行。此则以阳符阳使之所在为主，阴符阴使之所在为客也。谚云：“宁与人千金，不传六甲之阴”，其此之谓欤！

史补堂《吾学编》书载《碎金论》曰：按六甲之阴，见《后汉·方术传》注“遁甲推六甲之阴”，隐而不言其故，后世日者，或指六丁，或指太阴，牵就诪张，如鼷鼠之入牛角，愈入愈晦。语云：“宁与人千金，勿言六甲之阴”，此奇门最要者。世传赵、罗二歌中，俱无发明，岂智有所阂，抑匿而不言耶？吾友瓶成子云："阴者，藏也。十二支藏地盘之下，不是奇门之显著。其法五鼠起时，四正单支，四维双支，以十干挨加推之。夫直符、直使、干支俱用飞跳，于此独取挨加，是一局之中自刺谬矣。"怀疑于中，久未能决。今较《符应经》于无形无象之注及阴使、阳使诸说，反复寻绎，而不知所谓阴阳二使者，皆指八门相对而言；而有所不见者，直事与不直事之别，盖即《易》飞伏互对之义也。直事则有形象，不直事则无形象。有形象者飞也，无形象者伏也。相对者，反对也。用不直事，与占者同正体而及互变也。故《经》曰："冬至后甲子时初起一宫，休门直事。"此本时之直事有可见者也。阴使初起九宫，景门直事，此休门之对宫，非本时之直事，人不能见者也。于所不见者而取以为用，斯则杨氏维德所谓"其鬼神隐伏之机"乎。然则何以决二使之必为八门也？曰：阳遁阳使，起于一，终于九，归于一。阴遁阴使，起于九，终于一，归于九。阳则甲子时，休门在坎，壬申时在离，癸酉时仍在一；阴则甲子时，景门在离，壬申时在坎，癸酉时仍在九，皆直事之门也。夫《易》有飞伏互对，而其占神；奇门有六甲之阴，而其用变。呜呼！其旨远矣。

史补堂著《八门辨异》，言其友人田敬止携《碎金论》一册，余曰：是书精当，所列仪奇、八门表，与吾师所传无二。至接而查对之，果一一符契不爽，非敢于所见之略同也，适足验斯理之无异耳。其《考证篇》内所引诸说，亦复确有根据，不同泛议，久为善本。阅毕，见签面题有"《地式编》卷五"字样，遂问是书当不止此。曰："原系考校表式，故未及余。"他日复出全册相遗，展读方茂山人序，洵遁甲书中得未曾有之佳构也。殊深敬服，曾与逐次披览，字句爽朗，迥出寻常习见，及读至阴阳二遁演加干支图，不禁废书而叹曰："有是哉！所不见所闻，奚啻宵壤。"考奇门大体，曰阴阳，曰顺逆，曰动静，凡皆《地式编》中振要语也。得其传则头头是道，失其真则格格不入。兹概引绳削墨，自成一家言矣。乃独于八门盘不问阴阳，不分顺逆，不察动静，惟以随方而定之板煞图，囫囵轮转于各遁时课，虽有四千三百二十，仅以休生伤杜景死惊开一局了事。古所称依数而行之妙谛，并未究心，试问所用之图，非坊刻《五总龟》内旧有之遗欤？屡经前人批驳，作者宁未寓目，迄今犹惑，溺而不可卒解乃尔。且五卷中既采《碎金论》之立成列诸表，而此显然与之相左，致前后两歧，心粗气浮，乃欲著书立说，垂示来兹，天下其孰从而信之？按：凡内称运式之法，世人皆以硬排为尚，久离其宗，特为演加干支诸图，救正其失，自负颇不凡庸，讵知笑人者即秦人也。呜呼！尚可言遁甲之精蕴矣乎？

史补堂《遁甲八门考》曰：按洛书之数，阳则参天，一而三、而九、而二十七、而八十一，千万无出一、三、九、七者，左旋也。阴则两地，二而四、而八、而十六、而三十二、而六十四，千万无出二、四、八、六者，右旋也。遁甲天地盘之顺逆飞布，俱本乎此，在诸数中最有理致。要人盘之制，实乃太乙行九宫法。《易纬·乾凿度》曰："太乙取其数，以行九宫法。"郑康成注云："太乙者，北辰神名也。下行八卦之宫，每四乃还于中央。中央者，北辰之所居，故谓之九宫。"天数大分以阳出，以阴入。阳起于子，阴起于午。是以太乙下行九宫，从坎宫始，自此而从于坤，自此而从于震，自此而从于巽，所以行已半矣，还息于中央。既又自此而从于乾宫，又自此而从于兑宫，又自此而从于艮宫，又自此而从于离宫，行则周矣。上游息于太乙之星，而反紫垣行起，从坎宫始，终于离宫也。自东汉张衡变九章为九宫，迄今千有余年，全集沦亡，其详不复彰名于世。然静则随方而定，动则依数而行，撮其要载在《协纪辨方》书内，厥旨甚微，此八门秘密之妙窍也。述古之余，特捻出以公同志，世有深于象数者，当相视而笑，莫逆于心矣。

［按］太乙行九宫法，乃以乾为一宫，离为二宫，艮为三宫，震为四宫，兑为六宫，坤为七宫，坎为八宫，巽为九宫。每宫三年，不入中五，故以二十四数累除之。与史公所论，大相径庭。至《协纪辨方》书所列八门布法，与《五总龟》一辙，其八神依然，独六仪、九星虽系飞宫，然于《吾学编》、《奇门阐秘》亦有不相侔者，况与吾师所传《木炁论》一篇，更不啻宵壤矣。

［按］奇门之著，在庖牺氏画卦以后。三奇者，即乾之三画；六仪者，即坤之六画。其用六甲之阴，非阴使寻阳、阳使寻阴之义乎？夫阳使者，

必责其阴，阳者主而阴者客；阴使者，必责其阳，阴者主而阳者客。主客相对，内外殊分，则奇门之奥旨尽矣。

［**释**］二使指阳使阴使。如何分主客，简单地讲，看值使所落之宫是阴宫还是阳宫。值使在阳宫，则值使是主，阴使是客；值使在阴宫，则值使是客，阴使是主。观二使之所在，即悉主客之隐情。阳使顺阴使必逆，阴使逆则阳使必顺。如我衰则彼旺，我旺则彼衰。衰旺生死，互相对待。如我在一、二、三、四，彼必在六、七、八、九；反之，我在六、七、八、九，彼必在四、三、二、一。中五乃限两家者，故曰“中五之宫申造化”。

矫先生在原注中用较大篇幅阐述了八门、阳使、阴使等如何配置在九宫中，他的起局方法我们已经有详细介绍，不再赘言。至于其理论依据，有兴趣的读者可以认真研读下面的原注，对打开思路或许不无裨益。

太极两仪函四象，有君而有臣。

木火水金寻等类，直符一气分。

内为近也外为远，东西各有邻。

［**注**］《系辞》云：“易有太极，是生两仪，两仪生四象。”四象者，太阴、太阳、少阴、少阳也。老子曰：“一生二，二生三，三生万物。”《中庸》云：“其为物不贰，则其生物不测。”大抵皆言太极也。奇门之奥，不出太极。奇门四象，不出两仪。以故分而言之，曰木、曰火、曰金、曰水；合而言之，则木火主阳生之令而为一家；金水掌阴肃之柄而为一家。一家者，皆有相生之情。反之，则水火相射，金木相刑。然而阳使之时，必以坎艮震巽为内，离坤兑乾为外。阴使之时，必以坎艮震巽为外，离坤兑乾为内。内外者，即两仪也。若内外之成局，有木，有火，有金，有水，即四象也。四象者，即可以觇主客之情形，两军之衰盛，内外之有无，勾合彼我之有无牵就，大抵又无不自直符来也。

［**释**］矫先生认为，奇门之奥不出太极，奇门四象不出两仪。阳使之时，以坎艮震巽为内，离坤兑乾为外。阴使之时，必以坎艮震巽为外，离坤兑乾为内。内外即两仪。分而言之，则有木、火、金、水，此为四象；合而言之，则木火主阳生之令而为一家，金水掌阴肃之柄而为一家。一家

者，皆有相生之情。反之，则水火相射，金木相刑。若内外之成局，有木，有火，有金，有水，即四象。四象可以觇主客之情形，两军之衰盛，内外之有无，勾合彼我之有无牵就，大抵又无不自直符来。《系辞》云："易有太极，是生两仪，两仪生四象。"四象指太阴、太阳、少阴、少阳。老子曰："一生二，二生三，三生万物"。《中庸》云："其为物不贰，则其生物不测"，皆指太极。

相生相合都相契，冲克见吟呻。

四象通情参否泰，要辨君臣民。

［**注**］相生者，如我是木局，彼是火局；我是金局，彼是水局，乃四局之相生也。相合、相冲，即前合局、冲局之类。但冲局、合局乃一宫之相冲、相合，此则不然，乃主宫、客宫、年命宫、用神宫、干支对待互相之相冲、相合也。凡合者臧而冲者否，通情即是生合之类，否则即是不通情也。然而通情及不通情者皆有否泰，又在于旺衰之两端也。夫旺者泰而衰者否。直符之在上者为君，直使之在下者为臣。时干之在用者为民，君臣民之否泰亦在兹矣。

［**释**］相生者，如我是木局，彼是火局；我是金局，彼是水局，此为四局之相生。相合、相冲，即合局、冲局之类。但原注指出，冲局、合局乃一宫之内干支相冲、相合，此则不然，乃主宫、客宫、年命宫、用神宫干支对待相冲、相合，是此宫内干支与彼宫内干支形成的冲合关系，合者吉而冲者不吉。通情指生合，否则即是不通情。通情、不通情皆有否有泰，取决于旺衰之两端，旺者泰而衰者否。直符在上为君，直使在下者为臣，时干在用者为民，君臣民之否泰亦在此。

一课之中生四局，须分疏与亲。

炎上高明威德立，水流如转轮。

从革迁移心不稳，曲直茂于春。

丑戌未辰为土局，砌垒与耕耘。

冥冥默默灵机见，恍惚辨假真。

混局成方当较准，日月共星辰。

［注］一课之中，不过木火金水四局；四局之中，又不过金水一家，木火一家。盖在一家者为亲，去一家者为疏，所以知其向彼向我也。夫四局而炎上者，主高明威德，寅午戌是也。润下者，主漂泊转轮，申子辰是也。从革者，主迁移改革，巳酉丑是也。曲直者，主畅茂发生，亥卯未是也。稼穑者，主布垒耕耘，丑未戌辰是也。然而四局虽辨于中，有被牵混者，又不可不察。如巳酉丑金局也，而见午申则混矣。亥卯未木局也，而见子寅则混矣。寅午戌火局也，而见卯巳则混矣。申子辰水局也，而见酉亥则混矣。丑辰未戌土局也，而见子卯午酉则混矣。凡混者，局皆不纯。夫巳为午混而金局不成，申为酉混而水局不流，亥为子混而木局不长，寅为卯混而火局不炎。惟于中在我一点灵机，冥冥默默，会月兼日，能辨其孰真孰假，始谓微妙入神。

［释］这里引进亲疏概念，上文已经言明，一课之中不过木火金水四局，四局之中又不过金水一家，木火一家。一家为亲，非一家者为疏，以此知其向彼向我。四局之中，炎上指寅午戌火局，主高明威德。润下指申子辰水局，主漂泊转轮。从革指巳酉丑金局，主迁移改革。曲直指亥卯未木局，主畅茂发生。稼穑指丑未戌辰土局，主布垒耕耘。

有四局就有混局，混局皆不纯，如巳酉丑本为金局，见午申则混，巳为午混而金局不成，酉为申混亦不成。亥卯未本为木局，见子寅则为混局，亥为子混、卯为寅混则木局不长。寅午戌火本为局，见卯巳则为混局，寅为卯混、午为巳混则火局不炎。申子辰本为水局，见酉亥则为混局，申为酉混、子为亥混则水局不流。丑辰未戌本为土局，见子卯午酉则为混局。

除了局中地支，还需要兼看月建、日辰，详辨四局、混局孰真孰假，才能微妙入神，一点灵机，冥冥默默。

地乙家垣天逆旅，门户分三因。

惟有时干当太宰，权衡妙入神。

年命用宫藏喜怒，关睢乐不淫。

［注］地乙者，地盘直符也，主家宅之事。天乙者，天盘直符也，主逆旅之事。太乙者，人盘直使也，主门户之事。欲占家宅，当观地乙；欲卜

外事，须察天符；欲知门户开阖，又宜占夫太乙，故曰“三因”也。虽然如此，而操祸福之柄者又在于时干。夫时干者乃一课之太宰，可以彰往，亦可以察来；可以证古，更可以知今，故曰“权衡妙入神”也。至于一己之事，仅责一人之年命、一事之用神，详其生扶合拱、克害刑冲，其于凶吉，自必不紊。《传》曰：“《关雎》不作于伶工，而乐在其中矣，岂有淫乎？”

［释］地乙即地盘直符，主家宅之事。天乙即天盘直符，主逆旅出行之事。太乙即人盘直使，主门户之事。欲占家宅，当观地乙；欲卜外事，须察天符；欲知门户开阖，须占太乙。三乙又称三因。虽然如此，操祸福之柄者则在于时干，时干乃一课之太宰，可以彰往，亦可以察来；可以证古，更可以知今，故曰“权衡妙入神”。至于一己之事，仅责一人之年命、一事之用神，详其生扶合拱，克害刑冲，吉凶自明，恰如《诗经·关雎》不作于伶工而乐在其中，然而快乐而不过分。

子父财官分五类，不可紊人伦。

制化克生于日建，光景一时新。

父母仁慈兄弟舛，官鬼必生嗔。

妻财子禄人间事，何须尽效颦。

［注］生我者为父母，我生者为子孙，克我者为官鬼，我克者为妻财，比和者为兄弟，皆以本日天干与时干、年命、用神之上下二干定之。于父母则曰仁慈，多应文书、音信之事。于子孙则曰承恩，多应雪冤、进喜之事。于官鬼则曰忧患，多应疾病、功名之事。于妻财则曰受禄，多应经济、营谋之事。于兄弟则曰乖舛，多应争竞、斗欧之事。但喜者不必尽效其美，恶者不必尽加其恶。于时随事，应变在人，如里人捧心，丑自见矣。

［释］注意，这里矫先生明确指出“制化克生于日建”，即六亲以日干为我，生我者为父母，我生者为子孙，克我者为官鬼，我克者为妻财，比和者为兄弟。原注中还明言：“以本日天干与时干、年命、用神之上下二干定之”。这一点是《括囊》的重大改变之一，矫先生以前的著作中都是用时干为我，而且没有提到上下二干都要定出六亲。

定出六亲之后，其取象和断法则仍如以前所论，并无变化。于父母则曰仁慈，多应文书、音信之事；于子孙则曰承恩，多应雪冤、进喜之事；于官鬼则曰忧患，多应疾病、功名之事；于妻财则曰受禄，多应经济、营谋之事；于兄弟则曰乖舛，多应争竞、斗欧之事。但喜者不必尽效其美，恶者不必尽如其恶。于时随事，应变在人，如东施效颦，其丑自见矣。

旺相天时乃可得，地利奇门临。

月日生合人和局，昭烈义偏深。

［注］卓卓子引《孟子》曰："天时不如地利，地利不如人和。"非谓天时、地利之毫不足重也，特以人和相较，而天时、地利惟不如人和为尤重耳。夫天时何以能得？必我乘旺相、吉星乃可以得也。地利何以能临？必我值奇门、三隐乃可以临也。人和何以能致？必我得月日生合乃可以致也。正此义耳。盖此三者，惟人和不易。如曹操之篡中原而割袍断须，所不灭者似得天时也。孙权之拒东吴而八十三万所不摧者，似得地利也。独汉先帝起于寒微，结关张于草莽，识子龙于座中；飘零半世，奄有西蜀；区区巴峡，寰宇一丸；国不富，地不辟，卒与孙、曹抗衡，讵非人和乎？故予昭烈以义，知言哉！

［释］矫先生对孟子的"天时不如地利，地利不如人和"有自己的一番解读。我乘旺相、吉星称为得天时，我值奇门、三隐称为得地利，我得月日生合称为得人和。相对而言，天时、地利、人和三者重要性依次递增，以人和为最重，惟人和最不易。曹操逐鹿中原，关羽割袍断须，然而曹操不灭者似得天时。孙吴抗拒强曹，曹军八十三万不能胜之，似得地利。刘备起于寒微，结关张于草莽，识子龙于座中，飘零半世，终有西蜀，区区巴峡，寰宇一丸，国不富，地不辟，终与孙、曹抗衡，岂非人和？

直符同类为先者，异冠步后尘。

用神与彼他家益，予我吾讴吟。

［注］何谓直符同类？如甲子戊直符，见亥子申辰，及戊己壬癸，为直符同类，事主先见。其他干支，全谓异类，事主后见。至于用神生扶于我，合成一家，则谓有益于我，反之则谓予彼。益我者我终有庆，予彼者彼必

获利。

[释] 何为直符同类？如甲子戊直符，子为水、戊为土，凡见申子辰、亥、壬、癸，为与直符同类，见己土亦为与甲子戊值符同类，主先应之事。见其他干支全谓异类，主后应之事。

这里又引进两个新概念：予我、予彼。用神生扶于我，与我合成一家，则谓予我，反之则谓予彼。予我者我终有庆，予彼者彼必获利。

月令之前谓已往，支后细细斟。

将来原在未来上，发动与当今。

前后左右如斯论，番掌定升沉。

[注] 已往之事，如寅月占，以子丑为已往，卯辰为将来，未来者即是将来也。若当今发动，乃当今目下之事，如寅月见寅，卯月见卯是也。若发动不在当今，则必在将来。已往不必以当今讨论也。至于前后左右，亦如将来、已往定之。如子月，丑为用神，则为前、为左；亥为用神，则为后、为右。又如在立春节，用神在三宫，则为前、为左；用神在一宫，则为后、为右。又如用神在寅卯辰巳午未、艮震巽离为升，申酉戌亥子丑、坤兑乾坎为沉。知此者，虽前后升沉，其定犹反掌也。

[释] 断以往、将来、前后、左右、升降，须看地盘十二支，如寅月占，以子丑为已往，卯辰为将来，寅月为当下。其他类推。至于前后左右，亦如将来、已往定之。如子月占，丑为用神，则为前、为左，亥为用神，则为后、为右。又如立春节占，若用神在三宫，因立春在艮八宫，则三宫为前、为左，若用神在一宫则为后、为右。又如用神在寅卯辰巳午未、艮震巽离为升。申酉戌亥子丑坤兑乾坎为沉。

暗昧不明而谓晦，出现显元音。

晦中有吉亦有否，显可就手擒。

[注] 夫暗昧不明，不动不变，不现于主宫、年命之上者，乃谓晦也。待出现之时，而元音显矣。且晦之中不尽为否，以时虽晦而干支与我命宫勾合，终是吉祥。若与我无情，虽显亦不相宜。惟既发动现于主体时干之上，则吉凶立应，如探囊取物，故曰“就手擒”也。

［释］主宫、年命宫若无发动则称为晦，暗昧不明之意。与晦相对，有发动方为显。其中，主宫指时干宫。晦不尽为凶，时虽晦而干支与我命宫勾合，终是吉祥。若与我无情，虽显亦不相宜。主体时干宫一有发动，则吉凶立应，如探囊取物，故曰“显可就手擒”。

生我为向克我背，向乃不忧贫。

小人一个足伤我，背则定无论。

冲者合者咸如此，妙悟须依仁。

玄牝之门中道立，时和福自臻。

［注］卓卓子补曰：生我者，如我乙彼壬、我水彼金之类，即向我也。克我者，如我丙彼癸、我火彼水之类，即背我也。夫向我彼必资助于我，贫也无忧；若背我者，虽夫妇、昆弟，亦必破败于我，而伦常乖舛。是以小人之伤我不在大，亦不在多也。《传》曰：“一之为甚，其可再乎?”其此之谓欤！至于冲者、合者，皆当以此类推敲。要其妙悟，须如仁者之静，始能得其微义。及夫老子所谓“玄牝之门，是谓天地根”者，正言此矣。盖阴阳造化原立于不偏不倚之中，《尚书》故曰“允执厥中”。人苟能执中以行，精一以守，与时合序，虽天地变幻，世代因革，趋吉避凶之机自然预定，如天之福人，不期其臻，而臻自集矣。

［释］这里引入向、背两个概念。生我者，如我乙彼壬、我水彼金之类即为向我。克我者，如我丙彼癸、我火彼水之类，即为背我。向我则彼必资助于我，贫也无忧。背我者，则虽夫妇、昆弟，亦必来破败于我。小人之伤我不在大，亦不在多。正所谓“一之为甚，其可再乎”? 至于冲者、合者，皆当论其向背，这是奇门判断的根本，正如老子所谓：“玄牝之门，是谓天地根”。其中微义，须如仁者之静，始能妙悟而得。奇门判断又讲究中和，阴阳造化原立于不偏不倚之中，《尚书》故曰：“允执厥中。”矫先生认为，人苟能执中以行，精一以守，与时合序，虽天地变幻，世代因革，趋吉避凶之机自然预定，正所谓“有福之人不用忙，无福之人忙断肠”。

阴受阳生阳受阴，知了值千金。

阳受阳生阴受阴，妙诀乃良箴。

男女皆从斯处辨，详参八个门。

［注］阴受阳生、阳受阴生者，如甲见癸，乙见丙，丙见己，丁见戊，戊见辛，辛见壬，壬见乙，癸见甲之类是也。阳受阳生，阴受阴生者，乃甲见丙，乙见丁，丙见戊，丁见己，戊见庚，己见辛，庚见壬，辛见癸，壬见甲，癸见乙之类是也。大抵皆以日干与年命、时干、直符、二使、用神、动爻之天干相定，则男女阴阳如视诸掌。至于要辨男女为何等类人，又以考订八门之休为喜乐俊美，死为孝服、灾病，伤为渔猎、刑伤，杜为聋瞽、僧道，五为孤高、乞丐，开为官贵、长者，惊为捕役、惊恶，生为商旅、行贩，景为丽妇、文人。果能洞悉此理，不啻一语千金。

［释］奇门的六亲象四柱八字一样，细分为正和偏，阴受阳生、阳受阴生者为正，如甲见癸，乙见丙，丙见己，丁见戊，戊见辛，辛见壬，壬见乙，癸见甲之类是也。阳受阳生，阴受阴生则为偏，如甲见丙，乙见丁，丙见戊，丁见己，戊见庚，己见辛，庚见壬，辛见癸，壬见甲，癸见乙之类是也。此皆以日干与年命宫、时干宫、值符宫、二使宫、用神宫、动爻宫之天干相较而定，则男女阴阳如视诸掌。至于要辨男女为何等类人，又按八门而定，休为喜乐俊美，死为孝服、灾病，伤为渔猎、刑伤，杜为聋瞽、僧道，五为孤高、乞丐，开为官贵、长者，惊为捕役、惊恶，生为商旅、行贩，景为丽妇、文人。果能洞悉此理，不啻一语千金！

虚虚实实察其下，旺相两情敦。

空破休囚全是假，何必用心存。

［注］虚实之情，当察其下干所乘之支。如逢月建及春木火、夏火土、秋金水、冬水木、四季月土金，皆谓旺相之气。旺相者，则事必实而情敦意笃矣。若值空破及春金水、夏水木、秋木火、冬火土、四季水火，皆谓休囚之气。休囚者，则事必假而言妄心虚矣。夫情敦者可就，言妄者无成。君子于虚实之际，可不加意矣乎？老子曰："致虚极，守静笃"，孔子曰："言忠信，行笃敬"，即此之谓也。

［释］矫先生提出，旺衰依据相关各宫地盘暗支确定，如地盘暗支逢月建及春木火、夏火土、秋金水、冬水木、四季月土金，皆谓旺相之气。旺

相者，则事必实而情敦意笃。若值空、破及春金水、夏水木、秋木火、冬火土、四季水火，皆谓休囚之气。休囚者则事必假而言妄心虚。情敦者可就，言妄者无成。

来济来交亲者契，天上降皇恩。

相破相冲踈者远，他方起孽根。

［注］来济者，谓彼来生我也。来交者，谓彼来合我也。如占求名，以开门为用神，开门所乘之干支皆来生合我命，且与我为一家，即谓之亲。亲者，乃如九霄丹诏忽从天上飞来。若彼所乘干支不但不能生合于我，抑且来破我冲我，并与我各成一家，则谓之疏。疏者乃如天南地北，情不相通，悖仁坏义，意不相洽，何进之与张让、袁绍之与董卓是也。

［释］这里又出现来济、来交两个新概念。来济指彼来生我，来交谓彼来合我。如占求名，以开门为用神，开门所乘之干支皆来生合我命，且与我为一家，即谓之亲，亲者乃就像九霄丹诏一样忽从天上飞来。若彼所乘干支不但不能生合于我，而且来破我、冲我，并与我各成一家，则谓之疏。疏者乃如天南地北，情不相通，悖仁坏义，意不相洽，恰如何进与张让、袁绍与董卓，皆是死对头。东汉灵帝时的大将军何进，谋诛太监，事情败露，反被对手张让诛杀。

废没狼狈都侵迫，层层退似云。

刚强勇猛恩星助，凛凛进如军。

升降存亡同一体，不必乱纷纷。

［注］去时令月建者，谓之废没，即退之气也，若霍光之废昌邑、光武之废郭后是也。既去其时，而复受月日克制，又如董卓之废宏农王而卒行弑逆是也。及伏局、返局、退局、破局、空局、墓局、间局、死局、刑局、害局，亦皆退之象耳，故曰“层层如行云之退”也。当时令、月建者谓之旺相，乃进之气也，若陈涉之截木为兵而国称张楚，谢安之风声鹤唳而摧灭西秦。既当其时，且得月日生扶，又如荀爽之遇董卓，凡九十日而至司空。至于进局、生局、冲局、合局、变局、会局、从局、杂局，亦皆进之象耳。故曰“凛凛如布军之进”也。陈荫桥曰：“夫进也者，则主升而存。

退也者，则主降而亡。”事同一例，不必乱寻头绪，正谓此也。

［释］已过时令月建者，谓为废没，即退气，好比被霍光废掉的昌邑王，又好比被光武帝废掉的郭皇后。若不但废没，而复受月日克制，则好比董卓废掉宏农王，最终又弑杀之。伏局、返局、退局、破局、空局、墓局、间局、死局、刑局、害局，亦皆为退之象，故曰：层层退似云。当时令、月建者则谓之旺相，为进气，好比陈涉截木为兵，一呼百应，最终建立“张楚”，又如谢安摧灭西秦，敌人风声鹤唳。若既当其时令，又得月日生扶，则如荀爽遇董卓，受到董卓重用，九十日即升至司空之高位。至于进局、生局、冲局、合局、变局、会局、从局、杂局，亦皆进之象耳。故曰：凛凛进如军。陈荫桥曰：“夫进也者，则主升而存。退也者，则主降而亡。”事同一例，不必乱寻头绪，正指此而言。

旺则朱颜新物色，衰老故不群。

贵贱高下分四等，同是一般文。

［注］龙伏氏补曰：旺者主新、主少、主贵、主高，衰者主老、主故、主贱、主下。虽分四类，却属一般，此之谓乎？

［释］旺者主新、主年少、主贵、主高，衰者正相反，主旧、主老、主贱、主下，虽分四类，却都属于旺衰范畴。

发端年月当大事，日时小功勋。

长少尊卑不外此，微意盖难云。

［注］龙伏氏补曰：夫发端者，即时干、用神也。二者属年月者主大事、主尊、主长。属日时者，主小事、主少、主卑。至所以应长少尊卑之微意，可以意会不可以言传也。盖学者自能有得。

［释］发端指时干、用神，二者如果恰好是年月则主大事、主尊、主长，若恰好是日时者，主小事、主少、主卑。此中道理，可以意会，不可言传，学者善加思索，自能有得。

贪狼嗜利廉贞信，阴贼事纷烦。

淫泆奸邪宽大悦，公正雪奇冤。

［注］北方之情好，水也，好行贪狼，申子主之，主贪财嗜利、强夺横

取、欺诈谎骗、攻劫盗窃之事。若辰子，则事兼及奸邪矣。东方之情怒，木也，怒行阴贼，亥卯主之，主阴谋陷害、屈曲邪佞、叛逆战斗、暴戾杀伤之事。若未卯，则事兼及奸邪矣。南方之情恶，火也，恶行廉贞，寅午主之，主宾客礼仪、嫁娶燕享、图议忠信、举用贤良、迁官庆赏之事。若戌午，则兼及公正矣。西方之情喜，金也，喜行宽大，巳酉主之，主福禄赏赐、酒食施与、贵人君子、聚集赐贺、覃恩赏赉之事。若丑酉，则兼及公正矣。上方之情乐，乐行奸邪，辰未主之，主欺诈不信、淫逸邪慝、蔽善兴恶、奸邪之事。若辰子未卯，则兼及贪狼，阴贼之事矣。下方之情哀，哀行公正，戌丑主之。主报怨复仇、谏诤惊恐、诛暴戡乱、兴兵争讼之事。若午戌酉丑，则兼及廉贞，宽大之事矣。

［按］此出自风角纳音六情，有时上下二支亦相符契，故赘之以补不足。

［释］原注中说上面讲的六情，出自风角纳音，归结起来有东南西北四正方和上、下，共六方。四正方与四正卦相对应，上方对应辰未土，下方对应戌丑土，恰好与九宫图中高下对应，九宫图中辰在左上角巽宫，未在右上角坤宫，左上角、右上角均为上；戌在右下角乾宫，丑在左下角艮宫，左下角、右下角均在下方。

具体而言，六方性情及所主如下：

1. 北方之情好，水也，好行贪狼，申子主之，对应坎卦，主贪财嗜利、强夺横取，欺诈谎骗、攻劫盗窃之事，若辰子则事兼及奸邪矣。

2. 东方之情怒，木也，对应震卦，怒行阴贼，亥卯主之。主阴谋陷害、屈曲邪佞、叛逆战斗、暴戾杀伤之事，若未卯则事兼及奸邪矣。

3. 南方之情恶，火也，对应离卦，恶行廉贞，寅午主之。主宾客礼仪、嫁娶燕享、图议忠信、举用贤良、迁官庆赏之事，若戌午则兼及公正矣。

4. 西方之情喜，金也，对应兑卦，喜行宽大，巳酉主之，主福禄赏赐、酒食施与、贵人君子、聚集庆贺、施恩赏赐之事，若丑酉则兼及公正矣。

5. 上方之情乐，乐行奸邪，辰未主之。主欺诈不信、淫泆邪慝、蔽善兴恶、奸邪之事，若辰子未卯则兼及贪狼，阴贼之事矣。

6. 下方之情哀，哀行公正，戌丑主之。主报怨复仇、谏诤惊恐、诛暴戡乱、兴兵争讼之事，若午戌酉丑则兼及廉贞，宽大之事矣。

成局真衰年可应，假衰月半痕。

假旺日中何足辨，真旺似云奔。

败事真旺年绵远，假旺月下寻。

假衰日内堪凭据，真衰祸立侵。

［注］凡问彼我之事何时能成，当察其课体局势、年命、用神。其在真衰者，当以年计之，如春月见金局是也。半衰者，当以月计之，如夏月见木局是也。假旺者，当以日计之，如秋月见火局是也。真旺者，当以时计之，如冬月见水局是也。若问事之败于何时，则以春月见木局者为真旺，计之以年也。夏月见土局者为假旺，计之以月也。秋月见水局者，为假衰，计之以日也。冬月见火局者，为真衰，计之以时也。夫以年计者，九宫之数，大之不过五百四十年、三百六十年，中之不过一百八十年，小之不过六十年及三十年。以月计者，大之不过三百六十月，中之不过一百八十月，小之不过六十月及一周之数。以日计者，大之不过三百六十日，中之不过一百八十日，小之不过六十日及一旬之数。以时计者，大之不过三百六十时，中之不过一百八十时，小之不过六十时及一甲之数。以此推彼及我，大抵又不过旺衰之两端。

［释］这一节开始讲如何判断应期的问题。应期远近须分清问成事还是败事。一，问何时能成，须察其课体局势、年命、用神，衰则应远、旺则应近，从远到近细分又有真衰、假衰、假旺、真旺四种情况。真衰者，指当令季节为我之官鬼，如春月见金局为真衰，当以年计之。半衰者，指季节为我之子孙，如夏月见木局，半衰当以月计之。假旺者，指季节为我之妻财，如秋月见火局是也当以日计之。真旺者，指季节为我之兄弟，当以时计之，如冬月见水局是也。二，若问事败于何时，其远近恰好与问事成于何时相反，真旺最远，假旺次之，假衰又次之，真衰应之最速。春月见木局者为真旺，计之以年。夏月见土局者为假旺，计之以月。秋月见水局者，为假衰，计之以日。冬月见火局者，为真衰，计之以时。

［眉批］凡推天子之事当以年局定之，诸候之事，当以月局定之，大夫

以日局，士庶以时局也。

［注］以年计者，九宫之数，大之不过五百四十年、三百六十年，中之不过一百八十年，小之不过六十年及三十年。以月计者，大之不过三百六十月，中之不过一百八十月，小之不过六十月及一周之数。以日计者，大之不过三百六十日，中之不过一百八十日，小之不过六十日及一旬之数。以时计者，大之不过三百六十时，中之不过一百八十时，小之不过六十时及一甲之数。以此推彼及我，大抵又不过旺衰之两端。

年依花甲月依岁，时惟日半旬。

六十周还两个月，日期应一元。

缓急之法原从此，何须作危言。

［注］卓卓子补曰：凡年月日时，要皆不过六十，或缓或急，皆从是定，其中自有神应，又何须作高危之言以动人听闻哉？

［释］断应期无论年月日时，皆不过六十花甲，或缓或急，皆据花甲以定，其中自有神应。其他均属高危之言，耸人听闻而已。

一六水兮二七火，三八木数看。

五十为土金四九，增减有多端。

［注］河图之数一六在北，二七在南，三八在东，四九在西，五十居中。乃明火炎上，水润下，木曲直，金从革，九天之大，土字中悬者是也；及夫木茂于春，火炎于夏，金燥于秋，水寒于冬，各当旺气，以土中和者也，且其数皆顺生。洛书之数，一六在北，四九在南，三八在东，二七在西，五黄在中。乃明春有温气，夏有热气，秋有凉气，冬有冷气，大抵寰宇之大，皆以土备；以及木非春不生，金非夏不溽，火非秋不燥，水非冬不凝也，但其数皆逆克。河洛之数，玄微莫尽，惟我用之。先察衰旺，旺者增之，有一倍至十倍之多；衰者减之，有一数至数十倍之少。其中奥妙，存乎其人。

［释］断数字，河图之数一六在北，二七在南，三八在东，四九在西，五十居中，乃明火炎上，水润下，木曲直，金从革。九天之大，土字中悬者是也。及夫木茂于春，火炎于夏，金燥于秋，水寒于冬，各当旺气以土

中和者也，且其数皆顺生。洛书之数，一六在北，四九在南，三八在东，二七在西，五黄在中，表明春有温气，夏有热气，秋有凉气，冬有冷气，寰宇之大皆以土备，木非春不生，金非夏不溽，火非秋不燥，水非冬不凝。但其数皆逆克河洛之数。其中精微难以尽释，惟我用之。先察衰旺，旺者增之，有一倍至十倍之多；衰者减之，有一数至数十倍之少，其中奥妙，存乎其人。

阳星宫位门开放，反之阖重阑。

阖则宜守开宜走，冲合亦胆寒。

［注］无论主宫、客宫皆以所乘阳使、阳星、阳宫者为开，阴使、阴星、阴宫为阖。凡主开则客必阖，主阖则客必开。开者，得奇得门，又得吉神，乃一往直行，毫无壅滞。阖者，无奇无门，又无吉神，乃一往无前，迷离去路。若开者不得吉星、吉门，阖者而得吉星、吉门，乃谓半开半阖。半开者而得日辰克合，则宜守矣，如冲则不宜。半阖者而得日辰冲开，则宜走矣，如合则不宜。夫冲合之机，至开阖之际，倏忽变迁，极难捉摸，可不令人胆寒矣哉？

［释］《括囊》中的开阖与前面《枢要》里面所论开阖不同，在《括囊》这里，无论主宫客宫，皆以乘阳使、阳星、阳宫者为开，阴使、阴星、阴宫为阖。凡主开则客必阖，主阖则客必开。开而又得奇得门得吉神，则一往直行，毫无壅滞。阖而又无奇无门无吉神，乃一往无前，迷离去路。若开者不得吉星、吉门，阖者而得吉星、吉门，则谓半开半阖。半开而得日辰克合则宜守，如冲则不宜。半阖而得日辰冲开则宜走，如合则不宜。冲合之机、开阖之际，倏忽变迁，极难捉摸，简直令人胆寒。

阴神隐在阳神下，明暗要旁观。

静则观明动则暗，六甲阴最难。

是用不用于中别，不可意盘桓。

动有三因气象足，惟忌落红残。

［注］夫用神者，有阴阳之分，阳神之下即阴神也。无论明暗，总要观其旁宫之动静，故静则以明为主，动则以暗为主。是以奇门之妙，妙在动

者观暗，不动者观明；而六甲之中惟阴神难为定拟，以其有用阴使、暗使之阴也，有用明干、下干之阴也。暗使者，如问名，看暗使之开门是也。暗干者，如问财，看生门之下干是也。但有时为用，有时不为用。欲知其用不用，在随机而取，不可心无主宰。既动矣，动必有因，则当察其三因。气象已足，始谓元吉。若休囚无力，虽动尤静，如落红之残，徒有点缀，而无实用，岂非所最忌乎！

右第四章，释阴阳二使、四象两家、三垣六亲、地利人和、同异彼我、已往将来、晦明向背、男女老幼、虚实亲疎、升降存亡、贵贱高下、大小尊卑、六情衰旺、河洛开阖之机、阴阳用神之妙。苟能倾心颖悟，万殊一本归来。

[释] 用神有阴阳之分，阳神之下即阴神。无论明暗，总要观其动静。静则以明为主，动则以暗为主，此为奇门之妙。解断之时，有时看阴使、暗干，如问功名，看暗使之开门；问财，看生门之下暗干。但有时如此用，有时不如此，用与不用，在随机而取，不可心无主宰。如宫中有发动之奇仪星门神，则动必有因，则当察其三因。动而旺相，则为气象已足，始谓元吉。若休囚无力，虽动尤静，如落红之残，徒有点缀而无实用，反为所最忌。

以上为第四章，在解释奇门知识的同时，提出了许多新的概念，较之《鸣法》和《枢要》，则更进一步。本章的主要内容有阴阳二使、四象两家、三垣六亲、地利人和、同异彼我、已往将来、晦明向背、男女老幼、虚实亲疎、升降存亡、贵贱高下、大小尊卑、六情衰旺、河洛开阖之机、阴阳用神之妙。若能细心体会，自当万殊一本，妙用无穷。

第五章

恩用仇难四大格，各奉帅登坛。
大抵恩星全是福，时败暂偷安。
用星泄气能伏难，得令亦承欢。
最恶难星乘月气，仇更怕勾连。

［注］木以水为恩，火为用，金为难，土为仇；火以木为恩，土为用，水为难，金为仇；土以火为恩，金为用，木为难，水为仇；金以土为恩，水为用，火为难，木为仇；水以金为恩，木为用，土为难，火为仇。

凡局卦既成，先看我之所主，次以生我之行局者为恩星，我生之行局者为用星，克我之行局者为难星，我克之行局者为仇星。此之谓：恩、用、仇、难四大格也。大抵四格之中，皆以恩星为福，虽不当时，亦可以偷安；而用星虽泄我气，倘得时令，则难星无所措手，亦能稳若泰山；惟难星当月建之令，加以仇神勾连于中，不得恩星及用星以制难星，则祸不旋踵矣。故曰："仇更怕勾连"。

［释］这里提出恩用仇难四大格概念，生我者为恩星，我生者为用星，克我者为难星，我克者为仇星。

木以水为恩，火为用，金为难，土为仇；

火以木为恩，土为用，水为难，金为仇；

土以火为恩，金为用，木为难，水为仇；

金以土为恩，水为用，火为难，木为仇；

水以金为恩，木为用，土为难，火为仇。

四格之中，皆以恩星为福，虽不当时令之旺，得恩星亦可以偷安，因为恩星乃是生我者，为父母。用星虽泄我气，倘得时令，则难星无所措手，亦能稳若泰山，因为用星即是子孙，子孙克难星官鬼。难星乃是克我者，为官鬼，倘若难星当月建之令，加以仇神勾连于中，不得恩星及用星以制难星，则祸不旋踵，因为仇星是我克者，为妻财，妻财生官鬼，故曰"仇更怕勾连"。

用旺难衰衰受制，难强性命捐。

恩衰仇旺旺扬武，恩旺凯歌旋。

值旺身元何所畏，来往任便便。

本星无局难恩会，恩星得自专。

［注］用星旺，难星衰，乃难星受制。如难星当令，则我不宜矣。恩星衰，仇星旺，而仇星扬武。如恩星得时，乃我凯旋也。至于我本身，当四时之令，得八节之气，在三元之时，则翩翩自若，与世偕行，君子同喜，小人

不咎，又何害乎？但本身无局者则不然。夫我既无局，又须依附他人，如难星会局者，则当以难受之；恩星会局者，则当以恩受之。若恩难并见，无论衰旺，我仅可择其善者依从。《传》云："素富贵，行乎富贵。素贫贱，行乎贫贱。素夷狄，行乎夷狄。素患难，行乎患难"。《易》云："人以类聚，物以群分"。老子云："君子得其时则驾，不得其时则蓬累而行。"大抵似此。

[释] 用星旺，难星衰，乃难星受制，即子孙克官鬼，官鬼受制。倘若难星当令，则于我不宜。恩星衰，仇星旺，而仇星扬武，因为恩星是父母，仇星是妻财，妻财克父母，即仇星克恩星。如恩星得时，即生我之父母旺，则我凯旋。若我本身当四时之令，得八节之气，在三元之时，则翩翩自若，与世偕行，君子同喜，小人不咎，何害之有？其中，三元之时指每个节气上中下三元，如冬至惊蛰一七四之类。

但本身无局者则不然。所谓无局，指不当旺。我既无局，则须依附他人，如难星会局者，则当以难受之，恩星会局者，则当以恩受之。若恩难并见，无论衰旺我仅可择其善者依从，正如《周易》所云："人以类聚，物以群分"。《礼记·中庸》云："素富贵，行乎富贵。素贫贱，行乎贫贱。素夷狄，行乎夷狄。素患难，行乎患难。"意思是，君子只求就现在所处的地位，来做他应该做的事，不希望去做本分以外的事，处在富贵的地位，就做富贵人应该做的事；处在贫贱的地位，就做贫贱时应该做的事；处在夷狄的地位，就做夷狄所应该做的事；处在患难，就做患难时所应该做的事。君子安心在道，乐天知命、知足守分，故能随遇而安，无论在什么地方，都能悠然自得。老子云："君子得其时则驾，不得其时则蓬累而行"，得时则出来大展宏图，不得时则象飘蓬一样，随风漂泊。

察用稽年牵作主，吉凶现眼前。

太白秋色荧惑夏，岁在春华鲜。

镇星四季冬辰水，二干次舍躔。

[注] 察用者，一事之用神也。稽年者，一人之年命也。盖二般乃一卦之主，其成局、成象乃谓一家之物，而吉凶即现于目前。如春令之岁星，夏令之荧惑，秋令之太白，冬令之辰星，四季之镇星，皆为当时之气，而

年命、用神、上下二干之躔次得之，又为至吉之征，否则非也。

［释］察用指找准用神，稽年指确定年命，此二者乃一卦之主，观其成局、成象否，属一家否，吉凶即现于目前。天地盘二干如与节气相比和，则为至吉，如春令之甲乙木，夏令之丙丁火，秋令之庚辛金，冬令之壬癸水，四季戊己土，皆为当时之气，年命、用神上下二干之所落之宫得之，为至吉之征，否则非也。原注用岁星、荧惑、太白、辰星、镇星等五星代表木、火、金、水、土五行，于是有“春令之岁星，夏令之荧惑，秋令之太白，冬令之辰星，四季之镇星，皆为当时之气”之说。

正寅二卯辰三月，四巳五午天。

六未七申八建酉，九戌亥十全。

十一子兮十二丑，气行始不偏。

［注］龙伏氏补曰：此指气而言者也，奇门之尚支于兹毕见。

［释］此段讲的十二月建，正月建寅、二月建卯、三月建辰、四月建巳、五月建午、六月建未、七月建申、八月建酉、九月建戌、十月建亥、十一月建子、十二月建丑。娇先生在《括囊》里非常注重月建、地支，这是他在奇门遁甲理论上的重大发展变化。

饶他九局为三运，直符宫最坚。

冬至一七须连四，夏至九乔迁。

［注］龙伏氏补曰：凡局无论阴阳，皆有三运，以直符宫之运为准。如冬至一而七，七而四。夏至九而三，三而六是也。凡九局之中，无非上中下三运，要之皆以当值者。

［释］凡局无论阴阳，皆有上中下三运，如冬至一七四，夏至九三六，值符落在三运当值之宫为旺。

时当九十应三月，气归月下眠。

若逢五日十时备，运期一绵延。

同俦聚党皆能旺，会月而逢年。

［注］九十日乃三月之数，即春夏秋冬也。言其局在四立之中，如春逢木局之类耳。若止见寅字，则仅应一月之数，故曰“月下眠”。夫五日为一

元，十时为一甲，局中仅有现在直符与我勾合而无他星照映者，事应此十时以内，讵非“一线延”乎？若局中同类极多，或与太岁、月建拱会，而四季之时，当月之气，在局之运，又一时咸集，乃谓至旺，何啻鸣鼓哨聚挺地而党树者哉？

［释］一年四季，春夏秋冬，以四立为分界线，每个季度三个月，共九十日，各有一个五行为旺气，如春逢木局之类。若止见寅字，则仅应一月之数，故曰“月下眠”。五日为一元，十时为一甲，若局中仅有现在值符与我宫勾合而无他星照映，事应此十时以内，矫先生将此比作“一线延”。若局中同类极多，或与太岁月建拱会，得四季之时、当月之气，三运旺气又一时咸集，乃谓至旺，好似鸣鼓哨聚挺地而党树。

地乙原为地元帅，原人推愚贤。

原始情形都在此，以他占我先。

人元将军是太乙，当时可及肩。

当时人也当时事，不可不穷研。

天枢大将观天乙，将来事宛然。

将来之人凶与吉，随时定倒颠。

若与命宫来合会，必有好音传。

若与命宫相冲破，不免与争权。

［注］卓卓子补曰：地乙为地元大帅，主事之原始，亦应原先之人。太乙为人元将军，主当时之事，亦应当时之人。天乙为天元将军，主将来之事，亦应将来之人。凡已往、将来、当时，皆须随时研究。若三宫发动，或与命宫、用宫、主宫、客宫一时凑五六三合，必有好音传来。若四六破局，不但争权，且恐有祸。然天乙、地乙之局，可随处而定；而太乙、二使之局，必须详其和、义、迫、制，方可决其凶吉。

［释］地乙为地元大帅，主事之原始、过去、以往，亦应原先之人。太乙为人元将军，主当时之事、当时之人，为现在。天乙为天元将军，主将来之事、将来之人，为未来。凡已往、将来、当时，皆须随时研究。若三宫发动或与命宫、用宫、主宫、客宫一时凑五合、六合、三合，则必有佳

音传来。若相冲、相破，不但争权，且恐有祸。天乙、地乙之局，要看其所落之宫内干支与我命宫干支关系，以定吉凶，而太乙、二使之宫，则必须详其和、义、迫、制，方可决其凶吉。

注意，这一条是《括囊》阶段矫先生奇门思路上重大转变的又一个方面。以前子阳先生在《枢要》中提出这样的体系：从上到下，依次论过去现在未来，天盘时干宫代表过去，太乙值使宫代表现在，地盘时干宫为未来。那时是根据时干宫论过去未来，天盘时干宫是时干宫，太乙宫是人盘时干宫，地盘时干宫也是时干宫。这里不但顺序倒过来，改为从下到上，依次为过去、现在、未来，而且不再是看三盘时干宫，而是看三乙宫，地盘地乙为过去，人盘太乙为现在，天盘天乙为未来。由于人盘太乙宫在两种体系中都代表未来，天盘天乙宫恰是地盘时干宫，都代表未来，只有过去，到底是天盘时干代表过去，还是地盘值符为过去，这是两者的区别所在。《括囊》是矫先生最终的研究成果，他认为天盘地盘值符为过去。

命用二宫精神聚，森罗万象涵。

二支为情二干性，情性静中参。

性观进退前和后，情则考肥甘。

［注］年命、用神二宫乃精神聚会之处，气象森罗，包涵万有。但二干主性，性以辨生克冲合。二支主情，情以察刑害空墓。于太虚方寸之中参伍错综，则进退荣枯，会合甘苦之机，自然如见其肺肝焉。

［释］年命、用神二宫乃是奇门一局之中精神聚会之处，其中气象森罗，包涵万有。两宫之中，二干主性，性以论生克冲合。二支主情，情以察刑害空墓。

注意，一般认为六壬重地支，奇门重天干，但你若看了矫先生的秘传奇门，就不会再这样认为。奇门既重干又重支，干为性、支为情，干支合起来为性情。而且，一般市面上的奇门重视宫与宫的生克和相冲关系、各宫内部天地盘干的关系、天地盘干所遁之支的关系、天地盘干与地盘宫中地支的关系，但矫先生的秘传奇门却深入审视奇门年命、用神两宫内干和支的关系，而不是该两宫自己内部的干支关系，也不是两个宫之间的关系，而是两个宫内的干支相互关系。他认为，能看到这一层，则盘面方寸之中，参伍错综，进退荣枯，会合甘苦之机，自然如见肺肝。

这里需要展开讲一下。《奇门鸣法》在判断方面，重点在于分析一个宫之内各要素之间的关系，包括天地盘奇仪之间的关系、门宫关系、天地盘奇仪与宫中地支的关系、星门神仪与宫的关系，等等。天地盘奇仪之间的关系，如进茹格指天盘庚加地盘辛之类；门宫关系，如和义迫制；天地盘奇仪与宫中地支的关系，如甲子戊加震三宫为六仪击刑；星门神仪与宫的关系，如旺动是看星门神仪落在哪一宫。这些关系都属于单宫断法，不涉及一宫与另一宫的关系。

《奇门衍象》主要重视宫与宫之间的关系、宫的旺衰，包括宫与宫的生、克、比和、相冲关系，例如，求财生门所落之宫与年命宫之间的生克关系，看生门宫、年命宫之旺衰，等等。这些都是两宫之间的关系，不涉及不同宫内要素之间的关系。而且，《衍象》中的宫与宫关系仅限于生、克、比、相冲。

《枢要》中有两个拓展。1. 拓展了两宫之间的关系。两宫关系从生、克、比、冲拓展到包括关、间、夹的关系，关居前四后四，夹居前一后一，间在命用之间。这些关系市面上的奇门用得很少。2. 引进了两宫内天干之间互相关系的概念，《枢要》中列出两种，一是连，二是属。连者，即他宫有壬，我宫有癸，我宫有庚，他宫有辛之类。主情已连，但须考生克而始能知吉凶之应。属者指他我两宫中有相同的天干，预示他我两宫互相通气，或有关联，但是，吉凶祸福仍要看生克关系。连和属在市面上奇门里面用的也很少。

《枢要》论两宫内部要素之间的关系时，仅限于两宫内天干的关系，到了《遁甲括囊集》这里，矫先生的思路进一步极大拓展，不但论天干关系，还论暗支关系，地支之间的合、冲、刑、害都要论，其中的合包括地支的六合、三合，当然还包括天干的五合。

生旺墓绝为四道，生情最可贪。

火土于寅生亥木，水长在西南。

金随己土同生巳，得生两意酣。

前五之宫为旺地，旺则看红岚。

墓者戌辰共未丑，力薄不能担。

水绝于巳火绝亥，金绝寅字三。

木绝于秋申月内，土于木不堪。

下支生长诚言美，绝地起疑嫌。

［注］寅申巳亥为四生亦为四绝，子卯午酉为四旺亦为四死，辰未戌丑为四墓亦为四库。天地之间，无不在此四道之中；如能超乎四道之外者，则为不朽之人，虚灵之圣，而始能外身而存，外形而全，外天地而与太虚长久也。所言前五者，乃自长生而前数第五位帝旺之地是也。但皆在下干之支及宫位为准，详载生死变墓篇，兹不复赘。

［释］此段阐述四生、四旺、四死、四绝、四墓。寅申巳亥为四生亦为四绝，子卯午酉为四旺亦为四死，辰未戌丑为四墓，亦为四库。矫先生认为，天地之间无不在此四道之中，如能超乎四道之外者则为不朽之人，虚灵之圣，而始能外身而存，外形而全，外天地而与太虚长久。既然如此，奇门遁甲中奇仪星门神宫都自然要遵循此四道，这种理念是《括囊》阶段的新发展。既然四道如此重要，那么有一个问题，以哪个地支论四道？比如伤门木入未墓，入哪个未字之墓？市面奇门一般是论宫墓，即坤宫的未坤申之未墓。我们要感谢矫先生，他在原文中明确指出"下支生长诚言美，绝地起疑嫌"，注释中更明确指出，"皆在下干之支及宫位为准"，即以宫位地支及地盘暗支为准。

卯未遇申为失第，亥字是祥占。

午戌亥宫乃落魄，寅字返和谦。

酉丑回寅难许好，巳逢喜色添。

子辰巳月休云快，申得却威严。

四正当生才结义，四库性沉潜。

会衰会旺都从此，衰旺是机关。

［注］卯未为木局遇申则绝，午戌为火局见亥则绝，酉丑为金局见寅则

绝，子辰为水局见巳则绝，故曰不宜也。至于四生有生发之机，四正有乘旺之时，四库有沉潜之义。如为会合，皆属吉征；但衰旺宜详，不可概论。

[释] 亥卯未为三合木局，为吉，但申卯未则为木绝之局，此属于卯未半合木局而木绝于申。同样道理，午戌为火局，见亥则绝，遇寅字为三合而吉；酉丑为金局，见寅则绝，见巳则为三合而喜；子辰为水局，见申为三合而吉，见巳则绝，故不吉。寅申巳亥四生有生发之机，子午卯酉四正有乘旺之时，辰戌丑未四库有沉潜之义。会合一般而言皆为吉，但衰旺是机关，会衰则衰，会旺则旺。

日支年月来冲破，触怒上天颜。

日支年月来合会，仰手可高攀。

月合年冲不为害，日破则何求。

日合年破微瑕玷，月冲不胜忧。

[注] 凡年月日支来冲破于我者，如触怒天颜，威严酷虐；来会合于我者，如我欲高攀，彼必俯就。至于月合年冲，则无关紧要；如宋襄公之仁义，明建文之伦常，实不足以作威福。惟日破则不然，夫日破者，即月破也，乃事败名裂，夫复何求。日合年破者，则小疵耳，然而小疵终不掩大醇。若月破者，则无济于事矣，纵日夜焦思，又何补乎？

[释] 注重地支是《括囊》的一大特色，矫先生把年月日支来冲破于我者，比作触怒天颜，威严酷虐；而年月日支来会合于我者，比作我欲高攀，彼必俯就。至于月合年冲，则无关紧要，如宋襄公之仁义，明建文之伦常，不足以作威福。宋襄公是春秋五霸之一，前638年，宋襄公讨伐郑国，与救郑的楚兵战于泓水。楚兵强大，宋襄公讲究“仁义”，要待楚兵渡河列阵后再战，结果给敌人以充分时间准备进攻，宋襄公大败受伤，次年伤重而死，毛泽东曾说“千万不要学习宋襄公那种蠢猪式的仁义道德”。明朝燕王朱棣反叛朝廷时，皇帝朱允炆是他侄子，这位皇帝在把平叛军队交给耿炳文时，叮嘱道：“你可千万不要让我背上杀害叔叔的罪名”，他此时仍顾念叔侄伦常，但他的叔叔朱棣却毫不留情地攻下首都南京，夺取了皇权。矫先生把年冲月合比喻成宋襄公仁义和建文帝的伦常，不足以改变整个局势。惟日

破则不然，日破乃事败名裂，夫复何求。日合年破为小疵，小疵终不掩大醇。若月破则无济于事，纵日夜焦思，亦于事无补。

冲旺芬芳花放蕊，合旺壮殊优。

冲衰迹绝兼踪灭，合衰待志修。

［注］龙伏氏补曰：旺而逢冲，何啻新花之放蕊。旺而逢合，犹如壮岁之优游。衰而逢冲，踪既灭而迹亦绝，在孔子亦削迹于卫也。衰而得合，养其晦以待夫时，虽太公亦屠贩于猪也。嗟夫，时之一字，直若霄壤。在君子自能素位而行，在小人自必肆行无惮。故夏台羑里，非圣人其孰能韬其光？武侯梁公，非贤人其孰能保其身？此指旺衰逢日支冲合而言也。

［释］日支冲合有重要作用，旺而逢冲、逢合俱吉，衰而逢冲则将绝迹，逢合则须韬光养晦。旺而逢冲，好比新花之放蕊；旺而逢合，犹如壮岁之优游。衰而逢冲，踪既灭而迹亦绝，恰似孔子在卫国始终未受重用，最终不得不离去。衰而得合，须养晦以待时，好比姜太公在时机不成熟时曾经屠猪贩肉。商汤被囚禁于夏台，文王被拘押于羑里，此皆圣人韬光养晦；武侯诸葛亮、梁公房玄龄都曾雌伏待机，等待明主出现，非贤人孰能明哲保身？

夏朝暴君夏桀囚禁商汤于夏台，商纣王拘押周文王于羑里两则故事广为人知；姜太公曾屠猪贩肉，诸葛亮曾蛰伏南阳卧龙岗的故事也家喻户晓。房玄龄后来是唐代名相，而且留下“房谋杜断”的成语，他的夫人留下“醋坛子”的话柄，他本人年轻时不肯轻易投靠任何一股势力，一直等待明主出现将近20年的故事值得在此一讲。房玄龄二十左右就语出惊人，预言隋朝即将灭亡。他去吏部应试时，当时吏部主管人事的侍郎高孝基以善于识人著称，高一看见房玄龄就大为惊讶，问对之后，更为激赏，说：“我看过的人不计其数，却从来没见过像你这样的，日后你一定能成大器。”此后，反隋起义风起云涌，房玄龄32岁时，王簿起兵长白山，房玄龄没有动；窦建德起兵高鸡泊，房玄龄没有动；崔让、李密起兵，房玄龄只是袖手旁观。甚至在他39岁那年李渊起兵，他也只是在远处观望。房玄龄在等待，等待一个值得他竭尽毕生所学辅佐的帝才。他大可以选择任何一个有势力有实力的领袖，但是他没有选择窦建德，没有选择占据洛阳的王世充，没有选择杀死隋炀帝的大将军宇文化及，甚至没有选择势力席卷天下的唐国公李渊。李世民攻打渭北时，房玄龄抛弃了驻守和管理的城市，徒步七八百里，穿过猎猎军旗，直达李世民帅帐，自荐于营帐之外。当时李世民年仅 19 岁，两人一见如故，房玄龄此后一直忠心耿耿辅佐李世民，终成一代名相。

进局逢冲徒进取，进合意淹留。

退局逢冲情悔吝，退合不果休。

间爻冲断中无阻，合间而复仇。

伏爻冲起惊动我，合伏且埋头。

反吟冲破中途返，得合片帆收。

［注］卓卓子补曰：进者逢冲，徒迈往而不前；进而遇合，意淹留而寡断。退者遭冲，必后悔之丛生；退而得合，乃却行之不果。间者当冲，破陈突围浑不碍；间而值合，言虽归好暗防仇。伏者遇冲，逐鹿自堪跄步；伏而得合，潜龙且要埋头。反者遇冲，驿马半途忽转辔；反而得合，片帆泊岸已停舟。此指体象逢日支冲合而言也。

［释］日支冲合进退间伏反各局，自有一番寓意。进局逢冲，乃前进不果，徒迈往而不前；进局遇合，意淹留而寡断，遭迟滞而忧疑。退局遭冲，必后悔丛生；退而得合，后退不果。间局被冲，破陈突围浑不碍，可一往直前；间局值合，言虽归好，暗防仇。伏局遇冲，逐鹿自堪进步；伏局得合，潜龙且要埋头，仍宜伏藏。反局遇冲，半途折返；反局得合，已然停滞抛锚。

	逢冲	遇合
进局	前进不果，徒迈往而不前	意淹留而寡断，遭迟滞而忧疑
退局	必后悔丛生	后退不果
间局	破陈突围浑不碍，可一往直前	言虽归好，暗防仇
伏局	逐鹿自堪进步	潜龙且要埋头，仍宜伏藏
反局	半途折返	已然停滞抛锚

这里非常值得注意，前面矫先生讲十八局时，有关进退间各局的正文中没有表明到底是指天干还是地支，注释中都是用天干举例，如丙加丁是进局，丙加乙是退局，丙加戊是间局；伏局指星门奇仪在原位不动，反局指星门奇仪加到对冲宫。总之，没有涉及到地支，但到了这里，进退间伏反各局全都与日支论冲合，试想一下，天干如何与地支论冲合？例如天干丙，丙字与哪个地支相合、与哪个地支相冲？答案是，天干与地支根本就无法论冲合。最合理的理解是，进退间伏反各局还应该涉及地支，即天盘暗支和地盘暗支，由于地支与地支之间有相合、相冲，那么，日支与天地盘暗支之间论冲合是顺理成章之事。例如天盘暗支是寅，地盘暗支是卯，此为进局，若日支是酉，此为"进局逢冲徒进取"，前进不果之象。其他类推。

空下值冲忽振作，遇合内虚浮。

墓局冲开为发覆，合则不相侔。

刑见合兮皮肤损，冲可免幽囚。

害逢合字谨防害，冲来切莫愁。

破局遭冲阵可破，合似月重周。

[**注**] 龙伏氏补曰：空而逢冲，弄假成真忽创起；空而得合，以虚为实却空浮。墓逢冲开，拨云雾而见青天；墓值合住，随落魄以归黑府。刑者遇合，桎梏缧绁；刑者遭冲，狱脱牢开。害逢合者，世途危境难堪；害遇冲矣，人情之风波顿息。惟破而逢冲，闯队冲围兼破垒；破而逢合，连营接寨去无功。此指病局逢日辰冲合而言也。

[**释**] 此段讲空墓刑害破各局遇到冲合的寓意，列表如下：

	逢冲	逢合
空	弄假成真忽创起	以虚为实却空浮
墓	拨开云雾见青天	随落魄以归黑府
刑	桎梏缧绁	狱脱牢开
害	世途危境难堪	风波顿息
破	闯队冲围兼破垒	连营接寨去无功

注意，空墓刑害破各局本来就涉及地支，故与日支论冲合属于顺理成章。

冲破生神多不吉，生合则情投。

死地逢冲恶被解，合还要忍羞。

冲者遇冲为无羁，逢合不自由。

合者遇合为归一，冲则惹愆尤。

［注］龙伏氏补曰：生而逢冲，爱我者徒有其志；生而遇合，同彼者相率偕来。死而逢冲，排难解纷得吉人；死而遇合，聚伙阴谋皆若辈。冲者遇冲，独来独往，随吾便一去无回；冲而遇合，相绊相缠不自由，欲行还止。合者遇合，终归和好；合者遇冲，又惹愆尤。此指生死冲合之局而逢日支冲合而言也。

［释］此段论生死冲合各局与日辰冲合的寓意。列表如下：

	逢冲	逢合
生局	爱我者徒有其志，爱莫能助	帮扶玉成者相率偕来
死局	排难解纷得吉人	聚伙阴谋皆同类
冲局	独来独往，一去无回	相绊相缠不自由，欲行还止
合局	惹罪招非	终归和好

杂者遭冲错上错，和杂须旁搜。

禄宫遇合情相纽，逢冲众口咻。

会局逢冲遭谮愬，合乃聚朋俦。

［注］杂复遭冲则心无主宰，必错中加错，而合者若龙虎争强。禄还遇合乃志有相通，且情外添情，逢冲者则鸳鸯棒打。会而逢冲者，必间谍交攻，父子至亲生疑窦。会而遇合者，乃同心类聚，陌人异党作朋俦。此指杂局禄会而言也。

［释］此段论杂禄会局与日支冲合关系。杂局遭冲则心无主宰，错中加错。杂局遇合者若龙虎争强，禄局遇合为志有相通，情外添情，禄局逢冲

则棒打鸳鸯。会局逢冲者，主嫌隙、间谍交攻，父子至亲生疑窦。会局遇合，主同心类聚，陌生人、异党成为朋友。

	逢冲	遇合
杂局	心无主宰，错中加错	龙虎争强
禄局	棒打鸳鸯	志有相通，情外添情
会局	嫌隙、间谍交攻，父子至亲生疑窦	同心类聚，陌生人、异党成为朋友

惟有动局冲非好，合观似我不。

似我为恩不足惧，结党霸王侯。

若是难星年月合，我军备倒矛。

仇如冲破垣然卧，空动步云楼。

独动一宫为首领，火候看添抽。

个里乾坤支内隐，天地尽环兜。

［注］动局冲固不宜，即合亦有宜不宜者。盖其中有我在焉，须观其似我否。似我者，与我会局，属我同人，为我恩星，是吾之利也。不然年月日与彼相会，与我争衡，为我难星，不但我军不能剿敌，抑恐回身倒戈，自相戕害，又不可不防也。若日月冲破仇星，我则高枕无忧，如谢安之着棋以待捷音。及夫一卦独动者，乃一局之首领也。其事之成期，当看其合、会、填、补之时，而个里乾坤皆隐于暗支之内。虽天地之大，且不外此，况于人乎？况于鬼神乎？

［释］日支月支对动局有重大影响。动局逢冲不吉，逢合亦有宜有不宜，须分清恩仇。似我者、与我会局者、属我同人，此为我之恩星，为利我。否则，年月日与彼相会、与我争衡，为我之难星，不但我军不能剿敌，反忧回身倒戈，自相戕害，不可不防。若日月冲破仇星，我则高枕无忧。若一卦独动者，此乃一局之首领，事成之期，须看合、会、填、补之时。娇先生认为暗支的作用非常之大，奥妙皆隐于暗支之内。天地之大，且不

外此，况于人乎？况于鬼神乎？

大凡成局冲为忌，合破亦清讴。

坐下恩仇全要辨，最怕隐私偷。

月建日辰详切切，惟喜势相勾。

能合能冲又能破，权度自为谋。

［注］局之既成，见冲者为忌，如破而逢合者亦喜矣。至于我年命、用神之下是恩是仇，亦不可不一一辨别，而恩者为喜，则仇者为忌。倘月建、日辰全来与我命宫有情、勾合者，则喜不待言矣。然而月建、日辰之权柄不但能合，而且冲之破之亦自任其主张。苟合我不免其吉，如破我冲我，则我如孤鸿冷鹰，寂寞无寥。不能犹龙之叹，而况狗之形实所不能免也。

［释］这里再次强调了月建、日辰对我宫内地盘暗支的重要影响。月建和日辰能合、能冲、能破，使局面发生改变。我年命宫、用神宫之下暗支是恩是仇，亦须一一辨别，恩者为喜，仇者为忌。成局见月建、日辰来冲为忌，破而逢合则为喜。倘月建、日辰来与我命宫有情、勾合者，则喜不待言。如破我冲我，则我如孤鸿冷鹰，寂寞无寥。

月建会成局谓旺，旺则象峩峩。

月建生扶局谓相，相亦可登科。

月建冲克为囚死，死似日消磨。

月建脱泄谓没败，败如入网罗。

玄关一窍都归月，月下影婆娑。

［注］此指月建与我年命、用神会成格局否，如会成者为旺，月建生者为相，冲者为囚，克者为死，脱泄者为没。死者如月之朒，故曰：日见其消磨。没者如日之没，故曰：日见其败没。然而玄关一窍，都凭月建而定，是乎否乎，又如月影婆娑，不可指定之象焉。

［释］此处矫先生的思路上又有了重大拓展。《枢要》里面旺衰是根据八节定旺相胎没死囚废休，这里他提出，月建与我年命、用神会成格局者为旺，受月建生者为相，冲者为囚，克者为死，脱泄者为没。死者如月之亏缺，没者如日之没。但矫先生在原注中明确表示：“然而玄关一窍都凭月

建而定，是乎否乎，又如月影婆娑，不可指定之象焉”，意思是，把月建指定为关元一窍，也不是绝对。

时是发端天上现，有情亦太和。

悔吝休咎兼察使，来意可研摩。

［注］时干者即是发端之神。大抵皆以天干为主，倘与我有情，亦犹《易》云：“保和太和”之象。及夫悔吝休咎，又当看其所乘之阴使，而来意喜怒皆在兹矣。

［释］这里讲时干宫的重要性。天盘时干宫是发端之神，倘天盘时干与我有情，则如《易经》所云“保和太和”之象。至于悔吝休咎、来意喜怒，皆可参考时干宫及该宫暗使。

此进彼退分宫位，局垣自不那。

冲合两般观尔我，空墓事蹉跎。

会分本身动与日，刑害审操戈。

杂禄有真还有假，假则起风波。

破乃支宫日月破，间兮一气呵。

于生于死干支论，惟忌难星多。

伏返本来真面目，克生可奈何。

变中动局一般话，祸福似抛梭。

［注］宫位者，有此进彼退、彼进此退之辨，冲合者，有冲我合尔、冲尔合我之分。空则虚伪，墓则蹉跎。会分本身，或动或日。刑为受杖，害乃操戈。杂究禄位，或专或乘。真为确据，假起风波。逢四宫而为破，间一字以中分。生局死局，不尽干支，当观仇难。若伏反乃本来面目，虽生克亦无可奈何。变局、动局，虽是争衡乱动；而为吉为凶，譬如轮转梭抛。此统十八局之分宫大致也。

［释］此段把十八局的关键点做了一番总结。进局退局有此进彼退，彼进此退之辨。冲局合局有冲我合彼，冲彼合我之分。空则虚伪，墓则蹉跎。会局分本身与动宫或与日辰相会。刑为受杖，害为操戈斗战。杂局须究禄位，有真亦有假，真为确据，假起风波。破有日破月破之别，间为中间一字之隔。

生局死局，并非一决于干支，当观仇难。伏局、反局照其本来面目而断，生克不再重要。变局、动局，虽是争衡乱动；而为吉为凶，譬如轮转梭抛。

无情反背皆为丑，有意会嫦娥。

［注］龙伏氏补曰：统观全局之势，凡无情反背，皆与我不合者也。若有意生合，乃性情相洽，如嫦娥之可会焉。

［释］统观全局之势，最终还是要分清有情无情，凡无情、反背皆与我不合者，皆不吉。若生合我者，乃为有意，为性情相洽，如嫦娥之可会。

吉里藏凶凶里吉，执柯又伐柯。

［注］龙伏氏补曰：吉里藏凶者，乃乍看似吉而深咎则凶矣。凶里藏吉者，乃乍看似凶而深究则吉矣。犹执柯伐柯，而未出我掌握中是也。

［释］局面有吉里藏凶者，看似吉而深咎则凶。有凶里藏吉者，乃乍看似凶而深究则吉者。《诗经》云"伐柯伐柯，其则不远"，意思是，手里拿着斧子削琢欲作斧柄的木头，参照手里攥着的斧柄即可，比着葫芦画瓢，一切都在自己掌握之中，奇门的奥秘就在局面里，需要仔细审视。

舍其破者取成者，惚恍见黄婆。

［注］破者病也，即不当时之局也。成者会也，即当时之局也。不当时者则不足为用，故曰：舍破。当时之局则随机而用，故曰：取成。然而其中景象，正如老子所谓"惚兮恍兮，其中有象，恍兮惚兮，其中有物"之义同耳，故又曰：黄婆。黄婆者，即丹家之真意也。

［释］这里，矫先生对成局、破局给出了一个明确的界定。不当时之局为破局，当时之局为成局。不当时者则不足为用，故须舍之。当时之局则随机而用，此即取成者用之。然而其中景象，正如老子所谓："惚兮恍兮，其中有象，恍兮惚兮，其中有物"，能否看透其中玄机，全在恍惚之间。黄婆是炼丹家术语，内丹中一般指脾脏，因为脾属土，能濡养其他各脏，是炼内丹能否成功的重要关键；外丹中黄婆，大致相当于炼丹化学反应中的重要媒介物质。邓玉宾《端正好》套曲："金鼎烹铅，玉炉抽汞。媒合是黄婆，匹配在丹房"。归结起来讲，成局、破局是关键窍要。

八门九星神是用，吉凶毋咏歌。

如然偶动元关露，似电影先过。

［注］龙伏氏补曰：八门九星九神皆是用神。如求财看生，问病看芮，怪异看螣蛇之类是也。而为凶为吉，前章已有定论，此不复赘。如偶然动作，则玄关显露，如雷霆未发而电影先过，言一见其兆即宜预防，慎勿蹈京、郭之辙，令后人笑我拙也。越甲午、乙未，遭倭之变，后来之悔，其何追乎？

［按］君明、景纯皆汉晋名儒，不独精于数术已也。盖为人臣子者当尽其忠孝，讵有知君之失而不谏诤者乎？后人以为识浅交薄而讥之，讵知京君之告弟子如某月某日某星归某次，即吾之不世，似此得不前知者乎？要知居臣子之位，必须尽臣子之道。若郭璞者为王导尚能消雷之怒，讵有王敦之害而不知耶？道家者流以为藉此尸解，不知君子以为藉此全节。所以子路必正冠而亡，云长必矢义而死，况于甲午之役，夷贼窜扰辽海疆界，几成化外，贤人君子均难两顾。所以顾节者未必顾业，守业者未必全节。正人君子守节而已，安有追悔之理？彼如此论，毋乃浅小矣哉。

［释］八门九星九神皆是用神，如求财看生门，问病看天芮，怪异看螣蛇之类。为凶为吉，前章已有定论，此不复赘言。如偶然动作，则玄关显露，如雷霆未发，而电影先过，雷声后至。闻言一见其兆，即宜预防，不可固执，切勿重蹈京房、郭璞之覆辙，以免遗笑后世。

京、郭两位都是能未卜先知的数术大师，但他们自己都惨遭杀害，英年早逝，他们的命运常为后世数术人士的谈资。京房的故事本书前面已有讲述，这里再讲一讲郭璞的故事。郭璞（276—324）是东晋时期学识渊博的大学者、术数大师，字景纯，河东闻喜县人（今山西省闻喜县）。他好古文、奇字，精天文、历算、卜筮，擅诗赋，曾为《周易》、《尔雅》、《方言》、《楚辞》、《山海经》、《穆天子传》等古籍作注，现今的《辞海》、《辞源》均到处可见他的注释。他花18年的时间研究和注解《尔雅》，以当时通行的方言名称，解释了古老的动、植物名称，并为它们注音、作图，使《尔雅》成为历代研究本草的重要参考书。而郭璞开创的动、植物图示分类法，也为唐代以后的所有大型本草著作所沿用。

在学术渊源上，郭璞除家传易学外，还擅长术数学，是两晋时代最著名的方术士，传说擅长诸多奇异方术。他是中国风水学鼻祖，其所著《葬经》，亦称《葬书》，对风水及其重要性作了论述，开中国风水文化之宗，为中华术数之大奇书。

郭璞擅于占卜，据传无不灵验。有一次，郭璞遵命为丞相王导占上一卦后，脸色凝重，说他有雷击之灾。王导问消灾之法，郭璞告之：坐车西行数里，可见一棵柏树，截下与王导等高的一段树干，置于床上。王导照他的话去办了。过了几日，雷电果然将柏木击得粉碎。

324年，荆州将军王敦欲谋反，请郭璞卜筮吉凶，郭璞告诉他"无成"，王敦又问若起事的话，自己能够活多久？郭答："明公起事，必祸不久。若住武昌，寿不可测"，告诉他不可以起兵造反，方可命久。王敦大怒，问道："卿寿几何?"，郭璞算了下自己的命，说道："命尽今日日中"。果然盛怒之下的王敦当天就把他杀了，是年，郭璞49岁。王敦起事后两个月不到即战败，愤惋而死，一一都被郭璞说中。

在此段歌诀原注中，娇先生发了一番议论，他认为京房、郭璞皆汉晋名儒，不独精于数术而已，为人臣子者当尽其忠孝，怎能知君之失而不谏诤？后人以为识浅交薄而讥之，可是，京房告弟子如某月某日某星归某次，这不是未卜先知吗？郭璞能为王导尚能消雷霆之灾，怎么可能不知道王敦欲谋害他？要知居臣子之位，必须尽臣子之道。道家人士认为两人藉此尸解、羽化登仙，岂知他们其实是藉此以全名节。子路正冠而亡，关云长誓死不降，皆是名节之士。娇先生本人经历甲午中日战争，倭寇窜扰辽海疆界，险些成为倭寇统治下的亡国奴，深感人生事业与名节均难两顾。顾节者未必顾业，守业者未必全节。正人君子守节为重，岂有追悔之理？那些嘲笑京房、郭璞的人，或者认为他们是尸解成仙之类的人，境界太狭小了。

迫制义和分四类，神明自不颇。

[注] 龙伏氏补曰：凡门克宫者迫也，宫克门者制也，宫生门者义也，门生宫者和也。苟能神明如此，自无偏颇。《易》曰："神而明之，存乎其人"，其斯之谓欤。

[释] 能分清宫与门迫制义和四种关系，判断自无偏颇。以前多次讲

过，门克宫者为迫，宫克门者为制，宫生门者为义，门生宫者为和。

神兆于机全在动，旺衰未足夸。

爻内恩摇恩着意，恩地作生涯。

仇难如然都乱动，要以难交加。

弱者恩仇皆可倚，日月并光华。

［注］龙伏氏补曰：神兆于机，有机必动。故凡占以动爻为主，而旺衰犹其后焉者也。如动是恩星，则以恩星之照会决之。其理何居？恩在则然也。动是仇难，则以仇难之照会决之。其故何欤？仇难故也。若用神居弱地，则或倚于恩，或寄于仇，即恩星、仇星之会日决之，并日月之生克冲合定之。

［释］神兆于机，有机必动。所以，奇门遁甲中强调动爻为主，旺衰犹排在其后。所谓动爻，指旺动之星门神奇仪。动者如是恩星，则以恩星之照会决之。动是仇难，则以仇难之照会决之。照指对宫，会指地支三会，即寅卯辰会木，巳午未会火，申酉戌会金，亥子丑会水。若用神居弱地，则或倚于恩，或寄于仇，以恩星、仇星之会日决之，并日月之生克冲合定之。“或倚于恩，或寄于仇”即恩星会日预示向好转机，仇星会日是向坏转机。关于此点，下面还有更明确的说法。

难星会处为忧日，恩星是福遐。

太过旺神当损折，独自逞豪奢。

［注］凡难星会处即是忧日，恩星会处便为福期。若当太过之际，则非逢冲墓不成。如值独会之日，又能自逞豪奢。

［释］此承上文，更加明确地指出，凡难星会处即是忧日，恩星会处便为福期。若当太过之际，则一定要到逢冲、遇墓之时方成。如值独会之日，又能自逞豪奢。

他动我静他冲捍，冲神念不差。

他动我动他破败，破地事如麻。

［注］他动者，谓他宫动也。我静者，乃我宫静也。他宫动来冲我，是我在昏愦之中，偶被他来冲起，如睡初醒，事当应冲我之期。若他我俱动，互相冲击，而他在破败，我在旺相，事当应在他值破之日，而事乱如麻矣。

［释］若他宫动，我宫安静，他宫动来冲我，好似我在昏愦之中偶被他来冲起，如睡初醒，应期当在冲我之期。若他我两宫俱动，互相冲击而他在破败、我在旺相，事当应在他值破之日而事乱如麻。

彼我俱动情和会，合期日可嘉。

我居旺地他亲近，我会吐香葩。

［注］彼动我动，相合相会，则当以合我之神、会局之日为应期，其意其可嘉也。若我居旺动，他来会合，则当在我全会之期，而两情始洽，即如香葩吐露而芬芳可爱也。

［释］上面讲到动宫遇冲，这里讲动宫遇合。彼动我动而又遇相合相会，则当以合我之日、会局之日为应期。若我居旺动，他来会合，则当在我全会之期，而两情始洽，如香葩吐露，芬芳可爱。

安静九宫须待月，补泻两三家。

缺者能补全者泻，衰者怕击挞。

旺者无时乃厥卜，切毋眼昏花。

［注］安静者，指九宫无一动爻之谓也。夫既安静，当以月日补泻为准。而缺者、衰者，月日能补之；全者、旺者，月日能泻之。但旺者逢补则为贯顶，不免有太过之咎。《策》云："太过者损之斯成。"衰者逢破则为落魄，切须防不及之灾。《策》云："不及者益之则利。"然又要我一眼瞩定，毋须眩目惑心也。

［释］九宫无一动爻，谓之安静，此时当以月日补泻为准。易道讲究平和，过与不及皆不吉，那么太过、不及之时当如何？《黄金策》云："太过者损之斯成，不及者益之则利"，意思是，全者、旺者月日能泻之，但是，如果旺而又逢补则为贯顶，不免有太过之咎。缺者、衰者月日能补之，如果衰者逢破则为落魄，切须防不及之灾。太过还是不及需要我一眼瞩定，毋须狐疑不决、眩目惑心。

空则出空墓则墓，破兮不掩瑕。

刑去三刑害去害，顷刻免吁嗟。

生者生期禄者禄，杂体看枝桠。

死宫遇死刃逢刃，绿树亦难遮。

［注］用值空者要审出空、冲空之日。局逢墓者，须看发墓、破墓之期。刑者冲刑而累脱，害兮破害则灾亡。生见生，生期可定；禄遭禄，禄日得来。死宫遇死日，一命或至酆都。刃煞当煞临，半生应罹杀戮。惟杂局详考枝桠，如相宜亦获福禄。此皆应期之一端，要在同侪而省悟。

［释］此节讲空、墓、刑、害、生、死、刃煞、杂局的应期。用神值空者，出空、冲空之日为应期。逢墓者，须看发墓、破墓之期。刑者逢冲而累脱，害者逢破害之日则灾亡。获生者应在生日，得禄者应在禄日，死者遇死日或将死亡，刃煞临煞日。杂局须详考其中详情，如相宜亦获福禄。表解如下：

	应期
空局	出空、冲空之日为应期
墓局	发墓、破墓之期
刑局	逢冲而累脱
害局	逢破害之日则灾亡
生局	应在生日
禄局	应在禄日
死局	遇死日或将死亡
刃煞	临煞日
杂局	须详考其中详情，如相宜亦获福禄

中分威烈观来往，十二会推拏。

甲己年间决一运，因革判龙蛇。

四千三百二十岁，一岁一吹葭。

［金亮按］矫先生从师父那里学来的体系中把铁板神数的元会运世概念引入奇门遁甲，这一点在他早期根据师父口授记录下来的《奇门鸣法》中即已经初露端倪，这里他比较详细地加以介绍。有兴趣的读者可自行钻研。

［注］按周天止三百六十度，每度六十分，共二万一千六百分。考之已

往，推之将来，自宓羲至今仅六千余年，其人情因革莫论。如三皇五帝之化教，即如三王五霸之劝力，亦大不相侔矣。且齐桓、晋文尚知礼义廉耻，而孔子犹有谲正之讥，然而范蠡、夷吾之贤，卒得其用也。五霸降而孔子不得位，周游列国尚有其迎者，贤如晏子，犹不许封蔡田。七雄既出，游说竞起，苏秦以之而得位，卫鞅以之而封君。始皇之酷，尚纳茅焦之谏；汉高之狂，犹听食其之责。秦汉降后，几不会须杀此田舍翁，况今日乎？宋太祖之贤而黜相坐，明太祖之英而忌功臣。国朝于言路不禁而禁，若今则塞矣。贤人不隐而隐，于时则遁矣。嗟吁！无高宗之圣，只得睹群鬼争衡，可不哀哉？以时以事考之，故当以威烈王为中分也。司马温公尚有取周威烈王为《通鉴》正编之首，义在是乎？邵子以一元十二会，一会三十运，一运十二世，一世三十年。所取又在年十二月，月三十日，日十二时，时三十度。如此算来，较与《春秋元命苞》及太乙数诸说则大相径庭矣！然则羲皇以前之朝，不知其几百万代之世，不知其几千万年，不独荒史之无凭，抑且正史之无考。

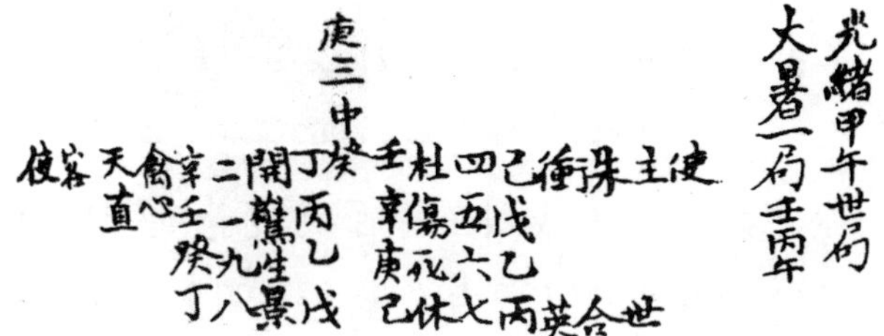

［金亮按］原书采用的是掌上飞盘奇门形式，见上。局面显示，矫先生在阴遁时顺布一二三四五六七八九，而且九星没有全部写出来，只写出三、四、六、九宫。现复盘如下：

光绪甲午【1894】世局

丙午　甲午辛　辰巳空　壬空　大暑中元　阴一局

值符心星在 3 宫　值使开在 4 宫

天	母	未	寅	合	财	未	寅	蛇	劫	未	寅
二	辛	壬	子	七	丙	丁	未	九	癸	乙	巳
开	死	甲	辰	休	惊	戊	申	生	景	丙	午
阴	丁	丙	午	玄	己	庚	戌	虎	乙	戊	申
辰	巽	巳	妻	丙	午	丁	比	未	坤	申	官
值	比	未	寅	地	父	未	寅	常	鬼	未	寅
一	壬	甲	辰	三	庚	辛	亥	五	戊	己	酉
惊	休	乙	巳	中	伤	壬	子	伤	中	庚	戌
合	丙	丁	未	蛇	癸	乙	巳	天	辛	壬	子
甲	卯	乙	鬼	戊	五	己	财	庚	酉	辛	孙
虎	子	未	寅	阴	妻	未	寅	朱	官	未	寅
六	乙	戊	申	八	丁	丙	午	四	己	庚	戌
死	开	己	酉	景	生	丁	未	杜	杜	辛	亥
地	庚	辛	亥	常	戊	己	酉	值	壬	甲	辰
丑	艮	寅	母	壬	子	癸	劫	戊	乾	亥	子

大抵邵子不过以加倍法而并一分六十秒也，其义似不欲言矣。今遵司马法，故截至周威烈王之甲子为夏至上元九局之首。盖每统十二会，每会三十元，每元十二运，每运三十甲子，计四千三百二十月运尽一统之数，四千三百二十年尽一行之数，四千三百二十月尽一周之数，四千三百二十日尽一纪之数，四千三百二十时尽一年之数，则周威烈王甲子为夏至上元阴九局也，齐明帝甲子为小暑上元阴八局也，明洪武甲子为大暑上元阴七局也。五年一运，以甲己为率。今同治甲子，乃大暑一局甲午辛之庚子运也。

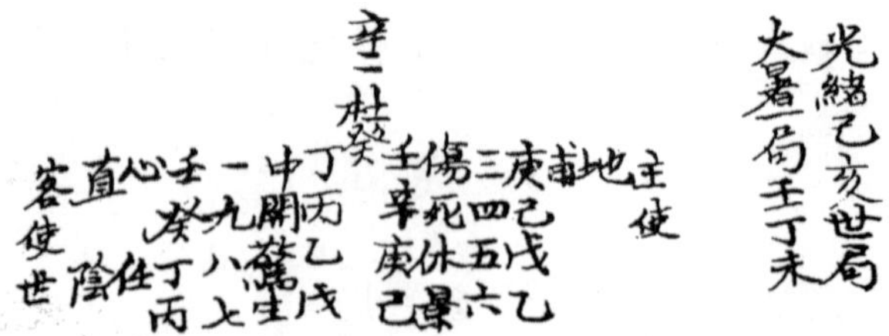

光绪己亥【1899】世局

丁未时　甲午辛　辰巳空　壬空　大暑中元　阴一局

值符心星在 4 宫值　使开在 3 宫

值比未寅 一壬甲辰 中休壬子 阴丁丙午 辰巽巳官	虎子未寅 六乙戊申 景开丁未 玄己庚戌 丙午丁母	阴妻未寅 任丁丙午 惊生乙巳 虎乙戊申 未坤申比
蛇劫未寅 九癸乙巳 开景甲辰 合丙丁未 甲卯乙鬼	天母未寅 二辛壬子 杜死辛亥 蛇癸乙巳 戊五己财	朱官未寅 四己庚戌 死杜己酉 天辛壬子 庚酉辛孙
常鬼未寅 五戊己酉 休中戊申 地庚辛亥 丑艮寅子	合财未寅 七丙丁未 生惊丙午 常戊己酉 壬子癸劫	地父未寅 三庚辛亥 伤伤庚戌 值壬甲辰 戌乾亥妻

迄光绪甲申则在甲辰壬矣，己丑下五年在壬乙巳，甲午下五年在壬丙午，己亥下五年在壬丁未，甲辰下五年在壬戊申，己酉下五年在壬己酉，甲寅下五年在壬庚戌，己未下五年在壬辛亥，甲子下五年在壬壬子，己巳下五年在壬癸丑，此乃运局之一例也。至于年局，亦以周威烈王甲子为始，迄秦王政癸亥，乃夏至三元也。秦王政甲子迄汉五凤癸亥，乃小暑三元也。汉五凤甲子迄延光癸亥，乃大暑三元也。延光甲子迄晋永兴癸亥，乃立秋三元也。晋永兴甲子迄齐永明癸亥，乃处暑三元也。齐永明甲子迄唐麟德癸亥，乃白露三元也。唐麟德甲子迄会昌癸亥，乃立秋三元也。会昌甲子迄宋天圣癸亥，乃寒露三元也。天圣甲子迄嘉泰癸亥，乃霜降三元也。嘉泰甲子迄明洪武癸亥，乃立冬三元也。洪武甲子迄嘉靖癸亥，乃小雪三元也。嘉靖甲子迄清乾隆癸亥，乃大雪三元也。乾隆甲子内冬至一局，阳年之始也。嘉庆甲子乃冬至七局，同治甲子乃冬至四局。今光绪辛卯乃冬至四局之甲申庚辛卯局也，丁酉乃冬至四局，辛丁酉，戊戌乃冬至四局辛戊戌，此概年局之一例也。

壬
六
休
乙

直柱辛七景丨戊乙庚死五癸
常天心庚八生乙　辛傷四丁蓬合主
乙九驚丙　壬杜三丙　使
蛇朱甫戊一開丁　癸中二乙

光緒二十四年冬至
四局辛戌戌年局

壬
二
中
乙

辛三杜丙　戊開一癸芮直
庚四傷丁　乙驚九丁
主常柱己五死癸　庚生八丙輔陰
月勾心戊六休壬　辛景七乙

光緒戊戌年芒種
六局癸甲寅月

光绪二十四年冬至四局辛戊戌年局

戊戌时　甲戌己　申酉空　庚空冬至下元　阳四局

值符柱星在 4 宫　值使惊在 2 宫

值 妻 子 子 七 辛 甲 午 景 惊 丙 申 朱 戊 庚 子 辰 巽 巳 子	常 母 子 子 二 乙 己 亥 中 死 辛 丑 阴 癸 丙 申 丙 午 丁 官	地 子 子 子 九 己 辛 丑 惊 景 甲 午 勾 丙 戊 戌 未 坤 申 劫
天 财 子 子 八 庚 壬 寅 生 生 乙 未 常 乙 己 亥 甲 卯 乙 孙	蛇 鬼 子 子 六 壬 乙 未 休 开 丁 酉 地 己 辛 丑 戊 五 己 财	合 劫 子 子 四 丁 丁 酉 伤 杜 己 亥 值 辛 甲 午 庚 酉 辛 母
勾 比 子 子 三 丙 戊 戌 杜 伤 庚 子 蛇 壬 乙 未 丑 艮 寅 父	朱 孙 子 子 一 戊 庚 子 开 休 壬 寅 合 丁 丁 酉 壬 子 癸 比	阴 官 子 子 五 癸 丙 申 死 中 戊 戌 天 庚 壬 寅 戌 乾 亥 妻

［**金亮按**］阳遁时一二三四五六七八九逆飞九宫。

一周月内蟾光照，旱潦凭咿哑。

三百六十年为一周，每周共四千三百二十月也，乃为月局之消息。今以周威烈王甲子起算，以三百六十除之，至乾隆甲子，则月局之冬至上元。凡十五年而完三元之数，迄今光绪己卯年甲子月值小满五局，甲申年甲子月值小满二局，己丑年甲子月值小满八局，甲午年甲子月值芒种六局，己亥年甲子月值芒种三局，甲辰年甲子月值芒种九局，己酉年甲子月乃换阴遁夏至九局也。此乃月局之一例也。如光绪二十三年丁酉三月甲辰，则仍芒种六局之甲辰壬为直符，休门为阳使，景门为阴使。丁未月则壬丁未矣。

[**眉批**] 日局当以子年年前冬至日起算作大雪，年内夏至起算作冬至。子年冬至日起算则是丑年小寒，丑年内夏至日起算则是大寒。他仿此。

十二春头分两遁，计日验风沙。

二十四气各装起，野卜用分瓜。

从子至辰巳谓之阳局，盖子年主冬至、小寒，丑年主大寒、立春，寅年主雨水、惊蛰，卯年主春分、清明，辰年主谷雨、立夏，巳年主小满、芒种也。自午讫戌亥谓之阴局，盖午年主夏至、小暑，未年主大暑、立秋，申年主处暑、白露，酉年主秋分、寒露，戌年主霜降、立冬，亥年主小雪、大雪也。凡换气之期无论何局，皆以当年之支论局。年前冬至之日认为本年日之上局，雨水日认为本年日之中局，谷雨日认为本年日之下局，夏至日认为来年换气之日，上局处暑日认为来年换气之日，中局霜降日认为来年换气之日，下局凡换局之日皆以其日干支定局命符，则尽阴阳之数矣。再以二十四气各局装起，即以元枵子宫女虚危，女齐分、危薛分以大雪薛、冬至齐青州决之。星纪丑宫斗牛，牛燕分，以小寒、大寒燕幽州决之。析木寅宫尾箕，尾辽分，箕越分，以立春越雨水辽营州决之。大火卯宫房心，心宋分，以惊蛰宋、春分豫州决之。寿星辰宫角亢氐，氐陈分，以清明陈谷雨兖州决之。鹑尾巳宫翼轸，翼东周分、轸楚分，以立夏东周、小满楚荆州决之。鹑火午宫柳星张，柳郑分，星张西周分，以芒种西周、夏至郑扬州决之。鹑首未宫井鬼，井秦分，鬼子青张分，以小暑张、大暑秦雍州决之。实沈申宫觜参，参晋分，以立秋晋处暑决之。大梁酉宫胃昴毕，胃蔡分，毕吴分，以白露吴秋分蔡冀州决之。降娄戌宫奎娄，娄鲁分，以寒露、霜降鲁徐州决之。娵訾亥宫室壁，壁卫分，以立冬卫、小雪并州决之。

此以分野而推及列国宫分所主一年十二州之吉凶也。

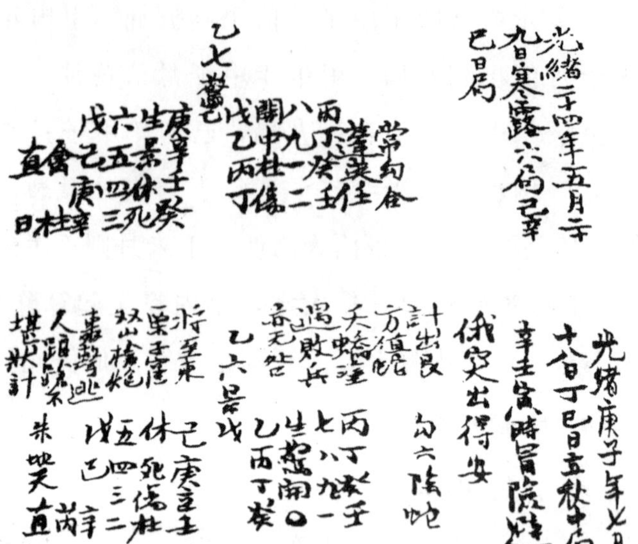

［按］此载于国朝《经世文编正俗下篇张氏分野考》，大抵以子起于未中，丑起于午中，逆行十二辰次，顺布二十八宿，分国、分宿而定其分，以所应之实者也。与《史记》所载，秦之强也，候在太白，占于狼弧。吴楚之强，候在荧惑，占于鸟衡。燕齐之强，候在辰星，占于虚危。宋郑之强，候在岁星，占于房心。并南北朝荧惑入南斗，梁高祖下殿跣足以应之，谓斗属吴越，宜应之在南，不知卒应之出走者在魏，而不知梁维北有斗，斗为燕星故也。斗既为燕星而箕为越星，不待言矣。及咸丰之世，荧惑亦入南斗，占者曰必洪逆之将逝，不知卒应法贼入寇，而文宗宪帝竟走之于圆明园也，此亦以斗主燕星之故耳。考之与张氏所定颇相符契。但今去古特远，而宫移度改，又不啻天壤。而所应者，亦多不爽。如光绪甲午、乙未之役，倭贼入寇朝鲜之牙山、仁川、黄州、平壤，辽东之凤岫、宽安、金复、盖海，山东之威海、荣文，台湾之台南、台北，考之分野，有宜应齐分之在女者，又宜应燕分之在斗者，又宜应宋分之在心者，有宜应越分之在箕者，查十数年来斗中并无恶曜，箕里仅有白光，惟光绪庚寅荧惑勾乙于心，甲午荧惑凌犯于女而光芒射目，出入非常，独辽南、台湾罹此兵燹之酷，得不平壤、辽南同在心宿而不在燕乎？抑或台湾之于箕，威海、荣文之于女乎？

从来妙应不多语，微意对三叉。

［**注**］龙伏氏补曰：此言大旨既揭，而学者自当默会微意，精益求精，不然虽诲者谆谆，而学者反晦而愈晦也。所谓三叉者，即杨朱见歧路生悲。盖以道在此而行于彼则悮也之义焉耳。

［**眉批**］《易》"高宗伐鬼方"，光绪甲午世局大暑一局壬丙午

右第五章，释主客命用各有恩用仇难之四般，并各有旺衰生克冲合之六象，及元运分野之定数。

［**释**］矫先生此言，意思是：大旨既揭，学者自当默会微意，精益求精，不然虽诲者谆谆而学者反晦而愈晦，好比人面对三岔路口无所适从一般。他用了《荀子·王霸》里面杨朱哭衢涂的典故，《荀子》："杨朱哭衢涂，曰：'此夫过跬步而觉跌千里者夫！'哀哭之"。这里，"衢涂"指歧路，即岔道，"跬步"意思是半步，"跌"意为差错。整句意思是，杨朱面对岔路口，说："这种岔路口，正是迈错半步便会谬以千里之处"，然后便痛哭起来。

以上第五章，讲的是奇门运用之中，其主客命用，各有恩用仇难之四般，并各有旺衰冲合之六象，并详细讲述了元运分野之定数。

遁甲括囊集下卷

辽东海城　卓卓子矫晨熺子阳甫撰
婿　　陈宗岱麟阁甫
门人　　杨景昌乐农甫正
　　　　陈玉枢一清甫

［导语］《遁甲括囊集》下卷主要是讲奇门分类占断。这部分内容与以前《鸣法》、《衍象》、《枢要》相比，更突出了地支的作用，也更突出了两宫内干支相互关系在占断中的应用。

第六章

晴雨

雨占壬癸辰星动，丙丁不相从。
会水雨霖兼雨雪，须辨夏和冬。
会火晴霁炎夏旱，会木起春风。
会金湿气三秋润，会土气朦胧。

［注］壬癸为水神，天蓬为水宿，天柱为雨师，三者若在一、三、六、七宫，得日辰会合，必降甘霖。夫何言哉？以水星得第故也。但须看本局地盘水神入庙升殿否乎。如升殿入庙，而天盘水神、水宿、雨师又得生扶，会成水局者，且值反、进、变、会、冲、合、破、生诸局，其骤雨滂沱，指期可待。惟间、墓、空、退诸局则不然。至于不在此四宫者，并会木、火、金、土四局，则又当别论。盖会木者，必风必雷，会火者，必晴必旱，会金者，必湿必露，会土者，必雾必霾。然而丙丁火神，天英晴宿，天辅风伯，倘在二、四、五、八、九宫，则雨期远矣。此故曰：“丙丁不相从”也。若夫卜晴期，又不可不责在丙、丁、英、辅诸宿及所会木火等局。独四时之

气，务宜仔辨，如木应雷而隆冬则无，土应霾而去春则罕，又不可不详也矣。

[释] 壬癸为水神，天蓬为水宿，天柱为雨师，三者若落在一、三、六、七宫，得日辰会合，则必降甘霖。原因何在？因为坎一宫为水，水得比助而旺；六七宫为金，水得金生而旺；震为雷电，水神、水宿、雨师加于雷电之宫亦主雨。但须看本局地盘水神入庙升殿否，如升殿入庙，而天盘水神、水宿、雨师又得生扶会成水局者，且值反、进、变、会、冲、合、破、生诸局，骤雨滂沱，指期可待。但逢间、墓、空、退诸局者则不然。若不在此四宫，并会木、火、金、土四局，则又当别论。会木者必风必雷，会火者必晴必旱，会金者必湿必露，会土者必雾必霾。丙丁火神，天英晴宿，天辅风伯，倘在二、四、五、八、九宫，则雨期邈远，故曰"丙丁不相从"。若卜晴期，又不可不责在丙、丁、英、辅诸宿及所会木火等局。

但是预测必须结合实际情况，四时之气务须详辨，如木应雷而隆冬则无，土应霾，但在娇先生时代春天罕见起霾，所以那时春天见到土局一般也不能断为霾，而是断为寒冷。近二十年来，雾霾日渐普遍，全年任何时候都可能出现雾霾天气，见土局则断为霾大概不会有错，所以断卦必须明理。

天时

木局干温火局热，水局雨濛濛。

土局寒冷分时令，金凉燥气冲。

反复争衡天色变，成局测机锋。

[注] 凡占天时，木局会成者则主干而温，火局会成者则主旱而热，金局会成者则主凉而燥，水局会成者主湿而雨，土局会成者则主寒而冷。若当翻腾、争衡、变格，则天气多变。故水火局之相争者，则增寒增热；金木局之相争者，则添燥添风。大抵相争之局，必须看月日与何局有力。与有力者即为争来，否则去矣。

[释] 此段阐明五行会局占天时所主，会成木局者主干而温，火局主旱而热，金局主凉而燥，水局主湿而雨，土局主寒而冷。翻腾、争衡、变格则天气多变。水火局之相争者，主增寒增热，金木局之相争者，主添燥添

风。相争之局，必须看月日与何局有力，与有力者即为争来，否则即去。

成格逢冲皆减半，晴雨论和同。

［注］无论求晴卜雨，凡成格成局，皆当相其格局而定。如逢冲，则减其半矣。

［释］无论占晴卜雨，凡成格成局者，皆当相其格局而定，如逢冲则减半。

任主密云芮瘴雾，雷电在天冲。

辅星风伯雨师柱，冰雹验心宫。

连阴骤雨蓬神旺，英宿望晴虹。

［注］凡占天时，亦当察其星宿，如天任主云主气，天芮主瘴主雾，天冲主雷霆闪电，天心主雪霰冰雹，天蓬则望霪雨，天英则看晴虹，天辅乃风伯，舟子恶其飘扬，天柱为雨师，行人苦其泥泞，惟天禽燕翼翩翻，于农稼忻然耘耔。

［释］凡占天时，亦当察九星。九星所主天时：天任主云主气；天芮主瘴主雾；天冲主雷霆闪电；天心主雪霰冰雹；天蓬则望霪雨；天英则看晴虹；天辅乃风伯，舟子恶其飘扬；天柱为雨师，行人苦其泥泞；惟天禽燕翼翩翻，于农稼忻然耘耔。

风云

云从龙也风从虎，交加势更雄。

［注］龙者六乙也，《经》曰："云从龙"。虎者六辛也，《经》曰："风从虎"。凡占天时，若二干同动，则必有风云之征。如虎会金局，既风既雨；龙会木局，乃云乃晴；虎会木局，而风而晴；龙会金局，为云为雨。此二干之验也。

［释］乙奇为龙，六辛为虎，《易经·文言》曰："云从龙，风从虎"。凡占天时，若乙、辛二干同动，则必有风云。龙虎会金木局，一共有四种组合，凡遇到龙字必对应云，遇到虎字必对应风，遇到金字必对应雨，遇到木字必对应晴。简单记作"龙云虎风，金雨木晴"。例如，龙会木局，龙主云，木主晴，所以龙会木局乃云乃晴。其他类推。

天象

日晕日辰月月建，星丁报私公。

［注］若天垂象，于日则当责之日辰及乙奇，于月则当责之月建与丙奇。至彗孛、流客、天狗、欃枪等象，则当总责之于丁奇。他如进退、伏留、勃凌、触犯、勾己乙等象，则又当详五星之出入躔次，于此不语焉。

［释］若出现异常天文现象，属异常太阳现象者，当责之日辰及日奇乙，月象责之于月建与月奇丙，星象责之于星奇丁。其他可根据异常天象所发生的宫位进行预测。彗孛、流客、天狗、欃枪，均为天文现象。

异象

天裂天鸣稽太岁，片言可折中。

［注］天裂者于晴日天忽分裂也，天鸣者于晴日天忽雷鸣也。凡此气多更变，随时课起则视天盘太岁宫格局，其吉凶因革始能洞测。

［释］天裂指晴日天空忽然分裂，天鸣指晴天忽然雷鸣。凡此为气多更变之象，须以正时起课，审视天盘太岁宫格局，其吉凶因革始能洞测。

一年丰歉

任宿年宫参动静，研穷考歉丰。

［注］万物逢春而生，所以艮为天任也。《系辞》云："成言乎艮"，盖以艮当春之时耳，此故以任占一年之丰歉焉。夫丰在任，歉亦在任，如人之任领。人任领各有其事，任，任领仅在一年。凡占年内五谷之收否，皆以天任与天盘年干宫决之。盖年干宫与任星合会，不得冲、间、空、墓、刑、害、杂、破、退、反诸局者，则五谷必丰，否则必歉。但合会于土局者则根收，于木局者则穗收，于火局者则悬收，于金局者茎收，于水局者则罗收。明乎此，则所收何种可知也。至于动宫与任值恩用仇难，亦不可不一一详审，然虽如此，必须与我年命和好者为吉。

［释］占一年之丰歉看天任星所在之宫。万物逢春而生，立春起于艮

宫，所以艮为天任，担当一年丰歉之任。丰在天任，歉亦在天任。人之当值各有其事，天任星之当值仅在一年，以天任星所在之宫与天盘年干宫决一年五谷丰歉。年干宫与天任星所在之宫合会，不得冲、间、空、墓、刑、害、杂、破、退、反诸局者，则五谷必丰，否则必歉。合会于土局者则根收，如块茎类；木局者则穗收，如稻禾类；火局者则悬收，如大豆类；金局者茎收，如纻麻类；水局者则罗收，如有藤类。明乎此理，则所收何种一望可知。至于动宫与天任所在之宫值恩用仇难，亦需要一一详加考察。但是，必须与我年命和好者方为吉。

年时丰歉

月中旱潦蓬星并，冲合是化工。

［注］如占月内旱潦，当察天蓬一星，会水局者而淋沥，于火方者则亢旱，然而冲之合之，皆有化工存焉。苟能临局揣摩，讵有丝毫差谬？

［释］如占一月内旱潦，当察天蓬所在之宫，会水局者而淋沥，会火局者则亢旱。然而遇冲遇合，则皆有变化，须临局揣摩，方不至差错。

天灾

太白雹冰荧惑旱，风灾岁震东。

土多霾雾辰多涝，非常化老翁。

［注］占年时，太白金局主冰雹，荧惑火局主亢旱，岁星木局主风飙，镇星土局主雾霾，辰星水局主水涝。五局会成，则五星之气备矣。

［释］原注中金木水火土五行各有另外的名称，金局又称太白金局，火局又称荧惑火局，木局又称岁星木局，土局又称镇星土局，水局又称辰星水局。占年时重视会局，会成金局主冰雹，火局主亢旱，木局主风飙，土局主雾霾，水局主水涝，五局会成则五星之气备。

收成

戊己黄粱分百谷，桑蚕绿树丛。

丙丁黍稷油麻豆，甲乙稼禾种。

二麦庚辛观大小，种棉如种松。

壬粳癸稻兼蔬菜，瓜果乃旁通。

［注］甲乙主禾及穗，丙丁主菽及稷，戊己主谷及粱，庚辛主麦及棉，壬癸主稻及瓜。凡占我处年内所收何物，当看天任所乘之干以决之。

［释］凡占年内所收何物，以天任星所乘之干决之。甲乙木主禾及穗，丙丁火主黍稷油麻豆，戊己土主谷子、黄粱、桑蚕、绿树，庚辛金主大小麦及棉花，壬癸水主水稻、粳米及瓜果蔬菜。

地灾

山崩地震随时定，灾祥在我胸。

［注］凡山崩地震，皆当随现时而定，观其与太岁吉凶。如乘吉者则虽崩震无咎，如乘凶者虽与合会亦否。

［释］凡山崩地震皆当以正时起局，观时干宫与太岁吉凶，如乘吉者则虽崩震无咎，如乘凶者虽与合会亦不吉。

阴宅

五宫是穴蛇为脉，直符作祖宗。

六合水源分长短，白虎护重重。

朱雀前朝与后抱，莫对好奇峰。

［注］中五万物之藏而穴窝主矣，螣蛇百龙之会则来脉占焉。祖山矗矗，须究直符；去水滔滔，当探六合。朱雀翔飞，前案之星腾去。白虎驯頫，右卫之砂归来。左破兮则左砂挖坏，右空兮又右护倾颓。此卜地形之一端，焉能尽笔于端末？

［释］此论阴宅。中五宫为穴窝，螣蛇主来脉，直符为祖山，六合为去水，朱雀为前案，白虎为左右砂，左破则左砂挖坏，右空则右护倾颓。此为占阴宅之一端。子阳先生于堪舆一道，颇有研究，但在此书中并没有展开讨论，详细请参看其撰写的《增注蒋公古镜歌》一书。

阳宅

四时格局能详审，财官插芙蓉。

用恩仇难全加此，甲运旌贤庸。

［注］春夏秋冬，四时之象；当时生色，逢场皆春。会局者，尤可观瞻，成格者，亦为添彩。值财值官，只堪富贵，当前为子为孙，更许螽斯贻世。棠棣虽非吉征，椿萱却是文雅。凡与我为恩者，皆称美论，与吾作难者，岂可笑谈？况夫甲运兴衰，包涵于此；元空得失，蕴藉于中乎。孔子故曰：“卜其宅兆而安措之”。

［释］此论阳宅。螽斯，读作终斯，蝗虫。“螽斯衍庆”喜贺子孙满堂的吉祥语。棠棣指兄弟，椿萱指父母。卜阳宅之吉凶，可以查春夏秋冬四时当旺之宫，该宫会局者尤可观瞻，成格者亦为添彩，值财主富，值官主贵，值子孙更许子孙满堂，值兄弟为劫夺而非吉征，值父母却是主身体康健，无病无灾。凡与我为恩者皆吉，作难者为凶，不可不谨慎对待。

六畜亡失

失亡六畜推原象，更喜两情浓。

生来合会归还我，克冲自不容。

［注］失亡六畜当以休豕、死牛、伤鹿、杜鸡、开马、惊羊、生猫狗、景禽鸟之类推之。凡用神与命相合相会，成一家气象，又在内宫、中五、地乙者，其物必归。若与相冲相克，则无寻矣。

［释］占失亡六畜，看丢失何畜以取用神，猪休门、牛死门、鹿伤门、鸡杜门、马开门、羊惊门、猫狗生门、禽鸟景门。凡用神所在之宫与命宫相合、相会成一家气象，又在内宫、中五、地乙者，其物必归。若与命宫相冲相克则寻之不得。

地下之支为去处，戊己近高崇。

丙丁窑灶庚辛路，壬癸探河潼。

乙甲田园林木里，最怕武兴隆。

［注］所失六畜之类并其阴神，当看其在何宫，皆以其宫地盘干中之支为所向方位。阳使为所失之处，阴使为所匿之地。如失马看开，阳开即其失处，阴开即其藏方是也。至于戊己当觅于高岗，丙丁宜寻于窑灶，庚辛道路，壬癸江湖，甲乙林木、田园。及在一九宫宜搜庭院，三七宫须探门墙，二宫道涂，八宫山麓，四宫市廛，六宫庙宇，五宫本宅及本乡本镇，依次讨论，不至乖误。然虽如此，但不宜与玄武宫中之干支勾合。及玄武当时。又不宜逢空、墓、刑、害、伏、间、冲、破诸局，则克期始可以得矣。

［释］占失六畜亡失及藏匿之地，看阴阳二使。阳使为所失之处，阴使为所匿之地，皆以其宫中地盘暗支为所向方位。如失马看开门，阳使开门即其失处，阴使开门即其所藏之方。戊己当觅于高岗，丙丁宜寻于窑灶，庚辛道路，壬癸江湖，甲乙林木、田园。在一九宫宜搜庭院，三七宫须探门墙，二宫道涂，八宫山麓，四宫市廛，六宫庙宇，五宫本宅及本乡本镇，须一一详审。但是，用神宫不宜与玄武宫中之干支勾合，及玄武当时。又不宜逢空、墓、刑、害、伏、间、冲、破诸局，如此之类皆为难觅。

岁内安危

岁内安危察八卦，不可自雕薨。

恩星类聚多遐福，仇星起变更。

土难蝗虫火难旱，兵革动长庚。

水会低田休布谷，狂风木下萌。

九州以内知吉凶，旺相庆升平。

［注］推岁运安危，当察八宫动静与天盘岁运宫主，为恩为难以决之。凡动为岁运干支之恩星者，其地必安，其世必泰，可以与治。动为岁运干支之难星者，其地必危，其乱必作，宜急避去。吾夫子故曰：“危邦不入，乱邦不居”。然虽似此，但须视难星所会何局，如会土局者主瘟疫蝻蝗，木局者主饥馑风飙，火局者主枯旱兵燹，金局者主冰雹杀戮，水局者主地震水溢。随其所会，则君子始可与鬼神合其吉凶矣，亦可以与世俗同其休咎也。

［释］推一岁之内各方安危，当察八宫动静与天盘岁干宫，看各宫天盘

干支为太岁干支之恩、难以决之。凡动而为年干支之恩星者，其地必安，其世必泰，可以与治。动而为岁运干支之难星者，其地必危，其乱必作，宜急避去，正如孔子所言："危邦不入，乱邦不居"。灾害所应，须视难星所会何局，会土局主瘟疫、蝻蝗，木局主饥馑、风飙，火局主枯旱、兵祸，金局主冰雹、杀戮，水局主地震、水溢。

［**按**］请注意，这里提出看"岁运干支"的思路，这是《括囊》注重地支的又一重要体现，《鸣法》、《衍象》、《枢要》中一般只看年干所在之宫，未提看年支所在之宫。这种看地支的用法在下面几节中多次用到。

气运灾祥如是考，太岁向增荣。

［**注**］此承上文而言，及自占年运，亦当如是推详。大抵太岁干支与我年命合会为我恩星者为吉，否则不利，故曰：向增荣也。向者，即言与我有情也。

［**释**］自占年运亦当如上文所述一般，太岁干支与我年命合会为我恩星者为吉，否则不利，故曰："向增荣"，向者即言与我有情。这里再次提到要年干、支两者都要看。

求谋

谋求大事观年月，有意乃含英。

小事日时能作主，无情亦背盟。

与我方局都成就，争破不相并。

［**注**］求谋大事，当看年月干支之宫与我有情无情，有情事成，无情事破。小事则仅责日时，大抵与大事相同，其与我成方成局、为恩星者，虽居空、墓，待时亦许成就，惟最忌难星及争衡格局。夫争衡者，乃我谋此，彼亦谋此，于中有觊覦之望者。要看其争我之神在当时否，如在当时，事不我就；如非其时，虽为争衡，终与我无尤。

［**释**］求谋大事，看年月干支之宫与我有情无情，有情事成，无情事破。小事则仅责日时，判断思路与大事相同，与我成方成局、为恩星者，虽居空、墓，待到时机来临之时亦许成就，惟最忌难星及争衡格局。争衡

者乃我谋此彼亦谋此，有他人窥伺，伺机与我争衡。此时要看其争我之神在当旺否，如在当旺，事不我就，如非其时，虽为争衡终与我无碍。

［按］注意，《括囊》的思路有大幅拓展，以前矫先生特别重视三乙四宫和年命宫。其中三乙指天乙、太乙和地乙，四宫是在三乙之外加上时干宫。到了《括囊》这里，矫先生认为大事要看年月宫，小事看日时宫，不仅看天盘年月日时干所在之宫，而且是连干带支所在之宫都要看。

求财

买卖求财占赔挣，生宫气色清。

向我探囊而取物，得令更精莹。

背我守株以待兔，失气枉躬耕。

［注］经营贸易看生门宫及阴使干支之神。若与我有情则犹探囊取物，得令者利尤加倍。若与我无情，无殊缘木求鱼，失时者本亦折伤。

［释］经营贸易看生门宫及阴使生门所在之宫干支，若与我有情，则获利犹探囊取物，得利大小看生门旺相与否，得令者利尤加倍。若与我无情，无异于缘木求鱼，若不但无情亦且失时者，不但没有利润，本金亦将折伤。同理，若与我无情而旺相，则财虽数额巨大而与我无关。

行市

行市低昂全在此，冲旺价尤增。

月令超然拔上格，无时待月昇。

旺应十倍相三倍，落魄徒营营。

［注］行市长落，亦宜稽察生门。若二使当旺，又逢日冲及空旺逢冲，则主超然上拔。如不当令，则宜待其时矣。大抵当旺之时，价昂不过十倍；当相之时，又不过三倍，乃数之极也。若值空、墓、刑、破、伏、返、退、间等局，而与时令乖违，则如宵魂冷魄，杳杳无踪，欲望其升遐，不啻隍中蕉鹿，直入于梦境者焉。

［释］行市长落，亦宜稽察阳使阴使生门所在之宫，若二使当旺又逢日冲

及空旺逢冲，则主超然上拔。如不当令，则宜待其时。当旺之时，价昂不过十倍，当相之时，不过三倍。若值空、墓、刑、破、伏、返、退、间等局而与时令乖违，则断不能上涨。矫先生原注的说法是：“如宵魂冷魄，杳杳无踪，欲望其升遐，不啻隍中蕉鹿，直入于梦境者焉”。这里用了《列子》里面的一个典故。郑国人在野外砍柴，看到一只受伤的鹿跑过来，就把鹿打死，担心猎人追来，就把死鹿藏在一条小沟里，顺便砍了一些蕉叶覆盖。天黑了，他想找到死鹿扛回家，可惜怎么也找不到。于是他只好放弃，就当作自己做了同样的梦罢了，他不是把真实的事当梦，便是把梦当真实的事儿。后遂以“蕉鹿”等指梦幻。意思是，生门所在之宫若值空、墓、刑、破、伏、返、退、间等局而与时令乖违，还希望行情上涨，那是白日做梦。

功名

功名开六为元宰，依从手自擎。

景星同契常迁擢，万里任鹏程。

失第背时兼削职，何必上玉京。

［**注**］功名责在开门，科第观乎景使。合吾兮姓字高标，同契者前程远大。景宫郎照，文章光射斗牛。开使黑沉，爵禄位随星鸟。然而年命作主神，景开为使者；临场仔细斟详，当局毋须错过。

［**释**］占功名事业以开门为用神，占科第、考试以景门为用神，年命宫为我。用神宫中有干支与我年命宫中干支相合者则名列前茅，干支相同者前程远大。景门所在之宫木火通明、旺相得时，则文章得意，光射斗牛。开门所在之宫不得时、无吉格，则爵禄、官位难以到手。

口舌词讼

惊门斗口舌常弄，旺如春鸟鸣。

官克休囚须虑患，合我他无赢。

惊来合会终成讼，惊空不足惊。

被破逢冲皆是福，百啭听啼莺。

［注］口舌责在惊门，词讼须看开府，讼兴者则舌神强，词正者而官家会。大抵合我、生我，见官理顺情明。克吾、刑吾，对质冤沉气枉。若惊地休囚空破，讼属无成。倘客宫旺相合冲，词为中起。然而不吉者伏退为嫌，乘时者进生尤利。

［眉批］年命为我，对我年命宫者是他，如开门于我有情则我胜。

［释］占口舌之用神为惊门，词讼须看开门。惊门宫旺则讼兴，开门中有会局则词正。开门宫有合我、生我者，则见官理顺情明。开门宫中有克我、刑我者，不免对质蒙冤。若惊门宫休囚空破，讼属无成。倘若客宫旺相合冲，词讼必起。若格局不吉，则伏、退为妙，来生我者旺相则美。

盗窃遗失

玄武摇摇群贼我，亲疏仔细评。

外则他人分远近，内宫是同情。

生门与我多获得，与贼杳无声。

［注］屋中丢物，未尝不是窃取；道路失亡，岂必皆为人偷。被窃者责于玄武，与我有情贼自内。偶亡也考彼生宫，为他勾去我疏失。二物相通，尚堪求觅。两般悖谬，有去无归。然而内宫是近人，符契者非亲即友。外方为远辈，相背者且逆犹疏。若夫元神伙聚，又乃群盗纷纭。倘或众难交加，几不小人结党。当时仔细推敲，临局自无遗漏。

［眉批］壬寅年小满二局戊己时，客有于他处道家卜得失玉物者，道曰："物归空处无寻。"固质于余。余曰："生门在四宫、景门在五宫，于庚申命相合，物在屋内，焉能有失?"客曰："果获于同宿人之手。"因志之。

［释］占失物，看玄武是否发动，须分清玄武在内还是在外，还需要分清玄武与我有情否。有情为内贼，在内为近，我宫干支与玄武宫干支有联系者非亲即友。在外为远，相冲者为疏远或有过节。若我宫干支生玄武宫干支，为财务被他勾去。两宫相通尚堪求觅，若相悖谬，有去无归。若玄武会局，预示群盗纷纭。眉批所记失物之占，复盘如下：

1902 年 5 月 31 日 10 时 11 分　农历：四月廿四日

［清］德宗（爱新觉罗载湉）　光绪28年

壬寅年　乙巳月　甲寅日　己巳时　甲寅癸　子丑空　戊空

小满中元　阳二局

值符芮星在3宫　值使死在7宫

旺宫		相宫		胎宫
	蛇 妻 巳 寅 冲 己 乙 丑 生 惊 庚 午 阴 庚 丙 寅 辰 巽 巳 比	朱 子 巳 寅 任 丁 庚 午 杜 死 丙 寅 地 丙 辛 未 丙 午 丁 母	天 劫 巳 寅 蓬 乙 壬 申 开 景 戊 辰 值 戊 甲 子 未 坤 申 鬼	
废宫	值 财 巳 寅 芮 戊 甲 子 惊 生 己 巳 蛇 己 乙 丑 甲 卯 乙 劫	阴 鬼 巳 寅 辅 庚 丙 寅 景 开 辛 未 合 辛 丁 卯 戊 五 己 子	勾 父 巳 寅 心 壬 戊 辰 死 杜 甲 子 常 癸 己 巳 庚 酉 辛 妻	没宫
	常 母 巳 寅 柱 癸 己 巳 伤 伤 乙 丑 朱 丁 庚 午 丑 艮 寅 财	地 孙 巳 寅 英 丙 辛 未 中 休 丁 卯 天 乙 壬 申 壬 子 癸 父	合 官 巳 寅 禽 辛 丁 卯 休 中 壬 申 勾 壬 戊 辰 戊 乾 亥 孙	
休宫		囚宫		死宫

脱货

如然就主留于内，就客出家庭。

脱货须从斯理悟，还羡老明经。

［注］此承上文生门与我多获得而来。其脱卖货物者，亦须责在生宫。如生门在主之四宫，货主难出，故曰留于内也。如生门在客之四宫，则我售得主，故曰出家庭也。然虽如此，但必须看生门之旺相休囚，及与我命有情、无情。旺相者则价昂，货为易售。休囚者，则价低货且难出。有情

则利得，无情则利失。惟此理要详细揣摩，能如宿士求经，其术始精矣。

［释］占脱卖货物者，须看生门所在之宫。如生门在主之四宫，货难出，如生门在客之四宫，则货物易售。但必须看生门之旺相休囚及与我命宫有情、无情。旺相者则价高，且货物易售。休囚者，则价低且货难出。有情则得利，无情则失利。惟此理要详细揣摩，长期浸染，始能精通此道。

借贷

借贷虽然凭主客，亦要静中听。

客求主下难为喜，生客主垂青。

［注］先动者为客，乃往借之人也。后动者为主，乃放贷之人也。我去借财，以我为客，主人合我生我，则往贷必允；主人冲我克我，则往借无成。并生门与我年命三合，阴使亦与作合，不值旬空、月破，其告贷必相合符契，否则无就矣。

［释］占借贷需分主客，先动者为客，为往借之人。后动者为主，为放贷之人。我去借财以我为客，主人合我，生我，则往贷必成。主人冲我、克我则往借不成。生门与我年命三合，阴使亦与作合，不值旬空、月破，其告贷必成，否则不成。

谋馆

谋馆微兼于弟子，书贳石上铭。

西宾连座客宫位，离景是先生。

［注］我欲谋求馆谷，亦宜兼审子爻。子弟有情于命，师生意恰神交。修金多寡，责在生门。主宾相契，二使联亲。西宾为客位，拱合者势须悬榻。东主是君家，刑冲者未必开罇。景是先生，当旺相学堪攻木。生为弟子，值休囚讵可撞钟。成名者不独在董帷马帐，得道者何须尽立雪坐风。斯固西宾之应晓，亦还东主所当通。

［释］谋馆指欲谋求私塾、学堂教职，要看年命宫，六亲之子孙宫为学生子弟，生门宫为修金、报酬，景门宫为先生之学问，主客两宫看东道主

与先生关系。子孙宫有情于先生年命宫，则师生意恰神交。景门宫旺相则先生为饱学之士，子孙宫值休囚则弟子顽劣不堪。

主客两宫相契，二使联亲。客宫受拱合者，先生必受邀约。悬榻，喻礼待贤士。典出《后汉书》卷六十六《陈王列传·陈蕃》：太尉李固表荐，徵拜议郎，再迁为乐安太守。时李膺为青州刺史，名有威政，属城闻风，皆自引去，蕃独以清绩留。郡人周璆，高絜之士。前后郡守招命莫肯至，唯蕃能致焉。字而不名，特为置一榻，去则县之。主宫有刑冲者，办学未必成功。但是，无论欲谋馆之教师还是欲寻师之东家，都要明白，成名者不独在董帷马帐，得道者何须尽立雪坐风。

下面讲一下这里用到董帷、马帐、坐风、立雪四个典故。

董仲舒，广川人，西汉汉景帝时为博士。他在室内挂上帷幕，坐在帷幕后面讲学，弟子们先入学的对后入学的传授学业，有的学生竟然没有见过他。董仲舒三年不看园圃，精心钻研学问到如此的程度。他的进退仪容举止，不符合礼仪的不做，学士们都尊他为老师。

马融东汉时著名学者，学问渊博，是当世的通家。他会鼓琴，好吹笛，放达任性，不为儒者的小节所拘。房屋器用衣物，崇尚奢侈，常坐高堂，挂红纱帐，前面教学生，后有女乐。弟子按次传授，很少有进入室内的。

后世用董帷马帐比喻得到大学问家的亲自教授和熏陶。

一天，杨时同一起学习的游酢向程颐请求学问，却不巧赶上老师正在屋中打盹儿。杨时便劝告游酢不要惊醒老师，于是两人静立门口，等老师醒来。不一会儿，天飘起鹅毛大雪，越下越急，杨时和游酢却还立在雪中，直到程颐一觉醒来，才赫然发现门外的两个雪人。程颐深受感动，更加尽心尽力教授他们。后来杨时不负重望，终于学到了老师的全部学问。后人便用“程门立雪”这个典故，来赞扬那些求学师门，诚心专志，尊师重道的学子。

宋朝时期，朱光庭是理学大师程颢的弟子，他在汝州听程颢讲学，如痴如狂，听了一个多月才回家，回家逢人便夸老师讲学的精妙，他说：“光庭我好象在春风中坐了一月”。后世用“坐春风”比喻受道德学问高超之人的教诲、受其熏陶。

讨债

伤宫制客当讨债，更得看财星。

［注］《钓叟歌》云：“伤宜捕猎终须获”，盖伤门即讨债之神也。如不遭空破而又能制伏客宫，生门又在客四宫内，与伤门勾合，或伤门亦在客四宫中及躔客位，则其债讨之即获。若财神空破，伤门无力，客宫与生门无情，并值冲退反间等局，虽讨债者精健，终归于守株待兔。

［释］占讨债看伤门宫。如伤门宫不遭空破而又能制伏客宫，生门又在客四宫内，与伤门勾合或伤门亦在客四宫中，及恰好落在客位，则其债讨之即获。若生门宫空破，伤门无力，客宫与生门宫无情，并值冲退反间等局，虽讨债者精健努力，终归于守株待兔。

失物

失物侵吾非美论，问彼几年龄。

合命会局仍还我，冲空落窈冥。

五室坤涂廛市四，一九觅间厅。

三七门窗乾庙宇，艮八在郊垌。

［注］失物者亦责伤门，亡财者多看生使。伤有情则物去能回，生相契又财亡可见。逢冲遇破物远他乡，当墓值伏，财藏蜜迩。然而与我合会者，物属有获，与我冲刑者，财终无觅。若夫空局、变局于中多有波折，反局、间局当事务须辨别。他如八卦九宫仅可以位推详，三奇六甲亦还从行论定。

［释］失物看伤门，亡财看生使。亡财指丢失钱财，失物指丢失钱财以外的东西。伤有情则物去能回，生相契财亡可见。逢冲、遇破则物远他乡，当墓、值伏，则财藏近处。然而与我合会者物属有获，与我冲刑者财终无觅。若空局、变局，多有波折。反局、间局务须辨别。八卦九宫可以推详处所，生门在一九宫主在间厅，二宫在道路，三七宫在门窗，四宫在市廛，五宫在室内，六宫在庙宇，八宫在郊外、农田。

逃亡

逃亡六合知方位，不怕万山屏。

内外两宫分远近，地下有神灵。

［注］亡人者看天盘六合宫下干藏支，即知其逃往之方。在阳使四宫者为近，在阴使四宫者为远。夫阳使者明使也，非阳宫阳使之谓也。阴使者暗使也，非阴宫阴使之谓也。知此虽万山屏嶂，亦可以以意格通。

［释］占逃亡之人，看天盘六合宫下暗支，即知其逃往之方。六合在值使四宫者为近，在暗值使四宫者为远。

行人

外宫旺动生于内，行人云路登。

背吾向外无归志，何必望超乘。

［注］行人久在外方，亦要看其合乡。六合动生中五，行人在外奔忙，不道归家意急，抑还速整行装。若夫与我无情，向彼外宫参商。欲指来人归日，直如沧海茫茫。

［眉批］占行人归否，他书多主庚格，予所验者以行人年命论看，下临孟仲季三甲，盖孟不动，仲半涂，季即至也。空则出空，破则出破，伏吟不动，反吟速至。如无年命则看六亲、直使、六合，惟直使主我遣之人，六合主逃亡之辈。

［释］占行人久在外乡，要看其六合与中五宫的关系。六合动生中五，行人有归意，与中五宫无情则无归意，行人在外奔忙，不急于归家。还需要看向我还是向彼，若与我无情、向彼外宫，则其人归日，直如沧海茫茫。

［眉批］对占行人作了进一步的解释，行人归否看其年命宫所临地盘暗支的孟仲季，孟不动、仲在途、季即至。如果不知道行人年命，则看六亲、值使、六合。六亲即如测儿子何时归，看子宫，占孙子看孙宫，占丈夫看官鬼宫，等等。值使一般用以看我派出之人，六合一般用以看逃亡之人。

出行

车行远路死门证，遥途唤不应。

推占六甲察原局，不可有模稜。

［注］坤为大塗、为车舆，盖死门之属也。若车行远去，不辨归期，则当责在死门。凡死门得进、退、反、变诸局，则归程欲起；若空、墓、绝、破，则非矣。其起之日，宜推六甲于何日而起，须以天盘定也。其归之日，亦考六仪；于何日而归，以地盘明也。夫天盘之干有六十甲子，地盘之干亦有六十甲子，知此者，则空而填空、破而实破之机，自昭昭于目矣。

［释］若车行远去不辨归期，则当看死门，死门属坤，坤为大塗、为车舆。凡死门所在之宫，得进、退、反、变诸局，则归程欲起。若空、墓、绝、破，则非是。其起程之日，推天盘六甲于何日而起，其归来之日看地盘奇仪，看其出空、实破之日。天盘之干有六十甲子，地盘之干亦有六十甲子，知此者则空而填空，破而实破之机自昭昭于目。

［按］注意，这里矫先生明白地提出天盘有天盘的六十甲子，即天盘暗干支，地盘有地盘的六十甲子，即地盘暗干支。

姻缘

水意鱼情成缱绻，合神是勾膺。

彼我三家皆会好，月老系赤绳。

日破爻冲中间阻，结他起战争。

［注］红楼一梦，无非水意鱼情；黄粱半榻，即是佳人才子。睁开眼梦梦无休，合上吻头头是道。缱绻司虽成百年恩爱，佳期会直似一夕幻景。然而主客相符，自有蓝桥之约；合休弄好，岂无红叶之题。星津在迩，六合偏作媒妁；月路当涂，休门竟成喜鸟。语云："三家相见结婴儿，五气朝元归正果"，讵非此之谓乎？嗟夫！最忌者棒打鸳鸯，可嫌者刀铲藤葛。所以日破、爻冲皆为恨也，反吟、间、退更可憎焉，况结合于他人者乎？

［释］占姻缘，若须观主客宫、休门宫、六合宫。主客相符、休门宫吉

则为有缘，六合宫为媒妁，吉则努力撮合。日破、爻冲为棒打鸳鸯、刀铲藤葛；反吟、间局、退局为反复、有阻隔、打退堂鼓之意；若与他人相合，自是占姻缘之大忌。

原注中用了几个典故和生僻词语，这里略作解释。“主客相符，自有蓝桥之约”，蓝桥之约的典故，出自《庄子·盗跖》和《史记·苏秦列传》，这两部著作中都有“尾生抱柱”的故事。相传有一个叫尾生的人，与一个美丽的姑娘相约于桥下会面。但姑娘没来，尾生为了不失约，水涨桥面抱柱而死于桥下。据《西安府志》记载，这座桥在陕西蓝田县的兰峪水上，称为“蓝桥”。矫先生用这个典故指男女约会。

“合休弄好，岂无红叶之题”，红叶题诗的故事，唐宋笔记小说中多有记载，情节相类而事主各异。例如，唐范摅《云溪友议》卷十记载，唐宣宗时，卢渥赴京应举，偶临御沟（皇城里流出来的水沟），见红叶上有诗云：“流水何太急，深宫尽日闲，殷勤谢红叶，好去到人间。”后宣宗放出宫女，许配百官司吏，卢渥得一人，恰巧即是题诗红叶之宫女。

“星津在迩，六合偏作媒妁”，星津即银河，指两人虽然隔着银河，但有六合作媒，还是有相会之可能。

“月路当涂，休门竟成喜鸟”，指路途虽然遥远，但休门所在之宫吉则有喜讯传来。

钱财

利锁名关钱最尚，贫贱有谁矜。
贸易捐官咸主此，勿弃孔方兄。
相生两造都成就，破害无休征。
看穿世事温如玉，人情冷似冰。

［注］贸易经营，无不是钱山事业。捐官纳监，亦皆为粟囤生涯。倘生门扶命，自必垒银树雾。若门使合身，应然琢玉披金。呜呼！孔方小小毋须少也，阿堵哥哥岂可无乎？称搢绅，衣文绣，全凭化蝶；携姣童，带侍妾，尽仗飞蚨。不道是今时世界如此，须当知昔日寰宇皆然。今夫世事人

情，求玉之温而无玉可温，探冰之冷莫不如冰之冷。

[释] 占贸易经营、捐官纳监，皆看生门与命宫关系。若生门宫、值使宫来合命宫，自然大发。若来破害，则不吉。钱之一事，古今概同，子阳先生感慨良多。孔方兄：古代的铜钱一般外圆内方，一千个为一贯。在铸造时为了方便细加工，常将铜钱穿在一根棒上，为了防止铜钱乱转，所以将铜钱当中开成方孔。后来人们就称钱为“孔方兄”，有时候寓指拜金主义。阿堵：是六朝和唐时的常用语，相当于现代汉语的“这个”。矫先生在上面的注释中用阿堵哥哥指“钱这个东西”。搢绅：原意是把笏板插进束带里，是旧时官宦的装束和动作，转用为官宦的代称。笏是古代朝会时官员所执的手板，有事就写在上面，以备遗忘。搢，也写作“缙”，插之意；绅，束在衣服外面的大带子，是官员服装上的饰物。衣文绣：穿华丽有纹饰的衣服，非富即贵的象征。化蝶：用《庄子》梦中化作蝴蝶的典故。庄周梦中变成蝴蝶，栩栩如生，猛然醒来之后，不知是庄周梦中变成蝴蝶，还是蝴蝶梦中变成庄周。矫先生在原注中讲“称搢绅、衣文绣，全凭化蝶”，有把富贵比喻成不过人生梦一场之意。飞蚨：指青蚨，是传说中可以带来金钱的昆虫。刘安《淮南万毕术》、干宝《搜神记》都有这样的记载：南方有一种叫做青蚨的昆虫，捉来以后，用昆虫的母血涂遍 81 枚钱币，再取子虫的血液涂满另外的 81 枚钱币，涂完之后，你就把涂了母血的 81 枚钱币拿去买东西，而将涂了子血的钱币放在家中，过了不久，你就会惊奇的发现，你花掉的钱，会很神秘地一个一个地飞回来了。原来，人们看到母子相依的天性，不管你把一对母子怎样分开，他们总会想尽办法相聚。“青蚨还钱”的传说由此而来，后来青蚨就成了铜钱的代名词。据称，北京的百年老字号“瑞蚨祥”的名字取义于此。“携姣童带侍妾，尽仗飞蚨”意思是过着奢靡生活的人靠的是有钱。

妊娠

子孙摆动怀娠妇，偏正要参承。

女则居偏男则正，须将道心凝。

［注］日干所生之爻，即为子宫。若子宫旺动，与所占妇人年命吊照相合，即谓女有胚胎。阳日生阳，阴日生阴，其象为偏，偏则弄瓦。阳日生阴，阴日生阳，其象为正，正则弄璋。若子爻乘贵带禄，得奇得门，或当天月德神，会旺相之局，则必生惊座之儿，否则非矣。若两子俱动，又主双孕，如老蚌双珠。然则鹏臂龙睛，讵能易得？鸢肩虎目，岂可连生？况夫撞破烟楼、攀抚云树者乎？若在觪且角、牛医儿于白屋茅庐，又皆助丈夫之大快也。

［释］占女人是否怀孕及生男生女，须看子孙宫，即日干所生之天盘干宫。若子孙宫旺动，且与所占妇人年命宫对冲、或两宫干支相合则已经怀胎，若旺动之子孙宫天盘干与日干之阴阳相同，其象为偏，偏则生女，阴阳相异则其象为正，正则生男。若子孙爻乘贵、带禄、得奇、得门或当天月德神，会旺相之局，则必生惊座之儿，否则不然。若两子俱动，主双孕，如老蚌双珠，属于罕见情况。而贫寒之家涌现奇才的情况，皆助丈夫之大快。

本段注释用典很多，现一一解释如下。

弄璋、弄瓦，典出《诗经·小雅·斯干》，“乃生男子，载寝之床，载衣之裳，载弄之璋……乃生女子，载寝之地，载衣之裼，载弄之瓦。”璋是好的玉石，瓦是纺车上的零件。后用弄璋代指生男，弄瓦代指生女。

鸢肩虎目，肩膀象老鹰，眼睛象老虎；豕喙，嘴巴象猪嘴；牛腹，肚子象牛。古人认为凡此种种均为贪得无厌之相。典出《国语·晋语八》：“叔鱼生，其母视之，曰：‘是虎目而豕喙，鸢肩而牛腹，溪壑可盈，是不可餍也，必以贿死。’遂不视。”

撞破烟楼：撞破灶上的烟囱。比喻子辈胜过父辈，后人超越前人。典出自苏轼《答陈季常书》：“在定日作《松醪赋》一首，今写寄择等，庶以发后生妙思，着鞭一路，当撞破烟楼也。”

攀抚云树：指地位或境界极高，可攀附云中树林。

觪通骍，骍且角，典出《论语》，孔子对仲弓说：“犁牛之子骍且角，虽欲勿用，山川其舍诸？”译成现代汉语为：“耕牛产下的牛犊长着红色的毛，角也长得整齐端正，人们虽想不用它做祭品，但山川之神难道会舍弃它吗?”犁牛，指普通耕牛。骍且角，指牛长着大红色的毛、头上的角也很整齐好看，符合“骍且角”这种条件的好牛单独饲养，仅用作祭祀。意思是，你有高尚的品德和突出的才干，脱颖而出，有目共睹，即使出身卑微，也一定会受到重用。

牛医儿：比喻出身微贱而有声望的人。出自《后汉书·黄宪传》：“世贫贱，父为牛医……同郡戴良，才高倨慠，而见宪未尝不正容。及归，罔然若有失也。其母问曰：‘汝复从牛医儿来邪?’”这段话的意思是，黄宪出身卑微，是一位牛医的儿子。同郡戴良是一个恃才傲物之人，但戴良却很尊重黄宪，每次与黄宪分手回家时都觉得若有所失，到家时母亲常常问他“又是刚从那个牛医儿子那里回来?”

白屋茅庐：指贫寒之家。白屋出自《醒世恒言》卷二〇：“繇来白屋出公卿，到底穷通未可凭”；茅庐的典故通过刘备三顾诸葛亮于茅庐的故事家喻户晓。

路遇

当途白虎知凶吉，方局遇良朋。

冲破年支多悔吝，劝君速避矰。

［**注**］远去出行预占，白虎生扶拱合，路遇良朋。刑冲我命者，须防暗害。克破本年者，宜避光锋。若夫客地生来，他乡可往。如属主宫贼去，我地难行。斯虽登程小技，却要吾子知情。

［**释**］预占远行，白虎为道路之用神，白虎宫生扶拱合命宫、形成会局者，路遇良朋。刑冲我命宫之内干支者，须防暗害。克破者，宜避光锋。又须看所往之方，以该方为客地，若客地来生年命宫，他乡可往。如主宫逢太白入荧，贼必去格，我地难行。

家事

内宫家宅直符定，不宜见六丁。

疾病芮临朱斗口，阴私月下僧。

恩星结伙天来福，仇交祸莫惩。

用难两般藏损益，立志忌无恒。

［注］我在外方，欲占家事，须看地乙、中宫。大抵地乙、中宫得吉局、吉格、有奇有门者为家庭安乐，而恩星用星、相会相合者又吉不胜言。若六丁卧守，则主淫乱门楣；太阴在户，又为偷情月下。玄武犯盗贼，徒为胠箧缄锁。天英遭火厄，何必注水禳星。朱雀则口舌责临，芮宿乃瘟 并起。白虎刀兵，勾陈殴打。六合亡人已去，螣蛇妖怪迭来。而仇难迭兴于内者，祸起萧墙。恶星交发于外者，灾从邻里。然而玉女虽淫，不守门者无猜。合神好遁，逢逃走者必矣。斯乃征神验煞之多端，何如问命究年之一理。

［释］我在外方，欲占家事，须看地乙、中宫。大抵地乙、中宫得吉局、吉格、有奇、有门者为家庭安乐，恩星、用星、相会、相合者吉不胜言。若六丁卧守，即丁落在值使门宫，又称玉女守门，则主淫乱门楣；太阴在户，即太阴加于值使门宫，为偷情月下；玄武犯盗贼，防不胜防。天英主遭火厄。朱雀则口舌难免，芮宿乃瘟 并起。白虎主刀兵，勾陈主殴打。六合有人逃走，螣蛇妖怪迭来。若有仇难迭兴于内，则祸起萧墙。恶星交发于外，则灾从邻里。然而，玉女虽淫，不守门者无猜。六合好遁，得之者必逢逃走。矫先生认为，这些神煞应验头绪很多，不如专责年命。

禽鸣雀噪

禽也哀鸣雀也噪，入耳惹心焦。

六甲推寻臧否现，禽雀梦魂销。

八门主事兼人物，理隐固难昭。

［注］鸡凫鸭鹅，谓之家禽。鸦鹊鸥鹏，谓之野鸟。凡家禽鸣声非常，宜审夫天禽。野鸟噪声多怪，当察于朱雀。其乘吉局、吉门、吉格、吉神而与我勾合者，则主有喜事来临。其乘凶局、凶门、凶格、凶星而与我克刑者，则主有忧情迭至。但所主之事，不必尽责阳门，亦宜推敲阴使。如休主婚姻、喜酒，死为疾病、忧丧；伤则伤损，杜乃逃亡；开功名而官事兴，惊口舌又呈词起；生本财利、田宅，景是文书、音信；蓬施骤雨，芮

布层霾；冲雷霆而辅狂风，心雪雹于柱霖泽；任云密兮山岚，英血光兮火电。直符有官贵赉临，螣蛇见妖精作怪。太阴美丽，琴挑司马之情；六合交游，舟泛陶朱之富。勾陈则争竞，有田土之灾；太常于酒食，逢筵会之乐。朱鸟偏口传雁字，玄武屡防窃贼来。九地黄泉之下以旷幽怀，九天苍穹之表而瞻武备。此其兼时宫推断，不必尽主于禽雀。

[释] 家禽野鸟异常鸣叫，则家禽看天禽星所在之宫，野鸟当察于朱雀，亦可兼看时干宫，不局限于天禽和朱雀所在之宫。乘吉局、吉门、吉格、吉神而与我勾合者，则主有喜事来临。乘凶局、凶门、凶格、凶星而与我克刑者，则主有忧情迭至。但所主之事不必尽责阳门，亦宜推敲阴使。如休主婚姻、喜酒，死为疾病、忧丧，伤则伤损，杜乃逃亡，开功名而官事兴，惊口舌又呈词起，生本财利、田宅，景是文书、音信，蓬施骤雨，芮布层霾，冲雷霆而辅狂风，心雪雹，柱霖泽，任云密、山岚，英血光、火电。直符有官贵赉临，螣蛇见妖精作怪，太阴美丽，琴挑司马之情，六合交游，舟泛陶朱之富，勾陈则争竞有田土之灾，太常于酒食逢筵会之乐，朱鸟偏口传雁字，玄武屡防窃贼来，九地黄泉之下以旷幽怀，九天苍穹之表而瞻武备。

避地逃形

避地逃形窥巽杜，生命任逍遥。

日刑月破非云福，谁能慰寂寥。

[注] 我欲潜形遁迹，当看巽杜何宫。阴使生吾相契，长飞万里无踪。若夫日刑月破，须备罗网交横。歌云："天网四张无走路，岂知此路最宏通。"倘如中涵三隐，管许海阔天空。

[释] 我欲潜形遁迹，当看杜门在何宫。若该宫生我年命宫，则任我逍遥逃去。阴使如与我年命宫相生、相契，即逃亡该方。相生好理解，何谓相契？应该是该宫中的干支与我宫中干支相合、相关联。但若该宫有日刑、月破，则须备罗网交横。矫先生又提出："天网四张无走路，岂知此路最宏通，倘如中涵三隐，管许海阔天空"，意思是若某宫有天网四张，即天盘癸

加地盘时干宫，原本不利逃亡，但若其中有三隐，则此方可以放心逃去。三隐指太阴、九地、六合。

涉水登山

涉水登山壬癸丙，恩会步云霄。

难动仇加难免害，月生色自天。

［注］涉水乘舟，先占壬癸。登山步岭，务考丙丁。壬癸为恩星，舟行可济。丙丁当难曜，岭道无登。若夫值破临刑，与我交加终无益。如或逢空作好，倘然联结就堪升。月建有情，前程可往。日支恩会，去路无横。然则必须观我年命，始可以决其吉凶。

［释］涉水乘船，看壬癸所在之宫为用神，登山看丙丁为用神。须分恩、仇、难，与我年命宫为有恩者吉，为我仇难者不吉。若用神宫值破临刑，与我宫有关则终无益。如或逢空，但用神宫较为吉利、与我宫有关联则为吉。月建有情，日支恩会，均为吉。如此等等，皆需根据我之年命论断。

文书音信

文书雁信其占景，发动已迁乔。

破防损坏空音杳，半局看连朝。

［注］音信之相达，离景以为占。若为旺动逢生，则信来在迩。如属旬空月破，乃音远无闻。凡与我有情者，虽时候休囚，鸿书必至。倘与我无意者，纵气乘旺相，雁东难通。墓害刑冲，须防损坏。进生返会，计日即来。间则中隔，退则中回，伏吟不动，变象迁移。乘马者路已登，坐禄者人必至。半局待其填缺，空局要候补起。杂思错乱，死则音亡。

［释］占音信以看景门所在之宫，若为旺动逢生则信来在即。如逢旬空、月破乃音远无闻。凡与我有情者虽值休囚，鸿书必至。倘与我无意者，纵气乘旺相，雁东难通。墓害刑冲须防损坏，进局、生局、返局、会局，计日即来。间局则中隔，退局则中回，伏吟为不动，变局为迁移。乘马者，路已登。坐禄者，人必至。半局待其填缺，空局要候补起。杂局错乱，死局则音亡。

瘟疫

瘟疫流行占在芮，天心采药苗。
芮死双双皆忌会，会如草木凋。
会生天数还当享，会死化风飘。
冲死冲芮何须虑，恩来可夺标。
芮冲死冲身怕弱，仇强数不饶。
总然空墓绝为恶，几人世外逃。

［**注**］寒瘟疫病，天芮为占。药性医方，心星是卜。年宫旺相，尤可多延岁月。命地休囚，岂能久待时光？若夫会生者，毋药有喜。合死者，妙术难医。心破芮宫，可求良剂。芮交命位，病索生魂。仇来难到，弱身毋许春台。恩逢用至，旺岁堪登寿域。心星交合，自有济生之人。死煞同逢，原无出死之路。至于芮死被冲，当向冲宫而觅药。命冲芮死，须于命下以延医。近病遭合，邪毒在内，得冲神尚可求生。远症逢冲，元气消亡，得合神亦堪问药。近病逢冲者，有气者生。远症遇合者，无力者死。近病当空者，出空者愈。远病值空者，填空者亡。他如自空自墓，岂有生机？临墓临绝，间无死理。长生帝旺之乡，地狱阎罗莫怕。休废囚衰之际，天堂圣域何齐？大抵出生入死，个个皆然。在世出尘，人人奚有。此般至宝，无不为恩枷丧尽。那点真元，几不因情锁消完。况夫格当蜂起，课现争衡；宏开杀运，妖枉横生。死于病者鲜，而殁于医者多乎。于病临身，务须慎养。

［**释**］占瘟疫看天芮星所在之宫，药性医方看天心星所在之宫，均需与年命宫合参。年命宫旺相，尤可多延岁月。年命宫休囚，岂能久待时光？若会生门，无需用药。合死门者，妙术难医。心星所在之宫破天芮宫，可求良剂。天芮星恰好落在年命宫，病索生魂。仇来难到，身弱者情况不妙。恩逢用至，旺相者可登寿域。天心星宫内有干支与我宫交合，自有济生之人。死煞同逢，难逃一死。天芮星、死门被冲，当向冲宫而觅药。命宫恰好冲天芮宫、死门宫，须于命宫所在之处延医。近病遭合，邪毒在内，得冲尚可求生。远症逢冲，元气消亡，得合神亦堪问药。近病逢冲，有气者生。远

症遇合，无力者死。近病逢空，出空者愈。远病值空，填空者亡。自空、自墓岂有生机？临墓临绝，并非必死。年命落长生帝旺之乡，地狱阎罗莫怕。值休废囚衰之际，恐难支撑。大抵出生入死，个个皆然。得蜂应格、争衡格，此为宏开杀运，妖枉横生，死于病者少，而殁于医之误治者多。

延医

延医求治寻心地，仔细察秋毫。
是我吉星医认症，相犯非吾曹。

［注］延医疗病，责夫天心。生我恩用，妙药可寻。如属相背，罔识三因。冲我克我，毒药来侵。冲病克病，良医降临。所诊无误，所方同神。然而医之明经者无多，谁识《伤寒》、《金匮》；药之真产尤少，岂知《本草》、《农经》？至使庸医误世，人命草菅；流毒尘寰，半为枉死。幸夫喻徐倡论于前，王黄陈直指于后；才至医获冢宰，药得规模。有志之士，始得以探索真源矣。奈天欲杀之，庸医应运何。

［释］请医生看病须查天心星所在之宫，生我、为我之恩用，则妙药可寻。如属相背，罔识则此大夫诊断难以确切。若来冲我克我，则其所开之药于我有害。天星所在之宫冲病克病，良医降临，所诊无误，所开之方有效。

矫先生在原注中对当时的医药界发了一通感慨，认为医之明经者无多，钻透《伤寒》、《金匮》、《本草》、《农经》者寡；货真价实的地道药材尤少，至使庸医误世，草菅人命，流毒尘寰，病人半为误治而枉死。所幸喻嘉言、徐洄溪倡论于前，王孟英、陈修园直指于后，才至医获冢宰，药得规模，有志之士始得以探索真源。但庸医当运，无可奈何。

病人何症

脏腑十干分表里，诸身卦秉操。
惊痫五噎杜番胃，死脾伤形劳。
开泻休淋生气蛊，景呕血腥臊。

［注］甲胆乙肝丙小肠，丁心戊胃己脾乡。庚主大肠辛主肺，肾元癸水

壬膀胱，盖十干所属之脏腑也。在脏者则必传于里，五阴干应之。在腑者则必传于表，五阳干应之，黄坤载先生故曰："己土上升，戊土下降"也。至于病症，则又以二使参考。于休则病淋漓水肿，于死则病脾伤胃惫，于伤则跌扑劳伤，于杜则壅滞格闭，五则中满不食，开则肢解泄泻，惊为怖悸喘嗽，生为气满胀臌，景主失血而神昏，亦应吐呕于呃逆。他如诸身，于开在首，于死在腹，于休在耳，于景在目，于伤在足，于杜在股，于生在手，于惊在口，于五在心之类，又当随象区别。

［**释**］十天干用以分表里，阳干为表、阴干为里，阳干为脏、阴干为腑，而且奇门遁甲也遵循中医子午流注的说法，甲代表胆、乙代表肝，等等，即用下面这个口诀"甲胆乙肝丙小肠，丁心戊胃己脾乡。庚主大肠辛主肺，肾元癸水壬膀胱"。

病症则以二使参考。休门主病淋漓水肿，死门病脾伤胃备，伤门则跌扑劳伤，杜门壅滞格闭，中五则中满不食，开门肢懈泄泻，惊门怖悸喘嗽，生门气满胀臌，景门主失血而神昏，亦应吐呕与呃逆。

于人体部位而言，开门为首，死为腹，休为耳，景为目，伤为足，杜为股，生为手，惊为口，中五在心，当随类区别。

医术如何

膅蛇巫觋难疗病，不必论名高。

［**注**］轩黄授教，病必择医；炎帝传书，症须求药。以故方书始于仲景，脉论垂自越人。《素问》、《灵枢》，发明经病之文；《伤寒》、《金匮》，启示脉方之理。至于刘李张朱，无过前人遗粕；喻徐黄陈，乃是后学津梁。李时珍该博而务广，王肯堂杂乱而无章。若夫孙真人、王司马之底蕴玄微，又诚时医所未谙者也。况于乡愚，因病症而求符药，假巫觋认作良医，欲求大病之痊，不亦难乎？

［**释**］天心星代表医生，若天心星所在之宫有螣蛇，则此医生属于巫婆神汉，不管他名气有多大，不要指望他能治好病。女巫称巫，男巫称觋，读作习。矫先生赞成有病看医生，而不是找巫婆神汉。他的至理名言是

"轩黄授教，病必择医，炎帝传书，症须求药"。医书有《黄帝内经》，药书有《神农本草经》，方书有《伤寒论》、《金匮要略》，脉学著作有《难经》，这些都是中医的宝贵经典，不要舍经典而去求那些不着边际的巫婆神汉。

矫先生系统地学过中医，他在原注中对中医历史上的一些名医名著都做了简要点评，除了推崇上面提到的《内》、《难》、《神》、《伤》、《金》之外，他认为金元四大家刘完素、李东垣、张子和、朱丹溪，无过前人遗粕；喻嘉言、徐洄溪、黄元御、陈修园乃是后学津梁。李时珍该博而务广，王肯堂杂乱而无章。孙思邈、王冰之底蕴玄微，又诚时医所未谙。至于乡愚，生病而求符药，认巫觋为良医，欲求大病之痊，何其难也。

合伙

两家合伙三宫动，日助更坚牢。

动来属命情尤确，可谓侣蓬蒿。

［注］阴阳二使，主客攸分；日建用神，三宫堪定。若夫命会生门，岂止陶朱之富；日辰助我，居然端木生涯，况于动爻皆向我者乎？然而两冲则不然，不但彼我情离，而无交合之意；抑且资财悖谬，岂有获利之时，又岂可望夫伙之合乎？

［释］占两家合伙，以阴阳二使分主客，阴使为主，阳使为客，看日建、用神、动爻三宫与主客的关系。

如果命宫会生门，为大富之象，堪比陶朱公。若日辰助我，如端木赐一般善于经商；何况还有动爻向我呢？若日建宫、动爻宫来冲则不然，不但彼我情离而无交合之意，资财亦且悖谬，岂有获利之时，又岂可望合伙？

［按］这里看上去较为复杂，用了双重取用神标准，一方面用阴阳二使以模拟主客，还要看双方的年命。但其实，如果我们这样理解，思路即可清晰起来：主客是分析利主利客，年命是分析双方自身财运、能力等等方面信息。

来意

来意天时参格局，门下听松涛。

开主功名词讼事，五则守煎熬。

休乃婚姻添喜庆，田土死悲号。

惊门口舌多疑惧，伤财岂一毛。

杜是亡人并贸易，文景振风骚。

求财买卖于生地，卜宅在林皋。

［**注**］欲决来意，先考时宫。年命，参夫门使，格局，定其休征。若夫开使则功名显达，休门乃喜庆婚姻，死宫为田土悲号，伤地而失财猎捕，杜宜隐形且主逃匿，惊生口舌更注疑怀，景则文书、音信，多有词章，生为财利、宅居，亦常贸易。惟五当天子之尊，居不臣之位，上则图王兴霸，有清夷夏之心；下则洞府林泉，独标孤高之志。嗟夫，君子不能上者以靖海内，亦可以下者以乐夫山林也已。

［**释**］占来意，看时宫。看年命宫之门使及格局，再定细节。开使则功名显达，休门乃喜庆婚姻，死宫为田土悲号，伤地失财猎捕，杜宜隐形且主逃匿，惊生口舌更主疑怀，景则文书音信多有词章，生为财利宅居，亦常贸易，中五主守煎熬。但原注对中五另有一套说法，认为中五要么是天子，要么是幽居林泉的隐士。

［**按**］此处无论原歌诀还是原注，都未清楚表明来意看时宫的“时宫”究竟指时干宫还是时支宫，笔者猜想当看时支宫，因为原注说“看门使格局”，并且说“开使则功名显达”。时干宫的开门不一定是值使，故一般不能称为“开使”。时支宫的门一定是值使，时干宫的门则有时是值使、有时不是，只有当六甲或六癸为时柱之时才会出现值使门落在地盘时干宫的情况。

无论市面上的奇门还是娇先生之前的几部著作中，来意一般都是看天盘时干宫，该宫的门是值使门的情况很少，因此也不会称作“门使”。若我上面的猜想是对的，则这又是娇先生奇门判断思路上的一个重大变化。

病占天芮任耕种，贼情武兴豪。

逃亡六合兼游说，勾陈恨怎消。

螣蛇怪异驱邪祟，朱雀事旁招。

太阴暗昧生淫荡，巧手不堪描。

火光血鬼居英位，悟彻任吟谣。

［注］此承上章而来也。如有天芮值时、命者，又主于问病；天任值时、命者，更应乎耕耘。玄武兴必有贼情，六合动定为逃匿。勾陈争竞，兼以擒亡捕讼；白虎凶横，且应殴斗杀伤。螣蛇怪异，非火灾即为妖魅；朱雀音信，不词讼必是文章。太阴淫泆，帷薄何以言修？天英血战疆场，怎能无火？斯盖星神动应，要之机密归人。

［释］此承上章而来，仍是占来意。如天芮星值时宫、命宫者，主于问病，天任主耕种，玄武兴必有贼情，六合动定为逃匿，兼主说和、游说，勾陈争竞，兼以擒亡捕讼，白虎凶横、殴斗杀伤，螣蛇怪异，非火灾即为妖魅，朱雀音信，不词讼必是文章，太阴淫泆，天英血战疆场，怎能无火？

［按］注意，上面有些地方提到“兴”和“动”，意思是旺动，有些地方未提旺动，比如天芮星值时宫、命宫，未提要不要旺动才有应，但玄武、六合都提到了旺动。究竟是否需要旺动才会有应，需要我们自己在实践中总结。一般来求测往往有事，很多情况下不旺动应该也有应，旺动则可能是即将发生，占者点出来，由于尚未发生，求占者往往会认为不准，等到不久之后果然发生之时，他会感到震惊。

差捕

差役持籤欲捕讼，要辨几周遭。

客宫摆动来相会，何须费戎韬。

往方有意情钟我，终不作徒搔。

刑冲难迫仇凌害，未免笑中刀。

［注］此指差役捕讼而言也。以该差年命为执籤之辈，阴使为被捕之人。若阴使于差命及惊门相合相会，并所往之方与之有情或发动，与之合成一家；或客值惊在迫义之宫，而一捕即获，不劳多往。若彼值六空、三墓，必然逃匿；自刑、自害，定属伤残。惟当旺乘时，为我仇难及间局、反吟、翻腾、成象等格者，则彼势强梁，殴差拒捕，又不可不预防也。然而蠹役猾吏，君子于此不告之亦可矣。

右第六章，释天文地理年时人事诸门之断验，并诸事之用神占法。

[**释**] 此段讲差役抓捕嫌犯。“差役持签欲捕讼”指差役持类似今天的逮捕令前往抓人，差役年命为执签者，阴使为被抓之人、为客。若阴使与差命及惊门相合相会，并所往之方与差命有情或发动，与之合成一家，或客值惊在迫义之宫，而一捕即获，不劳多往；若被抓之人值六空、三墓、必然逃匿；自刑、自害定属伤残；若彼当旺乘时，为我仇难及间局、反吟、翻腾、成象等格者，则彼势强梁，殴差拒捕，不可不预防。然而，若差役为贪腐之辈，君子不告之亦可。

以上为第六章，有占晴雨，占天时，占天象，占异象，占年时丰歉，占天灾，占收成，占地灾，占阴宅，占阳宅，占六畜亡失，占岁内安危，占求谋，占赔挣，占行市，占功名，占口舌词讼，占盗窃遗失，占脱货，占借贷，占谋馆，占讨债，占失物，占逃亡，占行人，占出行，占姻缘，占钱财，占妊娠，占路遇，占家事，占禽鸣雀噪，占避地逃形，占涉水登山，占文书音信，占瘟疫，占延医，占病人何症，占医术如何，占合伙，占来意，占差捕，共计四十二占。包含天文四占、地理一占、年时四占、人事三十四占的占法及断验，以及诸事之用神取用。

第七章

[**导读**] 第六章和第七章，均为占法。第六章主要讲人事之占，第七章主要讲解兵占。《括囊》一书所讲的占法，较之龙伏山人早期的占法《衍象》一书，有了重大发展变化。这一点我在上一章及本章多次讲到，请详细阅读注解即可。

盗贼

击盗天蓬剿贼武，画策要高超。
休囚被困擒随手，通家须善调。
旺相乘时已聚伙，气势若龙跳。
武弁虽精谋不足，迅速卷征镳。

［注］击盗剿贼，详查蓬玄；蓬为大盗，玄是小奸。天禽大将，丙火小军；二宫旺相，其贼可擒。禽蓬相会，庚丙同威；军贼通好，枉费虚糜。贼宫乘旺，将帅值衰；兵为贼败，贻笑堪哀。丙奇在相，将勇卒精；大帅休废，朝令夕更。旌旗延卷，毋与交兵；莫恃小勇，须备大坑。

［释］占击盗剿贼，天蓬为大盗，玄武是小奸，天禽大将，丙火小军。若天禽、丙奇所在之宫旺相，则其贼可擒。若天禽、天蓬相会，庚、丙同威，则双方私下通好，枉费虚糜。若贼宫乘旺、将帅值衰，则兵为贼败，贻笑堪哀。丙奇在相，将勇卒精。若大帅休废，则朝令夕改。旌旗延卷，毋与交兵；莫怙恃小勇，须备埋伏。

虚实

声闻贼势太猖獗，胆丧口哓哓。

或虚或实茫无辨，连连步斗杓。

二直阴阳分主客，庚丙审矜骄。

大将空刑与破墓，慎勿击征铙。

旺相逢生乘进会，势急比梭抛。

［注］大六壬以游都、鲁都卜贼去来虚实，颇多奇中，其中《百炼金》又胜于他类。奇门占敌人情形，有国者以二使为占。阳使是主则阴使是客，阴使是主则阳使是客。盖以先举者为客，后应者为主。曾文正公《水陆练兵志》分析清切，而操戈者可不察欤？及夫无国者则以蓬为酋长，禽为将军，玄为小寇，冲为裨将，丙为我士，庚为彼兵，每当旺相者为实，衰没者为虚。进局、会局、合局、生局，事必有成；退局、间局、空局、破局，谋终无就。伏局者难举，反局者自乱。墓局则潜形遁迹，杂局则参差不齐。刑局、害局，彼自伤残；变局、禄局，势相协力。当冲局旺则飞扬，衰则瓦解；值绝局强则苟延，败则冰消，敌势所以预知也。步斗杓者，即大六壬月将加时，并七政历日躔加某时某刻某分，视卯宫十六度所临之下，观罡星所指之处也。指孟在远，指仲在半途，指季在近，指空为虚之类。至于步斗之法，当用禹步，即《荀子·非相篇》所谓“禹跳”者是也。

［释］奇门占敌人情形，有国者以二使为占，阳使是主则阴使是客，阴使是主，则阳使是客。以先举者为客，后应者为主。无国者则以天蓬为酋长，天禽为将军，玄武为小寇，天冲为裨将，丙为我士，庚为彼兵。旺相者为实，衰没者为虚。进局、会局、合局、生局事必有成；退局、间局、空局、破局谋终无就。伏局者难举，反局者自乱。墓局则潜形遁迹，杂局则参差不齐。刑局、害局彼自伤残，变局、禄局势相协力。当冲局旺则飞扬，衰则瓦解。值绝局强则苟延，败则冰消。敌势所以预知也。步斗杓者即大六壬月将加时，并七政历日躔加某时某刻某分，视卯宫十六度所临之下，观罡星所指之处也。指孟在远，指仲在半途，指季在近，指空为虚之类。至于步斗之法，当用禹步，即《荀子·非相篇》所谓"禹跳"，详请参考《奇门遁甲大全》一书即可。

原注指出，大六壬以游都、鲁都卜贼去来虚实，颇多奇中，其中《百炼金》又胜于他类。《百炼金》全名为《大六壬兵机百炼金》。

主客

主胜客输客局弱，奇兵捣贼巢.

客胜主输主局败，贼来已进郊。

［注］主宫当旺，主帅扬麾；兵精士勇，横槊赋诗。客位乘时，客将能师；堂堂之鼓，整整之旗。我方迎敌，我旺名标；解纷挫锐，一战敌消。如彼当权，坚壁为先；牢修营阵，毋与争妍。

［释］上面这四句歌诀，简单地讲，主客两宫，旺者胜、衰者败。主宫当旺，主帅扬麾；兵精士勇，横槊赋诗。客位乘时，则客将能师，堂堂之鼓，整整之旗。我方迎敌，我旺则名标，可以解纷挫锐，一战敌消。如彼当权，则坚壁为先，牢修营阵，毋与争锋。

内外

内宫界内外宫外，割地须分茅。

时进为前时退后，胙土看邦交。

是恩是难凭权度，仔细莫轻敲。

三奇六仪列犄角，万旅可容包。

［注］冬至后在一八三四宫为内，九二七六宫为外。凡占敌人，先看客宫在内在外，所以分交界也。至于察彼在我前我后，则当以天干时宫为主。在时干前一二三四宫者即为之前，在时干后一二三四宫者即为之后。凡前后一二宫者为近，三四宫者为远。在内宫，是我难星者必扰我界，是我恩星者虽侵无咎。在外宫，是我难星者虽未寇我界，然扰我之志，已视眈眈；是我恩星者不但不扰我界，且见是我疆场必遥逾而去矣。苟能明此，又按三奇六仪以列犄角；则洪经略之奏对"奇门可神而不可恃"者，岂其然乎？

［释］凡占敌人先看客宫在内在外，冬至后在一八三四宫为内，九二七六宫为外。至于察彼在我前我后，则当以天干时宫为主，在时干前一二三四宫者即为之前，在时干后一二三四宫者即为之后。凡前后一二宫者为近，三四宫者为远。在内宫是我难星者必扰我界，是我恩星者虽侵无咎。在外宫是我难星者，虽未寇我界，然扰我之志，已视眈眈。是我恩星者，不但不扰我界，且见是我疆场必遥逾而去。上述基本思路确定之后，还需要看三奇六仪，以列犄角，即看三奇六仪之间互相配合之势。

原注中，矫先生表示，若按上面的用法，他对奇门的作用很有信心，并认为洪承畴所持的"奇门可神而不可恃"观点不正确。

去留动静

去留动静观旺气，旺则德威施。

衰囚窘迫无心战，穷寇不堪追。

伏吟在内情留恋，反吟去复回。

日月破冲军已动，何用筑金垒。

日月合生士卒守，尽力喜相陪。

去期冲散留期合，鼓角漫频催。

［注］去留动静，主客详参；旺施威德，衰自怀惭。张旗御敌，穷寇毋追；若夫被迫，战阵何随？伏吟在内，返吟徘徊；逢冲则动，破乃无归。

最忌月合，日合结纳；縻师老飨，士绕卒市。冲局月冲，各奔西东；合局月合，势在交攻。苟如知此，不必隆隆。

［释］作战时往往要占测去留、动静。此时需分清主客，旺者施威布德，张旗御敌；衰自怀惭，穷寇毋追。伏吟在内，返吟去而复返，逢冲则动，逢破则被攻破。最忌月合日合，主縻师羁旅，旷日持久，亦主可以长期困守；日月冲破则东奔西走。应期方面，去期找冲散之字，留期看相合之字。

士卒多寡

数多数寡从休相，勇怯亦连枝。

当时伍众失时寡，弱则厌喧卑。

［注］士卒多寡，观于丙庚；庚宫旺相，客士纷纭；丙奇得第，主卒昌盛。旺则强梁，有武穆之师；衰则怯弱，乃哥苏之辈。无论李建泰未战先降，要学周遇吉至死不败；况加之以精伍，恃之以垒阵乎？戚少保鸳鸯最妙，孙武子常蛇尤佳。欲知兵法，先熟队伍；朝气暮气，一望堪知。

［释］士卒多寡，观于丙庚即知。庚宫旺相，丙奇得第，士卒昌盛。气旺则强梁，好似武穆之师；气衰则怯弱，乃哥苏之辈。本文注文容易理解，下面讲一下本段典故。

戚少保鸳鸯最妙：戚继光（1528 年—1588 年），明朝抗倭名将、民族英雄。公元 1574 年（万历二年），戚继光镇守的蓟门固若金汤，北蛮子无法攻入，于是转而进犯辽东，戚继光率兵增援，协助辽东守将李成梁将其击退。朝廷封戚继光为太子太保，又进封少保。在与倭寇作战中，根据东南沿海地区多丘陵沟壑、河渠纵横、道路窄小和侨寇作战特点等情况，又鉴于火器广泛运用于战场后，武器的杀伤力和破坏力显著提高，大而密集的战斗队形难以适应作战需要，戚继光创立了鸳鸯阵，此阵采用的一种疏散的战斗队形，形似鸳鸯结伴，故此得名。

孙武子常蛇尤佳：指孙武发明的长蛇阵，此阵的特点是“击其首则尾至，击其尾则首至，击其中则首尾俱至”。

李建泰（？—1649年），明末山西曲沃人，1643年提拔为吏部右侍郎兼东阁大学士。次年春，以私财召募士卒抵御李自成的大顺农民军。刚出都门，闻家乡曲沃被大顺军占领，部下多逃散，他本人受惊而病，不敢与敌交战，率数百剩余部下躲入保定，终为大顺军俘获。清兵入关后，对其加以招抚利用，召为内院大学士，因事被罢免。后姜瓖在山西大同举起反清大旗，李建泰在太平与之遥相呼应，被清军剿灭，他本人被俘遇害。

周遇吉（？—1644），明末锦州卫人。崇祯十五年（1642）冬季，周遇吉接替刚刚被明廷处死的许定国出任山西总兵官，赴任之后，淘汰老弱残兵，修缮兵器，加强练兵，积极备战。李自成攻陷太原，在太原休整八天之后，又攻取了忻州，进而急攻代州。周遇吉在代州坚守数天之后，粮尽援绝，率军突围后退保宁武关。宁武关战役进行得相当惨烈。农民军因为受明军火炮猛烈的轰击伤亡较重，曾以“五日不降者屠其城”的宣传攻势，希望周遇吉投降，在明军火药即将耗尽的时候，一些将领也曾劝说周遇吉改变策略，不要一味硬拼，但被“一军皆忠义”的周遇吉断然拒绝。于是在城内设伏，出弱卒诱敌入城，亟下闸杀数千人。由于周遇吉的顽强抵抗，李自成一度准备放弃攻取宁武关，但他手下的将领们一再坚持，农民军因而再次对宁武关发起了猛攻，在火炮的轰击之下，关城不断坍塌，农民军冲锋的前队战死，后队马上跟进顶替，终于攻破宁武关。农民军攻入关城之后，周遇吉继续指挥巷战，从战马上摔下来后又徒步奋战不止，在身中数箭，被农民军生擒后，仍然破口大骂，不愿屈服，农民军将周遇吉悬吊于高竿之上乱箭射死，然后又将尸体肢解。周遇吉在宁武长期得到普遍的尊敬，民间戏曲有《宁武关》的剧目，县内建有周遇吉祠和忠武庙。

潜卒

六丁之下常潜卒，太阴亦伏骑。

察其动静与虚实，空墓彼怀危。

月破休囚何足计，得时在暗窥。

塞却天目并地耳，始可破愁眉。

［注］地盘六丁之下，可以潜卒。地盘太阴之下，亦可以伏兵。天盘六丁为天目，天盘六癸为地耳。天目之下，客有探军；地耳之下，主有觇卒。为主者塞彼天目，为客者杜彼地耳，始可以清其盗源矣。若夫一人潜身，须择太阴值旬在命，或六丁值神照护，而从方行去，亦可优优。然而大丈夫生于天地之间，苟能留此身躯以保家国，以正名节，如子胥之雪父仇，管子之霸桓公，则可以行此幽玄之术。否则挺身自任，毋效窃夫嫁祸于人，谋图自全，抱头鼠窜，临难苟免也者。况于此又必须察其动静，按其虚实，始无乖谬。夫动者盖乘其时，或动其宫；静者违其时，或没其地。虚者月其破，旬其空；实者当其令，得其月。此以察其动机，彼以权其死候；始有夺人之功，亦有胜天之力。

［释］此段专讲侦查敌情、潜踪隐迹。地盘六丁之下可以潜卒，地盘太阴之下可以伏兵。天盘六丁为天目，天盘六癸为地耳。天目之下客有探军，地耳之下主有侦卒。为主者需塞彼天目，为客者堵彼地耳，始可以清其盗源，免被对方侦知底细。若一人潜身，须择太阴或六丁在命宫，或从此二方而去可不被发现。还必须察动静、观虚实，始无乖谬。动者，指乘时当旺，或宫中发动；静者，不逢当旺之时，或其地废没。虚者，指月破、旬空；实者，指当令、得月。能察其动机，权其死候，始有夺人之功，亦有胜天之力。

矫先生认为，大丈夫生于天地之间，苟能留此身躯以保家国，以正名节，如伍子胥之雪父仇，管子之霸桓公，则可以行此幽玄之术。否则自当挺身而出，不必效窃夫嫁祸于人，谋图自全，抱头鼠窜，临难苟全。

劫营

劫贼偷营分尔我，两国决雄雌。

局乘斗建多获胜，月冲枉出师。

任生粮饷如私彼，我恐丧军资。

［注］偷营劫寨有主客之分。凡阳遁阳使、阴遁阴使当月令者，则利于为主；而生门、天任又与主宫及偏裨将命宫生合，则偷之劫之皆可获胜，

不但彼营践破，而粮草亦均为我有。反此宜严肃甲帐，坚守金汤，防彼有劫我之虞。如客宫，客将旺动，彼必来冲我垒，为大将者宜速塞三隐及二丁宫下。

［释］偷营劫寨有主客之分，阳遁阳使、阴遁阴使为主，反之为客。主当月令者利主，客当月令者则利客。若为主者当旺，生门天任又与率军前往偷营劫寨之偏裨将命宫生合，则可获胜，不但彼营可破，粮草亦均为我有。反此则宜严肃甲帐，坚守金汤，防彼有劫我之虞。如客宫客将旺动，彼必来冲我垒，为大将者宜速塞三隐及二丁宫下，即需要防备六合、太阴、九地及天地盘六丁所在之宫。

差使

差使远行稽使命，太乙相支持。
使当节气为他难，吾胡用退思。
来使若然仇贼我，速备毋迟迟。
投降真伪如斯定，荧白辨盈亏。

［注］差人出使，要看使人之命；太乙为中，须查二使之支。使当月令，为他人之难者，我使堪差；使在休囚，作我宫之恩星者，使来降我。若夫当旺为仇，势必荆轲行刺。如然值衰作义，定为李陵投降。无论毛永喜之航海归北，须学苏武子之持节回南。他如迫帝称侄，挟皇为弟，而复割地偿金，不独欺君辱国之罪大，抑必上苍所不容，况于遗朽万年者乎？至于荧惑、太白，亦要看其有情无情，不可轻易招降，亦不可率而坑害。

［释］占差人出使，以出使者与彼我双方的关系论。出使人以其年命和阴阳二使之支为符号，因为太乙为中人。使者当月令为他人之难者，我使堪差；使在休囚作我宫之恩星者，使来降我。若使者当旺而为我之仇难，则势必荆轲行刺。如使者值衰作义，如李陵一般，走投无路来投降。不能学毛永喜之航海归北，当学苏武持节回南。占人来降，要看荧惑、太白与我有情无情，无情不可轻易招降，亦不可率而坑害。

下面讲一下注文中提到的人物和典故。

李陵（前134年—前74年），字少卿，汉族，陇西成纪（今甘肃秦安）人。西汉名将李广之孙。李陵曾率军与匈奴作战，战败投降匈奴，汉朝夷其三族，致使其彻底与汉朝断绝关系。其一生充满国仇家恨的矛盾，因而对他的评价一直存在争议。天汉二年（公元前99年）夏天，武帝派自己宠妃李夫人的哥哥、贰师将军李广利领兵讨伐匈奴，另派别将李陵随从李广利押运辎重。李陵带领步卒五千人出居延，孤军深入浚稽山，遭遇匈奴八万骑兵围攻。经过八昼夜的战斗，李陵斩杀了一万多匈奴，但由于他得不到主力部队的支援，结果弹尽粮绝，不幸被俘，然后投降，历史学家司马迁为其说情，被判宫刑。这就是著名李陵事件。

毛永喜是清初著名的平南王尚可喜（公元1604年—公元1676年）的曾用名。尚可喜字元吉，号震阳，出生于辽东海州（今辽宁海城）。尚氏原本在明朝军中效力，官至广鹿岛副将。公元1634年（明崇祯七年），尚可喜受到上司沈世奎总兵倾轧排挤，沈诳尚可喜至皮岛，意图诬以罪名，加以谋害。此事为尚可喜部下侦知，尚可喜遂有去意，遣部下前往沈阳，与后金接洽。后金皇太极闻之，兴奋至极，大呼"天助我也"，并赐尚可喜部名"天助兵"。尚可喜携麾下诸将、辖下五岛军资器械，航海向北，投降后金。皇太极出城30里相迎，赏赐珍宝无数，发还先前所俘虏的尚可喜家族成员，旋即封总兵官，隶汉军镶蓝旗。此后的尚可喜，身经百战，转战数万里，为清王朝的建立和巩固立下了汗马功劳，在清代历史上写下了浓重的一笔。在全国战争基本结束以后，国家获得了统一，尚可喜也功高名重，本可以安享富贵，但是他在功名成就时，急流勇退，于1673年（康熙十二年），自奏申请撤藩，交权回家养老。尚可喜这一明智的行动，为朝廷难以解决的"三藩"问题铺平了道路。康熙帝立即批准尚可喜撤藩，这激怒了平西王吴三桂，吴拒绝撤藩，举兵叛乱，靖南王耿精忠也起兵响应。于是，一场持续了八年之久的大规模武装叛乱爆发，使国家重新陷入分裂的严重局面。在南方半壁江山中，只有尚可喜坚守的广州拒绝叛乱，支撑危局。尚可喜忠贞不二的态度和立场，赢得了康熙帝的极大信任，为了感谢和报答尚可喜这样的绝对忠诚，特加封尚可喜平南亲王。公元1676年（康熙十五年）

平南亲王尚可喜在广州薨逝，享年73岁，康熙皇帝给谥曰“敬”。

苏武：字子卿（前140年—前60年），汉族，杜陵（今陕西西安）人，西汉大臣。天汉元年（前100年）奉命以中郎将持节出使匈奴，被扣留。匈奴贵族多次威胁利诱，欲使其投降，后将他迁到北海（今贝加尔湖）边牧羊，扬言要公羊生子方可释放他回国。苏武历尽艰辛，留居匈奴十九年持节不屈。至始元六年（前81年），方获释回汉。苏武去世后，汉宣帝将其列为麒麟阁十一功臣之一，彰显其节操。

攻城

出其不意攻不备，开门可措词。

入在中宫观主客，真假定兴衰。

一破两破三四破，破乃立残堕。

［**注**］凡攻城破垒，要责开门。太白、天蓬入中五宫，阳遁阳开入中，利于为主；阴开入中，利于为客。阴遁反是。若庚入中宫者，客兵伏内。丙入中宫，主兵伏内。惟当月旺者称胜。若中宫值月破、日破、时破，并动爻冲破、六空、三墓者，则攻者指日可下，而守者无时可守，否则不然矣。

［**释**］凡占攻城破垒，城垒看中宫，若开门、太白庚、荧惑丙、天蓬星是否入中五宫。阳遁阳使开门入中，利于为主；阴使开门入中，利于为客。阴遁反此。若庚入中宫者，客兵伏内，丙入中宫，主兵伏内；当月旺者胜。若中宫值月破、日破、时破并动爻冲破、六空、三墓者，则攻者指日可下，而守者无时可守，否则不然。

［**按**］矫先生在《括囊》这部书中，破、冲、空、墓等概念不是以九宫中地盘十二支来论，若以九宫中地盘十二支而论，则由于十二地支分布于圆周一圈，不入中五宫，中五宫根本没有地支，因此也就谈不上哪个地支有破、冲、空、墓等。例如，传统奇门中若午未空，则离宫之午和坤二宫中之未空，落在离宫和坤宫为空，按这种论法，中宫永远也不会出现空的情况。矫先生是按地盘暗支论破冲空墓等概念，而地盘暗支是入中宫的，所以中宫也会出现破、冲、空、墓等情况。

将帅忠诚

丙庚得令先安将，主帅肺肝披。

爻冲月破神惚恍，坚合有良规。

［注］荧惑为主将，太白为客将。天冲为主士，玄武为客士。凡将神得令，与二使作合，则二将各守其志，从未有畔主之心。若在月破、旬空、爻冲、日墓，而客将勾合于主，主将勾合于客，则其心怀贰，将不为我用，宜速除之，庶免军心摇乱。

［释］此条占主客将士之忠诚与否。荧惑丙奇为主将，太白六庚为客将。天冲为主士，玄武为客士。凡将神得令，与二使作合，则二将各守其志，从未有畔主之心。若在月破、旬空、爻冲、日墓而客将勾合于主，主将勾合于客，则其心怀贰，将不为我用，宜速除之，庶免军心摇乱。所谓"客将勾合于主，主将勾合于客"指主将宫中天干或地支与客将宫中天干地支有相合、相连属之类。

军心顺逆

冲禽合会军心顺，冲破起嫌疑。

墓空刑害皆为忌，伏进意熙熙。

［注］天冲为小将，天禽为大将。冲禽二宿相会相合，不但枕戈待旦，抑且誓饮黄龙。若夫月破、日冲，则军心离散，势必有倒戈之咎，况于日墓、旬空、三刑、六害者乎？如属伏局、合局、进局、生局，则上下熙熙，自必相宜也。

［释］此条占军心。天冲为小将，天禽为大将。冲禽二宿所在之宫有干支相会、相合，则为大小将同心同德，不但枕戈待旦，抑且有誓饮黄龙之志。若逢两宫中干支逢月破、日冲则军心离散，势必有倒戈之忧。逢日墓、旬空、三刑、六害者更是堪忧。如属伏局、合局、进局、生局，则上下熙熙，自必相宜。

如逢退局终非吉，返间施仁慈。

[注] 若夫占军心顺逆而值退、返、变、间之局，则军心将有不宁，久则必至变乱。明皇逢之而玉环埋土，匡胤得之而黄袍加身。倘能速施仁慈而貤封雍齿，则士卒之志始可以平矣。

[释] 此条仍占军心。若值退、返、变、间之局则军心将有不宁，久则必至变乱，好比当年唐明皇遭陈元礼叛变而杨玉环遇难，又恰似赵匡胤兵变而黄袍加身。遇此等格局，倘能速施仁慈而仿汉高祖移封雍齿，则士卒之志始可以平矣。“貤封”，貤通“移”，即移封，指一人得功名，亲戚也都相继得到封赏。这里用的是刘邦封雍齿的典故。雍齿（？—前192），原为沛县世族，公元前209年，刘邦反秦称沛公，雍齿随从，但雍齿素轻刘邦。翌年，在刘邦最困难的时候，雍齿献出了丰县，投靠了魏国周市，刘邦大怒，数攻丰邑而不下，只好到薛投奔项梁，刘邦因此对雍齿非常痛恨。后雍齿属赵，再降刘邦。公元前206年，汉高祖刘邦恩赏功臣封为列侯，他听说有人不服，天天发牢骚，遂问计于张良。张良说，陛下最恨谁就厚赏谁，这样让所有人都有得赏的希望。刘邦于是封雍齿为什方侯。

士气

三军志气如能夺，须看其指麾。
象局安排都在象，病局力神疲。
局旺扬威乃锐气，局衰暮气归。
兆局能兴还又败，参详月日期。
杂局合冲生克会，原来是两歧。
合会长生情切切，冲克破奔驰。

[注] 孙子曰：“三军可夺其帅，匹夫不可夺其志”，诚哉是言。夫三军之众而能夺其志者，惟先以收其心耳；而心已收，其志可以归也。故曰：“须看其指麾”，是在将帅之恩威耳。若夫用当伏、反、进、退、间诸局者，则谓之象。象者，大将宜谅其象而用之，能与士卒同休戚，共甘苦，予之以恩，临之以威，而士卒则必因进而进，因退而退，因伏而伏，因返而返，因间而间，与主帅一其志也。故曰：“安排者”焉。至于空、墓、刑、害、

死、破之病局，则我军士力疲神惮，为大将者尤宜谨守卫持，如丧为哭葬，疽为口吮，则田横士止五百而卒灭劲燕，谢玄军仅三千而尽扫强秦。然而军士虽病，而志同心协，亦足以振兴也。否则几不似承畴军卒十万而不能敌五千红衣，坤一师众二亿而不能灭数万髡贼，以至丧师辱国，为瀛寰耻也。而旺局则不然，本属朝气，一鼓而进，所以谓之锐也。衰局更不然，乃是暮气，再麾而返，所以谓之归也。他如动则为兆，兆观其于彼、于我，在旺在衰，旺则必兴，衰则必败。于我而旺者，当乘动而举；于彼而衰者，宜审时而退。惟合会冲错，皆杂局之属。杂局乃有两歧，宜看其益我损我，居衰居旺。益我者我吉，损彼者彼凶。倘然益彼，则我宜严巡密察；不可稍有遗漏，以至地反天覆。《阴符》曰："火生于木，祸发必克；奸生于国，时动必溃"，可不慎乎？故曰："情有切切而势有奔驰"也。不独合会与我皆吉，而冲错与彼皆凶，是在当大将者乘天之时，揣士之心，而天人合发，始不至有误，孟子所以言天时人和。

［释］讲解本段之前，先讲几个背景故事。

一、吴起为士兵吮吸疮脓的故事。《史记》卷六十五《吴起列传》记载，吴起做主将，跟最下等的士兵穿一样的衣服，吃一样的伙食，睡觉不铺垫褥，行军不乘车骑马，亲自背负着捆扎好的粮食，和士兵们同甘共苦。有个士兵生了恶性毒疮，吴起替他吸吮浓液。这个士兵的母亲听说后，就放声大哭。有人说："你儿子是个无名小卒，将军却亲自替他吸吮浓液，怎么还哭呢？"那位母亲回答说："不是这样啊，往年吴将军替他父亲吸吮毒疮，他父亲在战场上勇往直前，最后死在敌人手里。如今吴将军又给他儿子吸吮毒疮，我不知道他又会在什么时候死在什么地方，因此，我才哭他。"

二、谢玄，东晋大将，宰相谢安之侄，在历史上著名的淝水之战中表现突出。东晋太元八年（383），前秦苻坚在统一北方后，强征各族人民，组成 90 万大军，挥师南下，企图一举灭掉东晋。面对前秦的强大攻势，东晋内部矛盾暂时缓和，一致对敌。宰相谢安沉着指挥，令弟弟谢石、侄子谢玄等率 8 万北府兵开赴淮水一线抗击。十一月，谢玄遣部将刘牢之率精兵 5000 夜渡洛涧（今安徽洛河），大破秦军前哨，斩梁成等秦将 10 名，歼敌 1.5 万。东晋以劣势兵力首战告捷，士气大振，于是水陆兼程，直逼淝水东岸。苻坚登寿阳城，见晋军严整，又望八公山（在今安徽淮南西）上草木，以为皆是晋兵，始有惧色。谢玄针对秦军上下离心、各族士兵厌战的情况，及苻坚恃众轻敌又急于决战的心理，遣使要求秦军略向后撤，以便晋军渡河决战。苻坚则想待晋军半渡时用骑兵冲杀，于是下令稍退。然而秦军一退而不可复止，加以在襄阳被俘的晋将朱序趁机大喊秦兵败了，致秦军大乱。晋军乘机抢渡淝水猛烈进攻，大败秦军。溃兵逃跑时闻风声鹤唳，都以为是追兵，因而昼夜奔跑，饥寒交迫，死者十之七八。谢玄乘胜收复洛阳、彭城等地。苻坚身中流矢，单骑而逃。此战是中国战争史上以少胜多的战例之一。

三、洪承畴十万大军不敌数千红衣清兵之典故。1641 年，清军围困锦州，锦州告急，清廷命洪承畴帅八总兵、统领 13 万大军驰援锦州。于是有历史上著名的“松锦大战”，即明清双方军队在松山、锦州、杏山一带展开的大战。到 1642 年，明军战败，洪承畴投降清军。当时清军使用一种威力巨大而且精准度很高的红夷大炮。16 世纪初，欧洲制造出红夷大炮，明代后期传入中国，也称为红衣大炮。所谓“红夷”者，红毛荷兰与葡萄牙也。因此很多人认为红夷大炮是进口荷兰的，其实当时明朝将所有从西方进口的前装滑膛加农炮都称为红夷大炮，明朝官员往往在这些巨炮上盖以红布，所以讹为“红衣”。

四、刘坤一（1830－1902）是甲午中日战争期间中方前线总指挥，1894 年 10 月之后，日军在辽东、辽南攻陷许多城池，清廷为挽救危局，10 月 28 日命 64 岁的刘坤一为钦差大臣，“关内外防剿各军均归节制”。1895 年，刘坤一开始加强军队调度，派吴大澂统率湘楚各军 20 多营万余人陆续出关。1 月初，盖平（今盖县）失陷，清廷“谕刘坤一进驻山海关”。当时清军在海城、营口、牛庄、田庄台一带集结 7、8 万人，而日军在海城、盖平不过 2 万人。2 月底以前清军曾四攻海城，均遭败北，并于 3 月间先后失去鞍山、牛庄、营口、田庄台等地。不到 10 天时间，清军 6、7 万人从辽河东岸全线溃退。清军的节节败退，使刘坤一重整军队，以图反攻的设想化为乌有。这一段时期的战事，本书作者矫先生亲身经历，所以他在书中提到刘坤一这段败绩。

有了上述背景知识，再看矫先生的原注，就很容易理解了。

孙子曰：“三军可夺其帅，匹夫不可夺其志”，三军之众而能夺其志者，惟先以收其心，心已收，则其志可以归，收心在将帅之恩威。若大将年命宫有伏、反、进、退、间诸局者则谓之象。大将若能与士卒同休戚，共甘苦，予之以恩，临之以威，则可据其命宫之象而用，而得伏局则士卒必因伏而伏，得反局则因返而返，得进局则因进而进，退局则因退而退，得间局则因间而间，士卒必与主帅一心。若得空、墓、刑、害、死、破之病局，则我军士力疲神惮，为大将者尤宜谨守卫持，如丧为哭葬，疸为口吮，则田横士止五百而卒灭劲燕，谢玄军仅三千而尽扫强秦。虽得病局，若能做到上下志同心协，亦足以振兴。否则难免象洪承畴军卒一样，十万而不能敌五千红衣，刘坤一师众二十万而不能灭数万倭寇，以至丧师辱国。

但是，旺衰是不可忽视的要素。旺局好比朝气，一鼓而进，衰局更不然，是暮气再麾而返，正是《孙子·军争》所谓“故善用兵者，避其锐气，击其惰归，此治气者也”。

还要观察动兆，观其于彼于我，在旺在衰，旺则必兴，衰则必败。我旺者当乘动而举，衰者宜审时而退。

合会冲错皆为杂局，亦须看其益我损我，居衰居旺。益我者我吉，损彼者彼凶。倘然益彼，则我宜严巡密察，不可稍有遗漏以至地反天覆。《阴符经》曰：“火生于木，祸发必克，奸生于国，时动必溃”，木本来生火，但祸发之时，木也可以反来克火，不可不慎，故曰：情有切切而势有奔驰，为将者需要揣摩形势、人心，而不能认为合会与我皆吉、冲错与彼皆凶。大将须乘天之时，揣士之心而天人合发，始不至有误，此孟子所以言天时与人和。

回师

惟有回师占大将，乘奇是妙方。

前宫有险前行备，后险后堤防。

所以行先与挡后，年命亦参商。

险途背我凶门路，向我乃呈祥。

［注］两军罢战，一路回师；后者作前，前者后挥。大将年命，务要乘奇；蓬玄宫前，前塗宜备。庚癸动后，后路须卫；若夫退地，与我相敌。仇在中涂。凶路毋趋；如然向我，一去坦夷。

［释］两军罢战之后回师，后队变前队，占撤军吉凶，大将年命宫务要乘奇，而且还要看前宫和后宫，前宫里有天蓬、玄武，则前途宜备，后面之宫中有庚、癸发动，则后路须卫。若撤退所经之宫与我相敌，则敌人在中途。总之，凶宫毋趋，如所经之宫向我，则平安无事。

定约

定约先观负也未，彼我引锋镗。

主空我士心怀诈，客假彼倡佯。

景朱破墓休谈论，两国俱荒唐。

［注］约定交锋，先观主客衰旺。如主宫当旺，主士获胜；客宫当旺，客将称雄。大抵以先动手者为客，后动手者为主，若客来而主应之之义也。如主宫空墓，主心虚诈；客宫空墓，客意荒唐。空墓当旺而逢冲者，暂虽心疑，而必有搦战之日。惟景门为约战之期，倘在真空实墓，则不论约也。

［释］两军约定交锋预占胜负，先观主客衰旺。先动手者为客，后动手者为主。主宫当旺主获胜，客宫当旺客称雄。如主宫逢空入墓，主心虚诈；客宫空墓，客意荒唐。空墓当旺而逢冲者，虽暂时心疑而必有交战之日。景门为约战之期，倘景门所在之宫真空实墓，则双方俱不会认真履约。

战期

战期远近皆从虎，虎威分弱强。

弱当论弱期迁变，强必阵成行。

会缺会补止于会，合冲意味长。

［注］欲约战期，须观白虎；察其强弱，审其合冲；强拟冲开，弱归合起。缺者值补而交锋，空者填实；而鏖战主客皆衰，老师糜饷。禽蓬俱旺，

破垒攻坚。然而二使岂能尽盛，两宫未必皆衰。大抵冲之合之，以定其日；阖之开之，以决其时也。

［释］占战期远近，须观白虎宫，察其强弱，审其合冲。若该宫强旺，冲开之日为战期，衰弱则须待相合之日，有缺者须待补缺之日，落空者须待填实。若主客皆衰，则旷日持久，难免成为消耗战。若天禽宫和天蓬俱旺，则必有攻坚之战。然而二使未必尽盛或皆衰，大抵以冲、合以定其日。

军兵失散

鏖战军兵忽失散，二将要昭彰。

蓬冲惓恋仍归我，反背奔他乡。

休囚会局终全节，耿耿涤衷肠。

［注］两军酣战，军士散亡。客观太白，主审丙疆。庚金客会，荧惑主方。蓬归阴使，冲向阳光。臣不失节，君有余祥。若夫冲散，逃奔他乡。如勾二使，背弃主邦。临敌察验，庶免恐惶。

［释］若两军酣战，军士散亡，占散亡之士卒能否重新归来，为客者观太白庚金所在之宫，为主者审荧惑丙奇之所在。若主宫中有丙，客宫中有庚，则各自士卒没有离开本宫，自然不必担心逃散不归；天蓬星为客将，天冲星为主将，若天蓬在阴使宫，天冲在阳使宫，则将帅不会失节叛逃，为君者不必担心。若已经发生冲散逃奔，而他宫中如有勾合阴阳二使者，则背弃主邦不可免。

远涉迷涂

远涉迷涂茫不辨，开门去不妨。

有情有意咸云吉，立志要端庄。

若是无情寻静路，三隐是宏纲。

［注］前路三叉，迷无定向；先责开门，次观三隐。有情向我，直去勿遑；无情背我，意定神彰。然而六合、太阴未必尽为我背，况彼开门、九地岂能皆塞我方？三奇亦属吉途，六空更为妙想。我能权度，一去央央。

［释］奇门遁甲有占验、择吉和法术三大功能，前面介绍的都是奇门遁甲的占验术，这里介绍奇门择吉术。奇门遁甲是时间、空间之学，奇门择吉术指选择吉利的时间、方位行事，趋吉避凶，实现自己的目标。奇门择吉有许多方面的运用，本段介绍的是面临三岔路口不知如何选择之时，如何选择。首选开门之方，若三岔路皆不在开门之方，则选三隐之方；若皆不临三隐，则选有情向我之宫，无情背我之宫不可从。三奇所在亦属吉途，六空更有不可思议之妙。

突围

被困冲围还得此，六合任疏狂。

三宫如或咸无义，会处亦平康。

又有阴神丁癸下，逃去意央央。

［注］被困冲围，亦以六合为用。如六合与将命无情，则当兼看阴、地二宫，故曰“三宫”。三宫者，即六合、太阴、九地也。如三宫于我无情，则宜审于我命之三合、照、会宫处，亦即可乘而往，倘得三门，吉何如之？至于诸宫皆无善地，又宜从地盘丁癸之宫而往。盖癸为天藏，丁为玉女，所谓阴神者即此义也。

［释］被困突围应选六合所在之方，如六合与将命无情，则当兼看太阴、九地二宫。六合、太阴、九地称为“三宫”。如三宫于我无情，则宜选与我命形成三合、照、会宫处，亦即可乘而往。倘得开休生三吉门，更为吉利。若以上诸宫皆无善地，则宜从地盘丁癸之宫而往。癸为天藏，丁为玉女，此二者即所谓阴神。

至吉

三奇三隐三门到，何须问子房。

［注］乙、丙、丁之三奇，太阴、六合、九地之三隐，开、休、生之三门，有一宫凑合者即谓至吉。如市本之三诈、五假、九遁等格是也。《经》曰“游三”者，其此义欤。

［释］乙丙丁之三奇，太阴、六合、九地之三隐，开、休、生之三门，有一宫凑合者即谓至吉。奇门中讲的三诈、五假、九遁等吉格皆由三奇、三隐、三门等组成。矫先生认为奇门典籍中“游三”者，即指此。

孤虚

制胜孤虚原有法，空下要铺张。

月空不及日空利，时下考低昂。

六甲周旬空两位，准日可兴王。

两个天干两个地，都来有四方。

［注］孤虚一法，原有两歧。宋岳珂《遁甲玄机》以子日亥孤巳虚，丑日子孤午虚，寅日丑孤未虚，卯日寅孤申虚，辰日卯孤酉虚，巳日辰孤戌虚，午日巳孤亥虚，未日午孤子虚，申日未孤丑虚，酉日申孤寅虚，戌日酉孤卯虚，亥日戌孤辰虚。用时孤虚以时为主，方位并同，乃日后一辰而相冲射也者。至于他本以甲子旬戌亥为孤，辰巳为虚。甲戌旬以申酉为孤，寅卯为虚。甲申旬以午未为孤，子丑为虚。甲午旬以辰巳为孤，戌亥为虚。甲辰旬以寅卯为孤，申酉为虚。甲寅旬以子丑为孤，午未为虚。均属老生常谈，殊不知于中妙义，乃在一日一时之局卦定夺。夫日时之局者，当以值日为准，而取十日之空也。其孤虚之法，大抵以每局中天地二干乘旬空定之，故曰“都来有四方”也。如光绪甲午年十一月丙子十七日己丑日局，系小暑五局庚己丑日，日空以月取，而丙子月乃甲戌所管，空在甲申、乙酉。局中天地二干之乙在六七宫，之甲申庚在三四宫，所以倭寇自东南而北击我，迎敌领帅马封聂三军闻风丧胆，掩帜抛矛，劫掠金银，分途北窜，县尹徐公亦只得弃城而亡矣。城陷后，百姓被贼戕于路者，见有数人。予乃以壬申时之时局系大雪一局，戊，壬申时，壬寅命，先向东北方艮宫，乘日之丙奇、丁奇，时之杜门、九地及庚午旬空，从数千异类中只身冲出；次转西北方乾宫，由时之开门、直符，日之乙酉旬空，杜门、九地，一去直前，飘然无阻，似无见者，转而思之，不觉怆惶。《经》云：“履虎尾，不咥人，亨”，此其时乎？所谓背孤击虚者，大抵此也。然则日空必以月

取，时空必以日取。知空之所在，即知孤之所在。知孤之所在，更可以知虚之所自来矣。

［释］孤虚法是讲往哪个方向出击，原有两种不同的求孤虚之法，一，岳珂孤虚法。宋代岳珂在《遁甲玄机》中以子日亥孤巳虚，丑日子孤午虚，寅日丑孤未虚，卯日寅孤申虚，辰日卯孤酉虚，巳日辰孤戌虚，午日巳孤亥虚，未日午孤子虚，申日未孤丑虚，酉日申孤寅虚，戌日酉孤卯虚，亥日戌孤辰虚。其求法即取日后一辰为孤，与孤对冲者为虚。时孤虚以时为主推算，即子时亥孤巳虚，等等。二，坊间奇门孤虚法。一般以甲子旬中戌亥为孤，辰巳为虚。甲戌旬以申酉为孤，寅卯为虚。甲申旬以午未为孤，子丑为虚。甲午旬以辰巳为孤，戌亥为虚。甲辰旬以寅卯为孤，申酉为虚。甲寅旬以子丑为孤，午未为虚。一般以日干支属于何旬推算。矫先生认为此为老生长谈，属于不知其中妙义，他提出第三种推算孤虚之法。三，矫先生之法，我们姑且称之为“升一级法”，即时家奇门取日孤虚，日家奇门取月孤虚。而且，矫先生既考虑地支，也考虑天干，所以他说“每局中天地二干乘旬空定之，故曰：都来有四方也”。其实，如果考虑天干，由于只有甲乙两个天干属于孤，其他天干皆无干系。

矫先生举了两个局，是同一天，他先用日奇门起一局，起了一个时家奇门局。时间是光绪甲午年十一月丙子，十七日己丑日，局系小暑五局庚己丑日。日空以月取，而丙子月乃甲戌所管，空在甲申、乙酉。局中天地二干之乙在六七宫，之甲申庚在三四宫，所以倭寇自东南而北击我，迎敌领帅马、封、聂三军闻风丧胆，掩帜抛矛，劫掠金银，分途北窜，县尹徐公亦只得弃城而亡矣。城陷后百姓被贼戕于路者，见有数人。

光緒甲午十一月丙子十七日

己丑小暑五局庚己丑日

天芮己九五戊

直衝庚八開己　乙杜一戊蓬地

蛇輔辛七驚庚主　客丙傷二乙英元

陰禽壬六生辛命　丁死三丙任常

合心癸五景壬　癸休四丁柱白

1894 年 12 月 13 日　农历：十一月十七日

［清］德宗（爱新觉罗载湉）　光绪 20 年

甲午年　辛未月　己未日　阴五局　一5　小暑下元

值符冲星在 4 宫　值使伤在 7 宫　甲寅癸　子丑空　戊空　宫发动

废宫		旺宫		相宫
	值子未未 冲庚甲申 开生丁亥 天己壬辰 辰巽巳官	虎母未未 柱丁戊子 休杜辛卯 合癸丁亥 丙午丁孙	阴妻未未 禽壬丙戌 生开己丑 蛇辛乙酉 未坤申父	
休宫	蛇孙未未 辅辛乙酉 惊惊戊子 值庚甲申 甲卯乙鬼	天比未未 芮己壬辰 中景丙戌 地戊辛卯 戊五己财	朱鬼未未 英乙庚寅 伤死甲申 常丙己丑 庚酉辛比	胎宫
	常父未未 任丙己丑 死伤壬辰 虎丁戊子 丑艮寅子	合财未未 心癸丁亥 景中庚寅 阴壬丙戌 壬子癸母	地劫未未 蓬戊辛卯 杜休乙酉 玄乙庚寅 戊乾亥妻	
囚宫		死宫		没宫

光緒甲午十一月十七日己丑大雪一局戊壬申時

蛇芮己六驚癸

壬開七戊蓬直

辛五八乙英天

庚杜九丙任地

己傷一丁柱元容

陰衝庚五生丁

合輔辛四景丙

命白禽壬三休乙

主常心癸二死戊

县城沦丧，子阳先生亦需逃亡，乃以奇门起局，乃以壬申时之时局系大雪一局戊壬申时，壬寅命先向东北方艮宫，乘日之丙奇、丁奇，时之杜门、九地及庚午旬空，先从数千倭寇中只身冲出；然后转西北方乾宫，由时之开门、直符，日之乙酉旬空，杜门、九地，一路飘然无阻，似无见者，转而思之，不觉怆惶。《经》云：“履虎尾，不咥人，亨”，讲的就是这种险情吧。所谓背孤击虚者逃亡之法，大抵如此。孤虚取用之法，日空必以月取，时空必以日取；知空之所在，即知孤之所在。知孤之所在，便可以知虚之所自来矣。

1894 年 12 月 13 日 16 时 44 分　农历：十一月十七日

［清］德宗（爱新觉罗载湉）　光绪 20 年

括囊测事：［金亮奇门系列软件］起局

甲午年　丙子月　己丑日　壬申时　抓得时柱：壬申　阴一局　－1 大雪下元

值符蓬星在 6 宫　值使休在 2 宫　甲申庚　午未空　辛空宫　发动

死宫		囚宫		休宫
	阴子子丑 冲庚丙寅 生中辛未 玄丁庚午 辰巽巳父	朱母子丑 柱丁庚午 伤休丙寅 蛇己乙丑 丙午丁妻	虎妻子丑 禽壬戊辰 休伤甲子 天乙壬申 未坤申比	
没宫	合孙子丑 辅辛丁卯 景杜壬申 地丙辛未 甲卯乙母	蛇比子丑 芮己乙丑 惊开庚午 常癸己巳 戊五己官	天鬼子丑 英乙壬申 中生戊辰 合辛丁卯 庚酉辛子	废宫
	地父子丑 任丙辛未 杜景丁卯 阴庚丙寅 丑艮寅财	常财子丑 心癸己巳 死死乙丑 值戊甲子 壬子癸劫	值劫子丑 蓬戊甲子 开惊己巳 虎壬戊辰 戊乾亥鬼	
胎宫		相宫		旺宫

云气

观其暮气和朝气，始可布旗枪。

若或时干加五阳，为客最高强。

如然临在五阴位，主者宜猜详。

五阳阳左开皆尽，开尽可披扬。

五阴阴右皆为闭，闭宜固守疆。

若夫阳右阴居左，开半要突唐。

［注］一八三四宫为左，九二六七宫为右。甲乙丙丁戊为阳干，己庚辛壬癸为阴干。蓬任冲辅为阳星，英芮柱心为阴星。中五禽宿于阳遁则从阳，于阴遁则从阴。别左右阴阳之分，观朝暮吉凶之气。凡兵强马壮，辎重充实，或强敌初入，势欲决战者为朝。朝气者锐，如日出东也。士惰马羸，辎重空乏，或守久自懈，势欲遗弃者为暮。暮气者归，如日没西也。故朝气多行仁义，暮气多行剽掠。于军旅者，先观敌忾，气之朝暮，色之赤白，然后始知可避可乘，进退战守之机。可避者气成龙虎，可乘者云化猪羊。再查其奇门时干，加于五阴五阳之位，值于四左四右之星，并其左四右四之宫。如下临阳宫，上值阳星，当孟甲谓之尽开，利为主。下临阴宫，上值阴星，当季甲谓之尽阖，利为客。下乘阳干而利客，宜先举；下乘阴干而利主，宜后动。若阳星在阴宫，阴星在阳宫，当仲甲谓之半开半阖。阳在利主，阴在利客。于此之际，贵以突唐，不可虏力死战，务审其机宜而后应。当大任者，不知天文之顺逆，不识地理之险易，不谙云气之吉凶，不晓奇门之得失，徒为浪战，草菅生命，可不哀哉？

［释］这段话既有望气的内容，也有奇门占测的内容。望气指观察敌营上方空中景象，看其有朝气还是暮气，然后始知可避可乘，进退战守之机。《孙子兵法》云“故善用兵者，避其锐气，击其惰归，此治气者也。”术数人士对锐气、惰气另有一番理解，认为朝气者锐，如日之东出，预示兵强马壮，辎重充实，或强敌初入，势欲决战。暮气者归，如日薄西山，主士惰马羸，辎重空乏，或守久自懈，势欲遗弃。朝气者不可犯，应多行仁义，

暮气者可行剽掠。朝气暮气可以观测到，朝气指敌方上空气成龙虎之象，暮气者云化猪羊。

另一方面要通过奇门局面判断利主利客。先介绍几个概念。奇门局面中，一八三四宫为左，九二六七宫为右。甲乙丙丁戊为阳干，己庚辛壬癸为阴干。蓬任冲辅为阳星，英芮柱心为阴星。中五禽宿于阳遁则从阳，于阴遁则从阴。时柱属于甲子甲午旬为仲甲，甲申甲寅为孟甲，甲戌甲辰为季甲。有了上述基本概念之后，查时干所临之宫，下临阳宫，上值阳星，当孟甲谓之尽开，利为主。时干下临阴宫，上值阴星，当季甲，谓之尽阖，利为客。若阳星在阴宫，阴星在阳宫，当仲甲，谓之半开半阖，此时看地盘干之阴阳，下乘阳干而利客，宜先举，下乘阴干而利主，宜后动，于此之际，贵以出其不意，不可虏力死战，务审其机宜而后应。

我们把上面这段话用表格归纳如下，可以看得很清楚。

	尽开	尽阖	半开半阖	半开半阖
旬首	孟甲	季甲	仲甲	仲甲
时干宫	阳宫	阴宫	阴宫	阳宫
时干宫之星	阳星	阴星	阳星	阴星
主客	利主	利客	地盘阳干利客，阴干利主	

仔细观察上述表格可以看到，还有几种组合没有列出来，如时干旬首为孟甲，但时干所在之宫却不是阳宫、阳星，而是一阴一阳则当如何？从原注可以看出，凡宫、星、旬首组合不属于尽开、尽阖，则皆为半开半阖，此时均应以地盘干之阴阳论利主利客，而且要随机应变，不可戮力死战。

觅水

川源涸竭泉无觅，润下水汪汪。

日辰会合堪穿井，仇难少滂溏。

山平莫计寻高脉，凿破饮琼浆。

［注］川流涸竭，宜觅源泉；当求癸水，采向壬边。局成润下，涧底涓涓；日辰合会，山下出然。高山脉首，平地于巅；因山求水，因水知山。凿之由我，妙术仙传；琼浆堪饮，玉露香甜。

［释］此段测寻找水源。癸水、壬水所在之宫，或者局成申子辰三合润下格，则其下有水。或者，日辰合会之宫亦有水。若逢仇难之格则无水。寻找水源时，占测是一方面，还是需要有些地理常识，观察地形、山脉。

奇门法术

青龙亦有一般法，自甲至明堂。

出了天门经地户，折草太阴旁。

行来七步归于癸，一去任飞翔。

天网高低须仔细，不可视平常。

［注］《三元经》曰：大将军兵四出，统众屯营，必取六甲青龙之法。以六甲为首，十日或十时一移。员卓曰：以岁旬而为状，或依岁月六甲旬首而排布之。甲为青龙，大将旗鼓居之。乙为蓬星，士卒居之。丙为明堂，伏兵居之。丁为太阴，军门居之。戊为天门，小将居之。己为地户，斩罚居之。庚为天狱，判断居之。辛为天庭，囚系、粮储居之。壬为天牢，府库，甲仗居之。癸为天藏，华盖之神。行军破围，以十时旬首青龙为初起之方，次履乙蓬星，又过丙明堂，再步丁太阴，折草半寸，障人中鼻窍，转入戊天门，取土一捻于己地户上，藏于顶门。阳遁先出天外门乾，转入天内门戊。阴遁先入天外门乾，转入天内门戊。诵偈曰：“出幽入冥，返气回风。玉女神母，隐卫吾身。草木关梁，遮障吾兵。如有见者，以为米薪。急急如律令！”诵毕，径入六癸天藏之下，回光冥视，慎勿返顾。步出之后，又诵偈曰：“天翻地覆，九道皆塞。六癸天藏，幽深隐埋。有来追者，至此而极，急急如律令！”至于六癸又为天网，乃天上六癸下临九宫之谓也。如在一宫，为去地高一尺，宜伏地入去。在二宫，为去地高二尺，亦匍匐入去。在三宫，为去地高三尺，宜折身入去。在四宫，为去地四尺，宜弓背入去。在五宫，为去地五尺，宜低首入去。在六宫，为去地六尺，

宜平身入去。在七宫，为去地七尺，宜步罡入去。在八宫，为去地八尺，宜乘马入去。在九宫，为去地九尺，伏兵避难皆宜入去。惟天藏在中五而无去地，宜垂首作瞽，潜匿庭中，故《经》曰“避五”，其此之谓乎！

［**眉批**］《抱朴子》载：当以左手取青龙上草折半，置逢星下，历明堂入阴中，禹步而行，三咒曰：“诺皋！太阴将军，独开曾孙王甲，勿开外人；使人见甲者以为束薪不见甲者以为非人。”则折所持之草置地上，左手取土以传鼻人中。右手持草自蔽著前，禹步而行，比成既济卦初一初二，迹不在九，迹数一步七尺，合二丈一尺。禹步法：正立右足在前，左足在后。次复前左足，次前右足，以左足从右足，并是一步。次复前右足，次前左足，以右足从左足，并是二步，次复前左足，次前右足，以左足从右足，并是三步。

［**释**］这段话介绍一种奇门择吉术和一种法术，择吉术是安营扎寨时军营中各个职能部门的空间布局；法术是出军、撤军或突围时用六甲青龙之法保密行踪不被敌人发现、不被袭扰。

先需要引进一些新的名称概念。按阴阳局数，从时柱旬首开始飞布九宫，这时从甲到癸十天干都用另外一套新名称，据此布置军营中各职能部门所处方位，甲为青龙，大将旗鼓居之。乙为蓬星，士卒居之。丙为明堂，伏兵居之。丁为太阴，军门居之。戊为天门，小将居之。己为地户，斩罚居之。庚为天狱，审判断案居之。辛为天庭，囚系关押、粮储居之。壬为天牢，府库，甲仗居之。癸为天藏，华盖之神。这是军营布置择吉术。

出军或突围，必取六甲青龙之法。在地上画出九宫，从局数之宫开始飞布本旬十个干支，从旬首青龙所在之宫开始，走到乙蓬星宫，又过丙明堂宫，再步丁太阴宫，在此宫折草半寸，障人中鼻窍，转入戊天门，取土一捻于己地户上，藏于顶门。阳遁先出天外门乾，转入天内门戊。阴遁先入天外门乾，转入天内门戊。这里的“出”指面向地上画的局面之外，“入”的意思是面向局面之内。同时念咒曰：“出幽入冥，返气回风，玉女神母，隐卫吾身，草木关梁，遮障吾兵。如有见者，以为米薪，急急如律令！”诵毕，径入六癸天藏之下，回光冥视，慎勿返顾。步出之后，又念咒曰："天翻地覆，九道皆塞，六癸天藏，幽深隐埋，有来追者，至此而极，急急如律令！"

最后是从癸所在之宫出发。此时要注意，六癸又为天网，根据癸所在之宫确定天网高低，根据天网高低确定以何种方式出发。癸在一宫为去地高一尺，宜伏地入去。在二宫为去地高二尺，亦匍匐入去。在三宫为去地高三尺，宜折身入去。在四宫为去地四尺，宜弓背弯腰入去。在五宫为去地五尺，宜低首入去。在六宫为去地六尺，宜平身入去。在七宫为去地七尺，宜步罡入去。在八宫为去地八尺，宜乘马入去。在九宫为去地九尺，伏兵避难皆宜入去。惟天藏在中五而无去地，宜垂首作瞽，潜匿庭中。其中，如果癸在兑七宫，则需要步罡而去，意思是需要行踏罡步斗之术，即禹步，如下图。文字解说，请看眉批，兹不赘言。

次復前左足次前右足以左足從右足併是一步次復前右足次前左足以右足從左足併是二步次復前左足次前右足以左足從右足併是三步

三步 四 右	九 左	二 右
三 左	五 右	七 左
八 右 一步	一 左	六 右 二步

月月加戌朝斗柄，举足从贪狼。

璇玑玉衡连位数，七步到瑶光。

如天大难休惊怖，破军善保障。

［注］月月常加戌，时时见破军，如二月春分建卯，即以戌时加于卯上顺数，若用辰时则罡星指于酉方，正西也。则贪狼躔在卯上，当以卯上起初步丁立。阳日先举左足，阴日先举右足。于地上每间三尺画北斗星形，每步一句，每句一丁，立诵偈曰："禹步相催登阳明，一气混沌灌我形。天回地转步七星，蹑罡履斗觉通灵。恶逆摧伏妖魔群，众星助我斩妖精，我得长生游太清。"即从罡星所指之处步去，慎勿回顾。步毕诵偈曰："六甲九章，天圆地方。四时五行，青赤白黄。太乙为帅，日月为光。禹步治道，蚩尤避兵。青龙扰毂，白虎伏形。荧惑前引，扫辟不祥。北斗诛伐，去除凶殃。五神从我，周游八方。当我者死，嫉我者亡。左社右稷，寇盗伏藏。行者有喜，留者有福。万神护我，永除盗贼，急急如律令。"欲行千里，务须诵此。

［释］此处讲解了行军用贪狼、瑶光、破军三星的方法，注甚详明，不再详解。

急则从神呼名字，负刀勿恐惶。

如值恩星添喜庆，仇难何足臧。

平生若是怀忠信，风波岂敢当。

［注］如被围困，择门不便；或与敌冲，寻奇未利，只得选我命恩用之星，右臂负刀，左手牵裾；以召其神，呼名而出。如值蓬呼子禽之类，前卷注明。及乙名龙文乡，丙名唐仲卿，丁名季田海，戊名司马羊，己名纪游卿，庚名郭阳之，辛名高子强，壬名王禄卿，癸名爰子兆。甲子名王文卿，丁卯名孔琳璇，字文伯；甲戌名徐何，丁丑名梁邱仲，字叔音；甲申名盖新，丁亥名凌盛，字文公；甲午名灵光，丁酉名费阳多，字文通；甲辰名含章，丁未名主屈奇，字文卿；甲寅名监兵，丁巳名许咸池，字巨卿；并甲子旬门神徐议、户神公孙奇，宜解衣去。甲戌旬门神天可、户神徐可，宜仰天大呼去。甲申旬门神司马光、户神右战，宜解衣去。甲午旬门神石象，户神子可，宜解衣振迅而去。甲辰旬门神公孙错，户神司马胜，宜解

发更结而去。甲寅旬门神公孙光、户神司马强，宜解带而去。即左手心朱书强字，掐住左转入六丁，中呼其甲丁门户之神名，诵偈曰：“某甲有急，请神卫我，佑我，匿我，藏我，毋使敌人伤我，覆我，盖我。五兵摧折无令至我，当我者死，视我者亡，使敌人冥冥默默，视我迷惑。为我乱其魂魄，使敌人不敢起”。诵讫，合士卒左旋直去。六癸之下即诵六甲偈曰：“吾呼六君元阳，甲子神急来速去，愿君证吾身魁{魑}{魍}{魉}魅{魋}{魌}，吾奉太上老君急急如律令”。又诵六丁偈曰：“六丁神兵，八卦之精，推例神将，安在吾身，闻咒速至，百事通灵，无事不报，不得动令，吾奉九天玄女急急如律令”，去之皆吉。

［按］六甲、六丁、九星之名其传已久，而《符应经》、《三元经》、《六甲灵文》、《鳌头象吉发微》诸通书皆有载录，其验否则予不得而知。且天下事可信者在理，况奇门一书为阴阳家最有理致者，讵可不信焉乎？且符箓一端，曩日先哲向有压禳之术，而《隋志》载“伍子胥有《遁甲经》”，《唐书》载“李围公有《万一诀》”，皆神妙不测。予见《武侯文集》故事二，书载候之战阵攻守，避难迴患，及鱼复浦《八阵图记》，似实有参及此者。先辈丁公仙谱曾署：成都太守，尝言其府衙即候昔之相府，二堂外石狮二座，即候昔之门首石狮。虽属宫镌，宛如生物。环栅木栏，以闲观瞻，纵名宦显秩，不敢稍涉亵渎，亦不敢视为非物，倘偶然触犯，立见灾咎。似此候去千数百年，所遗石迹，尚若是灵异，而候之在世，岂有丁甲之神不为之驱役者乎？想毛宗岗所评《三国演义》一书，而候之神妙盖可见矣。其陈寿《三国志》，谓候将略非所长，并后世诗人“只合南阳作卧龙”者，不足信也。予故将所见颇有理义而无乖谬，与奇门暗相合者，述诸简端，是乎否乎，待质高明。不以予为怪者，幸甚幸甚。

［释］奇门遁甲向有“急则从神缓从门”之说，意思是，事情不急迫之时，选奇门、三奇所在之方出行，此为缓从门。但是，如果被围困，不便推算吉门所在之方，或与敌人直接面对面发生冲突，不便推算三奇所在之方，只得选我年命恩用之星所在之宫，右臂负刀，左手牵衣襟，以召恩星之神，呼其名而出，此为急则从神。所谓恩星之神，如值天蓬星，则呼子

禽之类，各星之名前卷已注明。矫先生相信，平生忠信之人，用此法则风波亦无如之何。

上面这种急则从神之法，矫先生坦言自己也没有用过，不知其验否。他是把所见颇有理义而无乖谬、与奇门暗相合者，述诸简端，是乎否乎，待质高明，不以其为怪者，则先生已感幸甚。

三胜宫

九天天乙生门处，胜地宜鹰扬。

亦得三宫乘旺相，恩用福无量。

[注] 天盘九天宫及直符宫，人盘生门宫谓之三胜。如乘旺相为我命恩，用之局而我乘最利，若彼乘则我亦不可击。

[释] 天盘九天、直符所在之宫，以及人盘生门所在之宫谓之三胜。如果此三宫乘旺相为我命恩，或我乘此三宫为最利。若彼乘此三宫，则我不可击之。

五不击

玉女符生天地并，客居功业昌。

若是无时逢破害，拔剑许衡撞。

[注] 直符、丁奇、生门、九天、九地谓五不击。如敌人乘之，我不可击也，若我乘之，战则自然获胜。

[释] 丁奇、直符、生门、九天、九地，五者名为五不击，敌我双方任何一方宫中有此五者之一，则此方战则获胜，不可击之。

异变

军中见异随时定，谈笑可经邦。

是恩是难分强弱，破败望风降。

太阴六合伏兵至，白虎战高冈。

酒食太常玄武窃，螣蛇火辉煌。

九地阴谋九天斗，囚死勿悬望。

直符出现争雄象，要辨国谁殇。

旗摇风角全占此，克日论兴亡。

掌上握奇胸里策，乾坤一旦匡。

［注］军中忽见异变及旗摆风角等类，即以正时命起课盘，观时干所乘之神并其格局动静，即可知其端的。如太阴、六合宜俟伏兵之至，朱雀、玄武谨防盗劫之忧；螣蛇火灾怪异，九地暗算阴谋。如见直符，争雄两地；度彼观我，始晓兴亡。

［释］军中忽见异变及旗摆、风角等类，即以正时命起奇门局，观时干所乘之神并其格局动静，即可知其端的。风角指根据风之来向预测吉凶何应。如时干宫有太阴或六合，宜谨备伏兵之至，朱雀、玄武谨防盗劫之忧，螣蛇主火灾怪异，九地为暗算阴谋。如见直符，主双方争雄，度彼观我，始知谁兴谁亡。

八门克应

出门应验诸身取，生是绿衣郎。

乾为老父宦官者，坤死见婆娘。

景多美目青年子，瞽哑惹神伤。

僧道漂流来在杜，贵贱五无双。

惊门口舌三姑闹，休则遇红妆。

开乃夸官街市上，死衰及挽丧。

休偿月下风流债，伤失色苍黄。

市廛交易塞关杜，惊斗被金创。

土工主五修和造，生可治耕桑。

景门书写并雕画，靓饰看王嫱。

［注］出门克应有二，《元灵经》以格局乘门而定。如龙返首、鸟跌穴，同某门而入某门是也。予因诸格一局之内仅见一二而株守其宫有不验者甚

多，是故以我初起步者为出，转入某宫者为入，而以某宫值某门、某星、某神者作论焉。盖详载于《枢要》、《衍像》二种之内，兹不复赘。仅以八门应验略书简末。夫休门本喜美也，有时主婚姻亦主红妆。死门本哀泣也，有时主田土亦主婆娘。惟伤门主伤失，亦主瘸瞽并应追亡捕猎。杜门主闭塞，亦主聋哑更应僧道潜藏。开门则功名显赫，贵官长者。惊门则争竞、口舌斗欧、词讼。生门财谷也，富商、贵子。景门文书也，雕画、娇娘。倘逢五地，位主至尊，民间非土工兴即乞求子，天家不公侯位必高隐流。大抵门占类此，须参奇仪星神。取诸身物，亦要揣摩卦象。如休坎也，而为耳、为豕。死坤也，而为腹、为牛。伤属震动，鱼乎龙乎归足履。杜为巽入，鸡也鸭也在股肱。乾开天，为马、为首。兑惊泽，为口、为羊。生在艮成，拇指近瞻，远摇狗尾。景于离见，青瞳此视，彼雉雄飞。此概八门之应也，亦宜心地之灵焉。

［释］ 出门克应指根据奇门局面占测出门时路上见到的情景。《元灵经》有一套出门克应的思路，即以格局乘门而定，如龙返首或者鸟跌穴，同某门而入某门则路上当有何克应。矫先生认为，诸格在一局之内仅见一二，株守其宫而不验者甚多，矫先生因而提出另外一套思路，以初起步者为出，转入某宫者为入，而以某宫值某门、某星、某神作为判断依据，这种克应矫先生所著《枢要》、《衍像》二书之内，兹不复赘。此处仅略书八门应验。休门为喜美，有时主婚姻亦主红妆。死门本哀泣，有时主田土亦主婆娘。伤门主伤失，亦主瘸瞽并应追亡、捕猎。杜门主闭塞，亦主聋哑更应僧道、潜藏。开门则功名显赫，贵官长者。惊门则争竞、口舌、斗欧、词讼。生门为财谷、富商、贵子。景门文书、雕画，亦为娇娘。倘若景门落中五宫，则位主至尊，或公侯位，或必高隐者流，若民间则非土工兴即是乞求生子。大抵门占类此，须合参奇仪星神，远取诸物、近取诸身，亦要揣摩卦象。如休门坎卦，为耳、为豕。死门坤卦，为腹、为牛。伤门属震动，为鱼、为龙，为足、为履。杜门为巽，为入，为鸡鸭，为股肱。开门乾卦，为天，为马、为首。惊门兑卦，为泽、为口、为羊。生门艮卦，为成、为拇指、为近瞻、为远摇、为狗尾。景门为离卦，为青瞳、为此视彼、为雉雄飞。

此概八门之应，宜灵活运用。

覆射取象

覆射推时中五定，八门作典章。
开圆铜铁金银玉，休菓味奇香。
死土形方砖瓦布，空景吐毫芒。
生似覆钟磁石器，草木杜飘扬。
惊金缺口铅锡类，伤木采新秧。
包涵是五中藏土，金局响丁珰。
火则凌空水润下，木常应稻粱。
土分砖块磁和瓦，相字要精详。

［注］覆射多端，均载《衍像》书中，兹止八门五局作论，大抵不外卦象也。

即如休为坎卦，为豕、为中粗、为坚木多心、为瓜菓、为丛棘、为蒺藜、为水、为酒、为油、为鰕。

死为坤卦，为橐籥、为中通、为土、为布、为囊、为帛、为浆、为泥、为方、为瓦、为器、为肉、为土虫。

伤为震卦，为仰盂、为口在上、为苍筤竹、为田禾秧、为蕃鲜、为芦苇、为酒樽、为圭、为鹤、为木、为鱼、为善鸣、为动、为上大下小。

杜为巽卦，为下断、为有足、为绳直、为蔓藤、为长、为纸、为包、为杞、为鸡、为鹄、为羽虫、为毛虫、为羽、为毛、为草。

开为乾卦，为坚刚、为金、为玉、为寒、为冰、为大赤、为木果、为金甲、为帽、为衣、为圆、为满盈。

惊为兑卦，为上缺，为缺口、为毁折、为有孔、为铅、为锡、为雪、为霰、为羊。

生为艮卦，为覆碗，为小石、为静、为生、为果蓏、为指、为枝、为狗、为鼠、为坚石、为硬、为多节、为上尖下平、为狐、为猫、为鼻、为皮、为猿、为虎。

景为离卦，为中空、为锐、为甲、为胄、为戈兵、为大腹、为鼓、为鳖、为蟹、为蠃、为蚌、为龟、为螺、为带甲虫、为萤火虫、为蜂腰、为文书、为雉、为飞鸟、为招火之物。

至于中五当为土物，为包裹、为尊为贵。

金局则为动物，为钱、为金银、为玉石、为锡、为铅、为磁器。其味为辛。

木局则为植物、为稻、为粱、为谷、为菽、为木枝、为树叶、为草、为茅、为布、为帛、其味为酸。

水局则为潜物，为汤、为粥、为水菜、为盐、为酒、为油、为鱼、为鰕、为水菓多实。其味为咸。

火局则为飞物，为灰、为炭、为鸟、为羽虫、为烛、为笔、为药饵、为毛、为羽，其味为苦。

土局则为静物，为缶、为器、为瓦、为砖、为土、为泥、为浆、为酱、为粪、为饴，其味为甘。

他如相字之形，辨物之色，断物之状，审物之表里精粗、飞潜动植，又宜参夫奇仪星神，考诸时令衰旺，而始无误焉。然神而名之，存乎其人。

［释］ 覆射头绪多端，矫先生在《奇门衍像》一书中有较详细的阐释，此处只列出时家奇门射覆，看中五宫所得之门，大抵不外卦象。

休为坎卦，坎中满，为水，引申为与水有关之物、水产品、虾、海鲜、水果；又引申为液体、酒、醋、油；为荆棘、丛棘、蒺藜；为桎梏、枷锁、手铐、脚镣。坎卦两个阴爻包着一个阳爻，所以象征外软内硬之物，带核的瓜果，坚木多心、中粗之物。坎又为猪即古人所称之豕。

死为坤卦，为橐籥，即风箱、手动鼓风机。为中通、中通或中空之物，如口袋、麻袋，即所谓囊。坤为田土、为土地，引申为与田土有关者，如农业、农夫、农村。坤为布、为帛、为纺织品。坤为浆、为泥、为瓦、为器。坤为方形，为直。坤为肉、为土虫。

伤为震卦，为仰盂、为口在上之物、为上大下小、为酒樽、酒杯、盘子、碗。震为田禾、秧苗、为蕃鲜之物、为芦苇、为苍筤（读作郎）竹，即青绿色的竹子。震为圭，为测量仪器。震为足、为足突出之物、为鹤、为舞蹈。震为木。震为鱼；为善鸣；为动。

杜为巽卦，为下断、为有足、下有支撑之物。巽为绳直、为蔓藤、为细长之物、为长。巽为纸、为包；巽为杞；巽为鸡、为鹄。巽为羽虫、为毛虫、为羽、为毛、为草。巽为风，与风有关之物。

开为乾卦，为坚刚、为金、为玉、为宝剑。乾为寒、为冰。乾为大赤、为白。乾为木果。乾为头、头目、头巾、首、首领、首饰、帽子。乾为衣、为金甲、为圆、为满盈。

惊为兑卦，为上缺，为缺口、为毁折、为有孔、为铅、为锡、为雪、为霰、兑为羊。兑为有声之物、能发声之物、可说话之物、与口有关之物。兑为有耳之物。

生为艮卦，为覆碗，为硬、为小石、坚石、为静。艮为生。艮为果蓏，蓏读作裸，为草本植物之果实。艮为指、为枝。艮为狗、为狐、为猫、为鼠、为猿、为虎。艮为多节、为上尖下平、为腿长物。艮为鼻、为皮。

景为离卦，为中空、为锐、为甲、为胄、为戈兵、为大腹、为鼓、为鳖、为蟹、为蚌、为龟、为螺、为带甲虫、为萤火虫、为蜂腰。离为文书、为鲜艳物。离为雉、为飞鸟。离为火、为招火之物。

至于中五当为土物，为包裹、为尊、为贵。金局则为动物，为钱、为金银、为玉石、为锡、为铅、为磁器。其味为辛。木局则为植物、为稻、为粱、为谷、为菽（读作叔，指豆子）、为木枝、为树叶、为草、为茅、为布、为帛，其味为酸。水局则为潜物，为汤、为粥、为水菜、为盐、为酒、为油、为鱼、为鰕、为水菓多实，其味为咸。火局则为飞物，为灰、为炭、为鸟、为羽虫、为烛、为笔、为药饵、为毛、为羽，其味为苦。土局则为静物，为缶、为器、为瓦、为砖、为土、为泥、为浆、为酱、为粪、为饴，其味为甘。

除上述门之卦象及之外，其他如相字之形，辨物之色，断物之状，审物之表里精粗，飞潜动植，又宜参考奇仪星神，时令衰旺，而始全面。然亦在人之触机灵动。

结 语

避地买山嘉遁客，终日踞藜床。

岁月沉酣书万卷，苍苍两鬓霜。

虚灵一点尘难染，几人识子阳。

抱膝长吟千百句，狂言纳括囊。

［注］《易·坤卦》六四："括囊无咎，无誉"。《象》曰："括囊无咎，慎不害也"。盖以六四与初六相类，在六五之下，地道未光，然而其位较初六稍高。括囊自索，韬光养晦；塞口如瓶，抱负不泄，则古之梅福、君平与予之遁迹保身者大抵相合符契也。但予非敢望先哲，亦不欲效今士竞求时艺，摘句寻章，以敲科目之功名者。况时遭不偶，自叹涂穷，又罹兵燹，而避倭氛，仅可携眷奔窜，苟守饥寒无论，文乎质乎，不足以炫人目；抑且隐乎藏乎，仅堪以养分阴；究竟于经济毫无小补，庶可为同侪稍解愁怀。以之而全家，吾则不敢；以之而保身，庶几可行，故颜之曰《括囊集》。所谓括囊者，愿今世后世同志君子，览予之书，不加之誉，不加之咎，亦不加之害也。幸甚！幸甚！

右第七章，释战守进退、攻城突围之秘义，及出行克应、覆射之情形，而为三军司命、帝王之师者，可不知乎！

［释］本段赋文是全书正文的最后一段，这里矫先生讲自己买了一块山地，隐居其中，生活简朴，耽嗜读书，经史子集、数术医道无不沉潜钻研，读书破万卷，读到两鬓苍苍，亦乐此不疲。很少有知道山里隐居着矫子阳这样一位世外高人，可是矫先生一尘不染，并不追求为人所知，每天盘腿端坐，读书吟诵，作出有关奇门遁甲的长篇赋文，名为《遁甲括囊集》。

括囊，注意不是现代汉语中常用的词语"囊括"。括囊出自《易经》坤卦六四："括囊，无咎，无誉"。《象》曰："括囊无咎，慎不害也"。《易经》坤卦的六四爻在六五之下，地道未光，然而其位置较初六稍高，虽然初六爻亦是阴爻。矫先生韬光养晦，塞口如瓶，抱负不泄，与古代的梅福和严君平遁迹保身，大抵相合符契。

此处矫先生提到两位著名的汉代隐士。西汉著名隐士梅福，少年求学于长安，初为郡文学，后补南昌县尉，大约相当于县公安局局长。西汉末年，外戚王氏控制了西汉政权，朝政日非，民怨四起。梅福忧国忧民，以一县尉之微官上书朝廷，指陈政事，并讽刺位高权重的大司马王凤，但被朝廷斥为“边部小吏，妄议朝政”，险遭杀身之祸。因此梅福挂冠而去，在浙江、江西的一些地方隐居修行。《汉书》中有梅福传，许多地方志中也都有关于他或其遗迹的记述。后人崇奉梅福气节，传说他得道成仙。

另一个是严君平（前 86 年—公元后 10 年），西汉早期道家学者，思想家。名遵，蜀郡成都市人。汉成帝（前 32～前 7 年在位）时隐居成都市井中，以占卜看相为业，“因势导之以善”，宣扬忠孝信义和老子道德经，以惠众人。50 岁后归隐、著述、授徒于郫县平乐山，96 岁去逝后也埋葬于郫县平乐山。他在平乐山生活了 40 多年，期间提前 20 多年预测了“王莽篡权”和“光武中兴”两个重要的历史事件，还在山上培养出了得意弟子扬雄，写出了一生最重要的两部著作——《老子注》和《道德真经指归》，使老子的道家学说，更加系统条理化，得以发扬光大。《指归》的道论与哲学思想为扬雄、王弼、成玄英等人所继承，成为魏晋玄学所提出的“贵无”、“自然为本”的本体论与重玄学的萌芽。

矫先生自谦，称不敢望先哲，亦不欲效当时科举之风，摘句寻章以敲科目之功名。时运不济，自叹途穷，又遭战乱而避倭寇，携家眷奔窜，苟且而活，日子过得如何就不提了。至于著作，文乎质乎，不足以炫人目。自己算是隐乎藏乎，都谈不上，仅堪以苟活。著书立说究竟于经济毫无小补，只可为同侪稍解愁怀。以之保全家人，不敢自夸，以之保身，庶几可行。故题书名为《括囊集》。所谓“括囊”者，愿今世后世同志君子，览予此书而不加之誉，不加之咎，亦不加之害。幸甚！幸甚！

以上第七章，计地理占二十六占，包括占盗贼，占虚实，占主客，占内外，占去留动静，占士卒多寡，占潜卒，占劫营，占差使，占攻城，占将帅忠诚，占军心顺逆，占士气，占回师，占定约，占战期，占军兵失散，占远涉迷涂，占突围，占至吉，占孤虚，占云气，占觅水，占三胜宫，占五不击，占异变。奇门法术三篇，八门克应、覆射取象各一篇，结语一篇。

《括囊》第六、七两章，是对《衍象》占法的归纳和发展。《衍象》分上下二册，上册人事之占，下册为国运占和地理占。在龙伏山人弟子所录的世传本中，上下二册各单独成书，均名为《奇门衍象》。兵占为什么称地理占？在云南李德启先生所收藏的一个简抄本中，有如下注释："此本兵事占，何谓地理占？不知九神所主地理，兵家专用九神，故兵事占谓之地理占也。"

严格说来，《衍象》一书，与《鸣法》一书，均为峨眉山天真子孙道一所传授，《奇门枢要》一书，是对二书的研究和发展，《括囊》一书则是对以上三书的总结与创新。

后 跋

郑同录校并注

此书正文撰于光绪己卯秋日，将脱稿，视砚友退补。先生荫桥陈子携去，欲为注释，但有不甚解者。庚辰夏归笈，不意中途变作，以斥英法二教，几成奏案。幸恩师孝廉方正允菴戚公、执友举人冠廷王君协力维持，并市井旧谊于中排难，其纷始解。辛巳初夏，萱慈病褥；季夏，恩师亦为卧塌，[1] 熺心悬两地，侍亲不能顾师，而著作之志倏然挥去。秋八月朔，先母谢世；望后一日，恩师亦为长逝。熺居苫次而师恩未报，徒发长叹息，然无一日不哭母、一日不泣师也。待九月梢，先慈既殡，而始得贲临恩师之柩前，匍匐恸哭，奈持母服，未便率寝师灵之侧，可不哀哉！壬午春二月，自选佳城，母柩归窆，以家贫屡空，庐墓未获，徒终天抱恨，日赴母墓，放声恸哭而已。且熺弱冠失怙，惟母是赖；壮岁名闻，由师是引，未尝一日离于母侧，亦未尝旬日不请教师旁。年已不惑，母忽与之永绝，师又与之永别，无论著作之心，及他涉之志，亦皆付于流水行云。比既三年，哭亲之日多，翻书之日少，所有经史，一切高置，不独此集也。熺其愚乎痴乎？奈母终未之返也。况一心是泪，两目皆枯，于撰乎著乎岂有其心志者哉！

甲申夏，前辈太守仙谱丁公自重庆以母艰回籍，常邀饮酌，谈及京师巴蜀南省见闻之事，并大内四库经史之盛，熺忧于是日解。己丑季冬，长子文彦生，其愁怀乃日渐消焉。辛卯春，始将几案经史及箱箧诸子百家及

① 塌，通“榻”。

术数等书，仍如前翻览。嗟夫倏逾十年，半成脉望；[①] 目之所过，不啻初探骊珠；欲求诸象罔，[②] 盖亦难矣。其如木鸡，[③] 岂其然乎？随将所著《理气吟》、《察察论》并此集逐一详解。甲午冬，被兵燹扰止。乙未春，被徐牧聘误。丙申秋，受累于贵侍卫，囚置囹圄。幸长婿云阁陈生紀集诸生士子，联名申冤，凡数往还，而督宪始释然。

自陷皋陶[④]之暇，而此集始逐条蠡正。今春，矿务少楼阮君又以关约相订，襄理文案事宜，既而分查帽儿山等处。窃思年逾半百，家隔千程，无论亲墓无守，抑且子幼未教；置诸边场，举目无亲；只有四山我顾，环水为邻；滔滔鸦绿南行，迢迢长白左到；此则峰插云霄，彼又龙潜江底。欲语无人，欲哭无所；欲弹无琴，欲饮无酌。惟几上数卷诗书，腹中半成旧稿；公牍之余，假此以畅幽情。因此援笔将此全稿脱出，分为三卷，第有七篇。傥日后传诸寰海，愿同志知时之进，知时之退，不得妄为行止，以失存亡之机；不可趋炎丑类，以罹罗网之苦；更不须受制于人，以献击捕招抚之势，则是熺之友也。书中悖谬，高明指而笔正，即熺之不幸中之幸。

时光绪二十三年荷月望后六日

卓卓子矫晨熺子阳甫自跋于通化县帽儿山之阳

---

① 脉望：一种传说中的书虫，据说读书人用它熬药，喝了后会高中。《仙经》曰："蠹鱼三食神仙字，则化为此物，名曰脉望；夜以矰映当天中星，星使立降。可求还丹，取此水和而服之，即时换骨上升。"因取古书阅之，数处蠹漏，寻义读之，皆神仙字。讽方叹伏。（《原化记》）

唐德宗建中末年，书生何讽，曾经买到黄纸古书一卷。何讽读它，在书中得到一个发卷，圆四寸，象一个环没有头。何讽就随意地弄断了它，断处两头滴出水有一升多。用火一烧它有头发的气味。何讽曾经把这事告诉一个道人。道人说："唉！你本来是俗骨凡胎，遇到此物不能飞升成仙，这是命啊！据仙经说：'蠹鱼几次吃到书页上印的神仙二字，就变化成为这种东西，名叫脉望。'夜里用这个东西矰映当天中星，星使立刻降临，可以求得还丹，取你方才弄断'脉望'时流出的水调和之后服了，当时就能脱胎换骨，飞升成仙。"何讽听了之后，就取来古书查找，有几处蛀虫咬坏的地方，前后对照文义，都是"神仙"二字，何讽才赞许信服。

② 象罔：《庄子》寓言中的人物。含无心、无形迹之意。《庄子. 天地》："黄帝游乎赤水之北，登乎昆仑之丘而南望，还归，遗其玄珠。使知索之而不得，使离朱索之而不得，使吃诟索之而不得也。乃使象罔，象罔得之。"一本作"罔象"。王先谦集解引宣颖曰："似有象而实无，盖无心之谓。"后用为典故。

③ 《庄子・达生》："几矣。鸡虽有鸣者，已无变矣，望之似木鸡矣，其德全矣；异鸡无敢应者，反走矣。"

④ 皋陶，亦作"皋陶"、"皋繇"或"臯繇"，上古传说中的人物。传说他是虞舜时的司法官，后常为狱官或狱神的代称。

第九章　阳遁一二三局

心如水按：按王力军老师所讲，奇门中甲遁于各旬六仪旬首，非仅遁于戊也，故在后面奇门排局中所涉及到的伏吟局：甲子、甲戌、甲申、甲午、甲辰、壬子、甲寅、癸亥诸局均可按此调整。

阳遁一局

冬至上　惊蛰上
清明中　立夏中
甲己日十二时局
乙庚日十二时局
丙辛日十二时局
丁壬日十二时局
戊癸日十二时局

阳遁二局

冬至上　惊蛰上
清明中　立夏中
甲己日十二时局
乙庚日十二时局
丙辛日十二时局
丁壬日十二时局
戊癸日十二时局

阳遁三局

冬至上　惊蛰上
清明中　立夏中
甲己日十二时局
乙庚日十二时局
丙辛日十二时局
丁壬日十二时局
戊癸日十二时局

阳一局 甲子时

旺衰		旺衰		旺衰
	合 辅辛丁卯 景中壬申 合辛丁卯 辰巽巳	天 英乙壬申 中景戊辰 天乙壬申 丙午丁	蛇 芮己乙丑 惊惊庚午 蛇己乙丑 未坤申	
旺衰	阴 冲庚丙寅 生开辛未 阴庚丙寅 甲卯乙	勾 禽壬戊辰 休杜甲子 勾壬戊辰 戊五己	朱 柱丁庚午 伤死丙寅 朱丁庚午 庚酉辛	旺衰
	地 任丙辛未 杜休丁卯 地丙辛未 丑艮寅	值 蓬戊甲子 开生己巳 值戊甲子 壬子癸	常 心癸己巳 死伤乙丑 常癸己巳 戊乾亥	
旺衰		旺衰		旺衰

阳一局 乙丑时

旺衰		旺衰		旺衰
	勾 禽壬戊辰 伤杜丙寅 合辛丁卯 辰巽巳	值 蓬戊甲子 生生辛未 天乙壬申 丙午丁	阴 冲庚丙寅 休开甲子 蛇己乙丑 未坤申	
旺衰	合 辅辛丁卯 死中乙丑 阴庚丙寅 甲卯乙	常 心癸己巳 杜伤丁卯 勾壬戊辰 戊五己	地 任丙辛未 开休己巳 朱丁庚午 庚酉辛	旺衰
	天 英乙壬申 惊景庚午 地丙辛未 丑艮寅	蛇 芮己乙丑 景惊壬申 值戊甲子 壬子癸	朱 柱丁庚午 中死戊辰 常癸己巳 戊乾亥	
旺衰		旺衰		旺衰

阳一局 丙寅时

旺衰		旺衰		旺衰
	常 心癸己巳 死伤乙丑 合辛丁卯 辰巽巳	蛇 芮己乙丑 惊惊庚午 天乙壬申 丙午丁	合 辅辛丁卯 景中壬申 蛇己乙丑 未坤申	
旺衰	勾 禽壬戊辰 休杜甲子 阴庚丙寅 甲卯乙	朱 柱丁庚午 伤死丙寅 勾壬戊辰 戊五己	天 英乙壬申 中景戊辰 朱丁庚午 庚酉辛	旺衰
	值 蓬戊甲子 开生己巳 地丙辛未 丑艮寅	阴 冲庚丙寅 生开辛未 值戊甲子 壬子癸	地 任丙辛未 杜休丁卯 常癸己巳 戊乾亥	
旺衰		旺衰		旺衰

阳一局 丁卯时

旺衰		旺衰		旺衰
	朱 柱丁庚午 休死甲子 合辛丁卯 辰巽巳	阴 冲庚丙寅 开开己巳 天乙壬申 丙午丁	勾 禽壬戊辰 生杜辛未 蛇己乙丑 未坤申	
旺衰	常 心癸己巳 景伤壬申 阴庚丙寅 甲卯乙	地 任丙辛未 死休乙丑 勾壬戊辰 戊五己	值 蓬戊甲子 杜生丁卯 朱丁庚午 庚酉辛	旺衰
	蛇 芮己乙丑 中惊戊辰 地丙辛未 丑艮寅	合 辅辛丁卯 惊中庚午 值戊甲子 壬子癸	天 英乙壬申 伤景丙寅 常癸己巳 戊乾亥	
旺衰		旺衰		旺衰

阳一局 戊辰时

旺衰		旺衰		旺衰
	合 辅辛丁卯 景休壬申 合辛丁卯 辰巽巳	天 英乙壬申 中中戊辰 天乙壬申 丙午丁	蛇 芮己乙丑 惊伤庚午 蛇己乙丑 未坤申	
旺衰	阴 冲庚丙寅 生死辛未 阴庚丙寅 甲卯乙	勾 禽壬戊辰 休景甲子 勾壬戊辰 戊五己	朱 柱丁庚午 伤惊丙寅 朱丁庚午 庚酉辛	旺衰
	地 任丙辛未 杜开丁卯 地丙辛未 丑艮寅	值 蓬戊甲子 开杜己巳 值戊甲子 壬子癸	常 心癸己巳 死生乙丑 常癸己巳 戊乾亥	
旺衰		旺衰		旺衰

阳一局 己巳时

旺衰		旺衰		旺衰
	阴 冲庚丙寅 生景辛未 合辛丁卯 辰巽巳	地 任丙辛未 杜杜丁卯 天乙壬申 丙午丁	值 蓬戊甲子 开死己巳 蛇己乙丑 未坤申	
旺衰	蛇 芮己乙丑 惊休庚午 阴庚丙寅 甲卯乙	合 辅辛丁卯 景生壬申 勾壬戊辰 戊五己	常 心癸己巳 死开乙丑 朱丁庚午 庚酉辛	旺衰
	朱 柱丁庚午 伤中丙寅 地丙辛未 丑艮寅	天 英乙壬申 中伤戊辰 值戊甲子 壬子癸	勾 禽壬戊辰 休惊甲子 常癸己巳 戊乾亥	
旺衰		旺衰		旺衰

阳一局 庚午时

旺衰		旺衰		旺衰
	蛇 芮己乙丑 惊生庚午 合辛丁卯 辰巽巳	朱 柱丁庚午 伤伤丙寅 天乙壬申 丙午丁	天 英乙壬申 中休戊辰 蛇己乙丑 未坤申	
旺衰	值 蓬戊甲子 开景己巳 阴庚丙寅 甲卯乙	阴 冲庚丙寅 生惊辛未 勾壬戊辰 戊五己	勾 禽壬戊辰 休中甲子 朱丁庚午 庚酉辛	旺衰
	常 心癸己巳 死杜乙丑 地丙辛未 丑艮寅	地 任丙辛未 杜死丁卯 值戊甲子 壬子癸	合 辅辛丁卯 景开壬申 常癸己巳 戊乾亥	
旺衰		旺衰		旺衰

阳一局 辛未时

旺衰		旺衰		旺衰
	值 蓬戊甲子 开惊己巳 合辛丁卯 辰巽巳	常 心癸己巳 死死乙丑 天乙壬申 丙午丁	地 任丙辛未 杜景丁卯 蛇己乙丑 未坤申	
旺衰	天 英乙壬申 中生戊辰 阴庚丙寅 甲卯乙	蛇 芮己乙丑 惊开庚午 勾壬戊辰 戊五己	合 辅辛丁卯 景杜壬申 朱丁庚午 庚酉辛	旺衰
	勾 禽壬戊辰 休伤甲子 地丙辛未 丑艮寅	朱 柱丁庚午 伤休丙寅 值戊甲子 壬子癸	阴 冲庚丙寅 生中辛未 常癸己巳 戊乾亥	
旺衰		旺衰		旺衰

阳一局 壬申时

旺衰		旺衰		旺衰
	天 英乙壬申 中开戊辰 合辛丁卯 辰巽巳	勾 禽壬戊辰 休休甲子 天乙壬申 丙午丁	朱 柱丁庚午 伤生丙寅 蛇己乙丑 未坤申	
旺衰	地 任丙辛未 杜惊丁卯 阴庚丙寅 甲卯乙	值 蓬戊甲子 开中己巳 勾壬戊辰 戊五己	阴 冲庚丙寅 生伤辛未 朱丁庚午 庚酉辛	旺衰
	合 辅辛丁卯 景死壬申 地丙辛未 丑艮寅	常 心癸己巳 死景乙丑 值戊甲子 壬子癸	蛇 芮己乙丑 惊杜庚午 常癸己巳 戊乾亥	
旺衰		旺衰		旺衰

阳一局 癸酉时

旺衰		旺衰		旺衰
	地 任丙辛未 杜中丁卯 合辛丁卯 辰巽巳	合 辅辛丁卯 景景壬申 天乙壬申 丙午丁	常 心癸己巳 死惊乙丑 蛇己乙丑 未坤申	
旺衰	朱 柱丁庚午 伤开丙寅 阴庚丙寅 甲卯乙	天 英乙壬申 中杜戊辰 勾壬戊辰 戊五己	蛇 芮己乙丑 惊死庚午 朱丁庚午 庚酉辛	旺衰
	阴 冲庚丙寅 生休辛未 地丙辛未 丑艮寅	勾 禽壬戊辰 休生甲子 值戊甲子 壬子癸	值 蓬戊甲子 开伤己巳 常癸己巳 戊乾亥	
旺衰		旺衰		旺衰

阳一局 甲戌时

旺衰		旺衰		旺衰
	合 禽壬丁丑 景伤辛巳 阴辛丙子 辰巽巳	天 蓬戊壬午 中惊丁丑 地乙辛巳 丙午丁	蛇 冲庚乙亥 惊中己卯 值己甲戌 未坤申	
旺衰	阴 辅辛丙子 生杜庚辰 蛇庚乙亥 甲卯乙	勾 心癸戊寅 休死壬午 合壬丁丑 戊五己	朱 任丙庚辰 伤景乙亥 常丁己卯 庚酉辛	旺衰
	地 英乙辛巳 杜生丙子 朱丙庚辰 丑艮寅	值 芮己甲戌 开开戊寅 天戊壬午 壬子癸	常 柱丁己卯 死休甲戌 勾癸戊寅 戊乾亥	
旺衰		旺衰		旺衰

阳一局 乙亥时

旺衰		旺衰		旺衰
	勾 心癸戊寅 伤死乙亥 阴辛丙子 辰巽巳	值 芮己甲戌 生开庚辰 地乙辛巳 丙午丁	阴 辅辛丙子 休杜壬午 值己甲戌 未坤申	
旺衰	合 禽壬丁丑 死伤甲戌 蛇庚乙亥 甲卯乙	常 柱丁己卯 杜休丙子 合壬丁丑 戊五己	地 英乙辛巳 开生戊寅 常丁己卯 庚酉辛	旺衰
	天 蓬戊壬午 惊惊己卯 朱丙庚辰 丑艮寅	蛇 冲庚乙亥 景中辛巳 天戊壬午 壬子癸	朱 任丙庚辰 中景丁丑 勾癸戊寅 戊乾亥	
旺衰		旺衰		旺衰

阳一局 丙子时

旺衰		旺衰		旺衰
	常 柱丁己卯 死休甲戌 阴辛丙子 辰巽巳	蛇 冲庚乙亥 惊中己卯 地乙辛巳 丙午丁	合 禽壬丁丑 景伤辛巳 值己甲戌 未坤申	
旺衰	勾 心癸戊寅 休死壬午 蛇庚乙亥 甲卯乙	朱 任丙庚辰 伤景乙亥 合壬丁丑 戊五己	天 蓬戊壬午 中惊丁丑 常丁己卯 庚酉辛	旺衰
	值 芮己甲戌 开开戊寅 朱丙庚辰 丑艮寅	阴 辅辛丙子 生杜庚辰 天戊壬午 壬子癸	地 英乙辛巳 杜生丙子 勾癸戊寅 戌乾亥	
旺衰		旺衰		旺衰

阳一局 丁丑时

旺衰		旺衰		旺衰
	朱 任丙庚辰 休景壬午 阴辛丙子 辰巽巳	阴 辅辛丙子 开杜戊寅 地乙辛巳 丙午丁	勾 心癸戊寅 生死庚辰 值己甲戌 未坤申	
旺衰	常 柱丁己卯 景休辛巳 蛇庚乙亥 甲卯乙	地 英乙辛巳 死生甲戌 合壬丁丑 戊五己	值 芮己甲戌 杜开丙子 常丁己卯 庚酉辛	旺衰
	蛇 冲庚乙亥 中中丁丑 朱丙庚辰 丑艮寅	合 禽壬丁丑 惊伤己卯 天戊壬午 壬子癸	天 蓬戊壬午 伤惊乙亥 勾癸戊寅 戌乾亥	
旺衰		旺衰		旺衰

阳一局 戊寅时

旺衰		旺衰		旺衰
	合 禽壬丁丑 景生辛巳 阴辛丙子 辰巽巳	天 蓬戊壬午 中伤丁丑 地乙辛巳 丙午丁	蛇 冲庚乙亥 惊休己卯 值己甲戌 未坤申	
旺衰	阴 辅辛丙子 生景庚辰 蛇庚乙亥 甲卯乙	勾 心癸戊寅 休惊壬午 合壬丁丑 戊五己	朱 任丙庚辰 伤中乙亥 常丁己卯 庚酉辛	旺衰
	地 英乙辛巳 杜杜丙子 朱丙庚辰 丑艮寅	值 芮己甲戌 开死戊寅 天戊壬午 壬子癸	常 柱丁己卯 死开甲戌 勾癸戊寅 戌乾亥	
旺衰		旺衰		旺衰

阳一局 己卯时

旺衰		旺衰		旺衰
	合 禽壬丁丑 景惊辛巳 阴辛丙子 辰巽巳	天 蓬戊壬午 中死丁丑 地乙辛巳 丙午丁	蛇 冲庚乙亥 惊景己卯 值己甲戌 未坤申	
旺衰	阴 辅辛丙子 生生庚辰 蛇庚乙亥 甲卯乙	勾 心癸戊寅 休开壬午 合壬丁丑 戊五己	朱 任丙庚辰 伤杜乙亥 常丁己卯 庚酉辛	旺衰
	地 英乙辛巳 杜伤丙子 朱丙庚辰 丑艮寅	值 芮己甲戌 开休戊寅 天戊壬午 壬子癸	常 柱丁己卯 死中甲戌 勾癸戊寅 戌乾亥	
旺衰		旺衰		旺衰

阳一局 庚辰时

旺衰		旺衰		旺衰
	蛇 冲庚乙亥 惊开己卯 阴辛丙子 辰巽巳	朱 任丙庚辰 伤休乙亥 地乙辛巳 丙午丁	天 蓬戊壬午 中生丁丑 值己甲戌 未坤申	
旺衰	值 芮己甲戌 开惊戊寅 蛇庚乙亥 甲卯乙	阴 辅辛丙子 生中庚辰 合壬丁丑 戊五己	勾 心癸戊寅 休伤壬午 常丁己卯 庚酉辛	旺衰
	常 柱丁己卯 死死甲戌 朱丙庚辰 丑艮寅	地 英乙辛巳 杜景丙子 天戊壬午 壬子癸	合 禽壬丁丑 景杜辛巳 勾癸戊寅 戌乾亥	
旺衰		旺衰		旺衰

阳一局 辛巳时

旺衰		旺衰		旺衰
	值 芮己甲戌 开中戊寅 阴辛丙子 辰巽巳	常 柱丁己卯 死景甲戌 地乙辛巳 丙午丁	地 英乙辛巳 杜惊丙子 值己甲戌 未坤申	
旺衰	天 蓬戊壬午 中开丁丑 蛇庚乙亥 甲卯乙	蛇 冲庚乙亥 惊杜己卯 合壬丁丑 戊五己	合 禽壬丁丑 景死辛巳 常丁己卯 庚酉辛	旺衰
	勾 心癸戊寅 休休壬午 朱丙庚辰 丑艮寅	朱 任丙庚辰 伤生乙亥 天戊壬午 壬子癸	阴 辅辛丙子 生伤庚辰 勾癸戊寅 戌乾亥	
旺衰		旺衰		旺衰

阳一局 壬午时

旺衰		旺衰		旺衰
	天 蓬戊壬午 中杜丁丑 阴辛丙子 辰巽巳	勾 心癸戊寅 休生壬午 地乙辛巳 丙午丁	朱 任丙庚辰 伤开乙亥 值己甲戌 未坤申	
旺衰	地 英乙辛巳 杜中丙子 蛇庚乙亥 甲卯乙	值 芮己甲戌 开伤戊寅 合壬丁丑 戊五己	阴 辅辛丙子 生休庚辰 常丁己卯 庚酉辛	旺衰
	合 禽壬丁丑 景景辛巳 朱丙庚辰 丑艮寅	常 柱丁己卯 死惊甲戌 天戊壬午 壬子癸	蛇 冲庚乙亥 惊死己卯 勾癸戊寅 戌乾亥	
旺衰		旺衰		旺衰

阳一局 癸未时

旺衰		旺衰		旺衰
	地 英乙辛巳 杜伤丙子 阴辛丙子 辰巽巳	合 禽壬丁丑 景惊辛巳 地乙辛巳 丙午丁	常 柱丁己卯 死中甲戌 值己甲戌 未坤申	
旺衰	朱 任丙庚辰 伤杜乙亥 蛇庚乙亥 甲卯乙	天 蓬戊壬午 中死丁丑 合壬丁丑 戊五己	蛇 冲庚乙亥 惊景己卯 常丁己卯 庚酉辛	旺衰
	阴 辅辛丙子 生生庚辰 朱丙庚辰 丑艮寅	勾 心癸戊寅 休开壬午 天戊壬午 壬子癸	值 芮己甲戌 开休戊寅 勾癸戊寅 戌乾亥	
旺衰		旺衰		旺衰

阳一局 甲申时

旺衰		旺衰		旺衰
	合 心癸丁亥 景休庚寅 蛇辛乙酉 辰巽巳	天 芮己壬辰 中中丙戌 朱乙庚寅 丙午丁	蛇 辅辛乙酉 惊伤戊子 天己壬辰 未坤申	
旺衰	阴 禽壬丙戌 生死己丑 值庚甲申 甲卯乙	勾 柱丁戊子 休景辛卯 阴壬丙戌 戊五己	朱 英乙庚寅 伤惊甲申 勾丁戊子 庚酉辛	旺衰
	地 蓬戊辛卯 杜开乙酉 常丙己丑 丑艮寅	值 冲庚甲申 开杜丁亥 地戊辛卯 壬子癸	常 任丙己丑 死生壬辰 合癸丁亥 戌乾亥	
旺衰		旺衰		旺衰

阳一局 乙酉时

旺衰		旺衰		旺衰
	勾 柱丁戊子 伤景甲申 蛇辛乙酉 辰巽巳	值 冲庚甲申 生杜己丑 朱乙庚寅 丙午丁	阴 禽壬丙戌 休死辛卯 天己壬辰 未坤申	
旺衰	合 心癸丁亥 死休壬辰 值庚甲申 甲卯乙	常 任丙己丑 杜生乙酉 阴壬丙戌 戊五己	地 蓬戊辛卯 开开丁亥 勾丁戊子 庚酉辛	旺衰
	天 芮己壬辰 惊中戊子 常丙己丑 丑艮寅	蛇 辅辛乙酉 景伤庚寅 地戊辛卯 壬子癸	朱 英乙庚寅 中惊丙戌 合癸丁亥 戌乾亥	
旺衰		旺衰		旺衰

阳一局 丙戌时

旺衰		旺衰		旺衰
	常 任丙己丑 死生壬辰 蛇辛乙酉 辰巽巳	蛇 辅辛乙酉 惊伤戊子 朱乙庚寅 丙午丁	合 心癸丁亥 景休庚寅 天己壬辰 未坤申	
旺衰	勾 柱丁戊子 休景辛卯 值庚甲申 甲卯乙	朱 英乙庚寅 伤惊甲申 阴壬丙戌 戊五己	天 芮己壬辰 中中丙戌 勾丁戊子 庚酉辛	旺衰
	值 冲庚甲申 开杜丁亥 常丙己丑 丑艮寅	阴 禽壬丙戌 生死己丑 地戊辛卯 壬子癸	地 蓬戊辛卯 杜开乙酉 合癸丁亥 戌乾亥	
旺衰		旺衰		旺衰

阳一局 丁亥时

旺衰		旺衰		旺衰
	朱 英乙庚寅 休惊辛卯 蛇辛乙酉 辰巽巳	阴 禽壬丙戌 开死丁亥 朱乙庚寅 丙午丁	勾 柱丁戊子 生景己丑 天己壬辰 未坤申	
旺衰	常 任丙己丑 景生庚寅 值庚甲申 甲卯乙	地 蓬戊辛卯 死开壬辰 阴壬丙戌 戊五己	值 冲庚甲申 杜杜乙酉 勾丁戊子 庚酉辛	旺衰
	蛇 辅辛乙酉 中伤丙戌 常丙己丑 丑艮寅	合 心癸丁亥 惊休戊子 地戊辛卯 壬子癸	天 芮己壬辰 伤中甲申 合癸丁亥 戌乾亥	
旺衰		旺衰		旺衰

阳一局 戊子时

旺衰		旺衰		旺衰
	合 心癸丁亥 景开庚寅 蛇辛乙酉 辰巽巳	天 芮己壬辰 中休丙戌 朱乙庚寅 丙午丁	蛇 辅辛乙酉 惊生戊子 天己壬辰 未坤申	
旺衰	阴 禽壬丙戌 生惊己丑 值庚甲申 甲卯乙	勾 柱丁戊子 休中辛卯 阴壬丙戌 戊五己	朱 英乙庚寅 伤伤甲申 勾丁戊子 庚酉辛	旺衰
	地 蓬戊辛卯 杜死乙酉 常丙己丑 丑艮寅	值 冲庚甲申 开景丁亥 地戊辛卯 壬子癸	常 任丙己丑 死杜壬辰 合癸丁亥 戌乾亥	
旺衰		旺衰		旺衰

阳一局 己丑时

旺衰		旺衰		旺衰
	阴 禽壬丙戌 生中己丑 蛇辛乙酉 辰巽巳	地 蓬戊辛卯 杜景乙酉 朱乙庚寅 丙午丁	值 冲庚甲申 开惊丁亥 天己壬辰 未坤申	
旺衰	蛇 辅辛乙酉 惊开戊子 值庚甲申 甲卯乙	合 心癸丁亥 景杜庚寅 阴壬丙戌 戊五己	常 任丙己丑 死死壬辰 勾丁戊子 庚酉辛	旺衰
	朱 英乙庚寅 伤休甲申 常丙己丑 丑艮寅	天 芮己壬辰 中生丙戌 地戊辛卯 壬子癸	勾 柱丁戊子 休伤辛卯 合癸丁亥 戌乾亥	
旺衰		旺衰		旺衰

阳一局 庚寅时

旺衰		旺衰		旺衰
	合 心癸丁亥 景杜庚寅 蛇辛乙酉 辰巽巳	天 芮己壬辰 中生丙戌 朱乙庚寅 丙午丁	蛇 辅辛乙酉 惊开戊子 天己壬辰 未坤申	
旺衰	阴 禽壬丙戌 生中己丑 值庚甲申 甲卯乙	勾 柱丁戊子 休伤辛卯 阴壬丙戌 戊五己	朱 英乙庚寅 伤休甲申 勾丁戊子 庚酉辛	旺衰
	地 蓬戊辛卯 杜景乙酉 常丙己丑 丑艮寅	值 冲庚甲申 开惊丁亥 地戊辛卯 壬子癸	常 任丙己丑 死死壬辰 合癸丁亥 戌乾亥	
旺衰		旺衰		旺衰

阳一局 辛卯时

旺衰		旺衰		旺衰
	值 冲庚甲申 开伤丁亥 蛇辛乙酉 辰巽巳	常 任丙己丑 死惊壬辰 朱乙庚寅 丙午丁	地 蓬戊辛卯 杜中乙酉 天己壬辰 未坤申	
旺衰	天 芮己壬辰 中杜丙戌 值庚甲申 甲卯乙	蛇 辅辛乙酉 惊死戊子 阴壬丙戌 戊五己	合 心癸丁亥 景景庚寅 勾丁戊子 庚酉辛	旺衰
	勾 柱丁戊子 休生辛卯 常丙己丑 丑艮寅	朱 英乙庚寅 伤开甲申 地戊辛卯 壬子癸	阴 禽壬丙戌 生休己丑 合癸丁亥 戌乾亥	
旺衰		旺衰		旺衰

阳一局 壬辰时

旺衰		旺衰		旺衰
	天 芮己壬辰 中死丙戌 蛇辛乙酉 辰巽巳	勾 柱丁戊子 休开辛卯 朱乙庚寅 丙午丁	朱 英乙庚寅 伤杜甲申 天己壬辰 未坤申	
旺衰	地 蓬戊辛卯 杜伤乙酉 值庚甲申 甲卯乙	值 冲庚甲申 开休丁亥 阴壬丙戌 戊五己	阴 禽壬丙戌 生生己丑 勾丁戊子 庚酉辛	旺衰
	合 心癸丁亥 景惊庚寅 常丙己丑 丑艮寅	常 任丙己丑 死中壬辰 地戊辛卯 壬子癸	蛇 辅辛乙酉 惊景戊子 合癸丁亥 戌乾亥	
旺衰		旺衰		旺衰

阳一局 癸巳时

旺衰		旺衰		旺衰
	地 蓬戊辛卯 杜休乙酉 蛇辛乙酉 辰巽巳	合 心癸丁亥 景中庚寅 朱乙庚寅 丙午丁	常 任丙己丑 死伤壬辰 天己壬辰 未坤申	
旺衰	朱 英乙庚寅 伤死甲申 值庚甲申 甲卯乙	天 芮己壬辰 中景丙戌 阴壬丙戌 戊五己	蛇 辅辛乙酉 惊惊戊子 勾丁戊子 庚酉辛	旺衰
	阴 禽壬丙戌 生开己丑 常丙己丑 丑艮寅	勾 柱丁戊子 休杜辛卯 地戊辛卯 壬子癸	值 冲庚甲申 开生丁亥 合癸丁亥 戌乾亥	
旺衰		旺衰		旺衰

阳一局 甲午时

旺衰		旺衰		旺衰
	合 柱丁丁酉 景生己亥 值辛甲午 辰巽巳	天 冲庚壬寅 中伤乙未 常乙己亥 丙午丁	蛇 禽壬乙未 惊休丁酉 地己辛丑 未坤申	
旺衰	阴 心癸丙申 生景戊戌 天庚壬寅 甲卯乙	勾 任丙戊戌 休惊庚子 蛇壬乙未 戊五己	朱 蓬戊庚子 伤中壬寅 合丁丁酉 庚酉辛	旺衰
	地 芮己辛丑 杜杜甲午 勾丙戊戌 丑艮寅	值 辅辛甲午 开死丙申 朱戊庚子 壬子癸	常 英乙己亥 死开辛丑 阴癸丙申 戌乾亥	
旺衰		旺衰		旺衰

阳一局 乙未时

旺衰		旺衰		旺衰
	勾 任丙戊戌 伤惊壬寅 值辛甲午 辰巽巳	值 辅辛甲午 生死戊戌 常乙己亥 丙午丁	阴 心癸丙申 休景庚子 地己辛丑 未坤申	
旺衰	合 柱丁丁酉 死生辛丑 天庚壬寅 甲卯乙	常 英乙己亥 杜开甲午 蛇壬乙未 戊五己	地 芮己辛丑 开杜丙申 合丁丁酉 庚酉辛	旺衰
	天 冲庚壬寅 惊伤丁酉 勾丙戊戌 丑艮寅	蛇 禽壬乙未 景休己亥 朱戊庚子 壬子癸	朱 蓬戊庚子 中中乙未 阴癸丙申 戌乾亥	
旺衰		旺衰		旺衰

阳一局 丙申时

旺衰		旺衰		旺衰
	常 英乙己亥 死开辛丑 值辛甲午 辰巽巳	蛇 禽壬乙未 惊休丁酉 常乙己亥 丙午丁	合 柱丁丁酉 景生己亥 地己辛丑 未坤申	
旺衰	勾 任丙戊戌 休惊庚子 天庚壬寅 甲卯乙	朱 蓬戊庚子 伤中壬寅 蛇壬乙未 戊五己	天 冲庚壬寅 中伤乙未 合丁丁酉 庚酉辛	旺衰
	值 辅辛甲午 开死丙申 勾丙戊戌 丑艮寅	阴 心癸丙申 生景戊戌 朱戊庚子 壬子癸	地 芮己辛丑 杜杜甲午 阴癸丙申 戌乾亥	
旺衰		旺衰		旺衰

阳一局 丁酉时

旺衰		旺衰		旺衰
	朱 蓬戊庚子 休中庚子 值辛甲午 辰巽巳	阴 心癸丙申 开景丙申 常乙己亥 丙午丁	勾 任丙戊戌 生惊戊戌 地己辛丑 未坤申	
旺衰	常 英乙己亥 景开己亥 天庚壬寅 甲卯乙	地 芮己辛丑 死杜辛丑 蛇壬乙未 戊五己	值 辅辛甲午 杜死甲午 合丁丁酉 庚酉辛	旺衰
	蛇 禽壬乙未 中休乙未 勾丙戊戌 丑艮寅	合 柱丁丁酉 惊生丁酉 朱戊庚子 壬子癸	天 冲庚壬寅 伤伤壬寅 阴癸丙申 戌乾亥	
旺衰		旺衰		旺衰

阳一局 戊戌时

旺衰		旺衰		旺衰
	合 柱丁丁酉 景杜己亥 值辛甲午 辰巽巳	天 冲庚壬寅 中生乙未 常乙己亥 丙午丁	蛇 禽壬乙未 惊开丁酉 地己辛丑 未坤申	
旺衰	阴 心癸丙申 生中戊戌 天庚壬寅 甲卯乙	勾 任丙戊戌 休伤庚子 蛇壬乙未 戊五己	朱 蓬戊庚子 伤休壬寅 合丁丁酉 庚酉辛	旺衰
	地 芮己辛丑 杜景甲午 勾丙戊戌 丑艮寅	值 辅辛甲午 开惊丙申 朱戊庚子 壬子癸	常 英乙己亥 死死辛丑 阴癸丙申 戌乾亥	
旺衰		旺衰		旺衰

阳一局 己亥时

旺衰		旺衰		旺衰
	阴 心癸丙申 生伤戊戌 值辛甲午 辰巽巳	地 芮己辛丑 杜惊甲午 常乙己亥 丙午丁	值 辅辛甲午 开中丙申 地己辛丑 未坤申	
旺衰	蛇 禽壬乙未 惊杜丁酉 天庚壬寅 甲卯乙	合 柱丁丁酉 景死己亥 蛇壬乙未 戊五己	常 英乙己亥 死景辛丑 合丁丁酉 庚酉辛	旺衰
	朱 蓬戊庚子 伤生壬寅 勾丙戊戌 丑艮寅	天 冲庚壬寅 中开乙未 朱戊庚子 壬子癸	勾 任丙戊戌 休休庚子 阴癸丙申 戌乾亥	
旺衰		旺衰		旺衰

阳一局 庚子时

旺衰		旺衰		旺衰
	蛇 禽壬乙未 惊死丁酉 值辛甲午 辰巽巳	朱 蓬戊庚子 伤开壬寅 常乙己亥 丙午丁	天 冲庚壬寅 中杜乙未 地己辛丑 未坤申	
旺衰	值 辅辛甲午 开伤丙申 天庚壬寅 甲卯乙	阴 心癸丙申 生休戊戌 蛇壬乙未 戊五己	勾 任丙戊戌 休生庚子 合丁丁酉 庚酉辛	旺衰
	常 英乙己亥 死惊辛丑 勾丙戊戌 丑艮寅	地 芮己辛丑 杜中甲午 朱戊庚子 壬子癸	合 柱丁丁酉 景景己亥 阴癸丙申 戌乾亥	
旺衰		旺衰		旺衰

阳一局 辛丑时

旺衰		旺衰		旺衰
	合 柱丁丁酉 景休己亥 值辛甲午 辰巽巳	天 冲庚壬寅 中中乙未 常乙己亥 丙午丁	蛇 禽壬乙未 惊伤丁酉 地己辛丑 未坤申	
旺衰	阴 心癸丙申 生死戊戌 天庚壬寅 甲卯乙	勾 任丙戊戌 休景庚子 蛇壬乙未 戊五己	朱 蓬戊庚子 伤惊壬寅 合丁丁酉 庚酉辛	旺衰
	地 芮己辛丑 杜开甲午 勾丙戊戌 丑艮寅	值 辅辛甲午 开杜丙申 朱戊庚子 壬子癸	常 英乙己亥 死生辛丑 阴癸丙申 戌乾亥	
旺衰		旺衰		旺衰

阳一局 壬寅时

旺衰		旺衰		旺衰
	天 冲庚壬寅 中景乙未 值辛甲午 辰巽巳	勾 任丙戊戌 休杜庚子 常乙己亥 丙午丁	朱 蓬戊庚子 伤死壬寅 地己辛丑 未坤申	
旺衰	地 芮己辛丑 杜休甲午 天庚壬寅 甲卯乙	值 辅辛甲午 开生丙申 蛇壬乙未 戊五己	阴 心癸丙申 生开戊戌 合丁丁酉 庚酉辛	旺衰
	合 柱丁丁酉 景中己亥 勾丙戊戌 丑艮寅	常 英乙己亥 死伤辛丑 朱戊庚子 壬子癸	蛇 禽壬乙未 惊惊丁酉 阴癸丙申 戌乾亥	
旺衰		旺衰		旺衰

阳一局 癸卯时

旺衰		旺衰		旺衰
	地 芮己辛丑 杜生甲午 值辛甲午 辰巽巳	合 柱丁丁酉 景伤己亥 常乙己亥 丙午丁	常 英乙己亥 死休辛丑 地己辛丑 未坤申	
旺衰	朱 蓬戊庚子 伤景壬寅 天庚壬寅 甲卯乙	天 冲庚壬寅 中惊乙未 蛇壬乙未 戊五己	蛇 禽壬乙未 惊中丁酉 合丁丁酉 庚酉辛	旺衰
	阴 心癸丙申 生杜戊戌 勾丙戊戌 丑艮寅	勾 任丙戊戌 休死庚子 朱戊庚子 壬子癸	值 辅辛甲午 开开丙申 阴癸丙申 戌乾亥	
旺衰		旺衰		旺衰

阳一局 甲辰时

旺衰		旺衰		旺衰
	合 任丙丁未 景开戊申 天辛壬子 辰巽巳	天 辅辛壬子 中休甲辰 勾乙戊申 丙午丁	蛇 心癸乙巳 惊生丙午 朱己庚戌 未坤申	
旺衰	阴 柱丁丙午 生惊丁未 地庚辛亥 甲卯乙	勾 英乙戊申 休中己酉 值壬甲辰 戊五己	朱 芮己庚戌 伤伤辛亥 阴丁丙午 庚酉辛	旺衰
	地 冲庚辛亥 杜死壬子 合丙丁未 丑艮寅	值 禽壬甲辰 开景乙巳 常戊己酉 壬子癸	常 蓬戊己酉 死杜庚戌 蛇癸乙巳 戌乾亥	
旺衰		旺衰		旺衰

阳一局 乙巳时

旺衰		旺衰		旺衰
	勾 英乙戊申 伤中辛亥 天辛壬子 辰巽巳	值 禽壬甲辰 生景丁未 勾乙戊申 丙午丁	阴 柱丁丙午 休惊己酉 朱己庚戌 未坤申	
旺衰	合 任丙丁未 死开庚戌 地庚辛亥 甲卯乙	常 蓬戊己酉 杜杜壬子 值壬甲辰 戊五己	地 冲庚辛亥 开死乙巳 阴丁丙午 庚酉辛	旺衰
	天 辅辛壬子 惊休丙午 合丙丁未 丑艮寅	蛇 心癸乙巳 景生戊申 常戊己酉 壬子癸	朱 芮己庚戌 中伤甲辰 蛇癸乙巳 戌乾亥	
旺衰		旺衰		旺衰

阳一局 丙午时

旺衰		旺衰		旺衰
	常 蓬戊己酉 死杜庚戌 天辛壬子 辰巽巳	蛇 心癸乙巳 惊生丙午 勾乙戊申 丙午丁	合 任丙丁未 景开戊申 朱己庚戌 未坤申	
旺衰	勾 英乙戊申 休中己酉 地庚辛亥 甲卯乙	朱 芮己庚戌 伤伤辛亥 值壬甲辰 戊五己	天 辅辛壬子 中休甲辰 阴丁丙午 庚酉辛	旺衰
	值 禽壬甲辰 开景乙巳 合丙丁未 丑艮寅	阴 柱丁丙午 生惊丁未 常戊己酉 壬子癸	地 冲庚辛亥 杜死壬子 蛇癸乙巳 戌乾亥	
旺衰		旺衰		旺衰

阳一局 丁未时

旺衰		旺衰		旺衰
	朱 芮己庚戌 休伤己酉 天辛壬子 辰巽巳	阴 柱丁丙午 开惊乙巳 勾乙戊申 丙午丁	勾 英乙戊申 生中丁未 朱己庚戌 未坤申	
旺衰	常 蓬戊己酉 景杜戊申 地庚辛亥 甲卯乙	地 冲庚辛亥 死死庚戌 值壬甲辰 戊五己	值 禽壬甲辰 杜景壬子 阴丁丙午 庚酉辛	旺衰
	蛇 心癸乙巳 中生甲辰 合丙丁未 丑艮寅	合 任丙丁未 惊开丙午 常戊己酉 壬子癸	天 辅辛壬子 伤休辛亥 蛇癸乙巳 戌乾亥	
旺衰		旺衰		旺衰

阳一局 戊申时

旺衰		旺衰		旺衰
	合 任丙丁未 景死戊申 天辛壬子 辰巽巳	天 辅辛壬子 中开甲辰 勾乙戊申 丙午丁	蛇 心癸乙巳 惊杜丙午 朱己庚戌 未坤申	
旺衰	阴 柱丁丙午 生伤丁未 地庚辛亥 甲卯乙	勾 英乙戊申 休休己酉 值壬甲辰 戊五己	朱 芮己庚戌 伤生辛亥 阴丁丙午 庚酉辛	旺衰
	地 冲庚辛亥 杜惊壬子 合丙丁未 丑艮寅	值 禽壬甲辰 开中乙巳 常戊己酉 壬子癸	常 蓬戊己酉 死景庚戌 蛇癸乙巳 戌乾亥	
旺衰		旺衰		旺衰

阳一局 己酉时

旺衰		旺衰		旺衰
	阴 柱丁丙午 生休丁未 天辛壬子 辰巽巳	地 冲庚辛亥 杜中壬子 勾乙戊申 丙午丁	值 禽壬甲辰 开伤乙巳 朱己庚戌 未坤申	
旺衰	蛇 心癸乙巳 惊死丙午 地庚辛亥 甲卯乙	合 任丙丁未 景景戊申 值壬甲辰 戊五己	常 蓬戊己酉 死惊庚戌 阴丁丙午 庚酉辛	旺衰
	朱 芮己庚戌 伤开辛亥 合丙丁未 丑艮寅	天 辅辛壬子 中杜甲辰 常戊己酉 壬子癸	勾 英乙戊申 休生己酉 蛇癸乙巳 戌乾亥	
旺衰		旺衰		旺衰

阳一局 庚戌时

旺衰		旺衰		旺衰
	蛇 心癸乙巳 惊景丙午 天辛壬子 辰巽巳	朱 芮己庚戌 伤杜辛亥 勾乙戊申 丙午丁	天 辅辛壬子 中死甲辰 朱己庚戌 未坤申	
旺衰	值 禽壬甲辰 开休乙巳 地庚辛亥 甲卯乙	阴 柱丁丙午 生生丁未 值壬甲辰 戊五己	勾 英乙戊申 休开己酉 阴丁丙午 庚酉辛	旺衰
	常 蓬戊己酉 死中庚戌 合丙丁未 丑艮寅	地 冲庚辛亥 杜伤壬子 常戊己酉 壬子癸	合 任丙丁未 景惊戊申 蛇癸乙巳 戌乾亥	
旺衰		旺衰		旺衰

阳一局 辛亥时

旺衰		旺衰		旺衰
	值 禽壬甲辰 开生乙巳 天辛壬子 辰巽巳	常 蓬戊己酉 死伤庚戌 勾乙戊申 丙午丁	地 冲庚辛亥 杜休壬子 朱己庚戌 未坤申	
旺衰	天 辅辛壬子 中景甲辰 地庚辛亥 甲卯乙	蛇 心癸乙巳 惊惊丙午 值壬甲辰 戊五己	合 任丙丁未 景中戊申 阴丁丙午 庚酉辛	旺衰
	勾 英乙戊申 休杜己酉 合丙丁未 丑艮寅	朱 芮己庚戌 伤死辛亥 常戊己酉 壬子癸	阴 柱丁丙午 生开丁未 蛇癸乙巳 戌乾亥	
旺衰		旺衰		旺衰

阳一局 壬子时

旺衰		旺衰		旺衰
	合 任丙丁未 景惊戊申 天辛壬子 辰巽巳	天 辅辛壬子 中死甲辰 勾乙戊申 丙午丁	蛇 心癸乙巳 惊景丙午 朱己庚戌 未坤申	
旺衰	阴 柱丁丙午 生生丁未 地庚辛亥 甲卯乙	勾 英乙戊申 休开己酉 值壬甲辰 戊五己	朱 芮己庚戌 伤杜辛亥 阴丁丙午 庚酉辛	旺衰
	地 冲庚辛亥 杜伤壬子 合丙丁未 丑艮寅	值 禽壬甲辰 开休乙巳 常戊己酉 壬子癸	常 蓬戊己酉 死中庚戌 蛇癸乙巳 戌乾亥	
旺衰		旺衰		旺衰

阳一局 癸丑时

旺衰		旺衰		旺衰
	地 冲庚辛亥 杜开壬子 天辛壬子 辰巽巳	合 任丙丁未 景休戊申 勾乙戊申 丙午丁	常 蓬戊己酉 死生庚戌 朱己庚戌 未坤申	
旺衰	朱 芮己庚戌 伤惊辛亥 地庚辛亥 甲卯乙	天 辅辛壬子 中中甲辰 值壬甲辰 戊五己	蛇 心癸乙巳 惊伤丙午 阴丁丙午 庚酉辛	旺衰
	阴 柱丁丙午 生死丁未 合丙丁未 丑艮寅	勾 英乙戊申 休景己酉 常戊己酉 壬子癸	值 禽壬甲辰 开杜乙巳 蛇癸乙巳 戌乾亥	
旺衰		旺衰		旺衰

阳一局 甲寅时

旺衰		旺衰		旺衰
	合 英乙丁巳 景杜丁巳 地辛辛酉 辰巽巳	天 禽壬壬戌 中生壬戌 合乙丁巳 丙午丁	蛇 柱丁乙卯 惊开乙卯 常己己未 未坤申	
旺衰	阴 任丙丙辰 生中丙辰 朱庚庚申 甲卯乙	勾 蓬戊戊午 休伤戊午 天壬壬戌 戊五己	朱 冲庚庚申 伤休庚申 蛇丁乙卯 庚酉辛	旺衰
	地 辅辛辛酉 杜景辛酉 阴丙丙辰 丑艮寅	值 心癸甲寅 开惊甲寅 勾戊戊午 壬子癸	常 芮己己未 死死己未 值癸甲寅 戌乾亥	
旺衰		旺衰		旺衰

阳一局 乙卯时

旺衰		旺衰		旺衰
	勾 蓬戊戊午 伤伤庚申 地辛辛酉 辰巽巳	值 心癸甲寅 生惊丙辰 合乙丁巳 丙午丁	阴 任丙丙辰 休中戊午 常己己未 未坤申	
旺衰	合 英乙丁巳 死杜己未 朱庚庚申 甲卯乙	常 芮己己未 杜死辛酉 天壬壬戌 戊五己	地 辅辛辛酉 开景甲寅 蛇丁乙卯 庚酉辛	旺衰
	天 禽壬壬戌 惊生乙卯 阴丙丙辰 丑艮寅	蛇 柱丁乙卯 景开丁巳 勾戊戊午 壬子癸	朱 冲庚庚申 中休壬戌 值癸甲寅 戌乾亥	
旺衰		旺衰		旺衰

阳一局 丙辰时

旺衰		旺衰		旺衰
	常 芮己己未 死死己未 地辛辛酉 辰巽巳	蛇 柱丁乙卯 惊开乙卯 合乙丁巳 丙午丁	合 英乙丁巳 景杜丁巳 常己己未 未坤申	
旺衰	勾 蓬戊戊午 休伤戊午 朱庚庚申 甲卯乙	朱 冲庚庚申 伤休庚申 天壬壬戌 戊五己	天 禽壬壬戌 中生壬戌 蛇丁乙卯 庚酉辛	旺衰
	值 心癸甲寅 开惊甲寅 阴丙丙辰 丑艮寅	阴 任丙丙辰 生中丙辰 勾戊戊午 壬子癸	地 辅辛辛酉 杜景辛酉 值癸甲寅 戌乾亥	
旺衰		旺衰		旺衰

阳一局 丁巳时

旺衰		旺衰		旺衰
	朱 冲庚庚申 休休戊午 地辛辛酉 辰巽巳	阴 任丙丙辰 开中甲寅 合乙丁巳 丙午丁	勾 蓬戊戊午 生伤丙辰 常己己未 未坤申	
旺衰	常 芮己己未 景死丁巳 朱庚庚申 甲卯乙	地 辅辛辛酉 死景己未 天壬壬戌 戊五己	值 心癸甲寅 杜惊辛酉 蛇丁乙卯 庚酉辛	旺衰
	蛇 柱丁乙卯 中开壬戌 阴丙丙辰 丑艮寅	合 英乙丁巳 惊杜乙卯 勾戊戊午 壬子癸	天 禽壬壬戌 伤生庚申 值癸甲寅 戌乾亥	
旺衰		旺衰		旺衰

阳一局 戊午时

旺衰		旺衰		旺衰
	合 英乙丁巳 景景丁巳 地辛辛酉 辰巽巳	天 禽壬壬戌 中杜壬戌 合乙丁巳 丙午丁	蛇 柱丁乙卯 惊死乙卯 常己己未 未坤申	
旺衰	阴 任丙丙辰 生休丙辰 朱庚庚申 甲卯乙	勾 蓬戊戊午 休生戊午 天壬壬戌 戊五己	朱 冲庚庚申 伤开庚申 蛇丁乙卯 庚酉辛	旺衰
	地 辅辛辛酉 杜中辛酉 阴丙丙辰 丑艮寅	值 心癸甲寅 开伤甲寅 勾戊戊午 壬子癸	常 芮己己未 死惊己未 值癸甲寅 戌乾亥	
旺衰		旺衰		旺衰

阳一局 己未时

旺衰		旺衰		旺衰
	阴 任丙丙辰 生生丙辰 地辛辛酉 辰巽巳	地 辅辛辛酉 杜伤辛酉 合乙丁巳 丙午丁	值 心癸甲寅 开休甲寅 常己己未 未坤申	
旺衰	蛇 柱丁乙卯 惊景乙卯 朱庚庚申 甲卯乙	合 英乙丁巳 景惊丁巳 天壬壬戌 戊五己	常 芮己己未 死中己未 蛇丁乙卯 庚酉辛	旺衰
	朱 冲庚庚申 伤杜庚申 阴丙丙辰 丑艮寅	天 禽壬壬戌 中死壬戌 勾戊戊午 壬子癸	勾 蓬戊戊午 休开戊午 值癸甲寅 戌乾亥	
旺衰		旺衰		旺衰

阳一局 庚申时

旺衰		旺衰		旺衰
	蛇 柱丁乙卯 惊惊乙卯 地辛辛酉 辰巽巳	朱 冲庚庚申 伤死庚申 合乙丁巳 丙午丁	天 禽壬壬戌 中景壬戌 常己己未 未坤申	
旺衰	值 心癸甲寅 开生甲寅 朱庚庚申 甲卯乙	阴 任丙丙辰 生开丙辰 天壬壬戌 戊五己	勾 蓬戊戊午 休杜戊午 蛇丁乙卯 庚酉辛	旺衰
	常 芮己己未 死伤己未 阴丙丙辰 丑艮寅	地 辅辛辛酉 杜休辛酉 勾戊戊午 壬子癸	合 英乙丁巳 景中丁巳 值癸甲寅 戌乾亥	
旺衰		旺衰		旺衰

阳一局 辛酉时

旺衰		旺衰		旺衰
	值 心癸甲寅 开开甲寅 地辛辛酉 辰巽巳	常 芮己己未 死休己未 合乙丁巳 丙午丁	地 辅辛辛酉 杜生辛酉 常己己未 未坤申	
旺衰	天 禽壬壬戌 中惊壬戌 朱庚庚申 甲卯乙	蛇 柱丁乙卯 惊中乙卯 天壬壬戌 戊五己	合 英乙丁巳 景伤丁巳 蛇丁乙卯 庚酉辛	旺衰
	勾 蓬戊戊午 休死戊午 阴丙丙辰 丑艮寅	朱 冲庚庚申 伤景庚申 勾戊戊午 壬子癸	阴 任丙丙辰 生杜丙辰 值癸甲寅 戌乾亥	
旺衰		旺衰		旺衰

阳一局 壬戌时

旺衰		旺衰		旺衰
	天 禽壬壬戌 中中壬戌 地辛辛酉 辰巽巳	勾 蓬戊戊午 休景戊午 合乙丁巳 丙午丁	朱 冲庚庚申 伤惊庚申 常己己未 未坤申	
旺衰	地 辅辛辛酉 杜开辛酉 朱庚庚申 甲卯乙	值 心癸甲寅 开杜甲寅 天壬壬戌 戊五己	阴 任丙丙辰 生死丙辰 蛇丁乙卯 庚酉辛	旺衰
	合 英乙丁巳 景休丁巳 阴丙丙辰 丑艮寅	常 芮己己未 死生己未 勾戊戊午 壬子癸	蛇 柱丁乙卯 惊伤乙卯 值癸甲寅 戌乾亥	
旺衰		旺衰		旺衰

阳一局 癸亥时

旺衰		旺衰		旺衰
	合 英乙丁巳 景杜丁巳 地辛辛酉 辰巽巳	天 禽壬壬戌 中生壬戌 合乙丁巳 丙午丁	蛇 柱丁乙卯 惊开乙卯 常己己未 未坤申	
旺衰	阴 任丙丙辰 生中丙辰 朱庚庚申 甲卯乙	勾 蓬戊戊午 休伤戊午 天壬壬戌 戊五己	朱 冲庚庚申 伤休庚申 蛇丁乙卯 庚酉辛	旺衰
	地 辅辛辛酉 杜景辛酉 阴丙丙辰 丑艮寅	值 心癸甲寅 开惊甲寅 勾戊戊午 壬子癸	常 芮己己未 死死己未 值癸甲寅 戌乾亥	
旺衰		旺衰		旺衰

阳二局 甲子时

旺衰		旺衰		旺衰
	阴 辅庚丙寅 景伤辛未 阴庚丙寅 辰巽巳	地 英丙辛未 中惊丁卯 地丙辛未 丙午丁	值 芮戊甲子 惊中己巳 值戊甲子 未坤申	
旺衰	蛇 冲己乙丑 生杜庚午 蛇己乙丑 甲卯乙	合 禽辛丁卯 休死壬申 合辛丁卯 戊五己	常 柱癸己巳 伤景乙丑 常癸己巳 庚酉辛	旺衰
	朱 任丁庚午 杜生丙寅 朱丁庚午 丑艮寅	天 蓬乙壬申 开开戊辰 天乙壬申 壬子癸	勾 心壬戊辰 死休甲子 勾壬戊辰 戌乾亥	
旺衰		旺衰		旺衰

阳二局 乙丑时

旺衰		旺衰		旺衰
	合 禽辛丁卯 伤死乙丑 阴庚丙寅 辰巽巳	天 蓬乙壬申 生开庚午 地丙辛未 丙午丁	蛇 冲己乙丑 休杜壬申 值戊甲子 未坤申	
旺衰	阴 辅庚丙寅 死伤甲子 蛇己乙丑 甲卯乙	勾 心壬戊辰 杜休丙寅 合辛丁卯 戊五己	朱 任丁庚午 开生戊辰 常癸己巳 庚酉辛	旺衰
	地 英丙辛未 惊惊己巳 朱丁庚午 丑艮寅	值 芮戊甲子 景中辛未 天乙壬申 壬子癸	常 柱癸己巳 中景丁卯 勾壬戊辰 戌乾亥	
旺衰		旺衰		旺衰

阳二局 丙寅时

旺衰		旺衰		旺衰
	勾 心壬戊辰 死休甲子 阴庚丙寅 辰巽巳	值 芮戊甲子 惊中己巳 地丙辛未 丙午丁	阴 辅庚丙寅 景伤辛未 值戊甲子 未坤申	
旺衰	合 禽辛丁卯 休死壬申 蛇己乙丑 甲卯乙	常 柱癸己巳 伤景乙丑 合辛丁卯 戊五己	地 英丙辛未 中惊丁卯 常癸己巳 庚酉辛	旺衰
	天 蓬乙壬申 开开戊辰 朱丁庚午 丑艮寅	蛇 冲己乙丑 生杜庚午 天乙壬申 壬子癸	朱 任丁庚午 杜生丙寅 勾壬戊辰 戌乾亥	
旺衰		旺衰		旺衰

阳二局 丁卯时

旺衰		旺衰		旺衰
	常 柱癸己巳 休景壬申 阴庚丙寅 辰巽巳	蛇 冲己乙丑 开杜戊辰 地丙辛未 丙午丁	合 禽辛丁卯 生死庚午 值戊甲子 未坤申	
旺衰	勾 心壬戊辰 景休辛未 蛇己乙丑 甲卯乙	朱 任丁庚午 死生甲子 合辛丁卯 戊五己	天 蓬乙壬申 杜开丙寅 常癸己巳 庚酉辛	旺衰
	值 芮戊甲子 中中丁卯 朱丁庚午 丑艮寅	阴 辅庚丙寅 惊伤己巳 天乙壬申 壬子癸	地 英丙辛未 伤惊乙丑 勾壬戊辰 戌乾亥	
旺衰		旺衰		旺衰

阳二局 戊辰时

旺衰		旺衰		旺衰
	阴 辅庚丙寅 景生辛未 阴庚丙寅 辰巽巳	地 英丙辛未 中伤丁卯 地丙辛未 丙午丁	值 芮戊甲子 惊休己巳 值戊甲子 未坤申	
旺衰	蛇 冲己乙丑 生景庚午 蛇己乙丑 甲卯乙	合 禽辛丁卯 休惊壬申 合辛丁卯 戊五己	常 柱癸己巳 伤中乙丑 常癸己巳 庚酉辛	旺衰
	朱 任丁庚午 杜杜丙寅 朱丁庚午 丑艮寅	天 蓬乙壬申 开死戊辰 天乙壬申 壬子癸	勾 心壬戊辰 死开甲子 勾壬戊辰 戌乾亥	
旺衰		旺衰		旺衰

阳二局 己巳时

旺衰		旺衰		旺衰
	蛇 冲己乙丑 生惊庚午 阴庚丙寅 辰巽巳	朱 任丁庚午 杜死丙寅 地丙辛未 丙午丁	天 蓬乙壬申 开景戊辰 值戊甲子 未坤申	
旺衰	值 芮戊甲子 惊生己巳 蛇己乙丑 甲卯乙	阴 辅庚丙寅 景开辛未 合辛丁卯 戊五己	勾 心壬戊辰 死杜甲子 常癸己巳 庚酉辛	旺衰
	常 柱癸己巳 伤伤乙丑 朱丁庚午 丑艮寅	地 英丙辛未 中休丁卯 天乙壬申 壬子癸	合 禽辛丁卯 休中壬申 勾壬戊辰 戌乾亥	
旺衰		旺衰		旺衰

阳二局 庚午时

旺衰		旺衰		旺衰
	值 芮戊甲子 惊开己巳 阴庚丙寅 辰巽巳	常 柱癸己巳 伤休乙丑 地丙辛未 丙午丁	地 英丙辛未 中生丁卯 值戊甲子 未坤申	
旺衰	天 蓬乙壬申 开惊戊辰 蛇己乙丑 甲卯乙	蛇 冲己乙丑 生中庚午 合辛丁卯 戊五己	合 禽辛丁卯 休伤壬申 常癸己巳 庚酉辛	旺衰
	勾 心壬戊辰 死死甲子 朱丁庚午 丑艮寅	朱 任丁庚午 杜景丙寅 天乙壬申 壬子癸	阴 辅庚丙寅 景杜辛未 勾壬戊辰 戌乾亥	
旺衰		旺衰		旺衰

阳二局 辛未时

旺衰		旺衰		旺衰
	天 蓬乙壬申 开中戊辰 阴庚丙寅 辰巽巳	勾 心壬戊辰 死景甲子 地丙辛未 丙午丁	朱 任丁庚午 杜惊丙寅 值戊甲子 未坤申	
旺衰	地 英丙辛未 中开丁卯 蛇己乙丑 甲卯乙	值 芮戊甲子 惊杜己巳 合辛丁卯 戊五己	阴 辅庚丙寅 景死辛未 常癸己巳 庚酉辛	旺衰
	合 禽辛丁卯 休休壬申 朱丁庚午 丑艮寅	常 柱癸己巳 伤生乙丑 天乙壬申 壬子癸	蛇 冲己乙丑 生伤庚午 勾壬戊辰 戌乾亥	
旺衰		旺衰		旺衰

阳二局 壬申时

旺衰		旺衰		旺衰
	地 英丙辛未 中杜丁卯 阴庚丙寅 辰巽巳	合 禽辛丁卯 休生壬申 地丙辛未 丙午丁	常 柱癸己巳 伤开乙丑 值戊甲子 未坤申	
旺衰	朱 任丁庚午 杜中丙寅 蛇己乙丑 甲卯乙	天 蓬乙壬申 开伤戊辰 合辛丁卯 戊五己	蛇 冲己乙丑 生休庚午 常癸己巳 庚酉辛	旺衰
	阴 辅庚丙寅 景景辛未 朱丁庚午 丑艮寅	勾 心壬戊辰 死惊甲子 天乙壬申 壬子癸	值 芮戊甲子 惊死己巳 勾壬戊辰 戌乾亥	
旺衰		旺衰		旺衰

阳二局 癸酉时

旺衰		旺衰		旺衰
	朱 任丁庚午 杜伤丙寅 阴庚丙寅 辰巽巳	阴 辅庚丙寅 景惊辛未 地丙辛未 丙午丁	勾 心壬戊辰 死中甲子 值戊甲子 未坤申	
旺衰	常 柱癸己巳 伤杜乙丑 蛇己乙丑 甲卯乙	地 英丙辛未 中死丁卯 合辛丁卯 戊五己	值 芮戊甲子 惊景己巳 常癸己巳 庚酉辛	旺衰
	蛇 冲己乙丑 生生庚午 朱丁庚午 丑艮寅	合 禽辛丁卯 休开壬申 天乙壬申 壬子癸	天 蓬乙壬申 开休戊辰 勾壬戊辰 戌乾亥	
旺衰		旺衰		旺衰

阳二局 甲戌时

旺衰		旺衰		旺衰
	阴 禽辛丙子 景休庚辰 蛇庚乙亥 辰巽巳	地 蓬乙辛巳 中中丙子 朱丙庚辰 丙午丁	值 冲己甲戌 惊伤戊寅 天戊壬午 未坤申	
旺衰	蛇 辅庚乙亥 生死己卯 值己甲戌 甲卯乙	合 心壬丁丑 休景辛巳 阴辛丙子 戊五己	常 任丁己卯 伤惊甲戌 勾癸戊寅 庚酉辛	旺衰
	朱 英丙庚辰 杜开乙亥 常丁己卯 丑艮寅	天 芮戊壬午 开杜丁丑 地乙辛巳 壬子癸	勾 柱癸戊寅 死生壬午 合壬丁丑 戌乾亥	
旺衰		旺衰		旺衰

阳二局 乙亥时

旺衰		旺衰		旺衰
	合 心壬丁丑 伤景甲戌 蛇庚乙亥 辰巽巳	天 芮戊壬午 生杜己卯 朱丙庚辰 丙午丁	蛇 辅庚乙亥 休死辛巳 天戊壬午 未坤申	
旺衰	阴 禽辛丙子 死休壬午 值己甲戌 甲卯乙	勾 柱癸戊寅 杜生乙亥 阴辛丙子 戊五己	朱 英丙庚辰 开开丁丑 勾癸戊寅 庚酉辛	旺衰
	地 蓬乙辛巳 惊中戊寅 常丁己卯 丑艮寅	值 冲己甲戌 景伤庚辰 地乙辛巳 壬子癸	常 任丁己卯 中惊丙子 合壬丁丑 戌乾亥	
旺衰		旺衰		旺衰

阳二局 丙子时

旺衰		旺衰		旺衰
	勾 柱癸戊寅 死生壬午 蛇庚乙亥 辰巽巳	值 冲己甲戌 惊伤戊寅 朱丙庚辰 丙午丁	阴 禽辛丙子 景休庚辰 天戊壬午 未坤申	
旺衰	合 心壬丁丑 休景辛巳 值己甲戌 甲卯乙	常 任丁己卯 伤惊甲戌 阴辛丙子 戊五己	地 蓬乙辛巳 中中丙子 勾癸戊寅 庚酉辛	旺衰
	天 芮戊壬午 开杜丁丑 常丁己卯 丑艮寅	蛇 辅庚乙亥 生死己卯 地乙辛巳 壬子癸	朱 英丙庚辰 杜开乙亥 合壬丁丑 戌乾亥	
旺衰		旺衰		旺衰

阳二局 丁丑时

旺衰		旺衰		旺衰
	常 任丁己卯 休惊辛巳 蛇庚乙亥 辰巽巳	蛇 辅庚乙亥 开死丁丑 朱丙庚辰 丙午丁	合 心壬丁丑 生景己卯 天戊壬午 未坤申	
旺衰	勾 柱癸戊寅 景生庚辰 值己甲戌 甲卯乙	朱 英丙庚辰 死开壬午 阴辛丙子 戊五己	天 芮戊壬午 杜杜乙亥 勾癸戊寅 庚酉辛	旺衰
	值 冲己甲戌 中伤丙子 常丁己卯 丑艮寅	阴 禽辛丙子 惊休戊寅 地乙辛巳 壬子癸	地 蓬乙辛巳 伤中甲戌 合壬丁丑 戌乾亥	
旺衰		旺衰		旺衰

阳二局 戊寅时

旺衰		旺衰		旺衰
	阴 禽辛丙子 景开庚辰 蛇庚乙亥 辰巽巳	地 蓬乙辛巳 中休丙子 朱丙庚辰 丙午丁	值 冲己甲戌 惊生戊寅 天戊壬午 未坤申	
旺衰	蛇 辅庚乙亥 生惊己卯 值己甲戌 甲卯乙	合 心壬丁丑 休中辛巳 阴辛丙子 戊五己	常 任丁己卯 伤伤甲戌 勾癸戊寅 庚酉辛	旺衰
	朱 英丙庚辰 杜死乙亥 常丁己卯 丑艮寅	天 芮戊壬午 开景丁丑 地乙辛巳 壬子癸	勾 柱癸戊寅 死杜壬午 合壬丁丑 戌乾亥	
旺衰		旺衰		旺衰

阳二局 己卯时

旺衰		旺衰		旺衰
	阴 禽辛丙子 景中庚辰 蛇庚乙亥 辰巽巳	地 蓬乙辛巳 中景丙子 朱丙庚辰 丙午丁	值 冲己甲戌 惊惊戊寅 天戊壬午 未坤申	
旺衰	蛇 辅庚乙亥 生开己卯 值己甲戌 甲卯乙	合 心壬丁丑 休杜辛巳 阴辛丙子 戊五己	常 任丁己卯 伤死甲戌 勾癸戊寅 庚酉辛	旺衰
	朱 英丙庚辰 杜休乙亥 常丁己卯 丑艮寅	天 芮戊壬午 开生丁丑 地乙辛巳 壬子癸	勾 柱癸戊寅 死伤壬午 合壬丁丑 戌乾亥	
旺衰		旺衰		旺衰

阳二局 庚辰时

旺衰		旺衰		旺衰
	值 冲己甲戌 惊杜戊寅 蛇庚乙亥 辰巽巳	常 任丁己卯 伤生甲戌 朱丙庚辰 丙午丁	地 蓬乙辛巳 中开丙子 天戊壬午 未坤申	
旺衰	天 芮戊壬午 开中丁丑 值己甲戌 甲卯乙	蛇 辅庚乙亥 生伤己卯 阴辛丙子 戊五己	合 心壬丁丑 休休辛巳 勾癸戊寅 庚酉辛	旺衰
	勾 柱癸戊寅 死景壬午 常丁己卯 丑艮寅	朱 英丙庚辰 杜惊乙亥 地乙辛巳 壬子癸	阴 禽辛丙子 景死庚辰 合壬丁丑 戌乾亥	
旺衰		旺衰		旺衰

阳二局 辛巳时

旺衰		旺衰		旺衰
	天 芮戊壬午 开伤丁丑 蛇庚乙亥 辰巽巳	勾 柱癸戊寅 死惊壬午 朱丙庚辰 丙午丁	朱 英丙庚辰 杜中乙亥 天戊壬午 未坤申	
旺衰	地 蓬乙辛巳 中杜丙子 值己甲戌 甲卯乙	值 冲己甲戌 惊死戊寅 阴辛丙子 戊五己	阴 禽辛丙子 景景庚辰 勾癸戊寅 庚酉辛	旺衰
	合 心壬丁丑 休生辛巳 常丁己卯 丑艮寅	常 任丁己卯 伤开甲戌 地乙辛巳 壬子癸	蛇 辅庚乙亥 生休己卯 合壬丁丑 戌乾亥	
旺衰		旺衰		旺衰

阳二局 壬午时

旺衰		旺衰		旺衰
	地 蓬乙辛巳 中死丙子 蛇庚乙亥 辰巽巳	合 心壬丁丑 休开辛巳 朱丙庚辰 丙午丁	常 任丁己卯 伤杜甲戌 天戊壬午 未坤申	
旺衰	朱 英丙庚辰 杜伤乙亥 值己甲戌 甲卯乙	天 芮戊壬午 开休丁丑 阴辛丙子 戊五己	蛇 辅庚乙亥 生生己卯 勾癸戊寅 庚酉辛	旺衰
	阴 禽辛丙子 景惊庚辰 常丁己卯 丑艮寅	勾 柱癸戊寅 死中壬午 地乙辛巳 壬子癸	值 冲己甲戌 惊景戊寅 合壬丁丑 戌乾亥	
旺衰		旺衰		旺衰

阳二局 癸未时

旺衰		旺衰		旺衰
	朱 英丙庚辰 杜休乙亥 蛇庚乙亥 辰巽巳	阴 禽辛丙子 景中庚辰 朱丙庚辰 丙午丁	勾 柱癸戊寅 死伤壬午 天戊壬午 未坤申	
旺衰	常 任丁己卯 伤死甲戌 值己甲戌 甲卯乙	地 蓬乙辛巳 中景丙子 阴辛丙子 戊五己	值 冲己甲戌 惊惊戊寅 勾癸戊寅 庚酉辛	旺衰
	蛇 辅庚乙亥 生开己卯 常丁己卯 丑艮寅	合 心壬丁丑 休杜辛巳 地乙辛巳 壬子癸	天 芮戊壬午 开生丁丑 合壬丁丑 戌乾亥	
旺衰		旺衰		旺衰

阳二局 甲申时

旺衰		旺衰		旺衰
	阴 心壬丙戌 景生己丑 值庚甲申 辰巽巳	地 芮戊辛卯 中伤乙酉 常丙己丑 丙午丁	值 辅庚甲申 惊休丁亥 地戊辛卯 未坤申	
旺衰	蛇 禽辛乙酉 生景戊子 天己壬辰 甲卯乙	合 柱癸丁亥 休惊庚寅 蛇辛乙酉 戊五己	常 英丙己丑 伤中壬辰 合癸丁亥 庚酉辛	旺衰
	朱 蓬乙庚寅 杜杜甲申 勾丁戊子 丑艮寅	天 冲己壬辰 开死丙戌 朱乙庚寅 壬子癸	勾 任丁戊子 死开辛卯 阴壬丙戌 戌乾亥	
旺衰		旺衰		旺衰

阳二局 乙酉时

旺衰		旺衰		旺衰
	合 柱癸丁亥 伤惊壬辰 值庚甲申 辰巽巳	天 冲己壬辰 生死戊子 常丙己丑 丙午丁	蛇 禽辛乙酉 休景庚寅 地戊辛卯 未坤申	
旺衰	阴 心壬丙戌 死生辛卯 天己壬辰 甲卯乙	勾 任丁戊子 杜开甲申 蛇辛乙酉 戊五己	朱 蓬乙庚寅 开杜丙戌 合癸丁亥 庚酉辛	旺衰
	地 芮戊辛卯 惊伤丁亥 勾丁戊子 丑艮寅	值 辅庚甲申 景休己丑 朱乙庚寅 壬子癸	常 英丙己丑 中中乙酉 阴壬丙戌 戌乾亥	
旺衰		旺衰		旺衰

阳二局 丙戌时

旺衰		旺衰		旺衰
	勾 任丁戊子 死开辛卯 值庚甲申 辰巽巳	值 辅庚甲申 惊休丁亥 常丙己丑 丙午丁	阴 心壬丙戌 景生己丑 地戊辛卯 未坤申	
旺衰	合 柱癸丁亥 休惊庚寅 天己壬辰 甲卯乙	常 英丙己丑 伤中壬辰 蛇辛乙酉 戊五己	地 芮戊辛卯 中伤乙酉 合癸丁亥 庚酉辛	旺衰
	天 冲己壬辰 开死丙戌 勾丁戊子 丑艮寅	蛇 禽辛乙酉 生景戊子 朱乙庚寅 壬子癸	朱 蓬乙庚寅 杜杜甲申 阴壬丙戌 戌乾亥	
旺衰		旺衰		旺衰

阳二局 丁亥时

旺衰		旺衰		旺衰
	常 英丙己丑 休中庚寅 值庚甲申 辰巽巳	蛇 禽辛乙酉 开景丙戌 常丙己丑 丙午丁	合 柱癸丁亥 生惊戊子 地戊辛卯 未坤申	
旺衰	勾 任丁戊子 景开己丑 天己壬辰 甲卯乙	朱 蓬乙庚寅 死杜辛卯 蛇辛乙酉 戊五己	天 冲己壬辰 杜死甲申 合癸丁亥 庚酉辛	旺衰
	值 辅庚甲申 中休乙酉 勾丁戊子 丑艮寅	阴 心壬丙戌 惊生丁亥 朱乙庚寅 壬子癸	地 芮戊辛卯 伤伤壬辰 阴壬丙戌 戌乾亥	
旺衰		旺衰		旺衰

阳二局 戊子时

旺衰		旺衰		旺衰
	阴 心壬丙戊 景杜己丑 值庚甲申 辰巽巳	地 芮戊辛卯 中生乙酉 常丙己丑 丙午丁	值 辅庚甲申 惊开丁亥 地戊辛卯 未坤申	
旺衰	蛇 禽辛乙酉 生中戊子 天己壬辰 甲卯乙	合 柱癸丁亥 休伤庚寅 蛇辛乙酉 戊五己	常 英丙己丑 伤休壬辰 合癸丁亥 庚酉辛	旺衰
	朱 蓬乙庚寅 杜景甲申 勾丁戊子 丑艮寅	天 冲己壬辰 开惊丙戌 朱乙庚寅 壬子癸	勾 任丁戊子 死死辛卯 阴壬丙戌 戌乾亥	
旺衰		旺衰		旺衰

阳二局 己丑时

旺衰		旺衰		旺衰
	蛇 禽辛乙酉 生伤戊子 值庚甲申 辰巽巳	朱 蓬乙庚寅 杜惊甲申 常丙己丑 丙午丁	天 冲己壬辰 开中丙戌 地戊辛卯 未坤申	
旺衰	值 辅庚甲申 惊杜丁亥 天己壬辰 甲卯乙	阴 心壬丙戊 景死己丑 蛇辛乙酉 戊五己	勾 任丁戊子 死景辛卯 合癸丁亥 庚酉辛	旺衰
	常 英丙己丑 伤生壬辰 勾丁戊子 丑艮寅	地 芮戊辛卯 中开乙酉 朱乙庚寅 壬子癸	合 柱癸丁亥 休休庚寅 阴壬丙戌 戌乾亥	
旺衰		旺衰		旺衰

阳二局 庚寅时

旺衰		旺衰		旺衰
	阴 心壬丙戊 景死己丑 值庚甲申 辰巽巳	地 芮戊辛卯 中开乙酉 常丙己丑 丙午丁	值 辅庚甲申 惊杜丁亥 地戊辛卯 未坤申	
旺衰	蛇 禽辛乙酉 生伤戊子 天己壬辰 甲卯乙	合 柱癸丁亥 休休庚寅 蛇辛乙酉 戊五己	常 英丙己丑 伤生壬辰 合癸丁亥 庚酉辛	旺衰
	朱 蓬乙庚寅 杜惊甲申 勾丁戊子 丑艮寅	天 冲己壬辰 开中丙戌 朱乙庚寅 壬子癸	勾 任丁戊子 死景辛卯 阴壬丙戌 戌乾亥	
旺衰		旺衰		旺衰

阳二局 辛卯时

旺衰		旺衰		旺衰
	天 冲己壬辰 开休丙戌 值庚甲申 辰巽巳	勾 任丁戊子 死中辛卯 常丙己丑 丙午丁	朱 蓬乙庚寅 杜伤甲申 地戊辛卯 未坤申	
旺衰	地 芮戊辛卯 中死乙酉 天己壬辰 甲卯乙	值 辅庚甲申 惊景丁亥 蛇辛乙酉 戊五己	阴 心壬丙戊 景惊己丑 合癸丁亥 庚酉辛	旺衰
	合 柱癸丁亥 休开庚寅 勾丁戊子 丑艮寅	常 英丙己丑 伤杜壬辰 朱乙庚寅 壬子癸	蛇 禽辛乙酉 生生戊子 阴壬丙戌 戌乾亥	
旺衰		旺衰		旺衰

阳二局 壬辰时

旺衰		旺衰		旺衰
	地 芮戊辛卯 中景乙酉 值庚甲申 辰巽巳	合 柱癸丁亥 休杜庚寅 常丙己丑 丙午丁	常 英丙己丑 伤死壬辰 地戊辛卯 未坤申	
旺衰	朱 蓬乙庚寅 杜休甲申 天己壬辰 甲卯乙	天 冲己壬辰 开生丙戌 蛇辛乙酉 戊五己	蛇 禽辛乙酉 生开戊子 合癸丁亥 庚酉辛	旺衰
	阴 心壬丙戊 景中己丑 勾丁戊子 丑艮寅	勾 任丁戊子 死伤辛卯 朱乙庚寅 壬子癸	值 辅庚甲申 惊惊丁亥 阴壬丙戌 戌乾亥	
旺衰		旺衰		旺衰

阳二局 癸巳时

旺衰		旺衰		旺衰
	朱 蓬乙庚寅 杜生甲申 值庚甲申 辰巽巳	阴 心壬丙戊 景伤己丑 常丙己丑 丙午丁	勾 任丁戊子 死休辛卯 地戊辛卯 未坤申	
旺衰	常 英丙己丑 伤景壬辰 天己壬辰 甲卯乙	地 芮戊辛卯 中惊乙酉 蛇辛乙酉 戊五己	值 辅庚甲申 惊中丁亥 合癸丁亥 庚酉辛	旺衰
	蛇 禽辛乙酉 生杜戊子 勾丁戊子 丑艮寅	合 柱癸丁亥 休死庚寅 朱乙庚寅 壬子癸	天 冲己壬辰 开开丙戌 阴壬丙戌 戌乾亥	
旺衰		旺衰		旺衰

阳二局 甲午时

旺衰		旺衰		旺衰
	阴 柱癸丙申 景开戊戌 天庚壬寅 辰巽巳	地 冲己辛丑 中休甲午 勾丙戊戌 丙午丁	值 禽辛甲午 惊生丙申 朱戊庚子 未坤申	
旺衰	蛇 心壬乙未 生惊丁酉 地己辛丑 甲卯乙	合 任丁丁酉 休中己亥 值辛甲午 戊五己	常 蓬乙己亥 伤伤辛丑 阴癸丙申 庚酉辛	旺衰
	朱 芮戊庚子 杜死壬寅 合丁丁酉 丑艮寅	天 辅庚壬寅 开景乙未 常乙己亥 壬子癸	勾 英丙戊戌 死杜庚子 蛇壬乙未 戌乾亥	
旺衰		旺衰		旺衰

阳二局 乙未时

旺衰		旺衰		旺衰
	合 任丁丁酉 伤中辛丑 天庚壬寅 辰巽巳	天 辅庚壬寅 生景丁酉 勾丙戊戌 丙午丁	蛇 心壬乙未 休惊己亥 朱戊庚子 未坤申	
旺衰	阴 柱癸丙申 死开庚子 地己辛丑 甲卯乙	勾 英丙戊戌 杜杜壬寅 值辛甲午 戊五己	朱 芮戊庚子 开死乙未 阴癸丙申 庚酉辛	旺衰
	地 冲己辛丑 惊休丙申 合丁丁酉 丑艮寅	值 禽辛甲午 景生戊戌 常乙己亥 壬子癸	常 蓬乙己亥 中伤甲午 蛇壬乙未 戌乾亥	
旺衰		旺衰		旺衰

阳二局 丙申时

旺衰		旺衰		旺衰
	勾 英丙戊戌 死杜庚子 天庚壬寅 辰巽巳	值 禽辛甲午 惊生丙申 勾丙戊戌 丙午丁	阴 柱癸丙申 景开戊戌 朱戊庚子 未坤申	
旺衰	合 任丁丁酉 休中己亥 地己辛丑 甲卯乙	常 蓬乙己亥 伤伤辛丑 值辛甲午 戊五己	地 冲己辛丑 中休甲午 阴癸丙申 庚酉辛	旺衰
	天 辅庚壬寅 开景乙未 合丁丁酉 丑艮寅	蛇 心壬乙未 生惊丁酉 常乙己亥 壬子癸	朱 芮戊庚子 杜死壬寅 蛇壬乙未 戌乾亥	
旺衰		旺衰		旺衰

阳二局 丁酉时

旺衰		旺衰		旺衰
	常 蓬乙己亥 休伤己亥 天庚壬寅 辰巽巳	蛇 心壬乙未 开惊乙未 勾丙戊戌 丙午丁	合 任丁丁酉 生中丁酉 朱戊庚子 未坤申	
旺衰	勾 英丙戊戌 景杜戊戌 地己辛丑 甲卯乙	朱 芮戊庚子 死死庚子 值辛甲午 戊五己	天 辅庚壬寅 杜景壬寅 阴癸丙申 庚酉辛	旺衰
	值 禽辛甲午 中生甲午 合丁丁酉 丑艮寅	阴 柱癸丙申 惊开丙申 常乙己亥 壬子癸	地 冲己辛丑 伤休辛丑 蛇壬乙未 戌乾亥	
旺衰		旺衰		旺衰

阳二局 戊戌时

旺衰		旺衰		旺衰
	阴 柱癸丙申 景死戊戌 天庚壬寅 辰巽巳	地 冲己辛丑 中开甲午 勾丙戊戌 丙午丁	值 禽辛甲午 惊杜丙申 朱戊庚子 未坤申	
旺衰	蛇 心壬乙未 生伤丁酉 地己辛丑 甲卯乙	合 任丁丁酉 休休己亥 值辛甲午 戊五己	常 蓬乙己亥 伤生辛丑 阴癸丙申 庚酉辛	旺衰
	朱 芮戊庚子 杜惊壬寅 合丁丁酉 丑艮寅	天 辅庚壬寅 开中乙未 常乙己亥 壬子癸	勾 英丙戊戌 死景庚子 蛇壬乙未 戌乾亥	
旺衰		旺衰		旺衰

阳二局 己亥时

旺衰		旺衰		旺衰
	蛇 心壬乙未 生休丁酉 天庚壬寅 辰巽巳	朱 芮戊庚子 杜中壬寅 勾丙戊戌 丙午丁	天 辅庚壬寅 开伤乙未 朱戊庚子 未坤申	
旺衰	值 禽辛甲午 惊死丙申 地己辛丑 甲卯乙	阴 柱癸丙申 景景戊戌 值辛甲午 戊五己	勾 英丙戊戌 死惊庚子 阴癸丙申 庚酉辛	旺衰
	常 蓬乙己亥 伤开辛丑 合丁丁酉 丑艮寅	地 冲己辛丑 中杜甲午 常乙己亥 壬子癸	合 任丁丁酉 休生己亥 蛇壬乙未 戌乾亥	
旺衰		旺衰		旺衰

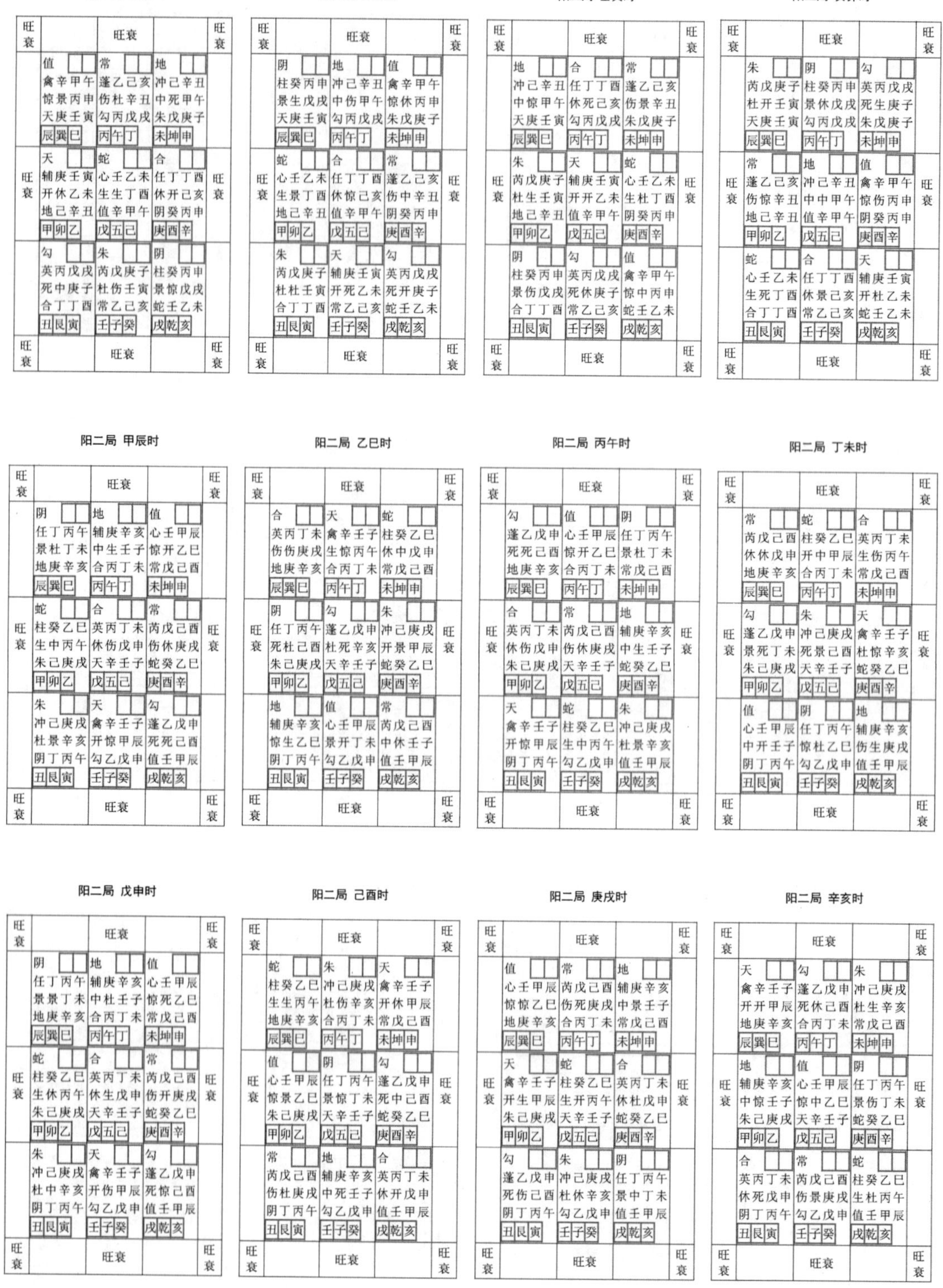

阳二局 庚子时

旺衰		旺衰		旺衰
	值 禽辛甲午 惊景丙申 天庚壬寅 辰巽巳	常 蓬乙己亥 伤杜辛丑 勾丙戊戌 丙午丁	地 冲己辛丑 中死甲午 朱戊庚子 未坤申	
旺衰	天 辅庚壬寅 开休乙未 地己辛丑 甲卯乙	蛇 心壬乙未 生生丁酉 值辛甲午 戊五己	合 任丁丁酉 休开己亥 阴癸丙申 庚酉辛	旺衰
	勾 英丙戊戌 死中庚子 合丁丁酉 丑艮寅	朱 芮戊庚子 杜伤壬寅 常乙己亥 壬子癸	阴 柱癸丙申 景惊戊戌 蛇壬乙未 戌乾亥	
旺衰		旺衰		旺衰

阳二局 辛丑时

旺衰		旺衰		旺衰
	阴 柱癸丙申 景生戊戌 天庚壬寅 辰巽巳	地 冲己辛丑 中伤甲午 勾丙戊戌 丙午丁	值 禽辛甲午 惊休丙申 朱戊庚子 未坤申	
旺衰	蛇 心壬乙未 生景丁酉 地己辛丑 甲卯乙	合 任丁丁酉 休惊己亥 值辛甲午 戊五己	常 蓬乙己亥 伤中辛丑 阴癸丙申 庚酉辛	旺衰
	朱 芮戊庚子 杜杜壬寅 合丁丁酉 丑艮寅	天 辅庚壬寅 开死乙未 常乙己亥 壬子癸	勾 英丙戊戌 死开庚子 蛇壬乙未 戌乾亥	
旺衰		旺衰		旺衰

阳二局 壬寅时

旺衰		旺衰		旺衰
	地 冲己辛丑 中惊甲午 天庚壬寅 辰巽巳	合 任丁丁酉 休死己亥 勾丙戊戌 丙午丁	常 蓬乙己亥 伤景辛丑 朱戊庚子 未坤申	
旺衰	朱 芮戊庚子 杜生壬寅 地己辛丑 甲卯乙	天 辅庚壬寅 开开乙未 值辛甲午 戊五己	蛇 心壬乙未 生杜丁酉 阴癸丙申 庚酉辛	旺衰
	阴 柱癸丙申 景伤戊戌 合丁丁酉 丑艮寅	勾 英丙戊戌 死休庚子 常乙己亥 壬子癸	值 禽辛甲午 惊中丙申 蛇壬乙未 戌乾亥	
旺衰		旺衰		旺衰

阳二局 癸卯时

旺衰		旺衰		旺衰
	朱 芮戊庚子 杜开壬寅 天庚壬寅 辰巽巳	阴 柱癸丙申 景休戊戌 勾丙戊戌 丙午丁	勾 英丙戊戌 死生庚子 朱戊庚子 未坤申	
旺衰	常 蓬乙己亥 伤惊辛丑 地己辛丑 甲卯乙	地 冲己辛丑 中中甲午 值辛甲午 戊五己	值 禽辛甲午 惊伤丙申 阴癸丙申 庚酉辛	旺衰
	蛇 心壬乙未 生死丁酉 合丁丁酉 丑艮寅	合 任丁丁酉 休景己亥 常乙己亥 壬子癸	天 辅庚壬寅 开杜乙未 蛇壬乙未 戌乾亥	
旺衰		旺衰		旺衰

阳二局 甲辰时

旺衰		旺衰		旺衰
	阴 任丁丙午 景杜丁未 地庚辛亥 辰巽巳	地 辅庚辛亥 中生壬子 合丙丁未 丙午丁	值 心壬甲辰 惊开乙巳 常戊己酉 未坤申	
旺衰	蛇 柱癸乙巳 生中丙午 朱己庚戌 甲卯乙	合 英丙丁未 休伤戊申 天辛壬子 戊五己	常 芮戊己酉 伤休庚戌 蛇癸乙巳 庚酉辛	旺衰
	朱 冲己庚戌 杜景辛亥 阴丁丙午 丑艮寅	天 禽辛壬子 开惊甲辰 勾乙戊申 壬子癸	勾 蓬乙戊申 死死己酉 值壬甲辰 戌乾亥	
旺衰		旺衰		旺衰

阳二局 乙巳时

旺衰		旺衰		旺衰
	合 英丙丁未 伤伤庚戌 地庚辛亥 辰巽巳	天 禽辛壬子 生惊丙午 合丙丁未 丙午丁	蛇 柱癸乙巳 休中戊申 常戊己酉 未坤申	
旺衰	阴 任丁丙午 死杜己酉 朱己庚戌 甲卯乙	勾 蓬乙戊申 杜死辛亥 天辛壬子 戊五己	朱 冲己庚戌 开景甲辰 蛇癸乙巳 庚酉辛	旺衰
	地 辅庚辛亥 惊生乙巳 阴丁丙午 丑艮寅	值 心壬甲辰 景开丁未 勾乙戊申 壬子癸	常 芮戊己酉 中休壬子 值壬甲辰 戌乾亥	
旺衰		旺衰		旺衰

阳二局 丙午时

旺衰		旺衰		旺衰
	勾 蓬乙戊申 死死己酉 地庚辛亥 辰巽巳	值 心壬甲辰 惊开乙巳 合丙丁未 丙午丁	阴 任丁丙午 景杜丁未 常戊己酉 未坤申	
旺衰	合 英丙丁未 休伤戊申 朱己庚戌 甲卯乙	常 芮戊己酉 伤休庚戌 天辛壬子 戊五己	地 辅庚辛亥 中生壬子 蛇癸乙巳 庚酉辛	旺衰
	天 禽辛壬子 开惊甲辰 阴丁丙午 丑艮寅	蛇 柱癸乙巳 生中丙午 勾乙戊申 壬子癸	朱 冲己庚戌 杜景辛亥 值壬甲辰 戌乾亥	
旺衰		旺衰		旺衰

阳二局 丁未时

旺衰		旺衰		旺衰
	常 芮戊己酉 休休戊申 地庚辛亥 辰巽巳	蛇 柱癸乙巳 开中甲辰 合丙丁未 丙午丁	合 英丙丁未 生伤丙午 常戊己酉 未坤申	
旺衰	勾 蓬乙戊申 景死丁未 朱己庚戌 甲卯乙	朱 冲己庚戌 死景己酉 天辛壬子 戊五己	天 禽辛壬子 杜惊辛亥 蛇癸乙巳 庚酉辛	旺衰
	值 心壬甲辰 中开壬子 阴丁丙午 丑艮寅	阴 任丁丙午 惊杜乙巳 勾乙戊申 壬子癸	地 辅庚辛亥 伤生庚戌 值壬甲辰 戌乾亥	
旺衰		旺衰		旺衰

阳二局 戊申时

旺衰		旺衰		旺衰
	阴 任丁丙午 景景丁未 地庚辛亥 辰巽巳	地 辅庚辛亥 中杜壬子 合丙丁未 丙午丁	值 心壬甲辰 惊死乙巳 常戊己酉 未坤申	
旺衰	蛇 柱癸乙巳 生休丙午 朱己庚戌 甲卯乙	合 英丙丁未 休生戊申 天辛壬子 戊五己	常 芮戊己酉 伤开庚戌 蛇癸乙巳 庚酉辛	旺衰
	朱 冲己庚戌 杜中辛亥 阴丁丙午 丑艮寅	天 禽辛壬子 开伤甲辰 勾乙戊申 壬子癸	勾 蓬乙戊申 死惊己酉 值壬甲辰 戌乾亥	
旺衰		旺衰		旺衰

阳二局 己酉时

旺衰		旺衰		旺衰
	蛇 柱癸乙巳 生生丙午 地庚辛亥 辰巽巳	朱 冲己庚戌 杜伤辛亥 合丙丁未 丙午丁	天 禽辛壬子 开休甲辰 常戊己酉 未坤申	
旺衰	值 心壬甲辰 惊景乙巳 朱己庚戌 甲卯乙	阴 任丁丙午 景惊丁未 天辛壬子 戊五己	勾 蓬乙戊申 死中己酉 蛇癸乙巳 庚酉辛	旺衰
	常 芮戊己酉 伤杜庚戌 阴丁丙午 丑艮寅	地 辅庚辛亥 中死壬子 勾乙戊申 壬子癸	合 英丙丁未 休开戊申 值壬甲辰 戌乾亥	
旺衰		旺衰		旺衰

阳二局 庚戌时

旺衰		旺衰		旺衰
	值 心壬甲辰 惊惊乙巳 地庚辛亥 辰巽巳	常 芮戊己酉 伤死庚戌 合丙丁未 丙午丁	地 辅庚辛亥 中景壬子 常戊己酉 未坤申	
旺衰	天 禽辛壬子 开生甲辰 朱己庚戌 甲卯乙	蛇 柱癸乙巳 生开丙午 天辛壬子 戊五己	合 英丙丁未 休杜戊申 蛇癸乙巳 庚酉辛	旺衰
	勾 蓬乙戊申 死伤己酉 阴丁丙午 丑艮寅	朱 冲己庚戌 杜休辛亥 勾乙戊申 壬子癸	阴 任丁丙午 景中丁未 值壬甲辰 戌乾亥	
旺衰		旺衰		旺衰

阳二局 辛亥时

旺衰		旺衰		旺衰
	天 禽辛壬子 开开甲辰 地庚辛亥 辰巽巳	勾 蓬乙戊申 死休己酉 合丙丁未 丙午丁	朱 冲己庚戌 杜生辛亥 常戊己酉 未坤申	
旺衰	地 辅庚辛亥 中惊壬子 朱己庚戌 甲卯乙	值 心壬甲辰 惊中乙巳 天辛壬子 戊五己	阴 任丁丙午 景伤丁未 蛇癸乙巳 庚酉辛	旺衰
	合 英丙丁未 休死戊申 阴丁丙午 丑艮寅	常 芮戊己酉 伤景庚戌 勾乙戊申 壬子癸	蛇 柱癸乙巳 生杜丙午 值壬甲辰 戌乾亥	
旺衰		旺衰		旺衰

阳二局 壬子时

旺 衰		旺衰		旺 衰
	阴 任丁丙午 景中丁未 地庚辛亥 辰巽巳	地 辅庚辛亥 中景壬子 合丙丁未 丙午丁	值 心壬甲辰 惊惊乙巳 常戊己酉 未坤申	
旺 衰	蛇 柱癸乙巳 生开丙午 朱己庚戌 甲卯乙	合 英丙丁未 休杜戊申 天辛壬子 戊五己	常 芮戊己酉 伤死庚戌 蛇癸乙巳 庚酉辛	旺 衰
	朱 冲己庚戌 杜休辛亥 阴丁丙午 丑艮寅	天 禽辛壬子 开生甲辰 勾乙戊申 壬子癸	勾 蓬乙戊申 死伤己酉 值壬甲辰 戌乾亥	
旺 衰		旺衰		旺 衰

阳二局 癸丑时

旺 衰		旺衰		旺 衰
	朱 冲己庚戌 杜杜辛亥 地庚辛亥 辰巽巳	阴 任丁丙午 景生丁未 合丙丁未 丙午丁	勾 蓬乙戊申 死开己酉 常戊己酉 未坤申	
旺 衰	常 芮戊己酉 伤中庚戌 朱己庚戌 甲卯乙	地 辅庚辛亥 中伤壬子 天辛壬子 戊五己	值 心壬甲辰 惊休乙巳 蛇癸乙巳 庚酉辛	旺 衰
	蛇 柱癸乙巳 生景丙午 阴丁丙午 丑艮寅	合 英丙丁未 休惊戊申 勾乙戊申 壬子癸	天 禽辛壬子 开死甲辰 值壬甲辰 戌乾亥	
旺 衰		旺衰		旺 衰

阳二局 甲寅时

旺 衰		旺衰		旺 衰
	阴 英丙丙辰 景死丙辰 朱庚庚申 辰巽巳	地 禽辛辛酉 中开辛酉 阴丙丙辰 丙午丁	值 柱癸甲寅 惊杜甲寅 勾戊戊午 未坤申	
旺 衰	蛇 任丁乙卯 生伤乙卯 常己己未 甲卯乙	合 蓬乙丁巳 休休丁巳 地辛辛酉 戊五己	常 冲己己未 伤生己未 值癸甲寅 庚酉辛	旺 衰
	朱 辅庚庚申 杜惊庚申 蛇丁乙卯 丑艮寅	天 心壬壬戌 开中壬戌 合乙丁巳 壬子癸	勾 芮戊戊午 死景戊午 天壬壬戌 戌乾亥	
旺 衰		旺衰		旺 衰

阳二局 乙卯时

旺 衰		旺衰		旺 衰
	合 蓬乙丁巳 伤休己未 朱庚庚申 辰巽巳	天 心壬壬戌 生中乙卯 阴丙丙辰 丙午丁	蛇 任丁乙卯 休伤丁巳 勾戊戊午 未坤申	
旺 衰	阴 英丙丙辰 死死戊午 常己己未 甲卯乙	勾 芮戊戊午 杜景庚申 地辛辛酉 戊五己	朱 辅庚庚申 开惊壬戌 值癸甲寅 庚酉辛	旺 衰
	地 禽辛辛酉 惊开甲寅 蛇丁乙卯 丑艮寅	值 柱癸甲寅 景杜丙辰 合乙丁巳 壬子癸	常 冲己己未 中生辛酉 天壬壬戌 戌乾亥	
旺 衰		旺衰		旺 衰

阳二局 丙辰时

旺 衰		旺衰		旺 衰
	勾 芮戊戊午 死景戊午 朱庚庚申 辰巽巳	值 柱癸甲寅 惊杜甲寅 阴丙丙辰 丙午丁	阴 英丙丙辰 景死丙辰 勾戊戊午 未坤申	
旺 衰	合 蓬乙丁巳 休休丁巳 常己己未 甲卯乙	常 冲己己未 伤生己未 地辛辛酉 戊五己	地 禽辛辛酉 中开辛酉 值癸甲寅 庚酉辛	旺 衰
	天 心壬壬戌 开中壬戌 蛇丁乙卯 丑艮寅	蛇 任丁乙卯 生伤乙卯 合乙丁巳 壬子癸	朱 辅庚庚申 杜惊庚申 天壬壬戌 戌乾亥	
旺 衰		旺衰		旺 衰

阳二局 丁巳时

旺 衰		旺衰		旺 衰
	常 冲己己未 休生丁巳 朱庚庚申 辰巽巳	蛇 任丁乙卯 开伤壬戌 阴丙丙辰 丙午丁	合 蓬乙丁巳 生休乙卯 勾戊戊午 未坤申	
旺 衰	勾 芮戊戊午 景景丙辰 常己己未 甲卯乙	朱 辅庚庚申 死惊戊午 地辛辛酉 戊五己	天 心壬壬戌 杜中庚申 值癸甲寅 庚酉辛	旺 衰
	值 柱癸甲寅 中杜辛酉 蛇丁乙卯 丑艮寅	阴 英丙丙辰 惊死甲寅 合乙丁巳 壬子癸	地 禽辛辛酉 伤开己未 天壬壬戌 戌乾亥	
旺 衰		旺衰		旺 衰

阳二局 戊午时

旺 衰		旺衰		旺 衰
	阴 英丙丙辰 景惊丙辰 朱庚庚申 辰巽巳	地 禽辛辛酉 中死辛酉 阴丙丙辰 丙午丁	值 柱癸甲寅 惊景甲寅 勾戊戊午 未坤申	
旺 衰	蛇 任丁乙卯 生生乙卯 常己己未 甲卯乙	合 蓬乙丁巳 休开丁巳 地辛辛酉 戊五己	常 冲己己未 伤杜己未 值癸甲寅 庚酉辛	旺 衰
	朱 辅庚庚申 杜伤庚申 蛇丁乙卯 丑艮寅	天 心壬壬戌 开休壬戌 合乙丁巳 壬子癸	勾 芮戊戊午 死中戊午 天壬壬戌 戌乾亥	
旺 衰		旺衰		旺 衰

阳二局 己未时

旺 衰		旺衰		旺 衰
	蛇 任丁乙卯 生开乙卯 朱庚庚申 辰巽巳	朱 辅庚庚申 杜休庚申 阴丙丙辰 丙午丁	天 心壬壬戌 开生壬戌 勾戊戊午 未坤申	
旺 衰	值 柱癸甲寅 惊惊甲寅 常己己未 甲卯乙	阴 英丙丙辰 景中丙辰 地辛辛酉 戊五己	勾 芮戊戊午 死伤戊午 值癸甲寅 庚酉辛	旺 衰
	常 冲己己未 伤死己未 蛇丁乙卯 丑艮寅	地 禽辛辛酉 中景辛酉 合乙丁巳 壬子癸	合 蓬乙丁巳 休杜丁巳 天壬壬戌 戌乾亥	
旺 衰		旺衰		旺 衰

阳二局 庚申时

旺 衰		旺衰		旺 衰
	值 柱癸甲寅 惊中甲寅 朱庚庚申 辰巽巳	常 冲己己未 伤景己未 阴丙丙辰 丙午丁	地 禽辛辛酉 中惊辛酉 勾戊戊午 未坤申	
旺 衰	天 心壬壬戌 开开壬戌 常己己未 甲卯乙	蛇 任丁乙卯 生杜乙卯 地辛辛酉 戊五己	合 蓬乙丁巳 休死丁巳 值癸甲寅 庚酉辛	旺 衰
	勾 芮戊戊午 死休戊午 蛇丁乙卯 丑艮寅	朱 辅庚庚申 杜生庚申 合乙丁巳 壬子癸	阴 英丙丙辰 景伤丙辰 天壬壬戌 戌乾亥	
旺 衰		旺衰		旺 衰

阳二局 辛酉时

旺 衰		旺衰		旺 衰
	天 心壬壬戌 开杜壬戌 朱庚庚申 辰巽巳	勾 芮戊戊午 死生戊午 阴丙丙辰 丙午丁	朱 辅庚庚申 杜开庚申 勾戊戊午 未坤申	
旺 衰	地 禽辛辛酉 中中辛酉 常己己未 甲卯乙	值 柱癸甲寅 惊伤甲寅 地辛辛酉 戊五己	阴 英丙丙辰 景休丙辰 值癸甲寅 庚酉辛	旺 衰
	合 蓬乙丁巳 休景丁巳 蛇丁乙卯 丑艮寅	常 冲己己未 伤惊己未 合乙丁巳 壬子癸	蛇 任丁乙卯 生死乙卯 天壬壬戌 戌乾亥	
旺 衰		旺衰		旺 衰

阳二局 壬戌时

旺 衰		旺衰		旺 衰
	地 禽辛辛酉 中伤辛酉 朱庚庚申 辰巽巳	合 蓬乙丁巳 休惊丁巳 阴丙丙辰 丙午丁	常 冲己己未 伤中己未 勾戊戊午 未坤申	
旺 衰	朱 辅庚庚申 杜杜庚申 常己己未 甲卯乙	天 心壬壬戌 开死壬戌 地辛辛酉 戊五己	蛇 任丁乙卯 生景乙卯 值癸甲寅 庚酉辛	旺 衰
	阴 英丙丙辰 景生丙辰 蛇丁乙卯 丑艮寅	勾 芮戊戊午 死开戊午 合乙丁巳 壬子癸	值 柱癸甲寅 惊休甲寅 天壬壬戌 戌乾亥	
旺 衰		旺衰		旺 衰

阳二局 癸亥时

旺 衰		旺衰		旺 衰
	阴 英丙丙辰 景死丙辰 朱庚庚申 辰巽巳	地 禽辛辛酉 中开辛酉 阴丙丙辰 丙午丁	值 柱癸甲寅 惊杜甲寅 勾戊戊午 未坤申	
旺 衰	蛇 任丁乙卯 生伤乙卯 常己己未 甲卯乙	合 蓬乙丁巳 休休丁巳 地辛辛酉 戊五己	常 冲己己未 伤生己未 值癸甲寅 庚酉辛	旺 衰
	朱 辅庚庚申 杜惊庚申 蛇丁乙卯 丑艮寅	天 心壬壬戌 开中壬戌 合乙丁巳 壬子癸	勾 芮戊戊午 死景戊午 天壬壬戌 戌乾亥	
旺 衰		旺衰		旺 衰

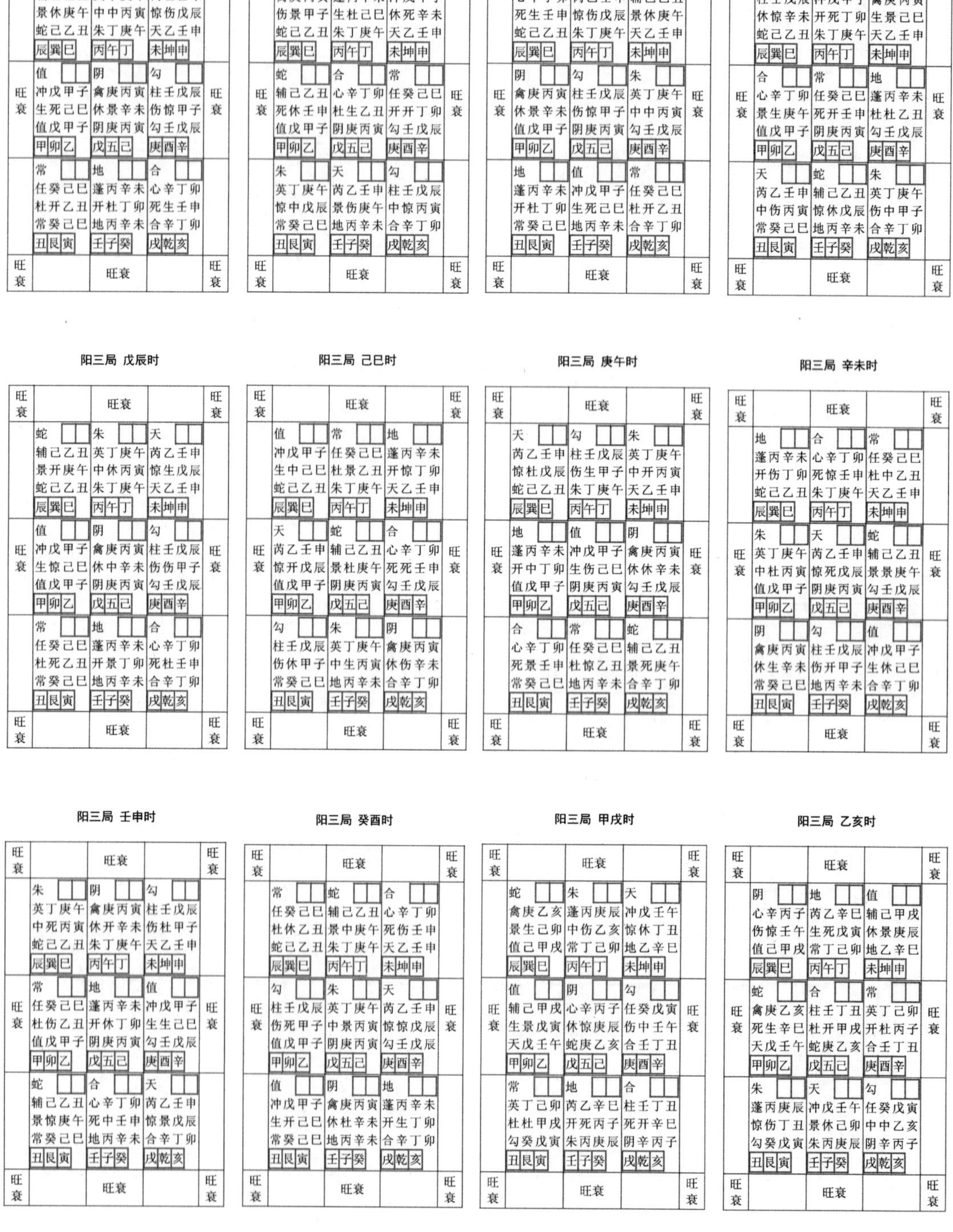

阳三局 甲子时

旺 衰		旺衰		旺 衰
	蛇 辅己乙丑 景休庚午 蛇己乙丑 辰巽巳	朱 英丁庚午 中中丙寅 朱丁庚午 丙午丁	天 芮乙壬申 惊伤戊辰 天乙壬申 未坤申	
旺 衰	值 冲戊甲子 生死己巳 值戊甲子 甲卯乙	阴 禽庚丙寅 休景辛未 阴庚丙寅 戊五己	勾 柱壬戊辰 伤惊甲子 勾壬戊辰 庚酉辛	旺 衰
	常 任癸己巳 杜开乙丑 常癸己巳 丑艮寅	地 蓬丙辛未 开杜丁卯 地丙辛未 壬子癸	合 心辛丁卯 死生壬申 合辛丁卯 戊乾亥	
旺 衰		旺衰		旺 衰

阳三局 乙丑时

旺 衰		旺衰		旺 衰
	阴 禽庚丙寅 伤景甲子 蛇己乙丑 辰巽巳	地 蓬丙辛未 生杜己巳 朱丁庚午 丙午丁	值 冲戊甲子 休死辛未 天乙壬申 未坤申	
旺 衰	蛇 辅己乙丑 死休壬申 值戊甲子 甲卯乙	合 心辛丁卯 杜生乙丑 阴庚丙寅 戊五己	常 任癸己巳 开开丁卯 勾壬戊辰 庚酉辛	旺 衰
	朱 英丁庚午 惊中戊辰 常癸己巳 丑艮寅	天 芮乙壬申 景伤庚午 地丙辛未 壬子癸	勾 柱壬戊辰 中惊丙寅 合辛丁卯 戊乾亥	
旺 衰		旺衰		旺 衰

阳三局 丙寅时

旺 衰		旺衰		旺 衰
	合 心辛丁卯 死生壬申 蛇己乙丑 辰巽巳	天 芮乙壬申 惊伤戊辰 朱丁庚午 丙午丁	蛇 辅己乙丑 景休庚午 天乙壬申 未坤申	
旺 衰	阴 禽庚丙寅 休景辛未 值戊甲子 甲卯乙	勾 柱壬戊辰 伤惊甲子 阴庚丙寅 戊五己	朱 英丁庚午 中中丙寅 勾壬戊辰 庚酉辛	旺 衰
	地 蓬丙辛未 开杜丁卯 常癸己巳 丑艮寅	值 冲戊甲子 生死己巳 地丙辛未 壬子癸	常 任癸己巳 杜开乙丑 合辛丁卯 戊乾亥	
旺 衰		旺衰		旺 衰

阳三局 丁卯时

旺 衰		旺衰		旺 衰
	勾 柱壬戊辰 休惊辛未 蛇己乙丑 辰巽巳	值 冲戊甲子 开死丁卯 朱丁庚午 丙午丁	阴 禽庚丙寅 生景己巳 天乙壬申 未坤申	
旺 衰	合 心辛丁卯 景生庚午 值戊甲子 甲卯乙	常 任癸己巳 死开壬申 阴庚丙寅 戊五己	地 蓬丙辛未 杜杜乙丑 勾壬戊辰 庚酉辛	旺 衰
	天 芮乙壬申 中伤丙寅 常癸己巳 丑艮寅	蛇 辅己乙丑 惊休戊辰 地丙辛未 壬子癸	朱 英丁庚午 伤中甲子 合辛丁卯 戊乾亥	
旺 衰		旺衰		旺 衰

阳三局 戊辰时

旺 衰		旺衰		旺 衰
	蛇 辅己乙丑 景开庚午 蛇己乙丑 辰巽巳	朱 英丁庚午 中休丙寅 朱丁庚午 丙午丁	天 芮乙壬申 惊生戊辰 天乙壬申 未坤申	
旺 衰	值 冲戊甲子 生惊己巳 值戊甲子 甲卯乙	阴 禽庚丙寅 休中辛未 阴庚丙寅 戊五己	勾 柱壬戊辰 伤伤甲子 勾壬戊辰 庚酉辛	旺 衰
	常 任癸己巳 杜死乙丑 常癸己巳 丑艮寅	地 蓬丙辛未 开景丁卯 地丙辛未 壬子癸	合 心辛丁卯 死杜壬申 合辛丁卯 戊乾亥	
旺 衰		旺衰		旺 衰

阳三局 己巳时

旺 衰		旺衰		旺 衰
	值 冲戊甲子 生中己巳 蛇己乙丑 辰巽巳	常 任癸己巳 杜景乙丑 朱丁庚午 丙午丁	地 蓬丙辛未 开惊丁卯 天乙壬申 未坤申	
旺 衰	天 芮乙壬申 惊开戊辰 值戊甲子 甲卯乙	蛇 辅己乙丑 景杜庚午 阴庚丙寅 戊五己	合 心辛丁卯 死死壬申 勾壬戊辰 庚酉辛	旺 衰
	勾 柱壬戊辰 伤休甲子 常癸己巳 丑艮寅	朱 英丁庚午 中生丙寅 地丙辛未 壬子癸	阴 禽庚丙寅 休伤辛未 合辛丁卯 戊乾亥	
旺 衰		旺衰		旺 衰

阳三局 庚午时

旺 衰		旺衰		旺 衰
	天 芮乙壬申 惊杜戊辰 蛇己乙丑 辰巽巳	勾 柱壬戊辰 伤生甲子 朱丁庚午 丙午丁	朱 英丁庚午 中开丙寅 天乙壬申 未坤申	
旺 衰	地 蓬丙辛未 开中丁卯 值戊甲子 甲卯乙	值 冲戊甲子 生伤己巳 阴庚丙寅 戊五己	阴 禽庚丙寅 休休辛未 勾壬戊辰 庚酉辛	旺 衰
	合 心辛丁卯 死景壬申 常癸己巳 丑艮寅	常 任癸己巳 杜惊乙丑 地丙辛未 壬子癸	蛇 辅己乙丑 景死庚午 合辛丁卯 戊乾亥	
旺 衰		旺衰		旺 衰

阳三局 辛未时

旺 衰		旺衰		旺 衰
	地 蓬丙辛未 开伤丁卯 蛇己乙丑 辰巽巳	合 心辛丁卯 死惊壬申 朱丁庚午 丙午丁	常 任癸己巳 杜中乙丑 天乙壬申 未坤申	
旺 衰	朱 英丁庚午 中杜丙寅 值戊甲子 甲卯乙	天 芮乙壬申 惊死戊辰 阴庚丙寅 戊五己	蛇 辅己乙丑 景景庚午 勾壬戊辰 庚酉辛	旺 衰
	阴 禽庚丙寅 休生辛未 常癸己巳 丑艮寅	勾 柱壬戊辰 伤开甲子 地丙辛未 壬子癸	值 冲戊甲子 生休己巳 合辛丁卯 戊乾亥	
旺 衰		旺衰		旺 衰

阳三局 壬申时

旺 衰		旺衰		旺 衰
	朱 英丁庚午 中死丙寅 蛇己乙丑 辰巽巳	阴 禽庚丙寅 休开辛未 朱丁庚午 丙午丁	勾 柱壬戊辰 伤杜甲子 天乙壬申 未坤申	
旺 衰	常 任癸己巳 杜伤乙丑 值戊甲子 甲卯乙	地 蓬丙辛未 开休丁卯 阴庚丙寅 戊五己	值 冲戊甲子 生生己巳 勾壬戊辰 庚酉辛	旺 衰
	蛇 辅己乙丑 景惊庚午 常癸己巳 丑艮寅	合 心辛丁卯 死中壬申 地丙辛未 壬子癸	天 芮乙壬申 惊景戊辰 合辛丁卯 戊乾亥	
旺 衰		旺衰		旺 衰

阳三局 癸酉时

旺 衰		旺衰		旺 衰
	常 任癸己巳 杜休乙丑 蛇己乙丑 辰巽巳	蛇 辅己乙丑 景中庚午 朱丁庚午 丙午丁	合 心辛丁卯 死伤壬申 天乙壬申 未坤申	
旺 衰	勾 柱壬戊辰 伤死甲子 值戊甲子 甲卯乙	朱 英丁庚午 中景丙寅 阴庚丙寅 戊五己	天 芮乙壬申 惊惊戊辰 勾壬戊辰 庚酉辛	旺 衰
	值 冲戊甲子 生开己巳 常癸己巳 丑艮寅	阴 禽庚丙寅 休杜辛未 地丙辛未 壬子癸	地 蓬丙辛未 开生丁卯 合辛丁卯 戊乾亥	
旺 衰		旺衰		旺 衰

阳三局 甲戌时

旺 衰		旺衰		旺 衰
	蛇 禽庚乙亥 景生己卯 值己甲戌 辰巽巳	朱 蓬丙庚辰 中伤乙亥 常丁己卯 丙午丁	天 冲戊壬午 惊休丁丑 地乙辛巳 未坤申	
旺 衰	值 辅己甲戌 生景戊寅 天戊壬午 甲卯乙	阴 心辛丙子 休惊庚辰 蛇庚乙亥 戊五己	勾 任癸戊寅 伤中壬午 合壬丁丑 庚酉辛	旺 衰
	常 英丁己卯 杜杜甲戌 勾癸戊寅 丑艮寅	地 芮乙辛巳 开死丙子 朱丙庚辰 壬子癸	合 柱壬丁丑 死开辛巳 阴辛丙子 戊乾亥	
旺 衰		旺衰		旺 衰

阳三局 乙亥时

旺 衰		旺衰		旺 衰
	阴 心辛丙子 伤惊壬午 值己甲戌 辰巽巳	地 芮乙辛巳 生死戊寅 常丁己卯 丙午丁	值 辅己甲戌 休景庚辰 地乙辛巳 未坤申	
旺 衰	蛇 禽庚乙亥 死生辛巳 天戊壬午 甲卯乙	合 柱壬丁丑 杜开甲戌 蛇庚乙亥 戊五己	常 英丁己卯 开杜丙子 合壬丁丑 庚酉辛	旺 衰
	朱 蓬丙庚辰 惊伤丁丑 勾癸戊寅 丑艮寅	天 冲戊壬午 景休己卯 朱丙庚辰 壬子癸	勾 任癸戊寅 中中乙亥 阴辛丙子 戊乾亥	
旺 衰		旺衰		旺 衰

阳三局 丙子时

旺衰		旺衰		旺衰
	合 柱壬丁丑 死开辛巳 值己甲戌 辰巽巳	天 冲戊壬午 惊休丁丑 常丁己卯 丙午丁	蛇 禽庚乙亥 景生己卯 地乙辛巳 未坤申	
旺衰	阴 心辛丙子 休惊庚辰 天戊壬午 甲卯乙	勾 任癸戊寅 伤中壬午 蛇庚乙亥 戊五己	朱 蓬丙庚辰 中伤乙亥 合壬丁丑 庚酉辛	旺衰
	地 芮乙辛巳 开死丙子 勾癸戊寅 丑艮寅	值 辅己甲戌 生景戊寅 朱丙庚辰 壬子癸	常 英丁己卯 杜杜甲戌 阴辛丙子 戌乾亥	
旺衰		旺衰		旺衰

阳三局 丁丑时

旺衰		旺衰		旺衰
	勾 任癸戊寅 休中庚辰 值己甲戌 辰巽巳	值 辅己甲戌 开景丙子 常丁己卯 丙午丁	阴 心辛丙子 生惊戊寅 地乙辛巳 未坤申	
旺衰	合 柱壬丁丑 景开己卯 天戊壬午 甲卯乙	常 英丁己卯 死杜辛巳 蛇庚乙亥 戊五己	地 芮乙辛巳 杜死甲戌 合壬丁丑 庚酉辛	旺衰
	天 冲戊壬午 中休乙亥 勾癸戊寅 丑艮寅	蛇 禽庚乙亥 惊生丁丑 朱丙庚辰 壬子癸	朱 蓬丙庚辰 伤伤壬午 阴辛丙子 戌乾亥	
旺衰		旺衰		旺衰

阳三局 戊寅时

旺衰		旺衰		旺衰
	蛇 禽庚乙亥 景杜己卯 值己甲戌 辰巽巳	朱 蓬丙庚辰 中生乙亥 常丁己卯 丙午丁	天 冲戊壬午 惊开丁丑 地乙辛巳 未坤申	
旺衰	值 辅己甲戌 生中戊寅 天戊壬午 甲卯乙	阴 心辛丙子 休伤庚辰 蛇庚乙亥 戊五己	勾 任癸戊寅 伤休壬午 合壬丁丑 庚酉辛	旺衰
	常 英丁己卯 杜景甲戌 勾癸戊寅 丑艮寅	地 芮乙辛巳 开惊丙子 朱丙庚辰 壬子癸	合 柱壬丁丑 死死辛巳 阴辛丙子 戌乾亥	
旺衰		旺衰		旺衰

阳三局 己卯时

旺衰		旺衰		旺衰
	蛇 禽庚乙亥 景伤己卯 值己甲戌 辰巽巳	朱 蓬丙庚辰 中惊乙亥 常丁己卯 丙午丁	天 冲戊壬午 惊中丁丑 地乙辛巳 未坤申	
旺衰	值 辅己甲戌 生杜戊寅 天戊壬午 甲卯乙	阴 心辛丙子 休死庚辰 蛇庚乙亥 戊五己	勾 任癸戊寅 伤景壬午 合壬丁丑 庚酉辛	旺衰
	常 英丁己卯 杜生甲戌 勾癸戊寅 丑艮寅	地 芮乙辛巳 开开丙子 朱丙庚辰 壬子癸	合 柱壬丁丑 死休辛巳 阴辛丙子 戌乾亥	
旺衰		旺衰		旺衰

阳三局 庚辰时

旺衰		旺衰		旺衰
	天 冲戊壬午 惊死丁丑 值己甲戌 辰巽巳	勾 任癸戊寅 伤开壬午 常丁己卯 丙午丁	朱 蓬丙庚辰 中杜乙亥 地乙辛巳 未坤申	
旺衰	地 芮乙辛巳 开伤丙子 天戊壬午 甲卯乙	值 辅己甲戌 生休戊寅 蛇庚乙亥 戊五己	阴 心辛丙子 休生庚辰 合壬丁丑 庚酉辛	旺衰
	合 柱壬丁丑 死惊辛巳 勾癸戊寅 丑艮寅	常 英丁己卯 杜中甲戌 朱丙庚辰 壬子癸	蛇 禽庚乙亥 景景己卯 阴辛丙子 戌乾亥	
旺衰		旺衰		旺衰

阳三局 辛巳时

旺衰		旺衰		旺衰
	地 芮乙辛巳 开休丙子 值己甲戌 辰巽巳	合 柱壬丁丑 死中辛巳 常丁己卯 丙午丁	常 英丁己卯 杜伤甲戌 地乙辛巳 未坤申	
旺衰	朱 蓬丙庚辰 中死乙亥 天戊壬午 甲卯乙	天 冲戊壬午 惊景丁丑 蛇庚乙亥 戊五己	蛇 禽庚乙亥 景惊己卯 合壬丁丑 庚酉辛	旺衰
	阴 心辛丙子 休开庚辰 勾癸戊寅 丑艮寅	勾 任癸戊寅 伤杜壬午 朱丙庚辰 壬子癸	值 辅己甲戌 生生戊寅 阴辛丙子 戌乾亥	
旺衰		旺衰		旺衰

阳三局 壬午时

旺衰		旺衰		旺衰
	朱 蓬丙庚辰 中景乙亥 值己甲戌 辰巽巳	阴 心辛丙子 休杜庚辰 常丁己卯 丙午丁	勾 任癸戊寅 伤死壬午 地乙辛巳 未坤申	
旺衰	常 英丁己卯 杜休甲戌 天戊壬午 甲卯乙	地 芮乙辛巳 开生丙子 蛇庚乙亥 戊五己	值 辅己甲戌 生开戊寅 合壬丁丑 庚酉辛	旺衰
	蛇 禽庚乙亥 景中己卯 勾癸戊寅 丑艮寅	合 柱壬丁丑 死伤辛巳 朱丙庚辰 壬子癸	天 冲戊壬午 惊惊丁丑 阴辛丙子 戌乾亥	
旺衰		旺衰		旺衰

阳三局 癸未时

旺衰		旺衰		旺衰
	常 英丁己卯 杜生甲戌 值己甲戌 辰巽巳	蛇 禽庚乙亥 景伤己卯 常丁己卯 丙午丁	合 柱壬丁丑 死休辛巳 地乙辛巳 未坤申	
旺衰	勾 任癸戊寅 伤景壬午 天戊壬午 甲卯乙	朱 蓬丙庚辰 中惊乙亥 蛇庚乙亥 戊五己	天 冲戊壬午 惊中丁丑 合壬丁丑 庚酉辛	旺衰
	值 辅己甲戌 生杜戊寅 勾癸戊寅 丑艮寅	阴 心辛丙子 休死庚辰 朱丙庚辰 壬子癸	地 芮乙辛巳 开开丙子 阴辛丙子 戌乾亥	
旺衰		旺衰		旺衰

阳三局 甲申时

旺衰		旺衰		旺衰
	蛇 心辛乙酉 景开戊子 天己壬辰 辰巽巳	朱 芮乙庚寅 中休甲申 勾丁戊子 丙午丁	天 辅己壬辰 惊生丙戌 朱乙庚寅 未坤申	
旺衰	值 禽庚甲申 生惊丁亥 地戊辛卯 甲卯乙	阴 柱壬丙戌 休中己丑 值庚甲申 戊五己	勾 英丁戊子 伤伤辛卯 阴壬丙戌 庚酉辛	旺衰
	常 蓬丙己丑 杜死壬辰 合癸丁亥 丑艮寅	地 冲戊辛卯 开景乙酉 常丙己丑 壬子癸	合 任癸丁亥 死杜庚寅 蛇辛乙酉 戌乾亥	
旺衰		旺衰		旺衰

阳三局 乙酉时

旺衰		旺衰		旺衰
	阴 柱壬丙戌 伤中辛卯 天己壬辰 辰巽巳	地 冲戊辛卯 生景丁亥 勾丁戊子 丙午丁	值 禽庚甲申 休惊己丑 朱乙庚寅 未坤申	
旺衰	蛇 心辛乙酉 死开庚寅 地戊辛卯 甲卯乙	合 任癸丁亥 杜杜壬辰 值庚甲申 戊五己	常 蓬丙己丑 开死乙酉 阴壬丙戌 庚酉辛	旺衰
	朱 芮乙庚寅 惊休丙戌 合癸丁亥 丑艮寅	天 辅己壬辰 景生戊子 常丙己丑 壬子癸	勾 英丁戊子 中伤甲申 蛇辛乙酉 戌乾亥	
旺衰		旺衰		旺衰

阳三局 丙戌时

旺衰		旺衰		旺衰
	合 任癸丁亥 死杜庚寅 天己壬辰 辰巽巳	天 辅己壬辰 惊生丙戌 勾丁戊子 丙午丁	蛇 心辛乙酉 景开戊子 朱乙庚寅 未坤申	
旺衰	阴 柱壬丙戌 休中己丑 地戊辛卯 甲卯乙	勾 英丁戊子 伤伤辛卯 值庚甲申 戊五己	朱 芮乙庚寅 中休甲申 阴壬丙戌 庚酉辛	旺衰
	地 冲戊辛卯 开景乙酉 合癸丁亥 丑艮寅	值 禽庚甲申 生惊丁亥 常丙己丑 壬子癸	常 蓬丙己丑 杜死壬辰 蛇辛乙酉 戌乾亥	
旺衰		旺衰		旺衰

阳三局 丁亥时

旺衰		旺衰		旺衰
	勾 英丁戊子 休伤己丑 天己壬辰 辰巽巳	值 禽庚甲申 开惊乙酉 勾丁戊子 丙午丁	阴 柱壬丙戌 生中丁亥 朱乙庚寅 未坤申	
旺衰	合 任癸丁亥 景杜戊子 地戊辛卯 甲卯乙	常 蓬丙己丑 死死庚寅 值庚甲申 戊五己	地 冲戊辛卯 杜景壬辰 阴壬丙戌 庚酉辛	旺衰
	天 辅己壬辰 中生甲申 合癸丁亥 丑艮寅	蛇 心辛乙酉 惊开丙戌 常丙己丑 壬子癸	朱 芮乙庚寅 伤休辛卯 蛇辛乙酉 戌乾亥	
旺衰		旺衰		旺衰

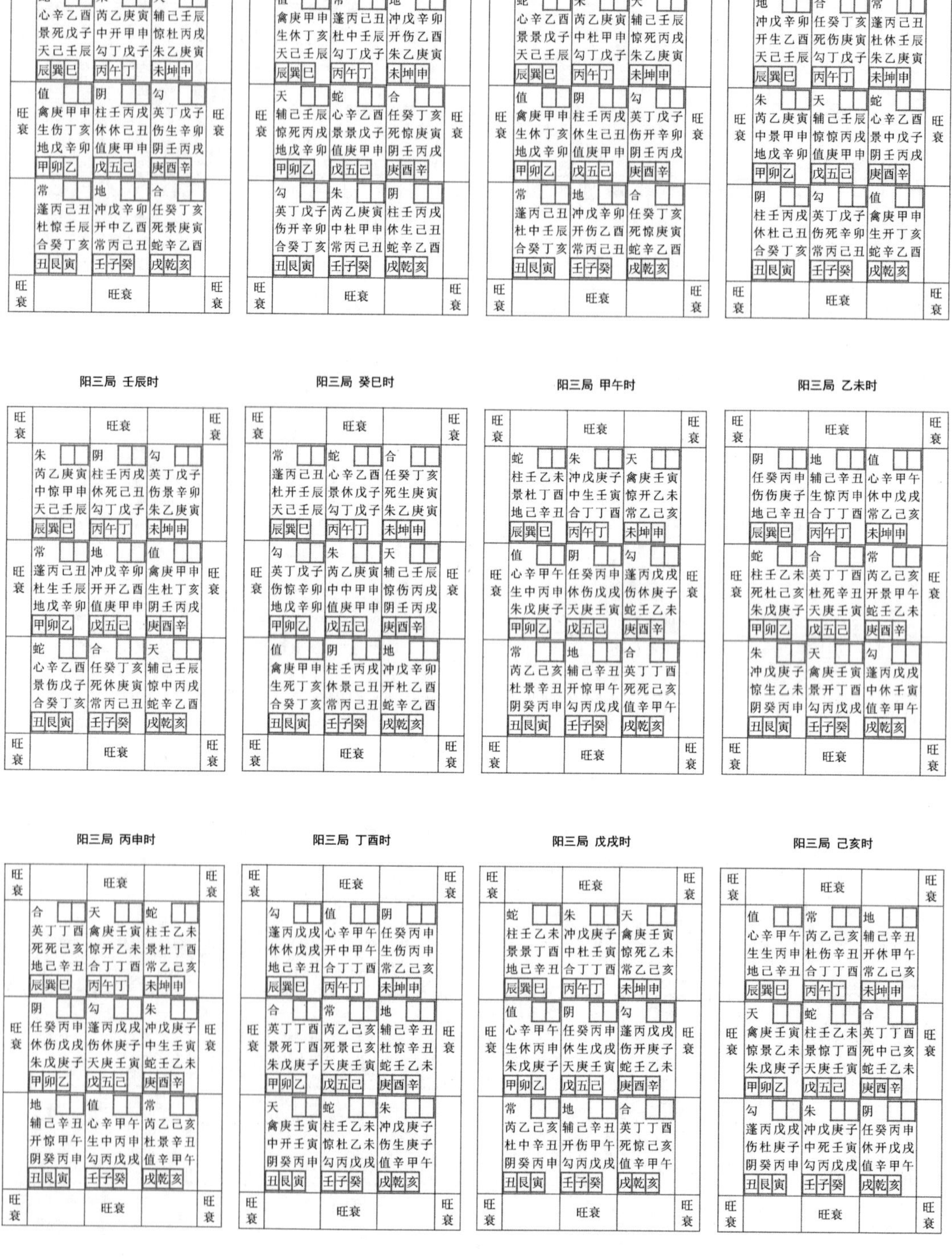

阳三局 戊子时

旺衰		旺衰		旺衰
	蛇 心辛乙酉 景死戊子 天己壬辰 辰巽巳	朱 芮乙庚寅 中开甲申 勾丁戊子 丙午丁	天 辅己壬辰 惊杜丙戌 朱乙庚寅 未坤申	
旺衰	值 禽庚甲申 生伤丁亥 地戊辛卯 甲卯乙	阴 柱壬丙戌 休休己丑 值庚甲申 戊五己	勾 英丁戊子 伤生辛卯 阴壬丙戌 庚酉辛	旺衰
	常 蓬丙己丑 杜惊壬辰 合癸丁亥 丑艮寅	地 冲戊辛卯 开中乙酉 常丙己丑 壬子癸	合 任癸丁亥 死景庚寅 蛇辛乙酉 戌乾亥	
旺衰		旺衰		旺衰

阳三局 己丑时

旺衰		旺衰		旺衰
	值 禽庚甲申 生休丁亥 天己壬辰 辰巽巳	常 蓬丙己丑 杜中壬辰 勾丁戊子 丙午丁	地 冲戊辛卯 开伤乙酉 朱乙庚寅 未坤申	
旺衰	天 辅己壬辰 惊死丙戌 地戊辛卯 甲卯乙	蛇 心辛乙酉 景景戊子 值庚甲申 戊五己	合 任癸丁亥 死惊庚寅 阴壬丙戌 庚酉辛	旺衰
	勾 英丁戊子 伤开辛卯 合癸丁亥 丑艮寅	朱 芮乙庚寅 中杜甲申 常丙己丑 壬子癸	阴 柱壬丙戌 休生己丑 蛇辛乙酉 戌乾亥	
旺衰		旺衰		旺衰

阳三局 庚寅时

旺衰		旺衰		旺衰
	蛇 心辛乙酉 景景戊子 天己壬辰 辰巽巳	朱 芮乙庚寅 中杜甲申 勾丁戊子 丙午丁	天 辅己壬辰 惊死丙戌 朱乙庚寅 未坤申	
旺衰	值 禽庚甲申 生休丁亥 地戊辛卯 甲卯乙	阴 柱壬丙戌 休生己丑 值庚甲申 戊五己	勾 英丁戊子 伤开辛卯 阴壬丙戌 庚酉辛	旺衰
	常 蓬丙己丑 杜中壬辰 合癸丁亥 丑艮寅	地 冲戊辛卯 开伤乙酉 常丙己丑 壬子癸	合 任癸丁亥 死惊庚寅 蛇辛乙酉 戌乾亥	
旺衰		旺衰		旺衰

阳三局 辛卯时

旺衰		旺衰		旺衰
	地 冲戊辛卯 开生乙酉 天己壬辰 辰巽巳	合 任癸丁亥 死伤庚寅 勾丁戊子 丙午丁	常 蓬丙己丑 杜休壬辰 朱乙庚寅 未坤申	
旺衰	朱 芮乙庚寅 中景甲申 地戊辛卯 甲卯乙	天 辅己壬辰 惊惊丙戌 值庚甲申 戊五己	蛇 心辛乙酉 景中戊子 阴壬丙戌 庚酉辛	旺衰
	阴 柱壬丙戌 休杜己丑 合癸丁亥 丑艮寅	勾 英丁戊子 伤死辛卯 常丙己丑 壬子癸	值 禽庚甲申 生开乙酉 蛇辛乙酉 戌乾亥	
旺衰		旺衰		旺衰

阳三局 壬辰时

旺衰		旺衰		旺衰
	朱 芮乙庚寅 中惊甲申 天己壬辰 辰巽巳	阴 柱壬丙戌 休死己丑 勾丁戊子 丙午丁	勾 英丁戊子 伤景辛卯 朱乙庚寅 未坤申	
旺衰	常 蓬丙己丑 杜生壬辰 地戊辛卯 甲卯乙	地 冲戊辛卯 开开乙酉 值庚甲申 戊五己	值 禽庚甲申 生杜丁亥 阴壬丙戌 庚酉辛	旺衰
	蛇 心辛乙酉 景伤戊子 合癸丁亥 丑艮寅	合 任癸丁亥 死休庚寅 常丙己丑 壬子癸	天 辅己壬辰 惊中丙戌 蛇辛乙酉 戌乾亥	
旺衰		旺衰		旺衰

阳三局 癸巳时

旺衰		旺衰		旺衰
	常 蓬丙己丑 杜开壬辰 天己壬辰 辰巽巳	蛇 心辛乙酉 景休戊子 勾丁戊子 丙午丁	合 任癸丁亥 死生庚寅 朱乙庚寅 未坤申	
旺衰	勾 英丁戊子 伤惊辛卯 地戊辛卯 甲卯乙	朱 芮乙庚寅 中中甲申 值庚甲申 戊五己	天 辅己壬辰 惊伤丙戌 阴壬丙戌 庚酉辛	旺衰
	值 禽庚甲申 生死丁亥 合癸丁亥 丑艮寅	阴 柱壬丙戌 休景己丑 常丙己丑 壬子癸	地 冲戊辛卯 开杜乙酉 蛇辛乙酉 戌乾亥	
旺衰		旺衰		旺衰

阳三局 甲午时

旺衰		旺衰		旺衰
	蛇 柱壬乙未 景杜丁酉 地己辛丑 辰巽巳	朱 冲戊庚子 中生壬寅 合丁丁酉 丙午丁	天 禽庚壬寅 惊开乙未 常乙己亥 未坤申	
旺衰	值 心辛甲午 生中丙申 朱戊庚子 甲卯乙	阴 任癸丙申 休伤戊戌 天庚壬寅 戊五己	勾 蓬丙戊戌 伤休庚子 蛇壬乙未 庚酉辛	旺衰
	常 芮乙己亥 杜景辛丑 阴癸丙申 丑艮寅	地 辅己辛丑 开惊甲午 勾丙戊戌 壬子癸	合 英丁丁酉 死死己亥 值辛甲午 戌乾亥	
旺衰		旺衰		旺衰

阳三局 乙未时

旺衰		旺衰		旺衰
	阴 任癸丙申 伤伤庚子 地己辛丑 辰巽巳	地 辅己辛丑 生惊丙申 合丁丁酉 丙午丁	值 心辛甲午 休中戊戌 常乙己亥 未坤申	
旺衰	蛇 柱壬乙未 死杜己亥 朱戊庚子 甲卯乙	合 英丁丁酉 杜死辛丑 天庚壬寅 戊五己	常 芮乙己亥 开景甲午 蛇壬乙未 庚酉辛	旺衰
	朱 冲戊庚子 惊生乙未 阴癸丙申 丑艮寅	天 禽庚壬寅 景开丁酉 勾丙戊戌 壬子癸	勾 蓬丙戊戌 中休壬寅 值辛甲午 戌乾亥	
旺衰		旺衰		旺衰

阳三局 丙申时

旺衰		旺衰		旺衰
	合 英丁丁酉 死死己亥 地己辛丑 辰巽巳	天 禽庚壬寅 惊开乙未 合丁丁酉 丙午丁	蛇 柱壬乙未 景杜丁酉 常乙己亥 未坤申	
旺衰	阴 任癸丙申 休伤戊戌 朱戊庚子 甲卯乙	勾 蓬丙戊戌 伤休庚子 天庚壬寅 戊五己	朱 冲戊庚子 中生壬寅 蛇壬乙未 庚酉辛	旺衰
	地 辅己辛丑 开惊甲午 阴癸丙申 丑艮寅	值 心辛甲午 生中丙申 勾丙戊戌 壬子癸	常 芮乙己亥 杜景辛丑 值辛甲午 戌乾亥	
旺衰		旺衰		旺衰

阳三局 丁酉时

旺衰		旺衰		旺衰
	勾 蓬丙戊戌 休休戊戌 地己辛丑 辰巽巳	值 心辛甲午 开中甲午 合丁丁酉 丙午丁	阴 任癸丙申 生伤丙申 常乙己亥 未坤申	
旺衰	合 英丁丁酉 景死丁酉 朱戊庚子 甲卯乙	常 芮乙己亥 死景己亥 天庚壬寅 戊五己	地 辅己辛丑 杜惊辛丑 蛇壬乙未 庚酉辛	旺衰
	天 禽庚壬寅 中开壬寅 阴癸丙申 丑艮寅	蛇 柱壬乙未 惊杜乙未 勾丙戊戌 壬子癸	朱 冲戊庚子 伤生庚子 值辛甲午 戌乾亥	
旺衰		旺衰		旺衰

阳三局 戊戌时

旺衰		旺衰		旺衰
	蛇 柱壬乙未 景景丁酉 地己辛丑 辰巽巳	朱 冲戊庚子 中杜壬寅 合丁丁酉 丙午丁	天 禽庚壬寅 惊死乙未 常乙己亥 未坤申	
旺衰	值 心辛甲午 生休丙申 朱戊庚子 甲卯乙	阴 任癸丙申 休生戊戌 天庚壬寅 戊五己	勾 蓬丙戊戌 伤开庚子 蛇壬乙未 庚酉辛	旺衰
	常 芮乙己亥 杜中辛丑 阴癸丙申 丑艮寅	地 辅己辛丑 开伤甲午 勾丙戊戌 壬子癸	合 英丁丁酉 死惊己亥 值辛甲午 戌乾亥	
旺衰		旺衰		旺衰

阳三局 己亥时

旺衰		旺衰		旺衰
	值 心辛甲午 生生丙申 地己辛丑 辰巽巳	常 芮乙己亥 杜伤辛丑 合丁丁酉 丙午丁	地 辅己辛丑 开休甲午 常乙己亥 未坤申	
旺衰	天 禽庚壬寅 惊景乙未 朱戊庚子 甲卯乙	蛇 柱壬乙未 景惊丁酉 天庚壬寅 戊五己	合 英丁丁酉 死中己亥 蛇壬乙未 庚酉辛	旺衰
	勾 蓬丙戊戌 伤杜庚子 阴癸丙申 丑艮寅	朱 冲戊庚子 中死壬寅 勾丙戊戌 壬子癸	阴 任癸丙申 休开戊戌 值辛甲午 戌乾亥	
旺衰		旺衰		旺衰

阳三局 庚子时

旺衰		旺衰		旺衰
	天 禽庚壬寅 惊惊乙未 地己辛丑 辰巽巳	勾 蓬丙戊戌 伤死庚子 合丁丁酉 丙午丁	朱 冲戊庚子 中景壬寅 常乙己亥 未坤申	
旺衰	地 辅己辛丑 开生甲午 朱戊庚子 甲卯乙	值 心辛甲午 生开丙申 天庚壬寅 戊五己	阴 任癸丙申 休杜戊戌 蛇壬乙未 庚酉辛	旺衰
	合 英丁丁酉 死伤己亥 阴癸丙申 丑艮寅	常 芮乙己亥 杜休辛丑 勾丙戊戌 壬子癸	蛇 柱壬乙未 景中丁酉 值辛甲午 戌乾亥	
旺衰		旺衰		旺衰

阳三局 辛丑时

旺衰		旺衰		旺衰
	蛇 柱壬乙未 景开丁酉 地己辛丑 辰巽巳	朱 冲戊庚子 中休壬寅 合丁丁酉 丙午丁	天 禽庚壬寅 惊生乙未 常乙己亥 未坤申	
旺衰	值 心辛甲午 生惊丙申 朱戊庚子 甲卯乙	阴 任癸丙申 休中戊戌 天庚壬寅 戊五己	勾 蓬丙戊戌 伤伤庚子 蛇壬乙未 庚酉辛	旺衰
	常 芮乙己亥 杜死辛丑 阴癸丙申 丑艮寅	地 辅己辛丑 开景甲午 勾丙戊戌 壬子癸	合 英丁丁酉 死杜己亥 值辛甲午 戌乾亥	
旺衰		旺衰		旺衰

阳三局 壬寅时

旺衰		旺衰		旺衰
	朱 冲戊庚子 中中壬寅 地己辛丑 辰巽巳	阴 任癸丙申 休景戊戌 合丁丁酉 丙午丁	勾 蓬丙戊戌 伤惊庚子 常乙己亥 未坤申	
旺衰	常 芮乙己亥 杜开辛丑 朱戊庚子 甲卯乙	地 辅己辛丑 开杜甲午 天庚壬寅 戊五己	值 心辛甲午 生死丙申 蛇壬乙未 庚酉辛	旺衰
	蛇 柱壬乙未 景休丁酉 阴癸丙申 丑艮寅	合 英丁丁酉 死生己亥 勾丙戊戌 壬子癸	天 禽庚壬寅 惊伤乙未 值辛甲午 戌乾亥	
旺衰		旺衰		旺衰

阳三局 癸卯时

旺衰		旺衰		旺衰
	常 芮乙己亥 杜杜辛丑 地己辛丑 辰巽巳	蛇 柱壬乙未 景生丁酉 合丁丁酉 丙午丁	合 英丁丁酉 死开己亥 常乙己亥 未坤申	
旺衰	勾 蓬丙戊戌 伤中庚子 朱戊庚子 甲卯乙	朱 冲戊庚子 中伤壬寅 天庚壬寅 戊五己	天 禽庚壬寅 惊休乙未 蛇壬乙未 庚酉辛	旺衰
	值 心辛甲午 生景丙申 阴癸丙申 丑艮寅	阴 任癸丙申 休惊戊戌 勾丙戊戌 壬子癸	地 辅己辛丑 开死甲午 值辛甲午 戌乾亥	
旺衰		旺衰		旺衰

阳三局 甲辰时

旺衰		旺衰		旺衰
	蛇 任癸乙巳 景死丙午 朱己庚戌 辰巽巳	朱 辅己庚戌 中开辛亥 阴丁丙午 丙午丁	天 心辛壬子 惊杜甲辰 勾乙戊申 未坤申	
旺衰	值 柱壬甲辰 生伤乙巳 常戊己酉 甲卯乙	阴 英丁丙午 休休丁未 地庚辛亥 戊五己	勾 芮乙戊申 伤生己酉 值壬甲辰 庚酉辛	旺衰
	常 冲戊己酉 杜惊庚戌 蛇癸乙巳 丑艮寅	地 禽庚辛亥 开中壬子 合丙丁未 壬子癸	合 蓬丙丁未 死景戊申 天辛壬子 戌乾亥	
旺衰		旺衰		旺衰

阳三局 乙巳时

旺衰		旺衰		旺衰
	阴 英丁丙午 伤休己酉 朱己庚戌 辰巽巳	地 禽庚辛亥 生中乙巳 阴丁丙午 丙午丁	值 柱壬甲辰 休伤丁未 勾乙戊申 未坤申	
旺衰	蛇 任癸乙巳 死死戊申 常戊己酉 甲卯乙	合 蓬丙丁未 杜景庚戌 地庚辛亥 戊五己	常 冲戊己酉 开惊壬子 值壬甲辰 庚酉辛	旺衰
	朱 辅己庚戌 惊开甲辰 蛇癸乙巳 丑艮寅	天 心辛壬子 景杜丙午 合丙丁未 壬子癸	勾 芮乙戊申 中生辛亥 天辛壬子 戌乾亥	
旺衰		旺衰		旺衰

阳三局 丙午时

旺衰		旺衰		旺衰
	合 蓬丙丁未 死景戊申 朱己庚戌 辰巽巳	天 心辛壬子 惊杜甲辰 阴丁丙午 丙午丁	蛇 任癸乙巳 景死丙午 勾乙戊申 未坤申	
旺衰	阴 英丁丙午 休休丁未 常戊己酉 甲卯乙	勾 芮乙戊申 伤生己酉 地庚辛亥 戊五己	朱 辅己庚戌 中开辛亥 值壬甲辰 庚酉辛	旺衰
	地 禽庚辛亥 开中壬子 蛇癸乙巳 丑艮寅	值 柱壬甲辰 生伤乙巳 合丙丁未 壬子癸	常 冲戊己酉 杜惊庚戌 天辛壬子 戌乾亥	
旺衰		旺衰		旺衰

阳三局 丁未时

旺衰		旺衰		旺衰
	勾 芮乙戊申 休生丁未 朱己庚戌 辰巽巳	值 柱壬甲辰 开伤壬子 阴丁丙午 丙午丁	阴 英丁丙午 生休乙巳 勾乙戊申 未坤申	
旺衰	合 蓬丙丁未 景景丙午 常戊己酉 甲卯乙	常 冲戊己酉 死惊戊申 地庚辛亥 戊五己	地 禽庚辛亥 杜中庚戌 值壬甲辰 庚酉辛	旺衰
	天 心辛壬子 中杜辛亥 蛇癸乙巳 丑艮寅	蛇 任癸乙巳 惊死甲辰 合丙丁未 壬子癸	朱 辅己庚戌 伤开己酉 天辛壬子 戌乾亥	
旺衰		旺衰		旺衰

阳三局 戊申时

旺衰		旺衰		旺衰
	蛇 任癸乙巳 景惊丙午 朱己庚戌 辰巽巳	朱 辅己庚戌 中死辛亥 阴丁丙午 丙午丁	天 心辛壬子 惊景甲辰 勾乙戊申 未坤申	
旺衰	值 柱壬甲辰 生生乙巳 常戊己酉 甲卯乙	阴 英丁丙午 休开丁未 地庚辛亥 戊五己	勾 芮乙戊申 伤杜己酉 值壬甲辰 庚酉辛	旺衰
	常 冲戊己酉 杜伤庚戌 蛇癸乙巳 丑艮寅	地 禽庚辛亥 开休壬子 合丙丁未 壬子癸	合 蓬丙丁未 死中戊申 天辛壬子 戌乾亥	
旺衰		旺衰		旺衰

阳三局 己酉时

旺衰		旺衰		旺衰
	值 柱壬甲辰 生开乙巳 朱己庚戌 辰巽巳	常 冲戊己酉 杜休庚戌 阴丁丙午 丙午丁	地 禽庚辛亥 开生壬子 勾乙戊申 未坤申	
旺衰	天 心辛壬子 惊惊甲辰 常戊己酉 甲卯乙	蛇 任癸乙巳 景中丙午 地庚辛亥 戊五己	合 蓬丙丁未 死伤戊申 值壬甲辰 庚酉辛	旺衰
	勾 芮乙戊申 伤死己酉 蛇癸乙巳 丑艮寅	朱 辅己庚戌 中景辛亥 合丙丁未 壬子癸	阴 英丁丙午 休杜丁未 天辛壬子 戌乾亥	
旺衰		旺衰		旺衰

阳三局 庚戌时

旺衰		旺衰		旺衰
	天 心辛壬子 惊中甲辰 朱己庚戌 辰巽巳	勾 芮乙戊申 伤景己酉 阴丁丙午 丙午丁	朱 辅己庚戌 中惊辛亥 勾乙戊申 未坤申	
旺衰	地 禽庚辛亥 开开壬子 常戊己酉 甲卯乙	值 柱壬甲辰 生杜乙巳 地庚辛亥 戊五己	阴 英丁丙午 休死丁未 值壬甲辰 庚酉辛	旺衰
	合 蓬丙丁未 死休戊申 蛇癸乙巳 丑艮寅	常 冲戊己酉 杜生庚戌 合丙丁未 壬子癸	蛇 任癸乙巳 景伤丙午 天辛壬子 戌乾亥	
旺衰		旺衰		旺衰

阳三局 辛亥时

旺衰		旺衰		旺衰
	地 禽庚辛亥 开杜壬子 朱己庚戌 辰巽巳	合 蓬丙丁未 死生戊申 阴丁丙午 丙午丁	常 冲戊己酉 杜开庚戌 勾乙戊申 未坤申	
旺衰	朱 辅己庚戌 中中辛亥 常戊己酉 甲卯乙	天 心辛壬子 惊伤甲辰 地庚辛亥 戊五己	蛇 任癸乙巳 景休丙午 值壬甲辰 庚酉辛	旺衰
	阴 英丁丙午 休景丁未 蛇癸乙巳 丑艮寅	勾 芮乙戊申 伤惊己酉 合丙丁未 壬子癸	值 柱壬甲辰 生死乙巳 天辛壬子 戌乾亥	
旺衰		旺衰		旺衰

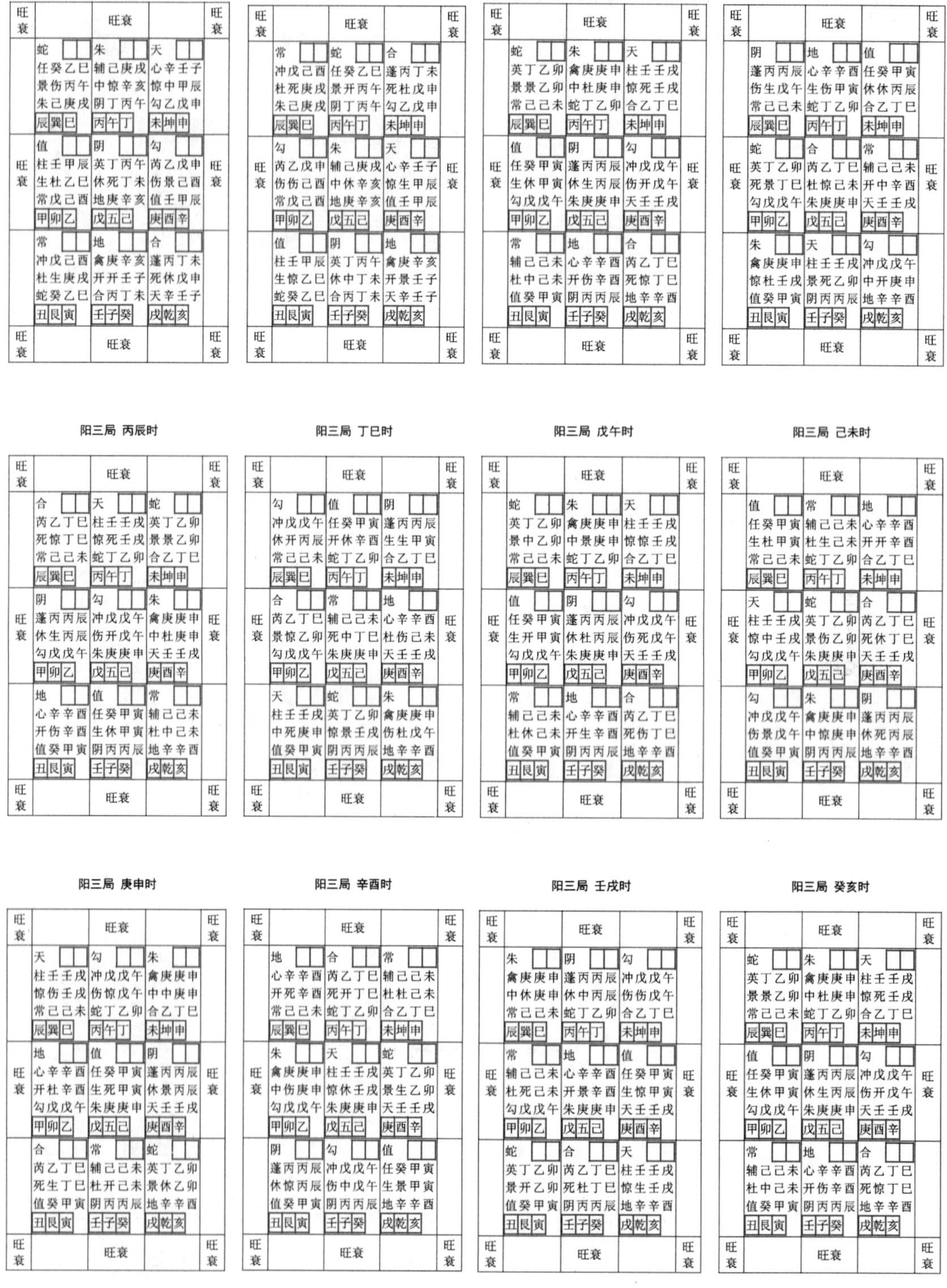

阳三局 壬子时

旺衰		旺衰		旺衰
	蛇 任癸乙巳 景伤丙午 朱己庚戌 辰巽巳	朱 辅己庚戌 中惊辛亥 阴丁丙午 丙午丁	天 心辛壬子 惊中甲辰 勾乙戊申 未坤申	
旺衰	值 柱壬甲辰 生杜乙巳 常戊己酉 甲卯乙	阴 英丁丙午 休死丁未 地庚辛亥 戊五己	勾 芮乙戊申 伤景己酉 值壬甲辰 庚酉辛	旺衰
	常 冲戊己酉 杜生庚戌 蛇癸乙巳 丑艮寅	地 禽庚辛亥 开开壬子 合丙丁未 壬子癸	合 蓬丙丁未 死休戊申 天辛壬子 戌乾亥	
旺衰		旺衰		旺衰

阳三局 癸丑时

旺衰		旺衰		旺衰
	常 冲戊己酉 杜死庚戌 朱己庚戌 辰巽巳	蛇 任癸乙巳 景开丙午 阴丁丙午 丙午丁	合 蓬丙丁未 死杜戊申 勾乙戊申 未坤申	
旺衰	勾 芮乙戊申 伤伤己酉 常戊己酉 甲卯乙	朱 辅己庚戌 中休辛亥 地庚辛亥 戊五己	天 心辛壬子 惊生甲辰 值壬甲辰 庚酉辛	旺衰
	值 柱壬甲辰 生惊乙巳 蛇癸乙巳 丑艮寅	阴 英丁丙午 休中丁未 合丙丁未 壬子癸	地 禽庚辛亥 开景壬子 天辛壬子 戌乾亥	
旺衰		旺衰		旺衰

阳三局 甲寅时

旺衰		旺衰		旺衰
	蛇 英丁乙卯 景景乙卯 常己己未 辰巽巳	朱 禽庚庚申 中杜庚申 蛇丁乙卯 丙午丁	天 柱壬壬戌 惊死壬戌 合乙丁巳 未坤申	
旺衰	值 任癸甲寅 生休甲寅 勾戊戊午 甲卯乙	阴 蓬丙丙辰 休生丙辰 朱庚庚申 戊五己	勾 冲戊戊午 伤开戊午 天壬壬戌 庚酉辛	旺衰
	常 辅己己未 杜中己未 值癸甲寅 丑艮寅	地 心辛辛酉 开伤辛酉 阴丙丙辰 壬子癸	合 芮乙丁巳 死惊丁巳 地辛辛酉 戌乾亥	
旺衰		旺衰		旺衰

阳三局 乙卯时

旺衰		旺衰		旺衰
	阴 蓬丙丙辰 伤生戊午 常己己未 辰巽巳	地 心辛辛酉 生伤甲寅 蛇丁乙卯 丙午丁	值 任癸甲寅 休休丙辰 合乙丁巳 未坤申	
旺衰	蛇 英丁乙卯 死景丁巳 勾戊戊午 甲卯乙	合 芮乙丁巳 杜惊己未 朱庚庚申 戊五己	常 辅己己未 开中辛酉 天壬壬戌 庚酉辛	旺衰
	朱 禽庚庚申 惊杜壬戌 值癸甲寅 丑艮寅	天 柱壬壬戌 景死乙卯 阴丙丙辰 壬子癸	勾 冲戊戊午 中开庚申 地辛辛酉 戌乾亥	
旺衰		旺衰		旺衰

阳三局 丙辰时

旺衰		旺衰		旺衰
	合 芮乙丁巳 死惊丁巳 常己己未 辰巽巳	天 柱壬壬戌 惊死壬戌 蛇丁乙卯 丙午丁	蛇 英丁乙卯 景景乙卯 合乙丁巳 未坤申	
旺衰	阴 蓬丙丙辰 休生丙辰 勾戊戊午 甲卯乙	勾 冲戊戊午 伤开戊午 朱庚庚申 戊五己	朱 禽庚庚申 中杜庚申 天壬壬戌 庚酉辛	旺衰
	地 心辛辛酉 开伤辛酉 值癸甲寅 丑艮寅	值 任癸甲寅 生休甲寅 阴丙丙辰 壬子癸	常 辅己己未 杜中己未 地辛辛酉 戌乾亥	
旺衰		旺衰		旺衰

阳三局 丁巳时

旺衰		旺衰		旺衰
	勾 冲戊戊午 休开丙辰 常己己未 辰巽巳	值 任癸甲寅 开休辛酉 蛇丁乙卯 丙午丁	阴 蓬丙丙辰 生生甲寅 合乙丁巳 未坤申	
旺衰	合 芮乙丁巳 景惊乙卯 勾戊戊午 甲卯乙	常 辅己己未 死中丁巳 朱庚庚申 戊五己	地 心辛辛酉 杜伤己未 天壬壬戌 庚酉辛	旺衰
	天 柱壬壬戌 中死庚申 值癸甲寅 丑艮寅	蛇 英丁乙卯 惊景壬戌 阴丙丙辰 壬子癸	朱 禽庚庚申 伤杜戊午 地辛辛酉 戌乾亥	
旺衰		旺衰		旺衰

阳三局 戊午时

旺衰		旺衰		旺衰
	蛇 英丁乙卯 景中乙卯 常己己未 辰巽巳	朱 禽庚庚申 中景庚申 蛇丁乙卯 丙午丁	天 柱壬壬戌 惊惊壬戌 合乙丁巳 未坤申	
旺衰	值 任癸甲寅 生开甲寅 勾戊戊午 甲卯乙	阴 蓬丙丙辰 休杜丙辰 朱庚庚申 戊五己	勾 冲戊戊午 伤死戊午 天壬壬戌 庚酉辛	旺衰
	常 辅己己未 杜休己未 值癸甲寅 丑艮寅	地 心辛辛酉 开生辛酉 阴丙丙辰 壬子癸	合 芮乙丁巳 死伤丁巳 地辛辛酉 戌乾亥	
旺衰		旺衰		旺衰

阳三局 己未时

旺衰		旺衰		旺衰
	值 任癸甲寅 生杜甲寅 常己己未 辰巽巳	常 辅己己未 杜生己未 蛇丁乙卯 丙午丁	地 心辛辛酉 开开辛酉 合乙丁巳 未坤申	
旺衰	天 柱壬壬戌 惊中壬戌 勾戊戊午 甲卯乙	蛇 英丁乙卯 景伤乙卯 朱庚庚申 戊五己	合 芮乙丁巳 死休丁巳 天壬壬戌 庚酉辛	旺衰
	勾 冲戊戊午 伤景戊午 值癸甲寅 丑艮寅	朱 禽庚庚申 中惊庚申 阴丙丙辰 壬子癸	阴 蓬丙丙辰 休死丙辰 地辛辛酉 戌乾亥	
旺衰		旺衰		旺衰

阳三局 庚申时

旺衰		旺衰		旺衰
	天 柱壬壬戌 惊伤壬戌 常己己未 辰巽巳	勾 冲戊戊午 伤惊戊午 蛇丁乙卯 丙午丁	朱 禽庚庚申 中中庚申 合乙丁巳 未坤申	
旺衰	地 心辛辛酉 开杜辛酉 勾戊戊午 甲卯乙	值 任癸甲寅 生死甲寅 朱庚庚申 戊五己	阴 蓬丙丙辰 休景丙辰 天壬壬戌 庚酉辛	旺衰
	合 芮乙丁巳 死生丁巳 值癸甲寅 丑艮寅	常 辅己己未 杜开己未 阴丙丙辰 壬子癸	蛇 英丁乙卯 景休乙卯 地辛辛酉 戌乾亥	
旺衰		旺衰		旺衰

阳三局 辛酉时

旺衰		旺衰		旺衰
	地 心辛辛酉 开死辛酉 常己己未 辰巽巳	合 芮乙丁巳 死开丁巳 蛇丁乙卯 丙午丁	常 辅己己未 杜杜己未 合乙丁巳 未坤申	
旺衰	朱 禽庚庚申 中伤庚申 勾戊戊午 甲卯乙	天 柱壬壬戌 惊休壬戌 朱庚庚申 戊五己	蛇 英丁乙卯 景生乙卯 天壬壬戌 庚酉辛	旺衰
	阴 蓬丙丙辰 休惊丙辰 值癸甲寅 丑艮寅	勾 冲戊戊午 伤中戊午 阴丙丙辰 壬子癸	值 任癸甲寅 生景甲寅 地辛辛酉 戌乾亥	
旺衰		旺衰		旺衰

阳三局 壬戌时

旺衰		旺衰		旺衰
	朱 禽庚庚申 中休庚申 常己己未 辰巽巳	阴 蓬丙丙辰 休中丙辰 蛇丁乙卯 丙午丁	勾 冲戊戊午 伤伤戊午 合乙丁巳 未坤申	
旺衰	常 辅己己未 杜死己未 勾戊戊午 甲卯乙	地 心辛辛酉 开景辛酉 朱庚庚申 戊五己	值 任癸甲寅 生惊甲寅 天壬壬戌 庚酉辛	旺衰
	蛇 英丁乙卯 景开乙卯 值癸甲寅 丑艮寅	合 芮乙丁巳 死杜丁巳 阴丙丙辰 壬子癸	天 柱壬壬戌 惊生壬戌 地辛辛酉 戌乾亥	
旺衰		旺衰		旺衰

阳三局 癸亥时

旺衰		旺衰		旺衰
	蛇 英丁乙卯 景景乙卯 常己己未 辰巽巳	朱 禽庚庚申 中杜庚申 蛇丁乙卯 丙午丁	天 柱壬壬戌 惊死壬戌 合乙丁巳 未坤申	
旺衰	值 任癸甲寅 生休甲寅 勾戊戊午 甲卯乙	阴 蓬丙丙辰 休生丙辰 朱庚庚申 戊五己	勾 冲戊戊午 伤开戊午 天壬壬戌 庚酉辛	旺衰
	常 辅己己未 杜中己未 值癸甲寅 丑艮寅	地 心辛辛酉 开伤辛酉 阴丙丙辰 壬子癸	合 芮乙丁巳 死惊丁巳 地辛辛酉 戌乾亥	
旺衰		旺衰		旺衰

第十章　阳遁四五六局

阳遁四局

冬至上　惊蛰上
清明中　立夏中
甲己日十二时局
乙庚日十二时局
丙辛日十二时局
丁壬日十二时局
戊癸日十二时局

阳遁五局

冬至上　惊蛰上
清明中　立夏中
甲己日十二时局
乙庚日十二时局
丙辛日十二时局
丁壬日十二时局
戊癸日十二时局

阳遁六局

冬至上　惊蛰上
清明中　立夏中
甲己日十二时局
乙庚日十二时局
丙辛日十二时局
丁壬日十二时局
戊癸日十二时局

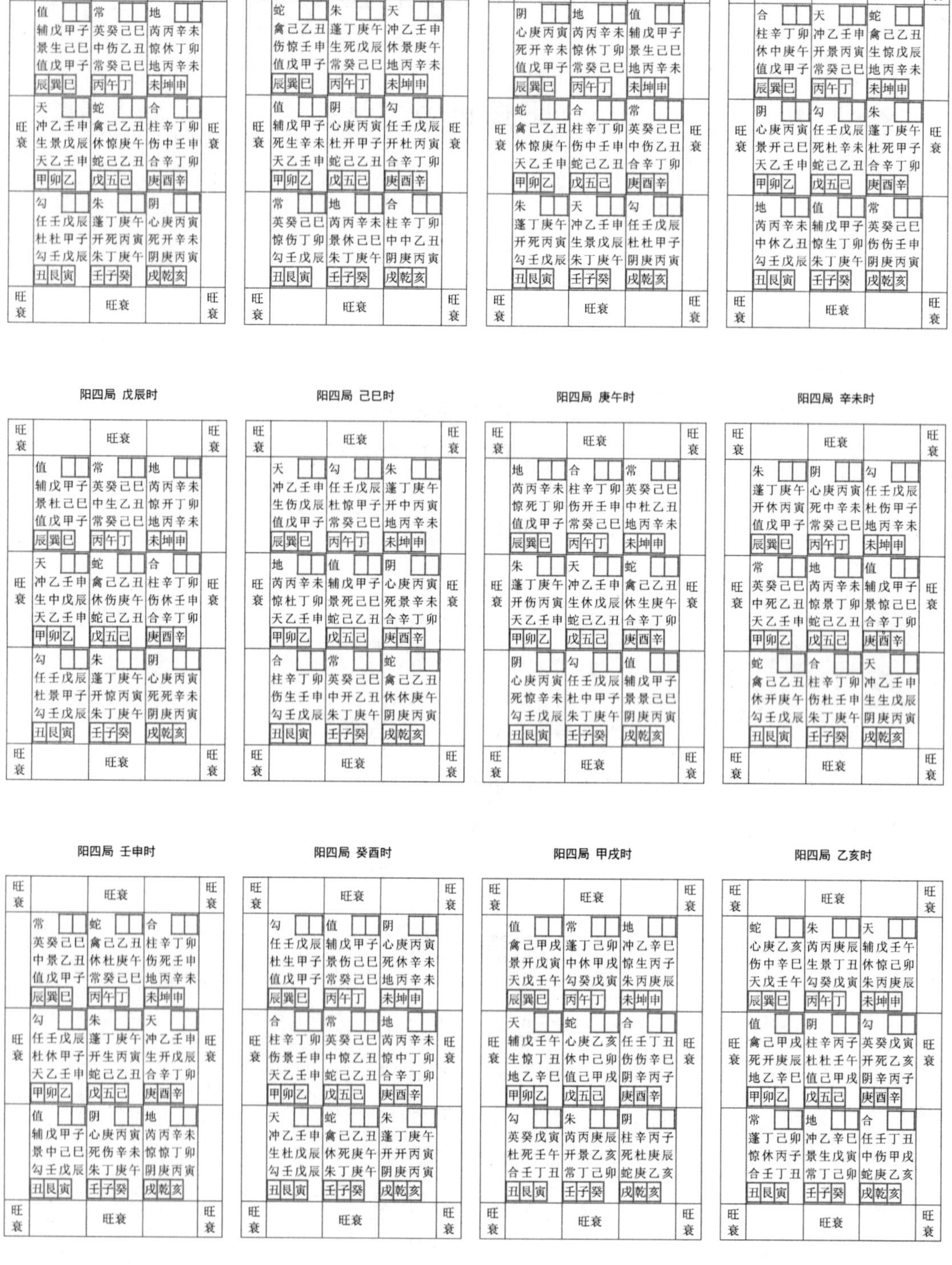
阳四局 甲子时
值 辅戊甲子 景生己巳 值戊甲子 辰巽巳
常 英癸己巳 中伤乙丑 常癸己巳 丙午丁
地 芮丙辛未 惊休丁卯 地丙辛未 未坤申
天 冲乙壬申 生景戊辰 天乙壬申 甲卯乙
蛇 禽己乙丑 休惊庚午 蛇己乙丑 戊五己
合 柱辛丁卯 伤中壬申 合辛丁卯 庚酉辛
勾 任壬戊辰 杜杜甲子 勾壬戊辰 丑艮寅
朱 蓬丁庚午 开死丙寅 朱丁庚午 壬子癸
阴 心庚丙寅 死开辛未 阴庚丙寅 戌乾亥
阳四局 乙丑时
蛇 禽己乙丑 伤惊壬申 值戊甲子 辰巽巳
朱 蓬丁庚午 生死戊辰 常癸己巳 丙午丁
天 冲乙壬申 休景庚午 地丙辛未 未坤申
值 辅戊甲子 死生辛未 天乙壬申 甲卯乙
阴 心庚丙寅 杜开甲子 蛇己乙丑 戊五己
勾 任壬戊辰 开杜丙寅 合辛丁卯 庚酉辛
常 英癸己巳 惊伤丁卯 勾壬戊辰 丑艮寅
地 芮丙辛未 景休己巳 朱丁庚午 壬子癸
合 柱辛丁卯 中中乙丑 阴庚丙寅 戌乾亥
阳四局 丙寅时
阴 心庚丙寅 死开辛未 值戊甲子 辰巽巳
地 芮丙辛未 惊休丁卯 常癸己巳 丙午丁
值 辅戊甲子 景生己巳 地丙辛未 未坤申
蛇 禽己乙丑 休惊庚午 天乙壬申 甲卯乙
合 柱辛丁卯 伤中壬申 蛇己乙丑 戊五己
常 英癸己巳 中伤乙丑 合辛丁卯 庚酉辛
朱 蓬丁庚午 开死丙寅 勾壬戊辰 丑艮寅
天 冲乙壬申 生景戊辰 朱丁庚午 壬子癸
勾 任壬戊辰 杜杜甲子 阴庚丙寅 戌乾亥
阳四局 丁卯时
合 柱辛丁卯 休中庚午 值戊甲子 辰巽巳
天 冲乙壬申 开景丙寅 常癸己巳 丙午丁
蛇 禽己乙丑 生惊戊辰 地丙辛未 未坤申
阴 心庚丙寅 景开己巳 天乙壬申 甲卯乙
勾 任壬戊辰 死杜辛未 蛇己乙丑 戊五己
朱 蓬丁庚午 杜死甲子 合辛丁卯 庚酉辛
地 芮丙辛未 中休乙丑 勾壬戊辰 丑艮寅
值 辅戊甲子 惊生丁卯 朱丁庚午 壬子癸
常 英癸己巳 伤伤壬申 阴庚丙寅 戌乾亥
阳四局 戊辰时
值 辅戊甲子 景杜己巳 值戊甲子 辰巽巳
常 英癸己巳 中生乙丑 常癸己巳 丙午丁
地 芮丙辛未 惊开丁卯 地丙辛未 未坤申
天 冲乙壬申 生中戊辰 天乙壬申 甲卯乙
蛇 禽己乙丑 休伤庚午 蛇己乙丑 戊五己
合 柱辛丁卯 伤休壬申 合辛丁卯 庚酉辛
勾 任壬戊辰 杜景甲子 勾壬戊辰 丑艮寅
朱 蓬丁庚午 开惊丙寅 朱丁庚午 壬子癸
阴 心庚丙寅 死死辛未 阴庚丙寅 戌乾亥
阳四局 己巳时
天 冲乙壬申 生伤戊辰 值戊甲子 辰巽巳
勾 任壬戊辰 杜惊甲子 常癸己巳 丙午丁
朱 蓬丁庚午 开中丙寅 地丙辛未 未坤申
地 芮丙辛未 惊杜丁卯 天乙壬申 甲卯乙
值 辅戊甲子 景死己巳 蛇己乙丑 戊五己
阴 心庚丙寅 死景辛未 合辛丁卯 庚酉辛
合 柱辛丁卯 伤生壬申 勾壬戊辰 丑艮寅
常 英癸己巳 中开乙丑 朱丁庚午 壬子癸
蛇 禽己乙丑 休休庚午 阴庚丙寅 戌乾亥
阳四局 庚午时
地 芮丙辛未 惊死丁卯 值戊甲子 辰巽巳
合 柱辛丁卯 伤开壬申 常癸己巳 丙午丁
常 英癸己巳 中杜乙丑 地丙辛未 未坤申
朱 蓬丁庚午 开伤丙寅 天乙壬申 甲卯乙
天 冲乙壬申 生休戊辰 蛇己乙丑 戊五己
蛇 禽己乙丑 休生庚午 合辛丁卯 庚酉辛
阴 心庚丙寅 死惊辛未 勾壬戊辰 丑艮寅
勾 任壬戊辰 杜中甲子 朱丁庚午 壬子癸
值 辅戊甲子 景景己巳 阴庚丙寅 戌乾亥
阳四局 辛未时
朱 蓬丁庚午 开休丙寅 值戊甲子 辰巽巳
阴 心庚丙寅 死中辛未 常癸己巳 丙午丁
勾 任壬戊辰 杜伤甲子 地丙辛未 未坤申
常 英癸己巳 中死乙丑 天乙壬申 甲卯乙
地 芮丙辛未 惊景丁卯 蛇己乙丑 戊五己
值 辅戊甲子 景惊己巳 合辛丁卯 庚酉辛
蛇 禽己乙丑 休开庚午 勾壬戊辰 丑艮寅
合 柱辛丁卯 伤杜壬申 朱丁庚午 壬子癸
天 冲乙壬申 生生戊辰 阴庚丙寅 戌乾亥
阳四局 壬申时
常 英癸己巳 中景乙丑 值戊甲子 辰巽巳
蛇 禽己乙丑 休杜庚午 常癸己巳 丙午丁
合 柱辛丁卯 伤死壬申 地丙辛未 未坤申
勾 任壬戊辰 杜休甲子 天乙壬申 甲卯乙
朱 蓬丁庚午 开生丙寅 蛇己乙丑 戊五己
天 冲乙壬申 生开戊辰 合辛丁卯 庚酉辛
值 辅戊甲子 景中己巳 勾壬戊辰 丑艮寅
阴 心庚丙寅 死伤辛未 朱丁庚午 壬子癸
地 芮丙辛未 惊惊丁卯 阴庚丙寅 戌乾亥
阳四局 癸酉时
勾 任壬戊辰 杜生甲子 值戊甲子 辰巽巳
值 辅戊甲子 景伤己巳 常癸己巳 丙午丁
阴 心庚丙寅 死休辛未 地丙辛未 未坤申
合 柱辛丁卯 伤景壬申 天乙壬申 甲卯乙
常 英癸己巳 中惊乙丑 蛇己乙丑 戊五己
地 芮丙辛未 惊中丁卯 合辛丁卯 庚酉辛
天 冲乙壬申 生杜戊辰 勾壬戊辰 丑艮寅
蛇 禽己乙丑 休死庚午 朱丁庚午 壬子癸
朱 蓬丁庚午 开开丙寅 阴庚丙寅 戌乾亥
阳四局 甲戌时
值 禽己甲戌 景开戊寅 天戊壬午 辰巽巳
常 蓬丁己卯 中休甲辰 勾癸戊寅 丙午丁
地 冲乙辛巳 惊生丙子 朱丙庚辰 未坤申
天 辅戊壬午 生惊丁丑 地乙辛巳 甲卯乙
蛇 心庚乙亥 休中己卯 值己甲戌 戊五己
合 任壬丁丑 伤伤辛巳 阴辛丙子 庚酉辛
勾 英癸戊寅 杜死壬午 合壬丁丑 丑艮寅
朱 芮丙庚辰 开景乙亥 常丁己卯 壬子癸
阴 柱辛丙子 死杜庚辰 蛇庚乙亥 戌乾亥
阳四局 乙亥时
蛇 心庚乙亥 伤中辛巳 天戊壬午 辰巽巳
朱 芮丙庚辰 生景丁丑 勾癸戊寅 丙午丁
天 辅戊壬午 休惊己卯 朱丙庚辰 未坤申
值 禽己甲戌 死开庚辰 地乙辛巳 甲卯乙
阴 柱辛丙子 杜杜壬午 值己甲戌 戊五己
勾 英癸戊寅 开死乙亥 阴辛丙子 庚酉辛
常 蓬丁己卯 惊休丙子 合壬丁丑 丑艮寅
地 冲乙辛巳 景生戊寅 常丁己卯 壬子癸
合 任壬丁丑 中伤甲戌 蛇庚乙亥 戌乾亥

阳四局 丙子时

旺衰		旺衰		旺衰
	阴 柱辛丙子 死杜庚辰 天戊壬午 辰巽巳	地 冲乙辛巳 惊生丙子 勾癸戊寅 丙午丁	值 禽己甲戌 景开戊寅 朱丙庚辰 未坤申	
旺衰	蛇 心庚乙亥 休中己卯 地乙辛巳 甲卯乙	合 任壬丁丑 伤伤辛巳 值己甲戌 戊五己	常 蓬丁己卯 中休甲戌 阴辛丙子 庚酉辛	旺衰
	朱 芮丙庚辰 开景乙亥 合壬丁丑 丑艮寅	天 辅戊壬午 生惊丁丑 常丁己卯 壬子癸	勾 英癸戊寅 杜死壬午 蛇庚乙亥 戌乾亥	
旺衰		旺衰		旺衰

阳四局 丁丑时

旺衰		旺衰		旺衰
	合 任壬丁丑 休伤己卯 天戊壬午 辰巽巳	天 辅戊壬午 开惊乙亥 勾癸戊寅 丙午丁	蛇 心庚乙亥 生中丁丑 朱丙庚辰 未坤申	
旺衰	阴 柱辛丙子 景杜戊寅 地乙辛巳 甲卯乙	勾 英癸戊寅 死死庚辰 值己甲戌 戊五己	朱 芮丙庚辰 杜景壬午 阴辛丙子 庚酉辛	旺衰
	地 冲乙辛巳 中生甲戌 合壬丁丑 丑艮寅	值 禽己甲戌 惊开丙子 常丁己卯 壬子癸	常 蓬丁己卯 伤休辛巳 蛇庚乙亥 戌乾亥	
旺衰		旺衰		旺衰

阳四局 戊寅时

旺衰		旺衰		旺衰
	值 禽己甲戌 景死戊寅 天戊壬午 辰巽巳	常 蓬丁己卯 中开甲戌 勾癸戊寅 丙午丁	地 冲乙辛巳 惊杜丙子 朱丙庚辰 未坤申	
旺衰	天 辅戊壬午 生伤丁丑 地乙辛巳 甲卯乙	蛇 心庚乙亥 休休己卯 值己甲戌 戊五己	合 任壬丁丑 伤生辛巳 阴辛丙子 庚酉辛	旺衰
	勾 英癸戊寅 杜惊壬午 合壬丁丑 丑艮寅	朱 芮丙庚辰 开中乙亥 常丁己卯 壬子癸	阴 柱辛丙子 死景庚辰 蛇庚乙亥 戌乾亥	
旺衰		旺衰		旺衰

阳四局 己卯时

旺衰		旺衰		旺衰
	值 禽己甲戌 景休戊寅 天戊壬午 辰巽巳	常 蓬丁己卯 中中甲戌 勾癸戊寅 丙午丁	地 冲乙辛巳 惊伤丙子 朱丙庚辰 未坤申	
旺衰	天 辅戊壬午 生死丁丑 地乙辛巳 甲卯乙	蛇 心庚乙亥 休景己卯 值己甲戌 戊五己	合 任壬丁丑 伤惊辛巳 阴辛丙子 庚酉辛	旺衰
	勾 英癸戊寅 杜开壬午 合壬丁丑 丑艮寅	朱 芮丙庚辰 开杜乙亥 常丁己卯 壬子癸	阴 柱辛丙子 死生庚辰 蛇庚乙亥 戌乾亥	
旺衰		旺衰		旺衰

阳四局 庚辰时

旺衰		旺衰		旺衰
	地 冲乙辛巳 惊景丙子 天戊壬午 辰巽巳	合 任壬丁丑 伤杜辛巳 勾癸戊寅 丙午丁	常 蓬丁己卯 中死甲戌 朱丙庚辰 未坤申	
旺衰	朱 芮丙庚辰 开休乙亥 地乙辛巳 甲卯乙	天 辅戊壬午 生生丁丑 值己甲戌 戊五己	蛇 心庚乙亥 休开己卯 阴辛丙子 庚酉辛	旺衰
	阴 柱辛丙子 死中庚辰 合壬丁丑 丑艮寅	勾 英癸戊寅 杜伤壬午 常丁己卯 壬子癸	值 禽己甲戌 景惊戊寅 蛇庚乙亥 戌乾亥	
旺衰		旺衰		旺衰

阳四局 辛巳时

旺衰		旺衰		旺衰
	朱 芮丙庚辰 开生乙亥 天戊壬午 辰巽巳	阴 柱辛丙子 死伤庚辰 勾癸戊寅 丙午丁	勾 英癸戊寅 杜休壬午 朱丙庚辰 未坤申	
旺衰	常 蓬丁己卯 中景甲戌 地乙辛巳 甲卯乙	地 冲乙辛巳 惊惊丙子 值己甲戌 戊五己	值 禽己甲戌 景中戊寅 阴辛丙子 庚酉辛	旺衰
	蛇 心庚乙亥 休杜己卯 合壬丁丑 丑艮寅	合 任壬丁丑 伤死辛巳 常丁己卯 壬子癸	天 辅戊壬午 生开丁丑 蛇庚乙亥 戌乾亥	
旺衰		旺衰		旺衰

阳四局 壬午时

旺衰		旺衰		旺衰
	常 蓬丁己卯 中惊甲戌 天戊壬午 辰巽巳	蛇 心庚乙亥 休死己卯 勾癸戊寅 丙午丁	合 任壬丁丑 伤景辛巳 朱丙庚辰 未坤申	
旺衰	勾 英癸戊寅 杜生壬午 地乙辛巳 甲卯乙	朱 芮丙庚辰 开开乙亥 值己甲戌 戊五己	天 辅戊壬午 生杜丁丑 阴辛丙子 庚酉辛	旺衰
	值 禽己甲戌 景伤戊寅 合壬丁丑 丑艮寅	阴 柱辛丙子 死休庚辰 常丁己卯 壬子癸	地 冲乙辛巳 惊中丙子 蛇庚乙亥 戌乾亥	
旺衰		旺衰		旺衰

阳四局 癸未时

旺衰		旺衰		旺衰
	勾 英癸戊寅 杜开壬午 天戊壬午 辰巽巳	值 禽己甲戌 景休戊寅 勾癸戊寅 丙午丁	阴 柱辛丙子 死生庚辰 朱丙庚辰 未坤申	
旺衰	合 任壬丁丑 伤惊辛巳 地乙辛巳 甲卯乙	常 蓬丁己卯 中中甲戌 值己甲戌 戊五己	地 冲乙辛巳 惊伤丙子 阴辛丙子 庚酉辛	旺衰
	天 辅戊壬午 生死丁丑 合壬丁丑 丑艮寅	蛇 心庚乙亥 休景己卯 常丁己卯 壬子癸	朱 芮丙庚辰 开杜乙亥 蛇庚乙亥 戌乾亥	
旺衰		旺衰		旺衰

阳四局 甲申时

旺衰		旺衰		旺衰
	值 心庚甲申 景杜丁亥 地戊辛卯 辰巽巳	常 芮丙己丑 中生壬辰 合癸丁亥 丙午丁	地 辅戊辛卯 惊开乙酉 常丙己丑 未坤申	
旺衰	天 禽己壬辰 生中丙戌 朱乙庚寅 甲卯乙	蛇 柱辛乙酉 休伤戊子 天己壬辰 戊五己	合 英癸丁亥 伤休庚寅 蛇辛乙酉 庚酉辛	旺衰
	勾 蓬丁戊子 杜景辛卯 阴壬丙戌 丑艮寅	朱 冲乙庚寅 开惊甲申 勾丁戊子 壬子癸	阴 任壬丙戌 死死己丑 值庚甲申 戌乾亥	
旺衰		旺衰		旺衰

阳四局 乙酉时

旺衰		旺衰		旺衰
	蛇 柱辛乙酉 伤伤庚寅 地戊辛卯 辰巽巳	朱 冲乙庚寅 生惊丙戌 合癸丁亥 丙午丁	天 禽己壬辰 休中戊子 常丙己丑 未坤申	
旺衰	值 心庚甲申 死杜己丑 朱乙庚寅 甲卯乙	阴 任壬丙戌 杜死辛卯 天己壬辰 戊五己	勾 蓬丁戊子 开景甲申 蛇辛乙酉 庚酉辛	旺衰
	常 芮丙己丑 惊生乙酉 阴壬丙戌 丑艮寅	地 辅戊辛卯 景开丁亥 勾丁戊子 壬子癸	合 英癸丁亥 中休壬辰 值庚甲申 戌乾亥	
旺衰		旺衰		旺衰

阳四局 丙戌时

旺衰		旺衰		旺衰
	阴 任壬丙戌 死死己丑 地戊辛卯 辰巽巳	地 辅戊辛卯 惊开乙酉 合癸丁亥 丙午丁	值 心庚甲申 景杜丁亥 常丙己丑 未坤申	
旺衰	蛇 柱辛乙酉 休伤戊子 朱乙庚寅 甲卯乙	合 英癸丁亥 伤休庚寅 天己壬辰 戊五己	常 芮丙己丑 中生壬辰 蛇辛乙酉 庚酉辛	旺衰
	朱 冲乙庚寅 开惊甲申 阴壬丙戌 丑艮寅	天 禽己壬辰 生中丙戌 勾丁戊子 壬子癸	勾 蓬丁戊子 杜景辛卯 值庚甲申 戌乾亥	
旺衰		旺衰		旺衰

阳四局 丁亥时

旺衰		旺衰		旺衰
	合 英癸丁亥 休休戊子 地戊辛卯 辰巽巳	天 禽己壬辰 开中甲申 合癸丁亥 丙午丁	蛇 柱辛乙酉 生伤丙戌 常丙己丑 未坤申	
旺衰	阴 任壬丙戌 景死丁亥 朱乙庚寅 甲卯乙	勾 蓬丁戊子 死景己丑 天己壬辰 戊五己	朱 冲乙庚寅 杜惊辛卯 蛇辛乙酉 庚酉辛	旺衰
	地 辅戊辛卯 中开壬辰 阴壬丙戌 丑艮寅	值 心庚甲申 惊杜乙酉 勾丁戊子 壬子癸	常 芮丙己丑 伤生庚寅 值庚甲申 戌乾亥	
旺衰		旺衰		旺衰

阳四局 戊子时

旺衰		旺衰		旺衰
	值 □□ 心庚甲申 景景丁亥 地戊辛卯 辰巽巳	常 □□ 芮丙己丑 中杜壬辰 合癸丁亥 丙午丁	地 □□ 辅戊辛卯 惊死乙酉 常丙己丑 未坤申	
旺衰	天 □□ 禽己壬辰 生休丙戌 朱乙庚寅 甲卯乙	蛇 □□ 柱辛乙酉 休生戊子 天己壬辰 戊五己	合 □□ 英癸丁亥 伤开庚寅 蛇辛乙酉 庚酉辛	旺衰
	勾 □□ 蓬丁戊子 杜中辛卯 阴壬丙戌 丑艮寅	朱 □□ 冲乙庚寅 开伤甲申 勾丁戊子 壬子癸	阴 □□ 任壬丙戌 死惊己丑 值庚甲申 戌乾亥	
旺衰		旺衰		旺衰

阳四局 己丑时

旺衰		旺衰		旺衰
	天 □□ 禽己壬辰 生生丙戌 地戊辛卯 辰巽巳	勾 □□ 蓬丁戊子 杜伤辛卯 合癸丁亥 丙午丁	朱 □□ 冲乙庚寅 开休甲申 常丙己丑 未坤申	
旺衰	地 □□ 辅戊辛卯 惊景乙酉 朱乙庚寅 甲卯乙	值 □□ 心庚甲申 景惊丁亥 天己壬辰 戊五己	阴 □□ 任壬丙戌 死中己丑 蛇辛乙酉 庚酉辛	旺衰
	合 □□ 英癸丁亥 伤杜庚寅 阴壬丙戌 丑艮寅	常 □□ 芮丙己丑 中死壬辰 勾丁戊子 壬子癸	蛇 □□ 柱辛乙酉 休开戊子 值庚甲申 戌乾亥	
旺衰		旺衰		旺衰

阳四局 庚寅时

旺衰		旺衰		旺衰
	值 □□ 心庚甲申 景惊丁亥 地戊辛卯 辰巽巳	常 □□ 芮丙己丑 中死壬辰 合癸丁亥 丙午丁	地 □□ 辅戊辛卯 惊景乙酉 常丙己丑 未坤申	
旺衰	天 □□ 禽己壬辰 生生丙戌 朱乙庚寅 甲卯乙	蛇 □□ 柱辛乙酉 休开戊子 天己壬辰 戊五己	合 □□ 英癸丁亥 伤杜庚寅 蛇辛乙酉 庚酉辛	旺衰
	勾 □□ 蓬丁戊子 杜伤辛卯 阴壬丙戌 丑艮寅	朱 □□ 冲乙庚寅 开休甲申 勾丁戊子 壬子癸	阴 □□ 任壬丙戌 死中己丑 值庚甲申 戌乾亥	
旺衰		旺衰		旺衰

阳四局 辛卯时

旺衰		旺衰		旺衰
	朱 □□ 冲乙庚寅 开开甲申 地戊辛卯 辰巽巳	阴 □□ 任壬丙戌 死休己丑 合癸丁亥 丙午丁	勾 □□ 蓬丁戊子 杜生辛卯 常丙己丑 未坤申	
旺衰	常 □□ 芮丙己丑 中惊壬辰 朱乙庚寅 甲卯乙	地 □□ 辅戊辛卯 惊中乙酉 天己壬辰 戊五己	值 □□ 心庚甲申 景伤丁亥 蛇辛乙酉 庚酉辛	旺衰
	蛇 □□ 柱辛乙酉 休死戊子 阴壬丙戌 丑艮寅	合 □□ 英癸丁亥 伤景庚寅 勾丁戊子 壬子癸	天 □□ 禽己壬辰 生杜丙戌 值庚甲申 戌乾亥	
旺衰		旺衰		旺衰

阳四局 壬辰时

旺衰		旺衰		旺衰
	常 □□ 芮丙己丑 中中壬辰 地戊辛卯 辰巽巳	蛇 □□ 柱辛乙酉 休景戊子 合癸丁亥 丙午丁	合 □□ 英癸丁亥 伤惊庚寅 常丙己丑 未坤申	
旺衰	勾 □□ 蓬丁戊子 杜开辛卯 朱乙庚寅 甲卯乙	朱 □□ 冲乙庚寅 开杜甲申 天己壬辰 戊五己	天 □□ 禽己壬辰 生死丙戌 蛇辛乙酉 庚酉辛	旺衰
	值 □□ 心庚甲申 景休丁亥 阴壬丙戌 丑艮寅	阴 □□ 任壬丙戌 死生己丑 勾丁戊子 壬子癸	地 □□ 辅戊辛卯 惊伤乙酉 值庚甲申 戌乾亥	
旺衰		旺衰		旺衰

阳四局 癸巳时

旺衰		旺衰		旺衰
	勾 □□ 蓬丁戊子 杜杜辛卯 地戊辛卯 辰巽巳	值 □□ 心庚甲申 景生丁亥 合癸丁亥 丙午丁	阴 □□ 任壬丙戌 死开己丑 常丙己丑 未坤申	
旺衰	合 □□ 英癸丁亥 伤中庚寅 朱乙庚寅 甲卯乙	常 □□ 芮丙己丑 中伤壬辰 天己壬辰 戊五己	地 □□ 辅戊辛卯 惊休乙酉 蛇辛乙酉 庚酉辛	旺衰
	天 □□ 禽己壬辰 生景丙戌 阴壬丙戌 丑艮寅	蛇 □□ 柱辛乙酉 休惊戊子 勾丁戊子 壬子癸	朱 □□ 冲乙庚寅 开死甲申 值庚甲申 戌乾亥	
旺衰		旺衰		旺衰

阳四局 甲午时

旺衰		旺衰		旺衰
	值 □□ 柱辛甲午 景死丙申 朱戊庚子 辰巽巳	常 □□ 冲乙己亥 中开辛丑 阴癸丙申 丙午丁	地 □□ 禽己辛丑 惊杜甲午 勾丙戊戌 未坤申	
旺衰	天 □□ 心庚壬寅 生伤乙未 常乙己亥 甲卯乙	蛇 □□ 任壬乙未 休休丁酉 地己辛丑 戊五己	合 □□ 蓬丁丁酉 伤生己亥 值辛甲午 庚酉辛	旺衰
	勾 □□ 芮丙戊戌 杜惊庚子 蛇壬乙未 丑艮寅	朱 □□ 辅戊庚子 开中壬寅 合丁丁酉 壬子癸	阴 □□ 英癸丙申 死景戊戌 天庚壬寅 戌乾亥	
旺衰		旺衰		旺衰

阳四局 乙未时

旺衰		旺衰		旺衰
	蛇 □□ 任壬乙未 伤休己亥 朱戊庚子 辰巽巳	朱 □□ 辅戊庚子 生中乙未 阴癸丙申 丙午丁	天 □□ 心庚壬寅 休伤丁酉 勾丙戊戌 未坤申	
旺衰	值 □□ 柱辛甲午 死死戊戌 常乙己亥 甲卯乙	阴 □□ 英癸丙申 杜景庚子 地己辛丑 戊五己	勾 □□ 芮丙戊戌 开惊壬寅 值辛甲午 庚酉辛	旺衰
	常 □□ 冲乙己亥 惊开甲午 蛇壬乙未 丑艮寅	地 □□ 禽己辛丑 景杜丙申 合丁丁酉 壬子癸	合 □□ 蓬丁丁酉 中生辛丑 天庚壬寅 戌乾亥	
旺衰		旺衰		旺衰

阳四局 丙申时

旺衰		旺衰		旺衰
	阴 □□ 英癸丙申 死景戊戌 朱戊庚子 辰巽巳	地 □□ 禽己辛丑 惊杜甲午 阴癸丙申 丙午丁	值 □□ 柱辛甲午 景死丙申 勾丙戊戌 未坤申	
旺衰	蛇 □□ 任壬乙未 休休丁酉 常乙己亥 甲卯乙	合 □□ 蓬丁丁酉 伤生己亥 地己辛丑 戊五己	常 □□ 冲乙己亥 中开辛丑 值辛甲午 庚酉辛	旺衰
	朱 □□ 辅戊庚子 开中壬寅 蛇壬乙未 丑艮寅	天 □□ 心庚壬寅 生伤乙未 合丁丁酉 壬子癸	勾 □□ 芮丙戊戌 杜惊庚子 天庚壬寅 戌乾亥	
旺衰		旺衰		旺衰

阳四局 丁酉时

旺衰		旺衰		旺衰
	合 □□ 蓬丁丁酉 休生丁酉 朱戊庚子 辰巽巳	天 □□ 心庚壬寅 开伤壬寅 阴癸丙申 丙午丁	蛇 □□ 任壬乙未 生休乙未 勾丙戊戌 未坤申	
旺衰	阴 □□ 英癸丙申 景景丙申 常乙己亥 甲卯乙	勾 □□ 芮丙戊戌 死惊戊戌 地己辛丑 戊五己	朱 □□ 辅戊庚子 杜中庚子 值辛甲午 庚酉辛	旺衰
	地 □□ 禽己辛丑 中杜辛丑 蛇壬乙未 丑艮寅	值 □□ 柱辛甲午 惊死甲午 合丁丁酉 壬子癸	常 □□ 冲乙己亥 伤开己亥 天庚壬寅 戌乾亥	
旺衰		旺衰		旺衰

阳四局 戊戌时

旺衰		旺衰		旺衰
	值 □□ 柱辛甲午 景惊丙申 朱戊庚子 辰巽巳	常 □□ 冲乙己亥 中死辛丑 阴癸丙申 丙午丁	地 □□ 禽己辛丑 惊景甲午 勾丙戊戌 未坤申	
旺衰	天 □□ 心庚壬寅 生生乙未 常乙己亥 甲卯乙	蛇 □□ 任壬乙未 休开丁酉 地己辛丑 戊五己	合 □□ 蓬丁丁酉 伤杜己亥 值辛甲午 庚酉辛	旺衰
	勾 □□ 芮丙戊戌 杜伤庚子 蛇壬乙未 丑艮寅	朱 □□ 辅戊庚子 开休壬寅 合丁丁酉 壬子癸	阴 □□ 英癸丙申 死中戊戌 天庚壬寅 戌乾亥	
旺衰		旺衰		旺衰

阳四局 己亥时

旺衰		旺衰		旺衰
	天 □□ 心庚壬寅 生开乙未 朱戊庚子 辰巽巳	勾 □□ 芮丙戊戌 杜休庚子 阴癸丙申 丙午丁	朱 □□ 辅戊庚子 开生壬寅 勾丙戊戌 未坤申	
旺衰	地 □□ 禽己辛丑 惊惊甲午 常乙己亥 甲卯乙	值 □□ 柱辛甲午 景中丙申 地己辛丑 戊五己	阴 □□ 英癸丙申 死伤戊戌 值辛甲午 庚酉辛	旺衰
	合 □□ 蓬丁丁酉 伤死己亥 蛇壬乙未 丑艮寅	常 □□ 冲乙己亥 中景辛丑 合丁丁酉 壬子癸	蛇 □□ 任壬乙未 休杜丁酉 天庚壬寅 戌乾亥	
旺衰		旺衰		旺衰

阳四局 庚子时

旺 衰		旺衰		旺 衰
	地 禽己辛丑 惊中甲午 朱戊庚子 辰巽巳	合 蓬丁丁酉 伤景己亥 阴癸丙申 丙午丁	常 冲乙己亥 中惊辛丑 勾丙戊戌 未坤申	
旺 衰	朱 辅戊庚子 开开壬寅 常乙己亥 甲卯乙	天 心庚壬寅 生杜乙未 地己辛丑 戊五己	蛇 任壬乙未 休死丁酉 值辛甲午 庚酉辛	旺 衰
	阴 英癸丙申 死休戊戌 蛇壬乙未 丑艮寅	勾 芮丙戊戌 杜生庚子 合丁丁酉 壬子癸	值 柱辛甲午 景伤丙申 天庚壬寅 戌乾亥	
旺 衰		旺衰		旺 衰

阳四局 辛丑时

旺 衰		旺衰		旺 衰
	值 柱辛甲午 景杜丙申 朱戊庚子 辰巽巳	常 冲乙己亥 中生辛丑 阴癸丙申 丙午丁	地 禽己辛丑 惊开甲午 勾丙戊戌 未坤申	
旺 衰	天 心庚壬寅 生中乙未 常乙己亥 甲卯乙	蛇 任壬乙未 休伤丁酉 地己辛丑 戊五己	合 蓬丁丁酉 伤休己亥 值辛甲午 庚酉辛	旺 衰
	勾 芮丙戊戌 杜景庚子 蛇壬乙未 丑艮寅	朱 辅戊庚子 开惊壬寅 合丁丁酉 壬子癸	阴 英癸丙申 死死戊戌 天庚壬寅 戌乾亥	
旺 衰		旺衰		旺 衰

阳四局 壬寅时

旺 衰		旺衰		旺 衰
	常 冲乙己亥 中伤辛丑 朱戊庚子 辰巽巳	蛇 任壬乙未 休惊丁酉 阴癸丙申 丙午丁	合 蓬丁丁酉 伤中己亥 勾丙戊戌 未坤申	
旺 衰	勾 芮丙戊戌 杜杜庚子 常乙己亥 甲卯乙	朱 辅戊庚子 开死壬寅 地己辛丑 戊五己	天 心庚壬寅 生景乙未 值辛甲午 庚酉辛	旺 衰
	值 柱辛甲午 景生丙申 蛇壬乙未 丑艮寅	阴 英癸丙申 死开戊戌 合丁丁酉 壬子癸	地 禽己辛丑 惊休甲午 天庚壬寅 戌乾亥	
旺 衰		旺衰		旺 衰

阳四局 癸卯时

旺 衰		旺衰		旺 衰
	勾 芮丙戊戌 杜死庚子 朱戊庚子 辰巽巳	值 柱辛甲午 景开丙申 阴癸丙申 丙午丁	阴 英癸丙申 死杜戊戌 勾丙戊戌 未坤申	
旺 衰	合 蓬丁丁酉 伤伤己亥 常乙己亥 甲卯乙	常 冲乙己亥 中休辛丑 地己辛丑 戊五己	地 禽己辛丑 惊生甲午 值辛甲午 庚酉辛	旺 衰
	天 心庚壬寅 生惊乙未 蛇壬乙未 丑艮寅	蛇 任壬乙未 休中丁酉 合丁丁酉 壬子癸	朱 辅戊庚子 开景壬寅 天庚壬寅 戌乾亥	
旺 衰		旺衰		旺 衰

阳四局 甲辰时

旺 衰		旺衰		旺 衰
	值 任壬甲辰 景景乙巳 常戊己酉 辰巽巳	常 辅戊己酉 中杜庚戌 蛇癸乙巳 丙午丁	地 心庚辛亥 惊死壬子 合丙丁未 未坤申	
旺 衰	天 柱辛壬子 生休甲辰 勾乙戊申 甲卯乙	蛇 英癸乙巳 休生丙午 朱己庚戌 戊五己	合 芮丙丁未 伤开戊申 天辛壬子 庚酉辛	旺 衰
	勾 冲乙戊申 杜中己酉 值壬甲辰 丑艮寅	朱 禽己庚戌 开伤辛亥 阴丁丙午 壬子癸	阴 蓬丁丙午 死惊丁未 地庚辛亥 戌乾亥	
旺 衰		旺衰		旺 衰

阳四局 乙巳时

旺 衰		旺衰		旺 衰
	蛇 英癸乙巳 伤生戊申 常戊己酉 辰巽巳	朱 禽己庚戌 生伤甲辰 蛇癸乙巳 丙午丁	天 柱辛壬子 休休丙午 合丙丁未 未坤申	
旺 衰	值 任壬甲辰 死景丁未 勾乙戊申 甲卯乙	阴 蓬丁丙午 杜惊己酉 朱己庚戌 戊五己	勾 冲乙戊申 开中辛亥 天辛壬子 庚酉辛	旺 衰
	常 辅戊己酉 惊杜壬子 值壬甲辰 丑艮寅	地 心庚辛亥 景死乙巳 阴丁丙午 壬子癸	合 芮丙丁未 中开庚戌 地庚辛亥 戌乾亥	
旺 衰		旺衰		旺 衰

阳四局 丙午时

旺 衰		旺衰		旺 衰
	阴 蓬丁丙午 死惊丁未 常戊己酉 辰巽巳	地 心庚辛亥 惊死壬子 蛇癸乙巳 丙午丁	值 任壬甲辰 景景乙巳 合丙丁未 未坤申	
旺 衰	蛇 英癸乙巳 休生丙午 勾乙戊申 甲卯乙	合 芮丙丁未 伤开戊申 朱己庚戌 戊五己	常 辅戊己酉 中杜庚戌 天辛壬子 庚酉辛	旺 衰
	朱 禽己庚戌 开伤辛亥 值壬甲辰 丑艮寅	天 柱辛壬子 生休甲辰 阴丁丙午 壬子癸	勾 冲乙戊申 杜中己酉 地庚辛亥 戌乾亥	
旺 衰		旺衰		旺 衰

阳四局 丁未时

旺 衰		旺衰		旺 衰
	合 芮丙丁未 休开丙午 常戊己酉 辰巽巳	天 柱辛壬子 开休辛亥 蛇癸乙巳 丙午丁	蛇 英癸乙巳 生生甲辰 合丙丁未 未坤申	
旺 衰	阴 蓬丁丙午 景惊乙巳 勾乙戊申 甲卯乙	勾 冲乙戊申 死中丁未 朱己庚戌 戊五己	朱 禽己庚戌 杜伤己酉 天辛壬子 庚酉辛	旺 衰
	地 心庚辛亥 中死庚戌 值壬甲辰 丑艮寅	值 任壬甲辰 惊景壬子 阴丁丙午 壬子癸	常 辅戊己酉 伤杜戊申 地庚辛亥 戌乾亥	
旺 衰		旺衰		旺 衰

阳四局 戊申时

旺 衰		旺衰		旺 衰
	值 任壬甲辰 景中乙巳 常戊己酉 辰巽巳	常 辅戊己酉 中景庚戌 蛇癸乙巳 丙午丁	地 心庚辛亥 惊惊壬子 合丙丁未 未坤申	
旺 衰	天 柱辛壬子 生开甲辰 勾乙戊申 甲卯乙	蛇 英癸乙巳 休杜丙午 朱己庚戌 戊五己	合 芮丙丁未 伤死戊申 天辛壬子 庚酉辛	旺 衰
	勾 冲乙戊申 杜休己酉 值壬甲辰 丑艮寅	朱 禽己庚戌 开生辛亥 阴丁丙午 壬子癸	阴 蓬丁丙午 死伤丁未 地庚辛亥 戌乾亥	
旺 衰		旺衰		旺 衰

阳四局 己酉时

旺 衰		旺衰		旺 衰
	天 柱辛壬子 生杜甲辰 常戊己酉 辰巽巳	勾 冲乙戊申 杜生己酉 蛇癸乙巳 丙午丁	朱 禽己庚戌 开开辛亥 合丙丁未 未坤申	
旺 衰	地 心庚辛亥 惊中壬子 勾乙戊申 甲卯乙	值 任壬甲辰 景伤乙巳 朱己庚戌 戊五己	阴 蓬丁丙午 死休丁未 天辛壬子 庚酉辛	旺 衰
	合 芮丙丁未 伤景戊申 值壬甲辰 丑艮寅	常 辅戊己酉 中惊庚戌 阴丁丙午 壬子癸	蛇 英癸乙巳 休死丙午 地庚辛亥 戌乾亥	
旺 衰		旺衰		旺 衰

阳四局 庚戌时

旺 衰		旺衰		旺 衰
	地 心庚辛亥 惊伤壬子 常戊己酉 辰巽巳	合 芮丙丁未 伤惊戊申 蛇癸乙巳 丙午丁	常 辅戊己酉 中中庚戌 合丙丁未 未坤申	
旺 衰	朱 禽己庚戌 开杜辛亥 勾乙戊申 甲卯乙	天 柱辛壬子 生死甲辰 朱己庚戌 戊五己	蛇 英癸乙巳 休景丙午 天辛壬子 庚酉辛	旺 衰
	阴 蓬丁丙午 死生丁未 值壬甲辰 丑艮寅	勾 冲乙戊申 杜开己酉 阴丁丙午 壬子癸	值 任壬甲辰 景休乙巳 地庚辛亥 戌乾亥	
旺 衰		旺衰		旺 衰

阳四局 辛亥时

旺 衰		旺衰		旺 衰
	朱 禽己庚戌 开死辛亥 常戊己酉 辰巽巳	阴 蓬丁丙午 死开丁未 蛇癸乙巳 丙午丁	勾 冲乙戊申 杜杜己酉 合丙丁未 未坤申	
旺 衰	常 辅戊己酉 中伤庚戌 勾乙戊申 甲卯乙	地 心庚辛亥 惊休壬子 朱己庚戌 戊五己	值 任壬甲辰 景生乙巳 天辛壬子 庚酉辛	旺 衰
	蛇 英癸乙巳 休惊丙午 值壬甲辰 丑艮寅	合 芮丙丁未 伤中戊申 阴丁丙午 壬子癸	天 柱辛壬子 生景甲辰 地庚辛亥 戌乾亥	
旺 衰		旺衰		旺 衰

阳四局 壬子时

旺衰		旺衰		旺衰
	值 任壬甲辰 景休乙巳 常戊己酉 辰巽巳	常 辅戊己酉 中中庚戌 蛇癸乙巳 丙午丁	地 心庚辛亥 惊伤壬子 合丙丁未 未坤申	
旺衰	天 柱辛壬子 生死甲辰 勾乙戊申 甲卯乙	蛇 英癸乙巳 休景丙午 朱己庚戌 戊五己	合 芮丙丁未 伤惊戊申 天辛壬子 庚酉辛	旺衰
	勾 冲乙戊申 杜开己酉 值壬甲辰 丑艮寅	朱 禽己庚戌 开杜辛亥 阴丁丙午 壬子癸	阴 蓬丁丙午 死生丁未 地庚辛亥 戌乾亥	
旺衰		旺衰		旺衰

阳四局 癸丑时

旺衰		旺衰		旺衰
	勾 冲乙戊申 杜景己酉 常戊己酉 辰巽巳	值 任壬甲辰 景杜乙巳 蛇癸乙巳 丙午丁	阴 蓬丁丙午 死死丁未 合丙丁未 未坤申	
旺衰	合 芮丙丁未 伤休戊申 勾乙戊申 甲卯乙	常 辅戊己酉 中生庚戌 朱己庚戌 戊五己	地 心庚辛亥 惊开壬子 天辛壬子 庚酉辛	旺衰
	天 柱辛壬子 生中甲辰 值壬甲辰 丑艮寅	蛇 英癸乙巳 休伤丙午 阴丁丙午 壬子癸	朱 禽己庚戌 开惊辛亥 地庚辛亥 戌乾亥	
旺衰		旺衰		旺衰

阳四局 甲寅时

旺衰		旺衰		旺衰
	值 英癸甲寅 景惊甲寅 勾戊戊午 辰巽巳	常 禽己己未 中死己未 值癸甲寅 丙午丁	地 柱辛辛酉 惊景辛酉 阴丙丙辰 未坤申	
旺衰	天 任壬壬戌 生生壬戌 合乙丁巳 甲卯乙	蛇 蓬丁乙卯 休开乙卯 常己己未 戊五己	合 冲乙丁巳 伤杜丁巳 地辛辛酉 庚酉辛	旺衰
	勾 辅戊戊午 杜伤戊午 天壬壬戌 丑艮寅	朱 心庚庚申 开休庚申 蛇丁乙卯 壬子癸	阴 芮丙丙辰 死中丙辰 朱庚庚申 戌乾亥	
旺衰		旺衰		旺衰

阳四局 乙卯时

旺衰		旺衰		旺衰
	蛇 蓬丁乙卯 伤开丁巳 勾戊戊午 辰巽巳	朱 心庚庚申 生休壬戌 值癸甲寅 丙午丁	天 任壬壬戌 休生乙卯 阴丙丙辰 未坤申	
旺衰	值 英癸甲寅 死惊丙辰 合乙丁巳 甲卯乙	阴 芮丙丙辰 杜中戊午 常己己未 戊五己	勾 辅戊戊午 开伤庚申 地辛辛酉 庚酉辛	旺衰
	常 禽己己未 惊死辛酉 天壬壬戌 丑艮寅	地 柱辛辛酉 景景甲寅 蛇丁乙卯 壬子癸	合 冲乙丁巳 中杜己未 朱庚庚申 戌乾亥	
旺衰		旺衰		旺衰

阳四局 丙辰时

旺衰		旺衰		旺衰
	阴 芮丙丙辰 死中丙辰 勾戊戊午 辰巽巳	地 柱辛辛酉 惊景辛酉 值癸甲寅 丙午丁	值 英癸甲寅 景惊甲寅 阴丙丙辰 未坤申	
旺衰	蛇 蓬丁乙卯 休开乙卯 合乙丁巳 甲卯乙	合 冲乙丁巳 伤杜丁巳 常己己未 戊五己	常 禽己己未 中死己未 地辛辛酉 庚酉辛	旺衰
	朱 心庚庚申 开休庚申 天壬壬戌 丑艮寅	天 任壬壬戌 生生壬戌 蛇丁乙卯 壬子癸	勾 辅戊戊午 杜伤戊午 朱庚庚申 戌乾亥	
旺衰		旺衰		旺衰

阳四局 丁巳时

旺衰		旺衰		旺衰
	合 冲乙丁巳 休杜乙卯 勾戊戊午 辰巽巳	天 任壬壬戌 开生庚申 值癸甲寅 丙午丁	蛇 蓬丁乙卯 生开壬戌 阴丙丙辰 未坤申	
旺衰	阴 芮丙丙辰 景中甲寅 合乙丁巳 甲卯乙	勾 辅戊戊午 死伤丙辰 常己己未 戊五己	朱 心庚庚申 杜休戊午 地辛辛酉 庚酉辛	旺衰
	地 柱辛辛酉 中景己未 天壬壬戌 丑艮寅	值 英癸甲寅 惊惊辛酉 蛇丁乙卯 壬子癸	常 禽己己未 伤死丁巳 朱庚庚申 戌乾亥	
旺衰		旺衰		旺衰

阳四局 戊午时

旺衰		旺衰		旺衰
	值 英癸甲寅 景伤甲寅 勾戊戊午 辰巽巳	常 禽己己未 中惊己未 值癸甲寅 丙午丁	地 柱辛辛酉 惊中辛酉 阴丙丙辰 未坤申	
旺衰	天 任壬壬戌 生杜壬戌 合乙丁巳 甲卯乙	蛇 蓬丁乙卯 休死乙卯 常己己未 戊五己	合 冲乙丁巳 伤景丁巳 地辛辛酉 庚酉辛	旺衰
	勾 辅戊戊午 杜生戊午 天壬壬戌 丑艮寅	朱 心庚庚申 开开庚申 蛇丁乙卯 壬子癸	阴 芮丙丙辰 死休丙辰 朱庚庚申 戌乾亥	
旺衰		旺衰		旺衰

阳四局 己未时

旺衰		旺衰		旺衰
	天 任壬壬戌 生死壬戌 勾戊戊午 辰巽巳	勾 辅戊戊午 杜开戊午 值癸甲寅 丙午丁	朱 心庚庚申 开杜庚申 阴丙丙辰 未坤申	
旺衰	地 柱辛辛酉 惊伤辛酉 合乙丁巳 甲卯乙	值 英癸甲寅 景休甲寅 常己己未 戊五己	阴 芮丙丙辰 死生丙辰 地辛辛酉 庚酉辛	旺衰
	合 冲乙丁巳 伤惊丁巳 天壬壬戌 丑艮寅	常 禽己己未 中中己未 蛇丁乙卯 壬子癸	蛇 蓬丁乙卯 休景乙卯 朱庚庚申 戌乾亥	
旺衰		旺衰		旺衰

阳四局 庚申时

旺衰		旺衰		旺衰
	地 柱辛辛酉 惊休辛酉 勾戊戊午 辰巽巳	合 冲乙丁巳 伤中丁巳 值癸甲寅 丙午丁	常 禽己己未 中伤己未 阴丙丙辰 未坤申	
旺衰	朱 心庚庚申 开死庚申 合乙丁巳 甲卯乙	天 任壬壬戌 生景壬戌 常己己未 戊五己	蛇 蓬丁乙卯 休惊乙卯 地辛辛酉 庚酉辛	旺衰
	阴 芮丙丙辰 死开丙辰 天壬壬戌 丑艮寅	勾 辅戊戊午 杜杜戊午 蛇丁乙卯 壬子癸	值 英癸甲寅 景生甲寅 朱庚庚申 戌乾亥	
旺衰		旺衰		旺衰

阳四局 辛酉时

旺衰		旺衰		旺衰
	朱 心庚庚申 开景庚申 勾戊戊午 辰巽巳	阴 芮丙丙辰 死杜丙辰 值癸甲寅 丙午丁	勾 辅戊戊午 杜死戊午 阴丙丙辰 未坤申	
旺衰	常 禽己己未 中休己未 合乙丁巳 甲卯乙	地 柱辛辛酉 惊生辛酉 常己己未 戊五己	值 英癸甲寅 景开甲寅 地辛辛酉 庚酉辛	旺衰
	蛇 蓬丁乙卯 休中乙卯 天壬壬戌 丑艮寅	合 冲乙丁巳 伤伤丁巳 蛇丁乙卯 壬子癸	天 任壬壬戌 生惊壬戌 朱庚庚申 戌乾亥	
旺衰		旺衰		旺衰

阳四局 壬戌时

旺衰		旺衰		旺衰
	常 禽己己未 中生己未 勾戊戊午 辰巽巳	蛇 蓬丁乙卯 休伤乙卯 值癸甲寅 丙午丁	合 冲乙丁巳 伤休丁巳 阴丙丙辰 未坤申	
旺衰	勾 辅戊戊午 杜景戊午 合乙丁巳 甲卯乙	朱 心庚庚申 开惊庚申 常己己未 戊五己	天 任壬壬戌 生中壬戌 地辛辛酉 庚酉辛	旺衰
	值 英癸甲寅 景杜甲寅 天壬壬戌 丑艮寅	阴 芮丙丙辰 死死丙辰 蛇丁乙卯 壬子癸	地 柱辛辛酉 惊开辛酉 朱庚庚申 戌乾亥	
旺衰		旺衰		旺衰

阳四局 癸亥时

旺衰		旺衰		旺衰
	值 英癸甲寅 景惊甲寅 勾戊戊午 辰巽巳	常 禽己己未 中死己未 值癸甲寅 丙午丁	地 柱辛辛酉 惊景辛酉 阴丙丙辰 未坤申	
旺衰	天 任壬壬戌 生生壬戌 合乙丁巳 甲卯乙	蛇 蓬丁乙卯 休开乙卯 常己己未 戊五己	合 冲乙丁巳 伤杜丁巳 地辛辛酉 庚酉辛	旺衰
	勾 辅戊戊午 杜伤戊午 天壬壬戌 丑艮寅	朱 心庚庚申 开休庚申 蛇丁乙卯 壬子癸	阴 芮丙丙辰 死中丙辰 朱庚庚申 戌乾亥	
旺衰		旺衰		旺衰

阳五局 甲子时

旺衰		旺衰		旺衰
	天 辅乙壬申 景开戊辰 天乙壬申 辰巽巳	勾 英壬戊辰 中休甲子 勾壬戊辰 丙午丁	朱 芮丁庚午 惊生丙寅 朱丁庚午 未坤申	
旺衰	地 冲丙辛未 生惊丁卯 地丙辛未 甲卯乙	值 禽戊甲子 休中己巳 值戊甲子 戊五己	阴 柱庚丙寅 伤伤辛未 阴庚丙寅 庚酉辛	旺衰
	合 任辛丁卯 杜死壬申 合辛丁卯 丑艮寅	常 蓬癸己巳 开景乙丑 常癸己巳 壬子癸	蛇 心己乙丑 死杜庚午 蛇己乙丑 戌乾亥	
旺衰		旺衰		旺衰

阳五局 乙丑时

旺衰		旺衰		旺衰
	值 禽戊甲子 伤中辛未 天乙壬申 辰巽巳	常 蓬癸己巳 生景丁卯 勾壬戊辰 丙午丁	地 冲丙辛未 休惊己巳 朱丁庚午 未坤申	
旺衰	天 辅乙壬申 死开庚午 地丙辛未 甲卯乙	蛇 心己乙丑 杜杜壬申 值戊甲子 戊五己	合 任辛丁卯 开死乙丑 阴庚丙寅 庚酉辛	旺衰
	勾 英壬戊辰 惊休丙寅 合辛丁卯 丑艮寅	朱 芮丁庚午 景生戊辰 常癸己巳 壬子癸	阴 柱庚丙寅 中伤甲子 蛇己乙丑 戌乾亥	
旺衰		旺衰		旺衰

阳五局 丙寅时

旺衰		旺衰		旺衰
	蛇 心己乙丑 死杜庚午 天乙壬申 辰巽巳	朱 芮丁庚午 惊生丙寅 勾壬戊辰 丙午丁	天 辅乙壬申 景开戊辰 朱丁庚午 未坤申	
旺衰	值 禽戊甲子 休中己巳 地丙辛未 甲卯乙	阴 柱庚丙寅 伤伤辛未 值戊甲子 戊五己	勾 英壬戊辰 中休甲子 阴庚丙寅 庚酉辛	旺衰
	常 蓬癸己巳 开景乙丑 合辛丁卯 丑艮寅	地 冲丙辛未 生惊丁卯 常癸己巳 壬子癸	合 任辛丁卯 杜死壬申 蛇己乙丑 戌乾亥	
旺衰		旺衰		旺衰

阳五局 丁卯时

旺衰		旺衰		旺衰
	阴 柱庚丙寅 休伤己巳 天乙壬申 辰巽巳	地 冲丙辛未 开惊乙丑 勾壬戊辰 丙午丁	值 禽戊甲子 生中丁卯 朱丁庚午 未坤申	
旺衰	蛇 心己乙丑 景杜戊辰 地丙辛未 甲卯乙	合 任辛丁卯 死死庚午 值戊甲子 戊五己	常 蓬癸己巳 杜景壬申 阴庚丙寅 庚酉辛	旺衰
	朱 芮丁庚午 中生甲子 合辛丁卯 丑艮寅	天 辅乙壬申 惊开丙寅 常癸己巳 壬子癸	勾 英壬戊辰 伤休辛未 蛇己乙丑 戌乾亥	
旺衰		旺衰		旺衰

阳五局 戊辰时

旺衰		旺衰		旺衰
	天 辅乙壬申 景死戊辰 天乙壬申 辰巽巳	勾 英壬戊辰 中开甲子 勾壬戊辰 丙午丁	朱 芮丁庚午 惊杜丙寅 朱丁庚午 未坤申	
旺衰	地 冲丙辛未 生伤丁卯 地丙辛未 甲卯乙	值 禽戊甲子 休休己巳 值戊甲子 戊五己	阴 柱庚丙寅 伤生辛未 阴庚丙寅 庚酉辛	旺衰
	合 任辛丁卯 杜惊壬申 合辛丁卯 丑艮寅	常 蓬癸己巳 开中乙丑 常癸己巳 壬子癸	蛇 心己乙丑 死景庚午 蛇己乙丑 戌乾亥	
旺衰		旺衰		旺衰

阳五局 己巳时

旺衰		旺衰		旺衰
	地 冲丙辛未 生休丁卯 天乙壬申 辰巽巳	合 任辛丁卯 杜中壬申 勾壬戊辰 丙午丁	常 蓬癸己巳 开伤乙丑 朱丁庚午 未坤申	
旺衰	朱 芮丁庚午 惊死丙寅 地丙辛未 甲卯乙	天 辅乙壬申 景景戊辰 值戊甲子 戊五己	蛇 心己乙丑 死惊庚午 阴庚丙寅 庚酉辛	旺衰
	阴 柱庚丙寅 伤开辛未 合辛丁卯 丑艮寅	勾 英壬戊辰 中杜甲子 常癸己巳 壬子癸	值 禽戊甲子 休生己巳 蛇己乙丑 戌乾亥	
旺衰		旺衰		旺衰

阳五局 庚午时

旺衰		旺衰		旺衰
	朱 芮丁庚午 惊景丙寅 天乙壬申 辰巽巳	阴 柱庚丙寅 伤杜辛未 勾壬戊辰 丙午丁	勾 英壬戊辰 中死甲子 朱丁庚午 未坤申	
旺衰	常 蓬癸己巳 开休乙丑 地丙辛未 甲卯乙	地 冲丙辛未 生生丁卯 值戊甲子 戊五己	值 禽戊甲子 休开己巳 阴庚丙寅 庚酉辛	旺衰
	蛇 心己乙丑 死中庚午 合辛丁卯 丑艮寅	合 任辛丁卯 杜伤壬申 常癸己巳 壬子癸	天 辅乙壬申 景惊戊辰 蛇己乙丑 戌乾亥	
旺衰		旺衰		旺衰

阳五局 辛未时

旺衰		旺衰		旺衰
	常 蓬癸己巳 开生乙丑 天乙壬申 辰巽巳	蛇 心己乙丑 死伤庚午 勾壬戊辰 丙午丁	合 任辛丁卯 杜休壬申 朱丁庚午 未坤申	
旺衰	勾 英壬戊辰 中景甲子 地丙辛未 甲卯乙	朱 芮丁庚午 惊惊丙寅 值戊甲子 戊五己	天 辅乙壬申 景中戊辰 阴庚丙寅 庚酉辛	旺衰
	值 禽戊甲子 休杜己巳 合辛丁卯 丑艮寅	阴 柱庚丙寅 伤死辛未 常癸己巳 壬子癸	地 冲丙辛未 生开丁卯 蛇己乙丑 戌乾亥	
旺衰		旺衰		旺衰

阳五局 壬申时

旺衰		旺衰		旺衰
	勾 英壬戊辰 中惊甲子 天乙壬申 辰巽巳	值 禽戊甲子 休死己巳 勾壬戊辰 丙午丁	阴 柱庚丙寅 伤景辛未 朱丁庚午 未坤申	
旺衰	合 任辛丁卯 杜生壬申 地丙辛未 甲卯乙	常 蓬癸己巳 开开乙丑 值戊甲子 戊五己	地 冲丙辛未 生杜丁卯 阴庚丙寅 庚酉辛	旺衰
	天 辅乙壬申 景伤戊辰 合辛丁卯 丑艮寅	蛇 心己乙丑 死休庚午 常癸己巳 壬子癸	朱 芮丁庚午 惊中丙寅 蛇己乙丑 戌乾亥	
旺衰		旺衰		旺衰

阳五局 癸酉时

旺衰		旺衰		旺衰
	合 任辛丁卯 杜开壬申 天乙壬申 辰巽巳	天 辅乙壬申 景休戊辰 勾壬戊辰 丙午丁	蛇 心己乙丑 死生庚午 朱丁庚午 未坤申	
旺衰	阴 柱庚丙寅 伤惊辛未 地丙辛未 甲卯乙	勾 英壬戊辰 中中甲子 值戊甲子 戊五己	朱 芮丁庚午 惊伤丙寅 阴庚丙寅 庚酉辛	旺衰
	地 冲丙辛未 生死丁卯 合辛丁卯 丑艮寅	值 禽戊甲子 休景己巳 常癸己巳 壬子癸	常 蓬癸己巳 开杜乙丑 蛇己乙丑 戌乾亥	
旺衰		旺衰		旺衰

阳五局 甲戌时

旺衰		旺衰		旺衰
	天 禽戊壬午 景杜丁丑 地乙辛巳 辰巽巳	勾 蓬癸戊寅 中生壬午 合壬丁丑 丙午丁	朱 冲丙庚辰 惊开乙亥 常丁己卯 未坤申	
旺衰	地 辅乙辛巳 生中丙子 朱丙庚辰 甲卯乙	值 心己甲戌 休伤戊寅 天戊壬午 戊五己	阴 任辛丙子 伤休庚辰 蛇庚乙亥 庚酉辛	旺衰
	合 英壬丁丑 杜景辛巳 阴辛丙子 丑艮寅	常 芮丁己卯 开惊甲戌 勾癸戊寅 壬子癸	蛇 柱庚乙亥 死死己卯 值己甲戌 戌乾亥	
旺衰		旺衰		旺衰

阳五局 乙亥时

旺衰		旺衰		旺衰
	值 心己甲戌 伤伤庚辰 地乙辛巳 辰巽巳	常 芮丁己卯 生惊丙子 合壬丁丑 丙午丁	地 辅乙辛巳 休中戊寅 常丁己卯 未坤申	
旺衰	天 禽戊壬午 死杜己卯 朱丙庚辰 甲卯乙	蛇 柱庚乙亥 杜死辛巳 天戊壬午 戊五己	合 英壬丁丑 开景甲戌 蛇庚乙亥 庚酉辛	旺衰
	勾 蓬癸戊寅 惊生乙亥 阴辛丙子 丑艮寅	朱 冲丙庚辰 景开丁丑 勾癸戊寅 壬子癸	阴 任辛丙子 中休壬午 值己甲戌 戌乾亥	
旺衰		旺衰		旺衰

阳五局 丙子时

旺 衰		旺衰		旺 衰
	蛇 柱庚乙亥 死死己卯 地乙辛巳 辰巽巳	朱 冲丙庚辰 惊开乙亥 合壬丁丑 丙午丁	天 禽戊壬午 景杜丁丑 常丁己卯 未坤申	
旺 衰	值 心己甲戌 休伤戊寅 朱丙庚辰 甲卯乙	阴 任辛丙子 伤休庚辰 天戊壬午 戊五己	勾 蓬癸戊寅 中生壬午 蛇庚乙亥 庚酉辛	旺 衰
	常 芮丁己卯 开惊甲戌 阴辛丙子 丑艮寅	地 辅乙辛巳 生中丙子 勾癸戊寅 壬子癸	合 英壬丁丑 杜景辛巳 值己甲戌 戌乾亥	
旺 衰		旺衰		旺 衰

阳五局 丁丑时

旺 衰		旺衰		旺 衰
	阴 任辛丙子 休休戊寅 地乙辛巳 辰巽巳	地 辅乙辛巳 开中甲戌 合壬丁丑 丙午丁	值 心己甲戌 生伤丙子 常丁己卯 未坤申	
旺 衰	蛇 柱庚乙亥 景死丁丑 朱丙庚辰 甲卯乙	合 英壬丁丑 死景己卯 天戊壬午 戊五己	常 芮丁己卯 杜惊辛巳 蛇庚乙亥 庚酉辛	旺 衰
	朱 冲丙庚辰 中开壬午 阴辛丙子 丑艮寅	天 禽戊壬午 惊杜乙亥 勾癸戊寅 壬子癸	勾 蓬癸戊寅 伤生庚辰 值己甲戌 戌乾亥	
旺 衰		旺衰		旺 衰

阳五局 戊寅时

旺 衰		旺衰		旺 衰
	天 禽戊壬午 景景丁丑 地乙辛巳 辰巽巳	勾 蓬癸戊寅 中杜壬午 合壬丁丑 丙午丁	朱 冲丙庚辰 惊死乙亥 常丁己卯 未坤申	
旺 衰	地 辅乙辛巳 生休丙子 朱丙庚辰 甲卯乙	值 心己甲戌 休生戊寅 天戊壬午 戊五己	阴 任辛丙子 伤开庚辰 蛇庚乙亥 庚酉辛	旺 衰
	合 英壬丁丑 杜中辛巳 阴辛丙子 丑艮寅	常 芮丁己卯 开伤甲戌 勾癸戊寅 壬子癸	蛇 柱庚乙亥 死惊己卯 值己甲戌 戌乾亥	
旺 衰		旺衰		旺 衰

阳五局 己卯时

旺 衰		旺衰		旺 衰
	天 禽戊壬午 景生丁丑 地乙辛巳 辰巽巳	勾 蓬癸戊寅 中伤壬午 合壬丁丑 丙午丁	朱 冲丙庚辰 惊休乙亥 常丁己卯 未坤申	
旺 衰	地 辅乙辛巳 生景丙子 朱丙庚辰 甲卯乙	值 心己甲戌 休惊戊寅 天戊壬午 戊五己	阴 任辛丙子 伤中庚辰 蛇庚乙亥 庚酉辛	旺 衰
	合 英壬丁丑 杜杜辛巳 阴辛丙子 丑艮寅	常 芮丁己卯 开死甲戌 勾癸戊寅 壬子癸	蛇 柱庚乙亥 死开己卯 值己甲戌 戌乾亥	
旺 衰		旺衰		旺 衰

阳五局 庚辰时

旺 衰		旺衰		旺 衰
	朱 冲丙庚辰 惊惊乙亥 地乙辛巳 辰巽巳	阴 任辛丙子 伤死庚辰 合壬丁丑 丙午丁	勾 蓬癸戊寅 中景壬午 常丁己卯 未坤申	
旺 衰	常 芮丁己卯 开生甲戌 朱丙庚辰 甲卯乙	地 辅乙辛巳 生开丙子 天戊壬午 戊五己	值 心己甲戌 休杜戊寅 蛇庚乙亥 庚酉辛	旺 衰
	蛇 柱庚乙亥 死伤己卯 阴辛内子 丑艮寅	合 英壬丁丑 杜休辛巳 勾癸戊寅 壬子癸	天 禽戊壬午 景中丁丑 值己甲戌 戌乾亥	
旺 衰		旺衰		旺 衰

阳五局 辛巳时

旺 衰		旺衰		旺 衰
	常 芮丁己卯 开开甲戌 地乙辛巳 辰巽巳	蛇 柱庚乙亥 死休己卯 合壬丁丑 丙午丁	合 英壬丁丑 杜生辛巳 常丁己卯 未坤申	
旺 衰	勾 蓬癸戊寅 中惊壬午 朱丙庚辰 甲卯乙	朱 冲丙庚辰 惊中乙亥 天戊壬午 戊五己	天 禽戊壬午 景伤丁丑 蛇庚乙亥 庚酉辛	旺 衰
	值 心己甲戌 休死戊寅 阴辛丙子 丑艮寅	阴 任辛丙子 伤景庚辰 勾癸戊寅 壬子癸	地 辅乙辛巳 生杜丙子 值己甲戌 戌乾亥	
旺 衰		旺衰		旺 衰

阳五局 壬午时

旺 衰		旺衰		旺 衰
	勾 蓬癸戊寅 中中壬午 地乙辛巳 辰巽巳	值 心己甲戌 休景戊寅 合壬丁丑 丙午丁	阴 任辛丙子 伤惊庚辰 常丁己卯 未坤申	
旺 衰	合 英壬丁丑 杜开辛巳 朱丙庚辰 甲卯乙	常 芮丁己卯 开杜甲戌 天戊壬午 戊五己	地 辅乙辛巳 生死丙子 蛇庚乙亥 庚酉辛	旺 衰
	天 禽戊壬午 景休丁丑 阴辛丙子 丑艮寅	蛇 柱庚乙亥 死生己卯 勾癸戊寅 壬子癸	朱 冲丙庚辰 惊伤乙亥 值己甲戌 戌乾亥	
旺 衰		旺衰		旺 衰

阳五局 癸未时

旺 衰		旺衰		旺 衰
	合 英壬丁丑 杜杜辛巳 地乙辛巳 辰巽巳	天 禽戊壬午 景生丁丑 合壬丁丑 丙午丁	蛇 柱庚乙亥 死开己卯 常丁己卯 未坤申	
旺 衰	阴 任辛丙子 伤中庚辰 朱丙庚辰 甲卯乙	勾 蓬癸戊寅 中伤壬午 天戊壬午 戊五己	朱 冲丙庚辰 惊休乙亥 蛇庚乙亥 庚酉辛	旺 衰
	地 辅乙辛巳 生景丙子 阴辛丙子 丑艮寅	值 心己甲戌 休惊戊寅 勾癸戊寅 壬子癸	常 芮丁己卯 开死甲戌 值己甲戌 戌乾亥	
旺 衰		旺衰		旺 衰

阳五局 甲申时

旺 衰		旺衰		旺 衰
	天 心己壬辰 景死丙戌 朱乙庚寅 辰巽巳	勾 芮丁戊子 中开辛卯 阴壬丙戌 丙午丁	朱 辅乙庚寅 惊杜甲申 勾丁戊子 未坤申	
旺 衰	地 禽戊辛卯 生伤乙酉 常丙己丑 甲卯乙	值 柱庚甲申 休休丁亥 地戊辛卯 戊五己	阴 英壬丙戌 伤生己丑 值庚甲申 庚酉辛	旺 衰
	合 蓬癸丁亥 杜惊庚寅 蛇辛乙酉 丑艮寅	常 冲丙己丑 开中壬辰 合癸丁亥 壬子癸	蛇 任辛乙酉 死景戊子 天己壬辰 戌乾亥	
旺 衰		旺衰		旺 衰

阳五局 乙酉时

旺 衰		旺衰		旺 衰
	值 柱庚甲申 伤休己丑 朱乙庚寅 辰巽巳	常 冲丙己丑 生中乙酉 阴壬丙戌 丙午丁	地 禽戊辛卯 休伤丁亥 勾丁戊子 未坤申	
旺 衰	天 心己壬辰 死死戊子 常丙己丑 甲卯乙	蛇 任辛乙酉 杜景庚寅 地戊辛卯 戊五己	合 蓬癸丁亥 开惊壬辰 值庚甲申 庚酉辛	旺 衰
	勾 芮丁戊子 惊开甲申 蛇辛乙酉 丑艮寅	朱 辅乙庚寅 景杜丙戌 合癸丁亥 壬子癸	阴 英壬丙戌 中生辛卯 天己壬辰 戌乾亥	
旺 衰		旺衰		旺 衰

阳五局 丙戌时

旺 衰		旺衰		旺 衰
	蛇 任辛乙酉 死景戊子 朱乙庚寅 辰巽巳	朱 辅乙庚寅 惊杜甲申 阴壬丙戌 丙午丁	天 心己壬辰 景死丙戌 勾丁戊子 未坤申	
旺 衰	值 柱庚甲申 休休丁亥 常丙己丑 甲卯乙	阴 英壬丙戌 伤生己丑 地戊辛卯 戊五己	勾 芮丁戊子 中开辛卯 值庚甲申 庚酉辛	旺 衰
	常 冲丙己丑 开中壬辰 蛇辛乙酉 丑艮寅	地 禽戊辛卯 生伤乙酉 合癸丁亥 壬子癸	合 蓬癸丁亥 杜惊庚寅 天己壬辰 戌乾亥	
旺 衰		旺衰		旺 衰

阳五局 丁亥时

旺 衰		旺衰		旺 衰
	阴 英壬丙戌 休生丁亥 朱乙庚寅 辰巽巳	地 禽戊辛卯 开伤壬辰 阴壬丙戌 丙午丁	值 柱庚甲申 生休乙酉 勾丁戊子 未坤申	
旺 衰	蛇 任辛乙酉 景景丙戌 常丙己丑 甲卯乙	合 蓬癸丁亥 死惊戊子 地戊辛卯 戊五己	常 冲丙己丑 杜中庚寅 值庚甲申 庚酉辛	旺 衰
	朱 辅乙庚寅 中杜辛卯 蛇辛乙酉 丑艮寅	天 心己壬辰 惊死甲申 合癸丁亥 壬子癸	勾 芮丁戊子 伤开己丑 天己壬辰 戌乾亥	
旺 衰		旺衰		旺 衰

阳五局 戊子时

旺衰		旺衰		旺衰
	天 心己壬辰 景惊丙戌 朱乙庚寅 辰巽巳	勾 芮丁戊子 中死辛卯 阴壬丙戌 丙午丁	朱 辅乙庚寅 惊景甲申 勾丁戊子 未坤申	
旺衰	地 禽戊辛卯 生生乙酉 常丙己丑 甲卯乙	值 柱庚甲申 休开丁亥 地戊辛卯 戊五己	阴 英壬丙戌 伤杜己丑 值庚甲申 庚酉辛	旺衰
	合 蓬癸丁亥 杜伤庚寅 蛇辛乙酉 丑艮寅	常 冲丙己丑 开休壬辰 合癸丁亥 壬子癸	蛇 任辛乙酉 死中戊子 天己壬辰 戌乾亥	
旺衰		旺衰		旺衰

阳五局 己丑时

旺衰		旺衰		旺衰
	地 禽戊辛卯 生开乙酉 朱乙庚寅 辰巽巳	合 蓬癸丁亥 杜休庚寅 阴壬丙戌 丙午丁	常 冲丙己丑 开生壬辰 勾丁戊子 未坤申	
旺衰	朱 辅乙庚寅 惊惊甲申 常丙己丑 甲卯乙	天 心己壬辰 景中丙戌 地戊辛卯 戊五己	蛇 任辛乙酉 死伤戊子 值庚甲申 庚酉辛	旺衰
	阴 英壬丙戌 伤死己丑 蛇辛乙酉 丑艮寅	勾 芮丁戊子 中景辛卯 合癸丁亥 壬子癸	值 柱庚甲申 休杜丁亥 天己壬辰 戌乾亥	
旺衰		旺衰		旺衰

阳五局 庚寅时

旺衰		旺衰		旺衰
	天 心己壬辰 景中丙戌 朱乙庚寅 辰巽巳	勾 芮丁戊子 中景辛卯 阴壬丙戌 丙午丁	朱 辅乙庚寅 惊惊甲申 勾丁戊子 未坤申	
旺衰	地 禽戊辛卯 生开乙酉 常丙己丑 甲卯乙	值 柱庚甲申 休杜丁亥 地戊辛卯 戊五己	阴 英壬丙戌 伤死己丑 值庚甲申 庚酉辛	旺衰
	合 蓬癸丁亥 杜休庚寅 蛇辛乙酉 丑艮寅	常 冲丙己丑 开生壬辰 合癸丁亥 壬子癸	蛇 任辛乙酉 死伤戊子 天己壬辰 戌乾亥	
旺衰		旺衰		旺衰

阳五局 辛卯时

旺衰		旺衰		旺衰
	常 冲丙己丑 开杜壬辰 朱乙庚寅 辰巽巳	蛇 任辛乙酉 死生戊子 阴壬丙戌 丙午丁	合 蓬癸丁亥 杜开庚寅 勾丁戊子 未坤申	
旺衰	勾 芮丁戊子 中中辛卯 常丙己丑 甲卯乙	朱 辅乙庚寅 惊伤甲申 地戊辛卯 戊五己	天 心己壬辰 景休丙戌 值庚甲申 庚酉辛	旺衰
	值 柱庚甲申 休景丁亥 蛇辛乙酉 丑艮寅	阴 英壬丙戌 伤惊己丑 合癸丁亥 壬子癸	地 禽戊辛卯 生死乙酉 天己壬辰 戌乾亥	
旺衰		旺衰		旺衰

阳五局 壬辰时

旺衰		旺衰		旺衰
	勾 芮丁戊子 中伤辛卯 朱乙庚寅 辰巽巳	值 柱庚甲申 休惊丁亥 阴壬丙戌 丙午丁	阴 英壬丙戌 伤中己丑 勾丁戊子 未坤申	
旺衰	合 蓬癸丁亥 杜杜庚寅 常丙己丑 甲卯乙	常 冲丙己丑 开死壬辰 地戊辛卯 戊五己	地 禽戊辛卯 生景乙酉 值庚甲申 庚酉辛	旺衰
	天 心己壬辰 景生丙戌 蛇辛乙酉 丑艮寅	蛇 任辛乙酉 死开戊子 合癸丁亥 壬子癸	朱 辅乙庚寅 惊休甲申 天己壬辰 戌乾亥	
旺衰		旺衰		旺衰

阳五局 癸巳时

旺衰		旺衰		旺衰
	合 蓬癸丁亥 杜死庚寅 朱乙庚寅 辰巽巳	天 心己壬辰 景开丙戌 阴壬丙戌 丙午丁	蛇 任辛乙酉 死杜戊子 勾丁戊子 未坤申	
旺衰	阴 英壬丙戌 伤伤己丑 常丙己丑 甲卯乙	勾 芮丁戊子 中休辛卯 地戊辛卯 戊五己	朱 辅乙庚寅 惊生甲申 值庚甲申 庚酉辛	旺衰
	地 禽戊辛卯 生惊乙酉 蛇辛乙酉 丑艮寅	值 柱庚甲申 休中丁亥 合癸丁亥 壬子癸	常 冲丙己丑 开景壬辰 天己壬辰 戌乾亥	
旺衰		旺衰		旺衰

阳五局 甲午时

旺衰		旺衰		旺衰
	天 柱庚壬寅 景景乙未 常乙己亥 辰巽巳	勾 冲丙戊戌 中杜庚子 蛇壬乙未 丙午丁	朱 禽戊庚子 惊死壬寅 合丁丁酉 未坤申	
旺衰	地 心己辛丑 生休甲午 勾丙戊戌 甲卯乙	值 任辛甲午 休生丙申 朱戊庚子 戊五己	阴 蓬癸丙申 伤开戊戌 天庚壬寅 庚酉辛	旺衰
	合 芮丁丁酉 杜中己亥 值辛甲午 丑艮寅	常 辅乙己亥 开伤辛丑 阴癸丙申 壬子癸	蛇 英壬乙未 死惊丁酉 地己辛丑 戌乾亥	
旺衰		旺衰		旺衰

阳五局 乙未时

旺衰		旺衰		旺衰
	值 任辛甲午 伤生戊戌 常乙己亥 辰巽巳	常 辅乙己亥 生伤甲午 蛇壬乙未 丙午丁	地 心己辛丑 休休丙申 合丁丁酉 未坤申	
旺衰	天 柱庚壬寅 死景丁酉 勾丙戊戌 甲卯乙	蛇 英壬乙未 杜惊己亥 朱戊庚子 戊五己	合 芮丁丁酉 开中辛丑 天庚壬寅 庚酉辛	旺衰
	勾 冲丙戊戌 惊杜壬寅 值辛甲午 丑艮寅	朱 禽戊庚子 景死乙未 阴癸丙申 壬子癸	阴 蓬癸丙申 中开庚子 地己辛丑 戌乾亥	
旺衰		旺衰		旺衰

阳五局 丙申时

旺衰		旺衰		旺衰
	蛇 英壬乙未 死惊丁酉 常乙己亥 辰巽巳	朱 禽戊庚子 惊死壬寅 蛇壬乙未 丙午丁	天 柱庚壬寅 景景乙未 合丁丁酉 未坤申	
旺衰	值 任辛甲午 休生丙申 勾丙戊戌 甲卯乙	阴 蓬癸丙申 伤开戊戌 朱戊庚子 戊五己	勾 冲丙戊戌 中杜庚子 天庚壬寅 庚酉辛	旺衰
	常 辅乙己亥 开伤辛丑 值辛甲午 丑艮寅	地 心己辛丑 生休甲午 阴癸丙申 壬子癸	合 芮丁丁酉 杜中己亥 地己辛丑 戌乾亥	
旺衰		旺衰		旺衰

阳五局 丁酉时

旺衰		旺衰		旺衰
	阴 蓬癸丙申 休开丙申 常乙己亥 辰巽巳	地 心己辛丑 开休辛丑 蛇壬乙未 丙午丁	值 任辛甲午 生生甲午 合丁丁酉 未坤申	
旺衰	蛇 英壬乙未 景惊乙未 勾丙戊戌 甲卯乙	合 芮丁丁酉 死中丁酉 朱戊庚子 戊五己	常 辅乙己亥 杜伤己亥 天庚壬寅 庚酉辛	旺衰
	朱 禽戊庚子 中死庚子 值辛甲午 丑艮寅	天 柱庚壬寅 惊景壬寅 阴癸丙申 壬子癸	勾 冲丙戊戌 伤杜戊戌 地己辛丑 戌乾亥	
旺衰		旺衰		旺衰

阳五局 戊戌时

旺衰		旺衰		旺衰
	天 柱庚壬寅 景中乙未 常乙己亥 辰巽巳	勾 冲丙戊戌 中景庚子 蛇壬乙未 丙午丁	朱 禽戊庚子 惊惊壬寅 合丁丁酉 未坤申	
旺衰	地 心己辛丑 生开甲午 勾丙戊戌 甲卯乙	值 任辛甲午 休杜丙申 朱戊庚子 戊五己	阴 蓬癸丙申 伤死戊戌 天庚壬寅 庚酉辛	旺衰
	合 芮丁丁酉 杜休己亥 值辛甲午 丑艮寅	常 辅乙己亥 开生辛丑 阴癸丙申 壬子癸	蛇 英壬乙未 死伤丁酉 地己辛丑 戌乾亥	
旺衰		旺衰		旺衰

阳五局 己亥时

旺衰		旺衰		旺衰
	地 心己辛丑 生杜甲午 常乙己亥 辰巽巳	合 芮丁丁酉 杜生己亥 蛇壬乙未 丙午丁	常 辅乙己亥 开开辛丑 合丁丁酉 未坤申	
旺衰	朱 禽戊庚子 惊中壬寅 勾丙戊戌 甲卯乙	天 柱庚壬寅 景伤乙未 朱戊庚子 戊五己	蛇 英壬乙未 死休丁酉 天庚壬寅 庚酉辛	旺衰
	阴 蓬癸丙申 伤景戊戌 值辛甲午 丑艮寅	勾 冲丙戊戌 中惊庚子 阴癸丙申 壬子癸	值 任辛甲午 休死丙申 地己辛丑 戌乾亥	
旺衰		旺衰		旺衰

阳五局 庚子时

旺衰		旺衰		旺衰
	朱 禽戊庚子 惊伤壬寅 常乙己亥 辰巽巳	阴 蓬癸丙申 伤惊戊戌 蛇壬乙未 丙午丁	勾 冲丙戊戌 中中庚子 合丁丁酉 未坤申	
旺衰	常 辅乙己亥 开杜辛丑 勾丙戊戌 甲卯乙	地 心己辛丑 生死甲午 朱戊庚子 戊五己	值 任辛甲午 休景丙申 天庚壬寅 庚酉辛	旺衰
	蛇 英壬乙未 死生丁酉 值辛甲午 丑艮寅	合 芮丁丁酉 杜开己亥 阴癸丙申 壬子癸	天 柱庚壬寅 景休乙未 地己辛丑 戌乾亥	
旺衰		旺衰		旺衰

阳五局 辛丑时

旺衰		旺衰		旺衰
	天 柱庚壬寅 景死乙未 常乙己亥 辰巽巳	勾 冲丙戊戌 中开庚子 蛇壬乙未 丙午丁	朱 禽戊庚子 惊杜壬寅 合丁丁酉 未坤申	
旺衰	地 心己辛丑 生伤甲午 勾丙戊戌 甲卯乙	值 任辛甲午 休休丙申 朱戊庚子 戊五己	阴 蓬癸丙申 伤生戊戌 天庚壬寅 庚酉辛	旺衰
	合 芮丁丁酉 杜惊己亥 值辛甲午 丑艮寅	常 辅乙己亥 开中辛丑 阴癸丙申 壬子癸	蛇 英壬乙未 死景丁酉 地己辛丑 戌乾亥	
旺衰		旺衰		旺衰

阳五局 壬寅时

旺衰		旺衰		旺衰
	勾 冲丙戊戌 中休庚子 常乙己亥 辰巽巳	值 任辛甲午 休中丙申 蛇壬乙未 丙午丁	阴 蓬癸丙申 伤伤戊戌 合丁丁酉 未坤申	
旺衰	合 芮丁丁酉 杜死己亥 勾丙戊戌 甲卯乙	常 辅乙己亥 开景辛丑 朱戊庚子 戊五己	地 心己辛丑 生惊甲午 天庚壬寅 庚酉辛	旺衰
	天 柱庚壬寅 景开乙未 值辛甲午 丑艮寅	蛇 英壬乙未 死杜丁酉 阴癸丙申 壬子癸	朱 禽戊庚子 惊生壬寅 地己辛丑 戌乾亥	
旺衰		旺衰		旺衰

阳五局 癸卯时

旺衰		旺衰		旺衰
	合 芮丁丁酉 杜景己亥 常乙己亥 辰巽巳	天 柱庚壬寅 景杜乙未 蛇壬乙未 丙午丁	蛇 英壬乙未 死死丁酉 合丁丁酉 未坤申	
旺衰	阴 蓬癸丙申 伤休戊戌 勾丙戊戌 甲卯乙	勾 冲丙戊戌 中生庚子 朱戊庚子 戊五己	朱 禽戊庚子 惊开壬寅 天庚壬寅 庚酉辛	旺衰
	地 心己辛丑 生中甲午 值辛甲午 丑艮寅	值 任辛甲午 休伤丙申 阴癸丙申 壬子癸	常 辅乙己亥 开惊辛丑 地己辛丑 戌乾亥	
旺衰		旺衰		旺衰

阳五局 甲辰时

旺衰		旺衰		旺衰
	天 任辛壬子 景惊甲辰 勾乙戊申 辰巽巳	勾 辅乙戊申 中死己酉 值壬甲辰 丙午丁	朱 心己庚戌 惊景辛亥 阴丁丙午 未坤申	
旺衰	地 柱庚辛亥 生生壬子 合丙丁未 甲卯乙	值 英壬甲辰 休开乙巳 常戊己酉 戊五己	阴 芮丁丙午 伤杜丁未 地庚辛亥 庚酉辛	旺衰
	合 冲丙丁未 杜伤戊申 天辛壬子 丑艮寅	常 禽戊己酉 开休庚戌 蛇癸乙巳 壬子癸	蛇 蓬癸乙巳 死中丙午 朱己庚戌 戌乾亥	
旺衰		旺衰		旺衰

阳五局 乙巳时

旺衰		旺衰		旺衰
	值 英壬甲辰 伤开丁未 勾乙戊申 辰巽巳	常 禽戊己酉 生休壬子 值壬甲辰 丙午丁	地 柱庚辛亥 休生乙巳 阴丁丙午 未坤申	
旺衰	天 任辛壬子 死惊丙午 合丙丁未 甲卯乙	蛇 蓬癸乙巳 杜中戊申 常戊己酉 戊五己	合 冲丙丁未 开伤庚戌 地庚辛亥 庚酉辛	旺衰
	勾 辅乙戊申 惊死辛亥 天辛壬子 丑艮寅	朱 心己庚戌 景景甲辰 蛇癸乙巳 壬子癸	阴 芮丁丙午 中杜己酉 朱己庚戌 戌乾亥	
旺衰		旺衰		旺衰

阳五局 丙午时

旺衰		旺衰		旺衰
	蛇 蓬癸乙巳 死中丙午 勾乙戊申 辰巽巳	朱 心己庚戌 惊景辛亥 值壬甲辰 丙午丁	天 任辛壬子 景惊甲辰 阴丁丙午 未坤申	
旺衰	值 英壬甲辰 休开乙巳 合丙丁未 甲卯乙	阴 芮丁丙午 伤杜丁未 常戊己酉 戊五己	勾 辅乙戊申 中死己酉 地庚辛亥 庚酉辛	旺衰
	常 禽戊己酉 开休庚戌 天辛壬子 丑艮寅	地 柱庚辛亥 生生壬子 蛇癸乙巳 壬子癸	合 冲丙丁未 杜伤戊申 朱己庚戌 戌乾亥	
旺衰		旺衰		旺衰

阳五局 丁未时

旺衰		旺衰		旺衰
	阴 芮丁丙午 休杜乙巳 勾乙戊申 辰巽巳	地 柱庚辛亥 开生庚戌 值壬甲辰 丙午丁	值 英壬甲辰 生开壬子 阴丁丙午 未坤申	
旺衰	蛇 蓬癸乙巳 景中甲辰 合丙丁未 甲卯乙	合 冲丙丁未 死伤丙午 常戊己酉 戊五己	常 禽戊己酉 杜休戊申 地庚辛亥 庚酉辛	旺衰
	朱 心己庚戌 中景己酉 天辛壬子 丑艮寅	天 任辛壬子 惊惊辛亥 蛇癸乙巳 壬子癸	勾 辅乙戊申 伤死丁未 朱己庚戌 戌乾亥	
旺衰		旺衰		旺衰

阳五局 戊申时

旺衰		旺衰		旺衰
	天 任辛壬子 景伤甲辰 勾乙戊申 辰巽巳	勾 辅乙戊申 中惊己酉 值壬甲辰 丙午丁	朱 心己庚戌 惊中辛亥 阴丁丙午 未坤申	
旺衰	地 柱庚辛亥 生杜壬子 合丙丁未 甲卯乙	值 英壬甲辰 休死乙巳 常戊己酉 戊五己	阴 芮丁丙午 伤景丁未 地庚辛亥 庚酉辛	旺衰
	合 冲丙丁未 杜生戊申 天辛壬子 丑艮寅	常 禽戊己酉 开开庚戌 蛇癸乙巳 壬子癸	蛇 蓬癸乙巳 死休丙午 朱己庚戌 戌乾亥	
旺衰		旺衰		旺衰

阳五局 己酉时

旺衰		旺衰		旺衰
	地 柱庚辛亥 生死壬子 勾乙戊申 辰巽巳	合 冲丙丁未 杜开戊申 值壬甲辰 丙午丁	常 禽戊己酉 开杜庚戌 阴丁丙午 未坤申	
旺衰	朱 心己庚戌 惊伤辛亥 合丙丁未 甲卯乙	天 任辛壬子 景休甲辰 常戊己酉 戊五己	蛇 蓬癸乙巳 死生丙午 地庚辛亥 庚酉辛	旺衰
	阴 芮丁丙午 伤惊丁未 天辛壬子 丑艮寅	勾 辅乙戊申 中中己酉 蛇癸乙巳 壬子癸	值 英壬甲辰 休景乙巳 朱己庚戌 戌乾亥	
旺衰		旺衰		旺衰

阳五局 庚戌时

旺衰		旺衰		旺衰
	朱 心己庚戌 惊休辛亥 勾乙戊申 辰巽巳	阴 芮丁丙午 伤中丁未 值壬甲辰 丙午丁	勾 辅乙戊申 中伤己酉 阴丁丙午 未坤申	
旺衰	常 禽戊己酉 开死庚戌 合丙丁未 甲卯乙	地 柱庚辛亥 生景壬子 常戊己酉 戊五己	值 英壬甲辰 休惊乙巳 地庚辛亥 庚酉辛	旺衰
	蛇 蓬癸乙巳 死开丙午 天辛壬子 丑艮寅	合 冲丙丁未 杜杜戊申 蛇癸乙巳 壬子癸	天 任辛壬子 景生甲辰 朱己庚戌 戌乾亥	
旺衰		旺衰		旺衰

阳五局 辛亥时

旺衰		旺衰		旺衰
	常 禽戊己酉 开景庚戌 勾乙戊申 辰巽巳	蛇 蓬癸乙巳 死杜丙午 值壬甲辰 丙午丁	合 冲丙丁未 杜死戊申 阴丁丙午 未坤申	
旺衰	勾 辅乙戊申 中休己酉 合丙丁未 甲卯乙	朱 心己庚戌 惊生辛亥 常戊己酉 戊五己	天 任辛壬子 景开甲辰 地庚辛亥 庚酉辛	旺衰
	值 英壬甲辰 休中乙巳 天辛壬子 丑艮寅	阴 芮丁丙午 伤伤丁未 蛇癸乙巳 壬子癸	地 柱庚辛亥 生惊壬子 朱己庚戌 戌乾亥	
旺衰		旺衰		旺衰

阳五局 壬子时

旺衰		旺衰		旺衰
	天 任辛壬子 景生甲辰 勾乙戊申 辰巽巳	勾 辅乙戊申 中伤己酉 值壬甲辰 丙午丁	朱 心己庚戌 惊休辛亥 阴丁丙午 未坤申	
旺衰	地 柱庚辛亥 生景壬子 合丙丁未 甲卯乙	值 英壬甲辰 休惊乙巳 常戊己酉 戊五己	阴 芮丁丙午 伤中丁未 地庚辛亥 庚酉辛	旺衰
	合 冲丙丁未 杜杜戊申 天辛壬子 丑艮寅	常 禽戊己酉 开死庚戌 蛇癸乙巳 壬子癸	蛇 蓬癸乙巳 死开丙午 朱己庚戌 戌乾亥	
旺衰		旺衰		旺衰

阳五局 癸丑时

旺衰		旺衰		旺衰
	合 冲丙丁未 杜惊戊申 勾乙戊申 辰巽巳	天 任辛壬子 景死甲辰 值壬甲辰 丙午丁	蛇 蓬癸乙巳 死景丙午 阴丁丙午 未坤申	
旺衰	阴 芮丁丙午 伤生丁未 合丙丁未 甲卯乙	勾 辅乙戊申 中开己酉 常戊己酉 戊五己	朱 心己庚戌 惊杜辛亥 地庚辛亥 庚酉辛	旺衰
	地 柱庚辛亥 生伤壬子 天辛壬子 丑艮寅	值 英壬甲辰 休休乙巳 蛇癸乙巳 壬子癸	常 禽戊己酉 开中庚戌 朱己庚戌 戌乾亥	
旺衰		旺衰		旺衰

阳五局 甲寅时

旺衰		旺衰		旺衰
	天 英壬壬戌 景中壬戌 合乙丁巳 辰巽巳	勾 禽戊戊午 中景戊午 天壬壬戌 丙午丁	朱 柱庚庚申 惊惊庚申 蛇丁乙卯 未坤申	
旺衰	地 任辛辛酉 生开辛酉 阴丙丙辰 甲卯乙	值 蓬癸甲寅 休杜甲寅 勾戊戊午 戊五己	阴 冲丙丙辰 伤死丙辰 朱庚庚申 庚酉辛	旺衰
	合 辅乙丁巳 杜休丁巳 地辛辛酉 丑艮寅	常 心己己未 开生己未 值癸甲寅 壬子癸	蛇 芮丁乙卯 死伤乙卯 常己己未 戌乾亥	
旺衰		旺衰		旺衰

阳五局 乙卯时

旺衰		旺衰		旺衰
	值 蓬癸甲寅 伤杜丙辰 合乙丁巳 辰巽巳	常 心己己未 生生辛酉 天壬壬戌 丙午丁	地 任辛辛酉 休开甲寅 蛇丁乙卯 未坤申	
旺衰	天 英壬壬戌 死中乙卯 阴丙丙辰 甲卯乙	蛇 芮丁乙卯 杜伤丁巳 勾戊戊午 戊五己	合 辅乙丁巳 开休己未 朱庚庚申 庚酉辛	旺衰
	勾 禽戊戊午 惊景庚申 地辛辛酉 丑艮寅	朱 柱庚庚申 景惊壬戌 值癸甲寅 壬子癸	阴 冲丙丙辰 中死戊午 常己己未 戌乾亥	
旺衰		旺衰		旺衰

阳五局 丙辰时

旺衰		旺衰		旺衰
	蛇 芮丁乙卯 死伤乙卯 合乙丁巳 辰巽巳	朱 柱庚庚申 惊惊庚申 天壬壬戌 丙午丁	天 英壬壬戌 景中壬戌 蛇丁乙卯 未坤申	
旺衰	值 蓬癸甲寅 休杜甲寅 阴丙丙辰 甲卯乙	阴 冲丙丙辰 伤死丙辰 勾戊戊午 戊五己	勾 禽戊戊午 中景戊午 朱庚庚申 庚酉辛	旺衰
	常 心己己未 开生己未 地辛辛酉 丑艮寅	地 任辛辛酉 生开辛酉 值癸甲寅 壬子癸	合 辅乙丁巳 杜休丁巳 常己己未 戌乾亥	
旺衰		旺衰		旺衰

阳五局 丁巳时

旺衰		旺衰		旺衰
	阴 冲丙丙辰 休死甲寅 合乙丁巳 辰巽巳	地 任辛辛酉 开开己未 天壬壬戌 丙午丁	值 蓬癸甲寅 生杜辛酉 蛇丁乙卯 未坤申	
旺衰	蛇 芮丁乙卯 景伤壬戌 阴丙丙辰 甲卯乙	合 辅乙丁巳 死休乙卯 勾戊戊午 戊五己	常 心己己未 杜生丁巳 朱庚庚申 庚酉辛	旺衰
	朱 柱庚庚申 中惊戊午 地辛辛酉 丑艮寅	天 英壬壬戌 惊中庚申 值癸甲寅 壬子癸	勾 禽戊戊午 伤景丙辰 常己己未 戌乾亥	
旺衰		旺衰		旺衰

阳五局 戊午时

旺衰		旺衰		旺衰
	天 英壬壬戌 景休壬戌 合乙丁巳 辰巽巳	勾 禽戊戊午 中中戊午 天壬壬戌 丙午丁	朱 柱庚庚申 惊伤庚申 蛇丁乙卯 未坤申	
旺衰	地 任辛辛酉 生死辛酉 阴丙丙辰 甲卯乙	值 蓬癸甲寅 休景甲寅 勾戊戊午 戊五己	阴 冲丙丙辰 伤惊丙辰 朱庚庚申 庚酉辛	旺衰
	合 辅乙丁巳 杜开丁巳 地辛辛酉 丑艮寅	常 心己己未 开杜己未 值癸甲寅 壬子癸	蛇 芮丁乙卯 死生乙卯 常己己未 戌乾亥	
旺衰		旺衰		旺衰

阳五局 己未时

旺衰		旺衰		旺衰
	地 任辛辛酉 生景辛酉 合乙丁巳 辰巽巳	合 辅乙丁巳 杜杜丁巳 天壬壬戌 丙午丁	常 心己己未 开死己未 蛇丁乙卯 未坤申	
旺衰	朱 柱庚庚申 惊休庚申 阴丙丙辰 甲卯乙	天 英壬壬戌 景生壬戌 勾戊戊午 戊五己	蛇 芮丁乙卯 死开乙卯 朱庚庚申 庚酉辛	旺衰
	阴 冲丙丙辰 伤中丙辰 地辛辛酉 丑艮寅	勾 禽戊戊午 中伤戊午 值癸甲寅 壬子癸	值 蓬癸甲寅 休惊甲寅 常己己未 戌乾亥	
旺衰		旺衰		旺衰

阳五局 庚申时

旺衰		旺衰		旺衰
	朱 柱庚庚申 惊生庚申 合乙丁巳 辰巽巳	阴 冲丙丙辰 伤伤丙辰 天壬壬戌 丙午丁	勾 禽戊戊午 中休戊午 蛇丁乙卯 未坤申	
旺衰	常 心己己未 开景己未 阴丙丙辰 甲卯乙	地 任辛辛酉 生惊辛酉 勾戊戊午 戊五己	值 蓬癸甲寅 休中甲寅 朱庚庚申 庚酉辛	旺衰
	蛇 芮丁乙卯 死杜乙卯 地辛辛酉 丑艮寅	合 辅乙丁巳 杜死丁巳 值癸甲寅 壬子癸	天 英壬壬戌 景开壬戌 常己己未 戌乾亥	
旺衰		旺衰		旺衰

阳五局 辛酉时

旺衰		旺衰		旺衰
	常 心己己未 开惊己未 合乙丁巳 辰巽巳	蛇 芮丁乙卯 死死乙卯 天壬壬戌 丙午丁	合 辅乙丁巳 杜景丁巳 蛇丁乙卯 未坤申	
旺衰	勾 禽戊戊午 中生戊午 阴丙丙辰 甲卯乙	朱 柱庚庚申 惊开庚申 勾戊戊午 戊五己	天 英壬壬戌 景杜壬戌 朱庚庚申 庚酉辛	旺衰
	值 蓬癸甲寅 休伤甲寅 地辛辛酉 丑艮寅	阴 冲丙丙辰 伤休丙辰 值癸甲寅 壬子癸	地 任辛辛酉 生中辛酉 常己己未 戌乾亥	
旺衰		旺衰		旺衰

阳五局 壬戌时

旺衰		旺衰		旺衰
	勾 禽戊戊午 中开戊午 合乙丁巳 辰巽巳	值 蓬癸甲寅 休休甲寅 天壬壬戌 丙午丁	阴 冲丙丙辰 伤生丙辰 蛇丁乙卯 未坤申	
旺衰	合 辅乙丁巳 杜惊丁巳 阴丙丙辰 甲卯乙	常 心己己未 开中己未 勾戊戊午 戊五己	地 任辛辛酉 生伤辛酉 朱庚庚申 庚酉辛	旺衰
	天 英壬壬戌 景死壬戌 地辛辛酉 丑艮寅	蛇 芮丁乙卯 死景乙卯 值癸甲寅 壬子癸	朱 柱庚庚申 惊杜庚申 常己己未 戌乾亥	
旺衰		旺衰		旺衰

阳五局 癸亥时

旺衰		旺衰		旺衰
	天 英壬壬戌 景中壬戌 合乙丁巳 辰巽巳	勾 禽戊戊午 中景戊午 天壬壬戌 丙午丁	朱 柱庚庚申 惊惊庚申 蛇丁乙卯 未坤申	
旺衰	地 任辛辛酉 生开辛酉 阴丙丙辰 甲卯乙	值 蓬癸甲寅 休杜甲寅 勾戊戊午 戊五己	阴 冲丙丙辰 伤死丙辰 朱庚庚申 庚酉辛	旺衰
	合 辅乙丁巳 杜休丁巳 地辛辛酉 丑艮寅	常 心己己未 开生己未 值癸甲寅 壬子癸	蛇 芮丁乙卯 死伤乙卯 常己己未 戌乾亥	
旺衰		旺衰		旺衰

阳六局 甲子时

旺衰		旺衰		旺衰
	地 辅丙辛未 景杜丁卯 地丙辛未 辰巽巳	合 英辛丁卯 中生壬申 合辛丁卯 丙午丁	常 芮癸己巳 惊开乙丑 常癸己巳 未坤申	
旺衰	朱 冲丁庚午 生中丙寅 朱丁庚午 甲卯乙	天 禽乙壬申 休伤戊辰 天乙壬申 戊五己	蛇 柱己乙丑 伤休庚午 蛇己乙丑 庚酉辛	旺衰
	阴 任庚丙寅 杜景辛未 阴庚丙寅 丑艮寅	勾 蓬壬戊辰 开惊甲子 勾壬戊辰 壬子癸	值 心戊甲子 死死己巳 值戊甲子 戌乾亥	
旺衰		旺衰		旺衰

阳六局 乙丑时

旺衰		旺衰		旺衰
	天 禽乙壬申 伤伤庚午 地丙辛未 辰巽巳	勾 蓬壬戊辰 生惊丙寅 合辛丁卯 丙午丁	朱 冲丁庚午 休中戊辰 常癸己巳 未坤申	
旺衰	地 辅丙辛未 死杜己巳 朱丁庚午 甲卯乙	值 心戊甲子 杜死辛未 天乙壬申 戊五己	阴 任庚丙寅 开景甲子 蛇己乙丑 庚酉辛	旺衰
	合 英辛丁卯 惊生乙丑 阴庚丙寅 丑艮寅	常 芮癸己巳 景开丁卯 勾壬戊辰 壬子癸	蛇 柱己乙丑 中休壬申 值戊甲子 戌乾亥	
旺衰		旺衰		旺衰

阳六局 丙寅时

旺衰		旺衰		旺衰
	值 心戊甲子 死死己巳 地丙辛未 辰巽巳	常 芮癸己巳 惊开乙丑 合辛丁卯 丙午丁	地 辅丙辛未 景杜丁卯 常癸己巳 未坤申	
旺衰	天 禽乙壬申 休伤戊辰 朱丁庚午 甲卯乙	蛇 柱己乙丑 伤休庚午 天乙壬申 戊五己	合 英辛丁卯 中生壬申 蛇己乙丑 庚酉辛	旺衰
	勾 蓬壬戊辰 开惊甲子 阴庚丙寅 丑艮寅	朱 冲丁庚午 生中丙寅 勾壬戊辰 壬子癸	阴 任庚丙寅 杜景辛未 值戊甲子 戌乾亥	
旺衰		旺衰		旺衰

阳六局 丁卯时

旺衰		旺衰		旺衰
	蛇 柱己乙丑 休休戊辰 地丙辛未 辰巽巳	朱 冲丁庚午 开中甲子 合辛丁卯 丙午丁	天 禽乙壬申 生伤丙寅 常癸己巳 未坤申	
旺衰	值 心戊甲子 景死丁卯 朱丁庚午 甲卯乙	阴 任庚丙寅 死景己巳 天乙壬申 戊五己	勾 蓬壬戊辰 杜惊辛未 蛇己乙丑 庚酉辛	旺衰
	常 芮癸己巳 中开壬申 阴庚丙寅 丑艮寅	地 辅丙辛未 惊杜乙丑 勾壬戊辰 壬子癸	合 英辛丁卯 伤生庚午 值戊甲子 戌乾亥	
旺衰		旺衰		旺衰

阳六局 戊辰时

旺衰		旺衰		旺衰
	地 辅丙辛未 景景丁卯 地丙辛未 辰巽巳	合 英辛丁卯 中杜壬申 合辛丁卯 丙午丁	常 芮癸己巳 惊死乙丑 常癸己巳 未坤申	
旺衰	朱 冲丁庚午 生休丙寅 朱丁庚午 甲卯乙	天 禽乙壬申 休生戊辰 天乙壬申 戊五己	蛇 柱己乙丑 伤开庚午 蛇己乙丑 庚酉辛	旺衰
	阴 任庚丙寅 杜中辛未 阴庚丙寅 丑艮寅	勾 蓬壬戊辰 开伤甲子 勾壬戊辰 壬子癸	值 心戊甲子 死惊己巳 值戊甲子 戌乾亥	
旺衰		旺衰		旺衰

阳六局 己巳时

旺衰		旺衰		旺衰
	朱 冲丁庚午 生生丙寅 地丙辛未 辰巽巳	阴 任庚丙寅 杜伤辛未 合辛丁卯 丙午丁	勾 蓬壬戊辰 开休甲子 常癸己巳 未坤申	
旺衰	常 芮癸己巳 惊景乙丑 朱丁庚午 甲卯乙	地 辅丙辛未 景惊丁卯 天乙壬申 戊五己	值 心戊甲子 死中己巳 蛇己乙丑 庚酉辛	旺衰
	蛇 柱己乙丑 伤杜庚午 阴庚丙寅 丑艮寅	合 英辛丁卯 中死壬申 勾壬戊辰 壬子癸	天 禽乙壬申 休开戊辰 值戊甲子 戌乾亥	
旺衰		旺衰		旺衰

阳六局 庚午时

旺衰		旺衰		旺衰
	常 芮癸己巳 惊惊乙丑 地丙辛未 辰巽巳	蛇 柱己乙丑 伤死庚午 合辛丁卯 丙午丁	合 英辛丁卯 中景壬申 常癸己巳 未坤申	
旺衰	勾 蓬壬戊辰 开生甲子 朱丁庚午 甲卯乙	朱 冲丁庚午 生开丙寅 天乙壬申 戊五己	天 禽乙壬申 休杜戊辰 蛇己乙丑 庚酉辛	旺衰
	值 心戊甲子 死伤己巳 阴庚丙寅 丑艮寅	阴 任庚丙寅 杜休辛未 勾壬戊辰 壬子癸	地 辅丙辛未 景中丁卯 值戊甲子 戌乾亥	
旺衰		旺衰		旺衰

阳六局 辛未时

旺衰		旺衰		旺衰
	勾 蓬壬戊辰 开开甲子 地丙辛未 辰巽巳	值 心戊甲子 死休己巳 合辛丁卯 丙午丁	阴 任庚丙寅 杜生辛未 常癸己巳 未坤申	
旺衰	合 英辛丁卯 中惊壬申 朱丁庚午 甲卯乙	常 芮癸己巳 惊中乙丑 天乙壬申 戊五己	地 辅丙辛未 景伤丁卯 蛇己乙丑 庚酉辛	旺衰
	天 禽乙壬申 休死戊辰 阴庚丙寅 丑艮寅	蛇 柱己乙丑 伤景庚午 勾壬戊辰 壬子癸	朱 冲丁庚午 生杜丙寅 值戊甲子 戌乾亥	
旺衰		旺衰		旺衰

阳六局 壬申时

旺衰		旺衰		旺衰
	合 英辛丁卯 中中壬申 地丙辛未 辰巽巳	天 禽乙壬申 休景戊辰 合辛丁卯 丙午丁	蛇 柱己乙丑 伤惊庚午 常癸己巳 未坤申	
旺衰	阴 任庚丙寅 杜开辛未 朱丁庚午 甲卯乙	勾 蓬壬戊辰 开杜甲子 天乙壬申 戊五己	朱 冲丁庚午 生死丙寅 蛇己乙丑 庚酉辛	旺衰
	地 辅丙辛未 景休丁卯 阴庚丙寅 丑艮寅	值 心戊甲子 死生己巳 勾壬戊辰 壬子癸	常 芮癸己巳 惊伤乙丑 值戊甲子 戌乾亥	
旺衰		旺衰		旺衰

阳六局 癸酉时

旺衰		旺衰		旺衰
	阴 任庚丙寅 杜杜辛未 地丙辛未 辰巽巳	地 辅丙辛未 景生丁卯 合辛丁卯 丙午丁	值 心戊甲子 死开己巳 常癸己巳 未坤申	
旺衰	蛇 柱己乙丑 伤中庚午 朱丁庚午 甲卯乙	合 英辛丁卯 中伤壬申 天乙壬申 戊五己	常 芮癸己巳 惊休乙丑 蛇己乙丑 庚酉辛	旺衰
	朱 冲丁庚午 生景丙寅 阴庚丙寅 丑艮寅	天 禽乙壬申 休惊戊辰 勾壬戊辰 壬子癸	勾 蓬壬戊辰 开死甲子 值戊甲子 戌乾亥	
旺衰		旺衰		旺衰

阳六局 甲戌时

旺衰		旺衰		旺衰
	地 禽乙辛巳 景死丙子 朱丙庚辰 辰巽巳	合 蓬壬丁丑 中开辛巳 阴辛丙子 丙午丁	常 冲丁己卯 惊杜甲戌 勾癸戊寅 未坤申	
旺衰	朱 辅丙庚辰 生伤乙亥 常丁己卯 甲卯乙	天 心戊壬午 休休丁丑 地乙辛巳 戊五己	蛇 任庚乙亥 伤生己卯 值己甲戌 庚酉辛	旺衰
	阴 英辛丙子 杜惊庚辰 蛇庚乙亥 丑艮寅	勾 芮癸戊寅 开中壬午 合壬丁丑 壬子癸	值 柱己甲戌 死景戊寅 天戊壬午 戌乾亥	
旺衰		旺衰		旺衰

阳六局 乙亥时

旺衰		旺衰		旺衰
	天 心戊壬午 伤休己卯 朱丙庚辰 辰巽巳	勾 芮癸戊寅 生中乙亥 阴辛丙子 丙午丁	朱 辅丙庚辰 休伤丁丑 勾癸戊寅 未坤申	
旺衰	地 禽乙辛巳 死死戊寅 常丁己卯 甲卯乙	值 柱己甲戌 杜景庚辰 地乙辛巳 戊五己	阴 英辛丙子 开惊壬午 值己甲戌 庚酉辛	旺衰
	合 蓬壬丁丑 惊开甲戌 蛇庚乙亥 丑艮寅	常 冲丁己卯 景杜丙子 合壬丁丑 壬子癸	蛇 任庚乙亥 中生辛巳 天戊壬午 戌乾亥	
旺衰		旺衰		旺衰

阳六局 丙子时

旺衰		旺衰		旺衰
	值 柱己甲戌 死景戊寅 朱丙庚辰 辰巽巳	常 冲丁己卯 惊杜甲戌 阴辛丙子 丙午丁	地 禽乙辛巳 景死丙子 勾癸戊寅 未坤申	
旺衰	天 心戊壬午 休休丁丑 常丁己卯 甲卯乙	蛇 任庚乙亥 伤生己卯 地乙辛巳 戊五己	合 蓬壬丁丑 中开辛巳 值己甲戌 庚酉辛	旺衰
	勾 芮癸戊寅 开中壬午 蛇庚乙亥 丑艮寅	朱 辅丙庚辰 生伤乙亥 合壬丁丑 壬子癸	阴 英辛丙子 杜惊庚辰 天戊壬午 戌乾亥	
旺衰		旺衰		旺衰

阳六局 丁丑时

旺衰		旺衰		旺衰
	蛇 任庚乙亥 休生丁丑 朱丙庚辰 辰巽巳	朱 辅丙庚辰 开伤壬午 阴辛丙子 丙午丁	天 心戊壬午 生休乙亥 勾癸戊寅 未坤申	
旺衰	值 柱己甲戌 景景丙子 常丁己卯 甲卯乙	阴 英辛丙子 死惊戊寅 地乙辛巳 戊五己	勾 芮癸戊寅 杜中庚辰 值己甲戌 庚酉辛	旺衰
	常 冲丁己卯 中杜辛巳 蛇庚乙亥 丑艮寅	地 禽乙辛巳 惊死甲戌 合壬丁丑 壬子癸	合 蓬壬丁丑 伤开己卯 天戊壬午 戌乾亥	
旺衰		旺衰		旺衰

阳六局 戊寅时

旺衰		旺衰		旺衰
	地 禽乙辛巳 景惊丙子 朱丙庚辰 辰巽巳	合 蓬壬丁丑 中死辛巳 阴辛丙子 丙午丁	常 冲丁己卯 惊景甲戌 勾癸戊寅 未坤申	
旺衰	朱 辅丙庚辰 生生乙亥 常丁己卯 甲卯乙	天 心戊壬午 休开丁丑 地乙辛巳 戊五己	蛇 任庚乙亥 伤杜己卯 值己甲戌 庚酉辛	旺衰
	阴 英辛丙子 杜伤庚辰 蛇庚乙亥 丑艮寅	勾 芮癸戊寅 开休壬午 合壬丁丑 壬子癸	值 柱己甲戌 死中戊寅 天戊壬午 戌乾亥	
旺衰		旺衰		旺衰

阳六局 己卯时

旺衰		旺衰		旺衰
	地 禽乙辛巳 景开丙子 朱丙庚辰 辰巽巳	合 蓬壬丁丑 中休辛巳 阴辛丙子 丙午丁	常 冲丁己卯 惊生甲戌 勾癸戊寅 未坤申	
旺衰	朱 辅丙庚辰 生惊乙亥 常丁己卯 甲卯乙	天 心戊壬午 休中丁丑 地乙辛巳 戊五己	蛇 任庚乙亥 伤伤己卯 值己甲戌 庚酉辛	旺衰
	阴 英辛丙子 杜死庚辰 蛇庚乙亥 丑艮寅	勾 芮癸戊寅 开景壬午 合壬丁丑 壬子癸	值 柱己甲戌 死杜戊寅 天戊壬午 戌乾亥	
旺衰		旺衰		旺衰

阳六局 庚辰时

旺衰		旺衰		旺衰
	常 冲丁己卯 惊中甲戌 朱丙庚辰 辰巽巳	蛇 任庚乙亥 伤景己卯 阴辛丙子 丙午丁	合 蓬壬丁丑 中惊辛巳 勾癸戊寅 未坤申	
旺衰	勾 芮癸戊寅 开开壬午 常丁己卯 甲卯乙	朱 辅丙庚辰 生杜乙亥 地乙辛巳 戊五己	天 心戊壬午 休死丁丑 值己甲戌 庚酉辛	旺衰
	值 柱己甲戌 死休戊寅 蛇庚乙亥 丑艮寅	阴 英辛丙子 杜生庚辰 合壬丁丑 壬子癸	地 禽乙辛巳 景伤丙子 天戊壬午 戌乾亥	
旺衰		旺衰		旺衰

阳六局 辛巳时

旺衰		旺衰		旺衰
	勾 芮癸戊寅 开杜壬午 朱丙庚辰 辰巽巳	值 柱己甲戌 死生戊寅 阴辛丙子 丙午丁	阴 英辛丙子 杜开庚辰 勾癸戊寅 未坤申	
旺衰	合 蓬壬丁丑 中中辛巳 常丁己卯 甲卯乙	常 冲丁己卯 惊伤甲戌 地乙辛巳 戊五己	地 禽乙辛巳 景休丙子 值己甲戌 庚酉辛	旺衰
	天 心戊壬午 休景丁丑 蛇庚乙亥 丑艮寅	蛇 任庚乙亥 伤惊己卯 合壬丁丑 壬子癸	朱 辅丙庚辰 生死乙亥 天戊壬午 戌乾亥	
旺衰		旺衰		旺衰

阳六局 壬午时

旺衰		旺衰		旺衰
	合 蓬壬丁丑 中伤辛巳 朱丙庚辰 辰巽巳	天 心戊壬午 休惊丁丑 阴辛丙子 丙午丁	蛇 任庚乙亥 伤中己卯 勾癸戊寅 未坤申	
旺衰	阴 英辛丙子 杜杜庚辰 常丁己卯 甲卯乙	勾 芮癸戊寅 开死壬午 地乙辛巳 戊五己	朱 辅丙庚辰 生景乙亥 值己甲戌 庚酉辛	旺衰
	地 禽乙辛巳 景生丙子 蛇庚乙亥 丑艮寅	值 柱己甲戌 死开戊寅 合壬丁丑 壬子癸	常 冲丁己卯 惊休甲戌 天戊壬午 戌乾亥	
旺衰		旺衰		旺衰

阳六局 癸未时

旺衰		旺衰		旺衰
	阴 英辛丙子 杜死庚辰 朱丙庚辰 辰巽巳	地 禽乙辛巳 景开丙子 阴辛丙子 丙午丁	值 柱己甲戌 死杜戊寅 勾癸戊寅 未坤申	
旺衰	蛇 任庚乙亥 伤伤己卯 常丁己卯 甲卯乙	合 蓬壬丁丑 中休辛巳 地乙辛巳 戊五己	常 冲丁己卯 惊生甲戌 值己甲戌 庚酉辛	旺衰
	朱 辅丙庚辰 生惊乙亥 蛇庚乙亥 丑艮寅	天 心戊壬午 休中丁丑 合壬丁丑 壬子癸	勾 芮癸戊寅 开景壬午 天戊壬午 戌乾亥	
旺衰		旺衰		旺衰

阳六局 甲申时

旺衰		旺衰		旺衰
	地 心戊辛卯 景景乙酉 常丙己丑 辰巽巳	合 芮癸丁亥 中杜庚寅 蛇辛乙酉 丙午丁	常 辅丙己丑 惊死壬辰 合癸丁亥 未坤申	
旺衰	朱 禽乙庚寅 生休甲申 勾丁戊子 甲卯乙	天 柱己壬辰 休生丙戌 朱乙庚寅 戊五己	蛇 英辛乙酉 伤开戊子 天己壬辰 庚酉辛	旺衰
	阴 蓬壬丙戌 杜中己丑 值庚甲申 丑艮寅	勾 冲丁戊子 开伤辛卯 阴壬丙戌 壬子癸	值 任庚甲申 死惊丁亥 地戊辛卯 戌乾亥	
旺衰		旺衰		旺衰

阳六局 乙酉时

旺衰		旺衰		旺衰
	天 柱己壬辰 伤生戊子 常丙己丑 辰巽巳	勾 冲丁戊子 生伤甲申 蛇辛乙酉 丙午丁	朱 禽乙庚寅 休休丙戌 合癸丁亥 未坤申	
旺衰	地 心戊辛卯 死景丁亥 勾丁戊子 甲卯乙	值 任庚甲申 杜惊己丑 朱乙庚寅 戊五己	阴 蓬壬丙戌 开中辛卯 天己壬辰 庚酉辛	旺衰
	合 芮癸丁亥 惊杜壬辰 值庚甲申 丑艮寅	常 辅丙己丑 景死乙酉 阴壬丙戌 壬子癸	蛇 英辛乙酉 中开庚寅 地戊辛卯 戌乾亥	
旺衰		旺衰		旺衰

阳六局 丙戌时

旺衰		旺衰		旺衰
	值 任庚甲申 死惊丁亥 常丙己丑 辰巽巳	常 辅丙己丑 惊死壬辰 蛇辛乙酉 丙午丁	地 心戊辛卯 景景乙酉 合癸丁亥 未坤申	
旺衰	天 柱己壬辰 休生丙戌 勾丁戊子 甲卯乙	蛇 英辛乙酉 伤开戊子 朱乙庚寅 戊五己	合 芮癸丁亥 中杜庚寅 天己壬辰 庚酉辛	旺衰
	勾 冲丁戊子 开伤辛卯 值庚甲申 丑艮寅	朱 禽乙庚寅 生休甲申 阴壬丙戌 壬子癸	阴 蓬壬丙戌 杜中己丑 地戊辛卯 戌乾亥	
旺衰		旺衰		旺衰

阳六局 丁亥时

旺衰		旺衰		旺衰
	蛇 英辛乙酉 休开丙戌 常丙己丑 辰巽巳	朱 禽乙庚寅 开休辛卯 蛇辛乙酉 丙午丁	天 柱己壬辰 生生甲申 合癸丁亥 未坤申	
旺衰	值 任庚甲申 景惊乙酉 勾丁戊子 甲卯乙	阴 蓬壬丙戌 死中丁亥 朱乙庚寅 戊五己	勾 冲丁戊子 杜伤己丑 天己壬辰 庚酉辛	旺衰
	常 辅丙己丑 中死庚寅 值庚甲申 丑艮寅	地 心戊辛卯 惊景壬辰 阴壬丙戌 壬子癸	合 芮癸丁亥 伤杜戊子 地戊辛卯 戌乾亥	
旺衰		旺衰		旺衰

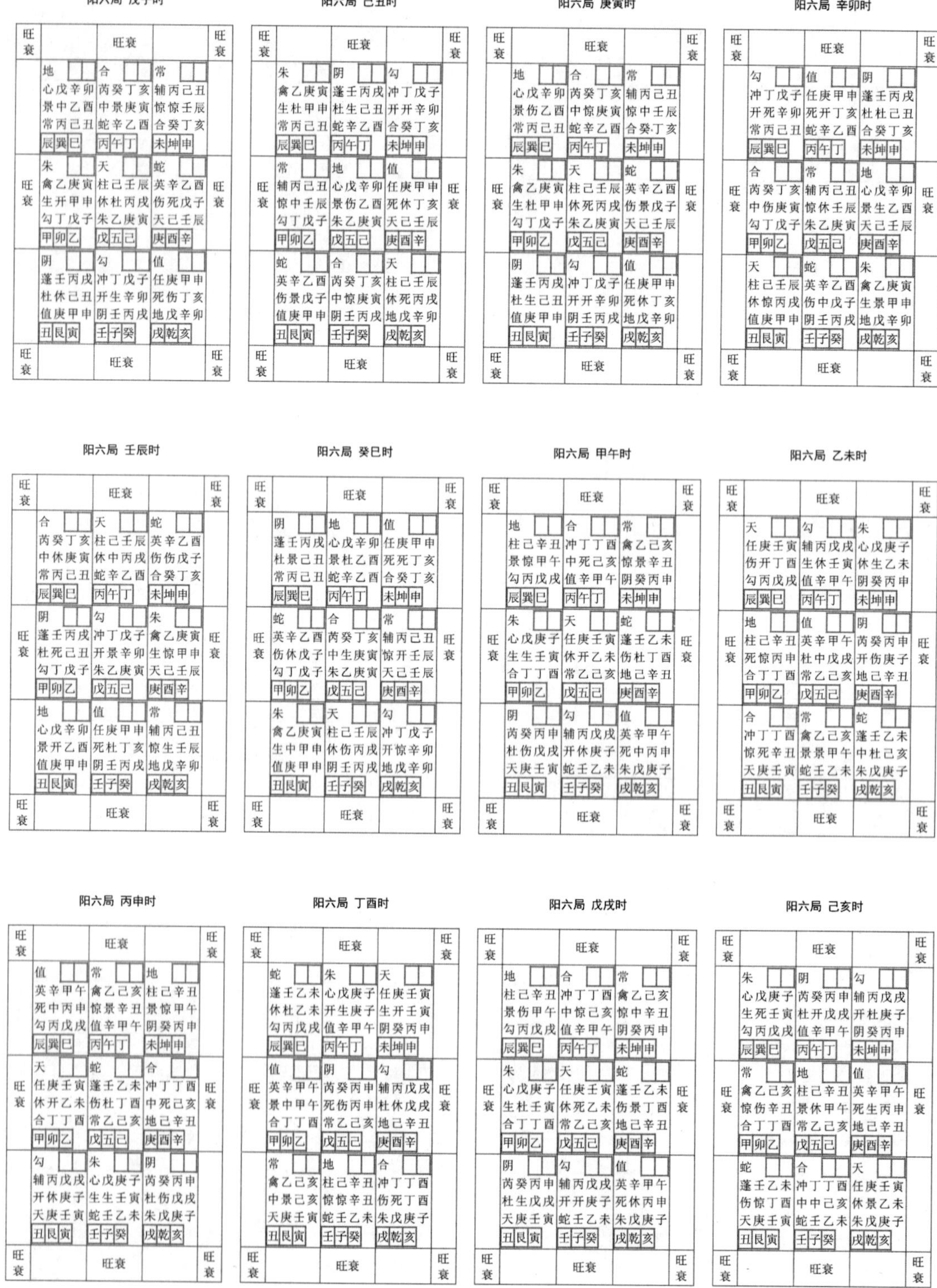

阳六局 戊子时

旺衰		旺衰		旺衰
	地 心戊辛卯 景中乙酉 常丙己丑 辰巽巳	合 芮癸丁亥 中景庚寅 蛇辛乙酉 丙午丁	常 辅丙己丑 惊惊壬辰 合癸丁亥 未坤申	
旺衰	朱 禽乙庚寅 生开甲申 勾丁戊子 甲卯乙	天 柱己壬辰 休杜丙戌 朱乙庚寅 戊五己	蛇 英辛乙酉 伤死戊子 天己壬辰 庚酉辛	旺衰
	阴 蓬壬丙戌 杜休己丑 值庚甲申 丑艮寅	勾 冲丁戊子 开生辛卯 阴壬丙戌 壬子癸	值 任庚甲申 死伤丁亥 地戊辛卯 戌乾亥	
旺衰		旺衰		旺衰

阳六局 己丑时

旺衰		旺衰		旺衰
	朱 禽乙庚寅 生杜甲申 常丙己丑 辰巽巳	阴 蓬壬丙戌 杜生己丑 蛇辛乙酉 丙午丁	勾 冲丁戊子 开开辛卯 合癸丁亥 未坤申	
旺衰	常 辅丙己丑 惊中壬辰 勾丁戊子 甲卯乙	地 心戊辛卯 景伤乙酉 朱乙庚寅 戊五己	值 任庚甲申 死休丁亥 天己壬辰 庚酉辛	旺衰
	蛇 英辛乙酉 伤景戊子 值庚甲申 丑艮寅	合 芮癸丁亥 中惊庚寅 阴壬丙戌 壬子癸	天 柱己壬辰 休死丙戌 地戊辛卯 戌乾亥	
旺衰		旺衰		旺衰

阳六局 庚寅时

旺衰		旺衰		旺衰
	地 心戊辛卯 景伤乙酉 常丙己丑 辰巽巳	合 芮癸丁亥 中惊庚寅 蛇辛乙酉 丙午丁	常 辅丙己丑 惊中壬辰 合癸丁亥 未坤申	
旺衰	朱 禽乙庚寅 生杜甲申 勾丁戊子 甲卯乙	天 柱己壬辰 休死丙戌 朱乙庚寅 戊五己	蛇 英辛乙酉 伤景戊子 天己壬辰 庚酉辛	旺衰
	阴 蓬壬丙戌 杜生己丑 值庚甲申 丑艮寅	勾 冲丁戊子 开开辛卯 阴壬丙戌 壬子癸	值 任庚甲申 死休丁亥 地戊辛卯 戌乾亥	
旺衰		旺衰		旺衰

阳六局 辛卯时

旺衰		旺衰		旺衰
	勾 冲丁戊子 开死辛卯 常丙己丑 辰巽巳	值 任庚甲申 死开丁亥 蛇辛乙酉 丙午丁	阴 蓬壬丙戌 杜杜己丑 合癸丁亥 未坤申	
旺衰	合 芮癸丁亥 中伤庚寅 勾丁戊子 甲卯乙	常 辅丙己丑 惊休壬辰 朱乙庚寅 戊五己	地 心戊辛卯 景生乙酉 天己壬辰 庚酉辛	旺衰
	天 柱己壬辰 休惊丙戌 值庚甲申 丑艮寅	蛇 英辛乙酉 伤中戊子 阴壬丙戌 壬子癸	朱 禽乙庚寅 生景甲申 地戊辛卯 戌乾亥	
旺衰		旺衰		旺衰

阳六局 壬辰时

旺衰		旺衰		旺衰
	合 芮癸丁亥 中休庚寅 常丙己丑 辰巽巳	天 柱己壬辰 休中丙戌 蛇辛乙酉 丙午丁	蛇 英辛乙酉 伤伤戊子 合癸丁亥 未坤申	
旺衰	阴 蓬壬丙戌 杜死己丑 勾丁戊子 甲卯乙	勾 冲丁戊子 开景辛卯 朱乙庚寅 戊五己	朱 禽乙庚寅 生惊甲申 天己壬辰 庚酉辛	旺衰
	地 心戊辛卯 景开乙酉 值庚甲申 丑艮寅	值 任庚甲申 死杜丁亥 阴壬丙戌 壬子癸	常 辅丙己丑 惊生壬辰 地戊辛卯 戌乾亥	
旺衰		旺衰		旺衰

阳六局 癸巳时

旺衰		旺衰		旺衰
	阴 蓬壬丙戌 杜景己丑 常丙己丑 辰巽巳	地 心戊辛卯 景杜乙酉 蛇辛乙酉 丙午丁	值 任庚甲申 死死丁亥 合癸丁亥 未坤申	
旺衰	蛇 英辛乙酉 伤休戊子 勾丁戊子 甲卯乙	合 芮癸丁亥 中生庚寅 朱乙庚寅 戊五己	常 辅丙己丑 惊开壬辰 天己壬辰 庚酉辛	旺衰
	朱 禽乙庚寅 生中甲申 值庚甲申 丑艮寅	天 柱己壬辰 休伤丙戌 阴壬丙戌 壬子癸	勾 冲丁戊子 开惊辛卯 地戊辛卯 戌乾亥	
旺衰		旺衰		旺衰

阳六局 甲午时

旺衰		旺衰		旺衰
	地 柱己辛丑 景惊甲午 勾丙戊戌 辰巽巳	合 冲丁丁酉 中死己亥 值辛甲午 丙午丁	常 禽乙己亥 惊景辛丑 阴癸丙申 未坤申	
旺衰	朱 心戊庚子 生生壬寅 合丁丁酉 甲卯乙	天 任庚壬寅 休开乙未 常乙己亥 戊五己	蛇 蓬壬乙未 伤杜丁酉 地己辛丑 庚酉辛	旺衰
	阴 芮癸丙申 杜伤戊戌 天庚壬寅 丑艮寅	勾 辅丙戊戌 开休庚子 蛇壬乙未 壬子癸	值 英辛甲午 死中丙申 朱戊庚子 戌乾亥	
旺衰		旺衰		旺衰

阳六局 乙未时

旺衰		旺衰		旺衰
	天 任庚壬寅 伤开丁酉 勾丙戊戌 辰巽巳	勾 辅丙戊戌 生休壬寅 值辛甲午 丙午丁	朱 心戊庚子 休生乙未 阴癸丙申 未坤申	
旺衰	地 柱己辛丑 死惊丙申 合丁丁酉 甲卯乙	值 英辛甲午 杜中戊戌 常乙己亥 戊五己	阴 芮癸丙申 开伤庚子 地己辛丑 庚酉辛	旺衰
	合 冲丁丁酉 惊死辛丑 天庚壬寅 丑艮寅	常 禽乙己亥 景景甲午 蛇壬乙未 壬子癸	蛇 蓬壬乙未 中杜己亥 朱戊庚子 戌乾亥	
旺衰		旺衰		旺衰

阳六局 丙申时

旺衰		旺衰		旺衰
	值 英辛甲午 死中丙申 勾丙戊戌 辰巽巳	常 禽乙己亥 惊景辛丑 值辛甲午 丙午丁	地 柱己辛丑 景惊甲午 阴癸丙申 未坤申	
旺衰	天 任庚壬寅 休开乙未 合丁丁酉 甲卯乙	蛇 蓬壬乙未 伤杜丁酉 常乙己亥 戊五己	合 冲丁丁酉 中死己亥 地己辛丑 庚酉辛	旺衰
	勾 辅丙戊戌 开休庚子 天庚壬寅 丑艮寅	朱 心戊庚子 生生壬寅 蛇壬乙未 壬子癸	阴 芮癸丙申 杜伤戊戌 朱戊庚子 戌乾亥	
旺衰		旺衰		旺衰

阳六局 丁酉时

旺衰		旺衰		旺衰
	蛇 蓬壬乙未 休杜乙未 勾丙戊戌 辰巽巳	朱 心戊庚子 开生庚子 值辛甲午 丙午丁	天 任庚壬寅 生开壬寅 阴癸丙申 未坤申	
旺衰	值 英辛甲午 景中甲午 合丁丁酉 甲卯乙	阴 芮癸丙申 死伤丙申 常乙己亥 戊五己	勾 辅丙戊戌 杜休戊戌 地己辛丑 庚酉辛	旺衰
	常 禽乙己亥 中景己亥 天庚壬寅 丑艮寅	地 柱己辛丑 惊惊辛丑 蛇壬乙未 壬子癸	合 冲丁丁酉 伤死丁酉 朱戊庚子 戌乾亥	
旺衰		旺衰		旺衰

阳六局 戊戌时

旺衰		旺衰		旺衰
	地 柱己辛丑 景伤甲午 勾丙戊戌 辰巽巳	合 冲丁丁酉 中惊己亥 值辛甲午 丙午丁	常 禽乙己亥 惊中辛丑 阴癸丙申 未坤申	
旺衰	朱 心戊庚子 生杜壬寅 合丁丁酉 甲卯乙	天 任庚壬寅 休死乙未 常乙己亥 戊五己	蛇 蓬壬乙未 伤景丁酉 地己辛丑 庚酉辛	旺衰
	阴 芮癸丙申 杜生戊戌 天庚壬寅 丑艮寅	勾 辅丙戊戌 开开庚子 蛇壬乙未 壬子癸	值 英辛甲午 死休丙申 朱戊庚子 戌乾亥	
旺衰		旺衰		旺衰

阳六局 己亥时

旺衰		旺衰		旺衰
	朱 心戊庚子 生死壬寅 勾丙戊戌 辰巽巳	阴 芮癸丙申 杜开戊戌 值辛甲午 丙午丁	勾 辅丙戊戌 开杜庚子 阴癸丙申 未坤申	
旺衰	常 禽乙己亥 惊伤辛丑 合丁丁酉 甲卯乙	地 柱己辛丑 景休甲午 常乙己亥 戊五己	值 英辛甲午 死生丙申 地己辛丑 庚酉辛	旺衰
	蛇 蓬壬乙未 伤惊丁酉 天庚壬寅 丑艮寅	合 冲丁丁酉 中中己亥 蛇壬乙未 壬子癸	天 任庚壬寅 休景乙未 朱戊庚子 戌乾亥	
旺衰		旺衰		旺衰

阳六局 庚子时

旺衰		旺衰		旺衰
	常 禽乙己亥 惊休辛丑 勾丙戊戌 辰巽巳	蛇 蓬壬乙未 伤中丁酉 值辛甲午 丙午丁	合 冲丁丁酉 中伤己亥 阴癸丙申 未坤申	
旺衰	勾 辅丙戊戌 开死庚子 合丁丁酉 甲卯乙	朱 心戊庚子 生景壬寅 常乙己亥 戊五己	天 任庚壬寅 休惊乙未 地己辛丑 庚酉辛	旺衰
	值 英辛甲午 死开丙申 天庚壬寅 丑艮寅	阴 芮癸丙申 杜杜戊戌 蛇壬乙未 壬子癸	地 柱己辛丑 景生甲午 朱戊庚子 戌乾亥	
旺衰		旺衰		旺衰

阳六局 辛丑时

旺衰		旺衰		旺衰
	地 柱己辛丑 景景甲午 勾丙戊戌 辰巽巳	合 冲丁丁酉 中杜己亥 值辛甲午 丙午丁	常 禽乙己亥 惊死辛丑 阴癸丙申 未坤申	
旺衰	朱 心戊庚子 生休壬寅 合丁丁酉 甲卯乙	天 任庚壬寅 休生乙未 常乙己亥 戊五己	蛇 蓬壬乙未 伤开丁酉 地己辛丑 庚酉辛	旺衰
	阴 芮癸丙申 杜中戊戌 天庚壬寅 丑艮寅	勾 辅丙戊戌 开伤庚子 蛇壬乙未 壬子癸	值 英辛甲午 死惊丙申 朱戊庚子 戌乾亥	
旺衰		旺衰		旺衰

阳六局 壬寅时

旺衰		旺衰		旺衰
	合 冲丁丁酉 中生己亥 勾丙戊戌 辰巽巳	天 任庚壬寅 休伤乙未 值辛甲午 丙午丁	蛇 蓬壬乙未 伤休丁酉 阴癸丙申 未坤申	
旺衰	阴 芮癸丙申 杜景戊戌 合丁丁酉 甲卯乙	勾 辅丙戊戌 开惊庚子 常乙己亥 戊五己	朱 心戊庚子 生中壬寅 地己辛丑 庚酉辛	旺衰
	地 柱己辛丑 景杜甲午 天庚壬寅 丑艮寅	值 英辛甲午 死死丙申 蛇壬乙未 壬子癸	常 禽乙己亥 惊开辛丑 朱戊庚子 戌乾亥	
旺衰		旺衰		旺衰

阳六局 癸卯时

旺衰		旺衰		旺衰
	阴 芮癸丙申 杜惊戊戌 勾丙戊戌 辰巽巳	地 柱己辛丑 景死甲午 值辛甲午 丙午丁	值 英辛甲午 死景丙申 阴癸丙申 未坤申	
旺衰	蛇 蓬壬乙未 伤生丁酉 合丁丁酉 甲卯乙	合 冲丁丁酉 中开己亥 常乙己亥 戊五己	常 禽乙己亥 惊杜辛丑 地己辛丑 庚酉辛	旺衰
	朱 心戊庚子 生伤壬寅 天庚壬寅 丑艮寅	天 任庚壬寅 休休乙未 蛇壬乙未 壬子癸	勾 辅丙戊戌 开中庚子 朱戊庚子 戌乾亥	
旺衰		旺衰		旺衰

阳六局 甲辰时

旺衰		旺衰		旺衰
	地 任庚辛亥 景中壬子 合丙丁未 辰巽巳	合 辅丙丁未 中景戊申 天辛壬子 丙午丁	常 心戊己酉 惊惊庚戌 蛇癸乙巳 未坤申	
旺衰	朱 柱己庚戌 生开辛亥 阴丁丙午 甲卯乙	天 英辛壬子 休杜甲辰 勾乙戊申 戊五己	蛇 芮癸乙巳 伤死丙午 朱己庚戌 庚酉辛	旺衰
	阴 冲丁丙午 杜休丁未 地庚辛亥 丑艮寅	勾 禽乙戊申 开生己酉 值壬甲辰 壬子癸	值 蓬壬甲辰 死伤乙巳 常戊己酉 戌乾亥	
旺衰		旺衰		旺衰

阳六局 乙巳时

旺衰		旺衰		旺衰
	天 英辛壬子 伤杜丙午 合丙丁未 辰巽巳	勾 禽乙戊申 生生辛亥 天辛壬子 丙午丁	朱 柱己庚戌 休开甲辰 蛇癸乙巳 未坤申	
旺衰	地 任庚辛亥 死中乙巳 阴丁丙午 甲卯乙	值 蓬壬甲辰 杜伤丁未 勾乙戊申 戊五己	阴 冲丁丙午 开休己酉 朱己庚戌 庚酉辛	旺衰
	合 辅丙丁未 惊景庚戌 地庚辛亥 丑艮寅	常 心戊己酉 景惊壬子 值壬甲辰 壬子癸	蛇 芮癸乙巳 中死戊申 常戊己酉 戌乾亥	
旺衰		旺衰		旺衰

阳六局 丙午时

旺衰		旺衰		旺衰
	值 蓬壬甲辰 死伤乙巳 合丙丁未 辰巽巳	常 心戊己酉 惊惊庚戌 天辛壬子 丙午丁	地 任庚辛亥 景中壬子 蛇癸乙巳 未坤申	
旺衰	天 英辛壬子 休杜甲辰 阴丁丙午 甲卯乙	蛇 芮癸乙巳 伤死丙午 勾乙戊申 戊五己	合 辅丙丁未 中景戊申 朱己庚戌 庚酉辛	旺衰
	勾 禽乙戊申 开生己酉 地庚辛亥 丑艮寅	朱 柱己庚戌 生开辛亥 值壬甲辰 壬子癸	阴 冲丁丙午 杜休丁未 常戊己酉 戌乾亥	
旺衰		旺衰		旺衰

阳六局 丁未时

旺衰		旺衰		旺衰
	蛇 芮癸乙巳 休死甲辰 合丙丁未 辰巽巳	朱 柱己庚戌 开开己酉 天辛壬子 丙午丁	天 英辛壬子 生杜辛亥 蛇癸乙巳 未坤申	
旺衰	值 蓬壬甲辰 景伤壬子 阴丁丙午 甲卯乙	阴 冲丁丙午 死休乙巳 勾乙戊申 戊五己	勾 禽乙戊申 杜生丁未 朱己庚戌 庚酉辛	旺衰
	常 心戊己酉 中惊戊申 地庚辛亥 丑艮寅	地 任庚辛亥 惊中庚戌 值壬甲辰 壬子癸	合 辅丙丁未 伤景丙午 常戊己酉 戌乾亥	
旺衰		旺衰		旺衰

阳六局 戊申时

旺衰		旺衰		旺衰
	地 任庚辛亥 景休壬子 合丙丁未 辰巽巳	合 辅丙丁未 中中戊申 天辛壬子 丙午丁	常 心戊己酉 惊伤庚戌 蛇癸乙巳 未坤申	
旺衰	朱 柱己庚戌 生死辛亥 阴丁丙午 甲卯乙	天 英辛壬子 休景甲辰 勾乙戊申 戊五己	蛇 芮癸乙巳 伤惊丙午 朱己庚戌 庚酉辛	旺衰
	阴 冲丁丙午 杜开丁未 地庚辛亥 丑艮寅	勾 禽乙戊申 开杜己酉 值壬甲辰 壬子癸	值 蓬壬甲辰 死生乙巳 常戊己酉 戌乾亥	
旺衰		旺衰		旺衰

阳六局 己酉时

旺衰		旺衰		旺衰
	朱 柱己庚戌 生景辛亥 合丙丁未 辰巽巳	阴 冲丁丙午 杜杜丁未 天辛壬子 丙午丁	勾 禽乙戊申 开死己酉 蛇癸乙巳 未坤申	
旺衰	常 心戊己酉 惊休庚戌 阴丁丙午 甲卯乙	地 任庚辛亥 景生壬子 勾乙戊申 戊五己	值 蓬壬甲辰 死开乙巳 朱己庚戌 庚酉辛	旺衰
	蛇 芮癸乙巳 伤中丙午 地庚辛亥 丑艮寅	合 辅丙丁未 中伤戊申 值壬甲辰 壬子癸	天 英辛壬子 休惊甲辰 常戊己酉 戌乾亥	
旺衰		旺衰		旺衰

阳六局 庚戌时

旺衰		旺衰		旺衰
	常 心戊己酉 惊生庚戌 合丙丁未 辰巽巳	蛇 芮癸乙巳 伤伤丙午 天辛壬子 丙午丁	合 辅丙丁未 中休戊申 蛇癸乙巳 未坤申	
旺衰	勾 禽乙戊申 开景己酉 阴丁丙午 甲卯乙	朱 柱己庚戌 生惊辛亥 勾乙戊申 戊五己	天 英辛壬子 休中甲辰 朱己庚戌 庚酉辛	旺衰
	值 蓬壬甲辰 死杜乙巳 地庚辛亥 丑艮寅	阴 冲丁丙午 杜死丁未 值壬甲辰 壬子癸	地 任庚辛亥 景开壬子 常戊己酉 戌乾亥	
旺衰		旺衰		旺衰

阳六局 辛亥时

旺衰		旺衰		旺衰
	勾 禽乙戊申 开惊己酉 合丙丁未 辰巽巳	值 蓬壬甲辰 死死乙巳 天辛壬子 丙午丁	阴 冲丁丙午 杜景丁未 蛇癸乙巳 未坤申	
旺衰	合 辅丙丁未 中生戊申 阴丁丙午 甲卯乙	常 心戊己酉 惊开庚戌 勾乙戊申 戊五己	地 任庚辛亥 景杜壬子 朱己庚戌 庚酉辛	旺衰
	天 英辛壬子 休伤甲辰 地庚辛亥 丑艮寅	蛇 芮癸乙巳 伤休丙午 值壬甲辰 壬子癸	朱 柱己庚戌 生中辛亥 常戊己酉 戌乾亥	
旺衰		旺衰		旺衰

阳六局 壬子时

旺衰		旺衰		旺衰
	地 任庚辛亥 景开壬子 合丙丁未 辰巽巳	合 辅丙丁未 中休戊申 天辛壬子 丙午丁	常 心戊己酉 惊生庚戌 蛇癸乙巳 未坤申	
旺衰	朱 柱己庚戌 生惊辛亥 阴丁丙午 甲卯乙	天 英辛壬子 休中甲辰 勾乙戊申 戊五己	蛇 芮癸乙巳 伤伤丙午 朱己庚戌 庚酉辛	旺衰
	阴 冲丁丙午 杜死丁未 地庚辛亥 丑艮寅	勾 禽乙戊申 开景己酉 值壬甲辰 壬子癸	值 蓬壬甲辰 死杜乙巳 常戊己酉 戊乾亥	
旺衰		旺衰		旺衰

阳六局 癸丑时

旺衰		旺衰		旺衰
	阴 冲丁丙午 杜中丁未 合丙丁未 辰巽巳	地 任庚辛亥 景景壬子 天辛壬子 丙午丁	值 蓬壬甲辰 死惊乙巳 蛇癸乙巳 未坤申	
旺衰	蛇 芮癸乙巳 伤开丙午 阴丁丙午 甲卯乙	合 辅丙丁未 中杜戊申 勾乙戊申 戊五己	常 心戊己酉 惊死庚戌 朱己庚戌 庚酉辛	旺衰
	朱 柱己庚戌 生休辛亥 地庚辛亥 丑艮寅	天 英辛壬子 休生甲辰 值壬甲辰 壬子癸	勾 禽乙戊申 开伤己酉 常戊己酉 戊乾亥	
旺衰		旺衰		旺衰

阳六局 甲寅时

旺衰		旺衰		旺衰
	地 英辛辛酉 景伤辛酉 阴丙丙辰 辰巽巳	合 禽乙丁巳 中惊丁巳 地辛辛酉 丙午丁	常 柱己己未 惊中己未 值癸甲寅 未坤申	
旺衰	朱 任庚庚申 生杜庚申 蛇丁乙卯 甲卯乙	天 蓬壬壬戌 休死壬戌 合乙丁巳 戊五己	蛇 冲丁乙卯 伤景乙卯 常己己未 庚酉辛	旺衰
	阴 辅丙丙辰 杜生丙辰 朱庚庚申 丑艮寅	勾 心戊戊午 开开戊午 天壬壬戌 壬子癸	值 芮癸甲寅 死休甲寅 勾戊戊午 戊乾亥	
旺衰		旺衰		旺衰

阳六局 乙卯时

旺衰		旺衰		旺衰
	天 蓬壬壬戌 伤死乙卯 阴丙丙辰 辰巽巳	勾 心戊戊午 生开庚申 地辛辛酉 丙午丁	朱 任庚庚申 休杜壬戌 值癸甲寅 未坤申	
旺衰	地 英辛辛酉 死伤甲寅 蛇丁乙卯 甲卯乙	值 芮癸甲寅 杜休丙辰 合乙丁巳 戊五己	阴 辅丙丙辰 开生戊午 常己己未 庚酉辛	旺衰
	合 禽乙丁巳 惊惊己未 朱庚庚申 丑艮寅	常 柱己己未 景中辛酉 天壬壬戌 壬子癸	蛇 冲丁乙卯 中景丁巳 勾戊戊午 戊乾亥	
旺衰		旺衰		旺衰

阳六局 丙辰时

旺衰		旺衰		旺衰
	值 芮癸甲寅 死休甲寅 阴丙丙辰 辰巽巳	常 柱己己未 惊中己未 地辛辛酉 丙午丁	地 英辛辛酉 景伤辛酉 值癸甲寅 未坤申	
旺衰	天 蓬壬壬戌 休死壬戌 蛇丁乙卯 甲卯乙	蛇 冲丁乙卯 伤景乙卯 合乙丁巳 戊五己	合 禽乙丁巳 中惊丁巳 常己己未 庚酉辛	旺衰
	勾 心戊戊午 开开戊午 朱庚庚申 丑艮寅	朱 任庚庚申 生杜庚申 天壬壬戌 壬子癸	阴 辅丙丙辰 杜生丙辰 勾戊戊午 戊乾亥	
旺衰		旺衰		旺衰

阳六局 丁巳时

旺衰		旺衰		旺衰
	蛇 冲丁乙卯 休景壬戌 阴丙丙辰 辰巽巳	朱 任庚庚申 开杜戊午 地辛辛酉 丙午丁	天 蓬壬壬戌 生死庚申 值癸甲寅 未坤申	
旺衰	值 芮癸甲寅 景休辛酉 蛇丁乙卯 甲卯乙	阴 辅丙丙辰 死生甲寅 合乙丁巳 戊五己	勾 心戊戊午 杜开丙辰 常己己未 庚酉辛	旺衰
	常 柱己己未 中中丁巳 朱庚庚申 丑艮寅	地 英辛辛酉 惊伤己未 天壬壬戌 壬子癸	合 禽乙丁巳 伤惊乙卯 勾戊戊午 戊乾亥	
旺衰		旺衰		旺衰

阳六局 戊午时

旺衰		旺衰		旺衰
	地 英辛辛酉 景生辛酉 阴丙丙辰 辰巽巳	合 禽乙丁巳 中伤丁巳 地辛辛酉 丙午丁	常 柱己己未 惊休己未 值癸甲寅 未坤申	
旺衰	朱 任庚庚申 生景庚申 蛇丁乙卯 甲卯乙	天 蓬壬壬戌 休惊壬戌 合乙丁巳 戊五己	蛇 冲丁乙卯 伤中乙卯 常己己未 庚酉辛	旺衰
	阴 辅丙丙辰 杜杜丙辰 朱庚庚申 丑艮寅	勾 心戊戊午 开死戊午 天壬壬戌 壬子癸	值 芮癸甲寅 死开甲寅 勾戊戊午 戊乾亥	
旺衰		旺衰		旺衰

阳六局 己未时

旺衰		旺衰		旺衰
	朱 任庚庚申 生惊庚申 阴丙丙辰 辰巽巳	阴 辅丙丙辰 杜死丙辰 地辛辛酉 丙午丁	勾 心戊戊午 开景戊午 值癸甲寅 未坤申	
旺衰	常 柱己己未 惊生己未 蛇丁乙卯 甲卯乙	地 英辛辛酉 景开辛酉 合乙丁巳 戊五己	值 芮癸甲寅 死杜甲寅 常己己未 庚酉辛	旺衰
	蛇 冲丁乙卯 伤伤乙卯 朱庚庚申 丑艮寅	合 禽乙丁巳 中休丁巳 天壬壬戌 壬子癸	天 蓬壬壬戌 休中壬戌 勾戊戊午 戊乾亥	
旺衰		旺衰		旺衰

阳六局 庚申时

旺衰		旺衰		旺衰
	常 柱己己未 惊开己未 阴丙丙辰 辰巽巳	蛇 冲丁乙卯 伤休乙卯 地辛辛酉 丙午丁	合 禽乙丁巳 中生丁巳 值癸甲寅 未坤申	
旺衰	勾 心戊戊午 开惊戊午 蛇丁乙卯 甲卯乙	朱 任庚庚申 生中庚申 合乙丁巳 戊五己	天 蓬壬壬戌 休伤壬戌 常己己未 庚酉辛	旺衰
	值 芮癸甲寅 死死甲寅 朱庚庚申 丑艮寅	阴 辅丙丙辰 杜景丙辰 天壬壬戌 壬子癸	地 英辛辛酉 景杜辛酉 勾戊戊午 戊乾亥	
旺衰		旺衰		旺衰

阳六局 辛酉时

旺衰		旺衰		旺衰
	勾 心戊戊午 开中戊午 阴丙丙辰 辰巽巳	值 芮癸甲寅 死景甲寅 地辛辛酉 丙午丁	阴 辅丙丙辰 杜惊丙辰 值癸甲寅 未坤申	
旺衰	合 禽乙丁巳 中开丁巳 蛇丁乙卯 甲卯乙	常 柱己己未 惊杜己未 合乙丁巳 戊五己	地 英辛辛酉 景死辛酉 常己己未 庚酉辛	旺衰
	天 蓬壬壬戌 休休壬戌 朱庚庚申 丑艮寅	蛇 冲丁乙卯 伤生乙卯 天壬壬戌 壬子癸	朱 任庚庚申 生伤庚申 勾戊戊午 戊乾亥	
旺衰		旺衰		旺衰

阳六局 壬戌时

旺衰		旺衰		旺衰
	合 禽乙丁巳 中杜丁巳 阴丙丙辰 辰巽巳	天 蓬壬壬戌 休生壬戌 地辛辛酉 丙午丁	蛇 冲丁乙卯 伤开乙卯 值癸甲寅 未坤申	
旺衰	阴 辅丙丙辰 杜中丙辰 蛇丁乙卯 甲卯乙	勾 心戊戊午 开伤戊午 合乙丁巳 戊五己	朱 任庚庚申 生休庚申 常己己未 庚酉辛	旺衰
	地 英辛辛酉 景景辛酉 朱庚庚申 丑艮寅	值 芮癸甲寅 死惊甲寅 天壬壬戌 壬子癸	常 柱己己未 惊死己未 勾戊戊午 戊乾亥	
旺衰		旺衰		旺衰

阳六局 癸亥时

旺衰		旺衰		旺衰
	地 英辛辛酉 景伤辛酉 阴丙丙辰 辰巽巳	合 禽乙丁巳 中惊丁巳 地辛辛酉 丙午丁	常 柱己己未 惊中己未 值癸甲寅 未坤申	
旺衰	朱 任庚庚申 生杜庚申 蛇丁乙卯 甲卯乙	天 蓬壬壬戌 休死壬戌 合乙丁巳 戊五己	蛇 冲丁乙卯 伤景乙卯 常己己未 庚酉辛	旺衰
	阴 辅丙丙辰 杜生丙辰 朱庚庚申 丑艮寅	勾 心戊戊午 开开戊午 天壬壬戌 壬子癸	值 芮癸甲寅 死休甲寅 勾戊戊午 戊乾亥	
旺衰		旺衰		旺衰

第十一章　阳遁七八九局

阳遁七局

冬至上　惊蛰上

清明中　立夏中

甲己日十二时局

乙庚日十二时局

丙辛日十二时局

丁壬日十二时局

戊癸日十二时局

阳遁八局

冬至上　惊蛰上

清明中　立夏中

甲己日十二时局

乙庚日十二时局

丙辛日十二时局

丁壬日十二时局

戊癸日十二时局

阳遁九局

冬至上　惊蛰上

清明中　立夏中

甲己日十二时局

乙庚日十二时局

丙辛日十二时局

丁壬日十二时局

戊癸日十二时局

阳七局 甲子时

旺衰		旺衰		旺衰
	朱 辅丁庚午 景死丙寅 朱丁庚午 辰巽巳	阴 英庚丙寅 中开辛未 阴庚丙寅 丙午丁	勾 芮壬戊辰 惊杜甲子 勾壬戊辰 未坤申	
旺衰	常 冲癸己巳 生伤乙丑 常癸己巳 甲卯乙	地 禽丙辛未 休休丁卯 地丙辛未 戊五己	值 柱戊甲子 伤生己巳 值戊甲子 庚酉辛	旺衰
	蛇 任己乙丑 杜惊庚午 蛇己乙丑 丑艮寅	合 蓬辛丁卯 开中壬申 合辛丁卯 壬子癸	天 心乙壬申 死景戊辰 天乙壬申 戌乾亥	
旺衰		旺衰		旺衰

阳七局 乙丑时

旺衰		旺衰		旺衰
	地 禽丙辛未 伤休己巳 朱丁庚午 辰巽巳	合 蓬辛丁卯 生中乙丑 阴庚丙寅 丙午丁	常 冲癸己巳 休伤丁卯 勾壬戊辰 未坤申	
旺衰	朱 辅丁庚午 死死戊辰 常癸己巳 甲卯乙	天 心乙壬申 杜景庚午 地丙辛未 戊五己	蛇 任己乙丑 开惊壬申 值戊甲子 庚酉辛	旺衰
	阴 英庚丙寅 惊开甲子 蛇己乙丑 丑艮寅	勾 芮壬戊辰 景杜丙寅 合辛丁卯 壬子癸	值 柱戊甲子 中生辛未 天乙壬申 戌乾亥	
旺衰		旺衰		旺衰

阳七局 丙寅时

旺衰		旺衰		旺衰
	天 心乙壬申 死景戊辰 朱丁庚午 辰巽巳	勾 芮壬戊辰 惊杜甲子 阴庚丙寅 丙午丁	朱 辅丁庚午 景死丙寅 勾壬戊辰 未坤申	
旺衰	地 禽丙辛未 休休丁卯 常癸己巳 甲卯乙	值 柱戊甲子 伤生己巳 地丙辛未 戊五己	阴 英庚丙寅 中开辛未 值戊甲子 庚酉辛	旺衰
	合 蓬辛丁卯 开中壬申 蛇己乙丑 丑艮寅	常 冲癸己巳 生伤乙丑 合辛丁卯 壬子癸	蛇 任己乙丑 杜惊庚午 天乙壬申 戌乾亥	
旺衰		旺衰		旺衰

阳七局 丁卯时

旺衰		旺衰		旺衰
	值 柱戊甲子 休生丁卯 朱丁庚午 辰巽巳	常 冲癸己巳 开伤壬申 阴庚丙寅 丙午丁	地 禽丙辛未 生休乙丑 勾壬戊辰 未坤申	
旺衰	天 心乙壬申 景景丙寅 常癸己巳 甲卯乙	蛇 任己乙丑 死惊戊辰 地丙辛未 戊五己	合 蓬辛丁卯 杜中庚午 值戊甲子 庚酉辛	旺衰
	勾 芮壬戊辰 中杜辛未 蛇己乙丑 丑艮寅	朱 辅丁庚午 惊死甲子 合辛丁卯 壬子癸	阴 英庚丙寅 伤开己巳 天乙壬申 戌乾亥	
旺衰		旺衰		旺衰

阳七局 戊辰时

旺衰		旺衰		旺衰
	朱 辅丁庚午 景惊丙寅 朱丁庚午 辰巽巳	阴 英庚丙寅 中死辛未 阴庚丙寅 丙午丁	勾 芮壬戊辰 惊景甲子 勾壬戊辰 未坤申	
旺衰	常 冲癸己巳 生生乙丑 常癸己巳 甲卯乙	地 禽丙辛未 休开丁卯 地丙辛未 戊五己	值 柱戊甲子 伤杜己巳 值戊甲子 庚酉辛	旺衰
	蛇 任己乙丑 杜伤庚午 蛇己乙丑 丑艮寅	合 蓬辛丁卯 开休壬申 合辛丁卯 壬子癸	天 心乙壬申 死中戊辰 天乙壬申 戌乾亥	
旺衰		旺衰		旺衰

阳七局 己巳时

旺衰		旺衰		旺衰
	常 冲癸己巳 生开乙丑 朱丁庚午 辰巽巳	蛇 任己乙丑 杜休庚午 阴庚丙寅 丙午丁	合 蓬辛丁卯 开生壬申 勾壬戊辰 未坤申	
旺衰	勾 芮壬戊辰 惊惊甲子 常癸己巳 甲卯乙	朱 辅丁庚午 景中丙寅 地丙辛未 戊五己	天 心乙壬申 死伤戊辰 值戊甲子 庚酉辛	旺衰
	值 柱戊甲子 伤死己巳 蛇己乙丑 丑艮寅	阴 英庚丙寅 中景辛未 合辛丁卯 壬子癸	地 禽丙辛未 休杜丁卯 天乙壬申 戌乾亥	
旺衰		旺衰		旺衰

阳七局 庚午时

旺衰		旺衰		旺衰
	勾 芮壬戊辰 惊中甲子 朱丁庚午 辰巽巳	值 柱戊甲子 伤景己巳 阴庚丙寅 丙午丁	阴 英庚丙寅 中惊辛未 勾壬戊辰 未坤申	
旺衰	合 蓬辛丁卯 开开壬申 常癸己巳 甲卯乙	常 冲癸己巳 生杜乙丑 地丙辛未 戊五己	地 禽丙辛未 休死丁卯 值戊甲子 庚酉辛	旺衰
	天 心乙壬申 死休戊辰 蛇己乙丑 丑艮寅	蛇 任己乙丑 杜生庚午 合辛丁卯 壬子癸	朱 辅丁庚午 景伤丙寅 天乙壬申 戌乾亥	
旺衰		旺衰		旺衰

阳七局 辛未时

旺衰		旺衰		旺衰
	合 蓬辛丁卯 开杜壬申 朱丁庚午 辰巽巳	天 心乙壬申 死生戊辰 阴庚丙寅 丙午丁	蛇 任己乙丑 杜开庚午 勾壬戊辰 未坤申	
旺衰	阴 英庚丙寅 中中辛未 常癸己巳 甲卯乙	勾 芮壬戊辰 惊伤甲子 地丙辛未 戊五己	朱 辅丁庚午 景休丙寅 值戊甲子 庚酉辛	旺衰
	地 禽丙辛未 休景丁卯 蛇己乙丑 丑艮寅	值 柱戊甲子 伤惊己巳 合辛丁卯 壬子癸	常 冲癸己巳 生死乙丑 天乙壬申 戌乾亥	
旺衰		旺衰		旺衰

阳七局 壬申时

旺衰		旺衰		旺衰
	阴 英庚丙寅 中伤辛未 朱丁庚午 辰巽巳	地 禽丙辛未 休惊丁卯 阴庚丙寅 丙午丁	值 柱戊甲子 伤中己巳 勾壬戊辰 未坤申	
旺衰	蛇 任己乙丑 杜杜庚午 常癸己巳 甲卯乙	合 蓬辛丁卯 开死壬申 地丙辛未 戊五己	常 冲癸己巳 生景乙丑 值戊甲子 庚酉辛	旺衰
	朱 辅丁庚午 景生丙寅 蛇己乙丑 丑艮寅	天 心乙壬申 死开戊辰 合辛丁卯 壬子癸	勾 芮壬戊辰 惊休甲子 天乙壬申 戌乾亥	
旺衰		旺衰		旺衰

阳七局 癸酉时

旺衰		旺衰		旺衰
	蛇 任己乙丑 杜死庚午 朱丁庚午 辰巽巳	朱 辅丁庚午 景开丙寅 阴庚丙寅 丙午丁	天 心乙壬申 死杜戊辰 勾壬戊辰 未坤申	
旺衰	值 柱戊甲子 伤伤己巳 常癸己巳 甲卯乙	阴 英庚丙寅 中休辛未 地丙辛未 戊五己	勾 芮壬戊辰 惊生甲子 值戊甲子 庚酉辛	旺衰
	常 冲癸己巳 生惊乙丑 蛇己乙丑 丑艮寅	地 禽丙辛未 休中丁卯 合辛丁卯 壬子癸	合 蓬辛丁卯 开景壬申 天乙壬申 戌乾亥	
旺衰		旺衰		旺衰

阳七局 甲戌时

旺衰		旺衰		旺衰
	朱 禽丙庚辰 景景乙亥 常丁己卯 辰巽巳	阴 蓬辛丙子 中杜庚辰 蛇庚乙亥 丙午丁	勾 冲癸戊寅 惊死壬午 合壬丁丑 未坤申	
旺衰	常 辅丁己卯 生休甲戌 勾癸戊寅 甲卯乙	地 心乙辛巳 休生丙子 朱丙庚辰 戊五己	值 任己甲戌 伤开戊寅 天戊壬午 庚酉辛	旺衰
	蛇 英庚乙亥 杜中己卯 值己甲戌 丑艮寅	合 芮壬丁丑 开伤辛巳 阴辛丙子 壬子癸	天 柱戊壬午 死惊丁丑 地乙辛巳 戌乾亥	
旺衰		旺衰		旺衰

阳七局 乙亥时

旺衰		旺衰		旺衰
	地 心乙辛巳 伤生戊寅 常丁己卯 辰巽巳	合 芮壬丁丑 生伤甲戌 蛇庚乙亥 丙午丁	常 辅丁己卯 休休丙子 合壬丁丑 未坤申	
旺衰	朱 禽丙庚辰 死景丁丑 勾癸戊寅 甲卯乙	天 柱戊壬午 杜惊己卯 朱丙庚辰 戊五己	蛇 英庚乙亥 开中辛巳 天戊壬午 庚酉辛	旺衰
	阴 蓬辛丙子 惊杜壬午 值己甲戌 丑艮寅	勾 冲癸戊寅 景死乙亥 阴辛丙子 壬子癸	值 任己甲戌 中开庚辰 地乙辛巳 戌乾亥	
旺衰		旺衰		旺衰

阳七局 丙子时

旺 衰		旺衰		旺 衰
	天 柱戊壬午 死惊丁丑 常丁己卯 辰巽巳	勾 冲癸戊寅 惊死壬午 蛇庚乙亥 丙午丁	朱 禽丙庚辰 景景乙亥 合壬丁丑 未坤申	
旺 衰	地 心乙辛巳 休生丙子 勾癸戊寅 甲卯乙	值 任己甲戌 伤开戊寅 朱丙庚辰 戊五己	阴 蓬辛丙子 中杜庚辰 天戊壬午 庚酉辛	旺 衰
	合 芮壬丁丑 开伤辛巳 值己甲戌 丑艮寅	常 辅丁己卯 生休甲戌 阴辛丙子 壬子癸	蛇 英庚乙亥 杜中己卯 地乙辛巳 戌乾亥	
旺 衰		旺衰		旺 衰

阳七局 丁丑时

旺 衰		旺衰		旺 衰
	值 任己甲戌 休开丙子 常丁己卯 辰巽巳	常 辅丁己卯 开休辛巳 蛇庚乙亥 丙午丁	地 心乙辛巳 生生甲戌 合壬丁丑 未坤申	
旺 衰	天 柱戊壬午 景惊乙亥 勾癸戊寅 甲卯乙	蛇 英庚乙亥 死中丁丑 朱丙庚辰 戊五己	合 芮壬丁丑 杜伤己卯 天戊壬午 庚酉辛	旺 衰
	勾 冲癸戊寅 中死庚辰 值己甲戌 丑艮寅	朱 禽丙庚辰 惊景壬午 阴辛丙子 壬子癸	阴 蓬辛丙子 伤杜戊寅 地乙辛巳 戌乾亥	
旺 衰		旺衰		旺 衰

阳七局 戊寅时

旺 衰		旺衰		旺 衰
	朱 禽丙庚辰 景中乙亥 常丁己卯 辰巽巳	阴 蓬辛丙子 中景庚辰 蛇庚乙亥 丙午丁	勾 冲癸戊寅 惊惊壬午 合壬丁丑 未坤申	
旺 衰	常 辅丁己卯 生开甲戌 勾癸戊寅 甲卯乙	地 心乙辛巳 休杜丙子 朱丙庚辰 戊五己	值 任己甲戌 伤死戊寅 天戊壬午 庚酉辛	旺 衰
	蛇 英庚乙亥 杜休己卯 值己甲戌 丑艮寅	合 芮壬丁丑 开生辛巳 阴辛丙子 壬子癸	天 柱戊壬午 死伤丁丑 地乙辛巳 戌乾亥	
旺 衰		旺衰		旺 衰

阳七局 己卯时

旺 衰		旺衰		旺 衰
	朱 禽丙庚辰 景杜乙亥 常丁己卯 辰巽巳	阴 蓬辛丙子 中生庚辰 蛇庚乙亥 丙午丁	勾 冲癸戊寅 惊开壬午 合壬丁丑 未坤申	
旺 衰	常 辅丁己卯 生中甲戌 勾癸戊寅 甲卯乙	地 心乙辛巳 休伤丙子 朱丙庚辰 戊五己	值 任己甲戌 伤休戊寅 天戊壬午 庚酉辛	旺 衰
	蛇 英庚乙亥 杜景己卯 值己甲戌 丑艮寅	合 芮壬丁丑 开惊辛巳 阴辛丙子 壬子癸	天 柱戊壬午 死死丁丑 地乙辛巳 戌乾亥	
旺 衰		旺衰		旺 衰

阳七局 庚辰时

旺 衰		旺衰		旺 衰
	勾 冲癸戊寅 惊伤壬午 常丁己卯 辰巽巳	值 任己甲戌 伤惊戊寅 蛇庚乙亥 丙午丁	阴 蓬辛丙子 中中庚辰 合壬丁丑 未坤申	
旺 衰	合 芮壬丁丑 开杜辛巳 勾癸戊寅 甲卯乙	常 辅丁己卯 生死甲戌 朱丙庚辰 戊五己	地 心乙辛巳 休景丙子 天戊壬午 庚酉辛	旺 衰
	天 柱戊壬午 死生丁丑 值己甲戌 丑艮寅	蛇 英庚乙亥 杜开己卯 阴辛丙子 壬子癸	朱 禽丙庚辰 景休乙亥 地乙辛巳 戌乾亥	
旺 衰		旺衰		旺 衰

阳七局 辛巳时

旺 衰		旺衰		旺 衰
	合 芮壬丁丑 开死辛巳 常丁己卯 辰巽巳	天 柱戊壬午 死开丁丑 蛇庚乙亥 丙午丁	蛇 英庚乙亥 杜杜己卯 合壬丁丑 未坤申	
旺 衰	阴 蓬辛丙子 中伤庚辰 勾癸戊寅 甲卯乙	勾 冲癸戊寅 惊休壬午 朱丙庚辰 戊五己	朱 禽丙庚辰 景生乙亥 天戊壬午 庚酉辛	旺 衰
	地 心乙辛巳 休惊丙子 值己甲戌 丑艮寅	值 任己甲戌 伤中戊寅 阴辛丙子 壬子癸	常 辅丁己卯 生景甲戌 地乙辛巳 戌乾亥	
旺 衰		旺衰		旺 衰

阳七局 壬午时

旺 衰		旺衰		旺 衰
	阴 蓬辛丙子 中休庚辰 常丁己卯 辰巽巳	地 心乙辛巳 休中丙子 蛇庚乙亥 丙午丁	值 任己甲戌 伤伤戊寅 合壬丁丑 未坤申	
旺 衰	蛇 英庚乙亥 杜死己卯 勾癸戊寅 甲卯乙	合 芮壬丁丑 开景辛巳 朱丙庚辰 戊五己	常 辅丁己卯 生惊甲戌 天戊壬午 庚酉辛	旺 衰
	朱 禽丙庚辰 景开乙亥 值己甲戌 丑艮寅	天 柱戊壬午 死杜丁丑 阴辛丙子 壬子癸	勾 冲癸戊寅 惊生壬午 地乙辛巳 戌乾亥	
旺 衰		旺衰		旺 衰

阳七局 癸未时

旺 衰		旺衰		旺 衰
	蛇 英庚乙亥 杜景己卯 常丁己卯 辰巽巳	朱 禽丙庚辰 景杜乙亥 蛇庚乙亥 丙午丁	天 柱戊壬午 死死丁丑 合壬丁丑 未坤申	
旺 衰	值 任己甲戌 伤休戊寅 勾癸戊寅 甲卯乙	阴 蓬辛丙子 中生庚辰 朱丙庚辰 戊五己	勾 冲癸戊寅 惊开壬午 天戊壬午 庚酉辛	旺 衰
	常 辅丁己卯 生中甲戌 值己甲戌 丑艮寅	地 心乙辛巳 休伤丙子 阴辛丙子 壬子癸	合 芮壬丁丑 开惊辛巳 地乙辛巳 戌乾亥	
旺 衰		旺衰		旺 衰

阳七局 甲申时

旺 衰		旺衰		旺 衰
	朱 心乙庚寅 景惊甲申 勾丁戊子 辰巽巳	阴 芮壬丙戌 中死己丑 值庚甲申 丙午丁	勾 辅丁戊子 惊景辛卯 阴壬丙戌 未坤申	
旺 衰	常 禽丙己丑 生生壬辰 合癸丁亥 甲卯乙	地 柱戊辛卯 休开乙酉 常丙己丑 戊五己	值 英庚甲申 伤杜丁亥 地戊辛卯 庚酉辛	旺 衰
	蛇 蓬辛乙酉 杜伤戊子 天己壬辰 丑艮寅	合 冲癸丁亥 开休庚寅 蛇辛乙酉 壬子癸	天 任己壬辰 死中丙戌 朱乙庚寅 戌乾亥	
旺 衰		旺衰		旺 衰

阳七局 乙酉时

旺 衰		旺衰		旺 衰
	地 柱戊辛卯 伤开丁亥 勾丁戊子 辰巽巳	合 冲癸丁亥 生休壬辰 值庚甲申 丙午丁	常 禽丙己丑 休生乙酉 阴壬丙戌 未坤申	
旺 衰	朱 心乙庚寅 死惊丙戌 合癸丁亥 甲卯乙	天 任己壬辰 杜中戊子 常丙己丑 戊五己	蛇 蓬辛乙酉 开伤庚寅 地戊辛卯 庚酉辛	旺 衰
	阴 芮壬丙戌 惊死辛卯 天己壬辰 丑艮寅	勾 辅丁戊子 景景甲申 蛇辛乙酉 壬子癸	值 英庚甲申 中杜己丑 朱乙庚寅 戌乾亥	
旺 衰		旺衰		旺 衰

阳七局 丙戌时

旺 衰		旺衰		旺 衰
	天 任己壬辰 死中丙戌 勾丁戊子 辰巽巳	勾 辅丁戊子 惊景辛卯 值庚甲申 丙午丁	朱 心乙庚寅 景惊甲申 阴壬丙戌 未坤申	
旺 衰	地 柱戊辛卯 休开乙酉 合癸丁亥 甲卯乙	值 英庚甲申 伤杜丁亥 常丙己丑 戊五己	阴 芮壬丙戌 中死己丑 地戊辛卯 庚酉辛	旺 衰
	合 冲癸丁亥 开休庚寅 天己壬辰 丑艮寅	常 禽丙己丑 生生壬辰 蛇辛乙酉 壬子癸	蛇 蓬辛乙酉 杜伤戊子 朱乙庚寅 戌乾亥	
旺 衰		旺衰		旺 衰

阳七局 丁亥时

旺 衰		旺衰		旺 衰
	值 英庚甲申 休杜乙酉 勾丁戊子 辰巽巳	常 禽丙己丑 开生庚寅 值庚甲申 丙午丁	地 柱戊辛卯 生开壬辰 阴壬丙戌 未坤申	
旺 衰	天 任己壬辰 景中甲申 合癸丁亥 甲卯乙	蛇 蓬辛乙酉 死伤丙戌 常丙己丑 戊五己	合 冲癸丁亥 杜休戊子 地戊辛卯 庚酉辛	旺 衰
	勾 辅丁戊子 中景己丑 天己壬辰 丑艮寅	朱 心乙庚寅 惊惊辛卯 蛇辛乙酉 壬子癸	阴 芮壬丙戌 伤死丁亥 朱乙庚寅 戌乾亥	
旺 衰		旺衰		旺 衰

阳七局 戊子时

旺衰		旺衰		旺衰
	朱 □□ 心乙庚寅 景伤甲申 勾丁戊子 辰巽巳	阴 □□ 芮壬丙戌 中惊己丑 值庚甲申 丙午丁	勾 □□ 辅丁戊子 惊中辛卯 阴壬丙戌 未坤申	
旺衰	常 □□ 禽丙己丑 生杜壬辰 合癸丁亥 甲卯乙	地 □□ 柱戊辛卯 休死乙酉 常丙己丑 戊五己	值 □□ 英庚甲申 伤景丁亥 地戊辛卯 庚酉辛	旺衰
	蛇 □□ 蓬辛乙酉 杜生戊子 天己壬辰 丑艮寅	合 □□ 冲癸丁亥 开开庚寅 蛇辛乙酉 壬子癸	天 □□ 任己壬辰 死休丙戌 朱乙庚寅 戌乾亥	
旺衰		旺衰		旺衰

阳七局 己丑时

旺衰		旺衰		旺衰
	常 □□ 禽丙己丑 生死壬辰 勾丁戊子 辰巽巳	蛇 □□ 蓬辛乙酉 杜开戊子 值庚甲申 丙午丁	合 □□ 冲癸丁亥 开杜庚寅 阴壬丙戌 未坤申	
旺衰	勾 □□ 辅丁戊子 惊伤辛卯 合癸丁亥 甲卯乙	朱 □□ 心乙庚寅 景休甲申 常丙己丑 戊五己	天 □□ 任己壬辰 死生丙戌 地戊辛卯 庚酉辛	旺衰
	值 □□ 英庚甲申 伤惊丁亥 天己壬辰 丑艮寅	阴 □□ 芮壬丙戌 中中己丑 蛇辛乙酉 壬子癸	地 □□ 柱戊辛卯 休景乙酉 朱乙庚寅 戌乾亥	
旺衰		旺衰		旺衰

阳七局 庚寅时

旺衰		旺衰		旺衰
	朱 □□ 心乙庚寅 景休甲申 勾丁戊子 辰巽巳	阴 □□ 芮壬丙戌 中中己丑 值庚甲申 丙午丁	勾 □□ 辅丁戊子 惊伤辛卯 阴壬丙戌 未坤申	
旺衰	常 □□ 禽丙己丑 生死壬辰 合癸丁亥 甲卯乙	地 □□ 柱戊辛卯 休景乙酉 常丙己丑 戊五己	值 □□ 英庚甲申 伤惊丁亥 地戊辛卯 庚酉辛	旺衰
	蛇 □□ 蓬辛乙酉 杜开戊子 天己壬辰 丑艮寅	合 □□ 冲癸丁亥 开杜庚寅 蛇辛乙酉 壬子癸	天 □□ 任己壬辰 死生丙戌 朱乙庚寅 戌乾亥	
旺衰		旺衰		旺衰

阳七局 辛卯时

旺衰		旺衰		旺衰
	合 □□ 冲癸丁亥 开景庚寅 勾丁戊子 辰巽巳	天 □□ 任己壬辰 死杜丙戌 值庚甲申 丙午丁	蛇 □□ 蓬辛乙酉 杜死戊子 阴壬丙戌 未坤申	
旺衰	阴 □□ 芮壬丙戌 中休己丑 合癸丁亥 甲卯乙	勾 □□ 辅丁戊子 惊生辛卯 常丙己丑 戊五己	朱 □□ 心乙庚寅 景开甲申 地戊辛卯 庚酉辛	旺衰
	地 □□ 柱戊辛卯 休中乙酉 天己壬辰 丑艮寅	值 □□ 英庚甲申 伤伤丁亥 蛇辛乙酉 壬子癸	常 □□ 禽丙己丑 生惊壬辰 朱乙庚寅 戌乾亥	
旺衰		旺衰		旺衰

阳七局 壬辰时

旺衰		旺衰		旺衰
	阴 □□ 芮壬丙戌 中生己丑 勾丁戊子 辰巽巳	地 □□ 柱戊辛卯 休伤乙酉 值庚甲申 丙午丁	值 □□ 英庚甲申 伤休丁亥 阴壬丙戌 未坤申	
旺衰	蛇 □□ 蓬辛乙酉 杜景戊子 合癸丁亥 甲卯乙	合 □□ 冲癸丁亥 开惊庚寅 常丙己丑 戊五己	常 □□ 禽丙己丑 生中壬辰 地戊辛卯 庚酉辛	旺衰
	朱 □□ 心乙庚寅 景杜甲申 天己壬辰 丑艮寅	天 □□ 任己壬辰 死死丙戌 蛇辛乙酉 壬子癸	勾 □□ 辅丁戊子 惊开辛卯 朱乙庚寅 戌乾亥	
旺衰		旺衰		旺衰

阳七局 癸巳时

旺衰		旺衰		旺衰
	蛇 □□ 蓬辛乙酉 杜惊戊子 勾丁戊子 辰巽巳	朱 □□ 心乙庚寅 景死甲申 值庚甲申 丙午丁	天 □□ 任己壬辰 死景丙戌 阴壬丙戌 未坤申	
旺衰	值 □□ 英庚甲申 伤生丁亥 合癸丁亥 甲卯乙	阴 □□ 芮壬丙戌 中开己丑 常丙己丑 戊五己	勾 □□ 辅丁戊子 惊杜辛卯 地戊辛卯 庚酉辛	旺衰
	常 □□ 禽丙己丑 生伤壬辰 天己壬辰 丑艮寅	地 □□ 柱戊辛卯 休休乙酉 蛇辛乙酉 壬子癸	合 □□ 冲癸丁亥 开中庚寅 朱乙庚寅 戌乾亥	
旺衰		旺衰		旺衰

阳七局 甲午时

旺衰		旺衰		旺衰
	朱 □□ 柱戊庚子 景中壬寅 合丁丁酉 辰巽巳	阴 □□ 冲癸丙申 中景戊戌 天庚壬寅 丙午丁	勾 □□ 禽丙戊戌 惊惊庚子 蛇壬乙未 未坤申	
旺衰	常 □□ 心乙己亥 生开辛丑 阴癸丙申 甲卯乙	地 □□ 任己辛丑 休杜甲午 勾丙戊戌 戊五己	值 □□ 蓬辛甲午 伤死丙申 朱戊庚子 庚酉辛	旺衰
	蛇 □□ 芮壬乙未 杜休丁酉 地己辛丑 丑艮寅	合 □□ 辅丁丁酉 开生己亥 值辛甲午 壬子癸	天 □□ 英庚壬寅 死伤乙未 常乙己亥 戌乾亥	
旺衰		旺衰		旺衰

阳七局 乙未时

旺衰		旺衰		旺衰
	地 □□ 任己辛丑 伤杜丙申 合丁丁酉 辰巽巳	合 □□ 辅丁丁酉 生生辛丑 天庚壬寅 丙午丁	常 □□ 心乙己亥 休开甲午 蛇壬乙未 未坤申	
旺衰	朱 □□ 柱戊庚子 死中乙未 阴癸丙申 甲卯乙	天 □□ 英庚壬寅 杜伤丁酉 勾丙戊戌 戊五己	蛇 □□ 芮壬乙未 开休己亥 朱戊庚子 庚酉辛	旺衰
	阴 □□ 冲癸丙申 惊景庚子 地己辛丑 丑艮寅	勾 □□ 禽丙戊戌 景惊壬寅 值辛甲午 壬子癸	值 □□ 蓬辛甲午 中死戊戌 常乙己亥 戌乾亥	
旺衰		旺衰		旺衰

阳七局 丙申时

旺衰		旺衰		旺衰
	天 □□ 英庚壬寅 死伤乙未 合丁丁酉 辰巽巳	勾 □□ 禽丙戊戌 惊惊庚子 天庚壬寅 丙午丁	朱 □□ 柱戊庚子 景中壬寅 蛇壬乙未 未坤申	
旺衰	地 □□ 任己辛丑 休杜甲午 阴癸丙申 甲卯乙	值 □□ 蓬辛甲午 伤死丙申 勾丙戊戌 戊五己	阴 □□ 冲癸丙申 中景戊戌 朱戊庚子 庚酉辛	旺衰
	合 □□ 辅丁丁酉 开生己亥 地己辛丑 丑艮寅	常 □□ 心乙己亥 生开辛丑 值辛甲午 壬子癸	蛇 □□ 芮壬乙未 杜休丁酉 常乙己亥 戌乾亥	
旺衰		旺衰		旺衰

阳七局 丁酉时

旺衰		旺衰		旺衰
	值 □□ 蓬辛甲午 休死甲午 合丁丁酉 辰巽巳	常 □□ 心乙己亥 开开己亥 天庚壬寅 丙午丁	地 □□ 任己辛丑 生杜辛丑 蛇壬乙未 未坤申	
旺衰	天 □□ 英庚壬寅 景伤壬寅 阴癸丙申 甲卯乙	蛇 □□ 芮壬乙未 死休乙未 勾丙戊戌 戊五己	合 □□ 辅丁丁酉 杜生丁酉 朱戊庚子 庚酉辛	旺衰
	勾 □□ 禽丙戊戌 中惊戊戌 地己辛丑 丑艮寅	朱 □□ 柱戊庚子 惊中庚子 值辛甲午 壬子癸	阴 □□ 冲癸丙申 伤景丙申 常乙己亥 戌乾亥	
旺衰		旺衰		旺衰

阳七局 戊戌时

旺衰		旺衰		旺衰
	朱 □□ 柱戊庚子 景休壬寅 合丁丁酉 辰巽巳	阴 □□ 冲癸丙申 中中戊戌 天庚壬寅 丙午丁	勾 □□ 禽丙戊戌 惊伤庚子 蛇壬乙未 未坤申	
旺衰	常 □□ 心乙己亥 生死辛丑 阴癸丙申 甲卯乙	地 □□ 任己辛丑 休景甲午 勾丙戊戌 戊五己	值 □□ 蓬辛甲午 伤惊丙申 朱戊庚子 庚酉辛	旺衰
	蛇 □□ 芮壬乙未 杜开丁酉 地己辛丑 丑艮寅	合 □□ 辅丁丁酉 开杜己亥 值辛甲午 壬子癸	天 □□ 英庚壬寅 死生乙未 常乙己亥 戌乾亥	
旺衰		旺衰		旺衰

阳七局 己亥时

旺衰		旺衰		旺衰
	常 □□ 心乙己亥 生景辛丑 合丁丁酉 辰巽巳	蛇 □□ 芮壬乙未 杜杜丁酉 天庚壬寅 丙午丁	合 □□ 辅丁丁酉 开死己亥 蛇壬乙未 未坤申	
旺衰	勾 □□ 禽丙戊戌 惊休庚子 阴癸丙申 甲卯乙	朱 □□ 柱戊庚子 景生壬寅 勾丙戊戌 戊五己	天 □□ 英庚壬寅 死开乙未 朱戊庚子 庚酉辛	旺衰
	值 □□ 蓬辛甲午 伤中丙申 地己辛丑 丑艮寅	阴 □□ 冲癸丙申 中伤戊戌 值辛甲午 壬子癸	地 □□ 任己辛丑 休惊甲午 常乙己亥 戌乾亥	
旺衰		旺衰		旺衰

阳七局 庚子时

旺衰		旺衰		旺衰
	勾 禽丙戊戌 惊生庚子 合丁丁酉 辰巽巳	值 蓬辛甲午 伤伤丙申 天庚壬寅 丙午丁	阴 冲癸丙申 中休戊戌 蛇壬乙未 未坤申	
旺衰	合 辅丁丁酉 开景己亥 阴癸丙申 甲卯乙	常 心乙己亥 生惊辛丑 勾丙戊戌 戊五己	地 任己辛丑 休中甲午 朱戊庚子 庚酉辛	旺衰
	天 英庚壬寅 死杜乙未 地己辛丑 丑艮寅	蛇 芮壬乙未 杜死丁酉 值辛甲午 壬子癸	朱 柱戊庚子 景开壬寅 常乙己亥 戌乾亥	
旺衰		旺衰		旺衰

阳七局 辛丑时

旺衰		旺衰		旺衰
	朱 柱戊庚子 景惊壬寅 合丁丁酉 辰巽巳	阴 冲癸丙申 中死戊戌 天庚壬寅 丙午丁	勾 禽丙戊戌 惊景庚子 蛇壬乙未 未坤申	
旺衰	常 心乙己亥 生生辛丑 阴癸丙申 甲卯乙	地 任己辛丑 休开甲午 勾丙戊戌 戊五己	值 蓬辛甲午 伤杜丙申 朱戊庚子 庚酉辛	旺衰
	蛇 芮壬乙未 杜伤丁酉 地己辛丑 丑艮寅	合 辅丁丁酉 开休己亥 值辛甲午 壬子癸	天 英庚壬寅 死中乙未 常乙己亥 戌乾亥	
旺衰		旺衰		旺衰

阳七局 壬寅时

旺衰		旺衰		旺衰
	阴 冲癸丙申 中开戊戌 合丁丁酉 辰巽巳	地 任己辛丑 休休甲午 天庚壬寅 丙午丁	值 蓬辛甲午 伤生丙申 蛇壬乙未 未坤申	
旺衰	蛇 芮壬乙未 杜惊丁酉 阴癸丙申 甲卯乙	合 辅丁丁酉 开中己亥 勾丙戊戌 戊五己	常 心乙己亥 生伤辛丑 朱戊庚子 庚酉辛	旺衰
	朱 柱戊庚子 景死壬寅 地己辛丑 丑艮寅	天 英庚壬寅 死景乙未 值辛甲午 壬子癸	勾 禽丙戊戌 惊杜庚子 常乙己亥 戌乾亥	
旺衰		旺衰		旺衰

阳七局 癸卯时

旺衰		旺衰		旺衰
	蛇 芮壬乙未 杜中丁酉 合丁丁酉 辰巽巳	朱 柱戊庚子 景景壬寅 天庚壬寅 丙午丁	天 英庚壬寅 死惊乙未 蛇壬乙未 未坤申	
旺衰	值 蓬辛甲午 伤开丙申 阴癸丙申 甲卯乙	阴 冲癸丙申 中杜戊戌 勾丙戊戌 戊五己	勾 禽丙戊戌 惊死庚子 朱戊庚子 庚酉辛	旺衰
	常 心乙己亥 生休辛丑 地己辛丑 丑艮寅	地 任己辛丑 休生甲午 值辛甲午 壬子癸	合 辅丁丁酉 开伤己亥 常乙己亥 戌乾亥	
旺衰		旺衰		旺衰

阳七局 甲辰时

旺衰		旺衰		旺衰
	朱 任己庚戌 景伤辛亥 阴丁丙午 辰巽巳	阴 辅丁丙午 中惊丁未 地庚辛亥 丙午丁	勾 心乙戊申 惊中己酉 值壬甲辰 未坤申	
旺衰	常 柱戊己酉 生杜庚戌 蛇癸乙巳 甲卯乙	地 英庚辛亥 休死壬子 合丙丁未 戊五己	值 芮壬甲辰 伤景乙巳 常戊己酉 庚酉辛	旺衰
	蛇 冲癸乙巳 杜生丙午 朱己庚戌 丑艮寅	合 禽丙丁未 开开戊申 天辛壬子 壬子癸	天 蓬辛壬子 死休甲辰 勾乙戊申 戌乾亥	
旺衰		旺衰		旺衰

阳七局 乙巳时

旺衰		旺衰		旺衰
	地 英庚辛亥 伤死乙巳 阴丁丙午 辰巽巳	合 禽丙丁未 生开庚戌 地庚辛亥 丙午丁	常 柱戊己酉 休杜壬子 值壬甲辰 未坤申	
旺衰	朱 任己庚戌 死伤甲辰 蛇癸乙巳 甲卯乙	天 蓬辛壬子 杜休丙午 合丙丁未 戊五己	蛇 冲癸乙巳 开生戊申 常戊己酉 庚酉辛	旺衰
	阴 辅丁丙午 惊惊己酉 朱己庚戌 丑艮寅	勾 心乙戊申 景中辛亥 天辛壬子 壬子癸	值 芮壬甲辰 中景丁未 勾乙戊申 戌乾亥	
旺衰		旺衰		旺衰

阳七局 丙午时

旺衰		旺衰		旺衰
	天 蓬辛壬子 死休甲辰 阴丁丙午 辰巽巳	勾 心乙戊申 惊中己酉 地庚辛亥 丙午丁	朱 任己庚戌 景伤辛亥 值壬甲辰 未坤申	
旺衰	地 英庚辛亥 休死壬子 蛇癸乙巳 甲卯乙	值 芮壬甲辰 伤景乙巳 合丙丁未 戊五己	阴 辅丁丙午 中惊丁未 常戊己酉 庚酉辛	旺衰
	合 禽丙丁未 开开戊申 朱己庚戌 丑艮寅	常 柱戊己酉 生杜庚戌 天辛壬子 壬子癸	蛇 冲癸乙巳 杜生丙午 勾乙戊申 戌乾亥	
旺衰		旺衰		旺衰

阳七局 丁未时

旺衰		旺衰		旺衰
	值 芮壬甲辰 休景壬子 阴丁丙午 辰巽巳	常 柱戊己酉 开杜戊申 地庚辛亥 丙午丁	地 英庚辛亥 生死庚戌 值壬甲辰 未坤申	
旺衰	天 蓬辛壬子 景休辛亥 蛇癸乙巳 甲卯乙	蛇 冲癸乙巳 死生甲辰 合丙丁未 戊五己	合 禽丙丁未 杜开丙午 常戊己酉 庚酉辛	旺衰
	勾 心乙戊申 中中丁未 朱己庚戌 丑艮寅	朱 任己庚戌 惊伤己酉 天辛壬子 壬子癸	阴 辅丁丙午 伤惊乙巳 勾乙戊申 戌乾亥	
旺衰		旺衰		旺衰

阳七局 戊申时

旺衰		旺衰		旺衰
	朱 任己庚戌 景生辛亥 阴丁丙午 辰巽巳	阴 辅丁丙午 中伤丁未 地庚辛亥 丙午丁	勾 心乙戊申 惊休己酉 值壬甲辰 未坤申	
旺衰	常 柱戊己酉 生景庚戌 蛇癸乙巳 甲卯乙	地 英庚辛亥 休惊壬子 合丙丁未 戊五己	值 芮壬甲辰 伤中乙巳 常戊己酉 庚酉辛	旺衰
	蛇 冲癸乙巳 杜杜丙午 朱己庚戌 丑艮寅	合 禽丙丁未 开死戊申 天辛壬子 壬子癸	天 蓬辛壬子 死开甲辰 勾乙戊申 戌乾亥	
旺衰		旺衰		旺衰

阳七局 己酉时

旺衰		旺衰		旺衰
	常 柱戊己酉 生惊庚戌 阴丁丙午 辰巽巳	蛇 冲癸乙巳 杜死丙午 地庚辛亥 丙午丁	合 禽丙丁未 开景戊申 值壬甲辰 未坤申	
旺衰	勾 心乙戊申 惊生己酉 蛇癸乙巳 甲卯乙	朱 任己庚戌 景开辛亥 合丙丁未 戊五己	天 蓬辛壬子 死杜甲辰 常戊己酉 庚酉辛	旺衰
	值 芮壬甲辰 伤伤乙巳 朱己庚戌 丑艮寅	阴 辅丁丙午 中休丁未 天辛壬子 壬子癸	地 英庚辛亥 休中壬子 勾乙戊申 戌乾亥	
旺衰		旺衰		旺衰

阳七局 庚戌时

旺衰		旺衰		旺衰
	勾 心乙戊申 惊开己酉 阴丁丙午 辰巽巳	值 芮壬甲辰 伤休乙巳 地庚辛亥 丙午丁	阴 辅丁丙午 中生丁未 值壬甲辰 未坤申	
旺衰	合 禽丙丁未 开惊戊申 蛇癸乙巳 甲卯乙	常 柱戊己酉 生中庚戌 合丙丁未 戊五己	地 英庚辛亥 休伤壬子 常戊己酉 庚酉辛	旺衰
	天 蓬辛壬子 死死甲辰 朱己庚戌 丑艮寅	蛇 冲癸乙巳 杜景丙午 天辛壬子 壬子癸	朱 任己庚戌 景杜辛亥 勾乙戊申 戌乾亥	
旺衰		旺衰		旺衰

阳七局 辛亥时

旺衰		旺衰		旺衰
	合 禽丙丁未 开中戊申 阴丁丙午 辰巽巳	天 蓬辛壬子 死景甲辰 地庚辛亥 丙午丁	蛇 冲癸乙巳 杜惊丙午 值壬甲辰 未坤申	
旺衰	阴 辅丁丙午 中开丁未 蛇癸乙巳 甲卯乙	勾 心乙戊申 惊杜己酉 合丙丁未 戊五己	朱 任己庚戌 景死辛亥 常戊己酉 庚酉辛	旺衰
	地 英庚辛亥 休休壬子 朱己庚戌 丑艮寅	值 芮壬甲辰 伤生乙巳 天辛壬子 壬子癸	常 柱戊己酉 生伤庚戌 勾乙戊申 戌乾亥	
旺衰		旺衰		旺衰

阳七局 壬子时

旺衰		旺衰		旺衰
	朱 任己庚戊 景杜辛亥 阴丁丙午 辰巽巳	阴 辅丁丙午 中生丁未 地庚辛亥 丙午丁	勾 心乙戊申 惊开己酉 值壬甲辰 未坤申	
旺衰	常 柱戊己酉 生中庚戌 蛇癸乙巳 甲卯乙	地 英庚辛亥 休伤壬子 合丙丁未 戊五己	值 芮壬甲辰 伤休乙巳 常戊己酉 庚酉辛	旺衰
	蛇 冲癸乙巳 杜景丙午 朱己庚戌 丑艮寅	合 禽丙丁未 开惊戊申 天辛壬子 壬子癸	天 蓬辛壬子 死死甲辰 勾乙戊申 戌乾亥	
旺衰		旺衰		旺衰

阳七局 癸丑时

旺衰		旺衰		旺衰
	蛇 冲癸乙巳 杜伤丙午 阴丁丙午 辰巽巳	朱 任己庚戌 景惊辛亥 地庚辛亥 丙午丁	天 蓬辛壬子 死中甲辰 值壬甲辰 未坤申	
旺衰	值 芮壬甲辰 伤杜乙巳 蛇癸乙巳 甲卯乙	阴 辅丁丙午 中死丁未 合丙丁未 戊五己	勾 心乙戊申 惊景己酉 常戊己酉 庚酉辛	旺衰
	常 柱戊己酉 生生庚戌 朱己庚戌 丑艮寅	地 英庚辛亥 休开壬子 天辛壬子 壬子癸	合 禽丙丁未 开休戊申 勾乙戊申 戌乾亥	
旺衰		旺衰		旺衰

阳七局 甲寅时

旺衰		旺衰		旺衰
	朱 英庚庚申 景休庚申 蛇丁乙卯 辰巽巳	阴 禽丙丙辰 中中丙辰 朱庚庚申 丙午丁	勾 柱戊戊午 惊伤戊午 天壬壬戌 未坤申	
旺衰	常 任己己未 生死己未 值癸甲寅 甲卯乙	地 蓬辛辛酉 休景辛酉 阴丙丙辰 戊五己	值 冲癸甲寅 伤惊甲寅 勾戊戊午 庚酉辛	旺衰
	蛇 辅丁乙卯 杜开乙卯 常己己未 丑艮寅	合 心乙丁巳 开杜丁巳 地辛辛酉 壬子癸	天 芮壬壬戌 死生壬戌 合乙丁巳 戌乾亥	
旺衰		旺衰		旺衰

阳七局 乙卯时

旺衰		旺衰		旺衰
	地 蓬辛辛酉 伤景甲寅 蛇丁乙卯 辰巽巳	合 心乙丁巳 生杜己未 朱庚庚申 丙午丁	常 任己己未 休死辛酉 天壬壬戌 未坤申	
旺衰	朱 英庚庚申 死休壬戌 值癸甲寅 甲卯乙	天 芮壬壬戌 杜生乙卯 阴丙丙辰 戊五己	蛇 辅丁乙卯 开开丁巳 勾戊戊午 庚酉辛	旺衰
	阴 禽丙丙辰 惊中戊午 常己己未 丑艮寅	勾 柱戊戊午 景伤庚申 地辛辛酉 壬子癸	值 冲癸甲寅 中惊丙辰 合乙丁巳 戌乾亥	
旺衰		旺衰		旺衰

阳七局 丙辰时

旺衰		旺衰		旺衰
	天 芮壬壬戌 死生壬戌 蛇丁乙卯 辰巽巳	勾 柱戊戊午 惊伤戊午 朱庚庚申 丙午丁	朱 英庚庚申 景休庚申 天壬壬戌 未坤申	
旺衰	地 蓬辛辛酉 休景辛酉 值癸甲寅 甲卯乙	值 冲癸甲寅 伤惊甲寅 阴丙丙辰 戊五己	阴 禽丙丙辰 中中丙辰 勾戊戊午 庚酉辛	旺衰
	合 心乙丁巳 开杜丁巳 常己己未 丑艮寅	常 任己己未 生死己未 地辛辛酉 壬子癸	蛇 辅丁乙卯 杜开乙卯 合乙丁巳 戌乾亥	
旺衰		旺衰		旺衰

阳七局 丁巳时

旺衰		旺衰		旺衰
	值 冲癸甲寅 休惊辛酉 蛇丁乙卯 辰巽巳	常 任己己未 开死丁巳 朱庚庚申 丙午丁	地 蓬辛辛酉 生景己未 天壬壬戌 未坤申	
旺衰	天 芮壬壬戌 景生庚申 值癸甲寅 甲卯乙	蛇 辅丁乙卯 死开壬戌 阴丙丙辰 戊五己	合 心乙丁巳 杜杜乙卯 勾戊戊午 庚酉辛	旺衰
	勾 柱戊戊午 中伤丙辰 常己己未 丑艮寅	朱 英庚庚申 惊休戊午 地辛辛酉 壬子癸	阴 禽丙丙辰 伤中甲寅 合乙丁巳 戌乾亥	
旺衰		旺衰		旺衰

阳七局 戊午时

旺衰		旺衰		旺衰
	朱 英庚庚申 景开庚申 蛇丁乙卯 辰巽巳	阴 禽丙丙辰 中休丙辰 朱庚庚申 丙午丁	勾 柱戊戊午 惊生戊午 天壬壬戌 未坤申	
旺衰	常 任己己未 生惊己未 值癸甲寅 甲卯乙	地 蓬辛辛酉 休中辛酉 阴丙丙辰 戊五己	值 冲癸甲寅 伤伤甲寅 勾戊戊午 庚酉辛	旺衰
	蛇 辅丁乙卯 杜死乙卯 常己己未 丑艮寅	合 心乙丁巳 开景丁巳 地辛辛酉 壬子癸	天 芮壬壬戌 死杜壬戌 合乙丁巳 戌乾亥	
旺衰		旺衰		旺衰

阳七局 己未时

旺衰		旺衰		旺衰
	常 任己己未 生中己未 蛇丁乙卯 辰巽巳	蛇 辅丁乙卯 杜景乙卯 朱庚庚申 丙午丁	合 心乙丁巳 开惊丁巳 天壬壬戌 未坤申	
旺衰	勾 柱戊戊午 惊开戊午 值癸甲寅 甲卯乙	朱 英庚庚申 景杜庚申 阴丙丙辰 戊五己	天 芮壬壬戌 死死壬戌 勾戊戊午 庚酉辛	旺衰
	值 冲癸甲寅 伤休甲寅 常己己未 丑艮寅	阴 禽丙丙辰 中生丙辰 地辛辛酉 壬子癸	地 蓬辛辛酉 休伤辛酉 合乙丁巳 戌乾亥	
旺衰		旺衰		旺衰

阳七局 庚申时

旺衰		旺衰		旺衰
	勾 柱戊戊午 惊杜戊午 蛇丁乙卯 辰巽巳	值 冲癸甲寅 伤生甲寅 朱庚庚申 丙午丁	阴 禽丙丙辰 中开丙辰 天壬壬戌 未坤申	
旺衰	合 心乙丁巳 开中丁巳 值癸甲寅 甲卯乙	常 任己己未 生伤己未 阴丙丙辰 戊五己	地 蓬辛辛酉 休休辛酉 勾戊戊午 庚酉辛	旺衰
	天 芮壬壬戌 死景壬戌 常己己未 丑艮寅	蛇 辅丁乙卯 杜惊乙卯 地辛辛酉 壬子癸	朱 英庚庚申 景死庚申 合乙丁巳 戌乾亥	
旺衰		旺衰		旺衰

阳七局 辛酉时

旺衰		旺衰		旺衰
	合 心乙丁巳 开伤丁巳 蛇丁乙卯 辰巽巳	天 芮壬壬戌 死惊壬戌 朱庚庚申 丙午丁	蛇 辅丁乙卯 杜中乙卯 天壬壬戌 未坤申	
旺衰	阴 禽丙丙辰 中杜丙辰 值癸甲寅 甲卯乙	勾 柱戊戊午 惊死戊午 阴丙丙辰 戊五己	朱 英庚庚申 景景庚申 勾戊戊午 庚酉辛	旺衰
	地 蓬辛辛酉 休生辛酉 常己己未 丑艮寅	值 冲癸甲寅 伤开甲寅 地辛辛酉 壬子癸	常 任己己未 生休己未 合乙丁巳 戌乾亥	
旺衰		旺衰		旺衰

阳七局 壬戌时

旺衰		旺衰		旺衰
	阴 禽丙丙辰 中死丙辰 蛇丁乙卯 辰巽巳	地 蓬辛辛酉 休开辛酉 朱庚庚申 丙午丁	值 冲癸甲寅 伤杜甲寅 天壬壬戌 未坤申	
旺衰	蛇 辅丁乙卯 杜伤乙卯 值癸甲寅 甲卯乙	合 心乙丁巳 开休丁巳 阴丙丙辰 戊五己	常 任己己未 生生己未 勾戊戊午 庚酉辛	旺衰
	朱 英庚庚申 景惊庚申 常己己未 丑艮寅	天 芮壬壬戌 死中壬戌 地辛辛酉 壬子癸	勾 柱戊戊午 惊景戊午 合乙丁巳 戌乾亥	
旺衰		旺衰		旺衰

阳七局 癸亥时

旺衰		旺衰		旺衰
	朱 英庚庚申 景休庚申 蛇丁乙卯 辰巽巳	阴 禽丙丙辰 中中丙辰 朱庚庚申 丙午丁	勾 柱戊戊午 惊伤戊午 天壬壬戌 未坤申	
旺衰	常 任己己未 生死己未 值癸甲寅 甲卯乙	地 蓬辛辛酉 休景辛酉 阴丙丙辰 戊五己	值 冲癸甲寅 伤惊甲寅 勾戊戊午 庚酉辛	旺衰
	蛇 辅丁乙卯 杜开乙卯 常己己未 丑艮寅	合 心乙丁巳 开杜丁巳 地辛辛酉 壬子癸	天 芮壬壬戌 死生壬戌 合乙丁巳 戌乾亥	
旺衰		旺衰		旺衰

阳八局 甲子时

旺衰		旺衰		旺衰
	常 辅癸己巳 景景乙丑 常癸己巳 辰巽巳	蛇 英己乙丑 中杜庚午 蛇己乙丑 丙午丁	合 芮辛丁卯 惊死壬申 合辛丁卯 未坤申	
旺衰	勾 冲壬戊辰 生休甲子 勾壬戊辰 甲卯乙	朱 禽丁庚午 休生丙寅 朱丁庚午 戊五己	天 柱乙壬申 伤开戊辰 天乙壬申 庚酉辛	旺衰
	值 任戊甲子 杜中己巳 值戊甲子 丑艮寅	阴 蓬庚丙寅 开伤辛未 阴庚丙寅 壬子癸	地 心丙辛未 死惊丁卯 地丙辛未 戌乾亥	
旺衰		旺衰		旺衰

阳八局 乙丑时

旺衰		旺衰		旺衰
	朱 禽丁庚午 伤生戊辰 常癸己巳 辰巽巳	阴 蓬庚丙寅 生伤甲子 蛇己乙丑 丙午丁	勾 冲壬戊辰 休休丙寅 合辛丁卯 未坤申	
旺衰	常 辅癸己巳 死景丁卯 勾壬戊辰 甲卯乙	地 心丙辛未 杜惊己巳 朱丁庚午 戊五己	值 任戊甲子 开中辛未 天乙壬申 庚酉辛	旺衰
	蛇 英己乙丑 惊杜壬申 值戊甲子 丑艮寅	合 芮辛丁卯 景死乙丑 阴庚丙寅 壬子癸	天 柱乙壬申 中开庚午 地丙辛未 戌乾亥	
旺衰		旺衰		旺衰

阳八局 丙寅时

旺衰		旺衰		旺衰
	地 心丙辛未 死惊丁卯 常癸己巳 辰巽巳	合 芮辛丁卯 惊死壬申 蛇己乙丑 丙午丁	常 辅癸己巳 景景乙丑 合辛丁卯 未坤申	
旺衰	朱 禽丁庚午 休生丙寅 勾壬戊辰 甲卯乙	天 柱乙壬申 伤开戊辰 朱丁庚午 戊五己	蛇 英己乙丑 中杜庚午 天乙壬申 庚酉辛	旺衰
	阴 蓬庚丙寅 开伤辛未 值戊甲子 丑艮寅	勾 冲壬戊辰 生休甲子 阴庚丙寅 壬子癸	值 任戊甲子 杜中己巳 地丙辛未 戌乾亥	
旺衰		旺衰		旺衰

阳八局 丁卯时

旺衰		旺衰		旺衰
	天 柱乙壬申 休开丙寅 常癸己巳 辰巽巳	勾 冲壬戊辰 开休辛未 蛇己乙丑 丙午丁	朱 禽丁庚午 生生甲子 合辛丁卯 未坤申	
旺衰	地 心丙辛未 景惊乙丑 勾壬戊辰 甲卯乙	值 任戊甲子 死中丁卯 朱丁庚午 戊五己	阴 蓬庚丙寅 杜伤己巳 天乙壬申 庚酉辛	旺衰
	合 芮辛丁卯 中死庚午 值戊甲子 丑艮寅	常 辅癸己巳 惊景壬申 阴庚丙寅 壬子癸	蛇 英己乙丑 伤杜戊辰 地丙辛未 戌乾亥	
旺衰		旺衰		旺衰

阳八局 戊辰时

旺衰		旺衰		旺衰
	常 辅癸己巳 景中乙丑 常癸己巳 辰巽巳	蛇 英己乙丑 中景庚午 蛇己乙丑 丙午丁	合 芮辛丁卯 惊惊壬申 合辛丁卯 未坤申	
旺衰	勾 冲壬戊辰 生开甲子 勾壬戊辰 甲卯乙	朱 禽丁庚午 休杜丙寅 朱丁庚午 戊五己	天 柱乙壬申 伤死戊辰 天乙壬申 庚酉辛	旺衰
	值 任戊甲子 杜休己巳 值戊甲子 丑艮寅	阴 蓬庚丙寅 开生辛未 阴庚丙寅 壬子癸	地 心丙辛未 死伤丁卯 地丙辛未 戌乾亥	
旺衰		旺衰		旺衰

阳八局 己巳时

旺衰		旺衰		旺衰
	勾 冲壬戊辰 生杜甲子 常癸己巳 辰巽巳	值 任戊甲子 杜生己巳 蛇己乙丑 丙午丁	阴 蓬庚丙寅 开开辛未 合辛丁卯 未坤申	
旺衰	合 芮辛丁卯 惊中壬申 勾壬戊辰 甲卯乙	常 辅癸己巳 景伤乙丑 朱丁庚午 戊五己	地 心丙辛未 死休丁卯 天乙壬申 庚酉辛	旺衰
	天 柱乙壬申 伤景戊辰 值戊甲子 丑艮寅	蛇 英己乙丑 中惊庚午 阴庚丙寅 壬子癸	朱 禽丁庚午 休死丙寅 地丙辛未 戌乾亥	
旺衰		旺衰		旺衰

阳八局 庚午时

旺衰		旺衰		旺衰
	合 芮辛丁卯 惊伤壬申 常癸己巳 辰巽巳	天 柱乙壬申 伤惊戊辰 蛇己乙丑 丙午丁	蛇 英己乙丑 中中庚午 合辛丁卯 未坤申	
旺衰	阴 蓬庚丙寅 开杜辛未 勾壬戊辰 甲卯乙	勾 冲壬戊辰 生死甲子 朱丁庚午 戊五己	朱 禽丁庚午 休景丙寅 天乙壬申 庚酉辛	旺衰
	地 心丙辛未 死生丁卯 值戊甲子 丑艮寅	值 任戊甲子 杜开己巳 阴庚丙寅 壬子癸	常 辅癸己巳 景休乙丑 地丙辛未 戌乾亥	
旺衰		旺衰		旺衰

阳八局 辛未时

旺衰		旺衰		旺衰
	阴 蓬庚丙寅 开死辛未 常癸己巳 辰巽巳	地 心丙辛未 死开丁卯 蛇己乙丑 丙午丁	值 任戊甲子 杜杜己巳 合辛丁卯 未坤申	
旺衰	蛇 英己乙丑 中伤庚午 勾壬戊辰 甲卯乙	合 芮辛丁卯 惊休壬申 朱丁庚午 戊五己	常 辅癸己巳 景生乙丑 天乙壬申 庚酉辛	旺衰
	朱 禽丁庚午 休惊丙寅 值戊甲子 丑艮寅	天 柱乙壬申 伤中戊辰 阴庚丙寅 壬子癸	勾 冲壬戊辰 生景甲子 地丙辛未 戌乾亥	
旺衰		旺衰		旺衰

阳八局 壬申时

旺衰		旺衰		旺衰
	蛇 英己乙丑 中休庚午 常癸己巳 辰巽巳	朱 禽丁庚午 休中丙寅 蛇己乙丑 丙午丁	天 柱乙壬申 伤伤戊辰 合辛丁卯 未坤申	
旺衰	值 任戊甲子 杜死己巳 勾壬戊辰 甲卯乙	阴 蓬庚丙寅 开景辛未 朱丁庚午 戊五己	勾 冲壬戊辰 生惊甲子 天乙壬申 庚酉辛	旺衰
	常 辅癸己巳 景开乙丑 值戊甲子 丑艮寅	地 心丙辛未 死杜丁卯 阴庚丙寅 壬子癸	合 芮辛丁卯 惊生壬申 地丙辛未 戌乾亥	
旺衰		旺衰		旺衰

阳八局 癸酉时

旺衰		旺衰		旺衰
	值 任戊甲子 杜景己巳 常癸己巳 辰巽巳	常 辅癸己巳 景杜乙丑 蛇己乙丑 丙午丁	地 心丙辛未 死死丁卯 合辛丁卯 未坤申	
旺衰	天 柱乙壬申 伤休戊辰 勾壬戊辰 甲卯乙	蛇 英己乙丑 中生庚午 朱丁庚午 戊五己	合 芮辛丁卯 惊开壬申 天乙壬申 庚酉辛	旺衰
	勾 冲壬戊辰 生中甲子 值戊甲子 丑艮寅	朱 禽丁庚午 休伤丙寅 阴庚丙寅 壬子癸	阴 蓬庚丙寅 开惊辛未 地丙辛未 戌乾亥	
旺衰		旺衰		旺衰

阳八局 甲戌时

旺衰		旺衰		旺衰
	常 禽丁己卯 景惊甲戌 勾癸戊寅 辰巽巳	蛇 蓬庚乙亥 中死己卯 值己甲戌 丙午丁	合 冲壬丁丑 惊景辛巳 阴辛丙子 未坤申	
旺衰	勾 辅癸戊寅 生生壬午 合壬丁丑 甲卯乙	朱 心丙庚辰 休开乙亥 常丁己卯 戊五己	天 任戊壬午 伤杜丁丑 地乙辛巳 庚酉辛	旺衰
	值 英己甲戌 杜伤戊寅 天戊壬午 丑艮寅	阴 芮辛丙子 开休庚辰 蛇庚乙亥 壬子癸	地 柱乙辛巳 死中丙子 朱丙庚辰 戌乾亥	
旺衰		旺衰		旺衰

阳八局 乙亥时

旺衰		旺衰		旺衰
	朱 心丙庚辰 伤开丁丑 勾癸戊寅 辰巽巳	阴 芮辛丙子 生休壬午 值己甲戌 丙午丁	勾 辅癸戊寅 休生乙亥 阴辛丙子 未坤申	
旺衰	常 禽丁己卯 死惊丙子 合壬丁丑 甲卯乙	地 柱乙辛巳 杜中戊寅 常丁己卯 戊五己	值 英己甲戌 开伤庚辰 地乙辛巳 庚酉辛	旺衰
	蛇 蓬庚乙亥 惊死辛巳 天戊壬午 丑艮寅	合 冲壬丁丑 景景甲戌 蛇庚乙亥 壬子癸	天 任戊壬午 中杜己卯 朱丙庚辰 戌乾亥	
旺衰		旺衰		旺衰

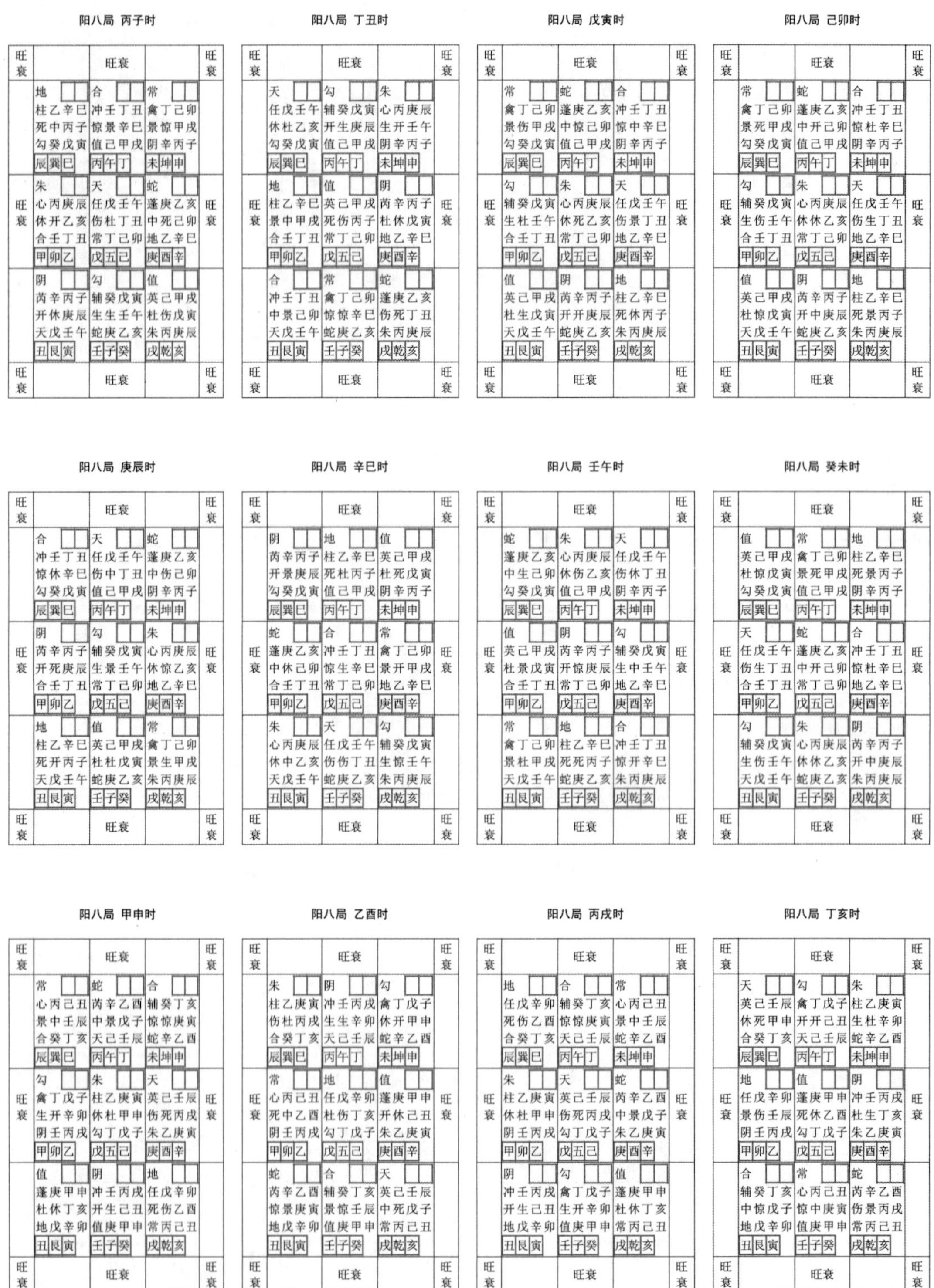

阳八局 丙子时

旺衰		旺衰		旺衰
	地 柱乙辛巳 死中丙子 勾癸戊寅 辰巽巳	合 冲壬丁丑 惊景辛巳 值己甲戌 丙午丁	常 禽丁己卯 景惊甲戌 阴辛丙子 未坤申	
旺衰	朱 心丙庚辰 休开乙亥 合壬丁丑 甲卯乙	天 任戊壬午 伤杜丁丑 常丁己卯 戊五己	蛇 蓬庚乙亥 中死己卯 地乙辛巳 庚酉辛	旺衰
	阴 芮辛丙子 开休庚辰 天戊壬午 丑艮寅	勾 辅癸戊寅 生生壬午 蛇庚乙亥 壬子癸	值 英己甲戌 杜伤戊寅 朱丙庚辰 戌乾亥	
旺衰		旺衰		旺衰

阳八局 丁丑时

旺衰		旺衰		旺衰
	天 任戊壬午 休杜乙亥 勾癸戊寅 辰巽巳	勾 辅癸戊寅 开生庚辰 值己甲戌 丙午丁	朱 心丙庚辰 生开壬午 阴辛丙子 未坤申	
旺衰	地 柱乙辛巳 景中甲戌 合壬丁丑 甲卯乙	值 英己甲戌 死伤丙子 常丁己卯 戊五己	阴 芮辛丙子 杜休戊寅 地乙辛巳 庚酉辛	旺衰
	合 冲壬丁丑 中景己卯 天戊壬午 丑艮寅	常 禽丁己卯 惊惊辛巳 蛇庚乙亥 壬子癸	蛇 蓬庚乙亥 伤死丁丑 朱丙庚辰 戌乾亥	
旺衰		旺衰		旺衰

阳八局 戊寅时

旺衰		旺衰		旺衰
	常 禽丁己卯 景伤甲戌 勾癸戊寅 辰巽巳	蛇 蓬庚乙亥 中惊己卯 值己甲戌 丙午丁	合 冲壬丁丑 惊中辛巳 阴辛丙子 未坤申	
旺衰	勾 辅癸戊寅 生杜壬午 合壬丁丑 甲卯乙	朱 心丙庚辰 休死乙亥 常丁己卯 戊五己	天 任戊壬午 伤景丁丑 地乙辛巳 庚酉辛	旺衰
	值 英己甲戌 杜生戊寅 天戊壬午 丑艮寅	阴 芮辛丙子 开开庚辰 蛇庚乙亥 壬子癸	地 柱乙辛巳 死休丙子 朱丙庚辰 戌乾亥	
旺衰		旺衰		旺衰

阳八局 己卯时

旺衰		旺衰		旺衰
	常 禽丁己卯 景死甲戌 勾癸戊寅 辰巽巳	蛇 蓬庚乙亥 中开己卯 值己甲戌 丙午丁	合 冲壬丁丑 惊杜辛巳 阴辛丙子 未坤申	
旺衰	勾 辅癸戊寅 生伤壬午 合壬丁丑 甲卯乙	朱 心丙庚辰 休休乙亥 常丁己卯 戊五己	天 任戊壬午 伤生丁丑 地乙辛巳 庚酉辛	旺衰
	值 英己甲戌 杜惊戊寅 天戊壬午 丑艮寅	阴 芮辛丙子 开中庚辰 蛇庚乙亥 壬子癸	地 柱乙辛巳 死景丙子 朱丙庚辰 戌乾亥	
旺衰		旺衰		旺衰

阳八局 庚辰时

旺衰		旺衰		旺衰
	合 冲壬丁丑 惊休辛巳 勾癸戊寅 辰巽巳	天 任戊壬午 伤中丁丑 值己甲戌 丙午丁	蛇 蓬庚乙亥 中伤己卯 阴辛丙子 未坤申	
旺衰	阴 芮辛丙子 开死庚辰 合壬丁丑 甲卯乙	勾 辅癸戊寅 生景壬午 常丁己卯 戊五己	朱 心丙庚辰 休惊乙亥 地乙辛巳 庚酉辛	旺衰
	地 柱乙辛巳 死开丙子 天戊壬午 丑艮寅	值 英己甲戌 杜杜戊寅 蛇庚乙亥 壬子癸	常 禽丁己卯 景生甲戌 朱丙庚辰 戌乾亥	
旺衰		旺衰		旺衰

阳八局 辛巳时

旺衰		旺衰		旺衰
	阴 芮辛丙子 开景庚辰 勾癸戊寅 辰巽巳	地 柱乙辛巳 死杜丙子 值己甲戌 丙午丁	值 英己甲戌 杜死戊寅 阴辛丙子 未坤申	
旺衰	蛇 蓬庚乙亥 中休己卯 合壬丁丑 甲卯乙	合 冲壬丁丑 惊生辛巳 常丁己卯 戊五己	常 禽丁己卯 景开甲戌 地乙辛巳 庚酉辛	旺衰
	朱 心丙庚辰 休中乙亥 天戊壬午 丑艮寅	天 任戊壬午 伤伤丁丑 蛇庚乙亥 壬子癸	勾 辅癸戊寅 生惊壬午 朱丙庚辰 戌乾亥	
旺衰		旺衰		旺衰

阳八局 壬午时

旺衰		旺衰		旺衰
	蛇 蓬庚乙亥 中生己卯 勾癸戊寅 辰巽巳	朱 心丙庚辰 休伤乙亥 值己甲戌 丙午丁	天 任戊壬午 伤休丁丑 阴辛丙子 未坤申	
旺衰	值 英己甲戌 杜景戊寅 合壬丁丑 甲卯乙	阴 芮辛丙子 开惊庚辰 常丁己卯 戊五己	勾 辅癸戊寅 生中壬午 地乙辛巳 庚酉辛	旺衰
	常 禽丁己卯 景杜甲戌 天戊壬午 丑艮寅	地 柱乙辛巳 死死丙子 蛇庚乙亥 壬子癸	合 冲壬丁丑 惊开辛巳 朱丙庚辰 戌乾亥	
旺衰		旺衰		旺衰

阳八局 癸未时

旺衰		旺衰		旺衰
	值 英己甲戌 杜惊戊寅 勾癸戊寅 辰巽巳	常 禽丁己卯 景死甲戌 值己甲戌 丙午丁	地 柱乙辛巳 死景丙子 阴辛丙子 未坤申	
旺衰	天 任戊壬午 伤生丁丑 合壬丁丑 甲卯乙	蛇 蓬庚乙亥 中开己卯 常丁己卯 戊五己	合 冲壬丁丑 惊杜辛巳 地乙辛巳 庚酉辛	旺衰
	勾 辅癸戊寅 生伤壬午 天戊壬午 丑艮寅	朱 心丙庚辰 休休乙亥 蛇庚乙亥 壬子癸	阴 芮辛丙子 开中庚辰 朱丙庚辰 戌乾亥	
旺衰		旺衰		旺衰

阳八局 甲申时

旺衰		旺衰		旺衰
	常 心丙己丑 景中壬辰 合癸丁亥 辰巽巳	蛇 芮辛乙酉 中景戊子 天己壬辰 丙午丁	合 辅癸丁亥 惊惊庚寅 蛇辛乙酉 未坤申	
旺衰	勾 禽丁戊子 生开辛卯 阴壬丙戌 甲卯乙	朱 柱乙庚寅 休杜甲申 勾丁戊子 戊五己	天 英己壬辰 伤死丙戌 朱乙庚寅 庚酉辛	旺衰
	值 蓬庚甲申 杜休丁亥 地戊辛卯 丑艮寅	阴 冲壬丙戌 开生己丑 值庚甲申 壬子癸	地 任戊辛卯 死伤乙酉 常丙己丑 戌乾亥	
旺衰		旺衰		旺衰

阳八局 乙酉时

旺衰		旺衰		旺衰
	朱 柱乙庚寅 伤杜丙戌 合癸丁亥 辰巽巳	阴 冲壬丙戌 生生辛卯 天己壬辰 丙午丁	勾 禽丁戊子 休开甲申 蛇辛乙酉 未坤申	
旺衰	常 心丙己丑 死中乙酉 阴壬丙戌 甲卯乙	地 任戊辛卯 杜伤丁亥 勾丁戊子 戊五己	值 蓬庚甲申 开休己丑 朱乙庚寅 庚酉辛	旺衰
	蛇 芮辛乙酉 惊景庚寅 地戊辛卯 丑艮寅	合 辅癸丁亥 景惊壬辰 值庚甲申 壬子癸	天 英己壬辰 中死戊子 常丙己丑 戌乾亥	
旺衰		旺衰		旺衰

阳八局 丙戌时

旺衰		旺衰		旺衰
	地 任戊辛卯 死伤乙酉 合癸丁亥 辰巽巳	合 辅癸丁亥 惊惊庚寅 天己壬辰 丙午丁	常 心丙己丑 景中壬辰 蛇辛乙酉 未坤申	
旺衰	朱 柱乙庚寅 休杜甲申 阴壬丙戌 甲卯乙	天 英己壬辰 伤死丙戌 勾丁戊子 戊五己	蛇 芮辛乙酉 中景戊子 朱乙庚寅 庚酉辛	旺衰
	阴 冲壬丙戌 开生己丑 地戊辛卯 丑艮寅	勾 禽丁戊子 生开辛卯 值庚甲申 壬子癸	值 蓬庚甲申 杜休丁亥 常丙己丑 戌乾亥	
旺衰		旺衰		旺衰

阳八局 丁亥时

旺衰		旺衰		旺衰
	天 英己壬辰 休死甲申 合癸丁亥 辰巽巳	勾 禽丁戊子 开开己丑 天己壬辰 丙午丁	朱 柱乙庚寅 生杜辛卯 蛇辛乙酉 未坤申	
旺衰	地 任戊辛卯 景伤壬辰 阴壬丙戌 甲卯乙	值 蓬庚甲申 死休乙酉 勾丁戊子 戊五己	阴 冲壬丙戌 杜生丁亥 朱乙庚寅 庚酉辛	旺衰
	合 辅癸丁亥 中惊戊子 地戊辛卯 丑艮寅	常 心丙己丑 惊中庚寅 值庚甲申 壬子癸	蛇 芮辛乙酉 伤景丙戌 常丙己丑 戌乾亥	
旺衰		旺衰		旺衰

阳八局 戊子时

旺衰		旺衰		旺衰
	常 心丙己丑 景休壬辰 合癸丁亥 辰巽巳	蛇 芮辛乙酉 中中戊子 天己壬辰 丙午丁	合 辅癸丁亥 惊伤庚寅 蛇辛乙酉 未坤申	
旺衰	勾 禽丁戊子 生死辛卯 阴壬丙戌 甲卯乙	朱 柱乙庚寅 休景甲申 勾丁戊子 戊五己	天 英己壬辰 伤惊丙戌 朱乙庚寅 庚酉辛	旺衰
	值 蓬庚甲申 杜开丁亥 地戊辛卯 丑艮寅	阴 冲壬丙戌 开杜己丑 值庚甲申 壬子癸	地 任戊辛卯 死生乙酉 常丙己丑 戌乾亥	
旺衰		旺衰		旺衰

阳八局 己丑时

旺衰		旺衰		旺衰
	勾 禽丁戊子 生景辛卯 合癸丁亥 辰巽巳	值 蓬庚甲申 杜杜丁亥 天己壬辰 丙午丁	阴 冲壬丙戌 开死己丑 蛇辛乙酉 未坤申	
旺衰	合 辅癸丁亥 惊休庚寅 阴壬丙戌 甲卯乙	常 心丙己丑 景生壬辰 勾丁戊子 戊五己	地 任戊辛卯 死开乙酉 朱乙庚寅 庚酉辛	旺衰
	天 英己壬辰 伤中丙戌 地戊辛卯 丑艮寅	蛇 芮辛乙酉 中伤戊子 值庚甲申 壬子癸	朱 柱乙庚寅 休惊甲申 常丙己丑 戌乾亥	
旺衰		旺衰		旺衰

阳八局 庚寅时

旺衰		旺衰		旺衰
	常 心丙己丑 景生壬辰 合癸丁亥 辰巽巳	蛇 芮辛乙酉 中伤戊子 天己壬辰 丙午丁	合 辅癸丁亥 惊休庚寅 蛇辛乙酉 未坤申	
旺衰	勾 禽丁戊子 生景辛卯 阴壬丙戌 甲卯乙	朱 柱乙庚寅 休惊甲申 勾丁戊子 戊五己	天 英己壬辰 伤中丙戌 朱乙庚寅 庚酉辛	旺衰
	值 蓬庚甲申 杜杜丁亥 地戊辛卯 丑艮寅	阴 冲壬丙戌 开死己丑 值庚甲申 壬子癸	地 任戊辛卯 死开乙酉 常丙己丑 戌乾亥	
旺衰		旺衰		旺衰

阳八局 辛卯时

旺衰		旺衰		旺衰
	阴 冲壬丙戌 开惊己丑 合癸丁亥 辰巽巳	地 任戊辛卯 死死乙酉 天己壬辰 丙午丁	值 蓬庚甲申 杜景丁亥 蛇辛乙酉 未坤申	
旺衰	蛇 芮辛乙酉 中生戊子 阴壬丙戌 甲卯乙	合 辅癸丁亥 惊开庚寅 勾丁戊子 戊五己	常 心丙己丑 景杜壬辰 朱乙庚寅 庚酉辛	旺衰
	朱 柱乙庚寅 休伤甲申 地戊辛卯 丑艮寅	天 英己壬辰 伤休丙戌 值庚甲申 壬子癸	勾 禽丁戊子 生中辛卯 常丙己丑 戌乾亥	
旺衰		旺衰		旺衰

阳八局 壬辰时

旺衰		旺衰		旺衰
	蛇 芮辛乙酉 中开戊子 合癸丁亥 辰巽巳	朱 柱乙庚寅 休休甲申 天己壬辰 丙午丁	天 英己壬辰 伤生丙戌 蛇辛乙酉 未坤申	
旺衰	值 蓬庚甲申 杜惊丁亥 阴壬丙戌 甲卯乙	阴 冲壬丙戌 开中己丑 勾丁戊子 戊五己	勾 禽丁戊子 生伤辛卯 朱乙庚寅 庚酉辛	旺衰
	常 心丙己丑 景死壬辰 地戊辛卯 丑艮寅	地 任戊辛卯 死景乙酉 值庚甲申 壬子癸	合 辅癸丁亥 惊杜庚寅 常丙己丑 戌乾亥	
旺衰		旺衰		旺衰

阳八局 癸巳时

旺衰		旺衰		旺衰
	值 蓬庚甲申 杜中丁亥 合癸丁亥 辰巽巳	常 心丙己丑 景景壬辰 天己壬辰 丙午丁	地 任戊辛卯 死惊乙酉 蛇辛乙酉 未坤申	
旺衰	天 英己壬辰 伤开丙戌 阴壬丙戌 甲卯乙	蛇 芮辛乙酉 中杜戊子 勾丁戊子 戊五己	合 辅癸丁亥 惊死庚寅 朱乙庚寅 庚酉辛	旺衰
	勾 禽丁戊子 生休辛卯 地戊辛卯 丑艮寅	朱 柱乙庚寅 休生甲申 值庚甲申 壬子癸	阴 冲壬丙戌 开伤己丑 常丙己丑 戌乾亥	
旺衰		旺衰		旺衰

阳八局 甲午时

旺衰		旺衰		旺衰
	常 柱乙己亥 景伤辛丑 阴癸丙申 辰巽巳	蛇 冲壬乙未 中惊丁酉 地己辛丑 丙午丁	合 禽丁丁酉 惊中己亥 值辛甲午 未坤申	
旺衰	勾 心丙戊戌 生杜庚子 蛇壬乙未 甲卯乙	朱 任戊庚子 休死壬寅 合丁丁酉 戊五己	天 蓬庚壬寅 伤景乙未 常乙己亥 庚酉辛	旺衰
	值 芮辛甲午 杜生丙申 朱戊庚子 丑艮寅	阴 辅癸丙申 开开戊戌 天庚壬寅 壬子癸	地 英己辛丑 死休甲午 勾丙戊戌 戌乾亥	
旺衰		旺衰		旺衰

阳八局 乙未时

旺衰		旺衰		旺衰
	朱 任戊庚子 伤死乙未 阴癸丙申 辰巽巳	阴 辅癸丙申 生开庚子 地己辛丑 丙午丁	勾 心丙戊戌 休杜壬寅 值辛甲午 未坤申	
旺衰	常 柱乙己亥 死伤甲午 蛇壬乙未 甲卯乙	地 英己辛丑 杜休丙申 合丁丁酉 戊五己	值 芮辛甲午 开生戊戌 常乙己亥 庚酉辛	旺衰
	蛇 冲壬乙未 惊惊己亥 朱戊庚子 丑艮寅	合 禽丁丁酉 景中辛丑 天庚壬寅 壬子癸	天 蓬庚壬寅 中景丁酉 勾丙戊戌 戌乾亥	
旺衰		旺衰		旺衰

阳八局 丙申时

旺衰		旺衰		旺衰
	地 英己辛丑 死休甲午 阴癸丙申 辰巽巳	合 禽丁丁酉 惊中己亥 地己辛丑 丙午丁	常 柱乙己亥 景伤辛丑 值辛甲午 未坤申	
旺衰	朱 任戊庚子 休死壬寅 蛇壬乙未 甲卯乙	天 蓬庚壬寅 伤景乙未 合丁丁酉 戊五己	蛇 冲壬乙未 中惊丁酉 常乙己亥 庚酉辛	旺衰
	阴 辅癸丙申 开开戊戌 朱戊庚子 丑艮寅	勾 心丙戊戌 生杜庚子 天庚壬寅 壬子癸	值 芮辛甲午 杜生丙申 勾丙戊戌 戌乾亥	
旺衰		旺衰		旺衰

阳八局 丁酉时

旺衰		旺衰		旺衰
	天 蓬庚壬寅 休景壬寅 阴癸丙申 辰巽巳	勾 心丙戊戌 开杜戊戌 地己辛丑 丙午丁	朱 任戊庚子 生死庚子 值辛甲午 未坤申	
旺衰	地 英己辛丑 景休辛丑 蛇壬乙未 甲卯乙	值 芮辛甲午 死生甲午 合丁丁酉 戊五己	阴 辅癸丙申 杜开丙申 常乙己亥 庚酉辛	旺衰
	合 禽丁丁酉 中中丁酉 朱戊庚子 丑艮寅	常 柱乙己亥 惊伤己亥 天庚壬寅 壬子癸	蛇 冲壬乙未 伤惊乙未 勾丙戊戌 戌乾亥	
旺衰		旺衰		旺衰

阳八局 戊戌时

旺衰		旺衰		旺衰
	常 柱乙己亥 景生辛丑 阴癸丙申 辰巽巳	蛇 冲壬乙未 中伤丁酉 地己辛丑 丙午丁	合 禽丁丁酉 惊休己亥 值辛甲午 未坤申	
旺衰	勾 心丙戊戌 生景庚子 蛇壬乙未 甲卯乙	朱 任戊庚子 休惊壬寅 合丁丁酉 戊五己	天 蓬庚壬寅 伤中乙未 常乙己亥 庚酉辛	旺衰
	值 芮辛甲午 杜杜丙申 朱戊庚子 丑艮寅	阴 辅癸丙申 开死戊戌 天庚壬寅 壬子癸	地 英己辛丑 死开甲午 勾丙戊戌 戌乾亥	
旺衰		旺衰		旺衰

阳八局 己亥时

旺衰		旺衰		旺衰
	勾 心丙戊戌 生惊庚子 阴癸丙申 辰巽巳	值 芮辛甲午 杜死丙申 地己辛丑 丙午丁	阴 辅癸丙申 开景戊戌 值辛甲午 未坤申	
旺衰	合 禽丁丁酉 惊生己亥 蛇壬乙未 甲卯乙	常 柱乙己亥 景开辛丑 合丁丁酉 戊五己	地 英己辛丑 死杜甲午 常乙己亥 庚酉辛	旺衰
	天 蓬庚壬寅 伤伤乙未 朱戊庚子 丑艮寅	蛇 冲壬乙未 中休丁酉 天庚壬寅 壬子癸	朱 任戊庚子 休中壬寅 勾丙戊戌 戌乾亥	
旺衰		旺衰		旺衰

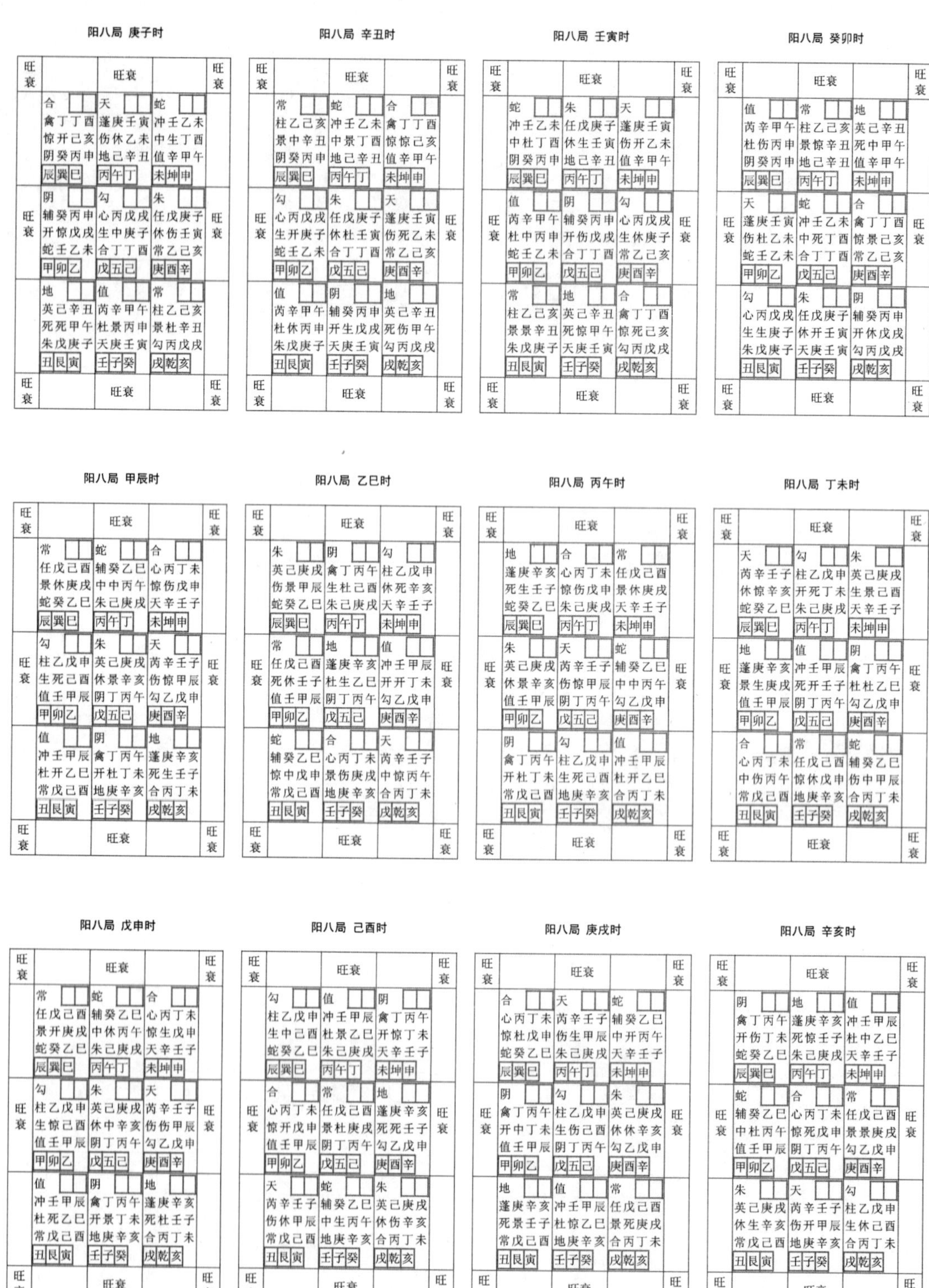

阳八局 庚子时

旺衰		旺衰		旺衰
	合 禽丁丁酉 惊开己亥 阴癸丙申 辰巽巳	天 蓬庚壬寅 伤休乙未 地己辛丑 丙午丁	蛇 冲壬乙未 中生丁酉 值辛甲午 未坤申	
旺衰	阴 辅癸丙申 开惊戊戌 蛇壬乙未 甲卯乙	勾 心丙戊戌 生中庚子 合丁丁酉 戊五己	朱 任戊庚子 休伤壬寅 常乙己亥 庚酉辛	旺衰
	地 英己辛丑 死死甲午 朱戊庚子 丑艮寅	值 芮辛甲午 杜景丙申 天庚壬寅 壬子癸	常 柱乙己亥 景杜辛丑 勾丙戊戌 戌乾亥	
旺衰		旺衰		旺衰

阳八局 辛丑时

旺衰		旺衰		旺衰
	常 柱乙己亥 景中辛丑 阴癸丙申 辰巽巳	蛇 冲壬乙未 中景丁酉 地己辛丑 丙午丁	合 禽丁丁酉 惊惊己亥 值辛甲午 未坤申	
旺衰	勾 心丙戊戌 生开庚子 蛇壬乙未 甲卯乙	朱 任戊庚子 休杜壬寅 合丁丁酉 戊五己	天 蓬庚壬寅 伤死乙未 常乙己亥 庚酉辛	旺衰
	值 芮辛甲午 杜休丙申 朱戊庚子 丑艮寅	阴 辅癸丙申 开生戊戌 天庚壬寅 壬子癸	地 英己辛丑 死伤甲午 勾丙戊戌 戌乾亥	
旺衰		旺衰		旺衰

阳八局 壬寅时

旺衰		旺衰		旺衰
	蛇 冲壬乙未 中杜丁酉 阴癸丙申 辰巽巳	朱 任戊庚子 休生壬寅 地己辛丑 丙午丁	天 蓬庚壬寅 伤开乙未 值辛甲午 未坤申	
旺衰	值 芮辛甲午 杜中丙申 蛇壬乙未 甲卯乙	阴 辅癸丙申 开伤戊戌 合丁丁酉 戊五己	勾 心丙戊戌 生休庚子 常乙己亥 庚酉辛	旺衰
	常 柱乙己亥 景景辛丑 朱戊庚子 丑艮寅	地 英己辛丑 死惊甲午 天庚壬寅 壬子癸	合 禽丁丁酉 惊死己亥 勾丙戊戌 戌乾亥	
旺衰		旺衰		旺衰

阳八局 癸卯时

旺衰		旺衰		旺衰
	值 芮辛甲午 杜伤丙申 阴癸丙申 辰巽巳	常 柱乙己亥 景惊辛丑 地己辛丑 丙午丁	地 英己辛丑 死中甲午 值辛甲午 未坤申	
旺衰	天 蓬庚壬寅 伤杜乙未 蛇壬乙未 甲卯乙	蛇 冲壬乙未 中死丁酉 合丁丁酉 戊五己	合 禽丁丁酉 惊景己亥 常乙己亥 庚酉辛	旺衰
	勾 心丙戊戌 生生庚子 朱戊庚子 丑艮寅	朱 任戊庚子 休开壬寅 天庚壬寅 壬子癸	阴 辅癸丙申 开休戊戌 勾丙戊戌 戌乾亥	
旺衰		旺衰		旺衰

阳八局 甲辰时

旺衰		旺衰		旺衰
	常 任戊己酉 景休庚戌 蛇癸乙巳 辰巽巳	蛇 辅癸乙巳 中中丙午 朱己庚戌 丙午丁	合 心丙丁未 惊伤戊申 天辛壬子 未坤申	
旺衰	勾 柱乙戊申 生死己酉 值壬甲辰 甲卯乙	朱 英己庚戌 休景辛亥 阴丁丙午 戊五己	天 芮辛壬子 伤惊甲辰 勾乙戊申 庚酉辛	旺衰
	值 冲壬甲辰 杜开乙巳 常戊己酉 丑艮寅	阴 禽丁丙午 开杜丁未 地庚辛亥 壬子癸	地 蓬庚辛亥 死生壬子 合丙丁未 戌乾亥	
旺衰		旺衰		旺衰

阳八局 乙巳时

旺衰		旺衰		旺衰
	朱 英己庚戌 伤景甲辰 蛇癸乙巳 辰巽巳	阴 禽丁丙午 生杜己酉 朱己庚戌 丙午丁	勾 柱乙戊申 休死辛亥 天辛壬子 未坤申	
旺衰	常 任戊己酉 死休壬子 值壬甲辰 甲卯乙	地 蓬庚辛亥 杜生乙巳 阴丁丙午 戊五己	值 冲壬甲辰 开开丁未 勾乙戊申 庚酉辛	旺衰
	蛇 辅癸乙巳 惊中戊申 常戊己酉 丑艮寅	合 心丙丁未 景伤庚戌 地庚辛亥 壬子癸	天 芮辛壬子 中惊丙午 合丙丁未 戌乾亥	
旺衰		旺衰		旺衰

阳八局 丙午时

旺衰		旺衰		旺衰
	地 蓬庚辛亥 死生壬子 蛇癸乙巳 辰巽巳	合 心丙丁未 惊伤戊申 朱己庚戌 丙午丁	常 任戊己酉 景休庚戌 天辛壬子 未坤申	
旺衰	朱 英己庚戌 休景辛亥 值壬甲辰 甲卯乙	天 芮辛壬子 伤惊甲辰 阴丁丙午 戊五己	蛇 辅癸乙巳 中中丙午 勾乙戊申 庚酉辛	旺衰
	阴 禽丁丙午 开杜丁未 常戊己酉 丑艮寅	勾 柱乙戊申 生死己酉 地庚辛亥 壬子癸	值 冲壬甲辰 杜开乙巳 合丙丁未 戌乾亥	
旺衰		旺衰		旺衰

阳八局 丁未时

旺衰		旺衰		旺衰
	天 芮辛壬子 休惊辛亥 蛇癸乙巳 辰巽巳	勾 柱乙戊申 开死丁未 朱己庚戌 丙午丁	朱 英己庚戌 生景己酉 天辛壬子 未坤申	
旺衰	地 蓬庚辛亥 景生庚戌 值壬甲辰 甲卯乙	值 冲壬甲辰 死开壬子 阴丁丙午 戊五己	阴 禽丁丙午 杜杜乙巳 勾乙戊申 庚酉辛	旺衰
	合 心丙丁未 中伤丙午 常戊己酉 丑艮寅	常 任戊己酉 惊休戊申 地庚辛亥 壬子癸	蛇 辅癸乙巳 伤中甲辰 合丙丁未 戌乾亥	
旺衰		旺衰		旺衰

阳八局 戊申时

旺衰		旺衰		旺衰
	常 任戊己酉 景开庚戌 蛇癸乙巳 辰巽巳	蛇 辅癸乙巳 中休丙午 朱己庚戌 丙午丁	合 心丙丁未 惊生戊申 天辛壬子 未坤申	
旺衰	勾 柱乙戊申 生惊己酉 值壬甲辰 甲卯乙	朱 英己庚戌 休中辛亥 阴丁丙午 戊五己	天 芮辛壬子 伤伤甲辰 勾乙戊申 庚酉辛	旺衰
	值 冲壬甲辰 杜死乙巳 常戊己酉 丑艮寅	阴 禽丁丙午 开景丁未 地庚辛亥 壬子癸	地 蓬庚辛亥 死杜壬子 合丙丁未 戌乾亥	
旺衰		旺衰		旺衰

阳八局 己酉时

旺衰		旺衰		旺衰
	勾 柱乙戊申 生中己酉 蛇癸乙巳 辰巽巳	值 冲壬甲辰 杜景乙巳 朱己庚戌 丙午丁	阴 禽丁丙午 开惊丁未 天辛壬子 未坤申	
旺衰	合 心丙丁未 惊开戊申 值壬甲辰 甲卯乙	常 任戊己酉 景杜庚戌 阴丁丙午 戊五己	地 蓬庚辛亥 死死壬子 勾乙戊申 庚酉辛	旺衰
	天 芮辛壬子 伤休甲辰 常戊己酉 丑艮寅	蛇 辅癸乙巳 中生丙午 地庚辛亥 壬子癸	朱 英己庚戌 休伤辛亥 合丙丁未 戌乾亥	
旺衰		旺衰		旺衰

阳八局 庚戌时

旺衰		旺衰		旺衰
	合 心丙丁未 惊杜戊申 蛇癸乙巳 辰巽巳	天 芮辛壬子 伤生甲辰 朱己庚戌 丙午丁	蛇 辅癸乙巳 中开丙午 天辛壬子 未坤申	
旺衰	阴 禽丁丙午 开中丁未 值壬甲辰 甲卯乙	勾 柱乙戊申 生伤己酉 阴丁丙午 戊五己	朱 英己庚戌 休休辛亥 勾乙戊申 庚酉辛	旺衰
	地 蓬庚辛亥 死景壬子 常戊己酉 丑艮寅	值 冲壬甲辰 杜惊乙巳 地庚辛亥 壬子癸	常 任戊己酉 景死庚戌 合丙丁未 戌乾亥	
旺衰		旺衰		旺衰

阳八局 辛亥时

旺衰		旺衰		旺衰
	阴 禽丁丙午 开伤丁未 蛇癸乙巳 辰巽巳	地 蓬庚辛亥 死惊壬子 朱己庚戌 丙午丁	值 冲壬甲辰 杜中乙巳 天辛壬子 未坤申	
旺衰	蛇 辅癸乙巳 中杜丙午 值壬甲辰 甲卯乙	合 心丙丁未 惊死戊申 阴丁丙午 戊五己	常 任戊己酉 景景庚戌 勾乙戊申 庚酉辛	旺衰
	朱 英己庚戌 休生辛亥 常戊己酉 丑艮寅	天 芮辛壬子 伤开甲辰 地庚辛亥 壬子癸	勾 柱乙戊申 生休己酉 合丙丁未 戌乾亥	
旺衰		旺衰		旺衰

阳八局 壬子时

旺衰		旺衰		旺衰
	常 任戊己酉 景死庚戌 蛇癸乙巳 辰巽巳	蛇 辅癸乙巳 中开丙午 朱己庚戌 丙午丁	合 心丙丁未 惊杜戊申 天辛壬子 未坤申	
旺衰	勾 柱乙戊申 生伤己酉 值壬甲辰 甲卯乙	朱 英己庚戌 休休辛亥 阴丁丙午 戊五己	天 芮辛壬子 伤生甲辰 勾乙戊申 庚酉辛	旺衰
	值 冲壬甲辰 杜惊乙巳 常戊己酉 丑艮寅	阴 禽丁丙午 开中丁未 地庚辛亥 壬子癸	地 蓬庚辛亥 死景壬子 合丙丁未 戌乾亥	
旺衰		旺衰		旺衰

阳八局 癸丑时

旺衰		旺衰		旺衰
	值 冲壬甲辰 杜休乙巳 蛇癸乙巳 辰巽巳	常 任戊己酉 景中庚戌 朱己庚戌 丙午丁	地 蓬庚辛亥 死伤壬子 天辛壬子 未坤申	
旺衰	天 芮辛壬子 伤死甲辰 值壬甲辰 甲卯乙	蛇 辅癸乙巳 中景丙午 阴丁丙午 戊五己	合 心丙丁未 惊惊戊申 勾乙戊申 庚酉辛	旺衰
	勾 柱乙戊申 生开己酉 常戊己酉 丑艮寅	朱 英己庚戌 休杜辛亥 地庚辛亥 壬子癸	阴 禽丁丙午 开生丁未 合丙丁未 戌乾亥	
旺衰		旺衰		旺衰

阳八局 甲寅时

旺衰		旺衰		旺衰
	常 英己己未 景生己未 值癸甲寅 辰巽巳	蛇 禽丁乙卯 中伤乙卯 常己己未 丙午丁	合 柱乙丁巳 惊休丁巳 地辛辛酉 未坤申	
旺衰	勾 任戊戊午 生景戊午 天壬壬戌 甲卯乙	朱 蓬庚庚申 休惊庚申 蛇丁乙卯 戊五己	天 冲壬壬戌 伤中壬戌 合乙丁巳 庚酉辛	旺衰
	值 辅癸甲寅 杜杜甲寅 勾戊戊午 丑艮寅	阴 心丙丙辰 开死丙辰 朱庚庚申 壬子癸	地 芮辛辛酉 死开辛酉 阴丙丙辰 戌乾亥	
旺衰		旺衰		旺衰

阳八局 乙卯时

旺衰		旺衰		旺衰
	朱 蓬庚庚申 伤惊壬戌 值癸甲寅 辰巽巳	阴 心丙丙辰 生死戊午 常己己未 丙午丁	勾 任戊戊午 休景庚申 地辛辛酉 未坤申	
旺衰	常 英己己未 死生辛酉 天壬壬戌 甲卯乙	地 芮辛辛酉 杜开甲寅 蛇丁乙卯 戊五己	值 辅癸甲寅 开杜丙辰 合乙丁巳 庚酉辛	旺衰
	蛇 禽丁乙卯 惊伤丁巳 勾戊戊午 丑艮寅	合 柱乙丁巳 景休己未 朱庚庚申 壬子癸	天 冲壬壬戌 中中乙卯 阴丙丙辰 戌乾亥	
旺衰		旺衰		旺衰

阳八局 丙辰时

旺衰		旺衰		旺衰
	地 芮辛辛酉 死开辛酉 值癸甲寅 辰巽巳	合 柱乙丁巳 惊休丁巳 常己己未 丙午丁	常 英己己未 景生己未 地辛辛酉 未坤申	
旺衰	朱 蓬庚庚申 休惊庚申 天壬壬戌 甲卯乙	天 冲壬壬戌 伤中壬戌 蛇丁乙卯 戊五己	蛇 禽丁乙卯 中伤乙卯 合乙丁巳 庚酉辛	旺衰
	阴 心丙丙辰 开死丙辰 勾戊戊午 丑艮寅	勾 任戊戊午 生景戊午 朱庚庚申 壬子癸	值 辅癸甲寅 杜杜甲寅 阴丙丙辰 戌乾亥	
旺衰		旺衰		旺衰

阳八局 丁巳时

旺衰		旺衰		旺衰
	天 冲壬壬戌 休中庚申 值癸甲寅 辰巽巳	勾 任戊戊午 开景丙辰 常己己未 丙午丁	朱 蓬庚庚申 生惊戊午 地辛辛酉 未坤申	
旺衰	地 芮辛辛酉 景开己未 天壬壬戌 甲卯乙	值 辅癸甲寅 死杜辛酉 蛇丁乙卯 戊五己	阴 心丙丙辰 杜死甲寅 合乙丁巳 庚酉辛	旺衰
	合 柱乙丁巳 中休乙卯 勾戊戊午 丑艮寅	常 英己己未 惊生丁巳 朱庚庚申 壬子癸	蛇 禽丁乙卯 伤伤壬戌 阴丙丙辰 戌乾亥	
旺衰		旺衰		旺衰

阳八局 戊午时

旺衰		旺衰		旺衰
	常 英己己未 景杜己未 值癸甲寅 辰巽巳	蛇 禽丁乙卯 中生乙卯 常己己未 丙午丁	合 柱乙丁巳 惊开丁巳 地辛辛酉 未坤申	
旺衰	勾 任戊戊午 生中戊午 天壬壬戌 甲卯乙	朱 蓬庚庚申 休伤庚申 蛇丁乙卯 戊五己	天 冲壬壬戌 伤休壬戌 合乙丁巳 庚酉辛	旺衰
	值 辅癸甲寅 杜景甲寅 勾戊戊午 丑艮寅	阴 心丙丙辰 开惊丙辰 朱庚庚申 壬子癸	地 芮辛辛酉 死死辛酉 阴丙丙辰 戌乾亥	
旺衰		旺衰		旺衰

阳八局 己未时

旺衰		旺衰		旺衰
	勾 任戊戊午 生伤戊午 值癸甲寅 辰巽巳	值 辅癸甲寅 杜惊甲寅 常己己未 丙午丁	阴 心丙丙辰 开中丙辰 地辛辛酉 未坤申	
旺衰	合 柱乙丁巳 惊杜丁巳 天壬壬戌 甲卯乙	常 英己己未 景死己未 蛇丁乙卯 戊五己	地 芮辛辛酉 死景辛酉 合乙丁巳 庚酉辛	旺衰
	天 冲壬壬戌 伤生壬戌 勾戊戊午 丑艮寅	蛇 禽丁乙卯 中开乙卯 朱庚庚申 壬子癸	朱 蓬庚庚申 休休庚申 阴丙丙辰 戌乾亥	
旺衰		旺衰		旺衰

阳八局 庚申时

旺衰		旺衰		旺衰
	合 柱乙丁巳 惊死丁巳 值癸甲寅 辰巽巳	天 冲壬壬戌 伤开壬戌 常己己未 丙午丁	蛇 禽丁乙卯 中杜乙卯 地辛辛酉 未坤申	
旺衰	阴 心丙丙辰 开伤丙辰 天壬壬戌 甲卯乙	勾 任戊戊午 生休戊午 蛇丁乙卯 戊五己	朱 蓬庚庚申 休生庚申 合乙丁巳 庚酉辛	旺衰
	地 芮辛辛酉 死惊辛酉 勾戊戊午 丑艮寅	值 辅癸甲寅 杜中甲寅 朱庚庚申 壬子癸	常 英己己未 景景己未 阴丙丙辰 戌乾亥	
旺衰		旺衰		旺衰

阳八局 辛酉时

旺衰		旺衰		旺衰
	阴 心丙丙辰 开休丙辰 值癸甲寅 辰巽巳	地 芮辛辛酉 死中辛酉 常己己未 丙午丁	值 辅癸甲寅 杜伤甲寅 地辛辛酉 未坤申	
旺衰	蛇 禽丁乙卯 中死乙卯 天壬壬戌 甲卯乙	合 柱乙丁巳 惊景丁巳 蛇丁乙卯 戊五己	常 英己己未 景惊己未 合乙丁巳 庚酉辛	旺衰
	朱 蓬庚庚申 休开庚申 勾戊戊午 丑艮寅	天 冲壬壬戌 伤杜壬戌 朱庚庚申 壬子癸	勾 任戊戊午 生生戊午 阴丙丙辰 戌乾亥	
旺衰		旺衰		旺衰

阳八局 壬戌时

旺衰		旺衰		旺衰
	蛇 禽丁乙卯 中景乙卯 值癸甲寅 辰巽巳	朱 蓬庚庚申 休杜庚申 常己己未 丙午丁	天 冲壬壬戌 伤死壬戌 地辛辛酉 未坤申	
旺衰	值 辅癸甲寅 杜休甲寅 天壬壬戌 甲卯乙	阴 心丙丙辰 开生丙辰 蛇丁乙卯 戊五己	勾 任戊戊午 生开戊午 合乙丁巳 庚酉辛	旺衰
	常 英己己未 景中己未 勾戊戊午 丑艮寅	地 芮辛辛酉 死伤辛酉 朱庚庚申 壬子癸	合 柱乙丁巳 惊惊丁巳 阴丙丙辰 戌乾亥	
旺衰		旺衰		旺衰

阳八局 癸亥时

旺衰		旺衰		旺衰
	常 英己己未 景生己未 值癸甲寅 辰巽巳	蛇 禽丁乙卯 中伤乙卯 常己己未 丙午丁	合 柱乙丁巳 惊休丁巳 地辛辛酉 未坤申	
旺衰	勾 任戊戊午 生景戊午 天壬壬戌 甲卯乙	朱 蓬庚庚申 休惊庚申 蛇丁乙卯 戊五己	天 冲壬壬戌 伤中壬戌 合乙丁巳 庚酉辛	旺衰
	值 辅癸甲寅 杜杜甲寅 勾戊戊午 丑艮寅	阴 心丙丙辰 开死丙辰 朱庚庚申 壬子癸	地 芮辛辛酉 死开辛酉 阴丙丙辰 戌乾亥	
旺衰		旺衰		旺衰

阳九局 甲子时

旺衰		旺衰		旺衰
	勾 辅壬戊辰 景惊甲子 勾壬戊辰 辰巽巳	值 英戊甲子 中死己巳 值戊甲子 丙午丁	阴 芮庚丙寅 惊景辛未 阴庚丙寅 未坤申	
旺衰	合 冲辛丁卯 生生壬申 合辛丁卯 甲卯乙	常 禽癸己巳 休开乙丑 常癸己巳 戊五己	地 柱丙辛未 伤杜丁卯 地丙辛未 庚酉辛	旺衰
	天 任乙壬申 杜伤戊辰 天乙壬申 丑艮寅	蛇 蓬己乙丑 开休庚午 蛇己乙丑 壬子癸	朱 心丁庚午 死中丙寅 朱丁庚午 戌乾亥	
旺衰		旺衰		旺衰

阳九局 乙丑时

旺衰		旺衰		旺衰
	常 禽癸己巳 伤开丁卯 勾壬戊辰 辰巽巳	蛇 蓬己乙丑 生休壬申 值戊甲子 丙午丁	合 冲辛丁卯 休生乙丑 阴庚丙寅 未坤申	
旺衰	勾 辅壬戊辰 死惊丙寅 合辛丁卯 甲卯乙	朱 心丁庚午 杜中戊辰 常癸己巳 戊五己	天 任乙壬申 开伤庚午 地丙辛未 庚酉辛	旺衰
	值 英戊甲子 惊死辛未 天乙壬申 丑艮寅	阴 芮庚丙寅 景景甲子 蛇己乙丑 壬子癸	地 柱丙辛未 中杜己巳 朱丁庚午 戌乾亥	
旺衰		旺衰		旺衰

阳九局 丙寅时

旺衰		旺衰		旺衰
	朱 心丁庚午 死中丙寅 勾壬戊辰 辰巽巳	阴 芮庚丙寅 惊景辛未 值戊甲子 丙午丁	勾 辅壬戊辰 景惊甲子 阴庚丙寅 未坤申	
旺衰	常 禽癸己巳 休开乙丑 合辛丁卯 甲卯乙	地 柱丙辛未 伤杜丁卯 常癸己巳 戊五己	值 英戊甲子 中死己巳 地丙辛未 庚酉辛	旺衰
	蛇 蓬己乙丑 开休庚午 天乙壬申 丑艮寅	合 冲辛丁卯 生生壬申 蛇己乙丑 壬子癸	天 任乙壬申 杜伤戊辰 朱丁庚午 戌乾亥	
旺衰		旺衰		旺衰

阳九局 丁卯时

旺衰		旺衰		旺衰
	地 柱丙辛未 休杜乙丑 勾壬戊辰 辰巽巳	合 冲辛丁卯 开生庚午 值戊甲子 丙午丁	常 禽癸己巳 生开壬申 阴庚丙寅 未坤申	
旺衰	朱 心丁庚午 景中甲子 合辛丁卯 甲卯乙	天 任乙壬申 死伤丙寅 常癸己巳 戊五己	蛇 蓬己乙丑 杜休戊辰 地丙辛未 庚酉辛	旺衰
	阴 芮庚丙寅 中景己巳 天乙壬申 丑艮寅	勾 辅壬戊辰 惊惊辛未 蛇己乙丑 壬子癸	值 英戊甲子 伤死丁卯 朱丁庚午 戌乾亥	
旺衰		旺衰		旺衰

阳九局 戊辰时

旺衰		旺衰		旺衰
	勾 辅壬戊辰 景伤甲子 勾壬戊辰 辰巽巳	值 英戊甲子 中惊己巳 值戊甲子 丙午丁	阴 芮庚丙寅 惊中辛未 阴庚丙寅 未坤申	
旺衰	合 冲辛丁卯 生杜壬申 合辛丁卯 甲卯乙	常 禽癸己巳 休死乙丑 常癸己巳 戊五己	地 柱丙辛未 伤景丁卯 地丙辛未 庚酉辛	旺衰
	天 任乙壬申 杜生戊辰 天乙壬申 丑艮寅	蛇 蓬己乙丑 开开庚午 蛇己乙丑 壬子癸	朱 心丁庚午 死休丙寅 朱丁庚午 戌乾亥	
旺衰		旺衰		旺衰

阳九局 己巳时

旺衰		旺衰		旺衰
	合 冲辛丁卯 生死壬申 勾壬戊辰 辰巽巳	天 任乙壬申 杜开戊辰 值戊甲子 丙午丁	蛇 蓬己乙丑 开杜庚午 阴庚丙寅 未坤申	
旺衰	阴 芮庚丙寅 惊伤辛未 合辛丁卯 甲卯乙	勾 辅壬戊辰 景休甲子 常癸己巳 戊五己	朱 心丁庚午 死生丙寅 地丙辛未 庚酉辛	旺衰
	地 柱丙辛未 伤惊丁卯 天乙壬申 丑艮寅	值 英戊甲子 中中己巳 蛇己乙丑 壬子癸	常 禽癸己巳 休景乙丑 朱丁庚午 戌乾亥	
旺衰		旺衰		旺衰

阳九局 庚午时

旺衰		旺衰		旺衰
	阴 芮庚丙寅 惊休辛未 勾壬戊辰 辰巽巳	地 柱丙辛未 伤中丁卯 值戊甲子 丙午丁	值 英戊甲子 中伤己巳 阴庚丙寅 未坤申	
旺衰	蛇 蓬己乙丑 开死庚午 合辛丁卯 甲卯乙	合 冲辛丁卯 生景壬申 常癸己巳 戊五己	常 禽癸己巳 休惊乙丑 地丙辛未 庚酉辛	旺衰
	朱 心丁庚午 死开丙寅 天乙壬申 丑艮寅	天 任乙壬申 杜杜戊辰 蛇己乙丑 壬子癸	勾 辅壬戊辰 景生甲子 朱丁庚午 戌乾亥	
旺衰		旺衰		旺衰

阳九局 辛未时

旺衰		旺衰		旺衰
	蛇 蓬己乙丑 开景庚午 勾壬戊辰 辰巽巳	朱 心丁庚午 死杜丙寅 值戊甲子 丙午丁	天 任乙壬申 杜死戊辰 阴庚丙寅 未坤申	
旺衰	值 英戊甲子 中休己巳 合辛丁卯 甲卯乙	阴 芮庚丙寅 惊生辛未 常癸己巳 戊五己	勾 辅壬戊辰 景开甲子 地丙辛未 庚酉辛	旺衰
	常 禽癸己巳 休中乙丑 天乙壬申 丑艮寅	地 柱丙辛未 伤伤丁卯 蛇己乙丑 壬子癸	合 冲辛丁卯 生惊壬申 朱丁庚午 戌乾亥	
旺衰		旺衰		旺衰

阳九局 壬申时

旺衰		旺衰		旺衰
	值 英戊甲子 中生己巳 勾壬戊辰 辰巽巳	常 禽癸己巳 休伤乙丑 值戊甲子 丙午丁	地 柱丙辛未 伤休丁卯 阴庚丙寅 未坤申	
旺衰	天 任乙壬申 杜景戊辰 合辛丁卯 甲卯乙	蛇 蓬己乙丑 开惊庚午 常癸己巳 戊五己	合 冲辛丁卯 生中壬申 地丙辛未 庚酉辛	旺衰
	勾 辅壬戊辰 景杜甲子 天乙壬申 丑艮寅	朱 心丁庚午 死死丙寅 蛇己乙丑 壬子癸	阴 芮庚丙寅 惊开辛未 朱丁庚午 戌乾亥	
旺衰		旺衰		旺衰

阳九局 癸酉时

旺衰		旺衰		旺衰
	天 任乙壬申 杜惊戊辰 勾壬戊辰 辰巽巳	勾 辅壬戊辰 景死甲子 值戊甲子 丙午丁	朱 心丁庚午 死景丙寅 阴庚丙寅 未坤申	
旺衰	地 柱丙辛未 伤生丁卯 合辛丁卯 甲卯乙	值 英戊甲子 中开己巳 常癸己巳 戊五己	阴 芮庚丙寅 惊杜辛未 地丙辛未 庚酉辛	旺衰
	合 冲辛丁卯 生伤壬申 天乙壬申 丑艮寅	常 禽癸己巳 休休乙丑 蛇己乙丑 壬子癸	蛇 蓬己乙丑 开中庚午 朱丁庚午 戌乾亥	
旺衰		旺衰		旺衰

阳九局 甲戌时

旺衰		旺衰		旺衰
	勾 禽癸戊寅 景中壬午 合壬丁丑 辰巽巳	值 蓬己甲戌 中景戊寅 天戊壬午 丙午丁	阴 冲辛丙子 惊惊庚辰 蛇庚乙亥 未坤申	
旺衰	合 辅壬丁丑 生开辛巳 阴辛丙子 甲卯乙	常 心丁己卯 休杜甲戌 勾癸戊寅 戊五己	地 任乙辛巳 伤死丙子 朱丙庚辰 庚酉辛	旺衰
	天 英戊壬午 杜休丁丑 地乙辛巳 丑艮寅	蛇 芮庚乙亥 开生己卯 值己甲戌 壬子癸	朱 柱丙庚辰 死伤乙亥 常丁己卯 戌乾亥	
旺衰		旺衰		旺衰

阳九局 乙亥时

旺衰		旺衰		旺衰
	常 心丁己卯 伤杜丙子 合壬丁丑 辰巽巳	蛇 芮庚乙亥 生生辛巳 天戊壬午 丙午丁	合 辅壬丁丑 休开甲戌 蛇庚乙亥 未坤申	
旺衰	勾 禽癸戊寅 死中乙亥 阴辛丙子 甲卯乙	朱 柱丙庚辰 杜伤丁丑 勾癸戊寅 戊五己	天 英戊壬午 开休己卯 朱丙庚辰 庚酉辛	旺衰
	值 蓬己甲戌 惊景庚辰 地乙辛巳 丑艮寅	阴 冲辛丙子 景惊壬午 值己甲戌 壬子癸	地 任乙辛巳 中死戊寅 常丁己卯 戌乾亥	
旺衰		旺衰		旺衰

阳九局 丙子时

旺衰		旺衰		旺衰
	朱 柱丙庚辰 死伤乙亥 合壬丁丑 辰巽巳	阴 冲辛丙子 惊惊庚辰 天戊壬午 丙午丁	勾 禽癸戊寅 景中壬午 蛇庚乙亥 未坤申	
旺衰	常 心丁己卯 休杜甲戌 阴辛丙子 甲卯乙	地 任乙辛巳 伤死丙子 勾癸戊寅 戊五己	值 蓬己甲戌 中景戊寅 朱丙庚辰 庚酉辛	旺衰
	蛇 芮庚乙亥 开生己卯 地乙辛巳 丑艮寅	合 辅壬丁丑 生开辛巳 值己甲戌 壬子癸	天 英戊壬午 杜休丁丑 常丁己卯 戌乾亥	
旺衰		旺衰		旺衰

阳九局 丁丑时

旺衰		旺衰		旺衰
	地 任乙辛巳 休死甲戌 合壬丁丑 辰巽巳	合 辅壬丁丑 开开己卯 天戊壬午 丙午丁	常 心丁己卯 生杜辛巳 蛇庚乙亥 未坤申	
旺衰	朱 柱丙庚辰 景伤壬午 阴辛丙子 甲卯乙	天 英戊壬午 死休乙亥 勾癸戊寅 戊五己	蛇 芮庚乙亥 杜生丁丑 朱丙庚辰 庚酉辛	旺衰
	阴 冲辛丙子 中惊戊寅 地乙辛巳 丑艮寅	勾 禽癸戊寅 惊中庚辰 值己甲戌 壬子癸	值 蓬己甲戌 伤景丙子 常丁己卯 戌乾亥	
旺衰		旺衰		旺衰

阳九局 戊寅时

旺衰		旺衰		旺衰
	勾 禽癸戊寅 景休壬午 合壬丁丑 辰巽巳	值 蓬己甲戌 中中戊寅 天戊壬午 丙午丁	阴 冲辛丙子 惊伤庚辰 蛇庚乙亥 未坤申	
旺衰	合 辅壬丁丑 生死辛巳 阴辛丙子 甲卯乙	常 心丁己卯 休景甲戌 勾癸戊寅 戊五己	地 任乙辛巳 伤惊丙子 朱丙庚辰 庚酉辛	旺衰
	天 英戊壬午 杜开丁丑 地乙辛巳 丑艮寅	蛇 芮庚乙亥 开杜己卯 值己甲戌 壬子癸	朱 柱丙庚辰 死生乙亥 常丁己卯 戌乾亥	
旺衰		旺衰		旺衰

阳九局 己卯时

旺衰		旺衰		旺衰
	勾 禽癸戊寅 景景壬午 合壬丁丑 辰巽巳	值 蓬己甲戌 中杜戊寅 天戊壬午 丙午丁	阴 冲辛丙子 惊死庚辰 蛇庚乙亥 未坤申	
旺衰	合 辅壬丁丑 生休辛巳 阴辛丙子 甲卯乙	常 心丁己卯 休生甲戌 勾癸戊寅 戊五己	地 任乙辛巳 伤开丙子 朱丙庚辰 庚酉辛	旺衰
	天 英戊壬午 杜中丁丑 地乙辛巳 丑艮寅	蛇 芮庚乙亥 开伤己卯 值己甲戌 壬子癸	朱 柱丙庚辰 死惊乙亥 常丁己卯 戌乾亥	
旺衰		旺衰		旺衰

阳九局 庚辰时

旺衰		旺衰		旺衰
	阴 冲辛丙子 惊生庚辰 合壬丁丑 辰巽巳	地 任乙辛巳 伤伤丙子 天戊壬午 丙午丁	值 蓬己甲戌 中休戊寅 蛇庚乙亥 未坤申	
旺衰	蛇 芮庚乙亥 开景己卯 阴辛丙子 甲卯乙	合 辅壬丁丑 生惊辛巳 勾癸戊寅 戊五己	常 心丁己卯 休中甲戌 朱丙庚辰 庚酉辛	旺衰
	朱 柱丙庚辰 死杜乙亥 地乙辛巳 丑艮寅	天 英戊壬午 杜死丁丑 值己甲戌 壬子癸	勾 禽癸戊寅 景开壬午 常丁己卯 戌乾亥	
旺衰		旺衰		旺衰

阳九局 辛巳时

旺衰		旺衰		旺衰
	蛇 芮庚乙亥 开惊己卯 合壬丁丑 辰巽巳	朱 柱丙庚辰 死死乙亥 天戊壬午 丙午丁	天 英戊壬午 杜景丁丑 蛇庚乙亥 未坤申	
旺衰	值 蓬己甲戌 中生戊寅 阴辛丙子 甲卯乙	阴 冲辛丙子 惊开庚辰 勾癸戊寅 戊五己	勾 禽癸戊寅 景杜壬午 朱丙庚辰 庚酉辛	旺衰
	常 心丁己卯 休伤甲戌 地乙辛巳 丑艮寅	地 任乙辛巳 伤休丙子 值己甲戌 壬子癸	合 辅壬丁丑 生中辛巳 常丁己卯 戌乾亥	
旺衰		旺衰		旺衰

阳九局 壬午时

旺衰		旺衰		旺衰
	值 蓬己甲戌 中开戊寅 合壬丁丑 辰巽巳	常 心丁己卯 休休甲戌 天戊壬午 丙午丁	地 任乙辛巳 伤生丙子 蛇庚乙亥 未坤申	
旺衰	天 英戊壬午 杜惊丁丑 阴辛丙子 甲卯乙	蛇 芮庚乙亥 开中己卯 勾癸戊寅 戊五己	合 辅壬丁丑 生伤辛巳 朱丙庚辰 庚酉辛	旺衰
	勾 禽癸戊寅 景死壬午 地乙辛巳 丑艮寅	朱 柱丙庚辰 死景乙亥 值己甲戌 壬子癸	阴 冲辛丙子 惊杜庚辰 常丁己卯 戌乾亥	
旺衰		旺衰		旺衰

阳九局 癸未时

旺衰		旺衰		旺衰
	天 英戊壬午 杜中丁丑 合壬丁丑 辰巽巳	勾 禽癸戊寅 景景壬午 天戊壬午 丙午丁	朱 柱丙庚辰 死惊乙亥 蛇庚乙亥 未坤申	
旺衰	地 任乙辛巳 伤开丙子 阴辛丙子 甲卯乙	值 蓬己甲戌 中杜戊寅 勾癸戊寅 戊五己	阴 冲辛丙子 惊死庚辰 朱丙庚辰 庚酉辛	旺衰
	合 辅壬丁丑 生休辛巳 地乙辛巳 丑艮寅	常 心丁己卯 休生甲戌 值己甲戌 壬子癸	蛇 芮庚乙亥 开伤己卯 常丁己卯 戌乾亥	
旺衰		旺衰		旺衰

阳九局 甲申时

旺衰		旺衰		旺衰
	勾 心丁戊子 景伤辛卯 阴壬丙戌 辰巽巳	值 芮庚甲申 中惊丁亥 地戊辛卯 丙午丁	阴 辅壬丙戌 惊中己丑 值庚甲申 未坤申	
旺衰	合 禽癸丁亥 生杜庚寅 蛇辛乙酉 甲卯乙	常 柱丙己丑 休死壬辰 合癸丁亥 戊五己	地 英戊辛卯 伤景乙酉 常丙己丑 庚酉辛	旺衰
	天 蓬己壬辰 杜生丙戌 朱乙庚寅 丑艮寅	蛇 冲辛乙酉 开开戊子 天己壬辰 壬子癸	朱 任乙庚寅 死休甲申 勾丁戊子 戌乾亥	
旺衰		旺衰		旺衰

阳九局 乙酉时

旺衰		旺衰		旺衰
	常 柱丙己丑 伤死乙酉 阴壬丙戌 辰巽巳	蛇 冲辛乙酉 生开庚寅 地戊辛卯 丙午丁	合 禽癸丁亥 休杜壬辰 值庚甲申 未坤申	
旺衰	勾 心丁戊子 死伤甲申 蛇辛乙酉 甲卯乙	朱 任乙庚寅 杜休丙戌 合癸丁亥 戊五己	天 蓬己壬辰 开生戊子 常丙己丑 庚酉辛	旺衰
	值 芮庚甲申 惊惊己丑 朱乙庚寅 丑艮寅	阴 辅壬丙戌 景中辛卯 天己壬辰 壬子癸	地 英戊辛卯 中景丁亥 勾丁戊子 戌乾亥	
旺衰		旺衰		旺衰

阳九局 丙戌时

旺衰		旺衰		旺衰
	朱 任乙庚寅 死休甲申 阴壬丙戌 辰巽巳	阴 辅壬丙戌 惊中己丑 地戊辛卯 丙午丁	勾 心丁戊子 景伤辛卯 值庚甲申 未坤申	
旺衰	常 柱丙己丑 休死壬辰 蛇辛乙酉 甲卯乙	地 英戊辛卯 伤景乙酉 合癸丁亥 戊五己	值 芮庚甲申 中惊丁亥 常丙己丑 庚酉辛	旺衰
	蛇 冲辛乙酉 开开戊子 朱乙庚寅 丑艮寅	合 禽癸丁亥 生杜庚寅 天己壬辰 壬子癸	天 蓬己壬辰 杜生丙戌 勾丁戊子 戌乾亥	
旺衰		旺衰		旺衰

阳九局 丁亥时

旺衰		旺衰		旺衰
	地 英戊辛卯 休景壬辰 阴壬丙戌 辰巽巳	合 禽癸丁亥 开杜戊子 地戊辛卯 丙午丁	常 柱丙己丑 生死庚寅 值庚甲申 未坤申	
旺衰	朱 任乙庚寅 景休辛卯 蛇辛乙酉 甲卯乙	天 蓬己壬辰 死生甲申 合癸丁亥 戊五己	蛇 冲辛乙酉 杜开丙戌 常丙己丑 庚酉辛	旺衰
	阴 辅壬丙戌 中中丁亥 朱乙庚寅 丑艮寅	勾 心丁戊子 惊伤己丑 天己壬辰 壬子癸	值 芮庚甲申 伤惊乙酉 勾丁戊子 戌乾亥	
旺衰		旺衰		旺衰

阳九局 戊子时

旺衰		旺衰		旺衰
	勾 心丁戊子 景生辛卯 阴壬丙戌 辰巽巳	值 芮庚甲申 中伤丁亥 地戊辛卯 丙午丁	阴 辅壬丙戌 惊休己丑 值庚甲申 未坤申	
旺衰	合 禽癸丁亥 生景庚寅 蛇辛乙酉 甲卯乙	常 柱丙己丑 休惊壬辰 合癸丁亥 戊五己	地 英戊辛卯 伤中乙酉 常丙己丑 庚酉辛	旺衰
	天 蓬己壬辰 杜杜丙戌 朱乙庚寅 丑艮寅	蛇 冲辛乙酉 开死戊子 天己壬辰 壬子癸	朱 任乙庚寅 死开甲申 勾丁戊子 戊乾亥	
旺衰		旺衰		旺衰

阳九局 己丑时

旺衰		旺衰		旺衰
	合 禽癸丁亥 生惊庚寅 阴壬丙戌 辰巽巳	天 蓬己壬辰 杜死丙戌 地戊辛卯 丙午丁	蛇 冲辛乙酉 开景戊子 值庚甲申 未坤申	
旺衰	阴 辅壬丙戌 惊生己丑 蛇辛乙酉 甲卯乙	勾 心丁戊子 景开辛卯 合癸丁亥 戊五己	朱 任乙庚寅 死杜甲申 常丙己丑 庚酉辛	旺衰
	地 英戊辛卯 伤伤乙酉 朱乙庚寅 丑艮寅	值 芮庚甲申 中休丁亥 天己壬辰 壬子癸	常 柱丙己丑 休中壬辰 勾丁戊子 戊乾亥	
旺衰		旺衰		旺衰

阳九局 庚寅时

旺衰		旺衰		旺衰
	勾 心丁戊子 景开辛卯 阴壬丙戌 辰巽巳	值 芮庚甲申 中休丁亥 地戊辛卯 丙午丁	阴 辅壬丙戌 惊生己丑 值庚甲申 未坤申	
旺衰	合 禽癸丁亥 生惊庚寅 蛇辛乙酉 甲卯乙	常 柱丙己丑 休中壬辰 合癸丁亥 戊五己	地 英戊辛卯 伤伤乙酉 常丙己丑 庚酉辛	旺衰
	天 蓬己壬辰 杜死丙戌 朱乙庚寅 丑艮寅	蛇 冲辛乙酉 开景戊子 天己壬辰 壬子癸	朱 任乙庚寅 死杜甲申 勾丁戊子 戊乾亥	
旺衰		旺衰		旺衰

阳九局 辛卯时

旺衰		旺衰		旺衰
	蛇 冲辛乙酉 开中戊子 阴壬丙戌 辰巽巳	朱 任乙庚寅 死景甲申 地戊辛卯 丙午丁	天 蓬己壬辰 杜惊丙戌 值庚甲申 未坤申	
旺衰	值 芮庚甲申 中开丁亥 蛇辛乙酉 甲卯乙	阴 辅壬丙戌 惊杜己丑 合癸丁亥 戊五己	勾 心丁戊子 景死辛卯 常丙己丑 庚酉辛	旺衰
	常 柱丙己丑 休休壬辰 朱乙庚寅 丑艮寅	地 英戊辛卯 伤生乙酉 天己壬辰 壬子癸	合 禽癸丁亥 生伤庚寅 勾丁戊子 戊乾亥	
旺衰		旺衰		旺衰

阳九局 壬辰时

旺衰		旺衰		旺衰
	值 芮庚甲申 中杜丁亥 阴壬丙戌 辰巽巳	常 柱丙己丑 休生壬辰 地戊辛卯 丙午丁	地 英戊辛卯 伤开乙酉 值庚甲申 未坤申	
旺衰	天 蓬己壬辰 杜中丙戌 蛇辛乙酉 甲卯乙	蛇 冲辛乙酉 开伤戊子 合癸丁亥 戊五己	合 禽癸丁亥 生休庚寅 常丙己丑 庚酉辛	旺衰
	勾 心丁戊子 景景辛卯 朱乙庚寅 丑艮寅	朱 任乙庚寅 死惊甲申 天己壬辰 壬子癸	阴 辅壬丙戌 惊死己丑 勾丁戊子 戊乾亥	
旺衰		旺衰		旺衰

阳九局 癸巳时

旺衰		旺衰		旺衰
	天 蓬己壬辰 杜伤丙戌 阴壬丙戌 辰巽巳	勾 心丁戊子 景惊辛卯 地戊辛卯 丙午丁	朱 任乙庚寅 死中甲申 值庚甲申 未坤申	
旺衰	地 英戊辛卯 伤杜乙酉 蛇辛乙酉 甲卯乙	值 芮庚甲申 中死丁亥 合癸丁亥 戊五己	阴 辅壬丙戌 惊景己丑 常丙己丑 庚酉辛	旺衰
	合 禽癸丁亥 生生庚寅 朱乙庚寅 丑艮寅	常 柱丙己丑 休开壬辰 天己壬辰 壬子癸	蛇 冲辛乙酉 开休戊子 勾丁戊子 戊乾亥	
旺衰		旺衰		旺衰

阳九局 甲午时

旺衰		旺衰		旺衰
	勾 柱丙戊戌 景休庚子 蛇壬乙未 辰巽巳	值 冲辛甲午 中中丙申 朱戊庚子 丙午丁	阴 禽癸丙申 惊伤戊戌 天庚壬寅 未坤申	
旺衰	合 心丁丁酉 生死己亥 值辛甲午 甲卯乙	常 任乙己亥 休景辛丑 阴癸丙申 戊五己	地 蓬己辛丑 伤惊甲午 勾丙戊戌 庚酉辛	旺衰
	天 芮庚壬寅 杜开乙未 常乙己亥 丑艮寅	蛇 辅壬乙未 开杜丁酉 地己辛丑 壬子癸	朱 英戊庚子 死生壬寅 合丁丁酉 戊乾亥	
旺衰		旺衰		旺衰

阳九局 乙未时

旺衰		旺衰		旺衰
	常 任乙己亥 伤景甲午 蛇壬乙未 辰巽巳	蛇 辅壬乙未 生杜己亥 朱戊庚子 丙午丁	合 心丁丁酉 休死辛丑 天庚壬寅 未坤申	
旺衰	勾 柱丙戊戌 死休壬寅 值辛甲午 甲卯乙	朱 英戊庚子 杜生乙未 阴癸丙申 戊五己	天 芮庚壬寅 开开丁酉 勾丙戊戌 庚酉辛	旺衰
	值 冲辛甲午 惊中戊戌 常乙己亥 丑艮寅	阴 禽癸丙申 景伤庚子 地己辛丑 壬子癸	地 蓬己辛丑 中惊丙申 合丁丁酉 戊乾亥	
旺衰		旺衰		旺衰

阳九局 丙申时

旺衰		旺衰		旺衰
	朱 英戊庚子 死生壬寅 蛇壬乙未 辰巽巳	阴 禽癸丙申 惊伤戊戌 朱戊庚子 丙午丁	勾 柱丙戊戌 景休庚子 天庚壬寅 未坤申	
旺衰	常 任乙己亥 休景辛丑 值辛甲午 甲卯乙	地 蓬己辛丑 伤惊甲午 阴癸丙申 戊五己	值 冲辛甲午 中中丙申 勾丙戊戌 庚酉辛	旺衰
	蛇 辅壬乙未 开杜丁酉 常乙己亥 丑艮寅	合 心丁丁酉 生死己亥 地己辛丑 壬子癸	天 芮庚壬寅 杜开乙未 合丁丁酉 戊乾亥	
旺衰		旺衰		旺衰

阳九局 丁酉时

旺衰		旺衰		旺衰
	地 蓬己辛丑 休惊辛丑 蛇壬乙未 辰巽巳	合 心丁丁酉 开死丁酉 朱戊庚子 丙午丁	常 任乙己亥 生景己亥 天庚壬寅 未坤申	
旺衰	朱 英戊庚子 景生庚子 值辛甲午 甲卯乙	天 芮庚壬寅 死开壬寅 阴癸丙申 戊五己	蛇 辅壬乙未 杜杜乙未 勾丙戊戌 庚酉辛	旺衰
	阴 禽癸丙申 中伤丙申 常乙己亥 丑艮寅	勾 柱丙戊戌 惊休戊戌 地己辛丑 壬子癸	值 冲辛甲午 伤中甲午 合丁丁酉 戊乾亥	
旺衰		旺衰		旺衰

阳九局 戊戌时

旺衰		旺衰		旺衰
	勾 柱丙戊戌 景开庚子 蛇壬乙未 辰巽巳	值 冲辛甲午 中休丙申 朱戊庚子 丙午丁	阴 禽癸丙申 惊生戊戌 天庚壬寅 未坤申	
旺衰	合 心丁丁酉 生惊己亥 值辛甲午 甲卯乙	常 任乙己亥 休中辛丑 阴癸丙申 戊五己	地 蓬己辛丑 伤伤甲午 勾丙戊戌 庚酉辛	旺衰
	天 芮庚壬寅 杜死乙未 常乙己亥 丑艮寅	蛇 辅壬乙未 开景丁酉 地己辛丑 壬子癸	朱 英戊庚子 死杜壬寅 合丁丁酉 戊乾亥	
旺衰		旺衰		旺衰

阳九局 己亥时

旺衰		旺衰		旺衰
	合 心丁丁酉 生中己亥 蛇壬乙未 辰巽巳	天 芮庚壬寅 杜景乙未 朱戊庚子 丙午丁	蛇 辅壬乙未 开惊丁酉 天庚壬寅 未坤申	
旺衰	阴 禽癸丙申 惊开戊戌 值辛甲午 甲卯乙	勾 柱丙戊戌 景杜庚子 阴癸丙申 戊五己	朱 英戊庚子 死死壬寅 勾丙戊戌 庚酉辛	旺衰
	地 蓬己辛丑 伤休甲午 常乙己亥 丑艮寅	值 冲辛甲午 中生丙申 地己辛丑 壬子癸	常 任乙己亥 休伤辛丑 合丁丁酉 戊乾亥	
旺衰		旺衰		旺衰

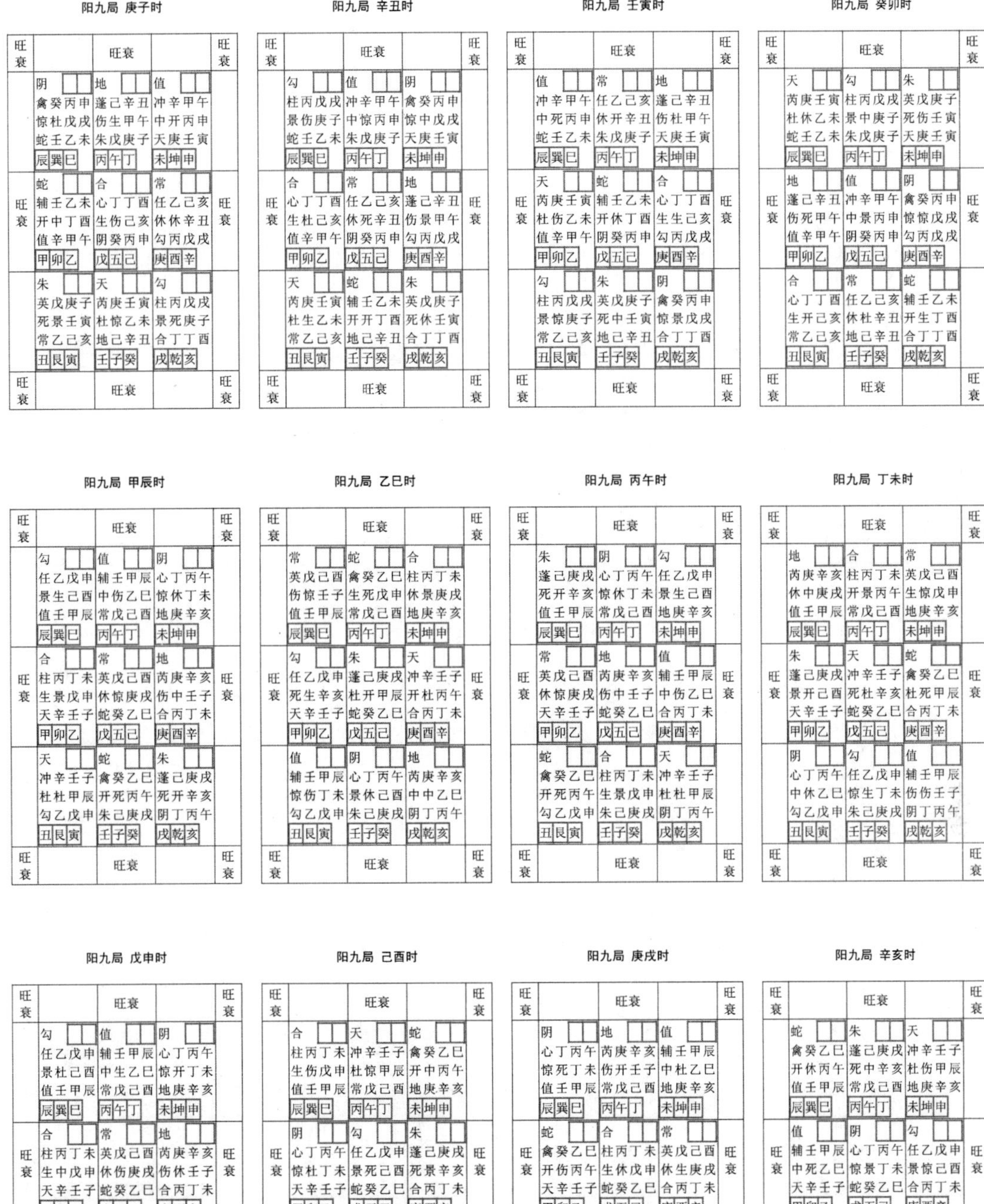

阳九局 庚子时

旺 衰		旺衰		旺 衰
	阴 禽癸丙申 惊杜戊戌 蛇壬乙未 辰巽巳	地 蓬己辛丑 伤生甲午 朱戊庚子 丙午丁	值 冲辛甲午 中开丙申 天庚壬寅 未坤申	
旺 衰	蛇 辅壬乙未 开中丁酉 值辛甲午 甲卯乙	合 心丁丁酉 生伤己亥 阴癸丙申 戊五己	常 任乙己亥 休休辛丑 勾丙戊戌 庚酉辛	旺 衰
	朱 英戊庚子 死景壬寅 常乙己亥 丑艮寅	天 芮庚壬寅 杜惊乙未 地己辛丑 壬子癸	勾 柱丙戊戌 景死庚子 合丁丁酉 戌乾亥	
旺 衰		旺衰		旺 衰

阳九局 辛丑时

旺 衰		旺衰		旺 衰
	勾 柱丙戊戌 景伤庚子 蛇壬乙未 辰巽巳	值 冲辛甲午 中惊丙申 朱戊庚子 丙午丁	阴 禽癸丙申 惊中戊戌 天庚壬寅 未坤申	
旺 衰	合 心丁丁酉 生杜己亥 值辛甲午 甲卯乙	常 任乙己亥 休死辛丑 阴癸丙申 戊五己	地 蓬己辛丑 伤景甲午 勾丙戊戌 庚酉辛	旺 衰
	天 芮庚壬寅 杜生乙未 常乙己亥 丑艮寅	蛇 辅壬乙未 开开丁酉 地己辛丑 壬子癸	朱 英戊庚子 死休壬寅 合丁丁酉 戌乾亥	
旺 衰		旺衰		旺 衰

阳九局 壬寅时

旺 衰		旺衰		旺 衰
	值 冲辛甲午 中死丙申 蛇壬乙未 辰巽巳	常 任乙己亥 休开辛丑 朱戊庚子 丙午丁	地 蓬己辛丑 伤杜甲午 天庚壬寅 未坤申	
旺 衰	天 芮庚壬寅 杜伤乙未 值辛甲午 甲卯乙	蛇 辅壬乙未 开休丁酉 阴癸丙申 戊五己	合 心丁丁酉 生生己亥 勾丙戊戌 庚酉辛	旺 衰
	勾 柱丙戊戌 景惊庚子 常乙己亥 丑艮寅	朱 英戊庚子 死中壬寅 地己辛丑 壬子癸	阴 禽癸丙申 惊景戊戌 合丁丁酉 戌乾亥	
旺 衰		旺衰		旺 衰

阳九局 癸卯时

旺 衰		旺衰		旺 衰
	天 芮庚壬寅 杜休乙未 蛇壬乙未 辰巽巳	勾 柱丙戊戌 景中庚子 朱戊庚子 丙午丁	朱 英戊庚子 死伤壬寅 天庚壬寅 未坤申	
旺 衰	地 蓬己辛丑 伤死甲午 值辛甲午 甲卯乙	值 冲辛甲午 中景丙申 阴癸丙申 戊五己	阴 禽癸丙申 惊惊戊戌 勾丙戊戌 庚酉辛	旺 衰
	合 心丁丁酉 生开己亥 常乙己亥 丑艮寅	常 任乙己亥 休杜辛丑 地己辛丑 壬子癸	蛇 辅壬乙未 开生丁酉 合丁丁酉 戌乾亥	
旺 衰		旺衰		旺 衰

阳九局 甲辰时

旺 衰		旺衰		旺 衰
	勾 任乙戊申 景生己酉 值壬甲辰 辰巽巳	值 辅壬甲辰 中伤乙巳 常戊己酉 丙午丁	阴 心丁丙午 惊休丁未 地庚辛亥 未坤申	
旺 衰	合 柱丙丁未 生景戊申 天辛壬子 甲卯乙	常 英戊己酉 休惊庚戌 蛇癸乙巳 戊五己	地 芮庚辛亥 伤中壬子 合丙丁未 庚酉辛	旺 衰
	天 冲辛壬子 杜杜甲辰 勾乙戊申 丑艮寅	蛇 禽癸乙巳 开死丙午 朱己庚戌 壬子癸	朱 蓬己庚戌 死开辛亥 阴丁丙午 戌乾亥	
旺 衰		旺衰		旺 衰

阳九局 乙巳时

旺 衰		旺衰		旺 衰
	常 英戊己酉 伤惊壬子 值壬甲辰 辰巽巳	蛇 禽癸乙巳 生死戊申 常戊己酉 丙午丁	合 柱丙丁未 休景庚戌 地庚辛亥 未坤申	
旺 衰	勾 任乙戊申 死生辛亥 天辛壬子 甲卯乙	朱 蓬己庚戌 杜开甲辰 蛇癸乙巳 戊五己	天 冲辛壬子 开杜丙午 合丙丁未 庚酉辛	旺 衰
	值 辅壬甲辰 惊伤丁未 勾乙戊申 丑艮寅	阴 心丁丙午 景休己酉 朱己庚戌 壬子癸	地 芮庚辛亥 中中乙巳 阴丁丙午 戌乾亥	
旺 衰		旺衰		旺 衰

阳九局 丙午时

旺 衰		旺衰		旺 衰
	朱 蓬己庚戌 死开辛亥 值壬甲辰 辰巽巳	阴 心丁丙午 惊休丁未 常戊己酉 丙午丁	勾 任乙戊申 景生己酉 地庚辛亥 未坤申	
旺 衰	常 英戊己酉 休惊庚戌 天辛壬子 甲卯乙	地 芮庚辛亥 伤中壬子 蛇癸乙巳 戊五己	值 辅壬甲辰 中伤乙巳 合丙丁未 庚酉辛	旺 衰
	蛇 禽癸乙巳 开死丙午 勾乙戊申 丑艮寅	合 柱丙丁未 生景戊申 朱己庚戌 壬子癸	天 冲辛壬子 杜杜甲辰 阴丁丙午 戌乾亥	
旺 衰		旺衰		旺 衰

阳九局 丁未时

旺 衰		旺衰		旺 衰
	地 芮庚辛亥 休中庚戌 值壬甲辰 辰巽巳	合 柱丙丁未 开景丙午 常戊己酉 丙午丁	常 英戊己酉 生惊戊申 地庚辛亥 未坤申	
旺 衰	朱 蓬己庚戌 景开己酉 天辛壬子 甲卯乙	天 冲辛壬子 死杜辛亥 蛇癸乙巳 戊五己	蛇 禽癸乙巳 杜死甲辰 合丙丁未 庚酉辛	旺 衰
	阴 心丁丙午 中休乙巳 勾乙戊申 丑艮寅	勾 任乙戊申 惊生丁未 朱己庚戌 壬子癸	值 辅壬甲辰 伤伤壬子 阴丁丙午 戌乾亥	
旺 衰		旺衰		旺 衰

阳九局 戊申时

旺 衰		旺衰		旺 衰
	勾 任乙戊申 景杜己酉 值壬甲辰 辰巽巳	值 辅壬甲辰 中生乙巳 常戊己酉 丙午丁	阴 心丁丙午 惊开丁未 地庚辛亥 未坤申	
旺 衰	合 柱丙丁未 生中戊申 天辛壬子 甲卯乙	常 英戊己酉 休伤庚戌 蛇癸乙巳 戊五己	地 芮庚辛亥 伤休壬子 合丙丁未 庚酉辛	旺 衰
	天 冲辛壬子 杜景甲辰 勾乙戊申 丑艮寅	蛇 禽癸乙巳 开惊丙午 朱己庚戌 壬子癸	朱 蓬己庚戌 死死辛亥 阴丁丙午 戌乾亥	
旺 衰		旺衰		旺 衰

阳九局 己酉时

旺 衰		旺衰		旺 衰
	合 柱丙丁未 生伤戊申 值壬甲辰 辰巽巳	天 冲辛壬子 杜惊甲辰 常戊己酉 丙午丁	蛇 禽癸乙巳 开中丙午 地庚辛亥 未坤申	
旺 衰	阴 心丁丙午 惊杜丁未 天辛壬子 甲卯乙	勾 任乙戊申 景死己酉 蛇癸乙巳 戊五己	朱 蓬己庚戌 死景辛亥 合丙丁未 庚酉辛	旺 衰
	地 芮庚辛亥 伤生壬子 勾乙戊申 丑艮寅	值 辅壬甲辰 中开乙巳 朱己庚戌 壬子癸	常 英戊己酉 休休庚戌 阴丁丙午 戌乾亥	
旺 衰		旺衰		旺 衰

阳九局 庚戌时

旺 衰		旺衰		旺 衰
	阴 心丁丙午 惊死丁未 值壬甲辰 辰巽巳	地 芮庚辛亥 伤开壬子 常戊己酉 丙午丁	值 辅壬甲辰 中杜乙巳 地庚辛亥 未坤申	
旺 衰	蛇 禽癸乙巳 开伤丙午 天辛壬子 甲卯乙	合 柱丙丁未 生休戊申 蛇癸乙巳 戊五己	常 英戊己酉 休生庚戌 合丙丁未 庚酉辛	旺 衰
	朱 蓬己庚戌 死惊辛亥 勾乙戊申 丑艮寅	天 冲辛壬子 杜中甲辰 朱己庚戌 壬子癸	勾 任乙戊申 景景己酉 阴丁丙午 戌乾亥	
旺 衰		旺衰		旺 衰

阳九局 辛亥时

旺 衰		旺衰		旺 衰
	蛇 禽癸乙巳 开休丙午 值壬甲辰 辰巽巳	朱 蓬己庚戌 死中辛亥 常戊己酉 丙午丁	天 冲辛壬子 杜伤甲辰 地庚辛亥 未坤申	
旺 衰	值 辅壬甲辰 中死乙巳 天辛壬子 甲卯乙	阴 心丁丙午 惊景丁未 蛇癸乙巳 戊五己	勾 任乙戊申 景惊己酉 合丙丁未 庚酉辛	旺 衰
	常 英戊己酉 休开庚戌 勾乙戊申 丑艮寅	地 芮庚辛亥 伤杜壬子 朱己庚戌 壬子癸	合 柱丙丁未 生生戊申 阴丁丙午 戌乾亥	
旺 衰		旺衰		旺 衰

阳九局 壬子时

旺衰		旺衰		旺衰
	勾 任乙戊申 景景己酉 值壬甲辰 辰巽巳	值 辅壬甲辰 中杜乙巳 常戊己酉 丙午丁	阴 心丁丙午 惊死丁未 地庚辛亥 未坤申	
旺衰	合 柱丙丁未 生休戊申 天辛壬子 甲卯乙	常 英戊己酉 休生庚戌 蛇癸乙巳 戊五己	地 芮庚辛亥 伤开壬子 合丙丁未 庚酉辛	旺衰
	天 冲辛壬子 杜中甲辰 勾乙戊申 丑艮寅	蛇 禽癸乙巳 开伤丙午 朱己庚戌 壬子癸	朱 蓬己庚戌 死惊辛亥 阴丁丙午 戌乾亥	
旺衰		旺衰		旺衰

阳九局 癸丑时

旺衰		旺衰		旺衰
	天 冲辛壬子 杜壬甲辰 值壬甲辰 辰巽巳	勾 任乙戊申 景伤己酉 常戊己酉 丙午丁	朱 蓬己庚戌 死休辛亥 地庚辛亥 未坤申	
旺衰	地 芮庚辛亥 伤景壬子 天辛壬子 甲卯乙	值 辅壬甲辰 中惊乙巳 蛇癸乙巳 戊五己	阴 心丁丙午 惊中丁未 合丙丁未 庚酉辛	旺衰
	合 柱丙丁未 生柱戊申 勾乙戊申 丑艮寅	常 英戊己酉 休死庚戌 朱己庚戌 壬子癸	蛇 禽癸乙巳 开开丙午 阴丁丙午 戌乾亥	
旺衰		旺衰		旺衰

阳九局 甲寅时

旺衰		旺衰		旺衰
	勾 英戊戊午 景开戊午 天壬壬戌 辰巽巳	值 禽癸甲寅 中休甲寅 勾戊戊午 丙午丁	阴 柱丙丙辰 惊生丙辰 朱庚庚申 未坤申	
旺衰	合 任乙丁巳 生惊丁巳 地辛辛酉 甲卯乙	常 蓬己己未 休中己未 值癸甲寅 戊五己	地 冲辛辛酉 伤伤辛酉 阴丙丙辰 庚酉辛	旺衰
	天 辅壬壬戌 杜死壬戌 合乙丁巳 丑艮寅	蛇 心丁乙卯 开景乙卯 常己己未 壬子癸	朱 芮庚庚申 死杜庚申 蛇丁乙卯 戌乾亥	
旺衰		旺衰		旺衰

阳九局 乙卯时

旺衰		旺衰		旺衰
	常 蓬己己未 伤中辛酉 天壬壬戌 辰巽巳	蛇 心丁乙卯 生景丁巳 勾戊戊午 丙午丁	合 任乙丁巳 休惊己未 朱庚庚申 未坤申	
旺衰	勾 英戊戊午 死开庚申 地辛辛酉 甲卯乙	朱 芮庚庚申 杜杜壬戌 值癸甲寅 戊五己	天 辅壬壬戌 开死乙卯 阴丙丙辰 庚酉辛	旺衰
	值 禽癸甲寅 惊休丙辰 合乙丁巳 丑艮寅	阴 柱丙丙辰 景生戊午 常己己未 壬子癸	地 冲辛辛酉 中伤甲寅 蛇丁乙卯 戌乾亥	
旺衰		旺衰		旺衰

阳九局 丙辰时

旺衰		旺衰		旺衰
	朱 芮庚庚申 死杜庚申 天壬壬戌 辰巽巳	阴 柱丙丙辰 惊生丙辰 勾戊戊午 丙午丁	勾 英戊戊午 景开戊午 朱庚庚申 未坤申	
旺衰	常 蓬己己未 休中己未 地辛辛酉 甲卯乙	地 冲辛辛酉 伤伤辛酉 值癸甲寅 戊五己	值 禽癸甲寅 中休甲寅 阴丙丙辰 庚酉辛	旺衰
	蛇 心丁乙卯 开景乙卯 合乙丁巳 丑艮寅	合 任乙丁巳 生惊丁巳 常己己未 壬子癸	天 辅壬壬戌 杜死壬戌 蛇丁乙卯 戌乾亥	
旺衰		旺衰		旺衰

阳九局 丁巳时

旺衰		旺衰		旺衰
	地 冲辛辛酉 休伤己未 天壬壬戌 辰巽巳	合 任乙丁巳 开惊乙卯 勾戊戊午 丙午丁	常 蓬己己未 生中丁巳 朱庚庚申 未坤申	
旺衰	朱 芮庚庚申 景杜戊午 地辛辛酉 甲卯乙	天 辅壬壬戌 死死庚申 值癸甲寅 戊五己	蛇 心丁乙卯 杜景壬戌 阴丙丙辰 庚酉辛	旺衰
	阴 柱丙丙辰 中生甲寅 合乙丁巳 丑艮寅	勾 英戊戊午 惊开丙辰 常己己未 壬子癸	值 禽癸甲寅 伤休辛酉 蛇丁乙卯 戌乾亥	
旺衰		旺衰		旺衰

阳九局 戊午时

旺衰		旺衰		旺衰
	勾 英戊戊午 景死戊午 天壬壬戌 辰巽巳	值 禽癸甲寅 中开甲寅 勾戊戊午 丙午丁	阴 柱丙丙辰 惊杜丙辰 朱庚庚申 未坤申	
旺衰	合 任乙丁巳 生伤丁巳 地辛辛酉 甲卯乙	常 蓬己己未 休休己未 值癸甲寅 戊五己	地 冲辛辛酉 伤生辛酉 阴丙丙辰 庚酉辛	旺衰
	天 辅壬壬戌 杜惊壬戌 合乙丁巳 丑艮寅	蛇 心丁乙卯 开中乙卯 常己己未 壬子癸	朱 芮庚庚申 死景庚申 蛇丁乙卯 戌乾亥	
旺衰		旺衰		旺衰

阳九局 己未时

旺衰		旺衰		旺衰
	合 任乙丁巳 生休丁巳 天壬壬戌 辰巽巳	天 辅壬壬戌 杜中壬戌 勾戊戊午 丙午丁	蛇 心丁乙卯 开伤乙卯 朱庚庚申 未坤申	
旺衰	阴 柱丙丙辰 惊死丙辰 地辛辛酉 甲卯乙	勾 英戊戊午 景景戊午 值癸甲寅 戊五己	朱 芮庚庚申 死惊庚申 阴丙丙辰 庚酉辛	旺衰
	地 冲辛辛酉 伤开辛酉 合乙丁巳 丑艮寅	值 禽癸甲寅 中杜甲寅 常己己未 壬子癸	常 蓬己己未 休生己未 蛇丁乙卯 戌乾亥	
旺衰		旺衰		旺衰

阳九局 庚申时

旺衰		旺衰		旺衰
	阴 柱丙丙辰 惊景丙辰 天壬壬戌 辰巽巳	地 冲辛辛酉 伤杜辛酉 勾戊戊午 丙午丁	值 禽癸甲寅 中死甲寅 朱庚庚申 未坤申	
旺衰	蛇 心丁乙卯 开休乙卯 地辛辛酉 甲卯乙	合 任乙丁巳 生生丁巳 值癸甲寅 戊五己	常 蓬己己未 休开己未 阴丙丙辰 庚酉辛	旺衰
	朱 芮庚庚申 死中庚申 合乙丁巳 丑艮寅	天 辅壬壬戌 杜伤壬戌 常己己未 壬子癸	勾 英戊戊午 景惊戊午 蛇丁乙卯 戌乾亥	
旺衰		旺衰		旺衰

阳九局 辛酉时

旺衰		旺衰		旺衰
	蛇 心丁乙卯 开生乙卯 天壬壬戌 辰巽巳	朱 芮庚庚申 死伤庚申 勾戊戊午 丙午丁	天 辅壬壬戌 杜休壬戌 朱庚庚申 未坤申	
旺衰	值 禽癸甲寅 中景甲寅 地辛辛酉 甲卯乙	阴 柱丙丙辰 惊惊丙辰 值癸甲寅 戊五己	勾 英戊戊午 景中戊午 阴丙丙辰 庚酉辛	旺衰
	常 蓬己己未 休杜己未 合乙丁巳 丑艮寅	地 冲辛辛酉 伤死辛酉 常己己未 壬子癸	合 任乙丁巳 生开丁巳 蛇丁乙卯 戌乾亥	
旺衰		旺衰		旺衰

阳九局 壬戌时

旺衰		旺衰		旺衰
	值 禽癸甲寅 中惊甲寅 天壬壬戌 辰巽巳	常 蓬己己未 休死己未 勾戊戊午 丙午丁	地 冲辛辛酉 伤景辛酉 朱庚庚申 未坤申	
旺衰	天 辅壬壬戌 杜生壬戌 地辛辛酉 甲卯乙	蛇 心丁乙卯 开开乙卯 值癸甲寅 戊五己	合 任乙丁巳 生杜丁巳 阴丙丙辰 庚酉辛	旺衰
	勾 英戊戊午 景伤戊午 合乙丁巳 丑艮寅	朱 芮庚庚申 死休庚申 常己己未 壬子癸	阴 柱丙丙辰 惊中丙辰 蛇丁乙卯 戌乾亥	
旺衰		旺衰		旺衰

阳九局 癸亥时

旺衰		旺衰		旺衰
	勾 英戊戊午 景开戊午 天壬壬戌 辰巽巳	值 禽癸甲寅 中休甲寅 勾戊戊午 丙午丁	阴 柱丙丙辰 惊生丙辰 朱庚庚申 未坤申	
旺衰	合 任乙丁巳 生惊丁巳 地辛辛酉 甲卯乙	常 蓬己己未 休中己未 值癸甲寅 戊五己	地 冲辛辛酉 伤伤辛酉 阴丙丙辰 庚酉辛	旺衰
	天 辅壬壬戌 杜死壬戌 合乙丁巳 丑艮寅	蛇 心丁乙卯 开景乙卯 常己己未 壬子癸	朱 芮庚庚申 死杜庚申 蛇丁乙卯 戌乾亥	
旺衰		旺衰		旺衰

第十二章　阴遁九八七局

阴遁九局

冬至上　惊蛰上

清明中　立夏中

甲己日十二时局

乙庚日十二时局

丙辛日十二时局

丁壬日十二时局

戊癸日十二时局

阴遁八局

冬至上　惊蛰上

清明中　立夏中

甲己日十二时局

乙庚日十二时局

丙辛日十二时局

丁壬日十二时局

戊癸日十二时局

阴遁七局

冬至上　惊蛰上

清明中　立夏中

甲己日十二时局

乙庚日十二时局

丙辛日十二时局

丁壬日十二时局

戊癸日十二时局

阴九局 甲子时

旺衰		旺衰		旺衰
	常 禽癸己巳 休杜乙丑 常癸己巳 辰巽巳	值 英戊甲子 中景己巳 值戊甲子 丙午丁	地 柱丙辛未 伤死丁卯 地丙辛未 未坤申	
旺衰	朱 心丁庚午 死伤丙寅 玄丁庚午 甲卯乙	虎 辅壬戊辰 景中甲子 虎壬戊辰 戊五己	阴 芮庚丙寅 惊惊辛未 阴庚丙寅 庚酉辛	旺衰
	蛇 蓬己乙丑 开生庚午 蛇己乙丑 丑艮寅	天 任乙壬申 杜休戊辰 天乙壬申 壬子癸	合 冲辛丁卯 生开壬申 合辛丁卯 戌乾亥	
旺衰		旺衰		旺衰

阴九局 乙丑时

旺衰		旺衰		旺衰
	朱 心丁庚午 杜伤戊辰 常癸己巳 辰巽巳	蛇 蓬己乙丑 生生壬申 值戊甲子 丙午丁	天 任乙壬申 开休庚午 地丙辛未 未坤申	
旺衰	地 柱丙辛未 中死己巳 玄丁庚午 甲卯乙	常 禽癸己巳 伤杜丁卯 虎壬戊辰 戊五己	合 冲辛丁卯 休开乙丑 阴庚丙寅 庚酉辛	旺衰
	阴 芮庚丙寅 景惊甲子 蛇己乙丑 丑艮寅	值 英戊甲子 惊景辛未 天乙壬申 壬子癸	虎 辅壬戊辰 死中丙寅 合辛丁卯 戌乾亥	
旺衰		旺衰		旺衰

阴九局 丙寅时

旺衰		旺衰		旺衰
	地 柱丙辛未 伤死丁卯 常癸己巳 辰巽巳	阴 芮庚丙寅 惊惊辛未 值戊甲子 丙午丁	值 英戊甲子 中景己巳 地丙辛未 未坤申	
旺衰	天 任乙壬申 杜休戊辰 玄丁庚午 甲卯乙	朱 心丁庚午 死伤丙寅 虎壬戊辰 戊五己	虎 辅壬戊辰 景中甲子 阴庚丙寅 庚酉辛	旺衰
	合 冲辛丁卯 生开壬申 蛇己乙丑 丑艮寅	蛇 蓬己乙丑 开生庚午 天乙壬申 壬子癸	常 禽癸己巳 休杜乙丑 合辛丁卯 戌乾亥	
旺衰		旺衰		旺衰

阴九局 丁卯时

旺衰		旺衰		旺衰
	天 任乙壬申 死休丙寅 常癸己巳 辰巽巳	合 冲辛丁卯 开开庚午 值戊甲子 丙午丁	蛇 蓬己乙丑 杜生戊辰 地丙辛未 未坤申	
旺衰	值 英戊甲子 伤景丁卯 玄丁庚午 甲卯乙	地 柱丙辛未 休死乙丑 虎壬戊辰 戊五己	常 禽癸己巳 生杜壬申 阴庚丙寅 庚酉辛	旺衰
	虎 辅壬戊辰 惊中辛未 蛇己乙丑 丑艮寅	阴 芮庚丙寅 中惊己巳 天乙壬申 壬子癸	朱 心丁庚午 景伤甲子 合辛丁卯 戌乾亥	
旺衰		旺衰		旺衰

阴九局 戊辰时

旺衰		旺衰		旺衰
	常 禽癸己巳 休景乙丑 常癸己巳 辰巽巳	值 英戊甲子 中中己巳 值戊甲子 丙午丁	地 柱丙辛未 伤惊丁卯 地丙辛未 未坤申	
旺衰	朱 心丁庚午 死生丙寅 玄丁庚午 甲卯乙	虎 辅壬戊辰 景休甲子 虎壬戊辰 戊五己	阴 芮庚丙寅 惊伤辛未 阴庚丙寅 庚酉辛	旺衰
	蛇 蓬己乙丑 开杜庚午 蛇己乙丑 丑艮寅	天 任乙壬申 杜开戊辰 天乙壬申 壬子癸	合 冲辛丁卯 生死壬申 合辛丁卯 戌乾亥	
旺衰		旺衰		旺衰

阴九局 己巳时

旺衰		旺衰		旺衰
	虎 辅壬戊辰 景生甲子 常癸己巳 辰巽巳	天 任乙壬申 杜杜戊辰 值戊甲子 丙午丁	朱 心丁庚午 死开丙寅 地丙辛未 未坤申	
旺衰	常 禽癸己巳 休惊乙丑 玄丁庚午 甲卯乙	合 冲辛丁卯 生景壬申 虎壬戊辰 戊五己	蛇 蓬己乙丑 开死庚午 阴庚丙寅 庚酉辛	旺衰
	值 英戊甲子 中伤己巳 蛇己乙丑 丑艮寅	地 柱丙辛未 伤中丁卯 天乙壬申 壬子癸	阴 芮庚丙寅 惊休辛未 合辛丁卯 戌乾亥	
旺衰		旺衰		旺衰

阴九局 庚午时

旺衰		旺衰		旺衰
	合 冲辛丁卯 生惊壬申 常癸己巳 辰巽巳	地 柱丙辛未 伤伤丁卯 值戊甲子 丙午丁	常 禽癸己巳 休中乙丑 地丙辛未 未坤申	
旺衰	虎 辅壬戊辰 景开甲子 玄丁庚午 甲卯乙	阴 芮庚丙寅 惊生辛未 虎壬戊辰 戊五己	值 英戊甲子 中休己巳 阴庚丙寅 庚酉辛	旺衰
	天 任乙壬申 杜死戊辰 蛇己乙丑 丑艮寅	朱 心丁庚午 死杜丙寅 天乙壬申 壬子癸	蛇 蓬己乙丑 开景庚午 合辛丁卯 戌乾亥	
旺衰		旺衰		旺衰

阴九局 辛未时

旺衰		旺衰		旺衰
	阴 芮庚丙寅 惊开辛未 常癸己巳 辰巽巳	朱 心丁庚午 死死丙寅 值戊甲子 丙午丁	虎 辅壬戊辰 景杜甲子 地丙辛未 未坤申	
旺衰	合 冲辛丁卯 生中壬申 玄丁庚午 甲卯乙	蛇 蓬己乙丑 开惊庚午 虎壬戊辰 戊五己	天 任乙壬申 杜景戊辰 阴庚丙寅 庚酉辛	旺衰
	地 柱丙辛未 伤休丁卯 蛇己乙丑 丑艮寅	常 禽癸己巳 休伤乙丑 天乙壬申 壬子癸	值 英戊甲子 中生己巳 合辛丁卯 戌乾亥	
旺衰		旺衰		旺衰

阴九局 壬申时

旺衰		旺衰		旺衰
	蛇 蓬己乙丑 开中庚午 常癸己巳 辰巽巳	常 禽癸己巳 休休乙丑 值戊甲子 丙午丁	合 冲辛丁卯 生伤壬申 地丙辛未 未坤申	
旺衰	阴 芮庚丙寅 惊杜辛未 玄丁庚午 甲卯乙	值 英戊甲子 中开己巳 虎壬戊辰 戊五己	地 柱丙辛未 伤生丁卯 阴庚丙寅 庚酉辛	旺衰
	朱 心丁庚午 死景丙寅 蛇己乙丑 丑艮寅	虎 辅壬戊辰 景死甲子 天乙壬申 壬子癸	天 任乙壬申 杜惊戊辰 合辛丁卯 戌乾亥	
旺衰		旺衰		旺衰

阴九局 癸酉时

旺衰		旺衰		旺衰
	值 英戊甲子 中杜己巳 常癸己巳 辰巽巳	虎 辅壬戊辰 景景甲子 值戊甲子 丙午丁	阴 芮庚丙寅 惊死辛未 地丙辛未 未坤申	
旺衰	蛇 蓬己乙丑 开伤庚午 玄丁庚午 甲卯乙	天 任乙壬申 杜中戊辰 虎壬戊辰 戊五己	朱 心丁庚午 死惊丙寅 阴庚丙寅 庚酉辛	旺衰
	常 禽癸己巳 休生乙丑 蛇己乙丑 丑艮寅	合 冲辛丁卯 生休壬申 天乙壬申 壬子癸	地 柱丙辛未 伤开丁卯 合辛丁卯 戌乾亥	
旺衰		旺衰		旺衰

阴九局 甲戌时

旺衰		旺衰		旺衰
	常 辅丁己卯 生杜甲戌 虎癸戊寅 辰巽巳	值 任己甲戌 伤景戊寅 天戊壬午 丙午丁	地 心乙辛巳 休死丙子 玄丙庚辰 未坤申	
旺衰	朱 禽丙庚辰 景伤乙亥 常丁己卯 甲卯乙	虎 冲癸戊寅 惊中壬午 合壬丁丑 戊五己	阴 蓬辛丙子 中惊庚辰 蛇庚乙亥 庚酉辛	旺衰
	蛇 英庚乙亥 杜生己卯 值己甲戌 丑艮寅	天 柱戊壬午 死休丁丑 地乙辛巳 壬子癸	合 芮壬丁丑 开开辛巳 阴辛丙子 戌乾亥	
旺衰		旺衰		旺衰

阴九局 乙亥时

旺衰		旺衰		旺衰
	朱 禽丙庚辰 死伤丁丑 虎癸戊寅 辰巽巳	蛇 英庚乙亥 开生辛巳 天戊壬午 丙午丁	天 柱戊壬午 杜休己卯 玄丙庚辰 未坤申	
旺衰	地 心乙辛巳 伤死戊寅 常丁己卯 甲卯乙	常 辅丁己卯 休杜丙子 合壬丁丑 戊五己	合 芮壬丁丑 生开甲戌 蛇庚乙亥 庚酉辛	旺衰
	阴 蓬辛丙子 惊惊壬午 值己甲戌 丑艮寅	值 任己甲戌 中景庚辰 地乙辛巳 壬子癸	虎 冲癸戊寅 景中乙亥 阴辛丙子 戌乾亥	
旺衰		旺衰		旺衰

阴九局 丙子时

旺衰		旺衰		旺衰
	地 心乙辛巳 休死丙子 虎癸戊寅 辰巽巳	阴 蓬辛丙子 中惊庚辰 天戊壬午 丙午丁	值 任己甲戌 伤景戊寅 玄丙庚辰 未坤申	
旺衰	天 柱戊壬午 死休丁丑 常丁己卯 甲卯乙	朱 禽丙庚辰 景伤乙亥 合壬丁丑 戊五己	虎 冲癸戊寅 惊中壬午 蛇庚乙亥 庚酉辛	旺衰
	合 芮壬丁丑 开开辛巳 值己甲戌 丑艮寅	蛇 英庚乙亥 杜生己卯 地乙辛巳 壬子癸	常 辅丁己卯 生杜甲戌 阴辛丙子 戌乾亥	
旺衰		旺衰		旺衰

阴九局 丁丑时

旺衰		旺衰		旺衰
	天 柱戊壬午 景休乙亥 虎癸戊寅 辰巽巳	合 芮壬丁丑 杜开己卯 天戊壬午 丙午丁	蛇 英庚乙亥 死生丁丑 玄丙庚辰 未坤申	
旺衰	值 任己甲戌 休景丙子 常丁己卯 甲卯乙	地 心乙辛巳 生死甲戌 合壬丁丑 戊五己	常 辅丁己卯 开杜辛巳 蛇庚乙亥 庚酉辛	旺衰
	虎 冲癸戊寅 中中庚辰 值己甲戌 丑艮寅	阴 蓬辛丙子 伤惊戊寅 地乙辛巳 壬子癸	朱 禽丙庚辰 惊伤壬午 阴辛丙子 戌乾亥	
旺衰		旺衰		旺衰

阴九局 戊寅时

旺衰		旺衰		旺衰
	常 辅丁己卯 生景甲戌 虎癸戊寅 辰巽巳	值 任己甲戌 伤中戊寅 天戊壬午 丙午丁	地 心乙辛巳 休惊丙子 玄丙庚辰 未坤申	
旺衰	朱 禽丙庚辰 景生乙亥 常丁己卯 甲卯乙	虎 冲癸戊寅 惊休壬午 合壬丁丑 戊五己	阴 蓬辛丙子 中伤庚辰 蛇庚乙亥 庚酉辛	旺衰
	蛇 英庚乙亥 杜杜己卯 值己甲戌 丑艮寅	天 柱戊壬午 死开丁丑 地乙辛巳 壬子癸	合 芮壬丁丑 开死辛巳 阴辛丙子 戌乾亥	
旺衰		旺衰		旺衰

阴九局 己卯时

旺衰		旺衰		旺衰
	常 辅丁己卯 生生甲戌 虎癸戊寅 辰巽巳	值 任己甲戌 伤杜戊寅 天戊壬午 丙午丁	地 心乙辛巳 休开丙子 玄丙庚辰 未坤申	
旺衰	朱 禽丙庚辰 景惊乙亥 常丁己卯 甲卯乙	虎 冲癸戊寅 惊景壬午 合壬丁丑 戊五己	阴 蓬辛丙子 中死庚辰 蛇庚乙亥 庚酉辛	旺衰
	蛇 英庚乙亥 杜伤己卯 值己甲戌 丑艮寅	天 柱戊壬午 死中丁丑 地乙辛巳 壬子癸	合 芮壬丁丑 开休辛巳 阴辛丙子 戌乾亥	
旺衰		旺衰		旺衰

阴九局 庚辰时

旺衰		旺衰		旺衰
	合 芮壬丁丑 开惊辛巳 虎癸戊寅 辰巽巳	地 心乙辛巳 休伤丙子 天戊壬午 丙午丁	常 辅丁己卯 生中甲戌 玄丙庚辰 未坤申	
旺衰	虎 冲癸戊寅 惊开壬午 常丁己卯 甲卯乙	阴 蓬辛丙子 中生庚辰 合壬丁丑 戊五己	值 任己甲戌 伤休戊寅 蛇庚乙亥 庚酉辛	旺衰
	天 柱戊壬午 死死丁丑 值己甲戌 丑艮寅	朱 禽丙庚辰 景杜乙亥 地乙辛巳 壬子癸	蛇 英庚乙亥 杜景己卯 阴辛丙子 戌乾亥	
旺衰		旺衰		旺衰

阴九局 辛巳时

旺衰		旺衰		旺衰
	阴 蓬辛丙子 中开庚辰 虎癸戊寅 辰巽巳	朱 禽丙庚辰 景死乙亥 天戊壬午 丙午丁	虎 冲癸戊寅 惊杜壬午 玄丙庚辰 未坤申	
旺衰	合 芮壬丁丑 开中辛巳 常丁己卯 甲卯乙	蛇 英庚乙亥 杜惊己卯 合壬丁丑 戊五己	天 柱戊壬午 死景丁丑 蛇庚乙亥 庚酉辛	旺衰
	地 心乙辛巳 休休丙子 值己甲戌 丑艮寅	常 辅丁己卯 生伤甲戌 地乙辛巳 壬子癸	值 任己甲戌 伤生戊寅 阴辛丙子 戌乾亥	
旺衰		旺衰		旺衰

阴九局 壬午时

旺衰		旺衰		旺衰
	蛇 英庚乙亥 杜中己卯 虎癸戊寅 辰巽巳	常 辅丁己卯 生休甲戌 天戊壬午 丙午丁	合 芮壬丁丑 开伤辛巳 玄丙庚辰 未坤申	
旺衰	阴 蓬辛丙子 中杜庚辰 常丁己卯 甲卯乙	值 任己甲戌 伤开戊寅 合壬丁丑 戊五己	地 心乙辛巳 休生丙子 蛇庚乙亥 庚酉辛	旺衰
	朱 禽丙庚辰 景景乙亥 值己甲戌 丑艮寅	虎 冲癸戊寅 惊死壬午 地乙辛巳 壬子癸	天 柱戊壬午 死惊丁丑 阴辛丙子 戌乾亥	
旺衰		旺衰		旺衰

阴九局 癸未时

旺衰		旺衰		旺衰
	值 任己甲戌 伤杜戊寅 虎癸戊寅 辰巽巳	虎 冲癸戊寅 惊景壬午 天戊壬午 丙午丁	阴 蓬辛丙子 中死庚辰 玄丙庚辰 未坤申	
旺衰	蛇 英庚乙亥 杜伤己卯 常丁己卯 甲卯乙	天 柱戊壬午 死中丁丑 合壬丁丑 戊五己	朱 禽丙庚辰 景惊乙亥 蛇庚乙亥 庚酉辛	旺衰
	常 辅丁己卯 生生甲戌 值己甲戌 丑艮寅	合 芮壬丁丑 开休辛巳 地乙辛巳 壬子癸	地 心乙辛巳 休开丙子 阴辛丙子 戌乾亥	
旺衰		旺衰		旺衰

阴九局 甲申时

旺衰		旺衰		旺衰
	常 冲丙己丑 开杜壬辰 合癸丁亥 辰巽巳	值 柱庚甲申 休景丁亥 地戊辛卯 丙午丁	地 禽戊辛卯 生死乙酉 常丙己丑 未坤申	
旺衰	朱 辅乙庚寅 惊伤甲申 虎丁戊子 甲卯乙	虎 芮丁戊子 中中辛卯 阴壬丙戌 戊五己	阴 英壬丙戌 伤惊己丑 值庚甲申 庚酉辛	旺衰
	蛇 任辛乙酉 死生戊子 天己壬辰 丑艮寅	天 心己壬辰 景休丙戌 玄乙庚寅 壬子癸	合 蓬癸丁亥 杜开庚寅 蛇辛乙酉 戌乾亥	
旺衰		旺衰		旺衰

阴九局 乙酉时

旺衰		旺衰		旺衰
	朱 辅乙庚寅 景伤丙戌 合癸丁亥 辰巽巳	蛇 任辛乙酉 杜生庚寅 地戊辛卯 丙午丁	天 心己壬辰 死休戊子 常丙己丑 未坤申	
旺衰	地 禽戊辛卯 休死丁亥 虎丁戊子 甲卯乙	常 冲丙己丑 生杜乙酉 阴壬丙戌 戊五己	合 蓬癸丁亥 开开壬辰 值庚甲申 庚酉辛	旺衰
	阴 英壬丙戌 中惊辛卯 天己壬辰 丑艮寅	值 柱庚甲申 伤景己丑 玄乙庚寅 壬子癸	虎 芮丁戊子 惊中甲申 蛇辛乙酉 戌乾亥	
旺衰		旺衰		旺衰

阴九局 丙戌时

旺衰		旺衰		旺衰
	地 禽戊辛卯 生死乙酉 合癸丁亥 辰巽巳	阴 英壬丙戌 伤惊己丑 地戊辛卯 丙午丁	值 柱庚甲申 休景丁亥 常丙己丑 未坤申	
旺衰	天 心己壬辰 景休丙戌 虎丁戊子 甲卯乙	朱 辅乙庚寅 惊伤甲申 阴壬丙戌 戊五己	虎 芮丁戊子 中中辛卯 值庚甲申 庚酉辛	旺衰
	合 蓬癸丁亥 杜开庚寅 天己壬辰 丑艮寅	蛇 任辛乙酉 死生戊子 玄乙庚寅 壬子癸	常 冲丙己丑 开杜壬辰 蛇辛乙酉 戌乾亥	
旺衰		旺衰		旺衰

阴九局 丁亥时

旺衰		旺衰		旺衰
	天 心己壬辰 惊休甲申 合癸丁亥 辰巽巳	合 蓬癸丁亥 死开戊子 地戊辛卯 丙午丁	蛇 任辛乙酉 景生丙戌 常丙己丑 未坤申	
旺衰	值 柱庚甲申 生景乙酉 虎丁戊子 甲卯乙	地 禽戊辛卯 开死壬辰 阴壬丙戌 戊五己	常 冲丙己丑 杜杜庚寅 值庚甲申 庚酉辛	旺衰
	虎 芮丁戊子 伤中己丑 天己壬辰 丑艮寅	阴 英壬丙戌 休惊丁亥 玄乙庚寅 壬子癸	朱 辅乙庚寅 中伤辛卯 蛇辛乙酉 戌乾亥	
旺衰		旺衰		旺衰

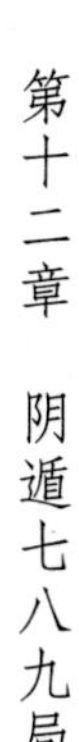

阴九局 戊子时

旺衰		旺衰		旺衰
	常 冲丙己丑 开景壬辰 合癸丁亥 辰巽巳	值 柱庚甲申 休中丁亥 地戊辛卯 丙午丁	地 禽戊辛卯 生惊乙酉 常丙己丑 未坤申	
旺衰	朱 辅乙庚寅 惊生甲申 虎丁戊子 甲卯乙	虎 芮丁戊子 中休辛卯 阴壬丙戌 戊五己	阴 英壬丙戌 伤伤己丑 值庚甲申 庚酉辛	旺衰
	蛇 任辛乙酉 死杜戊子 天己壬辰 丑艮寅	天 心己壬辰 景开丙戌 玄乙庚寅 壬子癸	合 蓬癸丁亥 杜死庚寅 蛇辛乙酉 戌乾亥	
旺衰		旺衰		旺衰

阴九局 己丑时

旺衰		旺衰		旺衰
	虎 芮丁戊子 中生辛卯 合癸丁亥 辰巽巳	天 心己壬辰 景杜丙戌 地戊辛卯 丙午丁	朱 辅乙庚寅 惊开甲申 常丙己丑 未坤申	
旺衰	常 冲丙己丑 开惊壬辰 虎丁戊子 甲卯乙	合 蓬癸丁亥 杜景庚寅 阴壬丙戌 戊五己	蛇 任辛乙酉 死死戊子 值庚甲申 庚酉辛	旺衰
	值 柱庚甲申 休伤丁亥 天己壬辰 丑艮寅	地 禽戊辛卯 生中乙酉 玄乙庚寅 壬子癸	阴 英壬丙戌 伤休己丑 蛇辛乙酉 戌乾亥	
旺衰		旺衰		旺衰

阴九局 庚寅时

旺衰		旺衰		旺衰
	常 冲丙己丑 开惊壬辰 合癸丁亥 辰巽巳	值 柱庚甲申 休伤丁亥 地戊辛卯 丙午丁	地 禽戊辛卯 生中乙酉 常丙己丑 未坤申	
旺衰	朱 辅乙庚寅 惊开甲申 虎丁戊子 甲卯乙	虎 芮丁戊子 中生辛卯 阴壬丙戌 戊五己	阴 英壬丙戌 伤休己丑 值庚甲申 庚酉辛	旺衰
	蛇 任辛乙酉 死死戊子 天己壬辰 丑艮寅	天 心己壬辰 景杜丙戌 玄乙庚寅 壬子癸	合 蓬癸丁亥 杜景庚寅 蛇辛乙酉 戌乾亥	
旺衰		旺衰		旺衰

阴九局 辛卯时

旺衰		旺衰		旺衰
	阴 英壬丙戌 伤开己丑 合癸丁亥 辰巽巳	朱 辅乙庚寅 惊死甲申 地戊辛卯 丙午丁	虎 芮丁戊子 中杜辛卯 常丙己丑 未坤申	
旺衰	合 蓬癸丁亥 杜中庚寅 虎丁戊子 甲卯乙	蛇 任辛乙酉 死惊戊子 阴壬丙戌 戊五己	天 心己壬辰 景景丙戌 值庚甲申 庚酉辛	旺衰
	地 禽戊辛卯 生休乙酉 天己壬辰 丑艮寅	常 冲丙己丑 开伤壬辰 玄乙庚寅 壬子癸	值 柱庚甲申 休生丁亥 蛇辛乙酉 戌乾亥	
旺衰		旺衰		旺衰

阴九局 壬辰时

旺衰		旺衰		旺衰
	蛇 任辛乙酉 死中戊子 合癸丁亥 辰巽巳	常 冲丙己丑 开休壬辰 地戊辛卯 丙午丁	合 蓬癸丁亥 杜伤庚寅 常丙己丑 未坤申	
旺衰	阴 英壬丙戌 伤杜己丑 虎丁戊子 甲卯乙	值 柱庚甲申 休开丁亥 阴壬丙戌 戊五己	地 禽戊辛卯 生生乙酉 值庚甲申 庚酉辛	旺衰
	朱 辅乙庚寅 惊景甲申 天己壬辰 丑艮寅	虎 芮丁戊子 中死辛卯 玄乙庚寅 壬子癸	天 心己壬辰 景惊丙戌 蛇辛乙酉 戌乾亥	
旺衰		旺衰		旺衰

阴九局 癸巳时

旺衰		旺衰		旺衰
	值 柱庚甲申 休杜丁亥 合癸丁亥 辰巽巳	虎 芮丁戊子 中景辛卯 地戊辛卯 丙午丁	阴 英壬丙戌 伤死己丑 常丙己丑 未坤申	
旺衰	蛇 任辛乙酉 死伤戊子 虎丁戊子 甲卯乙	天 心己壬辰 景中丙戌 阴壬丙戌 戊五己	朱 辅乙庚寅 惊惊甲申 值庚甲申 庚酉辛	旺衰
	常 冲丙己丑 开生壬辰 天己壬辰 丑艮寅	合 蓬癸丁亥 杜休庚寅 玄乙庚寅 壬子癸	地 禽戊辛卯 生开乙酉 蛇辛乙酉 戌乾亥	
旺衰		旺衰		旺衰

阴九局 甲午时

旺衰		旺衰		旺衰
	常 芮乙己亥 杜杜辛丑 阴癸丙申 辰巽巳	值 心辛甲午 生景丙申 玄戊庚子 丙午丁	地 辅己辛丑 开死甲午 虎丙戊戌 未坤申	
旺衰	朱 冲戊庚子 中伤壬寅 合丁丁酉 甲卯乙	虎 蓬丙戊戌 伤中庚子 蛇壬乙未 戊五己	阴 任癸丙申 休惊戊戌 天庚壬寅 庚酉辛	旺衰
	蛇 柱壬乙未 景生丁酉 地己辛丑 丑艮寅	天 禽庚壬寅 惊休乙未 常乙己亥 壬子癸	合 英丁丁酉 死开己亥 值辛甲午 戌乾亥	
旺衰		旺衰		旺衰

阴九局 乙未时

旺衰		旺衰		旺衰
	朱 冲戊庚子 惊伤乙未 阴癸丙申 辰巽巳	蛇 柱壬乙未 死生己亥 玄戊庚子 丙午丁	天 禽庚壬寅 景休丁酉 虎丙戊戌 未坤申	
旺衰	地 辅己辛丑 生死丙申 合丁丁酉 甲卯乙	常 芮乙己亥 开杜甲午 蛇壬乙未 戊五己	合 英丁丁酉 杜开辛丑 天庚壬寅 庚酉辛	旺衰
	阴 任癸丙申 伤惊庚子 地己辛丑 丑艮寅	值 心辛甲午 休景戊戌 常乙己亥 壬子癸	虎 蓬丙戊戌 中中壬寅 值辛甲午 戌乾亥	
旺衰		旺衰		旺衰

阴九局 丙申时

旺衰		旺衰		旺衰
	地 辅己辛丑 开死甲午 阴癸丙申 辰巽巳	阴 任癸丙申 休惊戊戌 玄戊庚子 丙午丁	值 心辛甲午 生景丙申 虎丙戊戌 未坤申	
旺衰	天 禽庚壬寅 惊休乙未 合丁丁酉 甲卯乙	朱 冲戊庚子 中伤壬寅 蛇壬乙未 戊五己	虎 蓬丙戊戌 伤中庚子 天庚壬寅 庚酉辛	旺衰
	合 英丁丁酉 死开己亥 地己辛丑 丑艮寅	蛇 柱壬乙未 景生丁酉 常乙己亥 壬子癸	常 芮乙己亥 杜杜辛丑 值辛甲午 戌乾亥	
旺衰		旺衰		旺衰

阴九局 丁酉时

旺衰		旺衰		旺衰
	天 禽庚壬寅 中休壬寅 阴癸丙申 辰巽巳	合 英丁丁酉 景开丁酉 玄戊庚子 丙午丁	蛇 柱壬乙未 惊生乙未 虎丙戊戌 未坤申	
旺衰	值 心辛甲午 开景甲午 合丁丁酉 甲卯乙	地 辅己辛丑 杜死辛丑 蛇壬乙未 戊五己	常 芮乙己亥 死杜己亥 天庚壬寅 庚酉辛	旺衰
	虎 蓬丙戊戌 休中戊戌 地己辛丑 丑艮寅	阴 任癸丙申 生惊丙申 常乙己亥 壬子癸	朱 冲戊庚子 伤伤庚子 值辛甲午 戌乾亥	
旺衰		旺衰		旺衰

阴九局 戊戌时

旺衰		旺衰		旺衰
	常 芮乙己亥 杜景辛丑 阴癸丙申 辰巽巳	值 心辛甲午 生中丙申 玄戊庚子 丙午丁	地 辅己辛丑 开惊甲午 虎丙戊戌 未坤申	
旺衰	朱 冲戊庚子 中生壬寅 合丁丁酉 甲卯乙	虎 蓬丙戊戌 伤休庚子 蛇壬乙未 戊五己	阴 任癸丙申 休伤戊戌 天庚壬寅 庚酉辛	旺衰
	蛇 柱壬乙未 景杜丁酉 地己辛丑 丑艮寅	天 禽庚壬寅 惊开乙未 常乙己亥 壬子癸	合 英丁丁酉 死死己亥 值辛甲午 戌乾亥	
旺衰		旺衰		旺衰

阴九局 己亥时

旺衰		旺衰		旺衰
	虎 蓬丙戊戌 伤生庚子 阴癸丙申 辰巽巳	天 禽庚壬寅 惊杜乙未 玄戊庚子 丙午丁	朱 冲戊庚子 中开壬寅 虎丙戊戌 未坤申	
旺衰	常 芮乙己亥 杜惊辛丑 合丁丁酉 甲卯乙	合 英丁丁酉 死景己亥 蛇壬乙未 戊五己	蛇 柱壬乙未 景死丁酉 天庚壬寅 庚酉辛	旺衰
	值 心辛甲午 生伤丙申 地己辛丑 丑艮寅	地 辅己辛丑 开中甲午 常乙己亥 壬子癸	阴 任癸丙申 休休戊戌 值辛甲午 戌乾亥	
旺衰		旺衰		旺衰

阴九局 庚子时

旺衰		旺衰		旺衰
	合 英丁丁酉 死惊己亥 阴癸丙申 辰巽巳	地 辅己辛丑 开伤甲午 玄戊庚子 丙午丁	常 芮乙己亥 杜中辛丑 虎丙戊戌 未坤申	
旺衰	虎 蓬丙戊戌 伤开庚子 合丁丁酉 甲卯乙	阴 任癸丙申 休生戊戌 蛇壬乙未 戊五己	值 心辛甲午 生休丙申 天庚壬寅 庚酉辛	旺衰
	天 禽庚壬寅 惊死乙未 地己辛丑 丑艮寅	朱 冲戊庚子 中杜壬寅 常乙己亥 壬子癸	蛇 柱壬乙未 景景丁酉 值辛甲午 戌乾亥	
旺衰		旺衰		旺衰

阴九局 辛丑时

旺衰		旺衰		旺衰
	常 芮乙己亥 杜开辛丑 阴癸丙申 辰巽巳	值 心辛甲午 生死丙申 玄戊庚子 丙午丁	地 辅己辛丑 开杜甲午 虎丙戊戌 未坤申	
旺衰	朱 冲戊庚子 中中壬寅 合丁丁酉 甲卯乙	虎 蓬丙戊戌 伤惊庚子 蛇壬乙未 戊五己	阴 任癸丙申 休景戊戌 天庚壬寅 庚酉辛	旺衰
	蛇 柱壬乙未 景休丁酉 地己辛丑 丑艮寅	天 禽庚壬寅 惊伤乙未 常乙己亥 壬子癸	合 英丁丁酉 死生己亥 值辛甲午 戌乾亥	
旺衰		旺衰		旺衰

阴九局 壬寅时

旺衰		旺衰		旺衰
	蛇 柱壬乙未 景中丁酉 阴癸丙申 辰巽巳	常 芮乙己亥 杜休辛丑 玄戊庚子 丙午丁	合 英丁丁酉 死伤己亥 虎丙戊戌 未坤申	
旺衰	阴 任癸丙申 休杜戊戌 合丁丁酉 甲卯乙	值 心辛甲午 生开丙申 蛇壬乙未 戊五己	地 辅己辛丑 开生甲午 天庚壬寅 庚酉辛	旺衰
	朱 冲戊庚子 中景壬寅 地己辛丑 丑艮寅	虎 蓬丙戊戌 伤死庚子 常乙己亥 壬子癸	天 禽庚壬寅 惊惊乙未 值辛甲午 戌乾亥	
旺衰		旺衰		旺衰

阴九局 癸卯时

旺衰		旺衰		旺衰
	值 心辛甲午 生杜丙申 阴癸丙申 辰巽巳	虎 蓬丙戊戌 伤景庚子 玄戊庚子 丙午丁	阴 任癸丙申 休死戊戌 虎丙戊戌 未坤申	
旺衰	蛇 柱壬乙未 景伤丁酉 合丁丁酉 甲卯乙	天 禽庚壬寅 惊中乙未 蛇壬乙未 戊五己	朱 冲戊庚子 中惊壬寅 天庚壬寅 庚酉辛	旺衰
	常 芮乙己亥 杜生辛丑 地己辛丑 丑艮寅	合 英丁丁酉 死休己亥 常乙己亥 壬子癸	地 辅己辛丑 开开甲午 值辛甲午 戌乾亥	
旺衰		旺衰		旺衰

阴九局 甲辰时

旺衰		旺衰		旺衰
	常 蓬戊己酉 死杜庚戌 蛇癸乙巳 辰巽巳	值 禽壬甲辰 开景乙巳 常戊己酉 丙午丁	地 冲庚辛亥 杜死壬子 合丙丁未 未坤申	
旺衰	朱 芮己庚戌 伤伤辛亥 阴丁丙午 甲卯乙	虎 英乙戊申 休中己酉 值壬甲辰 戊五己	阴 柱丁丙午 生惊丁未 地庚辛亥 庚酉辛	旺衰
	蛇 心癸乙巳 惊生丙午 玄己庚戌 丑艮寅	天 辅辛壬子 中休甲辰 虎乙戊申 壬子癸	合 任丙丁未 景开戊申 天辛壬子 戌乾亥	
旺衰		旺衰		旺衰

阴九局 乙巳时

旺衰		旺衰		旺衰
	朱 芮己庚戌 中伤甲辰 蛇癸乙巳 辰巽巳	蛇 心癸乙巳 景生戊申 常戊己酉 丙午丁	天 辅辛壬子 惊休丙午 合丙丁未 未坤申	
旺衰	地 冲庚辛亥 开死乙巳 阴丁丙午 甲卯乙	常 蓬戊己酉 杜杜壬子 值壬甲辰 戊五己	合 任丙丁未 死开庚戌 地庚辛亥 庚酉辛	旺衰
	阴 柱丁丙午 休惊己酉 玄己庚戌 丑艮寅	值 禽壬甲辰 生景丁未 虎乙戊申 壬子癸	虎 英乙戊申 伤中辛亥 天辛壬子 戌乾亥	
旺衰		旺衰		旺衰

阴九局 丙午时

旺衰		旺衰		旺衰
	地 冲庚辛亥 杜死壬子 蛇癸乙巳 辰巽巳	阴 柱丁丙午 生惊丁未 常戊己酉 丙午丁	值 禽壬甲辰 开景乙巳 合丙丁未 未坤申	
旺衰	天 辅辛壬子 中休甲辰 阴丁丙午 甲卯乙	朱 芮己庚戌 伤伤辛亥 值壬甲辰 戊五己	虎 英乙戊申 休中己酉 地庚辛亥 庚酉辛	旺衰
	合 任丙丁未 景开戊申 玄己庚戌 丑艮寅	蛇 心癸乙巳 惊生丙午 虎乙戊申 壬子癸	常 蓬戊己酉 死杜庚戌 天辛壬子 戌乾亥	
旺衰		旺衰		旺衰

阴九局 丁未时

旺衰		旺衰		旺衰
	天 辅辛壬子 伤休辛亥 蛇癸乙巳 辰巽巳	合 任丙丁未 惊开丙午 常戊己酉 丙午丁	蛇 心癸乙巳 中生甲辰 合丙丁未 未坤申	
旺衰	值 禽壬甲辰 杜景壬子 阴丁丙午 甲卯乙	地 冲庚辛亥 死死庚戌 值壬甲辰 戊五己	常 蓬戊己酉 景杜戊申 地庚辛亥 庚酉辛	旺衰
	虎 英乙戊申 生中丁未 玄己庚戌 丑艮寅	阴 柱丁丙午 开惊乙巳 虎乙戊申 壬子癸	朱 芮己庚戌 休伤己酉 天辛壬子 戌乾亥	
旺衰		旺衰		旺衰

阴九局 戊申时

旺衰		旺衰		旺衰
	常 蓬戊己酉 死景庚戌 蛇癸乙巳 辰巽巳	值 禽壬甲辰 开中乙巳 常戊己酉 丙午丁	地 冲庚辛亥 杜惊壬子 合丙丁未 未坤申	
旺衰	朱 芮己庚戌 伤生辛亥 阴丁丙午 甲卯乙	虎 英乙戊申 休休己酉 值壬甲辰 戊五己	阴 柱丁丙午 生伤丁未 地庚辛亥 庚酉辛	旺衰
	蛇 心癸乙巳 惊杜丙午 玄己庚戌 丑艮寅	天 辅辛壬子 中开甲辰 虎乙戊申 壬子癸	合 任丙丁未 景死戊申 天辛壬子 戌乾亥	
旺衰		旺衰		旺衰

阴九局 己酉时

旺衰		旺衰		旺衰
	虎 英乙戊申 休生己酉 蛇癸乙巳 辰巽巳	天 辅辛壬子 中杜甲辰 常戊己酉 丙午丁	朱 芮己庚戌 伤开辛亥 合丙丁未 未坤申	
旺衰	常 蓬戊己酉 死惊庚戌 阴丁丙午 甲卯乙	合 任丙丁未 景景戊申 值壬甲辰 戊五己	蛇 心癸乙巳 惊死丙午 地庚辛亥 庚酉辛	旺衰
	值 禽壬甲辰 开伤乙巳 玄己庚戌 丑艮寅	地 冲庚辛亥 杜中壬子 虎乙戊申 壬子癸	阴 柱丁丙午 生休丁未 天辛壬子 戌乾亥	
旺衰		旺衰		旺衰

阴九局 庚戌时

旺衰		旺衰		旺衰
	合 任丙丁未 景惊戊申 蛇癸乙巳 辰巽巳	地 冲庚辛亥 杜伤壬子 常戊己酉 丙午丁	常 蓬戊己酉 死中庚戌 合丙丁未 未坤申	
旺衰	虎 英乙戊申 休开己酉 阴丁丙午 甲卯乙	阴 柱丁丙午 生生丁未 值壬甲辰 戊五己	值 禽壬甲辰 开休乙巳 地庚辛亥 庚酉辛	旺衰
	天 辅辛壬子 中死甲辰 玄己庚戌 丑艮寅	朱 芮己庚戌 伤杜辛亥 虎乙戊申 壬子癸	蛇 心癸乙巳 惊景丙午 天辛壬子 戌乾亥	
旺衰		旺衰		旺衰

阴九局 辛亥时

旺衰		旺衰		旺衰
	阴 柱丁丙午 生开丁未 蛇癸乙巳 辰巽巳	朱 芮己庚戌 伤死辛亥 常戊己酉 丙午丁	虎 英乙戊申 休杜己酉 合丙丁未 未坤申	
旺衰	合 任丙丁未 景中戊申 阴丁丙午 甲卯乙	蛇 心癸乙巳 惊惊丙午 值壬甲辰 戊五己	天 辅辛壬子 中景甲辰 地庚辛亥 庚酉辛	旺衰
	地 冲庚辛亥 杜休壬子 玄己庚戌 丑艮寅	常 蓬戊己酉 死伤庚戌 虎乙戊申 壬子癸	值 禽壬甲辰 开生乙巳 天辛壬子 戌乾亥	
旺衰		旺衰		旺衰

阴九局 壬子时

旺衰		旺衰		旺衰
	常 蓬戊己酉 死中庚戌 蛇癸乙巳 辰巽巳	值 禽壬甲辰 开休乙巳 常戊己酉 丙午丁	地 冲庚辛亥 杜伤壬子 合丙丁未 未坤申	
旺衰	朱 芮己庚戌 伤杜辛亥 阴丁丙午 甲卯乙	虎 英乙戊申 休开己酉 值壬甲辰 戊五己	阴 柱丁丙午 生生丁未 地庚辛亥 庚酉辛	旺衰
	蛇 心癸乙巳 惊景丙午 玄己庚戌 丑艮寅	天 辅辛壬子 中死甲辰 虎乙戊申 壬子癸	合 任丙丁未 景惊戊申 天辛壬子 戌乾亥	
旺衰		旺衰		旺衰

阴九局 癸丑时

旺衰		旺衰		旺衰
	值 禽壬甲辰 开杜乙巳 蛇癸乙巳 辰巽巳	虎 英乙戊申 休景己酉 常戊己酉 丙午丁	阴 柱丁丙午 生死丁未 合丙丁未 未坤申	
旺衰	蛇 心癸乙巳 惊伤丙午 阴丁丙午 甲卯乙	天 辅辛壬子 中中甲辰 值壬甲辰 戊五己	朱 芮己庚戌 伤惊辛亥 地庚辛亥 庚酉辛	旺衰
	常 蓬戊己酉 死生庚戌 玄己庚戌 丑艮寅	合 任丙丁未 景休戊申 虎乙戊申 壬子癸	地 冲庚辛亥 杜开壬子 天辛壬子 戌乾亥	
旺衰		旺衰		旺衰

阴九局 甲寅时

旺衰		旺衰		旺衰
	常 英己己未 景杜己未 值癸甲寅 辰巽巳	值 辅癸甲寅 杜景甲寅 虎戊戊午 丙午丁	地 芮辛辛酉 死死辛酉 阴丙丙辰 未坤申	
旺衰	朱 蓬庚庚申 休伤庚申 蛇丁乙卯 甲卯乙	虎 任戊戊午 生中戊午 天壬壬戌 戊五己	阴 心丙丙辰 开惊丙辰 玄庚庚申 庚酉辛	旺衰
	蛇 禽丁乙卯 中生乙卯 常己己未 丑艮寅	天 冲壬壬戌 伤休壬戌 合乙丁巳 壬子癸	合 柱乙丁巳 惊开丁巳 地辛辛酉 戌乾亥	
旺衰		旺衰		旺衰

阴九局 乙卯时

旺衰		旺衰		旺衰
	朱 蓬庚庚申 伤伤壬戌 值癸甲寅 辰巽巳	蛇 禽丁乙卯 惊生丁巳 虎戊戊午 丙午丁	天 冲壬壬戌 中休乙卯 阴丙丙辰 未坤申	
旺衰	地 芮辛辛酉 杜死甲寅 蛇丁乙卯 甲卯乙	常 英己己未 死杜辛酉 天壬壬戌 戊五己	合 柱乙丁巳 景开己未 玄庚庚申 庚酉辛	旺衰
	阴 心丙丙辰 生惊戊午 常己己未 丑艮寅	值 辅癸甲寅 开景丙辰 合乙丁巳 壬子癸	虎 任戊戊午 休中庚申 地辛辛酉 戌乾亥	
旺衰		旺衰		旺衰

阴九局 丙辰时

旺衰		旺衰		旺衰
	地 芮辛辛酉 死死辛酉 值癸甲寅 辰巽巳	阴 心丙丙辰 开惊丙辰 虎戊戊午 丙午丁	值 辅癸甲寅 杜景甲寅 阴丙丙辰 未坤申	
旺衰	天 冲壬壬戌 伤休壬戌 蛇丁乙卯 甲卯乙	朱 蓬庚庚申 休伤庚申 天壬壬戌 戊五己	虎 任戊戊午 生中戊午 玄庚庚申 庚酉辛	旺衰
	合 柱乙丁巳 惊开丁巳 常己己未 丑艮寅	蛇 禽丁乙卯 中生乙卯 合乙丁巳 壬子癸	常 英己己未 景杜己未 地辛辛酉 戌乾亥	
旺衰		旺衰		旺衰

阴九局 丁巳时

旺衰		旺衰		旺衰
	天 冲壬壬戌 休休庚申 值癸甲寅 辰巽巳	合 柱乙丁巳 中开乙卯 虎戊戊午 丙午丁	蛇 禽丁乙卯 伤生壬戌 阴丙丙辰 未坤申	
旺衰	值 辅癸甲寅 死景辛酉 蛇丁乙卯 甲卯乙	地 芮辛辛酉 景死己未 天壬壬戌 戊五己	常 英己己未 惊杜丁巳 玄庚庚申 庚酉辛	旺衰
	虎 任戊戊午 开中丙辰 常己己未 丑艮寅	阴 心丙丙辰 杜惊甲寅 合乙丁巳 壬子癸	朱 蓬庚庚申 生伤戊午 地辛辛酉 戌乾亥	
旺衰		旺衰		旺衰

阴九局 戊午时

旺衰		旺衰		旺衰
	常 英己己未 景景己未 值癸甲寅 辰巽巳	值 辅癸甲寅 杜中甲寅 虎戊戊午 丙午丁	地 芮辛辛酉 死惊辛酉 阴丙丙辰 未坤申	
旺衰	朱 蓬庚庚申 休生庚申 蛇丁乙卯 甲卯乙	虎 任戊戊午 生休戊午 天壬壬戌 戊五己	阴 心丙丙辰 开伤丙辰 玄庚庚申 庚酉辛	旺衰
	蛇 禽丁乙卯 中杜乙卯 常己己未 丑艮寅	天 冲壬壬戌 伤开壬戌 合乙丁巳 壬子癸	合 柱乙丁巳 惊死丁巳 地辛辛酉 戌乾亥	
旺衰		旺衰		旺衰

阴九局 己未时

旺衰		旺衰		旺衰
	虎 任戊戊午 生生戊午 值癸甲寅 辰巽巳	天 冲壬壬戌 伤杜壬戌 虎戊戊午 丙午丁	朱 蓬庚庚申 休开庚申 阴丙丙辰 未坤申	
旺衰	常 英己己未 景惊己未 蛇丁乙卯 甲卯乙	合 柱乙丁巳 惊景丁巳 天壬壬戌 戊五己	蛇 禽丁乙卯 中死乙卯 玄庚庚申 庚酉辛	旺衰
	值 辅癸甲寅 杜伤甲寅 常己己未 丑艮寅	地 芮辛辛酉 死中辛酉 合乙丁巳 壬子癸	阴 心丙丙辰 开休丙辰 地辛辛酉 戌乾亥	
旺衰		旺衰		旺衰

阴九局 庚申时

旺衰		旺衰		旺衰
	合 柱乙丁巳 惊惊丁巳 值癸甲寅 辰巽巳	地 芮辛辛酉 死伤辛酉 虎戊戊午 丙午丁	常 英己己未 景中己未 阴丙丙辰 未坤申	
旺衰	虎 任戊戊午 生开戊午 蛇丁乙卯 甲卯乙	阴 心丙丙辰 开生丙辰 天壬壬戌 戊五己	值 辅癸甲寅 杜休甲寅 玄庚庚申 庚酉辛	旺衰
	天 冲壬壬戌 伤死壬戌 常己己未 丑艮寅	朱 蓬庚庚申 休杜庚申 合乙丁巳 壬子癸	蛇 禽丁乙卯 中景乙卯 地辛辛酉 戌乾亥	
旺衰		旺衰		旺衰

阴九局 辛酉时

旺衰		旺衰		旺衰
	阴 心丙丙辰 开开丙辰 值癸甲寅 辰巽巳	朱 蓬庚庚申 休死庚申 虎戊戊午 丙午丁	虎 任戊戊午 生杜戊午 阴丙丙辰 未坤申	
旺衰	合 柱乙丁巳 惊中丁巳 蛇丁乙卯 甲卯乙	蛇 禽丁乙卯 中惊乙卯 天壬壬戌 戊五己	天 冲壬壬戌 伤景壬戌 玄庚庚申 庚酉辛	旺衰
	地 芮辛辛酉 死休辛酉 常己己未 丑艮寅	常 英己己未 景伤己未 合乙丁巳 壬子癸	值 辅癸甲寅 杜生甲寅 地辛辛酉 戌乾亥	
旺衰		旺衰		旺衰

阴九局 壬戌时

旺衰		旺衰		旺衰
	蛇 禽丁乙卯 中中乙卯 值癸甲寅 辰巽巳	常 英己己未 景休己未 虎戊戊午 丙午丁	合 柱乙丁巳 惊伤丁巳 阴丙丙辰 未坤申	
旺衰	阴 心丙丙辰 开杜丙辰 蛇丁乙卯 甲卯乙	值 辅癸甲寅 杜开甲寅 天壬壬戌 戊五己	地 芮辛辛酉 死生辛酉 玄庚庚申 庚酉辛	旺衰
	朱 蓬庚庚申 休景庚申 常己己未 丑艮寅	虎 任戊戊午 生死戊午 合乙丁巳 壬子癸	天 冲壬壬戌 伤惊壬戌 地辛辛酉 戌乾亥	
旺衰		旺衰		旺衰

阴九局 癸亥时

旺衰		旺衰		旺衰
	常 英己己未 景杜己未 值癸甲寅 辰巽巳	值 辅癸甲寅 杜景甲寅 虎戊戊午 丙午丁	地 芮辛辛酉 死死辛酉 阴丙丙辰 未坤申	
旺衰	朱 蓬庚庚申 休伤庚申 蛇丁乙卯 甲卯乙	虎 任戊戊午 生中戊午 天壬壬戌 戊五己	阴 心丙丙辰 开惊丙辰 玄庚庚申 庚酉辛	旺衰
	蛇 禽丁乙卯 中生乙卯 常己己未 丑艮寅	天 冲壬壬戌 伤休壬戌 合乙丁巳 壬子癸	合 柱乙丁巳 惊开丁巳 地辛辛酉 戌乾亥	
旺衰		旺衰		旺衰

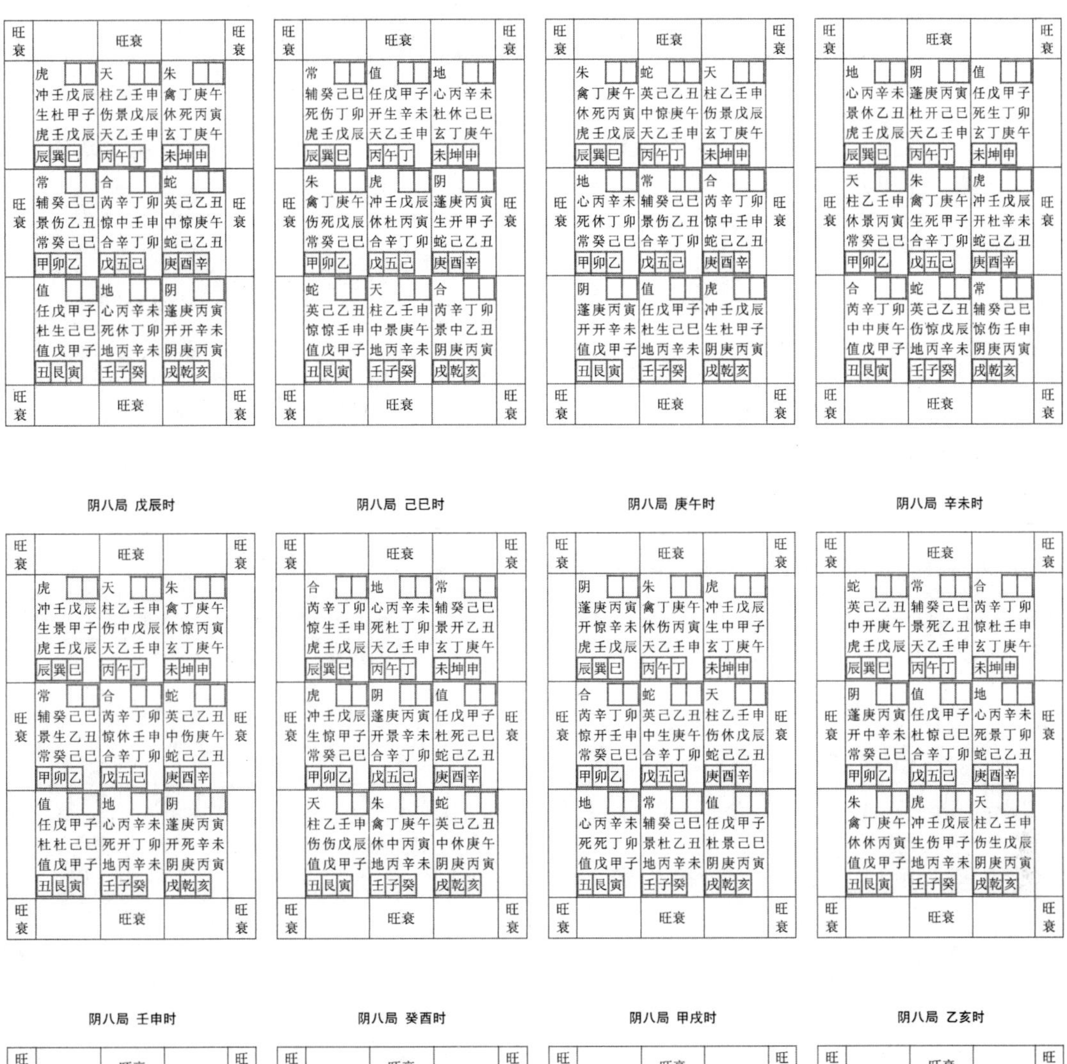

阴八局 甲子时

旺衰		旺衰		旺衰
	虎 冲壬戊辰 生杜甲子 虎壬戊辰 辰巽巳	天 柱乙壬申 伤景戊辰 天乙壬申 丙午丁	朱 禽丁庚午 休死丙寅 玄丁庚午 未坤申	
旺衰	常 辅癸己巳 景伤乙丑 常癸己巳 甲卯乙	合 芮辛丁卯 惊中壬申 合辛丁卯 戊五己	蛇 英己乙丑 中惊庚午 蛇己乙丑 庚酉辛	旺衰
	值 任戊甲子 杜生己巳 值戊甲子 丑艮寅	地 心丙辛未 死休丁卯 地丙辛未 壬子癸	阴 蓬庚丙寅 开开辛未 阴庚丙寅 戌乾亥	
旺衰		旺衰		旺衰

阴八局 乙丑时

旺衰		旺衰		旺衰
	常 辅癸己巳 死伤丁卯 虎壬戊辰 辰巽巳	值 任戊甲子 开生辛未 天乙壬申 丙午丁	地 心丙辛未 杜休己巳 玄丁庚午 未坤申	
旺衰	朱 禽丁庚午 伤死戊辰 常癸己巳 甲卯乙	虎 冲壬戊辰 休杜丙寅 合辛丁卯 戊五己	阴 蓬庚丙寅 生开甲子 蛇己乙丑 庚酉辛	旺衰
	蛇 英己乙丑 惊惊壬申 值戊甲子 丑艮寅	天 柱乙壬申 中景庚午 地丙辛未 壬子癸	合 芮辛丁卯 景中乙丑 阴庚丙寅 戌乾亥	
旺衰		旺衰		旺衰

阴八局 丙寅时

旺衰		旺衰		旺衰
	朱 禽丁庚午 休死丙寅 虎壬戊辰 辰巽巳	蛇 英己乙丑 中惊庚午 天乙壬申 丙午丁	天 柱乙壬申 伤景戊辰 玄丁庚午 未坤申	
旺衰	地 心丙辛未 死休丁卯 常癸己巳 甲卯乙	常 辅癸己巳 景伤乙丑 合辛丁卯 戊五己	合 芮辛丁卯 惊中壬申 蛇己乙丑 庚酉辛	旺衰
	阴 蓬庚丙寅 开开辛未 值戊甲子 丑艮寅	值 任戊甲子 杜生己巳 地丙辛未 壬子癸	虎 冲壬戊辰 生杜甲子 阴庚丙寅 戌乾亥	
旺衰		旺衰		旺衰

阴八局 丁卯时

旺衰		旺衰		旺衰
	地 心丙辛未 景休乙丑 虎壬戊辰 辰巽巳	阴 蓬庚丙寅 杜开己巳 天乙壬申 丙午丁	值 任戊甲子 死生丁卯 玄丁庚午 未坤申	
旺衰	天 柱乙壬申 休景丙寅 常癸己巳 甲卯乙	朱 禽丁庚午 生死甲子 合辛丁卯 戊五己	虎 冲壬戊辰 开杜辛未 蛇己乙丑 庚酉辛	旺衰
	合 芮辛丁卯 中中庚午 值戊甲子 丑艮寅	蛇 英己乙丑 伤惊戊辰 地丙辛未 壬子癸	常 辅癸己巳 惊伤壬申 阴庚丙寅 戌乾亥	
旺衰		旺衰		旺衰

阴八局 戊辰时

旺衰		旺衰		旺衰
	虎 冲壬戊辰 生景甲子 虎壬戊辰 辰巽巳	天 柱乙壬申 伤中戊辰 天乙壬申 丙午丁	朱 禽丁庚午 休惊丙寅 玄丁庚午 未坤申	
旺衰	常 辅癸己巳 景生乙丑 常癸己巳 甲卯乙	合 芮辛丁卯 惊休壬申 合辛丁卯 戊五己	蛇 英己乙丑 中伤庚午 蛇己乙丑 庚酉辛	旺衰
	值 任戊甲子 杜杜己巳 值戊甲子 丑艮寅	地 心丙辛未 死开丁卯 地丙辛未 壬子癸	阴 蓬庚丙寅 开死辛未 阴庚丙寅 戌乾亥	
旺衰		旺衰		旺衰

阴八局 己巳时

旺衰		旺衰		旺衰
	合 芮辛丁卯 惊生壬申 虎壬戊辰 辰巽巳	地 心丙辛未 死杜丁卯 天乙壬申 丙午丁	常 辅癸己巳 景开乙丑 玄丁庚午 未坤申	
旺衰	虎 冲壬戊辰 生惊甲子 常癸己巳 甲卯乙	阴 蓬庚丙寅 开景辛未 合辛丁卯 戊五己	值 任戊甲子 杜死己巳 蛇己乙丑 庚酉辛	旺衰
	天 柱乙壬申 伤伤戊辰 值戊甲子 丑艮寅	朱 禽丁庚午 休中丙寅 地丙辛未 壬子癸	蛇 英己乙丑 中休庚午 阴庚丙寅 戌乾亥	
旺衰		旺衰		旺衰

阴八局 庚午时

旺衰		旺衰		旺衰
	阴 蓬庚丙寅 开惊辛未 虎壬戊辰 辰巽巳	朱 禽丁庚午 休伤丙寅 天乙壬申 丙午丁	虎 冲壬戊辰 生中甲子 玄丁庚午 未坤申	
旺衰	合 芮辛丁卯 惊开壬申 常癸己巳 甲卯乙	蛇 英己乙丑 中生庚午 合辛丁卯 戊五己	天 柱乙壬申 伤休戊辰 蛇己乙丑 庚酉辛	旺衰
	地 心丙辛未 死死丁卯 值戊甲子 丑艮寅	常 辅癸己巳 景杜乙丑 地丙辛未 壬子癸	值 任戊甲子 杜景己巳 阴庚丙寅 戌乾亥	
旺衰		旺衰		旺衰

阴八局 辛未时

旺衰		旺衰		旺衰
	蛇 英己乙丑 中开庚午 虎壬戊辰 辰巽巳	常 辅癸己巳 景死乙丑 天乙壬申 丙午丁	合 芮辛丁卯 惊杜壬申 玄丁庚午 未坤申	
旺衰	阴 蓬庚丙寅 开中辛未 常癸己巳 甲卯乙	值 任戊甲子 杜惊己巳 合辛丁卯 戊五己	地 心丙辛未 死景丁卯 蛇己乙丑 庚酉辛	旺衰
	朱 禽丁庚午 休休丙寅 值戊甲子 丑艮寅	虎 冲壬戊辰 生伤甲子 地丙辛未 壬子癸	天 柱乙壬申 伤生戊辰 阴庚丙寅 戌乾亥	
旺衰		旺衰		旺衰

阴八局 壬申时

旺衰		旺衰		旺衰
	值 任戊甲子 杜中己巳 虎壬戊辰 辰巽巳	虎 冲壬戊辰 生休甲子 天乙壬申 丙午丁	阴 蓬庚丙寅 开伤辛未 玄丁庚午 未坤申	
旺衰	蛇 英己乙丑 中杜庚午 常癸己巳 甲卯乙	天 柱乙壬申 伤开戊辰 合辛丁卯 戊五己	朱 禽丁庚午 休生丙寅 蛇己乙丑 庚酉辛	旺衰
	常 辅癸己巳 景景乙丑 值戊甲子 丑艮寅	合 芮辛丁卯 惊死壬申 地丙辛未 壬子癸	地 心丙辛未 死惊丁卯 阴庚丙寅 戌乾亥	
旺衰		旺衰		旺衰

阴八局 癸酉时

旺衰		旺衰		旺衰
	天 柱乙壬申 伤杜戊辰 虎壬戊辰 辰巽巳	合 芮辛丁卯 惊景壬申 天乙壬申 丙午丁	蛇 英己乙丑 中死庚午 玄丁庚午 未坤申	
旺衰	值 任戊甲子 杜伤己巳 常癸己巳 甲卯乙	地 心丙辛未 死中丁卯 合辛丁卯 戊五己	常 辅癸己巳 景惊乙丑 蛇己乙丑 庚酉辛	旺衰
	虎 冲壬戊辰 生生甲子 值戊甲子 丑艮寅	阴 蓬庚丙寅 开休辛未 地丙辛未 壬子癸	朱 禽丁庚午 休开丙寅 阴庚丙寅 戌乾亥	
旺衰		旺衰		旺衰

阴八局 甲戌时

旺衰		旺衰		旺衰
	虎 芮癸戊寅 开杜壬午 合壬丁丑 辰巽巳	天 心戊壬午 休景丁丑 地乙辛巳 丙午丁	朱 辅丙庚辰 生死乙亥 常丁己卯 未坤申	
旺衰	常 冲丁己卯 惊伤甲戌 虎癸戊寅 甲卯乙	合 蓬壬丁丑 中中辛巳 阴辛丙子 戊五己	蛇 任庚乙亥 伤惊己卯 值己甲戌 庚酉辛	旺衰
	值 柱己甲戌 死生戊寅 天戊壬午 丑艮寅	地 禽乙辛巳 景休丙子 玄丙庚辰 壬子癸	阴 英辛丙子 杜开庚辰 蛇庚乙亥 戌乾亥	
旺衰		旺衰		旺衰

阴八局 乙亥时

旺衰		旺衰		旺衰
	常 冲丁己卯 景伤丙子 合壬丁丑 辰巽巳	值 柱己甲戌 杜生庚辰 地乙辛巳 丙午丁	地 禽乙辛巳 死休戊寅 常丁己卯 未坤申	
旺衰	朱 辅丙庚辰 休死丁丑 虎癸戊寅 甲卯乙	虎 芮癸戊寅 生杜乙亥 阴辛丙子 戊五己	阴 英辛丙子 开开壬午 值己甲戌 庚酉辛	旺衰
	蛇 任庚乙亥 中惊辛巳 天戊壬午 丑艮寅	天 心戊壬午 伤景己卯 玄丙庚辰 壬子癸	合 蓬壬丁丑 惊中甲戌 蛇庚乙亥 戌乾亥	
旺衰		旺衰		旺衰

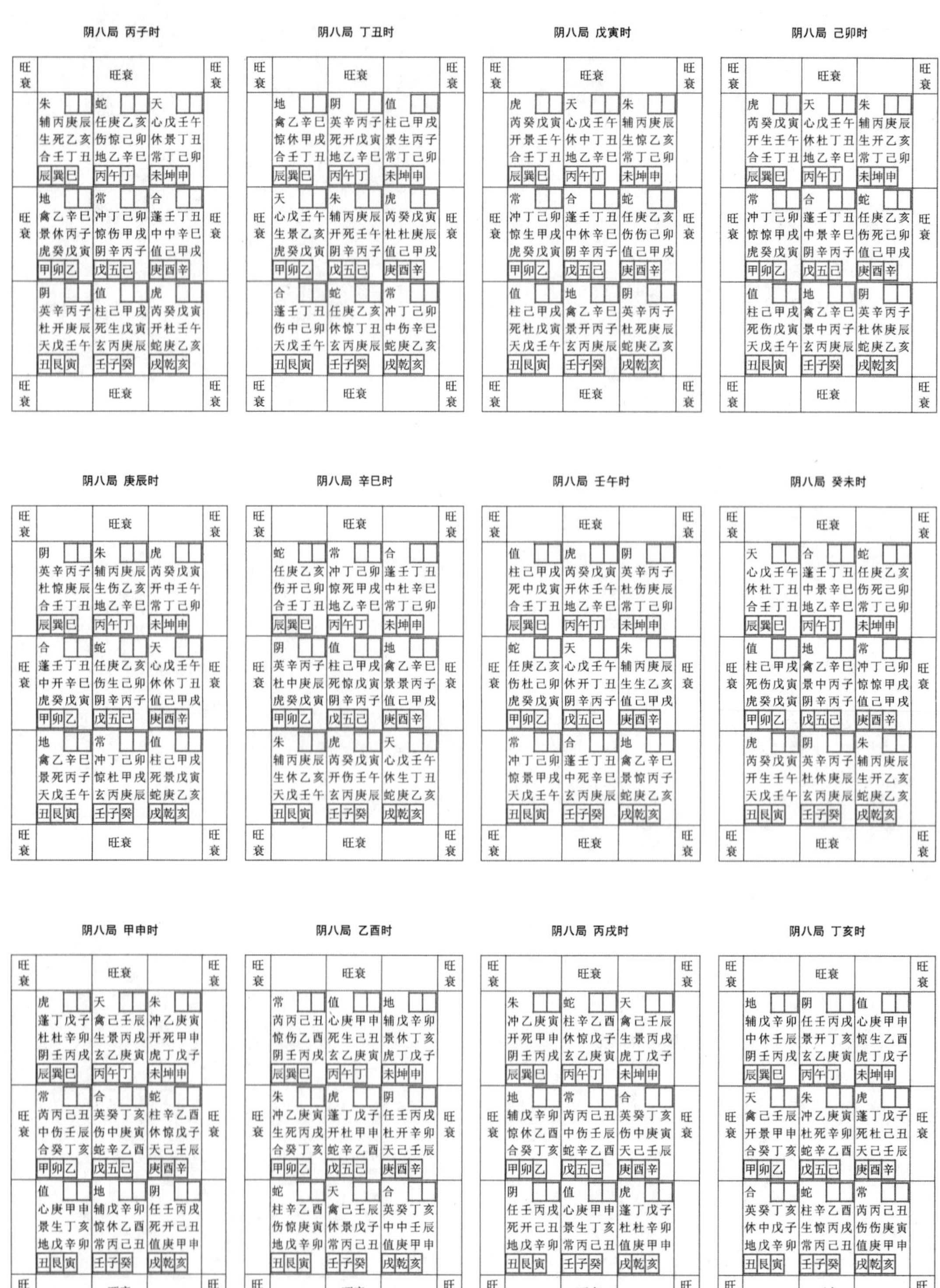

阴八局 丙子时

旺衰		旺衰		旺衰
	朱 辅丙庚辰 生死乙亥 合壬丁丑 辰巽巳	蛇 任庚乙亥 伤惊己卯 地乙辛巳 丙午丁	天 心戊壬午 休景丁丑 常丁己卯 未坤申	
旺衰	地 禽乙辛巳 景休丙子 虎癸戊寅 甲卯乙	常 冲丁己卯 惊伤甲戌 阴辛丙子 戊五己	合 蓬壬丁丑 中中辛巳 值己甲戌 庚酉辛	旺衰
	阴 英辛丙子 杜开庚辰 天戊壬午 丑艮寅	值 柱己甲戌 死生戊寅 玄丙庚辰 壬子癸	虎 芮癸戊寅 开杜壬午 蛇庚乙亥 戌乾亥	
旺衰		旺衰		旺衰

阴八局 丁丑时

旺衰		旺衰		旺衰
	地 禽乙辛巳 惊休甲戌 合壬丁丑 辰巽巳	阴 英辛丙子 死开戊寅 地乙辛巳 丙午丁	值 柱己甲戌 景生丙子 常丁己卯 未坤申	
旺衰	天 心戊壬午 生景乙亥 虎癸戊寅 甲卯乙	朱 辅丙庚辰 开死壬午 阴辛丙子 戊五己	虎 芮癸戊寅 杜杜庚辰 值己甲戌 庚酉辛	旺衰
	合 蓬壬丁丑 伤中己卯 天戊壬午 丑艮寅	蛇 任庚乙亥 休惊丁丑 玄丙庚辰 壬子癸	常 冲丁己卯 中伤辛巳 蛇庚乙亥 戌乾亥	
旺衰		旺衰		旺衰

阴八局 戊寅时

旺衰		旺衰		旺衰
	虎 芮癸戊寅 开景壬午 合壬丁丑 辰巽巳	天 心戊壬午 休中丁丑 地乙辛巳 丙午丁	朱 辅丙庚辰 生惊乙亥 常丁己卯 未坤申	
旺衰	常 冲丁己卯 惊生甲戌 虎癸戊寅 甲卯乙	合 蓬壬丁丑 中休辛巳 阴辛丙子 戊五己	蛇 任庚乙亥 伤伤己卯 值己甲戌 庚酉辛	旺衰
	值 柱己甲戌 死杜戊寅 天戊壬午 丑艮寅	地 禽乙辛巳 景开丙子 玄丙庚辰 壬子癸	阴 英辛丙子 杜死庚辰 蛇庚乙亥 戌乾亥	
旺衰		旺衰		旺衰

阴八局 己卯时

旺衰		旺衰		旺衰
	虎 芮癸戊寅 开生壬午 合壬丁丑 辰巽巳	天 心戊壬午 休杜丁丑 地乙辛巳 丙午丁	朱 辅丙庚辰 生开乙亥 常丁己卯 未坤申	
旺衰	常 冲丁己卯 惊惊甲戌 虎癸戊寅 甲卯乙	合 蓬壬丁丑 中景辛巳 阴辛丙子 戊五己	蛇 任庚乙亥 伤死己卯 值己甲戌 庚酉辛	旺衰
	值 柱己甲戌 死伤戊寅 天戊壬午 丑艮寅	地 禽乙辛巳 景中丙子 玄丙庚辰 壬子癸	阴 英辛丙子 杜休庚辰 蛇庚乙亥 戌乾亥	
旺衰		旺衰		旺衰

阴八局 庚辰时

旺衰		旺衰		旺衰
	阴 英辛丙子 杜惊庚辰 合壬丁丑 辰巽巳	朱 辅丙庚辰 生伤乙亥 地乙辛巳 丙午丁	虎 芮癸戊寅 开中壬午 常丁己卯 未坤申	
旺衰	合 蓬壬丁丑 中开辛巳 虎癸戊寅 甲卯乙	蛇 任庚乙亥 伤生己卯 阴辛丙子 戊五己	天 心戊壬午 休休丁丑 值己甲戌 庚酉辛	旺衰
	地 禽乙辛巳 景死丙子 天戊壬午 丑艮寅	常 冲丁己卯 惊杜甲戌 玄丙庚辰 壬子癸	值 柱己甲戌 死景戊寅 蛇庚乙亥 戌乾亥	
旺衰		旺衰		旺衰

阴八局 辛巳时

旺衰		旺衰		旺衰
	蛇 任庚乙亥 伤开己卯 合壬丁丑 辰巽巳	常 冲丁己卯 惊死甲戌 地乙辛巳 丙午丁	合 蓬壬丁丑 中杜辛巳 常丁己卯 未坤申	
旺衰	阴 英辛丙子 杜中庚辰 虎癸戊寅 甲卯乙	值 柱己甲戌 死惊戊寅 阴辛丙子 戊五己	地 禽乙辛巳 景景丙子 值己甲戌 庚酉辛	旺衰
	朱 辅丙庚辰 生休乙亥 天戊壬午 丑艮寅	虎 芮癸戊寅 开伤壬午 玄丙庚辰 壬子癸	天 心戊壬午 休生丁丑 蛇庚乙亥 戌乾亥	
旺衰		旺衰		旺衰

阴八局 壬午时

旺衰		旺衰		旺衰
	值 柱己甲戌 死中戊寅 合壬丁丑 辰巽巳	虎 芮癸戊寅 开休壬午 地乙辛巳 丙午丁	阴 英辛丙子 杜伤庚辰 常丁己卯 未坤申	
旺衰	蛇 任庚乙亥 伤杜己卯 虎癸戊寅 甲卯乙	天 心戊壬午 休开丁丑 阴辛丙子 戊五己	朱 辅丙庚辰 生生乙亥 值己甲戌 庚酉辛	旺衰
	常 冲丁己卯 惊景甲戌 天戊壬午 丑艮寅	合 蓬壬丁丑 中死辛巳 玄丙庚辰 壬子癸	地 禽乙辛巳 景惊丙子 蛇庚乙亥 戌乾亥	
旺衰		旺衰		旺衰

阴八局 癸未时

旺衰		旺衰		旺衰
	天 心戊壬午 休杜丁丑 合壬丁丑 辰巽巳	合 蓬壬丁丑 中景辛巳 地乙辛巳 丙午丁	蛇 任庚乙亥 伤死己卯 常丁己卯 未坤申	
旺衰	值 柱己甲戌 死伤戊寅 虎癸戊寅 甲卯乙	地 禽乙辛巳 景中丙子 阴辛丙子 戊五己	常 冲丁己卯 惊惊甲戌 值己甲戌 庚酉辛	旺衰
	虎 芮癸戊寅 开生壬午 天戊壬午 丑艮寅	阴 英辛丙子 杜休庚辰 玄丙庚辰 壬子癸	朱 辅丙庚辰 生开乙亥 蛇庚乙亥 戌乾亥	
旺衰		旺衰		旺衰

阴八局 甲申时

旺衰		旺衰		旺衰
	虎 蓬丁戊子 杜杜辛卯 阴壬丙戌 辰巽巳	天 禽己壬辰 生景丙戌 玄乙庚寅 丙午丁	朱 冲乙庚寅 开死甲申 虎丁戊子 未坤申	
旺衰	常 芮丙己丑 中伤壬辰 合癸丁亥 甲卯乙	合 英癸丁亥 伤中庚寅 蛇辛乙酉 戊五己	蛇 柱辛乙酉 休惊戊子 天己壬辰 庚酉辛	旺衰
	值 心庚甲申 景生丁亥 地戊辛卯 丑艮寅	地 辅戊辛卯 惊休乙酉 常丙己丑 壬子癸	阴 任壬丙戌 死开己丑 值庚甲申 戌乾亥	
旺衰		旺衰		旺衰

阴八局 乙酉时

旺衰		旺衰		旺衰
	常 芮丙己丑 惊伤乙酉 阴壬丙戌 辰巽巳	值 心庚甲申 死生己丑 玄乙庚寅 丙午丁	地 辅戊辛卯 景休丁亥 虎丁戊子 未坤申	
旺衰	朱 冲乙庚寅 生死丙戌 合癸丁亥 甲卯乙	虎 蓬丁戊子 开杜甲申 蛇辛乙酉 戊五己	阴 任壬丙戌 杜开辛卯 天己壬辰 庚酉辛	旺衰
	蛇 柱辛乙酉 伤惊庚寅 地戊辛卯 丑艮寅	天 禽己壬辰 休景戊子 常丙己丑 壬子癸	合 英癸丁亥 中中壬辰 值庚甲申 戌乾亥	
旺衰		旺衰		旺衰

阴八局 丙戌时

旺衰		旺衰		旺衰
	朱 冲乙庚寅 开死甲申 阴壬丙戌 辰巽巳	蛇 柱辛乙酉 休惊戊子 玄乙庚寅 丙午丁	天 禽己壬辰 生景丙戌 虎丁戊子 未坤申	
旺衰	地 辅戊辛卯 惊休乙酉 合癸丁亥 甲卯乙	常 芮丙己丑 中伤壬辰 蛇辛乙酉 戊五己	合 英癸丁亥 伤中庚寅 天己壬辰 庚酉辛	旺衰
	阴 任壬丙戌 死开己丑 地戊辛卯 丑艮寅	值 心庚甲申 景生丁亥 常丙己丑 壬子癸	虎 蓬丁戊子 杜杜辛卯 值庚甲申 戌乾亥	
旺衰		旺衰		旺衰

阴八局 丁亥时

旺衰		旺衰		旺衰
	地 辅戊辛卯 中休壬辰 阴壬丙戌 辰巽巳	阴 任壬丙戌 景开丁亥 玄乙庚寅 丙午丁	值 心庚甲申 惊生乙酉 虎丁戊子 未坤申	
旺衰	天 禽己壬辰 开景甲申 合癸丁亥 甲卯乙	朱 冲乙庚寅 杜死辛卯 蛇辛乙酉 戊五己	虎 蓬丁戊子 死杜己丑 天己壬辰 庚酉辛	旺衰
	合 英癸丁亥 休中戊子 地戊辛卯 丑艮寅	蛇 柱辛乙酉 生惊丙戌 常丙己丑 壬子癸	常 芮丙己丑 伤伤庚寅 值庚甲申 戌乾亥	
旺衰		旺衰		旺衰

阴八局 戊子时

旺衰		旺衰		旺衰
	虎 蓬丁戊子 杜景辛卯 阴壬丙戌 辰巽巳	天 禽己壬辰 生中丙戌 玄乙庚寅 丙午丁	朱 冲乙庚寅 开惊甲申 虎丁戊子 未坤申	
旺衰	常 芮丙己丑 中生壬辰 合癸丁亥 甲卯乙	合 英癸丁亥 伤休庚寅 蛇辛乙酉 戊五己	蛇 柱辛乙酉 休伤戊子 天己壬辰 庚酉辛	旺衰
	值 心庚甲申 景杜丁亥 地戊辛卯 丑艮寅	地 辅戊辛卯 惊开乙酉 常丙己丑 壬子癸	阴 任壬丙戌 死死己丑 值庚甲申 戌乾亥	
旺衰		旺衰		旺衰

阴八局 己丑时

旺衰		旺衰		旺衰
	合 英癸丁亥 伤生庚寅 阴壬丙戌 辰巽巳	地 辅戊辛卯 惊杜乙酉 玄乙庚寅 丙午丁	常 芮丙己丑 中开壬辰 虎丁戊子 未坤申	
旺衰	虎 蓬丁戊子 杜惊辛卯 合癸丁亥 甲卯乙	阴 任壬丙戌 死景己丑 蛇辛乙酉 戊五己	值 心庚甲申 景死丁亥 天己壬辰 庚酉辛	旺衰
	天 禽己壬辰 生伤丙戌 地戊辛卯 丑艮寅	朱 冲乙庚寅 开中甲申 常丙己丑 壬子癸	蛇 柱辛乙酉 休休戊子 值庚甲申 戌乾亥	
旺衰		旺衰		旺衰

阴八局 庚寅时

旺衰		旺衰		旺衰
	虎 蓬丁戊子 杜惊辛卯 阴壬丙戌 辰巽巳	天 禽己壬辰 生伤丙戌 玄乙庚寅 丙午丁	朱 冲乙庚寅 开中甲申 虎丁戊子 未坤申	
旺衰	常 芮丙己丑 中开壬辰 合癸丁亥 甲卯乙	合 英癸丁亥 伤生庚寅 蛇辛乙酉 戊五己	蛇 柱辛乙酉 休休戊子 天己壬辰 庚酉辛	旺衰
	值 心庚甲申 景死丁亥 地戊辛卯 丑艮寅	地 辅戊辛卯 惊杜乙酉 常丙己丑 壬子癸	阴 任壬丙戌 死景己丑 值庚甲申 戌乾亥	
旺衰		旺衰		旺衰

阴八局 辛卯时

旺衰		旺衰		旺衰
	蛇 柱辛乙酉 休开戊子 阴壬丙戌 辰巽巳	常 芮丙己丑 中死壬辰 玄乙庚寅 丙午丁	合 英癸丁亥 伤杜庚寅 虎丁戊子 未坤申	
旺衰	阴 任壬丙戌 死中己丑 合癸丁亥 甲卯乙	值 心庚甲申 景惊丁亥 蛇辛乙酉 戊五己	地 辅戊辛卯 惊景乙酉 天己壬辰 庚酉辛	旺衰
	朱 冲乙庚寅 开休甲申 地戊辛卯 丑艮寅	虎 蓬丁戊子 杜伤辛卯 常丙己丑 壬子癸	天 禽己壬辰 生生丙戌 值庚甲申 戌乾亥	
旺衰		旺衰		旺衰

阴八局 壬辰时

旺衰		旺衰		旺衰
	值 心庚甲申 景中丁亥 阴壬丙戌 辰巽巳	虎 蓬丁戊子 杜休辛卯 玄乙庚寅 丙午丁	阴 任壬丙戌 死伤己丑 虎丁戊子 未坤申	
旺衰	蛇 柱辛乙酉 休杜戊子 合癸丁亥 甲卯乙	天 禽己壬辰 生开丙戌 蛇辛乙酉 戊五己	朱 冲乙庚寅 开生甲申 天己壬辰 庚酉辛	旺衰
	常 芮丙己丑 中景壬辰 地戊辛卯 丑艮寅	合 英癸丁亥 伤死庚寅 常丙己丑 壬子癸	地 辅戊辛卯 惊惊乙酉 值庚甲申 戌乾亥	
旺衰		旺衰		旺衰

阴八局 癸巳时

旺衰		旺衰		旺衰
	天 禽己壬辰 生杜丙戌 阴壬丙戌 辰巽巳	合 英癸丁亥 伤景庚寅 玄乙庚寅 丙午丁	蛇 柱辛乙酉 休死戊子 虎丁戊子 未坤申	
旺衰	值 心庚甲申 景伤丁亥 合癸丁亥 甲卯乙	地 辅戊辛卯 惊中乙酉 蛇辛乙酉 戊五己	常 芮丙己丑 中惊壬辰 天己壬辰 庚酉辛	旺衰
	虎 蓬丁戊子 杜生辛卯 地戊辛卯 丑艮寅	阴 任壬丙戌 死休己丑 常丙己丑 壬子癸	朱 冲乙庚寅 开开甲申 值庚甲申 戌乾亥	
旺衰		旺衰		旺衰

阴八局 甲午时

旺衰		旺衰		旺衰
	虎 英丙戊戌 死杜庚子 蛇壬乙未 辰巽巳	天 辅庚壬寅 开景乙未 常乙己亥 丙午丁	朱 芮戊庚子 杜死壬寅 合丁丁酉 未坤申	
旺衰	常 蓬乙己亥 伤伤辛丑 阴癸丙申 甲卯乙	合 任丁丁酉 休中己亥 值辛甲午 戊五己	蛇 心壬乙未 生惊丁酉 地己辛丑 庚酉辛	旺衰
	值 禽辛甲午 惊生丙申 玄戊庚子 丑艮寅	地 冲己辛丑 中休甲午 虎丙戊戌 壬子癸	阴 柱癸丙申 景开戊戌 天庚壬寅 戌乾亥	
旺衰		旺衰		旺衰

阴八局 乙未时

旺衰		旺衰		旺衰
	常 蓬乙己亥 中伤甲午 蛇壬乙未 辰巽巳	值 禽辛甲午 景生戊戌 常乙己亥 丙午丁	地 冲己辛丑 惊休丙申 合丁丁酉 未坤申	
旺衰	朱 芮戊庚子 开死乙未 阴癸丙申 甲卯乙	虎 英丙戊戌 杜杜壬寅 值辛甲午 戊五己	阴 柱癸丙申 死开庚子 地己辛丑 庚酉辛	旺衰
	蛇 心壬乙未 休惊己亥 玄戊庚子 丑艮寅	天 辅庚壬寅 生景丁酉 虎丙戊戌 壬子癸	合 任丁丁酉 伤中辛丑 天庚壬寅 戌乾亥	
旺衰		旺衰		旺衰

阴八局 丙申时

旺衰		旺衰		旺衰
	朱 芮戊庚子 杜死壬寅 蛇壬乙未 辰巽巳	蛇 心壬乙未 生惊丁酉 常乙己亥 丙午丁	天 辅庚壬寅 开景乙未 合丁丁酉 未坤申	
旺衰	地 冲己辛丑 中休甲午 阴癸丙申 甲卯乙	常 蓬乙己亥 伤伤辛丑 值辛甲午 戊五己	合 任丁丁酉 休中己亥 地己辛丑 庚酉辛	旺衰
	阴 柱癸丙申 景开戊戌 玄戊庚子 丑艮寅	值 禽辛甲午 惊生丙申 虎丙戊戌 壬子癸	虎 英丙戊戌 死杜庚子 天庚壬寅 戌乾亥	
旺衰		旺衰		旺衰

阴八局 丁酉时

旺衰		旺衰		旺衰
	地 冲己辛丑 伤休辛丑 蛇壬乙未 辰巽巳	阴 柱癸丙申 惊开丙申 常乙己亥 丙午丁	值 禽辛甲午 中生甲午 合丁丁酉 未坤申	
旺衰	天 辅庚壬寅 杜景壬寅 阴癸丙申 甲卯乙	朱 芮戊庚子 死死庚子 值辛甲午 戊五己	虎 英丙戊戌 景杜戊戌 地己辛丑 庚酉辛	旺衰
	合 任丁丁酉 生中丁酉 玄戊庚子 丑艮寅	蛇 心壬乙未 开惊乙未 虎丙戊戌 壬子癸	常 蓬乙己亥 休伤己亥 天庚壬寅 戌乾亥	
旺衰		旺衰		旺衰

阴八局 戊戌时

旺衰		旺衰		旺衰
	虎 英丙戊戌 死景庚子 蛇壬乙未 辰巽巳	天 辅庚壬寅 开中乙未 常乙己亥 丙午丁	朱 芮戊庚子 杜惊壬寅 合丁丁酉 未坤申	
旺衰	常 蓬乙己亥 伤生辛丑 阴癸丙申 甲卯乙	合 任丁丁酉 休休己亥 值辛甲午 戊五己	蛇 心壬乙未 生伤丁酉 地己辛丑 庚酉辛	旺衰
	值 禽辛甲午 惊杜丙申 玄戊庚子 丑艮寅	地 冲己辛丑 中开甲午 虎丙戊戌 壬子癸	阴 柱癸丙申 景死戊戌 天庚壬寅 戌乾亥	
旺衰		旺衰		旺衰

阴八局 己亥时

旺衰		旺衰		旺衰
	合 任丁丁酉 休生己亥 蛇壬乙未 辰巽巳	地 冲己辛丑 中杜甲午 常乙己亥 丙午丁	常 蓬乙己亥 伤开辛丑 合丁丁酉 未坤申	
旺衰	虎 英丙戊戌 死惊庚子 阴癸丙申 甲卯乙	阴 柱癸丙申 景景戊戌 值辛甲午 戊五己	值 禽辛甲午 惊死丙申 地己辛丑 庚酉辛	旺衰
	天 辅庚壬寅 开伤乙未 玄戊庚子 丑艮寅	朱 芮戊庚子 杜中壬寅 虎丙戊戌 壬子癸	蛇 心壬乙未 生休丁酉 天庚壬寅 戌乾亥	
旺衰		旺衰		旺衰

阴八局 庚子时

旺衰		旺衰		旺衰
	阴 柱癸丙申 景惊戊戌 蛇壬乙未 辰巽巳	朱 芮戊庚子 杜伤壬寅 常乙己亥 丙午丁	虎 英丙戊戌 死中庚子 合丁丁酉 未坤申	
旺衰	合 任丁丁酉 休开己亥 阴癸丙申 甲卯乙	蛇 心壬乙未 生生丁酉 值辛甲午 戊五己	天 辅庚壬寅 开休乙未 地己辛丑 庚酉辛	旺衰
	地 冲己辛丑 中死甲午 玄戊庚子 丑艮寅	常 蓬乙己亥 伤杜辛丑 虎丙戊戌 壬子癸	值 禽辛甲午 惊景丙申 天庚壬寅 戌乾亥	
旺衰		旺衰		旺衰

阴八局 辛丑时

旺衰		旺衰		旺衰
	虎 英丙戊戌 死开庚子 蛇壬乙未 辰巽巳	天 辅庚壬寅 开死乙未 常乙己亥 丙午丁	朱 芮戊庚子 杜杜壬寅 合丁丁酉 未坤申	
旺衰	常 蓬乙己亥 伤中辛丑 阴癸丙申 甲卯乙	合 任丁丁酉 休惊己亥 值辛甲午 戊五己	蛇 心壬乙未 生景丁酉 地己辛丑 庚酉辛	旺衰
	值 禽辛甲午 惊休丙申 玄戊庚子 丑艮寅	地 冲己辛丑 中伤甲午 虎丙戊戌 壬子癸	阴 柱癸丙申 景生戊戌 天庚壬寅 戌乾亥	
旺衰		旺衰		旺衰

阴八局 壬寅时

旺衰		旺衰		旺衰
	值 禽辛甲午 惊中丙申 蛇壬乙未 辰巽巳	虎 英丙戊戌 死休庚子 常乙己亥 丙午丁	阴 柱癸丙申 景伤戊戌 合丁丁酉 未坤申	
旺衰	蛇 心壬乙未 生杜丁酉 阴癸丙申 甲卯乙	天 辅庚壬寅 开开乙未 值辛甲午 戊五己	朱 芮戊庚子 杜生壬寅 地己辛丑 庚酉辛	旺衰
	常 蓬乙己亥 伤景辛丑 玄戊庚子 丑艮寅	合 任丁丁酉 休死己亥 虎丙戊戌 壬子癸	地 冲己辛丑 中惊甲午 天庚壬寅 戌乾亥	
旺衰		旺衰		旺衰

阴八局 癸卯时

旺衰		旺衰		旺衰
	天 辅庚壬寅 开杜乙未 蛇壬乙未 辰巽巳	合 任丁丁酉 休景己亥 常乙己亥 丙午丁	蛇 心壬乙未 生死丁酉 合丁丁酉 未坤申	
旺衰	值 禽辛甲午 惊伤丙申 阴癸丙申 甲卯乙	地 冲己辛丑 中中甲午 值辛甲午 戊五己	常 蓬乙己亥 伤惊辛丑 地己辛丑 庚酉辛	旺衰
	虎 英丙戊戌 死生庚子 玄戊庚子 丑艮寅	阴 柱癸丙申 景休戊戌 虎丙戊戌 壬子癸	朱 芮戊庚子 杜开壬寅 天庚壬寅 戌乾亥	
旺衰		旺衰		旺衰

阴八局 甲辰时

旺衰		旺衰		旺衰
	虎 任乙戊申 景杜己酉 值壬甲辰 辰巽巳	天 冲辛壬子 杜景甲辰 虎乙戊申 丙午丁	朱 蓬己庚戌 死死辛亥 阴丁丙午 未坤申	
旺衰	常 英戊己酉 休伤庚戌 蛇癸乙巳 甲卯乙	合 柱丙丁未 生中戊申 天辛壬子 戊五己	蛇 禽癸乙巳 开惊丙午 玄己庚戌 庚酉辛	旺衰
	值 辅壬甲辰 中生乙巳 常戊己酉 丑艮寅	地 芮庚辛亥 伤休壬子 合丙丁未 壬子癸	阴 心丁丙午 惊开丁未 地庚辛亥 戌乾亥	
旺衰		旺衰		旺衰

阴八局 乙巳时

旺衰		旺衰		旺衰
	常 英戊己酉 伤伤壬子 值壬甲辰 辰巽巳	值 辅壬甲辰 惊生丁未 虎乙戊申 丙午丁	地 芮庚辛亥 中休乙巳 阴丁丙午 未坤申	
旺衰	朱 蓬己庚戌 杜死甲辰 蛇癸乙巳 甲卯乙	虎 任乙戊申 死杜辛亥 天辛壬子 戊五己	阴 心丁丙午 景开己酉 玄己庚戌 庚酉辛	旺衰
	蛇 禽癸乙巳 生惊戊申 常戊己酉 丑艮寅	天 冲辛壬子 开景丙午 合丙丁未 壬子癸	合 柱丙丁未 休中庚戌 地庚辛亥 戌乾亥	
旺衰		旺衰		旺衰

阴八局 丙午时

旺衰		旺衰		旺衰
	朱 蓬己庚戌 死死辛亥 值壬甲辰 辰巽巳	蛇 禽癸乙巳 开惊丙午 虎乙戊申 丙午丁	天 冲辛壬子 杜景甲辰 阴丁丙午 未坤申	
旺衰	地 芮庚辛亥 伤休壬子 蛇癸乙巳 甲卯乙	常 英戊己酉 休伤庚戌 天辛壬子 戊五己	合 柱丙丁未 生中戊申 玄己庚戌 庚酉辛	旺衰
	阴 心丁丙午 惊开丁未 常戊己酉 丑艮寅	值 辅壬甲辰 中生乙巳 合丙丁未 壬子癸	虎 任乙戊申 景杜己酉 地庚辛亥 戌乾亥	
旺衰		旺衰		旺衰

阴八局 丁未时

旺衰		旺衰		旺衰
	地 芮庚辛亥 休休庚戌 值壬甲辰 辰巽巳	阴 心丁丙午 中开乙巳 虎乙戊申 丙午丁	值 辅壬甲辰 伤生壬子 阴丁丙午 未坤申	
旺衰	天 冲辛壬子 死景辛亥 蛇癸乙巳 甲卯乙	朱 蓬己庚戌 景死己酉 天辛壬子 戊五己	虎 任乙戊申 惊杜丁未 玄己庚戌 庚酉辛	旺衰
	合 柱丙丁未 开中丙午 常戊己酉 丑艮寅	蛇 禽癸乙巳 杜惊甲辰 合丙丁未 壬子癸	常 英戊己酉 生伤戊申 地庚辛亥 戌乾亥	
旺衰		旺衰		旺衰

阴八局 戊申时

旺衰		旺衰		旺衰
	虎 任乙戊申 景景己酉 值壬甲辰 辰巽巳	天 冲辛壬子 杜中甲辰 虎乙戊申 丙午丁	朱 蓬己庚戌 死惊辛亥 阴丁丙午 未坤申	
旺衰	常 英戊己酉 休生庚戌 蛇癸乙巳 甲卯乙	合 柱丙丁未 生休戊申 天辛壬子 戊五己	蛇 禽癸乙巳 开伤丙午 玄己庚戌 庚酉辛	旺衰
	值 辅壬甲辰 中杜乙巳 常戊己酉 丑艮寅	地 芮庚辛亥 伤开壬子 合丙丁未 壬子癸	阴 心丁丙午 惊死丁未 地庚辛亥 戌乾亥	
旺衰		旺衰		旺衰

阴八局 己酉时

旺衰		旺衰		旺衰
	合 柱丙丁未 生生戊申 值壬甲辰 辰巽巳	地 芮庚辛亥 伤杜壬子 虎乙戊申 丙午丁	常 英戊己酉 休开庚戌 阴丁丙午 未坤申	
旺衰	虎 任乙戊申 景惊己酉 蛇癸乙巳 甲卯乙	阴 心丁丙午 惊景丁未 天辛壬子 戊五己	值 辅壬甲辰 中死乙巳 玄己庚戌 庚酉辛	旺衰
	天 冲辛壬子 杜伤甲辰 常戊己酉 丑艮寅	朱 蓬己庚戌 死中辛亥 合丙丁未 壬子癸	蛇 禽癸乙巳 开休丙午 地庚辛亥 戌乾亥	
旺衰		旺衰		旺衰

阴八局 庚戌时

旺衰		旺衰		旺衰
	阴 心丁丙午 惊惊丁未 值壬甲辰 辰巽巳	朱 蓬己庚戌 死伤辛亥 虎乙戊申 丙午丁	虎 任乙戊申 景中己酉 阴丁丙午 未坤申	
旺衰	合 柱丙丁未 生开戊申 蛇癸乙巳 甲卯乙	蛇 禽癸乙巳 开生丙午 天辛壬子 戊五己	天 冲辛壬子 杜休甲辰 玄己庚戌 庚酉辛	旺衰
	地 芮庚辛亥 伤死壬子 常戊己酉 丑艮寅	常 英戊己酉 休杜庚戌 合丙丁未 壬子癸	值 辅壬甲辰 中景乙巳 地庚辛亥 戌乾亥	
旺衰		旺衰		旺衰

阴八局 辛亥时

旺衰		旺衰		旺衰
	蛇 禽癸乙巳 开开丙午 值壬甲辰 辰巽巳	常 英戊己酉 休死庚戌 虎乙戊申 丙午丁	合 柱丙丁未 生杜戊申 阴丁丙午 未坤申	
旺衰	阴 心丁丙午 惊中丁未 蛇癸乙巳 甲卯乙	值 辅壬甲辰 中惊乙巳 天辛壬子 戊五己	地 芮庚辛亥 伤景壬子 玄己庚戌 庚酉辛	旺衰
	朱 蓬己庚戌 死休辛亥 常戊己酉 丑艮寅	虎 任乙戊申 景伤己酉 合丙丁未 壬子癸	天 冲辛壬子 杜生甲辰 地庚辛亥 戌乾亥	
旺衰		旺衰		旺衰

阴八局 壬子时

旺衰		旺衰		旺衰
	虎 任乙戊申 景中己酉 值壬甲辰 辰巽巳	天 冲辛壬子 杜休甲辰 虎乙戊申 丙午丁	朱 蓬己庚戌 死伤辛亥 阴丁丙午 未坤申	
旺衰	常 英戊己酉 休杜庚戌 蛇癸乙巳 甲卯乙	合 柱丙丁未 生开戊申 天辛壬子 戊五己	蛇 禽癸乙巳 开生丙午 玄己庚戌 庚酉辛	旺衰
	值 辅壬甲辰 中景乙巳 常戊己酉 丑艮寅	地 芮庚辛亥 伤死壬子 合丙丁未 壬子癸	阴 心丁丙午 惊惊丁未 地庚辛亥 戌乾亥	
旺衰		旺衰		旺衰

阴八局 癸丑时

旺衰		旺衰		旺衰
	天 冲辛壬子 杜杜甲辰 值壬甲辰 辰巽巳	合 柱丙丁未 生景戊申 虎乙戊申 丙午丁	蛇 禽癸乙巳 开死丙午 阴丁丙午 未坤申	
旺衰	值 辅壬甲辰 中伤乙巳 蛇癸乙巳 甲卯乙	地 芮庚辛亥 伤中壬子 天辛壬子 戊五己	常 英戊己酉 休惊庚戌 玄己庚戌 庚酉辛	旺衰
	虎 任乙戊申 景生己酉 常戊己酉 丑艮寅	阴 心丁丙午 惊休丁未 合丙丁未 壬子癸	朱 蓬己庚戌 死开辛亥 地庚辛亥 戌乾亥	
旺衰		旺衰		旺衰

阴八局 甲寅时

旺衰		旺衰		旺衰
	虎 柱戊戊午 惊杜戊午 天壬壬戌 辰巽巳	天 芮壬壬戌 死景壬戌 合乙丁巳 丙午丁	朱 英庚庚申 景死庚申 蛇丁乙卯 未坤申	
旺衰	常 任己己未 生伤己未 值癸甲寅 甲卯乙	合 心乙丁巳 开中丁巳 地辛辛酉 戊五己	蛇 辅丁乙卯 杜惊乙卯 常己己未 庚酉辛	旺衰
	值 冲癸甲寅 伤生甲寅 虎戊戊午 丑艮寅	地 蓬辛辛酉 休休辛酉 阴丙丙辰 壬子癸	阴 禽丙丙辰 中开丙辰 玄庚庚申 戌乾亥	
旺衰		旺衰		旺衰

阴八局 乙卯时

旺衰		旺衰		旺衰
	常 任己己未 休伤辛酉 天壬壬戌 辰巽巳	值 冲癸甲寅 中生丙辰 合乙丁巳 丙午丁	地 蓬辛辛酉 伤休甲寅 蛇丁乙卯 未坤申	
旺衰	朱 英庚庚申 死死壬戌 值癸甲寅 甲卯乙	虎 柱戊戊午 景杜庚申 地辛辛酉 戊五己	阴 禽丙丙辰 惊开戊午 常己己未 庚酉辛	旺衰
	蛇 辅丁乙卯 开惊丁巳 虎戊戊午 丑艮寅	天 芮壬壬戌 杜景乙卯 阴丙丙辰 壬子癸	合 心乙丁巳 生中己未 玄庚庚申 戌乾亥	
旺衰		旺衰		旺衰

阴八局 丙辰时

旺衰		旺衰		旺衰
	朱 英庚庚申 景死庚申 天壬壬戌 辰巽巳	蛇 辅丁乙卯 杜惊乙卯 合乙丁巳 丙午丁	天 芮壬壬戌 死景壬戌 蛇丁乙卯 未坤申	
旺衰	地 蓬辛辛酉 休休辛酉 值癸甲寅 甲卯乙	常 任己己未 生伤己未 地辛辛酉 戊五己	合 心乙丁巳 开中丁巳 常己己未 庚酉辛	旺衰
	阴 禽丙丙辰 中开丙辰 虎戊戊午 丑艮寅	值 冲癸甲寅 伤生甲寅 阴丙丙辰 壬子癸	虎 柱戊戊午 惊杜戊午 玄庚庚申 戌乾亥	
旺衰		旺衰		旺衰

阴八局 丁巳时

旺衰		旺衰		旺衰
	地 蓬辛辛酉 生休己未 天壬壬戌 辰巽巳	阴 禽丙丙辰 伤开甲寅 合乙丁巳 丙午丁	值 冲癸甲寅 休生辛酉 蛇丁乙卯 未坤申	
旺衰	天 芮壬壬戌 景景庚申 值癸甲寅 甲卯乙	朱 英庚庚申 惊死戊午 地辛辛酉 戊五己	虎 柱戊戊午 中杜丙辰 常己己未 庚酉辛	旺衰
	合 心乙丁巳 杜中乙卯 虎戊戊午 丑艮寅	蛇 辅丁乙卯 死惊壬戌 阴丙丙辰 壬子癸	常 任己己未 开伤丁巳 玄庚庚申 戌乾亥	
旺衰		旺衰		旺衰

阴八局 戊午时

旺衰		旺衰		旺衰
	虎 柱戊戊午 惊景戊午 天壬壬戌 辰巽巳	天 芮壬壬戌 死中壬戌 合乙丁巳 丙午丁	朱 英庚庚申 景惊庚申 蛇丁乙卯 未坤申	
旺衰	常 任己己未 生生己未 值癸甲寅 甲卯乙	合 心乙丁巳 开休丁巳 地辛辛酉 戊五己	蛇 辅丁乙卯 杜伤乙卯 常己己未 庚酉辛	旺衰
	值 冲癸甲寅 伤杜甲寅 虎戊戊午 丑艮寅	地 蓬辛辛酉 休开辛酉 阴丙丙辰 壬子癸	阴 禽丙丙辰 中死丙辰 玄庚庚申 戌乾亥	
旺衰		旺衰		旺衰

阴八局 己未时

旺衰		旺衰		旺衰
	合 心乙丁巳 开生丁巳 天壬壬戌 辰巽巳	地 蓬辛辛酉 休杜辛酉 合乙丁巳 丙午丁	常 任己己未 生开己未 蛇丁乙卯 未坤申	
旺衰	虎 柱戊戊午 惊惊戊午 值癸甲寅 甲卯乙	阴 禽丙丙辰 中景丙辰 地辛辛酉 戊五己	值 冲癸甲寅 伤死甲寅 常己己未 庚酉辛	旺衰
	天 芮壬壬戌 死伤壬戌 虎戊戊午 丑艮寅	朱 英庚庚申 景中庚申 阴丙丙辰 壬子癸	蛇 辅丁乙卯 杜休乙卯 玄庚庚申 戌乾亥	
旺衰		旺衰		旺衰

阴八局 庚申时

旺衰		旺衰		旺衰
	阴 禽丙丙辰 中惊丙辰 天壬壬戌 辰巽巳	朱 英庚庚申 景伤庚申 合乙丁巳 丙午丁	虎 柱戊戊午 惊中戊午 蛇丁乙卯 未坤申	
旺衰	合 心乙丁巳 开开丁巳 值癸甲寅 甲卯乙	蛇 辅丁乙卯 杜生乙卯 地辛辛酉 戊五己	天 芮壬壬戌 死休壬戌 常己己未 庚酉辛	旺衰
	地 蓬辛辛酉 休死辛酉 虎戊戊午 丑艮寅	常 任己己未 生杜己未 阴丙丙辰 壬子癸	值 冲癸甲寅 伤景甲寅 玄庚庚申 戌乾亥	
旺衰		旺衰		旺衰

阴八局 辛酉时

旺衰		旺衰		旺衰
	蛇 辅丁乙卯 杜开乙卯 天壬壬戌 辰巽巳	常 任己己未 生死己未 合乙丁巳 丙午丁	合 心乙丁巳 开杜丁巳 蛇丁乙卯 未坤申	
旺衰	阴 禽丙丙辰 中中丙辰 值癸甲寅 甲卯乙	值 冲癸甲寅 伤惊甲寅 地辛辛酉 戊五己	地 蓬辛辛酉 休景辛酉 常己己未 庚酉辛	旺衰
	朱 英庚庚申 景休庚申 虎戊戊午 丑艮寅	虎 柱戊戊午 惊伤戊午 阴丙丙辰 壬子癸	天 芮壬壬戌 死生壬戌 玄庚庚申 戌乾亥	
旺衰		旺衰		旺衰

阴八局 壬戌时

旺衰		旺衰		旺衰
	值 冲癸甲寅 伤中甲寅 天壬壬戌 辰巽巳	虎 柱戊戊午 惊休戊午 合乙丁巳 丙午丁	阴 禽丙丙辰 中伤丙辰 蛇丁乙卯 未坤申	
旺衰	蛇 辅丁乙卯 杜杜乙卯 值癸甲寅 甲卯乙	天 芮壬壬戌 死开壬戌 地辛辛酉 戊五己	朱 英庚庚申 景生庚申 常己己未 庚酉辛	旺衰
	常 任己己未 生景己未 虎戊戊午 丑艮寅	合 心乙丁巳 开死丁巳 阴丙丙辰 壬子癸	地 蓬辛辛酉 休惊辛酉 玄庚庚申 戌乾亥	
旺衰		旺衰		旺衰

阴八局 癸亥时

旺衰		旺衰		旺衰
	虎 柱戊戊午 惊杜戊午 天壬壬戌 辰巽巳	天 芮壬壬戌 死景壬戌 合乙丁巳 丙午丁	朱 英庚庚申 景死庚申 蛇丁乙卯 未坤申	
旺衰	常 任己己未 生伤己未 值癸甲寅 甲卯乙	合 心乙丁巳 开中丁巳 地辛辛酉 戊五己	蛇 辅丁乙卯 杜惊乙卯 常己己未 庚酉辛	旺衰
	值 冲癸甲寅 伤生甲寅 虎戊戊午 丑艮寅	地 蓬辛辛酉 休休辛酉 阴丙丙辰 壬子癸	阴 禽丙丙辰 中开丙辰 玄庚庚申 戌乾亥	
旺衰		旺衰		旺衰

阴七局 甲子时

旺衰		旺衰		旺衰
	合 蓬辛丁卯 开杜壬申 合辛丁卯 辰巽巳	地 禽丙辛未 休景丁卯 地丙辛未 丙午丁	常 冲癸己巳 生死乙丑 常癸己巳 未坤申	
旺衰	虎 芮壬戊辰 惊伤甲子 虎壬戊辰 甲卯乙	阴 英庚丙寅 中中辛未 阴庚丙寅 戊五己	值 柱戊甲子 伤惊己巳 值戊甲子 庚酉辛	旺衰
	天 心乙壬申 死生戊辰 天乙壬申 丑艮寅	朱 辅丁庚午 景休丙寅 玄丁庚午 壬子癸	蛇 任己乙丑 杜开庚午 蛇己乙丑 戊乾亥	
旺衰		旺衰		旺衰

阴七局 乙丑时

旺衰		旺衰		旺衰
	虎 芮壬戊辰 景伤丙寅 合辛丁卯 辰巽巳	天 心乙壬申 杜生庚午 地丙辛未 丙午丁	朱 辅丁庚午 死休戊辰 常癸己巳 未坤申	
旺衰	常 冲癸己巳 休死丁卯 虎壬戊辰 甲卯乙	合 蓬辛丁卯 生杜乙丑 阴庚丙寅 戊五己	蛇 任己乙丑 开开壬申 值戊甲子 庚酉辛	旺衰
	值 柱戊甲子 中惊辛未 天乙壬申 丑艮寅	地 禽丙辛未 伤景己巳 玄丁庚午 壬子癸	阴 英庚丙寅 惊中甲子 蛇己乙丑 戊乾亥	
旺衰		旺衰		旺衰

阴七局 丙寅时

旺衰		旺衰		旺衰
	常 冲癸己巳 生死乙丑 合辛丁卯 辰巽巳	值 柱戊甲子 伤惊己巳 地丙辛未 丙午丁	地 禽丙辛未 休景丁卯 常癸己巳 未坤申	
旺衰	朱 辅丁庚午 景休丙寅 虎壬戊辰 甲卯乙	虎 芮壬戊辰 惊伤甲子 阴庚丙寅 戊五己	阴 英庚丙寅 中中辛未 值戊甲子 庚酉辛	旺衰
	蛇 任己乙丑 杜开庚午 天乙壬申 丑艮寅	天 心乙壬申 死生戊辰 玄丁庚午 壬子癸	合 蓬辛丁卯 开杜壬申 蛇己乙丑 戊乾亥	
旺衰		旺衰		旺衰

阴七局 丁卯时

旺衰		旺衰		旺衰
	朱 辅丁庚午 惊休甲子 合辛丁卯 辰巽巳	蛇 任己乙丑 死开戊辰 地丙辛未 丙午丁	天 心乙壬申 景生丙寅 常癸己巳 未坤申	
旺衰	地 禽丙辛未 生景乙丑 虎壬戊辰 甲卯乙	常 冲癸己巳 开死壬申 阴庚丙寅 戊五己	合 蓬辛丁卯 杜杜庚午 值戊甲子 庚酉辛	旺衰
	阴 英庚丙寅 伤中己巳 天乙壬申 丑艮寅	值 柱戊甲子 休惊丁卯 玄丁庚午 壬子癸	虎 芮壬戊辰 中伤辛未 蛇己乙丑 戊乾亥	
旺衰		旺衰		旺衰

阴七局 戊辰时

旺衰		旺衰		旺衰
	合 蓬辛丁卯 开景壬申 合辛丁卯 辰巽巳	地 禽丙辛未 休中丁卯 地丙辛未 丙午丁	常 冲癸己巳 生惊乙丑 常癸己巳 未坤申	
旺衰	虎 芮壬戊辰 惊生甲子 虎壬戊辰 甲卯乙	阴 英庚丙寅 中休辛未 阴庚丙寅 戊五己	值 柱戊甲子 伤伤己巳 值戊甲子 庚酉辛	旺衰
	天 心乙壬申 死杜戊辰 天乙壬申 丑艮寅	朱 辅丁庚午 景开丙寅 玄丁庚午 壬子癸	蛇 任己乙丑 杜死庚午 蛇己乙丑 戊乾亥	
旺衰		旺衰		旺衰

阴七局 己巳时

旺衰		旺衰		旺衰
	阴 英庚丙寅 中生辛未 合辛丁卯 辰巽巳	朱 辅丁庚午 景杜丙寅 地丙辛未 丙午丁	虎 芮壬戊辰 惊开甲子 常癸己巳 未坤申	
旺衰	合 蓬辛丁卯 开惊壬申 虎壬戊辰 甲卯乙	蛇 任己乙丑 杜景庚午 阴庚丙寅 戊五己	天 心乙壬申 死死戊辰 值戊甲子 庚酉辛	旺衰
	地 禽丙辛未 休伤丁卯 天乙壬申 丑艮寅	常 冲癸己巳 生中乙丑 玄丁庚午 壬子癸	值 柱戊甲子 伤休己巳 蛇己乙丑 戊乾亥	
旺衰		旺衰		旺衰

阴七局 庚午时

旺衰		旺衰		旺衰
	蛇 任己乙丑 杜惊庚午 合辛丁卯 辰巽巳	常 冲癸己巳 生伤乙丑 地丙辛未 丙午丁	合 蓬辛丁卯 开中壬申 常癸己巳 未坤申	
旺衰	阴 英庚丙寅 中开辛未 虎壬戊辰 甲卯乙	值 柱戊甲子 伤生己巳 阴庚丙寅 戊五己	地 禽丙辛未 休休丁卯 值戊甲子 庚酉辛	旺衰
	朱 辅丁庚午 景死丙寅 天乙壬申 丑艮寅	虎 芮壬戊辰 惊杜甲子 玄丁庚午 壬子癸	天 心乙壬申 死景戊辰 蛇己乙丑 戊乾亥	
旺衰		旺衰		旺衰

阴七局 辛未时

旺衰		旺衰		旺衰
	值 柱戊甲子 伤开己巳 合辛丁卯 辰巽巳	虎 芮壬戊辰 惊死甲子 地丙辛未 丙午丁	阴 英庚丙寅 中杜辛未 常癸己巳 未坤申	
旺衰	蛇 任己乙丑 杜中庚午 虎壬戊辰 甲卯乙	天 心乙壬申 死惊戊辰 阴庚丙寅 戊五己	朱 辅丁庚午 景景丙寅 值戊甲子 庚酉辛	旺衰
	常 冲癸己巳 生休乙丑 天乙壬申 丑艮寅	合 蓬辛丁卯 开伤壬申 玄丁庚午 壬子癸	地 禽丙辛未 休生丁卯 蛇己乙丑 戊乾亥	
旺衰		旺衰		旺衰

阴七局 壬申时

旺衰		旺衰		旺衰
	天 心乙壬申 死中戊辰 合辛丁卯 辰巽巳	合 蓬辛丁卯 开休壬申 地丙辛未 丙午丁	蛇 任己乙丑 杜伤庚午 常癸己巳 未坤申	
旺衰	值 柱戊甲子 伤杜己巳 虎壬戊辰 甲卯乙	地 禽丙辛未 休开丁卯 阴庚丙寅 戊五己	常 冲癸己巳 生生乙丑 值戊甲子 庚酉辛	旺衰
	虎 芮壬戊辰 惊景甲子 天乙壬申 丑艮寅	阴 英庚丙寅 中死辛未 玄丁庚午 壬子癸	朱 辅丁庚午 景惊丙寅 蛇己乙丑 戊乾亥	
旺衰		旺衰		旺衰

阴七局 癸酉时

旺衰		旺衰		旺衰
	地 禽丙辛未 休杜丁卯 合辛丁卯 辰巽巳	阴 英庚丙寅 中景辛未 地丙辛未 丙午丁	值 柱戊甲子 伤死己巳 常癸己巳 未坤申	
旺衰	天 心乙壬申 死伤戊辰 虎壬戊辰 甲卯乙	朱 辅丁庚午 景中丙寅 阴庚丙寅 戊五己	虎 芮壬戊辰 惊惊甲子 值戊甲子 庚酉辛	旺衰
	合 蓬辛丁卯 开生壬申 天乙壬申 丑艮寅	蛇 任己乙丑 杜休庚午 玄丁庚午 壬子癸	常 冲癸己巳 生开乙丑 蛇己乙丑 戊乾亥	
旺衰		旺衰		旺衰

阴七局 甲戌时

旺衰		旺衰		旺衰
	合 英壬丁丑 杜杜辛巳 阴辛丙子 辰巽巳	地 辅乙辛巳 生景丙子 玄丙庚辰 丙午丁	常 芮丁己卯 开死甲戌 虎癸戊寅 未坤申	
旺衰	虎 蓬癸戊寅 中伤壬午 合壬丁丑 甲卯乙	阴 任辛丙子 伤中庚辰 蛇庚乙亥 戊五己	值 心己甲戌 休惊戊寅 天戊壬午 庚酉辛	旺衰
	天 禽戊壬午 景生丁丑 地乙辛巳 丑艮寅	朱 冲丙庚辰 惊休乙亥 常丁己卯 壬子癸	蛇 柱庚乙亥 死开己卯 值己甲戌 戊乾亥	
旺衰		旺衰		旺衰

阴七局 乙亥时

旺衰		旺衰		旺衰
	虎 蓬癸戊寅 惊伤乙亥 阴辛丙子 辰巽巳	天 禽戊壬午 死生己卯 玄丙庚辰 丙午丁	朱 冲丙庚辰 景休丁丑 虎癸戊寅 未坤申	
旺衰	常 芮丁己卯 生死丙子 合壬丁丑 甲卯乙	合 英壬丁丑 开杜甲戌 蛇庚乙亥 戊五己	蛇 柱庚乙亥 杜开辛巳 天戊壬午 庚酉辛	旺衰
	值 心己甲戌 伤惊庚辰 地乙辛巳 丑艮寅	地 辅乙辛巳 休景戊寅 常丁己卯 壬子癸	阴 任辛丙子 中中壬午 值己甲戌 戊乾亥	
旺衰		旺衰		旺衰

阴七局 丙子时

旺衰		旺衰		旺衰
	常 芮丁己卯 开死甲戌 阴辛丙子 辰巽巳	值 心己甲戌 休惊戊寅 玄丙庚辰 丙午丁	地 辅乙辛巳 生景丙子 虎癸戊寅 未坤申	
旺衰	朱 冲丙庚辰 惊休乙亥 合壬丁丑 甲卯乙	虎 蓬癸戊寅 中伤壬午 蛇庚乙亥 戊五己	阴 任辛丙子 伤中庚辰 天戊壬午 庚酉辛	旺衰
	蛇 柱庚乙亥 死开己卯 地乙辛巳 丑艮寅	天 禽戊壬午 景生丁丑 常丁己卯 壬子癸	合 英壬丁丑 杜杜辛巳 值己甲戌 戌乾亥	
旺衰		旺衰		旺衰

阴七局 丁丑时

旺衰		旺衰		旺衰
	朱 冲丙庚辰 中休壬午 阴辛丙子 辰巽巳	蛇 柱庚乙亥 景开丁丑 玄丙庚辰 丙午丁	天 禽戊壬午 惊生乙亥 虎癸戊寅 未坤申	
旺衰	地 辅乙辛巳 开景甲戌 合壬丁丑 甲卯乙	常 芮丁己卯 杜死辛巳 蛇庚乙亥 戊五己	合 英壬丁丑 死杜己卯 天戊壬午 庚酉辛	旺衰
	阴 任辛丙子 休中戊寅 地乙辛巳 丑艮寅	值 心己甲戌 生惊丙子 常丁己卯 壬子癸	虎 蓬癸戊寅 伤伤庚辰 值己甲戌 戌乾亥	
旺衰		旺衰		旺衰

阴七局 戊寅时

旺衰		旺衰		旺衰
	合 英壬丁丑 杜景辛巳 阴辛丙子 辰巽巳	地 辅乙辛巳 生中丙子 玄丙庚辰 丙午丁	常 芮丁己卯 开惊甲戌 虎癸戊寅 未坤申	
旺衰	虎 蓬癸戊寅 中生壬午 合壬丁丑 甲卯乙	阴 任辛丙子 伤休庚辰 蛇庚乙亥 戊五己	值 心己甲戌 休伤戊寅 天戊壬午 庚酉辛	旺衰
	天 禽戊壬午 景杜丁丑 地乙辛巳 丑艮寅	朱 冲丙庚辰 惊开乙亥 常丁己卯 壬子癸	蛇 柱庚乙亥 死死己卯 值己甲戌 戌乾亥	
旺衰		旺衰		旺衰

阴七局 己卯时

旺衰		旺衰		旺衰
	合 英壬丁丑 杜生辛巳 阴辛丙子 辰巽巳	地 辅乙辛巳 生杜丙子 玄丙庚辰 丙午丁	常 芮丁己卯 开开甲戌 虎癸戊寅 未坤申	
旺衰	虎 蓬癸戊寅 中惊壬午 合壬丁丑 甲卯乙	阴 任辛丙子 伤景庚辰 蛇庚乙亥 戊五己	值 心己甲戌 休死戊寅 天戊壬午 庚酉辛	旺衰
	天 禽戊壬午 景伤丁丑 地乙辛巳 丑艮寅	朱 冲丙庚辰 惊中乙亥 常丁己卯 壬子癸	蛇 柱庚乙亥 死休己卯 值己甲戌 戌乾亥	
旺衰		旺衰		旺衰

阴七局 庚辰时

旺衰		旺衰		旺衰
	蛇 柱庚乙亥 死惊己卯 阴辛丙子 辰巽巳	常 芮丁己卯 开伤甲戌 玄丙庚辰 丙午丁	合 英壬丁丑 杜中辛巳 虎癸戊寅 未坤申	
旺衰	阴 任辛丙子 伤开庚辰 合壬丁丑 甲卯乙	值 心己甲戌 休生戊寅 蛇庚乙亥 戊五己	地 辅乙辛巳 生休丙子 天戊壬午 庚酉辛	旺衰
	朱 冲丙庚辰 惊死乙亥 地乙辛巳 丑艮寅	虎 蓬癸戊寅 中杜壬午 常丁己卯 壬子癸	天 禽戊壬午 景景丁丑 值己甲戌 戌乾亥	
旺衰		旺衰		旺衰

阴七局 辛巳时

旺衰		旺衰		旺衰
	值 心己甲戌 休开戊寅 阴辛丙子 辰巽巳	虎 蓬癸戊寅 中死壬午 玄丙庚辰 丙午丁	阴 任辛丙子 伤杜庚辰 虎癸戊寅 未坤申	
旺衰	蛇 柱庚乙亥 死中己卯 合壬丁丑 甲卯乙	天 禽戊壬午 景惊丁丑 蛇庚乙亥 戊五己	朱 冲丙庚辰 惊景乙亥 天戊壬午 庚酉辛	旺衰
	常 芮丁己卯 开休甲戌 地乙辛巳 丑艮寅	合 英壬丁丑 杜伤辛巳 常丁己卯 壬子癸	地 辅乙辛巳 生生丙子 值己甲戌 戌乾亥	
旺衰		旺衰		旺衰

阴七局 壬午时

旺衰		旺衰		旺衰
	天 禽戊壬午 景中丁丑 阴辛丙子 辰巽巳	合 英壬丁丑 杜休辛巳 玄丙庚辰 丙午丁	蛇 柱庚乙亥 死伤己卯 虎癸戊寅 未坤申	
旺衰	值 心己甲戌 休杜戊寅 合壬丁丑 甲卯乙	地 辅乙辛巳 生开丙子 蛇庚乙亥 戊五己	常 芮丁己卯 开生甲戌 天戊壬午 庚酉辛	旺衰
	虎 蓬癸戊寅 中景壬午 地乙辛巳 丑艮寅	阴 任辛丙子 伤死庚辰 常丁己卯 壬子癸	朱 冲丙庚辰 惊惊乙亥 值己甲戌 戌乾亥	
旺衰		旺衰		旺衰

阴七局 癸未时

旺衰		旺衰		旺衰
	地 辅乙辛巳 生杜丙子 阴辛丙子 辰巽巳	阴 任辛丙子 伤景庚辰 玄丙庚辰 丙午丁	值 心己甲戌 休死戊寅 虎癸戊寅 未坤申	
旺衰	天 禽戊壬午 景伤丁丑 合壬丁丑 甲卯乙	朱 冲丙庚辰 惊中乙亥 蛇庚乙亥 戊五己	虎 蓬癸戊寅 中惊壬午 天戊壬午 庚酉辛	旺衰
	合 英壬丁丑 杜生辛巳 地乙辛巳 丑艮寅	蛇 柱庚乙亥 死休己卯 常丁己卯 壬子癸	常 芮丁己卯 开开甲戌 值己甲戌 戌乾亥	
旺衰		旺衰		旺衰

阴七局 甲申时

旺衰		旺衰		旺衰
	合 任癸丁亥 死杜庚寅 蛇辛乙酉 辰巽巳	地 冲戊辛卯 开景乙酉 常丙己丑 丙午丁	常 蓬丙己丑 杜死壬辰 合癸丁亥 未坤申	
旺衰	虎 英丁戊子 伤伤辛卯 阴壬丙戌 甲卯乙	阴 柱壬丙戌 休中己丑 值庚甲申 戊五己	值 禽庚甲申 生惊丁亥 地戊辛卯 庚酉辛	旺衰
	天 辅己壬辰 惊生丙戌 玄乙庚寅 丑艮寅	朱 芮乙庚寅 中休甲申 虎丁戊子 壬子癸	蛇 心辛乙酉 景开戊子 天己壬辰 戌乾亥	
旺衰		旺衰		旺衰

阴七局 乙酉时

旺衰		旺衰		旺衰
	虎 英丁戊子 中伤甲申 蛇辛乙酉 辰巽巳	天 辅己壬辰 景生戊子 常丙己丑 丙午丁	朱 芮乙庚寅 惊休丙戌 合癸丁亥 未坤申	
旺衰	常 蓬丙己丑 开死乙酉 阴壬丙戌 甲卯乙	合 任癸丁亥 杜杜壬辰 值庚甲申 戊五己	蛇 心辛乙酉 死开庚寅 地戊辛卯 庚酉辛	旺衰
	值 禽庚甲申 休惊己丑 玄乙庚寅 丑艮寅	地 冲戊辛卯 生景丁亥 虎丁戊子 壬子癸	阴 柱壬丙戌 伤中辛卯 天己壬辰 戌乾亥	
旺衰		旺衰		旺衰

阴七局 丙戌时

旺衰		旺衰		旺衰
	常 蓬丙己丑 杜死壬辰 蛇辛乙酉 辰巽巳	值 禽庚甲申 生惊丁亥 常丙己丑 丙午丁	地 冲戊辛卯 开景乙酉 合癸丁亥 未坤申	
旺衰	朱 芮乙庚寅 中休甲申 阴壬丙戌 甲卯乙	虎 英丁戊子 伤伤辛卯 值庚甲申 戊五己	阴 柱壬丙戌 休中己丑 地戊辛卯 庚酉辛	旺衰
	蛇 心辛乙酉 景开戊子 玄乙庚寅 丑艮寅	天 辅己壬辰 惊生丙戌 虎丁戊子 壬子癸	合 任癸丁亥 死杜庚寅 天己壬辰 戌乾亥	
旺衰		旺衰		旺衰

阴七局 丁亥时

旺衰		旺衰		旺衰
	朱 芮乙庚寅 伤休辛卯 蛇辛乙酉 辰巽巳	蛇 心辛乙酉 惊开丙戌 常丙己丑 丙午丁	天 辅己壬辰 中生甲申 合癸丁亥 未坤申	
旺衰	地 冲戊辛卯 杜景壬辰 阴壬丙戌 甲卯乙	常 蓬丙己丑 死死庚寅 值庚甲申 戊五己	合 任癸丁亥 景杜戊子 地戊辛卯 庚酉辛	旺衰
	阴 柱壬丙戌 生中丁亥 玄乙庚寅 丑艮寅	值 禽庚甲申 开惊乙酉 虎丁戊子 壬子癸	虎 英丁戊子 休伤己丑 天己壬辰 戌乾亥	
旺衰		旺衰		旺衰

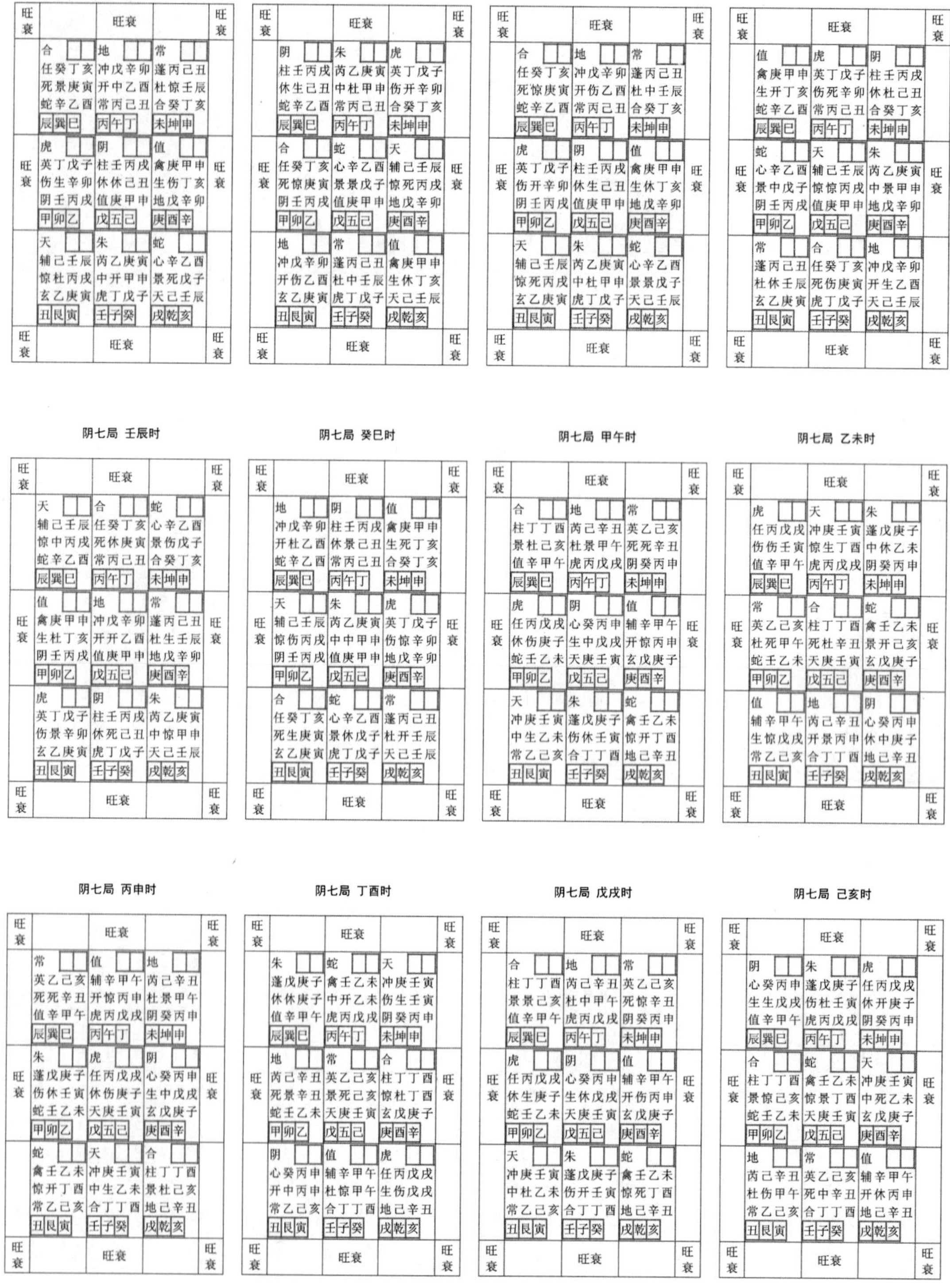

阴七局 戊子时

旺衰		旺衰		旺衰
	合 任癸丁亥 死景庚寅 蛇辛乙酉 辰巽巳	地 冲戊辛卯 开中乙酉 常丙己丑 丙午丁	常 蓬丙己丑 杜惊壬辰 合癸丁亥 未坤申	
旺衰	虎 英丁戊子 伤生辛卯 阴壬丙戌 甲卯乙	阴 柱壬丙戌 休休己丑 值庚甲申 戊五己	值 禽庚甲申 生伤丁亥 地戊辛卯 庚酉辛	旺衰
	天 辅己壬辰 惊杜丙戌 玄乙庚寅 丑艮寅	朱 芮乙庚寅 中开甲申 虎丁戊子 壬子癸	蛇 心辛乙酉 景死戊子 天己壬辰 戌乾亥	
旺衰		旺衰		旺衰

阴七局 己丑时

旺衰		旺衰		旺衰
	阴 柱壬丙戌 休生己丑 蛇辛乙酉 辰巽巳	朱 芮乙庚寅 中杜甲申 常丙己丑 丙午丁	虎 英丁戊子 伤开辛卯 合癸丁亥 未坤申	
旺衰	合 任癸丁亥 死惊庚寅 阴壬丙戌 甲卯乙	蛇 心辛乙酉 景景戊子 值庚甲申 戊五己	天 辅己壬辰 惊死丙戌 地戊辛卯 庚酉辛	旺衰
	地 冲戊辛卯 开伤乙酉 玄乙庚寅 丑艮寅	常 蓬丙己丑 杜中壬辰 虎丁戊子 壬子癸	值 禽庚甲申 生休丁亥 天己壬辰 戌乾亥	
旺衰		旺衰		旺衰

阴七局 庚寅时

旺衰		旺衰		旺衰
	合 任癸丁亥 死惊庚寅 蛇辛乙酉 辰巽巳	地 冲戊辛卯 开伤乙酉 常丙己丑 丙午丁	常 蓬丙己丑 杜中壬辰 合癸丁亥 未坤申	
旺衰	虎 英丁戊子 伤开辛卯 阴壬丙戌 甲卯乙	阴 柱壬丙戌 休生己丑 值庚甲申 戊五己	值 禽庚甲申 生休丁亥 地戊辛卯 庚酉辛	旺衰
	天 辅己壬辰 惊死丙戌 玄乙庚寅 丑艮寅	朱 芮乙庚寅 中杜甲申 虎丁戊子 壬子癸	蛇 心辛乙酉 景景戊子 天己壬辰 戌乾亥	
旺衰		旺衰		旺衰

阴七局 辛卯时

旺衰		旺衰		旺衰
	值 禽庚甲申 生开丁亥 蛇辛乙酉 辰巽巳	虎 英丁戊子 伤死辛卯 常丙己丑 丙午丁	阴 柱壬丙戌 休杜己丑 合癸丁亥 未坤申	
旺衰	蛇 心辛乙酉 景中戊子 阴壬丙戌 甲卯乙	天 辅己壬辰 惊惊丙戌 值庚甲申 戊五己	朱 芮乙庚寅 中景甲申 地戊辛卯 庚酉辛	旺衰
	常 蓬丙己丑 杜休壬辰 玄乙庚寅 丑艮寅	合 任癸丁亥 死伤庚寅 虎丁戊子 壬子癸	地 冲戊辛卯 开生乙酉 天己壬辰 戌乾亥	
旺衰		旺衰		旺衰

阴七局 壬辰时

旺衰		旺衰		旺衰
	天 辅己壬辰 惊中丙戌 蛇辛乙酉 辰巽巳	合 任癸丁亥 死休庚寅 常丙己丑 丙午丁	蛇 心辛乙酉 景伤戊子 合癸丁亥 未坤申	
旺衰	值 禽庚甲申 生杜丁亥 阴壬丙戌 甲卯乙	地 冲戊辛卯 开开乙酉 值庚甲申 戊五己	常 蓬丙己丑 杜生壬辰 地戊辛卯 庚酉辛	旺衰
	虎 英丁戊子 伤景辛卯 玄乙庚寅 丑艮寅	阴 柱壬丙戌 休死己丑 虎丁戊子 壬子癸	朱 芮乙庚寅 中惊甲申 天己壬辰 戌乾亥	
旺衰		旺衰		旺衰

阴七局 癸巳时

旺衰		旺衰		旺衰
	地 冲戊辛卯 开杜乙酉 蛇辛乙酉 辰巽巳	阴 柱壬丙戌 休景己丑 常丙己丑 丙午丁	值 禽庚甲申 生死丁亥 合癸丁亥 未坤申	
旺衰	天 辅己壬辰 惊伤丙戌 阴壬丙戌 甲卯乙	朱 芮乙庚寅 中中甲申 值庚甲申 戊五己	虎 英丁戊子 伤惊辛卯 地戊辛卯 庚酉辛	旺衰
	合 任癸丁亥 死生庚寅 玄乙庚寅 丑艮寅	蛇 心辛乙酉 景休戊子 虎丁戊子 壬子癸	常 蓬丙己丑 杜开壬辰 天己壬辰 戌乾亥	
旺衰		旺衰		旺衰

阴七局 甲午时

旺衰		旺衰		旺衰
	合 柱丁丁酉 景杜己亥 值辛甲午 辰巽巳	地 芮己辛丑 杜景甲午 虎丙戊戌 丙午丁	常 英乙己亥 死死辛丑 阴癸丙申 未坤申	
旺衰	虎 任丙戊戌 休伤庚子 蛇壬乙未 甲卯乙	阴 心癸丙申 生中戊戌 天庚壬寅 戊五己	值 辅辛甲午 开惊丙申 玄戊庚子 庚酉辛	旺衰
	天 冲庚壬寅 中生乙未 常乙己亥 丑艮寅	朱 蓬戊庚子 伤休壬寅 合丁丁酉 壬子癸	蛇 禽壬乙未 惊开丁酉 地己辛丑 戌乾亥	
旺衰		旺衰		旺衰

阴七局 乙未时

旺衰		旺衰		旺衰
	虎 任丙戊戌 伤伤壬寅 值辛甲午 辰巽巳	天 冲庚壬寅 惊生丁酉 虎丙戊戌 丙午丁	朱 蓬戊庚子 中休乙未 阴癸丙申 未坤申	
旺衰	常 英乙己亥 杜死甲午 蛇壬乙未 甲卯乙	合 柱丁丁酉 死杜辛丑 天庚壬寅 戊五己	蛇 禽壬乙未 景开己亥 玄戊庚子 庚酉辛	旺衰
	值 辅辛甲午 生惊戊戌 常乙己亥 丑艮寅	地 芮己辛丑 开景丙申 合丁丁酉 壬子癸	阴 心癸丙申 休中庚子 地己辛丑 戌乾亥	
旺衰		旺衰		旺衰

阴七局 丙申时

旺衰		旺衰		旺衰
	常 英乙己亥 死死辛丑 值辛甲午 辰巽巳	值 辅辛甲午 开惊丙申 虎丙戊戌 丙午丁	地 芮己辛丑 杜景甲午 阴癸丙申 未坤申	
旺衰	朱 蓬戊庚子 伤休壬寅 蛇壬乙未 甲卯乙	虎 任丙戊戌 休伤庚子 天庚壬寅 戊五己	阴 心癸丙申 生中戊戌 玄戊庚子 庚酉辛	旺衰
	蛇 禽壬乙未 惊开丁酉 常乙己亥 丑艮寅	天 冲庚壬寅 中生乙未 合丁丁酉 壬子癸	合 柱丁丁酉 景杜己亥 地己辛丑 戌乾亥	
旺衰		旺衰		旺衰

阴七局 丁酉时

旺衰		旺衰		旺衰
	朱 蓬戊庚子 休休庚子 值辛甲午 辰巽巳	蛇 禽壬乙未 中开乙未 虎丙戊戌 丙午丁	天 冲庚壬寅 伤生壬寅 阴癸丙申 未坤申	
旺衰	地 芮己辛丑 死景辛丑 蛇壬乙未 甲卯乙	常 英乙己亥 景死己亥 天庚壬寅 戊五己	合 柱丁丁酉 惊杜丁酉 玄戊庚子 庚酉辛	旺衰
	阴 心癸丙申 开中丙申 常乙己亥 丑艮寅	值 辅辛甲午 杜惊甲午 合丁丁酉 壬子癸	虎 任丙戊戌 生伤戊戌 地己辛丑 戌乾亥	
旺衰		旺衰		旺衰

阴七局 戊戌时

旺衰		旺衰		旺衰
	合 柱丁丁酉 景景己亥 值辛甲午 辰巽巳	地 芮己辛丑 杜中甲午 虎丙戊戌 丙午丁	常 英乙己亥 死惊辛丑 阴癸丙申 未坤申	
旺衰	虎 任丙戊戌 休生庚子 蛇壬乙未 甲卯乙	阴 心癸丙申 生休戊戌 天庚壬寅 戊五己	值 辅辛甲午 开伤丙申 玄戊庚子 庚酉辛	旺衰
	天 冲庚壬寅 中杜乙未 常乙己亥 丑艮寅	朱 蓬戊庚子 伤开壬寅 合丁丁酉 壬子癸	蛇 禽壬乙未 惊死丁酉 地己辛丑 戌乾亥	
旺衰		旺衰		旺衰

阴七局 己亥时

旺衰		旺衰		旺衰
	阴 心癸丙申 生生戊戌 值辛甲午 辰巽巳	朱 蓬戊庚子 伤杜壬寅 虎丙戊戌 丙午丁	虎 任丙戊戌 休开庚子 阴癸丙申 未坤申	
旺衰	合 柱丁丁酉 景惊己亥 蛇壬乙未 甲卯乙	蛇 禽壬乙未 惊景丁酉 天庚壬寅 戊五己	天 冲庚壬寅 中死乙未 玄戊庚子 庚酉辛	旺衰
	地 芮己辛丑 杜伤甲午 常乙己亥 丑艮寅	常 英乙己亥 死中辛丑 合丁丁酉 壬子癸	值 辅辛甲午 开休丙申 地己辛丑 戌乾亥	
旺衰		旺衰		旺衰

阴七局 庚子时

旺衰		旺衰		旺衰
	蛇 禽壬乙未 惊惊丁酉 值辛甲午 辰巽巳	常 英乙己亥 死伤辛丑 虎丙戊戌 丙午丁	合 柱丁丁酉 景中己亥 阴癸丙申 未坤申	
旺衰	阴 心癸丙申 生开戊戌 蛇壬乙未 甲卯乙	值 辅辛甲午 开生丙申 天庚壬寅 戊五己	地 芮己辛丑 杜休甲午 玄戊庚子 庚酉辛	旺衰
	朱 蓬戊庚子 伤死壬寅 常乙己亥 丑艮寅	虎 任丙戊戌 休杜庚子 合丁丁酉 壬子癸	天 冲庚壬寅 中景乙未 地己辛丑 戌乾亥	
旺衰		旺衰		旺衰

阴七局 辛丑时

旺衰		旺衰		旺衰
	合 柱丁丁酉 景开己亥 值辛甲午 辰巽巳	地 芮己辛丑 杜死甲午 虎丙戊戌 丙午丁	常 英乙己亥 死杜辛丑 阴癸丙申 未坤申	
旺衰	虎 任丙戊戌 休中庚子 蛇壬乙未 甲卯乙	阴 心癸丙申 生惊戊戌 天庚壬寅 戊五己	值 辅辛甲午 开景丙申 玄戊庚子 庚酉辛	旺衰
	天 冲庚壬寅 中休乙未 常乙己亥 丑艮寅	朱 蓬戊庚子 伤伤壬寅 合丁丁酉 壬子癸	蛇 禽壬乙未 惊生丁酉 地己辛丑 戌乾亥	
旺衰		旺衰		旺衰

阴七局 壬寅时

旺衰		旺衰		旺衰
	天 冲庚壬寅 中中乙未 值辛甲午 辰巽巳	合 柱丁丁酉 景休己亥 虎丙戊戌 丙午丁	蛇 禽壬乙未 惊伤丁酉 阴癸丙申 未坤申	
旺衰	值 辅辛甲午 开杜丙申 蛇壬乙未 甲卯乙	地 芮己辛丑 杜开甲午 天庚壬寅 戊五己	常 英乙己亥 死生辛丑 玄戊庚子 庚酉辛	旺衰
	虎 任丙戊戌 休景庚子 常乙己亥 丑艮寅	阴 心癸丙申 生死戊戌 合丁丁酉 壬子癸	朱 蓬戊庚子 伤惊壬寅 地己辛丑 戌乾亥	
旺衰		旺衰		旺衰

阴七局 癸卯时

旺衰		旺衰		旺衰
	地 芮己辛丑 杜杜甲午 值辛甲午 辰巽巳	阴 心癸丙申 生景戊戌 虎丙戊戌 丙午丁	值 辅辛甲午 开死丙申 阴癸丙申 未坤申	
旺衰	天 冲庚壬寅 中伤乙未 蛇壬乙未 甲卯乙	朱 蓬戊庚子 伤中壬寅 天庚壬寅 戊五己	虎 任丙戊戌 休惊庚子 玄戊庚子 庚酉辛	旺衰
	合 柱丁丁酉 景生己亥 常乙己亥 丑艮寅	蛇 禽壬乙未 惊休丁酉 合丁丁酉 壬子癸	常 英乙己亥 死开辛丑 地己辛丑 戌乾亥	
旺衰		旺衰		旺衰

阴七局 甲辰时

旺衰		旺衰		旺衰
	合 心丙丁未 惊杜戊申 天辛壬子 辰巽巳	地 蓬庚辛亥 死景壬子 合丙丁未 丙午丁	常 任戊己酉 景死庚戌 蛇癸乙巳 未坤申	
旺衰	虎 柱乙戊申 生伤己酉 值壬甲辰 甲卯乙	阴 禽丁丙午 开中丁未 地庚辛亥 戊五己	值 冲壬甲辰 杜惊乙巳 常戊己酉 庚酉辛	旺衰
	天 芮辛壬子 伤生甲辰 虎乙戊申 丑艮寅	朱 英己庚戌 休休辛亥 阴丁丙午 壬子癸	蛇 辅癸乙巳 中开丙午 玄己庚戌 戌乾亥	
旺衰		旺衰		旺衰

阴七局 乙巳时

旺衰		旺衰		旺衰
	虎 柱乙戊申 休伤辛亥 天辛壬子 辰巽巳	天 芮辛壬子 中生丙午 合丙丁未 丙午丁	朱 英己庚戌 伤休甲辰 蛇癸乙巳 未坤申	
旺衰	常 任戊己酉 死死壬子 值壬甲辰 甲卯乙	合 心丙丁未 景杜庚戌 地庚辛亥 戊五己	蛇 辅癸乙巳 惊开戊申 常戊己酉 庚酉辛	旺衰
	值 冲壬甲辰 开惊丁未 虎乙戊申 丑艮寅	地 蓬庚辛亥 杜景乙巳 阴丁丙午 壬子癸	阴 禽丁丙午 生中己酉 玄己庚戌 戌乾亥	
旺衰		旺衰		旺衰

阴七局 丙午时

旺衰		旺衰		旺衰
	常 任戊己酉 景死庚戌 天辛壬子 辰巽巳	值 冲壬甲辰 杜惊乙巳 合丙丁未 丙午丁	地 蓬庚辛亥 死景壬子 蛇癸乙巳 未坤申	
旺衰	朱 英己庚戌 休休辛亥 值壬甲辰 甲卯乙	虎 柱乙戊申 生伤己酉 地庚辛亥 戊五己	阴 禽丁丙午 开中丁未 常戊己酉 庚酉辛	旺衰
	蛇 辅癸乙巳 中开丙午 虎乙戊申 丑艮寅	天 芮辛壬子 伤生甲辰 阴丁丙午 壬子癸	合 心丙丁未 惊杜戊申 玄己庚戌 戌乾亥	
旺衰		旺衰		旺衰

阴七局 丁未时

旺衰		旺衰		旺衰
	朱 英己庚戌 生休己酉 天辛壬子 辰巽巳	蛇 辅癸乙巳 伤开甲辰 合丙丁未 丙午丁	天 芮辛壬子 休生辛亥 蛇癸乙巳 未坤申	
旺衰	地 蓬庚辛亥 景景庚戌 值壬甲辰 甲卯乙	常 任戊己酉 惊死戊申 地庚辛亥 戊五己	合 心丙丁未 中杜丙午 常戊己酉 庚酉辛	旺衰
	阴 禽丁丙午 杜中乙巳 虎乙戊申 丑艮寅	值 冲壬甲辰 死惊壬子 阴丁丙午 壬子癸	虎 柱乙戊申 开伤丁未 玄己庚戌 戌乾亥	
旺衰		旺衰		旺衰

阴七局 戊申时

旺衰		旺衰		旺衰
	合 心丙丁未 惊景戊申 天辛壬子 辰巽巳	地 蓬庚辛亥 死中壬子 合丙丁未 丙午丁	常 任戊己酉 景惊庚戌 蛇癸乙巳 未坤申	
旺衰	虎 柱乙戊申 生生己酉 值壬甲辰 甲卯乙	阴 禽丁丙午 开休丁未 地庚辛亥 戊五己	值 冲壬甲辰 杜伤乙巳 常戊己酉 庚酉辛	旺衰
	天 芮辛壬子 伤杜甲辰 虎乙戊申 丑艮寅	朱 英己庚戌 休开辛亥 阴丁丙午 壬子癸	蛇 辅癸乙巳 中死丙午 玄己庚戌 戌乾亥	
旺衰		旺衰		旺衰

阴七局 己酉时

旺衰		旺衰		旺衰
	阴 禽丁丙午 开生丁未 天辛壬子 辰巽巳	朱 英己庚戌 休杜辛亥 合丙丁未 丙午丁	虎 柱乙戊申 生开己酉 蛇癸乙巳 未坤申	
旺衰	合 心丙丁未 惊惊戊申 值壬甲辰 甲卯乙	蛇 辅癸乙巳 中景丙午 地庚辛亥 戊五己	天 芮辛壬子 伤死甲辰 常戊己酉 庚酉辛	旺衰
	地 蓬庚辛亥 死伤壬子 虎乙戊申 丑艮寅	常 任戊己酉 景中庚戌 阴丁丙午 壬子癸	值 冲壬甲辰 杜休乙巳 玄己庚戌 戌乾亥	
旺衰		旺衰		旺衰

阴七局 庚戌时

旺衰		旺衰		旺衰
	蛇 辅癸乙巳 中惊丙午 天辛壬子 辰巽巳	常 任戊己酉 景伤庚戌 合丙丁未 丙午丁	合 心丙丁未 惊中戊申 蛇癸乙巳 未坤申	
旺衰	阴 禽丁丙午 开开丁未 值壬甲辰 甲卯乙	值 冲壬甲辰 杜生乙巳 地庚辛亥 戊五己	地 蓬庚辛亥 死休壬子 常戊己酉 庚酉辛	旺衰
	朱 英己庚戌 休死辛亥 虎乙戊申 丑艮寅	虎 柱乙戊申 生杜己酉 阴丁丙午 壬子癸	天 芮辛壬子 伤景甲辰 玄己庚戌 戌乾亥	
旺衰		旺衰		旺衰

阴七局 辛亥时

旺衰		旺衰		旺衰
	值 冲壬甲辰 杜开乙巳 天辛壬子 辰巽巳	虎 柱乙戊申 生死己酉 合丙丁未 丙午丁	阴 禽丁丙午 开杜丁未 蛇癸乙巳 未坤申	
旺衰	蛇 辅癸乙巳 中中丙午 值壬甲辰 甲卯乙	天 芮辛壬子 伤惊甲辰 地庚辛亥 戊五己	朱 英己庚戌 休景辛亥 常戊己酉 庚酉辛	旺衰
	常 任戊己酉 景休庚戌 虎乙戊申 丑艮寅	合 心丙丁未 惊伤戊申 阴丁丙午 壬子癸	地 蓬庚辛亥 死生壬子 玄己庚戌 戌乾亥	
旺衰		旺衰		旺衰

阴七局 壬子时

旺衰		旺衰		旺衰
	合 心丙丁未 惊中戊申 天辛壬子 辰巽巳	地 蓬庚辛亥 死休壬子 合丙丁未 丙午丁	常 任戊己酉 景伤庚戌 蛇癸乙巳 未坤申	
旺衰	虎 柱乙戊申 生杜己酉 值壬甲辰 甲卯乙	阴 禽丁丙午 开开丁未 地庚辛亥 戊五己	值 冲壬甲辰 杜生乙巳 常戊己酉 庚酉辛	旺衰
	天 芮辛壬子 伤景甲辰 虎乙戊申 丑艮寅	朱 英己庚戌 休死辛亥 阴丁丙午 壬子癸	蛇 辅癸乙巳 中惊丙午 玄己庚戌 戌乾亥	
旺衰		旺衰		旺衰

阴七局 癸丑时

旺衰		旺衰		旺衰
	地 蓬庚辛亥 死杜壬子 天辛壬子 辰巽巳	阴 禽丁丙午 开景丁未 合丙丁未 丙午丁	值 冲壬甲辰 杜死乙巳 蛇癸乙巳 未坤申	
旺衰	天 芮辛壬子 伤伤甲辰 值壬甲辰 甲卯乙	朱 英己庚戌 休中辛亥 地庚辛亥 戊五己	虎 柱乙戊申 生惊己酉 常戊己酉 庚酉辛	旺衰
	合 心丙丁未 惊生戊申 虎乙戊申 丑艮寅	蛇 辅癸乙巳 中休丙午 阴丁丙午 壬子癸	常 任戊己酉 景开庚戌 玄己庚戌 戌乾亥	
旺衰		旺衰		旺衰

阴七局 甲寅时

旺衰		旺衰		旺衰
	合 禽乙丁巳 中杜丁巳 地辛辛酉 辰巽巳	地 英辛辛酉 景景辛酉 阴丙丙辰 丙午丁	常 柱己己未 惊死己未 值癸甲寅 未坤申	
旺衰	虎 心戊戊午 开伤戊午 天壬壬戌 甲卯乙	阴 辅丙丙辰 杜中丙辰 玄庚庚申 戊五己	值 芮癸甲寅 死惊甲寅 虎戊戊午 庚酉辛	旺衰
	天 蓬壬壬戌 休生壬戌 合乙丁巳 丑艮寅	朱 任庚庚申 生休庚申 蛇丁乙卯 壬子癸	蛇 冲丁乙卯 伤开乙卯 常己己未 戌乾亥	
旺衰		旺衰		旺衰

阴七局 乙卯时

旺衰		旺衰		旺衰
	虎 心戊戊午 生伤庚申 地辛辛酉 辰巽巳	天 蓬壬壬戌 伤生乙卯 阴丙丙辰 丙午丁	朱 任庚庚申 休休壬戌 值癸甲寅 未坤申	
旺衰	常 柱己己未 景死辛酉 天壬壬戌 甲卯乙	合 禽乙丁巳 惊杜己未 玄庚庚申 戊五己	蛇 冲丁乙卯 中开丁巳 虎戊戊午 庚酉辛	旺衰
	值 芮癸甲寅 杜惊丙辰 合乙丁巳 丑艮寅	地 英辛辛酉 死景甲寅 蛇丁乙卯 壬子癸	阴 辅丙丙辰 开中戊午 常己己未 戌乾亥	
旺衰		旺衰		旺衰

阴七局 丙辰时

旺衰		旺衰		旺衰
	常 柱己己未 惊死己未 地辛辛酉 辰巽巳	值 芮癸甲寅 死惊甲寅 阴丙丙辰 丙午丁	地 英辛辛酉 景景辛酉 值癸甲寅 未坤申	
旺衰	朱 任庚庚申 生休庚申 天壬壬戌 甲卯乙	虎 心戊戊午 开伤戊午 玄庚庚申 戊五己	阴 辅丙丙辰 杜中丙辰 虎戊戊午 庚酉辛	旺衰
	蛇 冲丁乙卯 伤开乙卯 合乙丁巳 丑艮寅	天 蓬壬壬戌 休生壬戌 蛇丁乙卯 壬子癸	合 禽乙丁巳 中杜丁巳 常己己未 戌乾亥	
旺衰		旺衰		旺衰

阴七局 丁巳时

旺衰		旺衰		旺衰
	朱 任庚庚申 开休戊午 地辛辛酉 辰巽巳	蛇 冲丁乙卯 休开壬戌 阴丙丙辰 丙午丁	天 蓬壬壬戌 生生庚申 值癸甲寅 未坤申	
旺衰	地 英辛辛酉 惊景己未 天壬壬戌 甲卯乙	常 柱己己未 中死丁巳 玄庚庚申 戊五己	合 禽乙丁巳 伤杜乙卯 虎戊戊午 庚酉辛	旺衰
	阴 辅丙丙辰 死中甲寅 合乙丁巳 丑艮寅	值 芮癸甲寅 景惊辛酉 蛇丁乙卯 壬子癸	虎 心戊戊午 杜伤丙辰 常己己未 戌乾亥	
旺衰		旺衰		旺衰

阴七局 戊午时

旺衰		旺衰		旺衰
	合 禽乙丁巳 中景丁巳 地辛辛酉 辰巽巳	地 英辛辛酉 景中辛酉 阴丙丙辰 丙午丁	常 柱己己未 惊惊己未 值癸甲寅 未坤申	
旺衰	虎 心戊戊午 开生戊午 天壬壬戌 甲卯乙	阴 辅丙丙辰 杜休丙辰 玄庚庚申 戊五己	值 芮癸甲寅 死伤甲寅 虎戊戊午 庚酉辛	旺衰
	天 蓬壬壬戌 休杜壬戌 合乙丁巳 丑艮寅	朱 任庚庚申 生开庚申 蛇丁乙卯 壬子癸	蛇 冲丁乙卯 伤死乙卯 常己己未 戌乾亥	
旺衰		旺衰		旺衰

阴七局 己未时

旺衰		旺衰		旺衰
	阴 辅丙丙辰 杜生丙辰 地辛辛酉 辰巽巳	朱 任庚庚申 生杜庚申 阴丙丙辰 丙午丁	虎 心戊戊午 开开戊午 值癸甲寅 未坤申	
旺衰	合 禽乙丁巳 中惊丁巳 天壬壬戌 甲卯乙	蛇 冲丁乙卯 伤景乙卯 玄庚庚申 戊五己	天 蓬壬壬戌 休死壬戌 虎戊戊午 庚酉辛	旺衰
	地 英辛辛酉 景伤辛酉 合乙丁巳 丑艮寅	常 柱己己未 惊中己未 蛇丁乙卯 壬子癸	值 芮癸甲寅 死休甲寅 常己己未 戌乾亥	
旺衰		旺衰		旺衰

阴七局 庚申时

旺衰		旺衰		旺衰
	蛇 冲丁乙卯 伤惊乙卯 地辛辛酉 辰巽巳	常 柱己己未 惊伤己未 阴丙丙辰 丙午丁	合 禽乙丁巳 中中丁巳 值癸甲寅 未坤申	
旺衰	阴 辅丙丙辰 杜开丙辰 天壬壬戌 甲卯乙	值 芮癸甲寅 死生甲寅 玄庚庚申 戊五己	地 英辛辛酉 景休辛酉 虎戊戊午 庚酉辛	旺衰
	朱 任庚庚申 生死庚申 合乙丁巳 丑艮寅	虎 心戊戊午 开杜戊午 蛇丁乙卯 壬子癸	天 蓬壬壬戌 休景壬戌 常己己未 戌乾亥	
旺衰		旺衰		旺衰

阴七局 辛酉时

旺衰		旺衰		旺衰
	值 芮癸甲寅 死开甲寅 地辛辛酉 辰巽巳	虎 心戊戊午 开死戊午 阴丙丙辰 丙午丁	阴 辅丙丙辰 杜杜丙辰 值癸甲寅 未坤申	
旺衰	蛇 冲丁乙卯 伤中乙卯 天壬壬戌 甲卯乙	天 蓬壬壬戌 休惊壬戌 玄庚庚申 戊五己	朱 任庚庚申 生景庚申 虎戊戊午 庚酉辛	旺衰
	常 柱己己未 惊休己未 合乙丁巳 丑艮寅	合 禽乙丁巳 中伤丁巳 蛇丁乙卯 壬子癸	地 英辛辛酉 景生辛酉 常己己未 戌乾亥	
旺衰		旺衰		旺衰

阴七局 壬戌时

旺衰		旺衰		旺衰
	天 蓬壬壬戌 休中壬戌 地辛辛酉 辰巽巳	合 禽乙丁巳 中休丁巳 阴丙丙辰 丙午丁	蛇 冲丁乙卯 伤伤乙卯 值癸甲寅 未坤申	
旺衰	值 芮癸甲寅 死杜甲寅 天壬壬戌 甲卯乙	地 英辛辛酉 景开辛酉 玄庚庚申 戊五己	常 柱己己未 惊生己未 虎戊戊午 庚酉辛	旺衰
	虎 心戊戊午 开景戊午 合乙丁巳 丑艮寅	阴 辅丙丙辰 杜死丙辰 蛇丁乙卯 壬子癸	朱 任庚庚申 生惊庚申 常己己未 戌乾亥	
旺衰		旺衰		旺衰

阴七局 癸亥时

旺衰		旺衰		旺衰
	合 禽乙丁巳 中杜丁巳 地辛辛酉 辰巽巳	地 英辛辛酉 景景辛酉 阴丙丙辰 丙午丁	常 柱己己未 惊死己未 值癸甲寅 未坤申	
旺衰	虎 心戊戊午 开伤戊午 天壬壬戌 甲卯乙	阴 辅丙丙辰 杜中丙辰 玄庚庚申 戊五己	值 芮癸甲寅 死惊甲寅 虎戊戊午 庚酉辛	旺衰
	天 蓬壬壬戌 休生壬戌 合乙丁巳 丑艮寅	朱 任庚庚申 生休庚申 蛇丁乙卯 壬子癸	蛇 冲丁乙卯 伤开乙卯 常己己未 戌乾亥	
旺衰		旺衰		旺衰

第十三章　阴遁六五四局

阴遁六局

冬至上　惊蛰上
清明中　立夏中
甲己日十二时局
乙庚日十二时局
丙辛日十二时局
丁壬日十二时局
戊癸日十二时局

阴遁五局

冬至上　惊蛰上
清明中　立夏中
甲己日十二时局
乙庚日十二时局
丙辛日十二时局
丁壬日十二时局
戊癸日十二时局

阴遁四局

冬至上　惊蛰上
清明中　立夏中
甲己日十二时局
乙庚日十二时局
丙辛日十二时局
丁壬日十二时局
戊癸日十二时局

阴六局 甲子时

旺衰		旺衰		旺衰
	阴 任庚丙寅 杜杜辛未 阴庚丙寅 辰巽巳	朱 冲丁庚午 生景丙寅 玄丁庚午 丙午丁	虎 蓬壬戊辰 开死甲子 虎壬戊辰 未坤申	
旺衰	合 英辛丁卯 中伤壬申 合辛丁卯 甲卯乙	蛇 柱己乙丑 伤中庚午 蛇己乙丑 戊五己	天 禽乙壬申 休惊戊辰 天乙壬申 庚酉辛	旺衰
	地 辅丙辛未 景生丁卯 地丙辛未 丑艮寅	常 芮癸己巳 惊休乙丑 常癸己巳 壬子癸	值 心戊甲子 死开己巳 值戊甲子 戌乾亥	
旺衰		旺衰		旺衰

阴六局 乙丑时

旺衰		旺衰		旺衰
	合 英辛丁卯 惊伤乙丑 阴庚丙寅 辰巽巳	地 辅丙辛未 死生己巳 玄丁庚午 丙午丁	常 芮癸己巳 景休丁卯 虎壬戊辰 未坤申	
旺衰	虎 蓬壬戊辰 生死丙寅 合辛丁卯 甲卯乙	阴 任庚丙寅 开杜甲子 蛇己乙丑 戊五己	值 心戊甲子 杜开辛未 天乙壬申 庚酉辛	旺衰
	天 禽乙壬申 伤惊庚午 地丙辛未 丑艮寅	朱 冲丁庚午 休景戊辰 常癸己巳 壬子癸	蛇 柱己乙丑 中中壬申 值戊甲子 戌乾亥	
旺衰		旺衰		旺衰

阴六局 丙寅时

旺衰		旺衰		旺衰
	虎 蓬壬戊辰 开死甲子 阴庚丙寅 辰巽巳	天 禽乙壬申 休惊戊辰 玄丁庚午 丙午丁	朱 冲丁庚午 生景丙寅 虎壬戊辰 未坤申	
旺衰	常 芮癸己巳 惊休乙丑 合辛丁卯 甲卯乙	合 英辛丁卯 中伤壬申 蛇己乙丑 戊五己	蛇 柱己乙丑 伤中庚午 天乙壬申 庚酉辛	旺衰
	值 心戊甲子 死开己巳 地丙辛未 丑艮寅	地 辅丙辛未 景生丁卯 常癸己巳 壬子癸	阴 任庚丙寅 杜杜辛未 值戊甲子 戌乾亥	
旺衰		旺衰		旺衰

阴六局 丁卯时

旺衰		旺衰		旺衰
	常 芮癸己巳 中休壬申 阴庚丙寅 辰巽巳	值 心戊甲子 景开丁卯 玄丁庚午 丙午丁	地 辅丙辛未 惊生乙丑 虎壬戊辰 未坤申	
旺衰	朱 冲丁庚午 开景甲子 合辛丁卯 甲卯乙	虎 蓬壬戊辰 杜死辛未 蛇己乙丑 戊五己	阴 任庚丙寅 死杜己巳 天乙壬申 庚酉辛	旺衰
	蛇 柱己乙丑 休中戊辰 地丙辛未 丑艮寅	天 禽乙壬申 生惊丙寅 常癸己巳 壬子癸	合 英辛丁卯 伤伤庚午 值戊甲子 戌乾亥	
旺衰		旺衰		旺衰

阴六局 戊辰时

旺衰		旺衰		旺衰
	阴 任庚丙寅 杜景辛未 阴庚丙寅 辰巽巳	朱 冲丁庚午 生中丙寅 玄丁庚午 丙午丁	虎 蓬壬戊辰 开惊甲子 虎壬戊辰 未坤申	
旺衰	合 英辛丁卯 中生壬申 合辛丁卯 甲卯乙	蛇 柱己乙丑 伤休庚午 蛇己乙丑 戊五己	天 禽乙壬申 休伤戊辰 天乙壬申 庚酉辛	旺衰
	地 辅丙辛未 景杜丁卯 地丙辛未 丑艮寅	常 芮癸己巳 惊开乙丑 常癸己巳 壬子癸	值 心戊甲子 死死己巳 值戊甲子 戌乾亥	
旺衰		旺衰		旺衰

阴六局 己巳时

旺衰		旺衰		旺衰
	蛇 柱己乙丑 伤生庚午 阴庚丙寅 辰巽巳	常 芮癸己巳 惊杜乙丑 玄丁庚午 丙午丁	合 英辛丁卯 中开壬申 虎壬戊辰 未坤申	
旺衰	阴 任庚丙寅 杜惊辛未 合辛丁卯 甲卯乙	值 心戊甲子 死景己巳 蛇己乙丑 戊五己	地 辅丙辛未 景死丁卯 天乙壬申 庚酉辛	旺衰
	朱 冲丁庚午 生伤丙寅 地丙辛未 丑艮寅	虎 蓬壬戊辰 开中甲子 常癸己巳 壬子癸	天 禽乙壬申 休休戊辰 值戊甲子 戌乾亥	
旺衰		旺衰		旺衰

阴六局 庚午时

旺衰		旺衰		旺衰
	值 心戊甲子 死惊己巳 阴庚丙寅 辰巽巳	虎 蓬壬戊辰 开伤甲子 玄丁庚午 丙午丁	阴 任庚丙寅 杜中辛未 虎壬戊辰 未坤申	
旺衰	蛇 柱己乙丑 伤开庚午 合辛丁卯 甲卯乙	天 禽乙壬申 休生戊辰 蛇己乙丑 戊五己	朱 冲丁庚午 生休丙寅 天乙壬申 庚酉辛	旺衰
	常 芮癸己巳 惊死乙丑 地丙辛未 丑艮寅	合 英辛丁卯 中杜壬申 常癸己巳 壬子癸	地 辅丙辛未 景景丁卯 值戊甲子 戌乾亥	
旺衰		旺衰		旺衰

阴六局 辛未时

旺衰		旺衰		旺衰
	天 禽乙壬申 休开戊辰 阴庚丙寅 辰巽巳	合 英辛丁卯 中死壬申 玄丁庚午 丙午丁	蛇 柱己乙丑 伤杜庚午 虎壬戊辰 未坤申	
旺衰	值 心戊甲子 死中己巳 合辛丁卯 甲卯乙	地 辅丙辛未 景惊丁卯 蛇己乙丑 戊五己	常 芮癸己巳 惊景乙丑 天乙壬申 庚酉辛	旺衰
	虎 蓬壬戊辰 开休甲子 地丙辛未 丑艮寅	阴 任庚丙寅 杜伤辛未 常癸己巳 壬子癸	朱 冲丁庚午 生生丙寅 值戊甲子 戌乾亥	
旺衰		旺衰		旺衰

阴六局 壬申时

旺衰		旺衰		旺衰
	地 辅丙辛未 景中丁卯 阴庚丙寅 辰巽巳	阴 任庚丙寅 杜休辛未 玄丁庚午 丙午丁	值 心戊甲子 死伤己巳 虎壬戊辰 未坤申	
旺衰	天 禽乙壬申 休杜戊辰 合辛丁卯 甲卯乙	朱 冲丁庚午 生开丙寅 蛇己乙丑 戊五己	虎 蓬壬戊辰 开生甲子 天乙壬申 庚酉辛	旺衰
	合 英辛丁卯 中景壬申 地丙辛未 丑艮寅	蛇 柱己乙丑 伤死庚午 常癸己巳 壬子癸	常 芮癸己巳 惊惊乙丑 值戊甲子 戌乾亥	
旺衰		旺衰		旺衰

阴六局 癸酉时

旺衰		旺衰		旺衰
	朱 冲丁庚午 生杜丙寅 阴庚丙寅 辰巽巳	蛇 柱己乙丑 伤景庚午 玄丁庚午 丙午丁	天 禽乙壬申 休死戊辰 虎壬戊辰 未坤申	
旺衰	地 辅丙辛未 景伤丁卯 合辛丁卯 甲卯乙	常 芮癸己巳 惊中乙丑 蛇己乙丑 戊五己	合 英辛丁卯 中惊壬申 天乙壬申 庚酉辛	旺衰
	阴 任庚丙寅 杜生辛未 地丙辛未 丑艮寅	值 心戊甲子 死休己巳 常癸己巳 壬子癸	虎 蓬壬戊辰 开开甲子 值戊甲子 戌乾亥	
旺衰		旺衰		旺衰

阴六局 甲戌时

旺衰		旺衰		旺衰
	阴 柱辛丙子 死杜庚辰 蛇庚乙亥 辰巽巳	朱 芮丙庚辰 开景乙亥 常丁己卯 丙午丁	虎 英癸戊寅 杜死壬午 合壬丁丑 未坤申	
旺衰	合 任壬丁丑 伤伤辛巳 阴辛丙子 甲卯乙	蛇 心庚乙亥 休中己卯 值己甲戌 戊五己	天 辅戊壬午 生惊丁丑 地乙辛巳 庚酉辛	旺衰
	地 冲乙辛巳 惊生丙子 玄丙庚辰 丑艮寅	常 蓬丁己卯 中休甲戌 虎癸戊寅 壬子癸	值 禽己甲戌 景开戊寅 天戊壬午 戌乾亥	
旺衰		旺衰		旺衰

阴六局 乙亥时

旺衰		旺衰		旺衰
	合 任壬丁丑 中伤甲戌 蛇庚乙亥 辰巽巳	地 冲乙辛巳 景生戊寅 常丁己卯 丙午丁	常 蓬丁己卯 惊休丙子 合壬丁丑 未坤申	
旺衰	虎 英癸戊寅 开死乙亥 阴辛丙子 甲卯乙	阴 柱辛丙子 杜杜壬午 值己甲戌 戊五己	值 禽己甲戌 死开庚辰 地乙辛巳 庚酉辛	旺衰
	天 辅戊壬午 休惊己卯 玄丙庚辰 丑艮寅	朱 芮丙庚辰 生景丁丑 虎癸戊寅 壬子癸	蛇 心庚乙亥 伤中辛巳 天戊壬午 戌乾亥	
旺衰		旺衰		旺衰

阴六局 丙子时

旺 衰		旺衰		旺 衰
	虎 英癸戊寅 杜死壬午 蛇庚乙亥 辰巽巳	天 辅戊壬午 生惊丁丑 常丁己卯 丙午丁	朱 芮丙庚辰 开景乙亥 合壬丁丑 未坤申	
旺 衰	常 蓬丁己卯 中休甲戌 阴辛丙子 甲卯乙	合 任壬丁丑 伤伤辛巳 值己甲戌 戊五己	蛇 心庚乙亥 休中己卯 地乙辛巳 庚酉辛	旺 衰
	值 禽己甲戌 景开戊寅 玄丙庚辰 丑艮寅	地 冲乙辛巳 惊生丙子 虎癸戊寅 壬子癸	阴 柱辛丙子 死杜庚辰 天戊壬午 戌乾亥	
旺 衰		旺衰		旺 衰

阴六局 丁丑时

旺 衰		旺衰		旺 衰
	常 蓬丁己卯 伤休辛巳 蛇庚乙亥 辰巽巳	值 禽己甲戌 惊开丙子 常丁己卯 丙午丁	地 冲乙辛巳 中生甲戌 合壬丁丑 未坤申	
旺 衰	朱 芮丙庚辰 杜景壬午 阴辛丙子 甲卯乙	虎 英癸戊寅 死死庚辰 值己甲戌 戊五己	阴 柱辛丙子 景杜戊寅 地乙辛巳 庚酉辛	旺 衰
	蛇 心庚乙亥 生中丁丑 玄丙庚辰 丑艮寅	天 辅戊壬午 开惊乙亥 虎癸戊寅 壬子癸	合 任壬丁丑 休伤己卯 天戊壬午 戌乾亥	
旺 衰		旺衰		旺 衰

阴六局 戊寅时

旺 衰		旺衰		旺 衰
	阴 柱辛丙子 死景庚辰 蛇庚乙亥 辰巽巳	朱 芮丙庚辰 开中乙亥 常丁己卯 丙午丁	虎 英癸戊寅 杜惊壬午 合壬丁丑 未坤申	
旺 衰	合 任壬丁丑 伤生辛巳 阴辛丙子 甲卯乙	蛇 心庚乙亥 休休己卯 值己甲戌 戊五己	天 辅戊壬午 生伤丁丑 地乙辛巳 庚酉辛	旺 衰
	地 冲乙辛巳 惊杜丙子 玄丙庚辰 丑艮寅	常 蓬丁己卯 中开甲戌 虎癸戊寅 壬子癸	值 禽己甲戌 景死戊寅 天戊壬午 戌乾亥	
旺 衰		旺衰		旺 衰

阴六局 己卯时

旺 衰		旺衰		旺 衰
	阴 柱辛丙子 死生庚辰 蛇庚乙亥 辰巽巳	朱 芮丙庚辰 开杜乙亥 常丁己卯 丙午丁	虎 英癸戊寅 杜开壬午 合壬丁丑 未坤申	
旺 衰	合 任壬丁丑 伤惊辛巳 阴辛丙子 甲卯乙	蛇 心庚乙亥 休景己卯 值己甲戌 戊五己	天 辅戊壬午 生死丁丑 地乙辛巳 庚酉辛	旺 衰
	地 冲乙辛巳 惊伤丙子 玄丙庚辰 丑艮寅	常 蓬丁己卯 中中甲戌 虎癸戊寅 壬子癸	值 禽己甲戌 景休戊寅 天戊壬午 戌乾亥	
旺 衰		旺衰		旺 衰

阴六局 庚辰时

旺 衰		旺衰		旺 衰
	值 禽己甲戌 景惊戊寅 蛇庚乙亥 辰巽巳	虎 英癸戊寅 杜伤壬午 常丁己卯 丙午丁	阴 柱辛丙子 死中庚辰 合壬丁丑 未坤申	
旺 衰	蛇 心庚乙亥 休开己卯 阴辛丙子 甲卯乙	天 辅戊壬午 生生丁丑 值己甲戌 戊五己	朱 芮丙庚辰 开休乙亥 地乙辛巳 庚酉辛	旺 衰
	常 蓬丁己卯 中死甲戌 玄丙庚辰 丑艮寅	合 任壬丁丑 伤杜辛巳 虎癸戊寅 壬子癸	地 冲乙辛巳 惊景丙子 天戊壬午 戌乾亥	
旺 衰		旺衰		旺 衰

阴六局 辛巳时

旺 衰		旺衰		旺 衰
	天 辅戊壬午 生开丁丑 蛇庚乙亥 辰巽巳	合 任壬丁丑 伤死辛巳 常丁己卯 丙午丁	蛇 心庚乙亥 休杜己卯 合壬丁丑 未坤申	
旺 衰	值 禽己甲戌 景中戊寅 阴辛丙子 甲卯乙	地 冲乙辛巳 惊惊丙子 值己甲戌 戊五己	常 蓬丁己卯 中景甲戌 地乙辛巳 庚酉辛	旺 衰
	虎 英癸戊寅 杜休壬午 玄丙庚辰 丑艮寅	阴 柱辛丙子 死伤庚辰 虎癸戊寅 壬子癸	朱 芮丙庚辰 开生乙亥 天戊壬午 戌乾亥	
旺 衰		旺衰		旺 衰

阴六局 壬午时

旺 衰		旺衰		旺 衰
	地 冲乙辛巳 惊中丙子 蛇庚乙亥 辰巽巳	阴 柱辛丙子 死休庚辰 常丁己卯 丙午丁	值 禽己甲戌 景伤戊寅 合壬丁丑 未坤申	
旺 衰	天 辅戊壬午 生杜丁丑 阴辛丙子 甲卯乙	朱 芮丙庚辰 开开乙亥 值己甲戌 戊五己	虎 英癸戊寅 杜生壬午 地乙辛巳 庚酉辛	旺 衰
	合 任壬丁丑 伤景辛巳 玄丙庚辰 丑艮寅	蛇 心庚乙亥 休死己卯 虎癸戊寅 壬子癸	常 蓬丁己卯 中惊甲戌 天戊壬午 戌乾亥	
旺 衰		旺衰		旺 衰

阴六局 癸未时

旺 衰		旺衰		旺 衰
	朱 芮丙庚辰 开杜乙亥 蛇庚乙亥 辰巽巳	蛇 心庚乙亥 休景己卯 常丁己卯 丙午丁	天 辅戊壬午 生死丁丑 合壬丁丑 未坤申	
旺 衰	地 冲乙辛巳 惊伤丙子 阴辛丙子 甲卯乙	常 蓬丁己卯 中中甲戌 值己甲戌 戊五己	合 任壬丁丑 伤惊辛巳 地乙辛巳 庚酉辛	旺 衰
	阴 柱辛丙子 死生庚辰 玄丙庚辰 丑艮寅	值 禽己甲戌 景休戊寅 虎癸戊寅 壬子癸	虎 英癸戊寅 杜开壬午 天戊壬午 戌乾亥	
旺 衰		旺衰		旺 衰

阴六局 甲申时

旺 衰		旺衰		旺 衰
	阴 心壬丙戌 景杜己丑 值庚甲申 辰巽巳	朱 蓬乙庚寅 杜景甲申 虎丁戊子 丙午丁	虎 任丁戊子 死死辛卯 阴壬丙戌 未坤申	
旺 衰	合 柱癸丁亥 休伤庚寅 蛇辛乙酉 甲卯乙	蛇 禽辛乙酉 生中戊子 天己壬辰 戊五己	天 冲己壬辰 开惊丙戌 玄乙庚寅 庚酉辛	旺 衰
	地 芮戊辛卯 中生乙酉 常丙己丑 丑艮寅	常 英丙己丑 伤休壬辰 合癸丁亥 壬子癸	值 辅庚甲申 惊开丁亥 地戊辛卯 戌乾亥	
旺 衰		旺衰		旺 衰

阴六局 乙酉时

旺 衰		旺衰		旺 衰
	合 柱癸丁亥 伤伤壬辰 值庚甲申 辰巽巳	地 芮戊辛卯 惊生丁亥 虎丁戊子 丙午丁	常 英丙己丑 中休乙酉 阴壬丙戌 未坤申	
旺 衰	虎 任丁戊子 杜死甲申 蛇辛乙酉 甲卯乙	阴 心壬丙戌 死杜辛卯 天己壬辰 戊五己	值 辅庚甲申 景开己丑 玄乙庚寅 庚酉辛	旺 衰
	天 冲己壬辰 生惊戊子 常丙己丑 丑艮寅	朱 蓬乙庚寅 开景丙戌 合癸丁亥 壬子癸	蛇 禽辛乙酉 休中庚寅 地戊辛卯 戌乾亥	
旺 衰		旺衰		旺 衰

阴六局 丙戌时

旺 衰		旺衰		旺 衰
	虎 任丁戊子 死死辛卯 值庚甲申 辰巽巳	天 冲己壬辰 开惊丙戌 虎丁戊子 丙午丁	朱 蓬乙庚寅 杜景甲申 阴壬丙戌 未坤申	
旺 衰	常 英丙己丑 伤休壬辰 蛇辛乙酉 甲卯乙	合 柱癸丁亥 休伤庚寅 天己壬辰 戊五己	蛇 禽辛乙酉 生中戊子 玄乙庚寅 庚酉辛	旺 衰
	值 辅庚甲申 惊开丁亥 常丙己丑 丑艮寅	地 芮戊辛卯 中生乙酉 合癸丁亥 壬子癸	阴 心壬丙戌 景杜己丑 地戊辛卯 戌乾亥	
旺 衰		旺衰		旺 衰

阴六局 丁亥时

旺 衰		旺衰		旺 衰
	常 英丙己丑 休休庚寅 值庚甲申 辰巽巳	值 辅庚甲申 中开乙酉 虎丁戊子 丙午丁	地 芮戊辛卯 伤生壬辰 阴壬丙戌 未坤申	
旺 衰	朱 蓬乙庚寅 死景辛卯 蛇辛乙酉 甲卯乙	虎 任丁戊子 景死己丑 天己壬辰 戊五己	阴 心壬丙戌 惊杜丁亥 玄乙庚寅 庚酉辛	旺 衰
	蛇 禽辛乙酉 开中丙戌 常丙己丑 丑艮寅	天 冲己壬辰 杜惊甲申 合癸丁亥 壬子癸	合 柱癸丁亥 生伤戊子 地戊辛卯 戌乾亥	
旺 衰		旺衰		旺 衰

阴六局 戊子时

旺衰		旺衰		旺衰
	阴 心壬丙戌 景景己丑 值庚甲申 辰巽巳	朱 蓬乙庚寅 杜中甲申 虎丁戊子 丙午丁	虎 任丁戊子 死惊辛卯 阴壬丙戌 未坤申	
旺衰	合 柱癸丁亥 休生庚寅 蛇辛乙酉 甲卯乙	蛇 禽辛乙酉 生休戊子 天己壬辰 戊五己	天 冲己壬辰 开伤丙戌 玄乙庚寅 庚酉辛	旺衰
	地 芮戊辛卯 中杜乙酉 常丙己丑 丑艮寅	常 英丙己丑 伤开壬辰 合癸丁亥 壬子癸	值 辅庚甲申 惊死丁亥 地戊辛卯 戌乾亥	
旺衰		旺衰		旺衰

阴六局 己丑时

旺衰		旺衰		旺衰
	蛇 禽辛乙酉 生生戊子 值庚甲申 辰巽巳	常 英丙己丑 伤杜壬辰 虎丁戊子 丙午丁	合 柱癸丁亥 休开庚寅 阴壬丙戌 未坤申	
旺衰	阴 心壬丙戌 景惊己丑 蛇辛乙酉 甲卯乙	值 辅庚甲申 惊景丁亥 天己壬辰 戊五己	地 芮戊辛卯 中死乙酉 玄乙庚寅 庚酉辛	旺衰
	朱 蓬乙庚寅 杜伤甲申 常丙己丑 丑艮寅	虎 任丁戊子 死中辛卯 合癸丁亥 壬子癸	天 冲己壬辰 开休丙戌 地戊辛卯 戌乾亥	
旺衰		旺衰		旺衰

阴六局 庚寅时

旺衰		旺衰		旺衰
	阴 心壬丙戌 景惊己丑 值庚甲申 辰巽巳	朱 蓬乙庚寅 杜伤甲申 虎丁戊子 丙午丁	虎 任丁戊子 死中辛卯 阴壬丙戌 未坤申	
旺衰	合 柱癸丁亥 休开庚寅 蛇辛乙酉 甲卯乙	蛇 禽辛乙酉 生生戊子 天己壬辰 戊五己	天 冲己壬辰 开休丙戌 玄乙庚寅 庚酉辛	旺衰
	地 芮戊辛卯 中死乙酉 常丙己丑 丑艮寅	常 英丙己丑 伤杜壬辰 合癸丁亥 壬子癸	值 辅庚甲申 惊景丁亥 地戊辛卯 戌乾亥	
旺衰		旺衰		旺衰

阴六局 辛卯时

旺衰		旺衰		旺衰
	天 冲己壬辰 开开丙戌 值庚甲申 辰巽巳	合 柱癸丁亥 休死庚寅 虎丁戊子 丙午丁	蛇 禽辛乙酉 生杜戊子 阴壬丙戌 未坤申	
旺衰	值 辅庚甲申 惊中丁亥 蛇辛乙酉 甲卯乙	地 芮戊辛卯 中惊乙酉 天己壬辰 戊五己	常 英丙己丑 伤景壬辰 玄乙庚寅 庚酉辛	旺衰
	虎 任丁戊子 死休辛卯 常丙己丑 丑艮寅	阴 心壬丙戌 景伤己丑 合癸丁亥 壬子癸	朱 蓬乙庚寅 杜生甲申 地戊辛卯 戌乾亥	
旺衰		旺衰		旺衰

阴六局 壬辰时

旺衰		旺衰		旺衰
	地 芮戊辛卯 中中乙酉 值庚甲申 辰巽巳	阴 心壬丙戌 景休己丑 虎丁戊子 丙午丁	值 辅庚甲申 惊伤丁亥 阴壬丙戌 未坤申	
旺衰	天 冲己壬辰 开杜丙戌 蛇辛乙酉 甲卯乙	朱 蓬乙庚寅 杜开甲申 天己壬辰 戊五己	虎 任丁戊子 死生辛卯 玄乙庚寅 庚酉辛	旺衰
	合 柱癸丁亥 休景庚寅 常丙己丑 丑艮寅	蛇 禽辛乙酉 生死戊子 合癸丁亥 壬子癸	常 英丙己丑 伤惊壬辰 地戊辛卯 戌乾亥	
旺衰		旺衰		旺衰

阴六局 癸巳时

旺衰		旺衰		旺衰
	朱 蓬乙庚寅 杜杜甲申 值庚甲申 辰巽巳	蛇 禽辛乙酉 生景戊子 虎丁戊子 丙午丁	天 冲己壬辰 开死丙戌 阴壬丙戌 未坤申	
旺衰	地 芮戊辛卯 中伤乙酉 蛇辛乙酉 甲卯乙	常 英丙己丑 伤中壬辰 天己壬辰 戊五己	合 柱癸丁亥 休惊庚寅 玄乙庚寅 庚酉辛	旺衰
	阴 心壬丙戌 景生己丑 常丙己丑 丑艮寅	值 辅庚甲申 惊休丁亥 合癸丁亥 壬子癸	虎 任丁戊子 死开辛卯 地戊辛卯 戌乾亥	
旺衰		旺衰		旺衰

阴六局 甲午时

旺衰		旺衰		旺衰
	阴 禽癸丙申 惊杜戊戌 天庚壬寅 辰巽巳	朱 英戊庚子 死景壬寅 合丁丁酉 丙午丁	虎 柱丙戊戌 景死庚子 蛇壬乙未 未坤申	
旺衰	合 心丁丁酉 生伤己亥 值辛甲午 甲卯乙	蛇 辅壬乙未 开中丁酉 地己辛丑 戊五己	天 芮庚壬寅 杜惊乙未 常乙己亥 庚酉辛	旺衰
	地 蓬己辛丑 伤生甲午 虎丙戊戌 丑艮寅	常 任乙己亥 休休辛丑 阴癸丙申 壬子癸	值 冲辛甲午 中开丙申 玄戊庚子 戌乾亥	
旺衰		旺衰		旺衰

阴六局 乙未时

旺衰		旺衰		旺衰
	合 心丁丁酉 休伤辛丑 天庚壬寅 辰巽巳	地 蓬己辛丑 中生丙申 合丁丁酉 丙午丁	常 任乙己亥 伤休甲午 蛇壬乙未 未坤申	
旺衰	虎 柱丙戊戌 死死壬寅 值辛甲午 甲卯乙	阴 禽癸丙申 景杜庚子 地己辛丑 戊五己	值 冲辛甲午 惊开戊戌 常乙己亥 庚酉辛	旺衰
	天 芮庚壬寅 开惊丁酉 虎丙戊戌 丑艮寅	朱 英戊庚子 杜景乙未 阴癸丙申 壬子癸	蛇 辅壬乙未 生中己亥 玄戊庚子 戌乾亥	
旺衰		旺衰		旺衰

阴六局 丙申时

旺衰		旺衰		旺衰
	虎 柱丙戊戌 景死庚子 天庚壬寅 辰巽巳	天 芮庚壬寅 杜惊乙未 合丁丁酉 丙午丁	朱 英戊庚子 死景壬寅 蛇壬乙未 未坤申	
旺衰	常 任乙己亥 休休辛丑 值辛甲午 甲卯乙	合 心丁丁酉 生伤己亥 地己辛丑 戊五己	蛇 辅壬乙未 开中丁酉 常乙己亥 庚酉辛	旺衰
	值 冲辛甲午 中开丙申 虎丙戊戌 丑艮寅	地 蓬己辛丑 伤生甲午 阴癸丙申 壬子癸	阴 禽癸丙申 惊杜戊戌 玄戊庚子 戌乾亥	
旺衰		旺衰		旺衰

阴六局 丁酉时

旺衰		旺衰		旺衰
	常 任乙己亥 生休己亥 天庚壬寅 辰巽巳	值 冲辛甲午 伤开甲午 合丁丁酉 丙午丁	地 蓬己辛丑 休生辛丑 蛇壬乙未 未坤申	
旺衰	朱 英戊庚子 景景庚子 值辛甲午 甲卯乙	虎 柱丙戊戌 惊死戊戌 地己辛丑 戊五己	阴 禽癸丙申 中杜丙申 常乙己亥 庚酉辛	旺衰
	蛇 辅壬乙未 杜中乙未 虎丙戊戌 丑艮寅	天 芮庚壬寅 死惊壬寅 阴癸丙申 壬子癸	合 心丁丁酉 开伤丁酉 玄戊庚子 戌乾亥	
旺衰		旺衰		旺衰

阴六局 戊戌时

旺衰		旺衰		旺衰
	阴 禽癸丙申 惊景戊戌 天庚壬寅 辰巽巳	朱 英戊庚子 死中壬寅 合丁丁酉 丙午丁	虎 柱丙戊戌 景惊庚子 蛇壬乙未 未坤申	
旺衰	合 心丁丁酉 生生己亥 值辛甲午 甲卯乙	蛇 辅壬乙未 开休丁酉 地己辛丑 戊五己	天 芮庚壬寅 杜伤乙未 常乙己亥 庚酉辛	旺衰
	地 蓬己辛丑 伤杜甲午 虎丙戊戌 丑艮寅	常 任乙己亥 休开辛丑 阴癸丙申 壬子癸	值 冲辛甲午 中死丙申 玄戊庚子 戌乾亥	
旺衰		旺衰		旺衰

阴六局 己亥时

旺衰		旺衰		旺衰
	蛇 辅壬乙未 开生丁酉 天庚壬寅 辰巽巳	常 任乙己亥 休杜辛丑 合丁丁酉 丙午丁	合 心丁丁酉 生开己亥 蛇壬乙未 未坤申	
旺衰	阴 禽癸丙申 惊惊戊戌 值辛甲午 甲卯乙	值 冲辛甲午 中景丙申 地己辛丑 戊五己	地 蓬己辛丑 伤死甲午 常乙己亥 庚酉辛	旺衰
	朱 英戊庚子 死伤壬寅 虎丙戊戌 丑艮寅	虎 柱丙戊戌 景中庚子 阴癸丙申 壬子癸	天 芮庚壬寅 杜休乙未 玄戊庚子 戌乾亥	
旺衰		旺衰		旺衰

阴六局 庚子时

旺衰		旺衰		旺衰
	值 □□ 冲辛甲午 中惊丙申 天庚壬寅 辰巽巳	虎 □□ 柱丙戊戊 景伤庚子 合丁丁酉 丙午丁	阴 □□ 禽癸丙申 惊中戊戌 蛇壬乙未 未坤申	
旺衰	蛇 □□ 辅壬乙未 开开丁酉 值辛甲午 甲卯乙	天 □□ 芮庚壬寅 杜生乙未 地己辛丑 戊五己	朱 □□ 英戊庚子 死休壬寅 常乙己亥 庚酉辛	旺衰
	常 □□ 任乙己亥 休死辛丑 虎丙戊戌 丑艮寅	合 □□ 心丁丁酉 生杜己亥 阴癸丙申 壬子癸	地 □□ 蓬己辛丑 伤景甲午 玄戊庚子 戌乾亥	
旺衰		旺衰		旺衰

阴六局 辛丑时

旺衰		旺衰		旺衰
	阴 □□ 禽癸丙申 惊开戊戌 天庚壬寅 辰巽巳	朱 □□ 英戊庚子 死死壬寅 合丁丁酉 丙午丁	虎 □□ 柱丙戊戊 景杜庚子 蛇壬乙未 未坤申	
旺衰	合 □□ 心丁丁酉 生中己亥 值辛甲午 甲卯乙	蛇 □□ 辅壬乙未 开惊丁酉 地己辛丑 戊五己	天 □□ 芮庚壬寅 杜景乙未 常乙己亥 庚酉辛	旺衰
	地 □□ 蓬己辛丑 伤休甲午 虎丙戊戌 丑艮寅	常 □□ 任乙己亥 休伤辛丑 阴癸丙申 壬子癸	值 □□ 冲辛甲午 中生丙申 玄戊庚子 戌乾亥	
旺衰		旺衰		旺衰

阴六局 壬寅时

旺衰		旺衰		旺衰
	地 □□ 蓬己辛丑 伤中甲午 天庚壬寅 辰巽巳	阴 □□ 禽癸丙申 惊休戊戌 合丁丁酉 丙午丁	值 □□ 冲辛甲午 中伤丙申 蛇壬乙未 未坤申	
旺衰	天 □□ 芮庚壬寅 杜杜乙未 值辛甲午 甲卯乙	朱 □□ 英戊庚子 死开壬寅 地己辛丑 戊五己	虎 □□ 柱丙戊戊 景生庚子 常乙己亥 庚酉辛	旺衰
	合 □□ 心丁丁酉 生景己亥 虎丙戊戌 丑艮寅	蛇 □□ 辅壬乙未 开死丁酉 阴癸丙申 壬子癸	常 □□ 任乙己亥 休惊辛丑 玄戊庚子 戌乾亥	
旺衰		旺衰		旺衰

阴六局 癸卯时

旺衰		旺衰		旺衰
	朱 □□ 英戊庚子 死杜壬寅 天庚壬寅 辰巽巳	蛇 □□ 辅壬乙未 开景丁酉 合丁丁酉 丙午丁	天 □□ 芮庚壬寅 杜死乙未 蛇壬乙未 未坤申	
旺衰	地 □□ 蓬己辛丑 伤伤甲午 值辛甲午 甲卯乙	常 □□ 任乙己亥 休中辛丑 地己辛丑 戊五己	合 □□ 心丁丁酉 生惊己亥 常乙己亥 庚酉辛	旺衰
	阴 □□ 禽癸丙申 惊生戊戌 虎丙戊戌 丑艮寅	值 □□ 冲辛甲午 中休丙申 阴癸丙申 壬子癸	虎 □□ 柱丙戊戊 景开庚子 玄戊庚子 戌乾亥	
旺衰		旺衰		旺衰

阴六局 甲辰时

旺衰		旺衰		旺衰
	阴 □□ 辅丁丙午 中杜丁未 地庚辛亥 辰巽巳	朱 □□ 任己庚戌 景景辛亥 阴丁丙午 丙午丁	虎 □□ 心乙戊申 惊死己酉 值壬甲辰 未坤申	
旺衰	合 □□ 禽丙丁未 开伤戊申 天辛壬子 甲卯乙	蛇 □□ 冲癸乙巳 杜中丙午 玄己庚戌 戊五己	天 □□ 蓬辛壬子 死惊甲辰 虎乙戊申 庚酉辛	旺衰
	地 □□ 英庚辛亥 休生壬子 合丙丁未 丑艮寅	常 □□ 柱戊己酉 生休庚戌 蛇癸乙巳 壬子癸	值 □□ 芮壬甲辰 伤开乙巳 常戊己酉 戌乾亥	
旺衰		旺衰		旺衰

阴六局 乙巳时

旺衰		旺衰		旺衰
	合 □□ 禽丙丁未 生伤庚戌 地庚辛亥 辰巽巳	地 □□ 英庚辛亥 伤生乙巳 阴丁丙午 丙午丁	常 □□ 柱戊己酉 休休壬子 值壬甲辰 未坤申	
旺衰	虎 □□ 心乙戊申 景死辛亥 天辛壬子 甲卯乙	阴 □□ 辅丁丙午 惊杜己酉 玄己庚戌 戊五己	值 □□ 芮壬甲辰 中开丁未 虎乙戊申 庚酉辛	旺衰
	天 □□ 蓬辛壬子 杜惊丙午 合丙丁未 丑艮寅	朱 □□ 任己庚戌 死景甲辰 蛇癸乙巳 壬子癸	蛇 □□ 冲癸乙巳 开中戊申 常戊己酉 戌乾亥	
旺衰		旺衰		旺衰

阴六局 丙午时

旺衰		旺衰		旺衰
	虎 □□ 心乙戊申 惊死己酉 地庚辛亥 辰巽巳	天 □□ 蓬辛壬子 死惊甲辰 阴丁丙午 丙午丁	朱 □□ 任己庚戌 景景辛亥 值壬甲辰 未坤申	
旺衰	常 □□ 柱戊己酉 生休庚戌 天辛壬子 甲卯乙	合 □□ 禽丙丁未 开伤戊申 玄己庚戌 戊五己	蛇 □□ 冲癸乙巳 杜中丙午 虎乙戊申 庚酉辛	旺衰
	值 □□ 芮壬甲辰 伤开乙巳 合丙丁未 丑艮寅	地 □□ 英庚辛亥 休生壬子 蛇癸乙巳 壬子癸	阴 □□ 辅丁丙午 中杜丁未 常戊己酉 戌乾亥	
旺衰		旺衰		旺衰

阴六局 丁未时

旺衰		旺衰		旺衰
	常 □□ 柱戊己酉 开休戊申 地庚辛亥 辰巽巳	值 □□ 芮壬甲辰 休开壬子 阴丁丙午 丙午丁	地 □□ 英庚辛亥 生生庚戌 值壬甲辰 未坤申	
旺衰	朱 □□ 任己庚戌 惊景己酉 天辛壬子 甲卯乙	虎 □□ 心乙戊申 中死丁未 玄己庚戌 戊五己	阴 □□ 辅丁丙午 伤杜乙巳 虎乙戊申 庚酉辛	旺衰
	蛇 □□ 冲癸乙巳 死中甲辰 合丙丁未 丑艮寅	天 □□ 蓬辛壬子 景惊辛亥 蛇癸乙巳 壬子癸	合 □□ 禽丙丁未 杜伤丙午 常戊己酉 戌乾亥	
旺衰		旺衰		旺衰

阴六局 戊申时

旺衰		旺衰		旺衰
	阴 □□ 辅丁丙午 中景丁未 地庚辛亥 辰巽巳	朱 □□ 任己庚戌 景中辛亥 阴丁丙午 丙午丁	虎 □□ 心乙戊申 惊惊己酉 值壬甲辰 未坤申	
旺衰	合 □□ 禽丙丁未 开生戊申 天辛壬子 甲卯乙	蛇 □□ 冲癸乙巳 杜休丙午 玄己庚戌 戊五己	天 □□ 蓬辛壬子 死伤甲辰 虎乙戊申 庚酉辛	旺衰
	地 □□ 英庚辛亥 休杜壬子 合丙丁未 丑艮寅	常 □□ 柱戊己酉 生开庚戌 蛇癸乙巳 壬子癸	值 □□ 芮壬甲辰 伤死乙巳 常戊己酉 戌乾亥	
旺衰		旺衰		旺衰

阴六局 己酉时

旺衰		旺衰		旺衰
	蛇 □□ 冲癸乙巳 杜生丙午 地庚辛亥 辰巽巳	常 □□ 柱戊己酉 生杜庚戌 阴丁丙午 丙午丁	合 □□ 禽丙丁未 开开戊申 值壬甲辰 未坤申	
旺衰	阴 □□ 辅丁丙午 中惊丁未 天辛壬子 甲卯乙	值 □□ 芮壬甲辰 伤景乙巳 玄己庚戌 戊五己	地 □□ 英庚辛亥 休死壬子 虎乙戊申 庚酉辛	旺衰
	朱 □□ 任己庚戌 景伤辛亥 合丙丁未 丑艮寅	虎 □□ 心乙戊申 惊中己酉 蛇癸乙巳 壬子癸	天 □□ 蓬辛壬子 死休甲辰 常戊己酉 戌乾亥	
旺衰		旺衰		旺衰

阴六局 庚戌时

旺衰		旺衰		旺衰
	值 □□ 芮壬甲辰 伤惊乙巳 地庚辛亥 辰巽巳	虎 □□ 心乙戊申 惊伤己酉 阴丁丙午 丙午丁	阴 □□ 辅丁丙午 中中丁未 值壬甲辰 未坤申	
旺衰	蛇 □□ 冲癸乙巳 杜开丙午 天辛壬子 甲卯乙	天 □□ 蓬辛壬子 死生甲辰 玄己庚戌 戊五己	朱 □□ 任己庚戌 景休辛亥 虎乙戊申 庚酉辛	旺衰
	常 □□ 柱戊己酉 生死庚戌 合丙丁未 丑艮寅	合 □□ 禽丙丁未 开杜戊申 蛇癸乙巳 壬子癸	地 □□ 英庚辛亥 休景壬子 常戊己酉 戌乾亥	
旺衰		旺衰		旺衰

阴六局 辛亥时

旺衰		旺衰		旺衰
	天 □□ 蓬辛壬子 死开甲辰 地庚辛亥 辰巽巳	合 □□ 禽丙丁未 开死戊申 阴丁丙午 丙午丁	蛇 □□ 冲癸乙巳 杜杜丙午 值壬甲辰 未坤申	
旺衰	值 □□ 芮壬甲辰 伤中乙巳 天辛壬子 甲卯乙	地 □□ 英庚辛亥 休惊壬子 玄己庚戌 戊五己	常 □□ 柱戊己酉 生景庚戌 虎乙戊申 庚酉辛	旺衰
	虎 □□ 心乙戊申 惊休己酉 合丙丁未 丑艮寅	阴 □□ 辅丁丙午 中伤丁未 蛇癸乙巳 壬子癸	朱 □□ 任己庚戌 景生辛亥 常戊己酉 戌乾亥	
旺衰		旺衰		旺衰

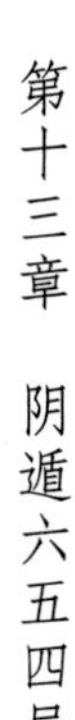

阴六局 壬子时

旺衰		旺衰		旺衰
	阴 辅丁丙午 中中丁未 地庚辛亥 辰巽巳	朱 任己庚戌 景休辛亥 阴丁丙午 丙午丁	虎 心乙戊申 惊伤己酉 值壬甲辰 未坤申	
旺衰	合 禽丙丁未 开杜戊申 天辛壬子 甲卯乙	蛇 冲癸乙巳 杜开丙午 玄己庚戌 戊五己	天 蓬辛壬子 死生甲辰 虎乙戊申 庚酉辛	旺衰
	地 英庚辛亥 休景壬子 合丙丁未 丑艮寅	常 柱戊己酉 生死庚戌 蛇癸乙巳 壬子癸	值 芮壬甲辰 伤惊乙巳 常戊己酉 戌乾亥	
旺衰		旺衰		旺衰

阴六局 癸丑时

旺衰		旺衰		旺衰
	朱 任己庚戌 景杜辛亥 地庚辛亥 辰巽巳	蛇 冲癸乙巳 杜景丙午 阴丁丙午 丙午丁	天 蓬辛壬子 死死甲辰 值壬甲辰 未坤申	
旺衰	地 英庚辛亥 休伤壬子 天辛壬子 甲卯乙	常 柱戊己酉 生中庚戌 玄己庚戌 戊五己	合 禽丙丁未 开惊戊申 虎乙戊申 庚酉辛	旺衰
	阴 辅丁丙午 中生丁未 合丙丁未 丑艮寅	值 芮壬甲辰 伤休乙巳 蛇癸乙巳 壬子癸	虎 心乙戊申 惊开己酉 常戊己酉 戌乾亥	
旺衰		旺衰		旺衰

阴六局 甲寅时

旺衰		旺衰		旺衰
	阴 冲丙丙辰 伤杜丙辰 玄庚庚申 辰巽巳	朱 柱庚庚申 惊景庚申 蛇丁乙卯 丙午丁	虎 禽戊戊午 中死戊午 天壬壬戌 未坤申	
旺衰	合 辅乙丁巳 杜伤丁巳 地辛辛酉 甲卯乙	蛇 芮丁乙卯 死中乙卯 常己己未 戊五己	天 英壬壬戌 景惊壬戌 合乙丁巳 庚酉辛	旺衰
	地 任辛辛酉 生生辛酉 阴丙丙辰 丑艮寅	常 心己己未 开休己未 值癸甲寅 壬子癸	值 蓬癸甲寅 休开甲寅 虎戊戊午 戌乾亥	
旺衰		旺衰		旺衰

阴六局 乙卯时

旺衰		旺衰		旺衰
	合 辅乙丁巳 开伤己未 玄庚庚申 辰巽巳	地 任辛辛酉 休生甲寅 蛇丁乙卯 丙午丁	常 心己己未 生休辛酉 天壬壬戌 未坤申	
旺衰	虎 禽戊戊午 惊死庚申 地辛辛酉 甲卯乙	阴 冲丙丙辰 中杜戊午 常己己未 戊五己	值 蓬癸甲寅 伤开丙辰 合乙丁巳 庚酉辛	旺衰
	天 英壬壬戌 死惊乙卯 阴丙丙辰 丑艮寅	朱 柱庚庚申 景景壬戌 值癸甲寅 壬子癸	蛇 芮丁乙卯 杜中丁巳 虎戊戊午 戌乾亥	
旺衰		旺衰		旺衰

阴六局 丙辰时

旺衰		旺衰		旺衰
	虎 禽戊戊午 中死戊午 玄庚庚申 辰巽巳	天 英壬壬戌 景惊壬戌 蛇丁乙卯 丙午丁	朱 柱庚庚申 惊景庚申 天壬壬戌 未坤申	
旺衰	常 心己己未 开休己未 地辛辛酉 甲卯乙	合 辅乙丁巳 杜伤丁巳 常己己未 戊五己	蛇 芮丁乙卯 死中乙卯 合乙丁巳 庚酉辛	旺衰
	值 蓬癸甲寅 休开甲寅 阴丙丙辰 丑艮寅	地 任辛辛酉 生生辛酉 值癸甲寅 壬子癸	阴 冲丙丙辰 伤杜丙辰 虎戊戊午 戌乾亥	
旺衰		旺衰		旺衰

阴六局 丁巳时

旺衰		旺衰		旺衰
	常 心己己未 杜休丁巳 玄庚庚申 辰巽巳	值 蓬癸甲寅 生开辛酉 蛇丁乙卯 丙午丁	地 任辛辛酉 开生己未 天壬壬戌 未坤申	
旺衰	朱 柱庚庚申 中景戊午 地辛辛酉 甲卯乙	虎 禽戊戊午 伤死丙辰 常己己未 戊五己	阴 冲丙丙辰 休杜甲寅 合乙丁巳 庚酉辛	旺衰
	蛇 芮丁乙卯 景中壬戌 阴丙丙辰 丑艮寅	天 英壬壬戌 惊惊庚申 值癸甲寅 壬子癸	合 辅乙丁巳 死伤乙卯 虎戊戊午 戌乾亥	
旺衰		旺衰		旺衰

阴六局 戊午时

旺衰		旺衰		旺衰
	阴 冲丙丙辰 伤景丙辰 玄庚庚申 辰巽巳	朱 柱庚庚申 惊中庚申 蛇丁乙卯 丙午丁	虎 禽戊戊午 中惊戊午 天壬壬戌 未坤申	
旺衰	合 辅乙丁巳 杜生丁巳 地辛辛酉 甲卯乙	蛇 芮丁乙卯 死休乙卯 常己己未 戊五己	天 英壬壬戌 景伤壬戌 合乙丁巳 庚酉辛	旺衰
	地 任辛辛酉 生杜辛酉 阴丙丙辰 丑艮寅	常 心己己未 开开己未 值癸甲寅 壬子癸	值 蓬癸甲寅 休死甲寅 虎戊戊午 戌乾亥	
旺衰		旺衰		旺衰

阴六局 己未时

旺衰		旺衰		旺衰
	蛇 芮丁乙卯 死生乙卯 玄庚庚申 辰巽巳	常 心己己未 开杜己未 蛇丁乙卯 丙午丁	合 辅乙丁巳 杜开丁巳 天壬壬戌 未坤申	
旺衰	阴 冲丙丙辰 伤惊丙辰 地辛辛酉 甲卯乙	值 蓬癸甲寅 休景甲寅 常己己未 戊五己	地 任辛辛酉 生死辛酉 合乙丁巳 庚酉辛	旺衰
	朱 柱庚庚申 惊伤庚申 阴丙丙辰 丑艮寅	虎 禽戊戊午 中中戊午 值癸甲寅 壬子癸	天 英壬壬戌 景休壬戌 虎戊戊午 戌乾亥	
旺衰		旺衰		旺衰

阴六局 庚申时

旺衰		旺衰		旺衰
	值 蓬癸甲寅 休惊甲寅 玄庚庚申 辰巽巳	虎 禽戊戊午 中伤戊午 蛇丁乙卯 丙午丁	阴 冲丙丙辰 伤中丙辰 天壬壬戌 未坤申	
旺衰	蛇 芮丁乙卯 死开乙卯 地辛辛酉 甲卯乙	天 英壬壬戌 景生壬戌 常己己未 戊五己	朱 柱庚庚申 惊休庚申 合乙丁巳 庚酉辛	旺衰
	常 心己己未 开死己未 阴丙丙辰 丑艮寅	合 辅乙丁巳 杜杜丁巳 值癸甲寅 壬子癸	地 任辛辛酉 生景辛酉 虎戊戊午 戌乾亥	
旺衰		旺衰		旺衰

阴六局 辛酉时

旺衰		旺衰		旺衰
	天 英壬壬戌 景开壬戌 玄庚庚申 辰巽巳	合 辅乙丁巳 杜死丁巳 蛇丁乙卯 丙午丁	蛇 芮丁乙卯 死杜乙卯 天壬壬戌 未坤申	
旺衰	值 蓬癸甲寅 休中甲寅 地辛辛酉 甲卯乙	地 任辛辛酉 生惊辛酉 常己己未 戊五己	常 心己己未 开景己未 合乙丁巳 庚酉辛	旺衰
	虎 禽戊戊午 中休戊午 阴丙丙辰 丑艮寅	阴 冲丙丙辰 伤伤丙辰 值癸甲寅 壬子癸	朱 柱庚庚申 惊生庚申 虎戊戊午 戌乾亥	
旺衰		旺衰		旺衰

阴六局 壬戌时

旺衰		旺衰		旺衰
	地 任辛辛酉 生中辛酉 玄庚庚申 辰巽巳	阴 冲丙丙辰 伤休丙辰 蛇丁乙卯 丙午丁	值 蓬癸甲寅 休伤甲寅 天壬壬戌 未坤申	
旺衰	天 英壬壬戌 景杜壬戌 地辛辛酉 甲卯乙	朱 柱庚庚申 惊开庚申 常己己未 戊五己	虎 禽戊戊午 中生戊午 合乙丁巳 庚酉辛	旺衰
	合 辅乙丁巳 杜景丁巳 阴丙丙辰 丑艮寅	蛇 芮丁乙卯 死死乙卯 值癸甲寅 壬子癸	常 心己己未 开惊己未 虎戊戊午 戌乾亥	
旺衰		旺衰		旺衰

阴六局 癸亥时

旺衰		旺衰		旺衰
	阴 冲丙丙辰 伤杜丙辰 玄庚庚申 辰巽巳	朱 柱庚庚申 惊景庚申 蛇丁乙卯 丙午丁	虎 禽戊戊午 中死戊午 天壬壬戌 未坤申	
旺衰	合 辅乙丁巳 杜伤丁巳 地辛辛酉 甲卯乙	蛇 芮丁乙卯 死中乙卯 常己己未 戊五己	天 英壬壬戌 景惊壬戌 合乙丁巳 庚酉辛	旺衰
	地 任辛辛酉 生生辛酉 阴丙丙辰 丑艮寅	常 心己己未 开休己未 值癸甲寅 壬子癸	值 蓬癸甲寅 休开甲寅 虎戊戊午 戌乾亥	
旺衰		旺衰		旺衰

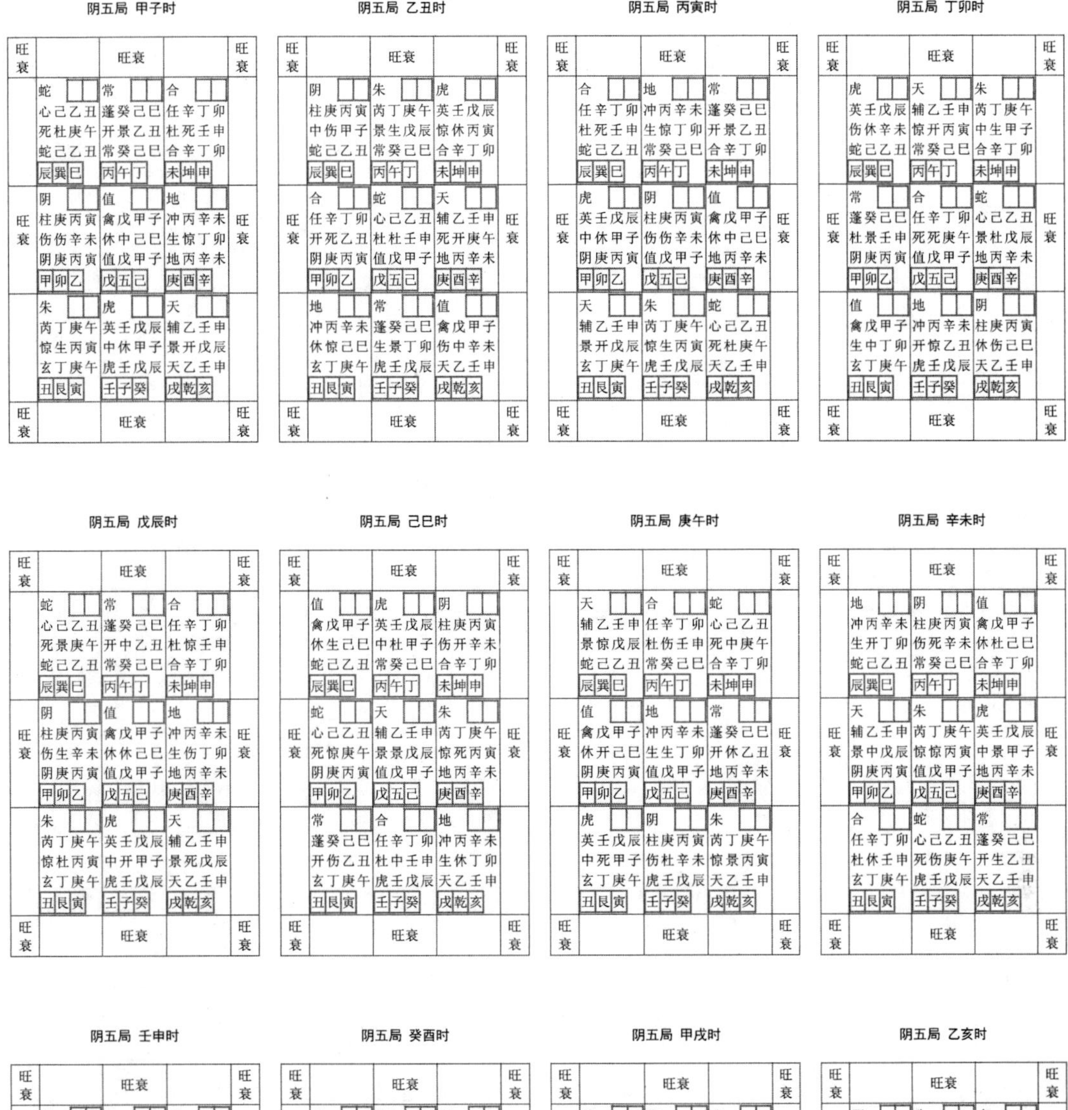

阴五局 甲子时

旺衰		旺衰		旺衰
	蛇 心己乙丑 死杜庚午 蛇己乙丑 辰巽巳	常 蓬癸己巳 开景乙丑 常癸己巳 丙午丁	合 任辛丁卯 杜死壬申 合辛丁卯 未坤申	
旺衰	阴 柱庚丙寅 伤伤辛未 阴庚丙寅 甲卯乙	值 禽戊甲子 休中己巳 值戊甲子 戊五己	地 冲丙辛未 生惊丁卯 地丙辛未 庚酉辛	旺衰
	朱 芮丁庚午 惊生丙寅 玄丁庚午 丑艮寅	虎 英壬戊辰 中休甲子 虎壬戊辰 壬子癸	天 辅乙壬申 景开戊辰 天乙壬申 戊乾亥	
旺衰		旺衰		旺衰

阴五局 乙丑时

旺衰		旺衰		旺衰
	阴 柱庚丙寅 中伤甲子 蛇己乙丑 辰巽巳	朱 芮丁庚午 景生戊辰 常癸己巳 丙午丁	虎 英壬戊辰 惊休丙寅 合辛丁卯 未坤申	
旺衰	合 任辛丁卯 开死乙丑 阴庚丙寅 甲卯乙	蛇 心己乙丑 杜杜壬申 值戊甲子 戊五己	天 辅乙壬申 死开庚午 地丙辛未 庚酉辛	旺衰
	地 冲丙辛未 休惊己巳 玄丁庚午 丑艮寅	常 蓬癸己巳 生景丁卯 虎壬戊辰 壬子癸	值 禽戊甲子 伤中辛未 天乙壬申 戊乾亥	
旺衰		旺衰		旺衰

阴五局 丙寅时

旺衰		旺衰		旺衰
	合 任辛丁卯 杜死壬申 蛇己乙丑 辰巽巳	地 冲丙辛未 生惊丁卯 常癸己巳 丙午丁	常 蓬癸己巳 开景乙丑 合辛丁卯 未坤申	
旺衰	虎 英壬戊辰 中休甲子 阴庚丙寅 甲卯乙	阴 柱庚丙寅 伤伤辛未 值戊甲子 戊五己	值 禽戊甲子 休中己巳 地丙辛未 庚酉辛	旺衰
	天 辅乙壬申 景开戊辰 玄丁庚午 丑艮寅	朱 芮丁庚午 惊生丙寅 虎壬戊辰 壬子癸	蛇 心己乙丑 死杜庚午 天乙壬申 戊乾亥	
旺衰		旺衰		旺衰

阴五局 丁卯时

旺衰		旺衰		旺衰
	虎 英壬戊辰 伤休辛未 蛇己乙丑 辰巽巳	天 辅乙壬申 惊开丙寅 常癸己巳 丙午丁	朱 芮丁庚午 中生甲子 合辛丁卯 未坤申	
旺衰	常 蓬癸己巳 杜景壬申 阴庚丙寅 甲卯乙	合 任辛丁卯 死死庚午 值戊甲子 戊五己	蛇 心己乙丑 景杜戊辰 地丙辛未 庚酉辛	旺衰
	值 禽戊甲子 生中丁卯 玄丁庚午 丑艮寅	地 冲丙辛未 开惊乙丑 虎壬戊辰 壬子癸	阴 柱庚丙寅 休伤己巳 天乙壬申 戊乾亥	
旺衰		旺衰		旺衰

阴五局 戊辰时

旺衰		旺衰		旺衰
	蛇 心己乙丑 死景庚午 蛇己乙丑 辰巽巳	常 蓬癸己巳 开中乙丑 常癸己巳 丙午丁	合 任辛丁卯 杜惊壬申 合辛丁卯 未坤申	
旺衰	阴 柱庚丙寅 伤生辛未 阴庚丙寅 甲卯乙	值 禽戊甲子 休休己巳 值戊甲子 戊五己	地 冲丙辛未 生伤丁卯 地丙辛未 庚酉辛	旺衰
	朱 芮丁庚午 惊杜丙寅 玄丁庚午 丑艮寅	虎 英壬戊辰 中开甲子 虎壬戊辰 壬子癸	天 辅乙壬申 景死戊辰 天乙壬申 戊乾亥	
旺衰		旺衰		旺衰

阴五局 己巳时

旺衰		旺衰		旺衰
	值 禽戊甲子 休生己巳 蛇己乙丑 辰巽巳	虎 英壬戊辰 中杜甲子 常癸己巳 丙午丁	阴 柱庚丙寅 伤开辛未 合辛丁卯 未坤申	
旺衰	蛇 心己乙丑 死惊庚午 阴庚丙寅 甲卯乙	天 辅乙壬申 景景戊辰 值戊甲子 戊五己	朱 芮丁庚午 惊死丙寅 地丙辛未 庚酉辛	旺衰
	常 蓬癸己巳 开伤乙丑 玄丁庚午 丑艮寅	合 任辛丁卯 杜中壬申 虎壬戊辰 壬子癸	地 冲丙辛未 生休丁卯 天乙壬申 戊乾亥	
旺衰		旺衰		旺衰

阴五局 庚午时

旺衰		旺衰		旺衰
	天 辅乙壬申 景惊戊辰 蛇己乙丑 辰巽巳	合 任辛丁卯 杜伤壬申 常癸己巳 丙午丁	蛇 心己乙丑 死中庚午 合辛丁卯 未坤申	
旺衰	值 禽戊甲子 休开己巳 阴庚丙寅 甲卯乙	地 冲丙辛未 生生丁卯 值戊甲子 戊五己	常 蓬癸己巳 开休乙丑 地丙辛未 庚酉辛	旺衰
	虎 英壬戊辰 中死甲子 玄丁庚午 丑艮寅	阴 柱庚丙寅 伤杜辛未 虎壬戊辰 壬子癸	朱 芮丁庚午 惊景丙寅 天乙壬申 戊乾亥	
旺衰		旺衰		旺衰

阴五局 辛未时

旺衰		旺衰		旺衰
	地 冲丙辛未 生开丁卯 蛇己乙丑 辰巽巳	阴 柱庚丙寅 伤死辛未 常癸己巳 丙午丁	值 禽戊甲子 休杜己巳 合辛丁卯 未坤申	
旺衰	天 辅乙壬申 景中戊辰 阴庚丙寅 甲卯乙	朱 芮丁庚午 惊惊丙寅 值戊甲子 戊五己	虎 英壬戊辰 中景甲子 地丙辛未 庚酉辛	旺衰
	合 任辛丁卯 杜休壬申 玄丁庚午 丑艮寅	蛇 心己乙丑 死伤庚午 虎壬戊辰 壬子癸	常 蓬癸己巳 开生乙丑 天乙壬申 戊乾亥	
旺衰		旺衰		旺衰

阴五局 壬申时

旺衰		旺衰		旺衰
	朱 芮丁庚午 惊中丙寅 蛇己乙丑 辰巽巳	蛇 心己乙丑 死休庚午 常癸己巳 丙午丁	天 辅乙壬申 景伤戊辰 合辛丁卯 未坤申	
旺衰	地 冲丙辛未 生杜丁卯 阴庚丙寅 甲卯乙	常 蓬癸己巳 开开乙丑 值戊甲子 戊五己	合 任辛丁卯 杜生壬申 地丙辛未 庚酉辛	旺衰
	阴 柱庚丙寅 伤景辛未 玄丁庚午 丑艮寅	值 禽戊甲子 休死己巳 虎壬戊辰 壬子癸	虎 英壬戊辰 中惊甲子 天乙壬申 戊乾亥	
旺衰		旺衰		旺衰

阴五局 癸酉时

旺衰		旺衰		旺衰
	常 蓬癸己巳 开杜乙丑 蛇己乙丑 辰巽巳	值 禽戊甲子 休景己巳 常癸己巳 丙午丁	地 冲丙辛未 生死丁卯 合辛丁卯 未坤申	
旺衰	朱 芮丁庚午 惊伤丙寅 阴庚丙寅 甲卯乙	虎 英壬戊辰 中中甲子 值戊甲子 戊五己	阴 柱庚丙寅 伤惊辛未 地丙辛未 庚酉辛	旺衰
	蛇 心己乙丑 死生庚午 玄丁庚午 丑艮寅	天 辅乙壬申 景休戊辰 虎壬戊辰 壬子癸	合 任辛丁卯 杜开壬申 天乙壬申 戊乾亥	
旺衰		旺衰		旺衰

阴五局 甲戌时

旺衰		旺衰		旺衰
	蛇 禽庚乙亥 景杜己卯 值己甲戌 辰巽巳	常 英丁己卯 杜景甲戌 虎癸戊寅 丙午丁	合 柱壬丁丑 死死辛巳 阴辛丙子 未坤申	
旺衰	阴 心辛丙子 休伤庚辰 蛇庚乙亥 甲卯乙	值 辅己甲戌 生中戊寅 天戊壬午 戊五己	地 芮乙辛巳 开惊丙子 玄丙庚辰 庚酉辛	旺衰
	朱 蓬丙庚辰 中生乙亥 常丁己卯 丑艮寅	虎 任癸戊寅 伤休壬午 合壬丁丑 壬子癸	天 冲戊壬午 惊开丁丑 地乙辛巳 戊乾亥	
旺衰		旺衰		旺衰

阴五局 乙亥时

旺衰		旺衰		旺衰
	阴 心辛丙子 伤伤壬午 值己甲戌 辰巽巳	朱 蓬丙庚辰 惊生丁丑 虎癸戊寅 丙午丁	虎 任癸戊寅 中休乙亥 阴辛丙子 未坤申	
旺衰	合 柱壬丁丑 杜死甲戌 蛇庚乙亥 甲卯乙	蛇 禽庚乙亥 死杜辛巳 天戊壬午 戊五己	天 冲戊壬午 景开己卯 玄丙庚辰 庚酉辛	旺衰
	地 芮乙辛巳 生惊戊寅 常丁己卯 丑艮寅	常 英丁己卯 开景丙子 合壬丁丑 壬子癸	值 辅己甲戌 休中庚辰 地乙辛巳 戊乾亥	
旺衰		旺衰		旺衰

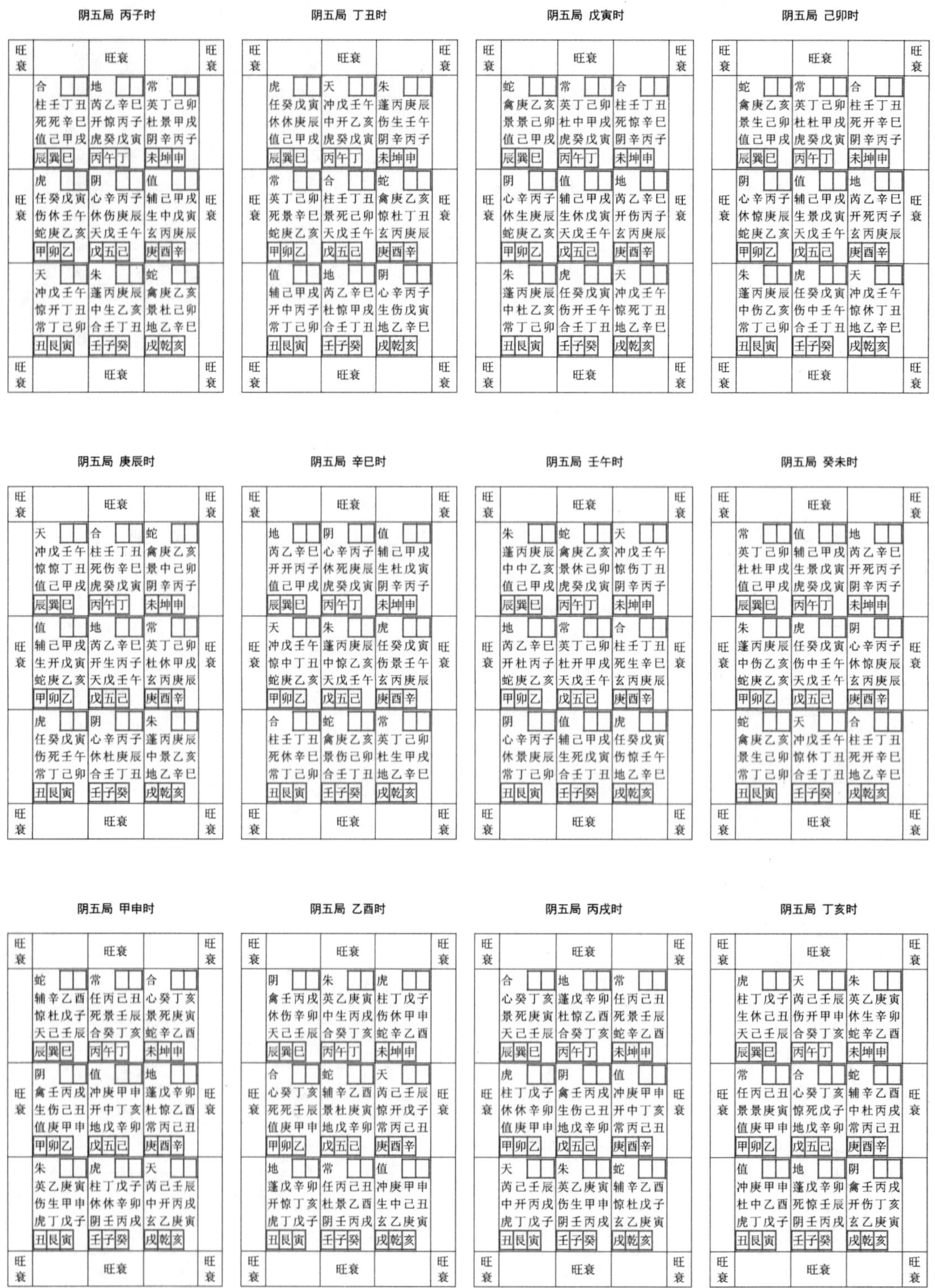

阴五局 丙子时

旺衰		旺衰		旺衰
	合 柱壬丁丑 死死辛巳 值己甲戌 辰巽巳	地 芮乙辛巳 开惊丙子 虎癸戊寅 丙午丁	常 英丁己卯 杜景甲戌 阴辛丙子 未坤申	
旺衰	虎 任癸戊寅 伤休壬午 蛇庚乙亥 甲卯乙	阴 心辛丙子 休伤庚辰 天戊壬午 戊五己	值 辅己甲戌 生中戊寅 玄丙庚辰 庚酉辛	旺衰
	天 冲戊壬午 惊开丁丑 常丁己卯 丑艮寅	朱 蓬丙庚辰 中生乙亥 合壬丁丑 壬子癸	蛇 禽庚乙亥 景杜己卯 地乙辛巳 戌乾亥	
旺衰		旺衰		旺衰

阴五局 丁丑时

旺衰		旺衰		旺衰
	虎 任癸戊寅 休休庚辰 值己甲戌 辰巽巳	天 冲戊壬午 中开乙亥 虎癸戊寅 丙午丁	朱 蓬丙庚辰 伤生壬午 阴辛丙子 未坤申	
旺衰	常 英丁己卯 死景辛巳 蛇庚乙亥 甲卯乙	合 柱壬丁丑 景死己卯 天戊壬午 戊五己	蛇 禽庚乙亥 惊杜丁丑 玄丙庚辰 庚酉辛	旺衰
	值 辅己甲戌 开中丙子 常丁己卯 丑艮寅	地 芮乙辛巳 杜惊甲戌 合壬丁丑 壬子癸	阴 心辛丙子 生伤戊寅 地乙辛巳 戌乾亥	
旺衰		旺衰		旺衰

阴五局 戊寅时

旺衰		旺衰		旺衰
	蛇 禽庚乙亥 景景己卯 值己甲戌 辰巽巳	常 英丁己卯 杜中甲戌 虎癸戊寅 丙午丁	合 柱壬丁丑 死惊辛巳 阴辛丙子 未坤申	
旺衰	阴 心辛丙子 休生庚辰 蛇庚乙亥 甲卯乙	值 辅己甲戌 生休戊寅 天戊壬午 戊五己	地 芮乙辛巳 开伤丙子 玄丙庚辰 庚酉辛	旺衰
	朱 蓬丙庚辰 中杜乙亥 常丁己卯 丑艮寅	虎 任癸戊寅 伤开壬午 合壬丁丑 壬子癸	天 冲戊壬午 惊死丁丑 地乙辛巳 戌乾亥	
旺衰		旺衰		旺衰

阴五局 己卯时

旺衰		旺衰		旺衰
	蛇 禽庚乙亥 景生己卯 值己甲戌 辰巽巳	常 英丁己卯 杜杜甲戌 虎癸戊寅 丙午丁	合 柱壬丁丑 死开辛巳 阴辛丙子 未坤申	
旺衰	阴 心辛丙子 休惊庚辰 蛇庚乙亥 甲卯乙	值 辅己甲戌 生景戊寅 天戊壬午 戊五己	地 芮乙辛巳 开死丙子 玄丙庚辰 庚酉辛	旺衰
	朱 蓬丙庚辰 中伤乙亥 常丁己卯 丑艮寅	虎 任癸戊寅 伤中壬午 合壬丁丑 壬子癸	天 冲戊壬午 惊休丁丑 地乙辛巳 戌乾亥	
旺衰		旺衰		旺衰

阴五局 庚辰时

旺衰		旺衰		旺衰
	天 冲戊壬午 惊惊丁丑 值己甲戌 辰巽巳	合 柱壬丁丑 死伤辛巳 虎癸戊寅 丙午丁	蛇 禽庚乙亥 景中己卯 阴辛丙子 未坤申	
旺衰	值 辅己甲戌 生开戊寅 蛇庚乙亥 甲卯乙	地 芮乙辛巳 开生丙子 天戊壬午 戊五己	常 英丁己卯 杜休甲戌 玄丙庚辰 庚酉辛	旺衰
	虎 任癸戊寅 伤死壬午 常丁己卯 丑艮寅	阴 心辛丙子 休杜庚辰 合壬丁丑 壬子癸	朱 蓬丙庚辰 中景乙亥 地乙辛巳 戌乾亥	
旺衰		旺衰		旺衰

阴五局 辛巳时

旺衰		旺衰		旺衰
	地 芮乙辛巳 开开丙子 值己甲戌 辰巽巳	阴 心辛丙子 休死庚辰 虎癸戊寅 丙午丁	值 辅己甲戌 生杜戊寅 阴辛丙子 未坤申	
旺衰	天 冲戊壬午 惊中丁丑 蛇庚乙亥 甲卯乙	朱 蓬丙庚辰 中惊乙亥 天戊壬午 戊五己	虎 任癸戊寅 伤景壬午 玄丙庚辰 庚酉辛	旺衰
	合 柱壬丁丑 死休辛巳 常丁己卯 丑艮寅	蛇 禽庚乙亥 景伤己卯 合壬丁丑 壬子癸	常 英丁己卯 杜生甲戌 地乙辛巳 戌乾亥	
旺衰		旺衰		旺衰

阴五局 壬午时

旺衰		旺衰		旺衰
	朱 蓬丙庚辰 中中乙亥 值己甲戌 辰巽巳	蛇 禽庚乙亥 景休己卯 虎癸戊寅 丙午丁	天 冲戊壬午 惊伤丁丑 阴辛丙子 未坤申	
旺衰	地 芮乙辛巳 开杜丙子 蛇庚乙亥 甲卯乙	常 英丁己卯 杜开甲戌 天戊壬午 戊五己	合 柱壬丁丑 死生辛巳 玄丙庚辰 庚酉辛	旺衰
	阴 心辛丙子 休景庚辰 常丁己卯 丑艮寅	值 辅己甲戌 生死戊寅 合壬丁丑 壬子癸	虎 任癸戊寅 伤惊壬午 地乙辛巳 戌乾亥	
旺衰		旺衰		旺衰

阴五局 癸未时

旺衰		旺衰		旺衰
	常 英丁己卯 杜杜甲戌 值己甲戌 辰巽巳	值 辅己甲戌 生景戊寅 虎癸戊寅 丙午丁	地 芮乙辛巳 开死丙子 阴辛丙子 未坤申	
旺衰	朱 蓬丙庚辰 中伤乙亥 蛇庚乙亥 甲卯乙	虎 任癸戊寅 伤中壬午 天戊壬午 戊五己	阴 心辛丙子 休惊庚辰 玄丙庚辰 庚酉辛	旺衰
	蛇 禽庚乙亥 景生己卯 常丁己卯 丑艮寅	天 冲戊壬午 惊休丁丑 合壬丁丑 壬子癸	合 柱壬丁丑 死开辛巳 地乙辛巳 戌乾亥	
旺衰		旺衰		旺衰

阴五局 甲申时

旺衰		旺衰		旺衰
	蛇 辅辛乙酉 惊杜戊子 天己壬辰 辰巽巳	常 任丙己丑 死景壬辰 合癸丁亥 丙午丁	合 心癸丁亥 景死庚寅 蛇辛乙酉 未坤申	
旺衰	阴 禽壬丙戌 生伤己丑 值庚甲申 甲卯乙	值 冲庚甲申 开中丁亥 地戊辛卯 戊五己	地 蓬戊辛卯 杜惊乙酉 常丙己丑 庚酉辛	旺衰
	朱 英乙庚寅 伤生甲申 虎丁戊子 丑艮寅	虎 柱丁戊子 休休辛卯 阴壬丙戌 壬子癸	天 芮己壬辰 中开丙戌 玄乙庚寅 戌乾亥	
旺衰		旺衰		旺衰

阴五局 乙酉时

旺衰		旺衰		旺衰
	阴 禽壬丙戌 休伤辛卯 天己壬辰 辰巽巳	朱 英乙庚寅 中生丙戌 合癸丁亥 丙午丁	虎 柱丁戊子 伤休甲申 蛇辛乙酉 未坤申	
旺衰	合 心癸丁亥 死死壬辰 值庚甲申 甲卯乙	蛇 辅辛乙酉 景杜庚寅 地戊辛卯 戊五己	天 芮己壬辰 惊开戊子 常丙己丑 庚酉辛	旺衰
	地 蓬戊辛卯 开惊丁亥 虎丁戊子 丑艮寅	常 任丙己丑 杜景乙酉 阴壬丙戌 壬子癸	值 冲庚甲申 生中己丑 玄乙庚寅 戌乾亥	
旺衰		旺衰		旺衰

阴五局 丙戌时

旺衰		旺衰		旺衰
	合 心癸丁亥 景死庚寅 天己壬辰 辰巽巳	地 蓬戊辛卯 杜惊乙酉 合癸丁亥 丙午丁	常 任丙己丑 死景壬辰 蛇辛乙酉 未坤申	
旺衰	虎 柱丁戊子 休休辛卯 值庚甲申 甲卯乙	阴 禽壬丙戌 生伤己丑 地戊辛卯 戊五己	值 冲庚甲申 开中丁亥 常丙己丑 庚酉辛	旺衰
	天 芮己壬辰 中开丙戌 虎丁戊子 丑艮寅	朱 英乙庚寅 伤生甲申 阴壬丙戌 壬子癸	蛇 辅辛乙酉 惊杜戊子 玄乙庚寅 戌乾亥	
旺衰		旺衰		旺衰

阴五局 丁亥时

旺衰		旺衰		旺衰
	虎 柱丁戊子 生休己丑 天己壬辰 辰巽巳	天 芮己壬辰 伤开甲申 合癸丁亥 丙午丁	朱 英乙庚寅 休生辛卯 蛇辛乙酉 未坤申	
旺衰	常 任丙己丑 景景庚寅 值庚甲申 甲卯乙	合 心癸丁亥 惊死戊子 地戊辛卯 戊五己	蛇 辅辛乙酉 中杜丙戌 常丙己丑 庚酉辛	旺衰
	值 冲庚甲申 杜中乙酉 虎丁戊子 丑艮寅	地 蓬戊辛卯 死惊壬辰 阴壬丙戌 壬子癸	阴 禽壬丙戌 开伤丁亥 玄乙庚寅 戌乾亥	
旺衰		旺衰		旺衰

阴五局 戊子时

旺衰		旺衰		旺衰
	蛇□□ 辅辛乙酉 惊景戊子 天己壬辰 辰巽巳	常□□ 任丙己丑 死中壬辰 合癸丁亥 丙午丁	合□□ 心癸丁亥 景惊庚寅 蛇辛乙酉 未坤申	
旺衰	阴□□ 禽壬丙戌 生生己丑 值庚甲申 甲卯乙	值□□ 冲庚甲申 开休丁亥 地戊辛卯 戊五己	地□□ 蓬戊辛卯 杜伤乙酉 常丙己丑 庚酉辛	旺衰
	朱□□ 英乙庚寅 伤杜甲申 虎丁戊子 丑艮寅	虎□□ 柱丁戊子 休开辛卯 阴壬丙戌 壬子癸	天□□ 芮己壬辰 中死丙戌 玄乙庚寅 戌乾亥	
旺衰		旺衰		旺衰

阴五局 己丑时

旺衰		旺衰		旺衰
	值□□ 冲庚甲申 开生丁亥 天己壬辰 辰巽巳	虎□□ 柱丁戊子 休杜辛卯 合癸丁亥 丙午丁	阴□□ 禽壬丙戌 生开己丑 蛇辛乙酉 未坤申	
旺衰	蛇□□ 辅辛乙酉 惊惊戊子 值庚甲申 甲卯乙	天□□ 芮己壬辰 中景丙戌 地戊辛卯 戊五己	朱□□ 英乙庚寅 伤死甲申 常丙己丑 庚酉辛	旺衰
	常□□ 任丙己丑 死伤壬辰 虎丁戊子 丑艮寅	合□□ 心癸丁亥 景中庚寅 阴壬丙戌 壬子癸	地□□ 蓬戊辛卯 杜休乙酉 玄乙庚寅 戌乾亥	
旺衰		旺衰		旺衰

阴五局 庚寅时

旺衰		旺衰		旺衰
	蛇□□ 辅辛乙酉 惊惊戊子 天己壬辰 辰巽巳	常□□ 任丙己丑 死伤壬辰 合癸丁亥 丙午丁	合□□ 心癸丁亥 景中庚寅 蛇辛乙酉 未坤申	
旺衰	阴□□ 禽壬丙戌 生开己丑 值庚甲申 甲卯乙	值□□ 冲庚甲申 开生丁亥 地戊辛卯 戊五己	地□□ 蓬戊辛卯 杜休乙酉 常丙己丑 庚酉辛	旺衰
	朱□□ 英乙庚寅 伤死甲申 虎丁戊子 丑艮寅	虎□□ 柱丁戊子 休杜辛卯 阴壬丙戌 壬子癸	天□□ 芮己壬辰 中景丙戌 玄乙庚寅 戌乾亥	
旺衰		旺衰		旺衰

阴五局 辛卯时

旺衰		旺衰		旺衰
	地□□ 蓬戊辛卯 杜开乙酉 天己壬辰 辰巽巳	阴□□ 禽壬丙戌 生死己丑 合癸丁亥 丙午丁	值□□ 冲庚甲申 开杜丁亥 蛇辛乙酉 未坤申	
旺衰	天□□ 芮己壬辰 中中丙戌 值庚甲申 甲卯乙	朱□□ 英乙庚寅 伤惊甲申 地戊辛卯 戊五己	虎□□ 柱丁戊子 休景辛卯 常丙己丑 庚酉辛	旺衰
	合□□ 心癸丁亥 景休庚寅 虎丁戊子 丑艮寅	蛇□□ 辅辛乙酉 惊伤戊子 阴壬丙戌 壬子癸	常□□ 任丙己丑 死生壬辰 玄乙庚寅 戌乾亥	
旺衰		旺衰		旺衰

阴五局 壬辰时

旺衰		旺衰		旺衰
	朱□□ 英乙庚寅 伤中甲申 天己壬辰 辰巽巳	蛇□□ 辅辛乙酉 惊休戊子 合癸丁亥 丙午丁	天□□ 芮己壬辰 中伤丙戌 蛇辛乙酉 未坤申	
旺衰	地□□ 蓬戊辛卯 杜杜乙酉 值庚甲申 甲卯乙	常□□ 任丙己丑 死开壬辰 地戊辛卯 戊五己	合□□ 心癸丁亥 景生庚寅 常丙己丑 庚酉辛	旺衰
	阴□□ 禽壬丙戌 生景己丑 虎丁戊子 丑艮寅	值□□ 冲庚甲申 开死丁亥 阴壬丙戌 壬子癸	虎□□ 柱丁戊子 休惊辛卯 玄乙庚寅 戌乾亥	
旺衰		旺衰		旺衰

阴五局 癸巳时

旺衰		旺衰		旺衰
	常□□ 任丙己丑 死杜壬辰 天己壬辰 辰巽巳	值□□ 冲庚甲申 开景丁亥 合癸丁亥 丙午丁	地□□ 蓬戊辛卯 杜死乙酉 蛇辛乙酉 未坤申	
旺衰	朱□□ 英乙庚寅 伤伤甲申 值庚甲申 甲卯乙	虎□□ 柱丁戊子 休中辛卯 地戊辛卯 戊五己	阴□□ 禽壬丙戌 生惊己丑 常丙己丑 庚酉辛	旺衰
	蛇□□ 辅辛乙酉 惊生戊子 虎丁戊子 丑艮寅	天□□ 芮己壬辰 中休丙戌 阴壬丙戌 壬子癸	合□□ 心癸丁亥 景开庚寅 玄乙庚寅 戌乾亥	
旺衰		旺衰		旺衰

阴五局 甲午时

旺衰		旺衰		旺衰
	蛇□□ 冲壬乙未 中杜丁酉 地己辛丑 辰巽巳	常□□ 柱乙己亥 景景辛丑 阴癸丙申 丙午丁	合□□ 禽丁丁酉 惊死己亥 值辛甲午 未坤申	
旺衰	阴□□ 辅癸丙申 开伤戊戌 天庚壬寅 甲卯乙	值□□ 芮辛甲午 杜中丙申 玄戊庚子 戊五己	地□□ 英己辛丑 死惊甲午 虎丙戊戌 庚酉辛	旺衰
	朱□□ 任戊庚子 休生壬寅 合丁丁酉 丑艮寅	虎□□ 心丙戊戌 生休庚子 蛇壬乙未 壬子癸	天□□ 蓬庚壬寅 伤开乙未 常乙己亥 戌乾亥	
旺衰		旺衰		旺衰

阴五局 乙未时

旺衰		旺衰		旺衰
	阴□□ 辅癸丙申 生伤庚子 地己辛丑 辰巽巳	朱□□ 任戊庚子 伤生乙未 阴癸丙申 丙午丁	虎□□ 心丙戊戌 休休壬寅 值辛甲午 未坤申	
旺衰	合□□ 禽丁丁酉 景死辛丑 天庚壬寅 甲卯乙	蛇□□ 冲壬乙未 惊杜己亥 玄戊庚子 戊五己	天□□ 蓬庚壬寅 中开丁酉 虎丙戊戌 庚酉辛	旺衰
	地□□ 英己辛丑 杜惊丙申 合丁丁酉 丑艮寅	常□□ 柱乙己亥 死景甲午 蛇壬乙未 壬子癸	值□□ 芮辛甲午 开中戊戌 常乙己亥 戌乾亥	
旺衰		旺衰		旺衰

阴五局 丙申时

旺衰		旺衰		旺衰
	合□□ 禽丁丁酉 惊死己亥 地己辛丑 辰巽巳	地□□ 英己辛丑 死惊甲午 阴癸丙申 丙午丁	常□□ 柱乙己亥 景景辛丑 值辛甲午 未坤申	
旺衰	虎□□ 心丙戊戌 生休庚子 天庚壬寅 甲卯乙	阴□□ 辅癸丙申 开伤戊戌 玄戊庚子 戊五己	值□□ 芮辛甲午 杜中丙申 虎丙戊戌 庚酉辛	旺衰
	天□□ 蓬庚壬寅 伤开乙未 合丁丁酉 丑艮寅	朱□□ 任戊庚子 休生壬寅 蛇壬乙未 壬子癸	蛇□□ 冲壬乙未 中杜丁酉 常乙己亥 戌乾亥	
旺衰		旺衰		旺衰

阴五局 丁酉时

旺衰		旺衰		旺衰
	虎□□ 心丙戊戌 开休戊戌 地己辛丑 辰巽巳	天□□ 蓬庚壬寅 休开壬寅 阴癸丙申 丙午丁	朱□□ 任戊庚子 生生庚子 值辛甲午 未坤申	
旺衰	常□□ 柱乙己亥 惊景己亥 天庚壬寅 甲卯乙	合□□ 禽丁丁酉 中死丁酉 玄戊庚子 戊五己	蛇□□ 冲壬乙未 伤杜乙未 虎丙戊戌 庚酉辛	旺衰
	值□□ 芮辛甲午 死中甲午 合丁丁酉 丑艮寅	地□□ 英己辛丑 景惊辛丑 蛇壬乙未 壬子癸	阴□□ 辅癸丙申 杜伤丙申 常乙己亥 戌乾亥	
旺衰		旺衰		旺衰

阴五局 戊戌时

旺衰		旺衰		旺衰
	蛇□□ 冲壬乙未 中景丁酉 地己辛丑 辰巽巳	常□□ 柱乙己亥 景中辛丑 阴癸丙申 丙午丁	合□□ 禽丁丁酉 惊惊己亥 值辛甲午 未坤申	
旺衰	阴□□ 辅癸丙申 开生戊戌 天庚壬寅 甲卯乙	值□□ 芮辛甲午 杜休丙申 玄戊庚子 戊五己	地□□ 英己辛丑 死伤甲午 虎丙戊戌 庚酉辛	旺衰
	朱□□ 任戊庚子 休杜壬寅 合丁丁酉 丑艮寅	虎□□ 心丙戊戌 生开庚子 蛇壬乙未 壬子癸	天□□ 蓬庚壬寅 伤死乙未 常乙己亥 戌乾亥	
旺衰		旺衰		旺衰

阴五局 己亥时

旺衰		旺衰		旺衰
	值□□ 芮辛甲午 杜生丙申 地己辛丑 辰巽巳	虎□□ 心丙戊戌 生杜庚子 阴癸丙申 丙午丁	阴□□ 辅癸丙申 开开戊戌 值辛甲午 未坤申	
旺衰	蛇□□ 冲壬乙未 中惊丁酉 天庚壬寅 甲卯乙	天□□ 蓬庚壬寅 伤景乙未 玄戊庚子 戊五己	朱□□ 任戊庚子 休死壬寅 虎丙戊戌 庚酉辛	旺衰
	常□□ 柱乙己亥 景伤辛丑 合丁丁酉 丑艮寅	合□□ 禽丁丁酉 惊中己亥 蛇壬乙未 壬子癸	地□□ 英己辛丑 死休甲午 常乙己亥 戌乾亥	
旺衰		旺衰		旺衰

阴五局 庚子时

旺衰		旺衰		旺衰
	天 蓬庚壬寅 伤惊乙未 地己辛丑 辰巽巳	合 禽丁丁酉 惊伤己亥 阴癸丙申 丙午丁	蛇 冲壬乙未 中中丁酉 值辛甲午 未坤申	
旺衰	值 芮辛甲午 杜开丙申 天庚壬寅 甲卯乙	地 英己辛丑 死生甲午 玄戊庚子 戊五己	常 柱乙己亥 景休辛丑 虎丙戊戌 庚酉辛	旺衰
	虎 心丙戊戌 生死庚子 合丁丁酉 丑艮寅	阴 辅癸丙申 开杜戊戌 蛇壬乙未 壬子癸	朱 任戊庚子 休景壬寅 常乙己亥 戌乾亥	
旺衰		旺衰		旺衰

阴五局 辛丑时

旺衰		旺衰		旺衰
	蛇 冲壬乙未 中开丁酉 地己辛丑 辰巽巳	常 柱乙己亥 景死辛丑 阴癸丙申 丙午丁	合 禽丁丁酉 惊杜己亥 值辛甲午 未坤申	
旺衰	阴 辅癸丙申 开中戊戌 天庚壬寅 甲卯乙	值 芮辛甲午 杜惊丙申 玄戊庚子 戊五己	地 英己辛丑 死景甲午 虎丙戊戌 庚酉辛	旺衰
	朱 任戊庚子 休休壬寅 合丁丁酉 丑艮寅	虎 心丙戊戌 生伤庚子 蛇壬乙未 壬子癸	天 蓬庚壬寅 伤生乙未 常乙己亥 戌乾亥	
旺衰		旺衰		旺衰

阴五局 壬寅时

旺衰		旺衰		旺衰
	朱 任戊庚子 休中壬寅 地己辛丑 辰巽巳	蛇 冲壬乙未 中休丁酉 阴癸丙申 丙午丁	天 蓬庚壬寅 伤伤乙未 值辛甲午 未坤申	
旺衰	地 英己辛丑 死杜甲午 天庚壬寅 甲卯乙	常 柱乙己亥 景开辛丑 玄戊庚子 戊五己	合 禽丁丁酉 惊生己亥 虎丙戊戌 庚酉辛	旺衰
	阴 辅癸丙申 开景戊戌 合丁丁酉 丑艮寅	值 芮辛甲午 杜死丙申 蛇壬乙未 壬子癸	虎 心丙戊戌 生惊庚子 常乙己亥 戌乾亥	
旺衰		旺衰		旺衰

阴五局 癸卯时

旺衰		旺衰		旺衰
	常 柱乙己亥 景杜辛丑 地己辛丑 辰巽巳	值 芮辛甲午 杜景丙申 阴癸丙申 丙午丁	地 英己辛丑 死死甲午 值辛甲午 未坤申	
旺衰	朱 任戊庚子 休伤壬寅 天庚壬寅 甲卯乙	虎 心丙戊戌 生中庚子 玄戊庚子 戊五己	阴 辅癸丙申 开惊戊戌 虎丙戊戌 庚酉辛	旺衰
	蛇 冲壬乙未 中生丁酉 合丁丁酉 丑艮寅	天 蓬庚壬寅 伤休乙未 蛇壬乙未 壬子癸	合 禽丁丁酉 惊开己亥 常乙己亥 戌乾亥	
旺衰		旺衰		旺衰

阴五局 甲辰时

旺衰		旺衰		旺衰
	蛇 芮癸乙巳 伤杜丙午 玄己庚戌 辰巽巳	常 心戊己酉 惊景庚戌 蛇癸乙巳 丙午丁	合 辅丙丁未 中死戊申 天辛壬子 未坤申	
旺衰	阴 冲丁丙午 杜伤丁未 地庚辛亥 甲卯乙	值 蓬壬甲辰 死中乙巳 常戊己酉 戊五己	地 任庚辛亥 景惊壬子 合丙丁未 庚酉辛	旺衰
	朱 柱己庚戌 生生辛亥 阴丁丙午 丑艮寅	虎 禽乙戊申 开休己酉 值壬甲辰 壬子癸	天 英辛壬子 休开甲辰 虎乙戊申 戌乾亥	
旺衰		旺衰		旺衰

阴五局 乙巳时

旺衰		旺衰		旺衰
	阴 冲丁丙午 开伤己酉 玄己庚戌 辰巽巳	朱 柱己庚戌 休生甲辰 蛇癸乙巳 丙午丁	虎 禽乙戊申 生休辛亥 天辛壬子 未坤申	
旺衰	合 辅丙丁未 惊死庚戌 地庚辛亥 甲卯乙	蛇 芮癸乙巳 中杜戊申 常戊己酉 戊五己	天 英辛壬子 伤开丙午 合丙丁未 庚酉辛	旺衰
	地 任庚辛亥 死惊乙巳 阴丁丙午 丑艮寅	常 心戊己酉 景景壬子 值壬甲辰 壬子癸	值 蓬壬甲辰 杜中丁未 虎乙戊申 戌乾亥	
旺衰		旺衰		旺衰

阴五局 丙午时

旺衰		旺衰		旺衰
	合 辅丙丁未 中死戊申 玄己庚戌 辰巽巳	地 任庚辛亥 景惊壬子 蛇癸乙巳 丙午丁	常 心戊己酉 惊景庚戌 天辛壬子 未坤申	
旺衰	虎 禽乙戊申 开休己酉 地庚辛亥 甲卯乙	阴 冲丁丙午 杜伤丁未 常戊己酉 戊五己	值 蓬壬甲辰 死中乙巳 合丙丁未 庚酉辛	旺衰
	天 英辛壬子 休开甲辰 阴丁丙午 丑艮寅	朱 柱己庚戌 生生辛亥 值壬甲辰 壬子癸	蛇 芮癸乙巳 伤杜丙午 虎乙戊申 戌乾亥	
旺衰		旺衰		旺衰

阴五局 丁未时

旺衰		旺衰		旺衰
	虎 禽乙戊申 杜休丁未 玄己庚戌 辰巽巳	天 英辛壬子 生开辛亥 蛇癸乙巳 丙午丁	朱 柱己庚戌 开生己酉 天辛壬子 未坤申	
旺衰	常 心戊己酉 中景戊申 地庚辛亥 甲卯乙	合 辅丙丁未 伤死丙午 常戊己酉 戊五己	蛇 芮癸乙巳 休杜甲辰 合丙丁未 庚酉辛	旺衰
	值 蓬壬甲辰 景中壬子 阴丁丙午 丑艮寅	地 任庚辛亥 惊惊庚戌 值壬甲辰 壬子癸	阴 冲丁丙午 死伤乙巳 虎乙戊申 戌乾亥	
旺衰		旺衰		旺衰

阴五局 戊申时

旺衰		旺衰		旺衰
	蛇 芮癸乙巳 伤景丙午 玄己庚戌 辰巽巳	常 心戊己酉 惊中庚戌 蛇癸乙巳 丙午丁	合 辅丙丁未 中惊戊申 天辛壬子 未坤申	
旺衰	阴 冲丁丙午 杜生丁未 地庚辛亥 甲卯乙	值 蓬壬甲辰 死休乙巳 常戊己酉 戊五己	地 任庚辛亥 景伤壬子 合丙丁未 庚酉辛	旺衰
	朱 柱己庚戌 生杜辛亥 阴丁丙午 丑艮寅	虎 禽乙戊申 开开己酉 值壬甲辰 壬子癸	天 英辛壬子 休死甲辰 虎乙戊申 戌乾亥	
旺衰		旺衰		旺衰

阴五局 己酉时

旺衰		旺衰		旺衰
	值 蓬壬甲辰 死生乙巳 玄己庚戌 辰巽巳	虎 禽乙戊申 开杜己酉 蛇癸乙巳 丙午丁	阴 冲丁丙午 杜开丁未 天辛壬子 未坤申	
旺衰	蛇 芮癸乙巳 伤惊丙午 地庚辛亥 甲卯乙	天 英辛壬子 休景甲辰 常戊己酉 戊五己	朱 柱己庚戌 生死辛亥 合丙丁未 庚酉辛	旺衰
	常 心戊己酉 惊伤庚戌 阴丁丙午 丑艮寅	合 辅丙丁未 中中戊申 值壬甲辰 壬子癸	地 任庚辛亥 景休壬子 虎乙戊申 戌乾亥	
旺衰		旺衰		旺衰

阴五局 庚戌时

旺衰		旺衰		旺衰
	天 英辛壬子 休惊甲辰 玄己庚戌 辰巽巳	合 辅丙丁未 中伤戊申 蛇癸乙巳 丙午丁	蛇 芮癸乙巳 伤中丙午 天辛壬子 未坤申	
旺衰	值 蓬壬甲辰 死开乙巳 地庚辛亥 甲卯乙	地 任庚辛亥 景生壬子 常戊己酉 戊五己	常 心戊己酉 惊休庚戌 合丙丁未 庚酉辛	旺衰
	虎 禽乙戊申 开死己酉 阴丁丙午 丑艮寅	阴 冲丁丙午 杜杜丁未 值壬甲辰 壬子癸	朱 柱己庚戌 生景辛亥 虎乙戊申 戌乾亥	
旺衰		旺衰		旺衰

阴五局 辛亥时

旺衰		旺衰		旺衰
	地 任庚辛亥 景开壬子 玄己庚戌 辰巽巳	阴 冲丁丙午 杜死丁未 蛇癸乙巳 丙午丁	值 蓬壬甲辰 死杜乙巳 天辛壬子 未坤申	
旺衰	天 英辛壬子 休中甲辰 地庚辛亥 甲卯乙	朱 柱己庚戌 生惊辛亥 常戊己酉 戊五己	虎 禽乙戊申 开景己酉 合丙丁未 庚酉辛	旺衰
	合 辅丙丁未 中休戊申 阴丁丙午 丑艮寅	蛇 芮癸乙巳 伤伤丙午 值壬甲辰 壬子癸	常 心戊己酉 惊生庚戌 虎乙戊申 戌乾亥	
旺衰		旺衰		旺衰

阴五局 壬子时

旺衰		旺衰		旺衰
	蛇 芮癸乙巳 伤中丙午 玄己庚戌 辰巽巳	常 心戊己酉 惊休庚戌 蛇癸乙巳 丙午丁	合 辅丙丁未 中伤戊申 天辛壬子 未坤申	
旺衰	阴 冲丁丙午 杜杜丁未 地庚辛亥 甲卯乙	值 蓬壬甲辰 死开乙巳 常戊己酉 戊五己	地 任庚辛亥 景生壬子 合丙丁未 庚酉辛	旺衰
	朱 柱己庚戌 生景辛亥 阴丁丙午 丑艮寅	虎 禽乙戊申 开死己酉 值壬甲辰 壬子癸	天 英辛壬子 休惊甲辰 虎乙戊申 戌乾亥	
旺衰		旺衰		旺衰

阴五局 癸丑时

旺衰		旺衰		旺衰
	常 心戊己酉 惊杜庚戌 玄己庚戌 辰巽巳	值 蓬壬甲辰 死景乙巳 蛇癸乙巳 丙午丁	地 任庚辛亥 景死壬子 天辛壬子 未坤申	
旺衰	朱 柱己庚戌 生伤辛亥 地庚辛亥 甲卯乙	虎 禽乙戊申 开中己酉 常戊己酉 戊五己	阴 冲丁丙午 杜惊丁未 合丙丁未 庚酉辛	旺衰
	蛇 芮癸乙巳 伤生丙午 阴丁丙午 丑艮寅	天 英辛壬子 休休甲辰 值壬甲辰 壬子癸	合 辅丙丁未 中开戊申 虎乙戊申 戌乾亥	
旺衰		旺衰		旺衰

阴五局 甲寅时

旺衰		旺衰		旺衰
	蛇 蓬丁乙卯 休杜乙卯 常己己未 辰巽巳	常 禽己己未 中景己未 值癸甲寅 丙午丁	合 冲乙丁巳 伤死丁巳 地辛辛酉 未坤申	
旺衰	阴 芮丙丙辰 死伤丙辰 玄庚庚申 甲卯乙	值 英癸甲寅 景中甲寅 虎戊戊午 戊五己	地 柱辛辛酉 惊惊辛酉 阴丙丙辰 庚酉辛	旺衰
	朱 心庚庚申 开生庚申 蛇丁乙卯 丑艮寅	虎 辅戊戊午 杜休戊午 天壬壬戌 壬子癸	天 任壬壬戌 生开壬戌 合乙丁巳 戌乾亥	
旺衰		旺衰		旺衰

阴五局 乙卯时

旺衰		旺衰		旺衰
	阴 芮丙丙辰 杜伤戊午 常己己未 辰巽巳	朱 心庚庚申 生生壬戌 值癸甲寅 丙午丁	虎 辅戊戊午 开休庚申 地辛辛酉 未坤申	
旺衰	合 冲乙丁巳 中死己未 玄庚庚申 甲卯乙	蛇 蓬丁乙卯 伤杜丁巳 虎戊戊午 戊五己	天 任壬壬戌 休开乙卯 阴丙丙辰 庚酉辛	旺衰
	地 柱辛辛酉 景惊甲寅 蛇丁乙卯 丑艮寅	常 禽己己未 惊景辛酉 天壬壬戌 壬子癸	值 英癸甲寅 死中丙辰 合乙丁巳 戌乾亥	
旺衰		旺衰		旺衰

阴五局 丙辰时

旺衰		旺衰		旺衰
	合 冲乙丁巳 伤死丁巳 常己己未 辰巽巳	地 柱辛辛酉 惊惊辛酉 值癸甲寅 丙午丁	常 禽己己未 中景己未 地辛辛酉 未坤申	
旺衰	虎 辅戊戊午 杜休戊午 玄庚庚申 甲卯乙	阴 芮丙丙辰 死伤丙辰 虎戊戊午 戊五己	值 英癸甲寅 景中甲寅 阴丙丙辰 庚酉辛	旺衰
	天 任壬壬戌 生开壬戌 蛇丁乙卯 丑艮寅	朱 心庚庚申 开生庚申 天壬壬戌 壬子癸	蛇 蓬丁乙卯 休杜乙卯 合乙丁巳 戌乾亥	
旺衰		旺衰		旺衰

阴五局 丁巳时

旺衰		旺衰		旺衰
	虎 辅戊戊午 死休丙辰 常己己未 辰巽巳	天 任壬壬戌 开开庚申 值癸甲寅 丙午丁	朱 心庚庚申 杜生戊午 地辛辛酉 未坤申	
旺衰	常 禽己己未 伤景丁巳 玄庚庚申 甲卯乙	合 冲乙丁巳 休死乙卯 虎戊戊午 戊五己	蛇 蓬丁乙卯 生杜壬戌 阴丙丙辰 庚酉辛	旺衰
	值 英癸甲寅 惊中辛酉 蛇丁乙卯 丑艮寅	地 柱辛辛酉 中惊己未 天壬壬戌 壬子癸	阴 芮丙丙辰 景伤甲寅 合乙丁巳 戌乾亥	
旺衰		旺衰		旺衰

阴五局 戊午时

旺衰		旺衰		旺衰
	蛇 蓬丁乙卯 休景乙卯 常己己未 辰巽巳	常 禽己己未 中中己未 值癸甲寅 丙午丁	合 冲乙丁巳 伤惊丁巳 地辛辛酉 未坤申	
旺衰	阴 芮丙丙辰 死生丙辰 玄庚庚申 甲卯乙	值 英癸甲寅 景休甲寅 虎戊戊午 戊五己	地 柱辛辛酉 惊伤辛酉 阴丙丙辰 庚酉辛	旺衰
	朱 心庚庚申 开杜庚申 蛇丁乙卯 丑艮寅	虎 辅戊戊午 杜开戊午 天壬壬戌 壬子癸	天 任壬壬戌 生死壬戌 合乙丁巳 戌乾亥	
旺衰		旺衰		旺衰

阴五局 己未时

旺衰		旺衰		旺衰
	值 英癸甲寅 景生甲寅 常己己未 辰巽巳	虎 辅戊戊午 杜杜戊午 值癸甲寅 丙午丁	阴 芮丙丙辰 死开丙辰 地辛辛酉 未坤申	
旺衰	蛇 蓬丁乙卯 休惊乙卯 玄庚庚申 甲卯乙	天 任壬壬戌 生景壬戌 虎戊戊午 戊五己	朱 心庚庚申 开死庚申 阴丙丙辰 庚酉辛	旺衰
	常 禽己己未 中伤己未 蛇丁乙卯 丑艮寅	合 冲乙丁巳 伤中丁巳 天壬壬戌 壬子癸	地 柱辛辛酉 惊休辛酉 合乙丁巳 戌乾亥	
旺衰		旺衰		旺衰

阴五局 庚申时

旺衰		旺衰		旺衰
	天 任壬壬戌 生惊壬戌 常己己未 辰巽巳	合 冲乙丁巳 伤伤丁巳 值癸甲寅 丙午丁	蛇 蓬丁乙卯 休中乙卯 地辛辛酉 未坤申	
旺衰	值 英癸甲寅 景开甲寅 玄庚庚申 甲卯乙	地 柱辛辛酉 惊生辛酉 虎戊戊午 戊五己	常 禽己己未 中休己未 阴丙丙辰 庚酉辛	旺衰
	虎 辅戊戊午 杜死戊午 蛇丁乙卯 丑艮寅	阴 芮丙丙辰 死杜丙辰 天壬壬戌 壬子癸	朱 心庚庚申 开景庚申 合乙丁巳 戌乾亥	
旺衰		旺衰		旺衰

阴五局 辛酉时

旺衰		旺衰		旺衰
	地 柱辛辛酉 惊开辛酉 常己己未 辰巽巳	阴 芮丙丙辰 死死丙辰 值癸甲寅 丙午丁	值 英癸甲寅 景杜甲寅 地辛辛酉 未坤申	
旺衰	天 任壬壬戌 生中壬戌 玄庚庚申 甲卯乙	朱 心庚庚申 开惊庚申 虎戊戊午 戊五己	虎 辅戊戊午 杜景戊午 阴丙丙辰 庚酉辛	旺衰
	合 冲乙丁巳 伤休丁巳 蛇丁乙卯 丑艮寅	蛇 蓬丁乙卯 休伤乙卯 天壬壬戌 壬子癸	常 禽己己未 中生己未 合乙丁巳 戌乾亥	
旺衰		旺衰		旺衰

阴五局 壬戌时

旺衰		旺衰		旺衰
	朱 心庚庚申 开中庚申 常己己未 辰巽巳	蛇 蓬丁乙卯 休休乙卯 值癸甲寅 丙午丁	天 任壬壬戌 生伤壬戌 地辛辛酉 未坤申	
旺衰	地 柱辛辛酉 惊杜辛酉 玄庚庚申 甲卯乙	常 禽己己未 中开己未 虎戊戊午 戊五己	合 冲乙丁巳 伤生丁巳 阴丙丙辰 庚酉辛	旺衰
	阴 芮丙丙辰 死景丙辰 蛇丁乙卯 丑艮寅	值 英癸甲寅 景死甲寅 天壬壬戌 壬子癸	虎 辅戊戊午 杜惊戊午 合乙丁巳 戌乾亥	
旺衰		旺衰		旺衰

阴五局 癸亥时

旺衰		旺衰		旺衰
	蛇 蓬丁乙卯 休杜乙卯 常己己未 辰巽巳	常 禽己己未 中景己未 值癸甲寅 丙午丁	合 冲乙丁巳 伤死丁巳 地辛辛酉 未坤申	
旺衰	阴 芮丙丙辰 死伤丙辰 玄庚庚申 甲卯乙	值 英癸甲寅 景中甲寅 虎戊戊午 戊五己	地 柱辛辛酉 惊惊辛酉 阴丙丙辰 庚酉辛	旺衰
	朱 心庚庚申 开生庚申 蛇丁乙卯 丑艮寅	虎 辅戊戊午 杜休戊午 天壬壬戌 壬子癸	天 任壬壬戌 生开壬戌 合乙丁巳 戌乾亥	
旺衰		旺衰		旺衰

阴四局 甲子时

旺衰		旺衰		旺衰
	值 辅戊甲子 景杜己巳 值戊甲子 辰巽巳	虎 任壬戊辰 杜景甲子 虎壬戊辰 丙午丁	阴 心庚丙寅 死死辛未 阴庚丙寅 未坤申	
旺衰	蛇 禽己乙丑 休伤庚午 蛇己乙丑 甲卯乙	天 冲乙壬申 生中戊辰 天乙壬申 戊五己	朱 蓬丁庚午 开惊丙寅 玄丁庚午 庚酉辛	旺衰
	常 英癸己巳 中生乙丑 常癸己巳 丑艮寅	合 柱辛丁卯 伤休壬申 合辛丁卯 壬子癸	地 芮丙辛未 惊开丁卯 地丙辛未 戌乾亥	
旺衰		旺衰		旺衰

阴四局 乙丑时

旺衰		旺衰		旺衰
	蛇 禽己乙丑 伤伤壬申 值戊甲子 辰巽巳	常 英癸己巳 惊生丁卯 虎壬戊辰 丙午丁	合 柱辛丁卯 中休乙丑 阴庚丙寅 未坤申	
旺衰	阴 心庚丙寅 杜死甲子 蛇己乙丑 甲卯乙	值 辅戊甲子 死杜辛未 天乙壬申 戊五己	地 芮丙辛未 景开己巳 玄丁庚午 庚酉辛	旺衰
	朱 蓬丁庚午 生惊戊辰 常癸己巳 丑艮寅	虎 任壬戊辰 开景丙寅 合辛丁卯 壬子癸	天 冲乙壬申 休中庚午 地丙辛未 戌乾亥	
旺衰		旺衰		旺衰

阴四局 丙寅时

旺衰		旺衰		旺衰
	阴 心庚丙寅 死死辛未 值戊甲子 辰巽巳	朱 蓬丁庚午 开惊丙寅 虎壬戊辰 丙午丁	虎 任壬戊辰 杜景甲子 阴庚丙寅 未坤申	
旺衰	合 柱辛丁卯 伤休壬申 蛇己乙丑 甲卯乙	蛇 禽己乙丑 休伤庚午 天乙壬申 戊五己	天 冲乙壬申 生中戊辰 玄丁庚午 庚酉辛	旺衰
	地 芮丙辛未 惊开丁卯 常癸己巳 丑艮寅	常 英癸己巳 中生乙丑 合辛丁卯 壬子癸	值 辅戊甲子 景杜己巳 地丙辛未 戌乾亥	
旺衰		旺衰		旺衰

阴四局 丁卯时

旺衰		旺衰		旺衰
	合 柱辛丁卯 休休庚午 值戊甲子 辰巽巳	地 芮丙辛未 中开乙丑 虎壬戊辰 丙午丁	常 英癸己巳 伤生壬申 阴庚丙寅 未坤申	
旺衰	虎 任壬戊辰 死景辛未 蛇己乙丑 甲卯乙	阴 心庚丙寅 景死己巳 天乙壬申 戊五己	值 辅戊甲子 惊杜丁卯 玄丁庚午 庚酉辛	旺衰
	天 冲乙壬申 开中丙寅 常癸己巳 丑艮寅	朱 蓬丁庚午 杜惊甲子 合辛丁卯 壬子癸	蛇 禽己乙丑 生伤戊辰 地丙辛未 戌乾亥	
旺衰		旺衰		旺衰

阴四局 戊辰时

旺衰		旺衰		旺衰
	值 辅戊甲子 景景己巳 值戊甲子 辰巽巳	虎 任壬戊辰 杜中甲子 虎壬戊辰 丙午丁	阴 心庚丙寅 死惊辛未 阴庚丙寅 未坤申	
旺衰	蛇 禽己乙丑 休生庚午 蛇己乙丑 甲卯乙	天 冲乙壬申 生休戊辰 天乙壬申 戊五己	朱 蓬丁庚午 开伤丙寅 玄丁庚午 庚酉辛	旺衰
	常 英癸己巳 中杜乙丑 常癸己巳 丑艮寅	合 柱辛丁卯 伤开壬申 合辛丁卯 壬子癸	地 芮丙辛未 惊死丁卯 地丙辛未 戌乾亥	
旺衰		旺衰		旺衰

阴四局 己巳时

旺衰		旺衰		旺衰
	天 冲乙壬申 生生戊辰 值戊甲子 辰巽巳	合 柱辛丁卯 伤杜壬申 虎壬戊辰 丙午丁	蛇 禽己乙丑 休开庚午 阴庚丙寅 未坤申	
旺衰	值 辅戊甲子 景惊己巳 蛇己乙丑 甲卯乙	地 芮丙辛未 惊景丁卯 天乙壬申 戊五己	常 英癸己巳 中死乙丑 玄丁庚午 庚酉辛	旺衰
	虎 任壬戊辰 杜伤甲子 常癸己巳 丑艮寅	阴 心庚丙寅 死中辛未 合辛丁卯 壬子癸	朱 蓬丁庚午 开休丙寅 地丙辛未 戌乾亥	
旺衰		旺衰		旺衰

阴四局 庚午时

旺衰		旺衰		旺衰
	地 芮丙辛未 惊惊丁卯 值戊甲子 辰巽巳	阴 心庚丙寅 死伤辛未 虎壬戊辰 丙午丁	值 辅戊甲子 景中己巳 阴庚丙寅 未坤申	
旺衰	天 冲乙壬申 生开戊辰 蛇己乙丑 甲卯乙	朱 蓬丁庚午 开生丙寅 天乙壬申 戊五己	虎 任壬戊辰 杜休甲子 玄丁庚午 庚酉辛	旺衰
	合 柱辛丁卯 伤死壬申 常癸己巳 丑艮寅	蛇 禽己乙丑 休杜庚午 合辛丁卯 壬子癸	常 英癸己巳 中景乙丑 地丙辛未 戌乾亥	
旺衰		旺衰		旺衰

阴四局 辛未时

旺衰		旺衰		旺衰
	朱 蓬丁庚午 开开丙寅 值戊甲子 辰巽巳	蛇 禽己乙丑 休死庚午 虎壬戊辰 丙午丁	天 冲乙壬申 生杜戊辰 阴庚丙寅 未坤申	
旺衰	地 芮丙辛未 惊中丁卯 蛇己乙丑 甲卯乙	常 英癸己巳 中惊乙丑 天乙壬申 戊五己	合 柱辛丁卯 伤景壬申 玄丁庚午 庚酉辛	旺衰
	阴 心庚丙寅 死休辛未 常癸己巳 丑艮寅	值 辅戊甲子 景伤己巳 合辛丁卯 壬子癸	虎 任壬戊辰 杜生甲子 地丙辛未 戌乾亥	
旺衰		旺衰		旺衰

阴四局 壬申时

旺衰		旺衰		旺衰
	常 英癸己巳 中中乙丑 值戊甲子 辰巽巳	值 辅戊甲子 景休己巳 虎壬戊辰 丙午丁	地 芮丙辛未 惊伤丁卯 阴庚丙寅 未坤申	
旺衰	朱 蓬丁庚午 开杜丙寅 蛇己乙丑 甲卯乙	虎 任壬戊辰 杜开甲子 天乙壬申 戊五己	阴 心庚丙寅 死生辛未 玄丁庚午 庚酉辛	旺衰
	蛇 禽己乙丑 休景庚午 常癸己巳 丑艮寅	天 冲乙壬申 生死戊辰 合辛丁卯 壬子癸	合 柱辛丁卯 伤惊壬申 地丙辛未 戌乾亥	
旺衰		旺衰		旺衰

阴四局 癸酉时

旺衰		旺衰		旺衰
	虎 任壬戊辰 杜杜甲子 值戊甲子 辰巽巳	天 冲乙壬申 生景戊辰 虎壬戊辰 丙午丁	朱 蓬丁庚午 开死丙寅 阴庚丙寅 未坤申	
旺衰	常 英癸己巳 中伤乙丑 蛇己乙丑 甲卯乙	合 柱辛丁卯 伤中壬申 天乙壬申 戊五己	蛇 禽己乙丑 休惊庚午 玄丁庚午 庚酉辛	旺衰
	值 辅戊甲子 景生己巳 常癸己巳 丑艮寅	地 芮丙辛未 惊休丁卯 合辛丁卯 壬子癸	阴 心庚丙寅 死开辛未 地丙辛未 戌乾亥	
旺衰		旺衰		旺衰

阴四局 甲戌时

旺衰		旺衰		旺衰
	值 冲己甲戌 惊杜戊寅 天戊壬午 辰巽巳	虎 柱癸戊寅 死景壬午 合壬丁丑 丙午丁	阴 禽辛丙子 景死庚辰 蛇庚乙亥 未坤申	
旺衰	蛇 辅庚乙亥 生伤己卯 值己甲戌 甲卯乙	天 芮戊壬午 开中丁丑 地乙辛巳 戊五己	朱 英丙庚辰 杜惊乙亥 常丁己卯 庚酉辛	旺衰
	常 任丁己卯 伤生甲戌 虎癸戊寅 丑艮寅	合 心壬丁丑 休休辛巳 阴辛丙子 壬子癸	地 蓬乙辛巳 中开丙子 玄丙庚辰 戌乾亥	
旺衰		旺衰		旺衰

阴四局 乙亥时

旺衰		旺衰		旺衰
	蛇 辅庚乙亥 休伤辛巳 天戊壬午 辰巽巳	常 任丁己卯 中生丙子 合壬丁丑 丙午丁	合 心壬丁丑 伤休甲戌 蛇庚乙亥 未坤申	
旺衰	阴 禽辛丙子 死死壬午 值己甲戌 甲卯乙	值 冲己甲戌 景杜庚辰 地乙辛巳 戊五己	地 蓬乙辛巳 惊开戊寅 常丁己卯 庚酉辛	旺衰
	朱 英丙庚辰 开惊丁丑 虎癸戊寅 丑艮寅	虎 柱癸戊寅 杜景乙亥 阴辛丙子 壬子癸	天 芮戊壬午 生中己卯 玄丙庚辰 戌乾亥	
旺衰		旺衰		旺衰

阴四局 丙子时

旺衰		旺衰		旺衰
	阴 禽辛丙子 景死庚辰 天戊壬午 辰巽巳	朱 英丙庚辰 杜惊乙亥 合壬丁丑 丙午丁	虎 柱癸戊寅 死景壬午 蛇庚乙亥 未坤申	
旺衰	合 心壬丁丑 休休辛巳 值己甲戌 甲卯乙	蛇 辅庚乙亥 生伤己卯 地乙辛巳 戊五己	天 芮戊壬午 开中丁丑 常丁己卯 庚酉辛	旺衰
	地 蓬乙辛巳 中开丙子 虎癸戊寅 丑艮寅	常 任丁己卯 伤生甲戌 阴辛丙子 壬子癸	值 冲己甲戌 惊杜戊寅 玄丙庚辰 戌乾亥	
旺衰		旺衰		旺衰

阴四局 丁丑时

旺衰		旺衰		旺衰
	合 心壬丁丑 生休己卯 天戊壬午 辰巽巳	地 蓬乙辛巳 伤开甲戌 合壬丁丑 丙午丁	常 任丁己卯 休生辛巳 蛇庚乙亥 未坤申	
旺衰	虎 柱癸戊寅 景景庚辰 值己甲戌 甲卯乙	阴 禽辛丙子 惊死戊寅 地乙辛巳 戊五己	值 冲己甲戌 中杜丙子 常丁己卯 庚酉辛	旺衰
	天 芮戊壬午 杜中乙亥 虎癸戊寅 丑艮寅	朱 英丙庚辰 死惊壬午 阴辛丙子 壬子癸	蛇 辅庚乙亥 开伤丁丑 玄丙庚辰 戌乾亥	
旺衰		旺衰		旺衰

阴四局 戊寅时

旺衰		旺衰		旺衰
	值 冲己甲戌 惊景戊寅 天戊壬午 辰巽巳	虎 柱癸戊寅 死中壬午 合壬丁丑 丙午丁	阴 禽辛丙子 景惊庚辰 蛇庚乙亥 未坤申	
旺衰	蛇 辅庚乙亥 生生己卯 值己甲戌 甲卯乙	天 芮戊壬午 开休丁丑 地乙辛巳 戊五己	朱 英丙庚辰 杜伤乙亥 常丁己卯 庚酉辛	旺衰
	常 任丁己卯 伤杜甲戌 虎癸戊寅 丑艮寅	合 心壬丁丑 休开辛巳 阴辛丙子 壬子癸	地 蓬乙辛巳 中死丙子 玄丙庚辰 戌乾亥	
旺衰		旺衰		旺衰

阴四局 己卯时

旺衰		旺衰		旺衰
	值 冲己甲戌 惊生戊寅 天戊壬午 辰巽巳	虎 柱癸戊寅 死杜壬午 合壬丁丑 丙午丁	阴 禽辛丙子 景开庚辰 蛇庚乙亥 未坤申	
旺衰	蛇 辅庚乙亥 生惊己卯 值己甲戌 甲卯乙	天 芮戊壬午 开景丁丑 地乙辛巳 戊五己	朱 英丙庚辰 杜死乙亥 常丁己卯 庚酉辛	旺衰
	常 任丁己卯 伤伤甲戌 虎癸戊寅 丑艮寅	合 心壬丁丑 休中辛巳 阴辛丙子 壬子癸	地 蓬乙辛巳 中休丙子 玄丙庚辰 戌乾亥	
旺衰		旺衰		旺衰

阴四局 庚辰时

旺衰		旺衰		旺衰
	地 蓬乙辛巳 中惊丙子 天戊壬午 辰巽巳	阴 禽辛丙子 景伤庚辰 合壬丁丑 丙午丁	值 冲己甲戌 惊中戊寅 蛇庚乙亥 未坤申	
旺衰	天 芮戊壬午 开开丁丑 值己甲戌 甲卯乙	朱 英丙庚辰 杜生乙亥 地乙辛巳 戊五己	虎 柱癸戊寅 死休壬午 常丁己卯 庚酉辛	旺衰
	合 心壬丁丑 休死辛巳 虎癸戊寅 丑艮寅	蛇 辅庚乙亥 生杜己卯 阴辛丙子 壬子癸	常 任丁己卯 伤景甲戌 玄丙庚辰 戌乾亥	
旺衰		旺衰		旺衰

阴四局 辛巳时

旺衰		旺衰		旺衰
	朱 英丙庚辰 杜开乙亥 天戊壬午 辰巽巳	蛇 辅庚乙亥 生死己卯 合壬丁丑 丙午丁	天 芮戊壬午 开杜丁丑 蛇庚乙亥 未坤申	
旺衰	地 蓬乙辛巳 中中丙子 值己甲戌 甲卯乙	常 任丁己卯 伤惊甲戌 地乙辛巳 戊五己	合 心壬丁丑 休景辛巳 常丁己卯 庚酉辛	旺衰
	阴 禽辛丙子 景休庚辰 虎癸戊寅 丑艮寅	值 冲己甲戌 惊伤戊寅 阴辛丙子 壬子癸	虎 柱癸戊寅 死生壬午 玄丙庚辰 戌乾亥	
旺衰		旺衰		旺衰

阴四局 壬午时

旺衰		旺衰		旺衰
	常 任丁己卯 伤中甲戌 天戊壬午 辰巽巳	值 冲己甲戌 惊休戊寅 合壬丁丑 丙午丁	地 蓬乙辛巳 中伤丙子 蛇庚乙亥 未坤申	
旺衰	朱 英丙庚辰 杜杜乙亥 值己甲戌 甲卯乙	虎 柱癸戊寅 死开壬午 地乙辛巳 戊五己	阴 禽辛丙子 景生庚辰 常丁己卯 庚酉辛	旺衰
	蛇 辅庚乙亥 生景己卯 虎癸戊寅 丑艮寅	天 芮戊壬午 开死丁丑 阴辛丙子 壬子癸	合 心壬丁丑 休惊辛巳 玄丙庚辰 戌乾亥	
旺衰		旺衰		旺衰

阴四局 癸未时

旺衰		旺衰		旺衰
	虎 柱癸戊寅 死杜壬午 天戊壬午 辰巽巳	天 芮戊壬午 开景丁丑 合壬丁丑 丙午丁	朱 英丙庚辰 杜死乙亥 蛇庚乙亥 未坤申	
旺衰	常 任丁己卯 伤伤甲戌 值己甲戌 甲卯乙	合 心壬丁丑 休中辛巳 地乙辛巳 戊五己	蛇 辅庚乙亥 生惊己卯 常丁己卯 庚酉辛	旺衰
	值 冲己甲戌 惊生戊寅 虎癸戊寅 丑艮寅	地 蓬乙辛巳 中休丙子 阴辛丙子 壬子癸	阴 禽辛丙子 景开庚辰 玄丙庚辰 戌乾亥	
旺衰		旺衰		旺衰

阴四局 甲申时

旺衰		旺衰		旺衰
	值 芮庚甲申 中杜丁亥 地戊辛卯 辰巽巳	虎 心丁戊子 景景辛卯 阴壬丙戌 丙午丁	阴 辅壬丙戌 惊死己丑 值庚甲申 未坤申	
旺衰	蛇 冲辛乙酉 开伤戊子 天己壬辰 甲卯乙	天 蓬己壬辰 杜中丙戌 玄乙庚寅 戊五己	朱 任乙庚寅 死惊甲申 虎丁戊子 庚酉辛	旺衰
	常 柱丙己丑 休生壬辰 合癸丁亥 丑艮寅	合 禽癸丁亥 生休庚寅 蛇辛乙酉 壬子癸	地 英戊辛卯 伤开乙酉 常丙己丑 戌乾亥	
旺衰		旺衰		旺衰

阴四局 乙酉时

旺衰		旺衰		旺衰
	蛇 冲辛乙酉 生伤庚寅 地戊辛卯 辰巽巳	常 柱丙己丑 伤生乙酉 阴壬丙戌 丙午丁	合 禽癸丁亥 休休壬辰 值庚甲申 未坤申	
旺衰	阴 辅壬丙戌 景死辛卯 天己壬辰 甲卯乙	值 芮庚甲申 惊杜己丑 玄乙庚寅 戊五己	地 英戊辛卯 中开丁亥 虎丁戊子 庚酉辛	旺衰
	朱 任乙庚寅 杜惊丙戌 合癸丁亥 丑艮寅	虎 心丁戊子 死景甲申 蛇辛乙酉 壬子癸	天 蓬己壬辰 开中戊子 常丙己丑 戌乾亥	
旺衰		旺衰		旺衰

阴四局 丙戌时

旺衰		旺衰		旺衰
	阴 辅壬丙戌 惊死己丑 地戊辛卯 辰巽巳	朱 任乙庚寅 死惊甲申 阴壬丙戌 丙午丁	虎 心丁戊子 景景辛卯 值庚甲申 未坤申	
旺衰	合 禽癸丁亥 生休庚寅 天己壬辰 甲卯乙	蛇 冲辛乙酉 开伤戊子 玄乙庚寅 戊五己	天 蓬己壬辰 杜中丙戌 虎丁戊子 庚酉辛	旺衰
	地 英戊辛卯 伤开乙酉 合癸丁亥 丑艮寅	常 柱丙己丑 休生壬辰 蛇辛乙酉 壬子癸	值 芮庚甲申 中杜丁亥 常丙己丑 戌乾亥	
旺衰		旺衰		旺衰

阴四局 丁亥时

旺衰		旺衰		旺衰
	合 禽癸丁亥 开休戊子 地戊辛卯 辰巽巳	地 英戊辛卯 休开壬辰 阴壬丙戌 丙午丁	常 柱丙己丑 生生庚寅 值庚甲申 未坤申	
旺衰	虎 心丁戊子 惊景己丑 天己壬辰 甲卯乙	阴 辅壬丙戌 中死丁亥 玄乙庚寅 戊五己	值 芮庚甲申 伤杜乙酉 虎丁戊子 庚酉辛	旺衰
	天 蓬己壬辰 死中甲申 合癸丁亥 丑艮寅	朱 任乙庚寅 景惊辛卯 蛇辛乙酉 壬子癸	蛇 冲辛乙酉 杜伤丙戌 常丙己丑 戌乾亥	
旺衰		旺衰		旺衰

阴四局 戊子时

旺衰		旺衰		旺衰
	值 芮庚甲申 中景丁亥 地戊辛卯 辰巽巳	虎 心丁戊子 景中辛卯 阴壬丙戌 丙午丁	阴 辅壬丙戌 惊惊己丑 值庚甲申 未坤申	
旺衰	蛇 冲辛乙酉 开生戊子 天己壬辰 甲卯乙	天 蓬己壬辰 杜休丙戌 玄乙庚寅 戊五己	朱 任乙庚寅 死伤甲申 虎丁戊子 庚酉辛	旺衰
	常 柱丙己丑 休杜壬辰 合癸丁亥 丑艮寅	合 禽癸丁亥 生开庚寅 蛇辛乙酉 壬子癸	地 英戊辛卯 伤死乙酉 常丙己丑 戌乾亥	
旺衰		旺衰		旺衰

阴四局 己丑时

旺衰		旺衰		旺衰
	天 蓬己壬辰 杜生丙戌 地戊辛卯 辰巽巳	合 禽癸丁亥 生杜庚寅 阴壬丙戌 丙午丁	蛇 冲辛乙酉 开开戊子 值庚甲申 未坤申	
旺衰	值 芮庚甲申 中惊丁亥 天己壬辰 甲卯乙	地 英戊辛卯 伤景乙酉 玄乙庚寅 戊五己	常 柱丙己丑 休死壬辰 虎丁戊子 庚酉辛	旺衰
	虎 心丁戊子 景伤辛卯 合癸丁亥 丑艮寅	阴 辅壬丙戌 惊中己丑 蛇辛乙酉 壬子癸	朱 任乙庚寅 死休甲申 常丙己丑 戌乾亥	
旺衰		旺衰		旺衰

阴四局 庚寅时

旺衰		旺衰		旺衰
	值 芮庚甲申 中惊丁亥 地戊辛卯 辰巽巳	虎 心丁戊子 景伤辛卯 阴壬丙戌 丙午丁	阴 辅壬丙戌 惊中己丑 值庚甲申 未坤申	
旺衰	蛇 冲辛乙酉 开开戊子 天己壬辰 甲卯乙	天 蓬己壬辰 杜生丙戌 玄乙庚寅 戊五己	朱 任乙庚寅 死休甲申 虎丁戊子 庚酉辛	旺衰
	常 柱丙己丑 休死壬辰 合癸丁亥 丑艮寅	合 禽癸丁亥 生杜庚寅 蛇辛乙酉 壬子癸	地 英戊辛卯 伤景乙酉 常丙己丑 戌乾亥	
旺衰		旺衰		旺衰

阴四局 辛卯时

旺衰		旺衰		旺衰
	朱 任乙庚寅 死开甲申 地戊辛卯 辰巽巳	蛇 冲辛乙酉 开死戊子 阴壬丙戌 丙午丁	天 蓬己壬辰 杜杜丙戌 值庚甲申 未坤申	
旺衰	地 英戊辛卯 伤中乙酉 天己壬辰 甲卯乙	常 柱丙己丑 休惊壬辰 玄乙庚寅 戊五己	合 禽癸丁亥 生景庚寅 虎丁戊子 庚酉辛	旺衰
	阴 辅壬丙戌 惊休己丑 合癸丁亥 丑艮寅	值 芮庚甲申 中伤丁亥 蛇辛乙酉 壬子癸	虎 心丁戊子 景生辛卯 常丙己丑 戌乾亥	
旺衰		旺衰		旺衰

阴四局 壬辰时

旺衰		旺衰		旺衰
	常 柱丙己丑 休中壬辰 地戊辛卯 辰巽巳	值 芮庚甲申 中休丁亥 阴壬丙戌 丙午丁	地 英戊辛卯 伤伤乙酉 值庚甲申 未坤申	
旺衰	朱 任乙庚寅 死杜甲申 天己壬辰 甲卯乙	虎 心丁戊子 景开辛卯 玄乙庚寅 戊五己	阴 辅壬丙戌 惊生己丑 虎丁戊子 庚酉辛	旺衰
	蛇 冲辛乙酉 开景戊子 合癸丁亥 丑艮寅	天 蓬己壬辰 杜死丙戌 蛇辛乙酉 壬子癸	合 禽癸丁亥 生惊庚寅 常丙己丑 戌乾亥	
旺衰		旺衰		旺衰

阴四局 癸巳时

旺衰		旺衰		旺衰
	虎 心丁戊子 景杜辛卯 地戊辛卯 辰巽巳	天 蓬己壬辰 杜景丙戌 阴壬丙戌 丙午丁	朱 任乙庚寅 死死甲申 值庚甲申 未坤申	
旺衰	常 柱丙己丑 休伤壬辰 天己壬辰 甲卯乙	合 禽癸丁亥 生中庚寅 玄乙庚寅 戊五己	蛇 冲辛乙酉 开惊戊子 虎丁戊子 庚酉辛	旺衰
	值 芮庚甲申 中生丁亥 合癸丁亥 丑艮寅	地 英戊辛卯 伤休乙酉 蛇辛乙酉 壬子癸	阴 辅壬丙戌 惊开己丑 常丙己丑 戌乾亥	
旺衰		旺衰		旺衰

阴四局 甲午时

旺衰		旺衰		旺衰
	值 蓬辛甲午 伤杜丙申 玄戊庚子 辰巽巳	虎 禽丙戊戌 惊景庚子 蛇壬乙未 丙午丁	阴 冲癸丙申 中死戊戌 天庚壬寅 未坤申	
旺衰	蛇 芮壬乙未 杜伤丁酉 地己辛丑 甲卯乙	天 英庚壬寅 死中乙未 常乙己亥 戊五己	朱 柱戊庚子 景惊壬寅 合丁丁酉 庚酉辛	旺衰
	常 心乙己亥 生生辛丑 阴癸丙申 丑艮寅	合 辅丁丁酉 开休己亥 值辛甲午 壬子癸	地 任己辛丑 休开甲午 虎丙戊戌 戌乾亥	
旺衰		旺衰		旺衰

阴四局 乙未时

旺衰		旺衰		旺衰
	蛇 芮壬乙未 开伤己亥 玄戊庚子 辰巽巳	常 心乙己亥 休生甲午 蛇壬乙未 丙午丁	合 辅丁丁酉 生休辛丑 天庚壬寅 未坤申	
旺衰	阴 冲癸丙申 惊死庚子 地己辛丑 甲卯乙	值 蓬辛甲午 中杜戊戌 常乙己亥 戊五己	地 任己辛丑 伤开丙申 合丁丁酉 庚酉辛	旺衰
	朱 柱戊庚子 死惊乙未 阴癸丙申 丑艮寅	虎 禽丙戊戌 景景壬寅 值辛甲午 壬子癸	天 英庚壬寅 杜中丁酉 虎丙戊戌 戌乾亥	
旺衰		旺衰		旺衰

阴四局 丙申时

旺衰		旺衰		旺衰
	阴 冲癸丙申 中死戊戌 玄戊庚子 辰巽巳	朱 柱戊庚子 景惊壬寅 蛇壬乙未 丙午丁	虎 禽丙戊戌 惊景庚子 天庚壬寅 未坤申	
旺衰	合 辅丁丁酉 开休己亥 地己辛丑 甲卯乙	蛇 芮壬乙未 杜伤丁酉 常乙己亥 戊五己	天 英庚壬寅 死中乙未 合丁丁酉 庚酉辛	旺衰
	地 任己辛丑 休开甲午 阴癸丙申 丑艮寅	常 心乙己亥 生生辛丑 值辛甲午 壬子癸	值 蓬辛甲午 伤杜丙申 虎丙戊戌 戌乾亥	
旺衰		旺衰		旺衰

阴四局 丁酉时

旺衰		旺衰		旺衰
	合 辅丁丁酉 杜休丁酉 玄戊庚子 辰巽巳	地 任己辛丑 生开辛丑 蛇壬乙未 丙午丁	常 心乙己亥 开生己亥 天庚壬寅 未坤申	
旺衰	虎 禽丙戊戌 中景戊戌 地己辛丑 甲卯乙	阴 冲癸丙申 伤死丙申 常乙己亥 戊五己	值 蓬辛甲午 休杜甲午 合丁丁酉 庚酉辛	旺衰
	天 英庚壬寅 景中壬寅 阴癸丙申 丑艮寅	朱 柱戊庚子 惊惊庚子 值辛甲午 壬子癸	蛇 芮壬乙未 死伤乙未 虎丙戊戌 戌乾亥	
旺衰		旺衰		旺衰

阴四局 戊戌时

旺衰		旺衰		旺衰
	值 蓬辛甲午 伤景丙申 玄戊庚子 辰巽巳	虎 禽丙戊戌 惊中庚子 蛇壬乙未 丙午丁	阴 冲癸丙申 中惊戊戌 天庚壬寅 未坤申	
旺衰	蛇 芮壬乙未 杜生丁酉 地己辛丑 甲卯乙	天 英庚壬寅 死休乙未 常乙己亥 戊五己	朱 柱戊庚子 景伤壬寅 合丁丁酉 庚酉辛	旺衰
	常 心乙己亥 生杜辛丑 阴癸丙申 丑艮寅	合 辅丁丁酉 开开己亥 值辛甲午 壬子癸	地 任己辛丑 休死甲午 虎丙戊戌 戌乾亥	
旺衰		旺衰		旺衰

阴四局 己亥时

旺衰		旺衰		旺衰
	天 英庚壬寅 死生乙未 玄戊庚子 辰巽巳	合 辅丁丁酉 开杜己亥 蛇壬乙未 丙午丁	蛇 芮壬乙未 杜开丁酉 天庚壬寅 未坤申	
旺衰	值 蓬辛甲午 伤惊丙申 地己辛丑 甲卯乙	地 任己辛丑 休景甲午 常乙己亥 戊五己	常 心乙己亥 生死辛丑 合丁丁酉 庚酉辛	旺衰
	虎 禽丙戊戌 惊伤庚子 阴癸丙申 丑艮寅	阴 冲癸丙申 中中戊戌 值辛甲午 壬子癸	朱 柱戊庚子 景休壬寅 虎丙戊戌 戌乾亥	
旺衰		旺衰		旺衰

阴四局 庚子时

旺衰		旺衰		旺衰
	地 任己辛丑 休惊甲午 玄戊庚子 辰巽巳	阴 冲癸丙申 中伤戊戌 蛇壬乙未 丙午丁	值 蓬辛甲午 伤中丙申 天庚壬寅 未坤申	
旺衰	天 英庚壬寅 死开乙未 地己辛丑 甲卯乙	朱 柱戊庚子 景生壬寅 常乙己亥 戊五己	虎 禽丙戊戌 惊休庚子 合丁丁酉 庚酉辛	旺衰
	合 辅丁丁酉 开死己亥 阴癸丙申 丑艮寅	蛇 芮壬乙未 杜杜丁酉 值辛甲午 壬子癸	常 心乙己亥 生景辛丑 虎丙戊戌 戌乾亥	
旺衰		旺衰		旺衰

阴四局 辛丑时

旺衰		旺衰		旺衰
	值 蓬辛甲午 伤开丙申 玄戊庚子 辰巽巳	虎 禽丙戊戌 惊死庚子 蛇壬乙未 丙午丁	阴 冲癸丙申 中杜戊戌 天庚壬寅 未坤申	
旺衰	蛇 芮壬乙未 杜中丁酉 地己辛丑 甲卯乙	天 英庚壬寅 死惊乙未 常乙己亥 戊五己	朱 柱戊庚子 景景壬寅 合丁丁酉 庚酉辛	旺衰
	常 心乙己亥 生休辛丑 阴癸丙申 丑艮寅	合 辅丁丁酉 开伤己亥 值辛甲午 壬子癸	地 任己辛丑 休生甲午 虎丙戊戌 戌乾亥	
旺衰		旺衰		旺衰

阴四局 壬寅时

旺衰		旺衰		旺衰
	常 心乙己亥 生中辛丑 玄戊庚子 辰巽巳	值 蓬辛甲午 伤休丙申 蛇壬乙未 丙午丁	地 任己辛丑 休伤甲午 天庚壬寅 未坤申	
旺衰	朱 柱戊庚子 景杜壬寅 地己辛丑 甲卯乙	虎 禽丙戊戌 惊开庚子 常乙己亥 戊五己	阴 冲癸丙申 中生戊戌 合丁丁酉 庚酉辛	旺衰
	蛇 芮壬乙未 杜景丁酉 阴癸丙申 丑艮寅	天 英庚壬寅 死死乙未 值辛甲午 壬子癸	合 辅丁丁酉 开惊己亥 虎丙戊戌 戌乾亥	
旺衰		旺衰		旺衰

阴四局 癸卯时

旺衰		旺衰		旺衰
	虎 禽丙戊戌 惊杜庚子 玄戊庚子 辰巽巳	天 英庚壬寅 死景乙未 蛇壬乙未 丙午丁	朱 柱戊庚子 景死壬寅 天庚壬寅 未坤申	
旺衰	常 心乙己亥 生伤辛丑 地己辛丑 甲卯乙	合 辅丁丁酉 开中己亥 常乙己亥 戊五己	蛇 芮壬乙未 杜惊丁酉 合丁丁酉 庚酉辛	旺衰
	值 蓬辛甲午 伤生丙申 阴癸丙申 丑艮寅	地 任己辛丑 休休甲午 值辛甲午 壬子癸	阴 冲癸丙申 中开戊戌 虎丙戊戌 戌乾亥	
旺衰		旺衰		旺衰

阴四局 甲辰时

旺衰		旺衰		旺衰
	值 英壬甲辰 休杜乙巳 常戊己酉 辰巽巳	虎 辅乙戊申 中景己酉 值壬甲辰 丙午丁	阴 芮丁丙午 伤死丁未 地庚辛亥 未坤申	
旺衰	蛇 蓬癸乙巳 死伤丙午 玄己庚戌 甲卯乙	天 任辛壬子 景中甲辰 虎乙戊申 戊五己	朱 心己庚戌 惊惊辛亥 阴丁丙午 庚酉辛	旺衰
	常 禽戊己酉 开生庚戌 蛇癸乙巳 丑艮寅	合 冲丙丁未 杜休戊申 天辛壬子 壬子癸	地 柱庚辛亥 生开壬子 合丙丁未 戌乾亥	
旺衰		旺衰		旺衰

阴四局 乙巳时

旺衰		旺衰		旺衰
	蛇 蓬癸乙巳 杜伤戊申 常戊己酉 辰巽巳	常 禽戊己酉 生生壬子 值壬甲辰 丙午丁	合 冲丙丁未 开休庚戌 地庚辛亥 未坤申	
旺衰	阴 芮丁丙午 中死己酉 玄己庚戌 甲卯乙	值 英壬甲辰 伤杜丁未 虎乙戊申 戊五己	地 柱庚辛亥 休开乙巳 阴丁丙午 庚酉辛	旺衰
	朱 心己庚戌 景惊甲辰 蛇癸乙巳 丑艮寅	虎 辅乙戊申 惊景辛亥 天辛壬子 壬子癸	天 任辛壬子 死中丙午 合丙丁未 戌乾亥	
旺衰		旺衰		旺衰

阴四局 丙午时

旺衰		旺衰		旺衰
	阴 芮丁丙午 伤死丁未 常戊己酉 辰巽巳	朱 心己庚戌 惊惊辛亥 值壬甲辰 丙午丁	虎 辅乙戊申 中景己酉 地庚辛亥 未坤申	
旺衰	合 冲丙丁未 杜休戊申 玄己庚戌 甲卯乙	蛇 蓬癸乙巳 死伤丙午 虎乙戊申 戊五己	天 任辛壬子 景中甲辰 阴丁丙午 庚酉辛	旺衰
	地 柱庚辛亥 生开壬子 蛇癸乙巳 丑艮寅	常 禽戊己酉 开生庚戌 天辛壬子 壬子癸	值 英壬甲辰 休杜乙巳 合丙丁未 戌乾亥	
旺衰		旺衰		旺衰

阴四局 丁未时

旺衰		旺衰		旺衰
	合 冲丙丁未 死休丙午 常戊己酉 辰巽巳	地 柱庚辛亥 开开庚戌 值壬甲辰 丙午丁	常 禽戊己酉 杜生戊申 地庚辛亥 未坤申	
旺衰	虎 辅乙戊申 伤景丁未 玄己庚戌 甲卯乙	阴 芮丁丙午 休死乙巳 虎乙戊申 戊五己	值 英壬甲辰 生杜壬子 阴丁丙午 庚酉辛	旺衰
	天 任辛壬子 惊中辛亥 蛇癸乙巳 丑艮寅	朱 心己庚戌 中惊己酉 天辛壬子 壬子癸	蛇 蓬癸乙巳 景伤甲辰 合丙丁未 戌乾亥	
旺衰		旺衰		旺衰

阴四局 戊申时

旺衰		旺衰		旺衰
	值 英壬甲辰 休景乙巳 常戊己酉 辰巽巳	虎 辅乙戊申 中中己酉 值壬甲辰 丙午丁	阴 芮丁丙午 伤惊丁未 地庚辛亥 未坤申	
旺衰	蛇 蓬癸乙巳 死生丙午 玄己庚戌 甲卯乙	天 任辛壬子 景休甲辰 虎乙戊申 戊五己	朱 心己庚戌 惊伤辛亥 阴丁丙午 庚酉辛	旺衰
	常 禽戊己酉 开杜庚戌 蛇癸乙巳 丑艮寅	合 冲丙丁未 杜开戊申 天辛壬子 壬子癸	地 柱庚辛亥 生死壬子 合丙丁未 戌乾亥	
旺衰		旺衰		旺衰

阴四局 己酉时

旺衰		旺衰		旺衰
	天 任辛壬子 景生甲辰 常戊己酉 辰巽巳	合 冲丙丁未 杜杜戊申 值壬甲辰 丙午丁	蛇 蓬癸乙巳 死开丙午 地庚辛亥 未坤申	
旺衰	值 英壬甲辰 休惊乙巳 玄己庚戌 甲卯乙	地 柱庚辛亥 生景壬子 虎乙戊申 戊五己	常 禽戊己酉 开死庚戌 阴丁丙午 庚酉辛	旺衰
	虎 辅乙戊申 中伤己酉 蛇癸乙巳 丑艮寅	阴 芮丁丙午 伤中丁未 天辛壬子 壬子癸	朱 心己庚戌 惊休辛亥 合丙丁未 戌乾亥	
旺衰		旺衰		旺衰

阴四局 庚戌时

旺衰		旺衰		旺衰
	地 柱庚辛亥 生惊壬子 常戊己酉 辰巽巳	阴 芮丁丙午 伤伤丁未 值壬甲辰 丙午丁	值 英壬甲辰 休中乙巳 地庚辛亥 未坤申	
旺衰	天 任辛壬子 景开甲辰 玄己庚戌 甲卯乙	朱 心己庚戌 惊生辛亥 虎乙戊申 戊五己	虎 辅乙戊申 中休己酉 阴丁丙午 庚酉辛	旺衰
	合 冲丙丁未 杜死戊申 蛇癸乙巳 丑艮寅	蛇 蓬癸乙巳 死杜丙午 天辛壬子 壬子癸	常 禽戊己酉 开景庚戌 合丙丁未 戌乾亥	
旺衰		旺衰		旺衰

阴四局 辛亥时

旺衰		旺衰		旺衰
	朱 心己庚戌 惊开辛亥 常戊己酉 辰巽巳	蛇 蓬癸乙巳 死死丙午 值壬甲辰 丙午丁	天 任辛壬子 景杜甲辰 地庚辛亥 未坤申	
旺衰	地 柱庚辛亥 生中壬子 玄己庚戌 甲卯乙	常 禽戊己酉 开惊庚戌 虎乙戊申 戊五己	合 冲丙丁未 杜景戊申 阴丁丙午 庚酉辛	旺衰
	阴 芮丁丙午 伤休丁未 蛇癸乙巳 丑艮寅	值 英壬甲辰 休伤乙巳 天辛壬子 壬子癸	虎 辅乙戊申 中生己酉 合丙丁未 戌乾亥	
旺衰		旺衰		旺衰

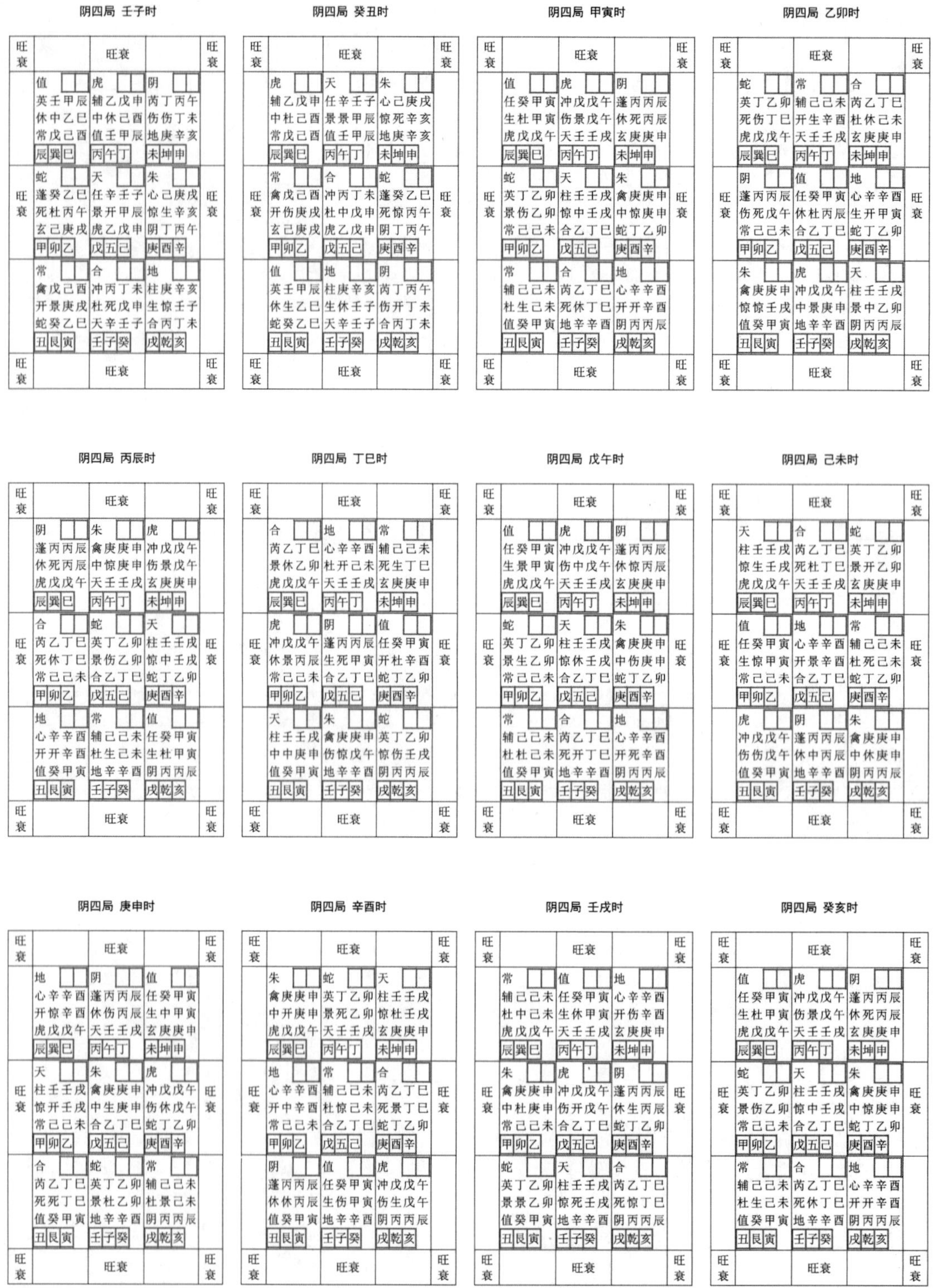

阴四局 壬子时

旺衰		旺衰		旺衰
	值 英壬甲辰 休中乙巳 常戊己酉 辰巽巳	虎 辅乙戊申 中休己酉 值壬甲辰 丙午丁	阴 芮丁丙午 伤伤丁未 地庚辛亥 未坤申	
旺衰	蛇 蓬癸乙巳 死杜丙午 玄己庚戌 甲卯乙	天 任辛壬子 景开甲辰 虎乙戊申 戊五己	朱 心己庚戌 惊生辛亥 阴丁丙午 庚酉辛	旺衰
	常 禽戊己酉 开景庚戌 蛇癸乙巳 丑艮寅	合 冲丙丁未 杜死戊申 天辛壬子 壬子癸	地 柱庚辛亥 生惊壬子 合丙丁未 戌乾亥	
旺衰		旺衰		旺衰

阴四局 癸丑时

旺衰		旺衰		旺衰
	虎 辅乙戊申 中杜己酉 常戊己酉 辰巽巳	天 任辛壬子 景景甲辰 值壬甲辰 丙午丁	朱 心己庚戌 惊死辛亥 地庚辛亥 未坤申	
旺衰	常 禽戊己酉 开伤庚戌 玄己庚戌 甲卯乙	合 冲丙丁未 杜中戊申 虎乙戊申 戊五己	蛇 蓬癸乙巳 死惊丙午 阴丁丙午 庚酉辛	旺衰
	值 英壬甲辰 休生乙巳 蛇癸乙巳 丑艮寅	地 柱庚辛亥 生休壬子 天辛壬子 壬子癸	阴 芮丁丙午 伤开丁未 合丙丁未 戌乾亥	
旺衰		旺衰		旺衰

阴四局 甲寅时

旺衰		旺衰		旺衰
	值 任癸甲寅 生杜甲寅 虎戊戊午 辰巽巳	虎 冲戊戊午 伤景戊午 天壬壬戌 丙午丁	阴 蓬丙丙辰 休死丙辰 玄庚庚申 未坤申	
旺衰	蛇 英丁乙卯 景伤乙卯 常己己未 甲卯乙	天 柱壬壬戌 惊中壬戌 合乙丁巳 戊五己	朱 禽庚庚申 中惊庚申 蛇丁乙卯 庚酉辛	旺衰
	常 辅己己未 杜生己未 值癸甲寅 丑艮寅	合 芮乙丁巳 死休丁巳 地辛辛酉 壬子癸	地 心辛辛酉 开开辛酉 阴丙丙辰 戌乾亥	
旺衰		旺衰		旺衰

阴四局 乙卯时

旺衰		旺衰		旺衰
	蛇 英丁乙卯 死伤丁巳 虎戊戊午 辰巽巳	常 辅己己未 开生辛酉 天壬壬戌 丙午丁	合 芮乙丁巳 杜休己未 玄庚庚申 未坤申	
旺衰	阴 蓬丙丙辰 伤死戊午 常己己未 甲卯乙	值 任癸甲寅 休杜丙辰 合乙丁巳 戊五己	地 心辛辛酉 生开甲寅 蛇丁乙卯 庚酉辛	旺衰
	朱 禽庚庚申 惊惊壬戌 值癸甲寅 丑艮寅	虎 冲戊戊午 中景庚申 地辛辛酉 壬子癸	天 柱壬壬戌 景中乙卯 阴丙丙辰 戌乾亥	
旺衰		旺衰		旺衰

阴四局 丙辰时

旺衰		旺衰		旺衰
	阴 蓬丙丙辰 休死丙辰 虎戊戊午 辰巽巳	朱 禽庚庚申 中惊庚申 天壬壬戌 丙午丁	虎 冲戊戊午 伤景戊午 玄庚庚申 未坤申	
旺衰	合 芮乙丁巳 死休丁巳 常己己未 甲卯乙	蛇 英丁乙卯 景伤乙卯 合乙丁巳 戊五己	天 柱壬壬戌 惊中壬戌 蛇丁乙卯 庚酉辛	旺衰
	地 心辛辛酉 开开辛酉 值癸甲寅 丑艮寅	常 辅己己未 杜生己未 地辛辛酉 壬子癸	值 任癸甲寅 生杜甲寅 阴丙丙辰 戌乾亥	
旺衰		旺衰		旺衰

阴四局 丁巳时

旺衰		旺衰		旺衰
	合 芮乙丁巳 景休乙卯 虎戊戊午 辰巽巳	地 心辛辛酉 杜开己未 天壬壬戌 丙午丁	常 辅己己未 死生丁巳 玄庚庚申 未坤申	
旺衰	虎 冲戊戊午 休景丙辰 常己己未 甲卯乙	阴 蓬丙丙辰 生死甲寅 合乙丁巳 戊五己	值 任癸甲寅 开杜辛酉 蛇丁乙卯 庚酉辛	旺衰
	天 柱壬壬戌 中中庚申 值癸甲寅 丑艮寅	朱 禽庚庚申 伤惊戊午 地辛辛酉 壬子癸	蛇 英丁乙卯 惊伤壬戌 阴丙丙辰 戌乾亥	
旺衰		旺衰		旺衰

阴四局 戊午时

旺衰		旺衰		旺衰
	值 任癸甲寅 生景甲寅 虎戊戊午 辰巽巳	虎 冲戊戊午 伤中戊午 天壬壬戌 丙午丁	阴 蓬丙丙辰 休惊丙辰 玄庚庚申 未坤申	
旺衰	蛇 英丁乙卯 景生乙卯 常己己未 甲卯乙	天 柱壬壬戌 惊休壬戌 合乙丁巳 戊五己	朱 禽庚庚申 中伤庚申 蛇丁乙卯 庚酉辛	旺衰
	常 辅己己未 杜杜己未 值癸甲寅 丑艮寅	合 芮乙丁巳 死开丁巳 地辛辛酉 壬子癸	地 心辛辛酉 开死辛酉 阴丙丙辰 戌乾亥	
旺衰		旺衰		旺衰

阴四局 己未时

旺衰		旺衰		旺衰
	天 柱壬壬戌 惊生壬戌 虎戊戊午 辰巽巳	合 芮乙丁巳 死杜丁巳 天壬壬戌 丙午丁	蛇 英丁乙卯 景开乙卯 玄庚庚申 未坤申	
旺衰	值 任癸甲寅 生惊甲寅 常己己未 甲卯乙	地 心辛辛酉 开景辛酉 合乙丁巳 戊五己	常 辅己己未 杜死己未 蛇丁乙卯 庚酉辛	旺衰
	虎 冲戊戊午 伤伤戊午 值癸甲寅 丑艮寅	阴 蓬丙丙辰 休中丙辰 地辛辛酉 壬子癸	朱 禽庚庚申 中休庚申 阴丙丙辰 戌乾亥	
旺衰		旺衰		旺衰

阴四局 庚申时

旺衰		旺衰		旺衰
	地 心辛辛酉 开惊辛酉 虎戊戊午 辰巽巳	阴 蓬丙丙辰 休伤丙辰 天壬壬戌 丙午丁	值 任癸甲寅 生中甲寅 玄庚庚申 未坤申	
旺衰	天 柱壬壬戌 惊开壬戌 常己己未 甲卯乙	朱 禽庚庚申 中生庚申 合乙丁巳 戊五己	虎 冲戊戊午 伤休戊午 蛇丁乙卯 庚酉辛	旺衰
	合 芮乙丁巳 死死丁巳 值癸甲寅 丑艮寅	蛇 英丁乙卯 景杜乙卯 地辛辛酉 壬子癸	常 辅己己未 杜景己未 阴丙丙辰 戌乾亥	
旺衰		旺衰		旺衰

阴四局 辛酉时

旺衰		旺衰		旺衰
	朱 禽庚庚申 中开庚申 虎戊戊午 辰巽巳	蛇 英丁乙卯 景死乙卯 天壬壬戌 丙午丁	天 柱壬壬戌 惊杜壬戌 玄庚庚申 未坤申	
旺衰	地 心辛辛酉 开中辛酉 常己己未 甲卯乙	常 辅己己未 杜惊己未 合乙丁巳 戊五己	合 芮乙丁巳 死景丁巳 蛇丁乙卯 庚酉辛	旺衰
	阴 蓬丙丙辰 休休丙辰 值癸甲寅 丑艮寅	值 任癸甲寅 生伤甲寅 地辛辛酉 壬子癸	虎 冲戊戊午 伤生戊午 阴丙丙辰 戌乾亥	
旺衰		旺衰		旺衰

阴四局 壬戌时

旺衰		旺衰		旺衰
	常 辅己己未 杜中己未 虎戊戊午 辰巽巳	值 任癸甲寅 生休甲寅 天壬壬戌 丙午丁	地 心辛辛酉 开伤辛酉 玄庚庚申 未坤申	
旺衰	朱 禽庚庚申 中杜庚申 常己己未 甲卯乙	虎 冲戊戊午 伤开戊午 合乙丁巳 戊五己	阴 蓬丙丙辰 休生丙辰 蛇丁乙卯 庚酉辛	旺衰
	蛇 英丁乙卯 景景乙卯 值癸甲寅 丑艮寅	天 柱壬壬戌 惊死壬戌 地辛辛酉 壬子癸	合 芮乙丁巳 死惊丁巳 阴丙丙辰 戌乾亥	
旺衰		旺衰		旺衰

阴四局 癸亥时

旺衰		旺衰		旺衰
	值 任癸甲寅 生杜甲寅 虎戊戊午 辰巽巳	虎 冲戊戊午 伤景戊午 天壬壬戌 丙午丁	阴 蓬丙丙辰 休死丙辰 玄庚庚申 未坤申	
旺衰	蛇 英丁乙卯 景伤乙卯 常己己未 甲卯乙	天 柱壬壬戌 惊中壬戌 合乙丁巳 戊五己	朱 禽庚庚申 中惊庚申 蛇丁乙卯 庚酉辛	旺衰
	常 辅己己未 杜生己未 值癸甲寅 丑艮寅	合 芮乙丁巳 死休丁巳 地辛辛酉 壬子癸	地 心辛辛酉 开开辛酉 阴丙丙辰 戌乾亥	
旺衰		旺衰		旺衰

第十四章　阴遁三二一局

阴遁三局

冬至上　惊蛰上

清明中　立夏中

甲己日十二时局

乙庚日十二时局

丙辛日十二时局

丁壬日十二时局

戊癸日十二时局

阴遁二局

冬至上　惊蛰上

清明中　立夏中

甲己日十二时局

乙庚日十二时局

丙辛日十二时局

丁壬日十二时局

戊癸日十二时局

阴遁一局

冬至上　惊蛰上

清明中　立夏中

甲己日十二时局

乙庚日十二时局

丙辛日十二时局

丁壬日十二时局

戊癸日十二时局

阴三局 甲子时

旺衰		旺衰		旺衰
	天 芮乙壬申 惊杜戊辰 天乙壬申 辰巽巳	合 心辛丁卯 死景壬申 合辛丁卯 丙午丁	蛇 辅己乙丑 景死庚午 蛇己乙丑 未坤申	
旺衰	值 冲戊甲子 生伤己巳 值戊甲子 甲卯乙	地 蓬丙辛未 开中丁卯 地丙辛未 戊五己	常 任癸己巳 杜惊乙丑 常癸己巳 庚酉辛	旺衰
	虎 柱壬戊辰 伤生甲子 虎壬戊辰 丑艮寅	阴 禽庚丙寅 休休辛未 阴庚丙寅 壬子癸	朱 英丁庚午 中开丙寅 玄丁庚午 戌乾亥	
旺衰		旺衰		旺衰

阴三局 乙丑时

旺衰		旺衰		旺衰
	值 冲戊甲子 休伤辛未 天乙壬申 辰巽巳	虎 柱壬戊辰 中生丙寅 合辛丁卯 丙午丁	阴 禽庚丙寅 伤休甲子 蛇己乙丑 未坤申	
旺衰	蛇 辅己乙丑 死死壬申 值戊甲子 甲卯乙	天 芮乙壬申 景杜庚午 地丙辛未 戊五己	朱 英丁庚午 惊开戊辰 常癸己巳 庚酉辛	旺衰
	常 任癸己巳 开惊丁卯 虎壬戊辰 丑艮寅	合 心辛丁卯 杜景乙丑 阴庚丙寅 壬子癸	地 蓬丙辛未 生中己巳 玄丁庚午 戌乾亥	
旺衰		旺衰		旺衰

阴三局 丙寅时

旺衰		旺衰		旺衰
	蛇 辅己乙丑 景死庚午 天乙壬申 辰巽巳	常 任癸己巳 杜惊乙丑 合辛丁卯 丙午丁	合 心辛丁卯 死景壬申 蛇己乙丑 未坤申	
旺衰	阴 禽庚丙寅 休休辛未 值戊甲子 甲卯乙	值 冲戊甲子 生伤己巳 地丙辛未 戊五己	地 蓬丙辛未 开中丁卯 常癸己巳 庚酉辛	旺衰
	朱 英丁庚午 中开丙寅 虎壬戊辰 丑艮寅	虎 柱壬戊辰 伤生甲子 阴庚丙寅 壬子癸	天 芮乙壬申 惊杜戊辰 玄丁庚午 戌乾亥	
旺衰		旺衰		旺衰

阴三局 丁卯时

旺衰		旺衰		旺衰
	阴 禽庚丙寅 生休己巳 天乙壬申 辰巽巳	朱 英丁庚午 伤开甲子 合辛丁卯 丙午丁	虎 柱壬戊辰 休生辛未 蛇己乙丑 未坤申	
旺衰	合 心辛丁卯 景景庚午 值戊甲子 甲卯乙	蛇 辅己乙丑 惊死戊辰 地丙辛未 戊五己	天 芮乙壬申 中杜丙寅 常癸己巳 庚酉辛	旺衰
	地 蓬丙辛未 杜中乙丑 虎壬戊辰 丑艮寅	常 任癸己巳 死惊壬申 阴庚丙寅 壬子癸	值 冲戊甲子 开伤丁卯 玄丁庚午 戌乾亥	
旺衰		旺衰		旺衰

阴三局 戊辰时

旺衰		旺衰		旺衰
	天 芮乙壬申 惊景戊辰 天乙壬申 辰巽巳	合 心辛丁卯 死中壬申 合辛丁卯 丙午丁	蛇 辅己乙丑 景惊庚午 蛇己乙丑 未坤申	
旺衰	值 冲戊甲子 生生己巳 值戊甲子 甲卯乙	地 蓬丙辛未 开休丁卯 地丙辛未 戊五己	常 任癸己巳 杜伤乙丑 常癸己巳 庚酉辛	旺衰
	虎 柱壬戊辰 伤杜甲子 虎壬戊辰 丑艮寅	阴 禽庚丙寅 休开辛未 阴庚丙寅 壬子癸	朱 英丁庚午 中死丙寅 玄丁庚午 戌乾亥	
旺衰		旺衰		旺衰

阴三局 己巳时

旺衰		旺衰		旺衰
	地 蓬丙辛未 开生丁卯 天乙壬申 辰巽巳	阴 禽庚丙寅 休杜辛未 合辛丁卯 丙午丁	值 冲戊甲子 生开己巳 蛇己乙丑 未坤申	
旺衰	天 芮乙壬申 惊惊戊辰 值戊甲子 甲卯乙	朱 英丁庚午 中景丙寅 地丙辛未 戊五己	虎 柱壬戊辰 伤死甲子 常癸己巳 庚酉辛	旺衰
	合 心辛丁卯 死伤壬申 虎壬戊辰 丑艮寅	蛇 辅己乙丑 景中庚午 阴庚丙寅 壬子癸	常 任癸己巳 杜休乙丑 玄丁庚午 戌乾亥	
旺衰		旺衰		旺衰

阴三局 庚午时

旺衰		旺衰		旺衰
	朱 英丁庚午 中惊丙寅 天乙壬申 辰巽巳	蛇 辅己乙丑 景伤庚午 合辛丁卯 丙午丁	天 芮乙壬申 惊中戊辰 蛇己乙丑 未坤申	
旺衰	地 蓬丙辛未 开开丁卯 值戊甲子 甲卯乙	常 任癸己巳 杜生乙丑 地丙辛未 戊五己	合 心辛丁卯 死休壬申 常癸己巳 庚酉辛	旺衰
	阴 禽庚丙寅 休死辛未 虎壬戊辰 丑艮寅	值 冲戊甲子 生杜己巳 阴庚丙寅 壬子癸	虎 柱壬戊辰 伤景甲子 玄丁庚午 戌乾亥	
旺衰		旺衰		旺衰

阴三局 辛未时

旺衰		旺衰		旺衰
	常 任癸己巳 杜开乙丑 天乙壬申 辰巽巳	值 冲戊甲子 生死己巳 合辛丁卯 丙午丁	地 蓬丙辛未 开杜丁卯 蛇己乙丑 未坤申	
旺衰	朱 英丁庚午 中中丙寅 值戊甲子 甲卯乙	虎 柱壬戊辰 伤惊甲子 地丙辛未 戊五己	阴 禽庚丙寅 休景辛未 常癸己巳 庚酉辛	旺衰
	蛇 辅己乙丑 景休庚午 虎壬戊辰 丑艮寅	天 芮乙壬申 惊伤戊辰 阴庚丙寅 壬子癸	合 心辛丁卯 死生壬申 玄丁庚午 戌乾亥	
旺衰		旺衰		旺衰

阴三局 壬申时

旺衰		旺衰		旺衰
	虎 柱壬戊辰 伤中甲子 天乙壬申 辰巽巳	天 芮乙壬申 惊休戊辰 合辛丁卯 丙午丁	朱 英丁庚午 中伤丙寅 蛇己乙丑 未坤申	
旺衰	常 任癸己巳 杜杜乙丑 值戊甲子 甲卯乙	合 心辛丁卯 死开壬申 地丙辛未 戊五己	蛇 辅己乙丑 景生庚午 常癸己巳 庚酉辛	旺衰
	值 冲戊甲子 生景己巳 虎壬戊辰 丑艮寅	地 蓬丙辛未 开死丁卯 阴庚丙寅 壬子癸	阴 禽庚丙寅 休惊辛未 玄丁庚午 戌乾亥	
旺衰		旺衰		旺衰

阴三局 癸酉时

旺衰		旺衰		旺衰
	合 心辛丁卯 死杜壬申 天乙壬申 辰巽巳	地 蓬丙辛未 开景丁卯 合辛丁卯 丙午丁	常 任癸己巳 杜死乙丑 蛇己乙丑 未坤申	
旺衰	虎 柱壬戊辰 伤伤甲子 值戊甲子 甲卯乙	阴 禽庚丙寅 休中辛未 地丙辛未 戊五己	值 冲戊甲子 生惊己巳 常癸己巳 庚酉辛	旺衰
	天 芮乙壬申 惊生戊辰 虎壬戊辰 丑艮寅	朱 英丁庚午 中休丙寅 阴庚丙寅 壬子癸	蛇 辅己乙丑 景开庚午 玄丁庚午 戌乾亥	
旺衰		旺衰		旺衰

阴三局 甲戌时

旺衰		旺衰		旺衰
	天 蓬戊壬午 中杜丁丑 地乙辛巳 辰巽巳	合 禽壬丁丑 景景辛巳 阴辛丙子 丙午丁	蛇 冲庚乙亥 惊死己卯 值己甲戌 未坤申	
旺衰	值 芮己甲戌 开伤戊寅 天戊壬午 甲卯乙	地 英乙辛巳 杜中丙子 玄丙庚辰 戊五己	常 柱丁己卯 死惊甲戌 虎癸戊寅 庚酉辛	旺衰
	虎 心癸戊寅 休生壬午 合壬丁丑 丑艮寅	阴 辅辛丙子 生休庚辰 蛇庚乙亥 壬子癸	朱 任丙庚辰 伤开乙亥 常丁己卯 戌乾亥	
旺衰		旺衰		旺衰

阴三局 乙亥时

旺衰		旺衰		旺衰
	值 芮己甲戌 生伤庚辰 地乙辛巳 辰巽巳	虎 心癸戊寅 伤生乙亥 阴辛丙子 丙午丁	阴 辅辛丙子 休休壬午 值己甲戌 未坤申	
旺衰	蛇 冲庚乙亥 景死辛巳 天戊壬午 甲卯乙	天 蓬戊壬午 惊杜己卯 玄丙庚辰 戊五己	朱 任丙庚辰 中开丁丑 虎癸戊寅 庚酉辛	旺衰
	常 柱丁己卯 杜惊丙子 合壬丁丑 丑艮寅	合 禽壬丁丑 死景甲戌 蛇庚乙亥 壬子癸	地 英乙辛巳 开中戊寅 常丁己卯 戌乾亥	
旺衰		旺衰		旺衰

阴三局 丙子时

旺衰		旺衰		旺衰
	蛇 冲庚乙亥 惊死己卯 地乙辛巳 辰巽巳	常 柱丁己卯 死惊甲戌 阴辛丙子 丙午丁	合 禽壬丁丑 景景辛巳 值己甲戌 未坤申	
旺衰	阴 辅辛丙子 生休庚辰 天戊壬午 甲卯乙	值 芮己甲戌 开伤戊寅 玄丙庚辰 戊五己	地 英乙辛巳 杜中丙子 虎癸戊寅 庚酉辛	旺衰
	朱 任丙庚辰 伤开乙亥 合壬丁丑 丑艮寅	虎 心癸戊寅 休生壬午 蛇庚乙亥 壬子癸	天 蓬戊壬午 中杜丁丑 常丁己卯 戌乾亥	
旺衰		旺衰		旺衰

阴三局 丁丑时

旺衰		旺衰		旺衰
	阴 辅辛丙子 开休戊寅 地乙辛巳 辰巽巳	朱 任丙庚辰 休开壬午 阴辛丙子 丙午丁	虎 心癸戊寅 生生庚辰 值己甲戌 未坤申	
旺衰	合 禽壬丁丑 惊景己卯 天戊壬午 甲卯乙	蛇 冲庚乙亥 中死丁丑 玄丙庚辰 戊五己	天 蓬戊壬午 伤杜乙亥 虎癸戊寅 庚酉辛	旺衰
	地 英乙辛巳 死中甲戌 合壬丁丑 丑艮寅	常 柱丁己卯 景惊辛巳 蛇庚乙亥 壬子癸	值 芮己甲戌 杜伤丙子 常丁己卯 戌乾亥	
旺衰		旺衰		旺衰

阴三局 戊寅时

旺衰		旺衰		旺衰
	天 蓬戊壬午 中景丁丑 地乙辛巳 辰巽巳	合 禽壬丁丑 景中辛巳 阴辛丙子 丙午丁	蛇 冲庚乙亥 惊惊己卯 值己甲戌 未坤申	
旺衰	值 芮己甲戌 开生戊寅 天戊壬午 甲卯乙	地 英乙辛巳 杜休丙子 玄丙庚辰 戊五己	常 柱丁己卯 死伤甲戌 虎癸戊寅 庚酉辛	旺衰
	虎 心癸戊寅 休杜壬午 合壬丁丑 丑艮寅	阴 辅辛丙子 生开庚辰 蛇庚乙亥 壬子癸	朱 任丙庚辰 伤死乙亥 常丁己卯 戌乾亥	
旺衰		旺衰		旺衰

阴三局 己卯时

旺衰		旺衰		旺衰
	天 蓬戊壬午 中生丁丑 地乙辛巳 辰巽巳	合 禽壬丁丑 景杜辛巳 阴辛丙子 丙午丁	蛇 冲庚乙亥 惊开己卯 值己甲戌 未坤申	
旺衰	值 芮己甲戌 开惊戊寅 天戊壬午 甲卯乙	地 英乙辛巳 杜景丙子 玄丙庚辰 戊五己	常 柱丁己卯 死死甲戌 虎癸戊寅 庚酉辛	旺衰
	虎 心癸戊寅 休伤壬午 合壬丁丑 丑艮寅	阴 辅辛丙子 生中庚辰 蛇庚乙亥 壬子癸	朱 任丙庚辰 伤休乙亥 常丁己卯 戌乾亥	
旺衰		旺衰		旺衰

阴三局 庚辰时

旺衰		旺衰		旺衰
	朱 任丙庚辰 伤惊乙亥 地乙辛巳 辰巽巳	蛇 冲庚乙亥 惊伤己卯 阴辛丙子 丙午丁	天 蓬戊壬午 中中丁丑 值己甲戌 未坤申	
旺衰	地 英乙辛巳 杜开丙子 天戊壬午 甲卯乙	常 柱丁己卯 死生甲戌 玄丙庚辰 戊五己	合 禽壬丁丑 景休辛巳 虎癸戊寅 庚酉辛	旺衰
	阴 辅辛丙子 生死庚辰 合壬丁丑 丑艮寅	值 芮己甲戌 开杜戊寅 蛇庚乙亥 壬子癸	虎 心癸戊寅 休景壬午 常丁己卯 戌乾亥	
旺衰		旺衰		旺衰

阴三局 辛巳时

旺衰		旺衰		旺衰
	常 柱丁己卯 死开甲戌 地乙辛巳 辰巽巳	值 芮己甲戌 开死戊寅 阴辛丙子 丙午丁	地 英乙辛巳 杜杜丙子 值己甲戌 未坤申	
旺衰	朱 任丙庚辰 伤中乙亥 天戊壬午 甲卯乙	虎 心癸戊寅 休惊壬午 玄丙庚辰 戊五己	阴 辅辛丙子 生景庚辰 虎癸戊寅 庚酉辛	旺衰
	蛇 冲庚乙亥 惊休己卯 合壬丁丑 丑艮寅	天 蓬戊壬午 中伤丁丑 蛇庚乙亥 壬子癸	合 禽壬丁丑 景生辛巳 常丁己卯 戌乾亥	
旺衰		旺衰		旺衰

阴三局 壬午时

旺衰		旺衰		旺衰
	虎 心癸戊寅 休中壬午 地乙辛巳 辰巽巳	天 蓬戊壬午 中休丁丑 阴辛丙子 丙午丁	朱 任丙庚辰 伤伤乙亥 值己甲戌 未坤申	
旺衰	常 柱丁己卯 死杜甲戌 天戊壬午 甲卯乙	合 禽壬丁丑 景开辛巳 玄丙庚辰 戊五己	蛇 冲庚乙亥 惊生己卯 虎癸戊寅 庚酉辛	旺衰
	值 芮己甲戌 开景戊寅 合壬丁丑 丑艮寅	地 英乙辛巳 杜死丙子 蛇庚乙亥 壬子癸	阴 辅辛丙子 生惊庚辰 常丁己卯 戌乾亥	
旺衰		旺衰		旺衰

阴三局 癸未时

旺衰		旺衰		旺衰
	合 禽壬丁丑 景杜辛巳 地乙辛巳 辰巽巳	地 英乙辛巳 杜景丙子 阴辛丙子 丙午丁	常 柱丁己卯 死死甲戌 值己甲戌 未坤申	
旺衰	虎 心癸戊寅 休伤壬午 天戊壬午 甲卯乙	阴 辅辛丙子 生中庚辰 玄丙庚辰 戊五己	值 芮己甲戌 开惊戊寅 虎癸戊寅 庚酉辛	旺衰
	天 蓬戊壬午 中生丁丑 合壬丁丑 丑艮寅	朱 任丙庚辰 伤休乙亥 蛇庚乙亥 壬子癸	蛇 冲庚乙亥 惊开己卯 常丁己卯 戌乾亥	
旺衰		旺衰		旺衰

阴三局 甲申时

旺衰		旺衰		旺衰
	天 英己壬辰 伤杜丙戌 玄乙庚寅 辰巽巳	合 辅癸丁亥 惊景庚寅 蛇辛乙酉 丙午丁	蛇 芮辛乙酉 中死戊子 天己壬辰 未坤申	
旺衰	值 蓬庚甲申 杜伤丁亥 地戊辛卯 甲卯乙	地 任戊辛卯 死中乙酉 常丙己丑 戊五己	常 心丙己丑 景惊壬辰 合癸丁亥 庚酉辛	旺衰
	虎 禽丁戊子 生生辛卯 阴壬丙戌 丑艮寅	阴 冲壬丙戌 开休己丑 值庚甲申 壬子癸	朱 柱乙庚寅 休开甲申 虎丁戊子 戌乾亥	
旺衰		旺衰		旺衰

阴三局 乙酉时

旺衰		旺衰		旺衰
	值 蓬庚甲申 开伤己丑 玄乙庚寅 辰巽巳	虎 禽丁戊子 休生甲申 蛇辛乙酉 丙午丁	阴 冲壬丙戌 生休辛卯 天己壬辰 未坤申	
旺衰	蛇 芮辛乙酉 惊死庚寅 地戊辛卯 甲卯乙	天 英己壬辰 中杜戊子 常丙己丑 戊五己	朱 柱乙庚寅 伤开丙戌 合癸丁亥 庚酉辛	旺衰
	常 心丙己丑 死惊乙酉 阴壬丙戌 丑艮寅	合 辅癸丁亥 景景壬辰 值庚甲申 壬子癸	地 任戊辛卯 杜中丁亥 虎丁戊子 戌乾亥	
旺衰		旺衰		旺衰

阴三局 丙戌时

旺衰		旺衰		旺衰
	蛇 芮辛乙酉 中死戊子 玄乙庚寅 辰巽巳	常 心丙己丑 景惊壬辰 蛇辛乙酉 丙午丁	合 辅癸丁亥 惊景庚寅 天己壬辰 未坤申	
旺衰	阴 冲壬丙戌 开休己丑 地戊辛卯 甲卯乙	值 蓬庚甲申 杜伤丁亥 常丙己丑 戊五己	地 任戊辛卯 死中乙酉 合癸丁亥 庚酉辛	旺衰
	朱 柱乙庚寅 休开甲申 阴壬丙戌 丑艮寅	虎 禽丁戊子 生生辛卯 值庚甲申 壬子癸	天 英己壬辰 伤杜丙戌 虎丁戊子 戌乾亥	
旺衰		旺衰		旺衰

阴三局 丁亥时

旺衰		旺衰		旺衰
	阴 冲壬丙戌 杜休丁亥 玄乙庚寅 辰巽巳	朱 柱乙庚寅 生开辛卯 蛇辛乙酉 丙午丁	虎 禽丁戊子 开生己丑 天己壬辰 未坤申	
旺衰	合 辅癸丁亥 中景戊子 地戊辛卯 甲卯乙	蛇 芮辛乙酉 伤死丙戌 常丙己丑 戊五己	天 英己壬辰 休杜甲申 合癸丁亥 庚酉辛	旺衰
	地 任戊辛卯 景中壬辰 阴壬丙戌 丑艮寅	常 心丙己丑 惊惊庚寅 值庚甲申 壬子癸	值 蓬庚甲申 死伤乙酉 虎丁戊子 戌乾亥	
旺衰		旺衰		旺衰

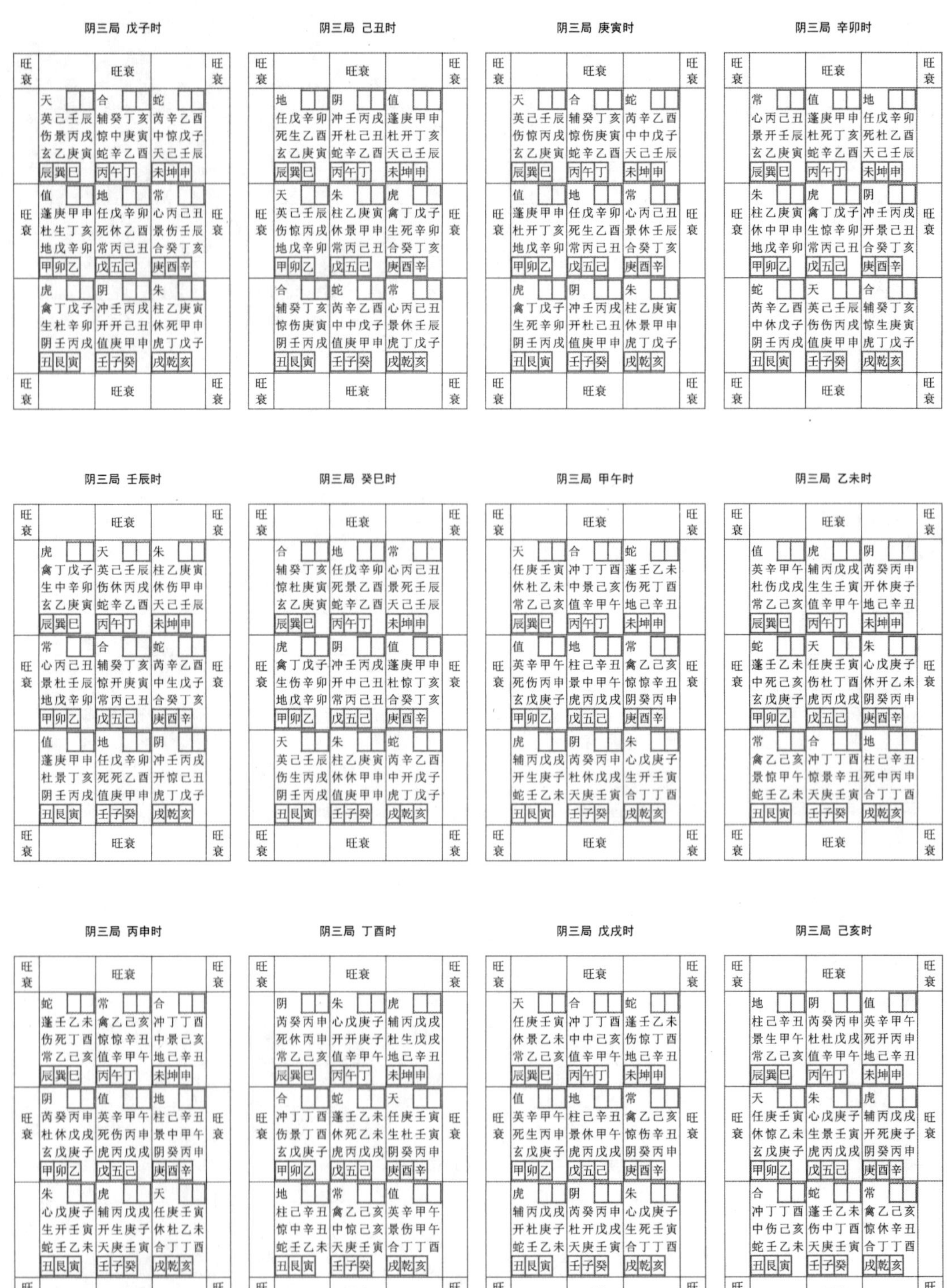

阴三局 戊子时

旺 衰		旺衰		旺 衰
	天 英己壬辰 伤景丙戌 玄乙庚寅 辰巽巳	合 辅癸丁亥 惊中庚寅 蛇辛乙酉 丙午丁	蛇 芮辛乙酉 中惊戊子 天己壬辰 未坤申	
旺 衰	值 蓬庚甲申 杜生丁亥 地戊辛卯 甲卯乙	地 任戊辛卯 死休乙酉 常丙己丑 戊五己	常 心丙己丑 景伤壬辰 合癸丁亥 庚酉辛	旺 衰
	虎 禽丁戊子 生杜辛卯 阴壬丙戌 丑艮寅	阴 冲壬丙戌 开开己丑 值庚甲申 壬子癸	朱 柱乙庚寅 休死甲申 虎丁戊子 戌乾亥	
旺 衰		旺衰		旺 衰

阴三局 己丑时

旺 衰		旺衰		旺 衰
	地 任戊辛卯 死生乙酉 玄乙庚寅 辰巽巳	阴 冲壬丙戌 开杜己丑 蛇辛乙酉 丙午丁	值 蓬庚甲申 杜开丁亥 天己壬辰 未坤申	
旺 衰	天 英己壬辰 伤惊丙戌 地戊辛卯 甲卯乙	朱 柱乙庚寅 休景甲申 常丙己丑 戊五己	虎 禽丁戊子 生死辛卯 合癸丁亥 庚酉辛	旺 衰
	合 辅癸丁亥 惊伤庚寅 阴壬丙戌 丑艮寅	蛇 芮辛乙酉 中中戊子 值庚甲申 壬子癸	常 心丙己丑 景休壬辰 虎丁戊子 戌乾亥	
旺 衰		旺衰		旺 衰

阴三局 庚寅时

旺 衰		旺衰		旺 衰
	天 英己壬辰 伤惊丙戌 玄乙庚寅 辰巽巳	合 辅癸丁亥 惊伤庚寅 蛇辛乙酉 丙午丁	蛇 芮辛乙酉 中中戊子 天己壬辰 未坤申	
旺 衰	值 蓬庚甲申 杜开丁亥 地戊辛卯 甲卯乙	地 任戊辛卯 死生乙酉 常丙己丑 戊五己	常 心丙己丑 景休壬辰 合癸丁亥 庚酉辛	旺 衰
	虎 禽丁戊子 生死辛卯 阴壬丙戌 丑艮寅	阴 冲壬丙戌 开杜己丑 值庚甲申 壬子癸	朱 柱乙庚寅 休景甲申 虎丁戊子 戌乾亥	
旺 衰		旺衰		旺 衰

阴三局 辛卯时

旺 衰		旺衰		旺 衰
	常 心丙己丑 景开壬辰 玄乙庚寅 辰巽巳	值 蓬庚甲申 杜死丁亥 蛇辛乙酉 丙午丁	地 任戊辛卯 死杜乙酉 天己壬辰 未坤申	
旺 衰	朱 柱乙庚寅 休中甲申 地戊辛卯 甲卯乙	虎 禽丁戊子 生惊辛卯 常丙己丑 戊五己	阴 冲壬丙戌 开景己丑 合癸丁亥 庚酉辛	旺 衰
	蛇 芮辛乙酉 中休戊子 阴壬丙戌 丑艮寅	天 英己壬辰 伤伤丙戌 值庚甲申 壬子癸	合 辅癸丁亥 惊生庚寅 虎丁戊子 戌乾亥	
旺 衰		旺衰		旺 衰

阴三局 壬辰时

旺 衰		旺衰		旺 衰
	虎 禽丁戊子 生中辛卯 玄乙庚寅 辰巽巳	天 英己壬辰 伤休丙戌 蛇辛乙酉 丙午丁	朱 柱乙庚寅 休伤甲申 天己壬辰 未坤申	
旺 衰	常 心丙己丑 景杜壬辰 地戊辛卯 甲卯乙	合 辅癸丁亥 惊开庚寅 常丙己丑 戊五己	蛇 芮辛乙酉 中生戊子 合癸丁亥 庚酉辛	旺 衰
	值 蓬庚甲申 杜景丁亥 阴壬丙戌 丑艮寅	地 任戊辛卯 死死乙酉 值庚甲申 壬子癸	阴 冲壬丙戌 开惊己丑 虎丁戊子 戌乾亥	
旺 衰		旺衰		旺 衰

阴三局 癸巳时

旺 衰		旺衰		旺 衰
	合 辅癸丁亥 惊杜庚寅 玄乙庚寅 辰巽巳	地 任戊辛卯 死景乙酉 蛇辛乙酉 丙午丁	常 心丙己丑 景死壬辰 天己壬辰 未坤申	
旺 衰	虎 禽丁戊子 生伤辛卯 地戊辛卯 甲卯乙	阴 冲壬丙戌 开中己丑 常丙己丑 戊五己	值 蓬庚甲申 杜惊丁亥 合癸丁亥 庚酉辛	旺 衰
	天 英己壬辰 伤生丙戌 阴壬丙戌 丑艮寅	朱 柱乙庚寅 休休甲申 值庚甲申 壬子癸	蛇 芮辛乙酉 中开戊子 虎丁戊子 戌乾亥	
旺 衰		旺衰		旺 衰

阴三局 甲午时

旺 衰		旺衰		旺 衰
	天 任庚壬寅 休杜乙未 常乙己亥 辰巽巳	合 冲丁丁酉 中景己亥 值辛甲午 丙午丁	蛇 蓬壬乙未 伤死丁酉 地己辛丑 未坤申	
旺 衰	值 英辛甲午 死伤丙申 玄戊庚子 甲卯乙	地 柱己辛丑 景中甲午 虎丙戊戌 戊五己	常 禽乙己亥 惊惊辛丑 阴癸丙申 庚酉辛	旺 衰
	虎 辅丙戊戌 开生庚子 蛇壬乙未 丑艮寅	阴 芮癸丙申 杜休戊戌 天庚壬寅 壬子癸	朱 心戊庚子 生开壬寅 合丁丁酉 戌乾亥	
旺 衰		旺衰		旺 衰

阴三局 乙未时

旺 衰		旺衰		旺 衰
	值 英辛甲午 杜伤戊戌 常乙己亥 辰巽巳	虎 辅丙戊戌 生生壬寅 值辛甲午 丙午丁	阴 芮癸丙申 开休庚子 地己辛丑 未坤申	
旺 衰	蛇 蓬壬乙未 中死己亥 玄戊庚子 甲卯乙	天 任庚壬寅 伤杜丁酉 虎丙戊戌 戊五己	朱 心戊庚子 休开乙未 阴癸丙申 庚酉辛	旺 衰
	常 禽乙己亥 景惊甲午 蛇壬乙未 丑艮寅	合 冲丁丁酉 惊景辛丑 天庚壬寅 壬子癸	地 柱己辛丑 死中丙申 合丁丁酉 戌乾亥	
旺 衰		旺衰		旺 衰

阴三局 丙申时

旺 衰		旺衰		旺 衰
	蛇 蓬壬乙未 伤死丁酉 常乙己亥 辰巽巳	常 禽乙己亥 惊惊辛丑 值辛甲午 丙午丁	合 冲丁丁酉 中景己亥 地己辛丑 未坤申	
旺 衰	阴 芮癸丙申 杜休戊戌 玄戊庚子 甲卯乙	值 英辛甲午 死伤丙申 虎丙戊戌 戊五己	地 柱己辛丑 景中甲午 阴癸丙申 庚酉辛	旺 衰
	朱 心戊庚子 生开壬寅 蛇壬乙未 丑艮寅	虎 辅丙戊戌 开生庚子 天庚壬寅 壬子癸	天 任庚壬寅 休杜乙未 合丁丁酉 戌乾亥	
旺 衰		旺衰		旺 衰

阴三局 丁酉时

旺 衰		旺衰		旺 衰
	阴 芮癸丙申 死休丙申 常乙己亥 辰巽巳	朱 心戊庚子 开开庚子 值辛甲午 丙午丁	虎 辅丙戊戌 杜生戊戌 地己辛丑 未坤申	
旺 衰	合 冲丁丁酉 伤景丁酉 玄戊庚子 甲卯乙	蛇 蓬壬乙未 休死乙未 虎丙戊戌 戊五己	天 任庚壬寅 生杜壬寅 阴癸丙申 庚酉辛	旺 衰
	地 柱己辛丑 惊中辛丑 蛇壬乙未 丑艮寅	常 禽乙己亥 中惊己亥 天庚壬寅 壬子癸	值 英辛甲午 景伤甲午 合丁丁酉 戌乾亥	
旺 衰		旺衰		旺 衰

阴三局 戊戌时

旺 衰		旺衰		旺 衰
	天 任庚壬寅 休景乙未 常乙己亥 辰巽巳	合 冲丁丁酉 中中己亥 值辛甲午 丙午丁	蛇 蓬壬乙未 伤惊丁酉 地己辛丑 未坤申	
旺 衰	值 英辛甲午 死生丙申 玄戊庚子 甲卯乙	地 柱己辛丑 景休甲午 虎丙戊戌 戊五己	常 禽乙己亥 惊伤辛丑 阴癸丙申 庚酉辛	旺 衰
	虎 辅丙戊戌 开杜庚子 蛇壬乙未 丑艮寅	阴 芮癸丙申 杜开戊戌 天庚壬寅 壬子癸	朱 心戊庚子 生死壬寅 合丁丁酉 戌乾亥	
旺 衰		旺衰		旺 衰

阴三局 己亥时

旺 衰		旺衰		旺 衰
	地 柱己辛丑 景生甲午 常乙己亥 辰巽巳	阴 芮癸丙申 杜杜戊戌 值辛甲午 丙午丁	值 英辛甲午 死开丙申 地己辛丑 未坤申	
旺 衰	天 任庚壬寅 休惊乙未 玄戊庚子 甲卯乙	朱 心戊庚子 生景壬寅 虎丙戊戌 戊五己	虎 辅丙戊戌 开死庚子 阴癸丙申 庚酉辛	旺 衰
	合 冲丁丁酉 中伤己亥 蛇壬乙未 丑艮寅	蛇 蓬壬乙未 伤中丁酉 天庚壬寅 壬子癸	常 禽乙己亥 惊休辛丑 合丁丁酉 戌乾亥	
旺 衰		旺衰		旺 衰

阴三局 庚子时

旺衰		旺衰		旺衰
	朱 心戊庚子 生惊壬寅 常乙己亥 辰巽巳	蛇 蓬壬乙未 伤伤丁酉 值辛甲午 丙午丁	天 任庚壬寅 休中乙未 地己辛丑 未坤申	
旺衰	地 柱己辛丑 景开甲午 玄戊庚子 甲卯乙	常 禽乙己亥 惊生辛丑 虎丙戊戌 戊五己	合 冲丁丁酉 中休己亥 阴癸丙申 庚酉辛	旺衰
	阴 芮癸丙申 杜死戊戌 蛇壬乙未 丑艮寅	值 英辛甲午 死杜丙申 天庚壬寅 壬子癸	虎 辅丙戊戌 开景庚子 合丁丁酉 戌乾亥	
旺衰		旺衰		旺衰

阴三局 辛丑时

旺衰		旺衰		旺衰
	天 任庚壬寅 休开乙未 常乙己亥 辰巽巳	合 冲丁丁酉 中死己亥 值辛甲午 丙午丁	蛇 蓬壬乙未 伤杜丁酉 地己辛丑 未坤申	
旺衰	值 英辛甲午 死中丙申 玄戊庚子 甲卯乙	地 柱己辛丑 景惊甲午 虎丙戊戌 戊五己	常 禽乙己亥 惊景辛丑 阴癸丙申 庚酉辛	旺衰
	虎 辅丙戊戌 开休庚子 蛇壬乙未 丑艮寅	阴 芮癸丙申 杜伤戊戌 天庚壬寅 壬子癸	朱 心戊庚子 生生壬寅 合丁丁酉 戌乾亥	
旺衰		旺衰		旺衰

阴三局 壬寅时

旺衰		旺衰		旺衰
	虎 辅丙戊戌 开中庚子 常乙己亥 辰巽巳	天 任庚壬寅 休休乙未 值辛甲午 丙午丁	朱 心戊庚子 生伤壬寅 地己辛丑 未坤申	
旺衰	常 禽乙己亥 惊杜辛丑 玄戊庚子 甲卯乙	合 冲丁丁酉 中开己亥 虎丙戊戌 戊五己	蛇 蓬壬乙未 伤生丁酉 阴癸丙申 庚酉辛	旺衰
	值 英辛甲午 死景丙申 蛇壬乙未 丑艮寅	地 柱己辛丑 景死甲午 天庚壬寅 壬子癸	阴 芮癸丙申 杜惊戊戌 合丁丁酉 戌乾亥	
旺衰		旺衰		旺衰

阴三局 癸卯时

旺衰		旺衰		旺衰
	合 冲丁丁酉 中杜己亥 常乙己亥 辰巽巳	地 柱己辛丑 景景甲午 值辛甲午 丙午丁	常 禽乙己亥 惊死辛丑 地己辛丑 未坤申	
旺衰	虎 辅丙戊戌 开伤庚子 玄戊庚子 甲卯乙	阴 芮癸丙申 杜中戊戌 虎丙戊戌 戊五己	值 英辛甲午 死惊丙申 阴癸丙申 庚酉辛	旺衰
	天 任庚壬寅 休生乙未 蛇壬乙未 丑艮寅	朱 心戊庚子 生休壬寅 天庚壬寅 壬子癸	蛇 蓬壬乙未 伤开丁酉 合丁丁酉 戌乾亥	
旺衰		旺衰		旺衰

阴三局 甲辰时

旺衰		旺衰		旺衰
	天 柱辛壬子 生杜甲辰 虎乙戊申 辰巽巳	合 芮丙丁未 伤景戊申 天辛壬子 丙午丁	蛇 英癸乙巳 休死丙午 玄己庚戌 未坤申	
旺衰	值 任壬甲辰 景伤乙巳 常戊己酉 甲卯乙	地 心庚辛亥 惊中壬子 合丙丁未 戊五己	常 辅戊己酉 中惊庚戌 蛇癸乙巳 庚酉辛	旺衰
	虎 冲乙戊申 杜生己酉 值壬甲辰 丑艮寅	阴 蓬丁丙午 死休丁未 地庚辛亥 壬子癸	朱 禽己庚戌 开开辛亥 阴丁丙午 戌乾亥	
旺衰		旺衰		旺衰

阴三局 乙巳时

旺衰		旺衰		旺衰
	值 任壬甲辰 死伤丁未 虎乙戊申 辰巽巳	虎 冲乙戊申 开生辛亥 天辛壬子 丙午丁	阴 蓬丁丙午 杜休己酉 玄己庚戌 未坤申	
旺衰	蛇 英癸乙巳 伤死戊申 常戊己酉 甲卯乙	天 柱辛壬子 休杜丙午 合丙丁未 戊五己	朱 禽己庚戌 生开甲辰 蛇癸乙巳 庚酉辛	旺衰
	常 辅戊己酉 惊惊壬子 值壬甲辰 丑艮寅	合 芮丙丁未 中景庚戌 地庚辛亥 壬子癸	地 心庚辛亥 景中乙巳 阴丁丙午 戌乾亥	
旺衰		旺衰		旺衰

阴三局 丙午时

旺衰		旺衰		旺衰
	蛇 英癸乙巳 休死丙午 虎乙戊申 辰巽巳	常 辅戊己酉 中惊庚戌 天辛壬子 丙午丁	合 芮丙丁未 伤景戊申 玄己庚戌 未坤申	
旺衰	阴 蓬丁丙午 死休丁未 常戊己酉 甲卯乙	值 任壬甲辰 景伤乙巳 合丙丁未 戊五己	地 心庚辛亥 惊中壬子 蛇癸乙巳 庚酉辛	旺衰
	朱 禽己庚戌 开开辛亥 值壬甲辰 丑艮寅	虎 冲乙戊申 杜生己酉 地庚辛亥 壬子癸	天 柱辛壬子 生杜甲辰 阴丁丙午 戌乾亥	
旺衰		旺衰		旺衰

阴三局 丁未时

旺衰		旺衰		旺衰
	阴 蓬丁丙午 景休乙巳 虎乙戊申 辰巽巳	朱 禽己庚戌 杜开己酉 天辛壬子 丙午丁	虎 冲乙戊申 死生丁未 玄己庚戌 未坤申	
旺衰	合 芮丙丁未 休景丙午 常戊己酉 甲卯乙	蛇 英癸乙巳 生死甲辰 合丙丁未 戊五己	天 柱辛壬子 开杜辛亥 蛇癸乙巳 庚酉辛	旺衰
	地 心庚辛亥 中中庚戌 值壬甲辰 丑艮寅	常 辅戊己酉 伤惊戊申 地庚辛亥 壬子癸	值 任壬甲辰 惊伤壬子 阴丁丙午 戌乾亥	
旺衰		旺衰		旺衰

阴三局 戊申时

旺衰		旺衰		旺衰
	天 柱辛壬子 生景甲辰 虎乙戊申 辰巽巳	合 芮丙丁未 伤中戊申 天辛壬子 丙午丁	蛇 英癸乙巳 休惊丙午 玄己庚戌 未坤申	
旺衰	值 任壬甲辰 景生乙巳 常戊己酉 甲卯乙	地 心庚辛亥 惊休壬子 合丙丁未 戊五己	常 辅戊己酉 中伤庚戌 蛇癸乙巳 庚酉辛	旺衰
	虎 冲乙戊申 杜杜己酉 值壬甲辰 丑艮寅	阴 蓬丁丙午 死开丁未 地庚辛亥 壬子癸	朱 禽己庚戌 开死辛亥 阴丁丙午 戌乾亥	
旺衰		旺衰		旺衰

阴三局 己酉时

旺衰		旺衰		旺衰
	地 心庚辛亥 惊生壬子 虎乙戊申 辰巽巳	阴 蓬丁丙午 死杜丁未 天辛壬子 丙午丁	值 任壬甲辰 景开乙巳 玄己庚戌 未坤申	
旺衰	天 柱辛壬子 生惊甲辰 常戊己酉 甲卯乙	朱 禽己庚戌 开景辛亥 合丙丁未 戊五己	虎 冲乙戊申 杜死己酉 蛇癸乙巳 庚酉辛	旺衰
	合 芮丙丁未 伤伤戊申 值壬甲辰 丑艮寅	蛇 英癸乙巳 休中丙午 地庚辛亥 壬子癸	常 辅戊己酉 中休庚戌 阴丁丙午 戌乾亥	
旺衰		旺衰		旺衰

阴三局 庚戌时

旺衰		旺衰		旺衰
	朱 禽己庚戌 开惊辛亥 虎乙戊申 辰巽巳	蛇 英癸乙巳 休伤丙午 天辛壬子 丙午丁	天 柱辛壬子 生中甲辰 玄己庚戌 未坤申	
旺衰	地 心庚辛亥 惊开壬子 常戊己酉 甲卯乙	常 辅戊己酉 中生庚戌 合丙丁未 戊五己	合 芮丙丁未 伤休戊申 蛇癸乙巳 庚酉辛	旺衰
	阴 蓬丁丙午 死死丁未 值壬甲辰 丑艮寅	值 任壬甲辰 景杜乙巳 地庚辛亥 壬子癸	虎 冲乙戊申 杜景己酉 阴丁丙午 戌乾亥	
旺衰		旺衰		旺衰

阴三局 辛亥时

旺衰		旺衰		旺衰
	常 辅戊己酉 中开庚戌 虎乙戊申 辰巽巳	值 任壬甲辰 景死乙巳 天辛壬子 丙午丁	地 心庚辛亥 惊杜壬子 玄己庚戌 未坤申	
旺衰	朱 禽己庚戌 开中辛亥 常戊己酉 甲卯乙	虎 冲乙戊申 杜惊己酉 合丙丁未 戊五己	阴 蓬丁丙午 死景丁未 蛇癸乙巳 庚酉辛	旺衰
	蛇 英癸乙巳 休休丙午 值壬甲辰 丑艮寅	天 柱辛壬子 生伤甲辰 地庚辛亥 壬子癸	合 芮丙丁未 伤生戊申 阴丁丙午 戌乾亥	
旺衰		旺衰		旺衰

阴三局 壬子时

旺衰		旺衰		旺衰
	天 柱辛壬子 生中甲辰 虎乙戊申 辰巽巳	合 芮丙丁未 伤休戊申 天辛壬子 丙午丁	蛇 英癸乙巳 休伤丙午 玄己庚戌 未坤申	
旺衰	值 任壬甲辰 景杜乙巳 常戊己酉 甲卯乙	地 心庚辛亥 惊开壬子 合丙丁未 戊五己	常 辅戊己酉 中生庚戌 蛇癸乙巳 庚酉辛	旺衰
	虎 冲乙戊申 杜景己酉 值壬甲辰 丑艮寅	阴 蓬丁丙午 死死丁未 地庚辛亥 壬子癸	朱 禽己庚戌 开惊辛亥 阴丁丙午 戌乾亥	
旺衰		旺衰		旺衰

阴三局 癸丑时

旺衰		旺衰		旺衰
	合 芮丙丁未 伤杜戊申 虎乙戊申 辰巽巳	地 心庚辛亥 惊景壬子 天辛壬子 丙午丁	常 辅戊己酉 中死庚戌 玄己庚戌 未坤申	
旺衰	虎 冲乙戊申 杜伤己酉 常戊己酉 甲卯乙	阴 蓬丁丙午 死中丁未 合丙丁未 戊五己	值 任壬甲辰 景惊乙巳 蛇癸乙巳 庚酉辛	旺衰
	天 柱辛壬子 生生甲辰 值壬甲辰 丑艮寅	朱 禽己庚戌 开休辛亥 地庚辛亥 壬子癸	蛇 英癸乙巳 休开丙午 阴丁丙午 戌乾亥	
旺衰		旺衰		旺衰

阴三局 甲寅时

旺衰		旺衰		旺衰
	天 心壬壬戌 开杜壬戌 合乙丁巳 辰巽巳	合 蓬乙丁巳 休景丁巳 地辛辛酉 丙午丁	蛇 任丁乙卯 生死乙卯 常己己未 未坤申	
旺衰	值 柱癸甲寅 惊伤甲寅 虎戊戊午 甲卯乙	地 禽辛辛酉 中中辛酉 阴丙丙辰 戊五己	常 冲己己未 伤惊己未 值癸甲寅 庚酉辛	旺衰
	虎 芮戊戊午 死生戊午 天壬壬戌 丑艮寅	阴 英丙丙辰 景休丙辰 玄庚庚申 壬子癸	朱 辅庚庚申 杜开庚申 蛇丁乙卯 戌乾亥	
旺衰		旺衰		旺衰

阴三局 乙卯时

旺衰		旺衰		旺衰
	值 柱癸甲寅 景伤丙辰 合乙丁巳 辰巽巳	虎 芮戊戊午 杜生庚申 地辛辛酉 丙午丁	阴 英丙丙辰 死休戊午 常己己未 未坤申	
旺衰	蛇 任丁乙卯 休死丁巳 虎戊戊午 甲卯乙	天 心壬壬戌 生杜乙卯 阴丙丙辰 戊五己	朱 辅庚庚申 开开壬戌 值癸甲寅 庚酉辛	旺衰
	常 冲己己未 中惊辛酉 天壬壬戌 丑艮寅	合 蓬乙丁巳 伤景己未 玄庚庚申 壬子癸	地 禽辛辛酉 惊中甲寅 蛇丁乙卯 戌乾亥	
旺衰		旺衰		旺衰

阴三局 丙辰时

旺衰		旺衰		旺衰
	蛇 任丁乙卯 生死乙卯 合乙丁巳 辰巽巳	常 冲己己未 伤惊己未 地辛辛酉 丙午丁	合 蓬乙丁巳 休景丁巳 常己己未 未坤申	
旺衰	阴 英丙丙辰 景休丙辰 虎戊戊午 甲卯乙	值 柱癸甲寅 惊伤甲寅 阴丙丙辰 戊五己	地 禽辛辛酉 中中辛酉 值癸甲寅 庚酉辛	旺衰
	朱 辅庚庚申 杜开庚申 天壬壬戌 丑艮寅	虎 芮戊戊午 死生戊午 玄庚庚申 壬子癸	天 心壬壬戌 开杜壬戌 蛇丁乙卯 戌乾亥	
旺衰		旺衰		旺衰

阴三局 丁巳时

旺衰		旺衰		旺衰
	阴 英丙丙辰 惊休甲寅 合乙丁巳 辰巽巳	朱 辅庚庚申 死开戊午 地辛辛酉 丙午丁	虎 芮戊戊午 景生丙辰 常己己未 未坤申	
旺衰	合 蓬乙丁巳 生景乙卯 虎戊戊午 甲卯乙	蛇 任丁乙卯 开死壬戌 阴丙丙辰 戊五己	天 心壬壬戌 杜杜庚申 值癸甲寅 庚酉辛	旺衰
	地 禽辛辛酉 伤中己未 天壬壬戌 丑艮寅	常 冲己己未 休惊丁巳 玄庚庚申 壬子癸	值 柱癸甲寅 中伤辛酉 蛇丁乙卯 戌乾亥	
旺衰		旺衰		旺衰

阴三局 戊午时

旺衰		旺衰		旺衰
	天 心壬壬戌 开景壬戌 合乙丁巳 辰巽巳	合 蓬乙丁巳 休中丁巳 地辛辛酉 丙午丁	蛇 任丁乙卯 生惊乙卯 常己己未 未坤申	
旺衰	值 柱癸甲寅 惊生甲寅 虎戊戊午 甲卯乙	地 禽辛辛酉 中休辛酉 阴丙丙辰 戊五己	常 冲己己未 伤伤己未 值癸甲寅 庚酉辛	旺衰
	虎 芮戊戊午 死杜戊午 天壬壬戌 丑艮寅	阴 英丙丙辰 景开丙辰 玄庚庚申 壬子癸	朱 辅庚庚申 杜死庚申 蛇丁乙卯 戌乾亥	
旺衰		旺衰		旺衰

阴三局 己未时

旺衰		旺衰		旺衰
	地 禽辛辛酉 中生辛酉 合乙丁巳 辰巽巳	阴 英丙丙辰 景杜丙辰 地辛辛酉 丙午丁	值 柱癸甲寅 惊开甲寅 常己己未 未坤申	
旺衰	天 心壬壬戌 开惊壬戌 虎戊戊午 甲卯乙	朱 辅庚庚申 杜景庚申 阴丙丙辰 戊五己	虎 芮戊戊午 死死戊午 值癸甲寅 庚酉辛	旺衰
	合 蓬乙丁巳 休伤丁巳 天壬壬戌 丑艮寅	蛇 任丁乙卯 生中乙卯 玄庚庚申 壬子癸	常 冲己己未 伤休己未 蛇丁乙卯 戌乾亥	
旺衰		旺衰		旺衰

阴三局 庚申时

旺衰		旺衰		旺衰
	朱 辅庚庚申 杜惊庚申 合乙丁巳 辰巽巳	蛇 任丁乙卯 生伤乙卯 地辛辛酉 丙午丁	天 心壬壬戌 开中壬戌 常己己未 未坤申	
旺衰	地 禽辛辛酉 中开辛酉 虎戊戊午 甲卯乙	常 冲己己未 伤生己未 阴丙丙辰 戊五己	合 蓬乙丁巳 休休丁巳 值癸甲寅 庚酉辛	旺衰
	阴 英丙丙辰 景死丙辰 天壬壬戌 丑艮寅	值 柱癸甲寅 惊杜甲寅 玄庚庚申 壬子癸	虎 芮戊戊午 死景戊午 蛇丁乙卯 戌乾亥	
旺衰		旺衰		旺衰

阴三局 辛酉时

旺衰		旺衰		旺衰
	常 冲己己未 伤开己未 合乙丁巳 辰巽巳	值 柱癸甲寅 惊死甲寅 地辛辛酉 丙午丁	地 禽辛辛酉 中杜辛酉 常己己未 未坤申	
旺衰	朱 辅庚庚申 杜中庚申 虎戊戊午 甲卯乙	虎 芮戊戊午 死惊戊午 阴丙丙辰 戊五己	阴 英丙丙辰 景景丙辰 值癸甲寅 庚酉辛	旺衰
	蛇 任丁乙卯 生休乙卯 天壬壬戌 丑艮寅	天 心壬壬戌 开伤壬戌 玄庚庚申 壬子癸	合 蓬乙丁巳 休生丁巳 蛇丁乙卯 戌乾亥	
旺衰		旺衰		旺衰

阴三局 壬戌时

旺衰		旺衰		旺衰
	虎 芮戊戊午 死中戊午 合乙丁巳 辰巽巳	天 心壬壬戌 开休壬戌 地辛辛酉 丙午丁	朱 辅庚庚申 杜伤庚申 常己己未 未坤申	
旺衰	常 冲己己未 伤杜己未 虎戊戊午 甲卯乙	合 蓬乙丁巳 休开丁巳 阴丙丙辰 戊五己	蛇 任丁乙卯 生生乙卯 值癸甲寅 庚酉辛	旺衰
	值 柱癸甲寅 惊景甲寅 天壬壬戌 丑艮寅	地 禽辛辛酉 中死辛酉 玄庚庚申 壬子癸	阴 英丙丙辰 景惊丙辰 蛇丁乙卯 戌乾亥	
旺衰		旺衰		旺衰

阴三局 癸亥时

旺衰		旺衰		旺衰
	天 心壬壬戌 开杜壬戌 合乙丁巳 辰巽巳	合 蓬乙丁巳 休景丁巳 地辛辛酉 丙午丁	蛇 任丁乙卯 生死乙卯 常己己未 未坤申	
旺衰	值 柱癸甲寅 惊伤甲寅 虎戊戊午 甲卯乙	地 禽辛辛酉 中中辛酉 阴丙丙辰 戊五己	常 冲己己未 伤惊己未 值癸甲寅 庚酉辛	旺衰
	虎 芮戊戊午 死生戊午 天壬壬戌 丑艮寅	阴 英丙丙辰 景休丙辰 玄庚庚申 壬子癸	朱 辅庚庚申 杜开庚申 蛇丁乙卯 戌乾亥	
旺衰		旺衰		旺衰

阴二局 甲子时

旺 衰		旺衰		旺 衰
	地 英丙辛未 中杜丁卯 地丙辛未 辰巽巳	阴 辅庚丙寅 景景辛未 阴庚丙寅 丙午丁	值 芮戊甲子 惊死己巳 值戊甲子 未坤申	
旺 衰	天 蓬乙壬申 开伤戊辰 天乙壬申 甲卯乙	朱 任丁庚午 杜中丙寅 玄丁庚午 戊五己	虎 心壬戊辰 死惊甲子 虎壬戊辰 庚酉辛	旺 衰
	合 禽辛丁卯 休生壬申 合辛丁卯 丑艮寅	蛇 冲己乙丑 生休庚午 蛇己乙丑 壬子癸	常 柱癸己巳 伤开乙丑 常癸己巳 戌乾亥	
旺 衰		旺衰		旺 衰

阴二局 乙丑时

旺 衰		旺衰		旺 衰
	天 蓬乙壬申 生伤庚午 地丙辛未 辰巽巳	合 禽辛丁卯 伤生乙丑 阴庚丙寅 丙午丁	蛇 冲己乙丑 休休壬申 值戊甲子 未坤申	
旺 衰	值 芮戊甲子 景死辛未 天乙壬申 甲卯乙	地 英丙辛未 惊杜己巳 玄丁庚午 戊五己	常 柱癸己巳 中开丁卯 虎壬戊辰 庚酉辛	旺 衰
	虎 心壬戊辰 杜惊丙寅 合辛丁卯 丑艮寅	阴 辅庚丙寅 死景甲子 蛇己乙丑 壬子癸	朱 任丁庚午 开中戊辰 常癸己巳 戌乾亥	
旺 衰		旺衰		旺 衰

阴二局 丙寅时

旺 衰		旺衰		旺 衰
	值 芮戊甲子 惊死己巳 地丙辛未 辰巽巳	虎 心壬戊辰 死惊甲子 阴庚丙寅 丙午丁	阴 辅庚丙寅 景景辛未 值戊甲子 未坤申	
旺 衰	蛇 冲己乙丑 生休庚午 天乙壬申 甲卯乙	天 蓬乙壬申 开伤戊辰 玄丁庚午 戊五己	朱 任丁庚午 杜中丙寅 虎壬戊辰 庚酉辛	旺 衰
	常 柱癸己巳 伤开乙丑 合辛丁卯 丑艮寅	合 禽辛丁卯 休生壬申 蛇己乙丑 壬子癸	地 英丙辛未 中杜丁卯 常癸己巳 戌乾亥	
旺 衰		旺衰		旺 衰

阴二局 丁卯时

旺 衰		旺衰		旺 衰
	蛇 冲己乙丑 开休戊辰 地丙辛未 辰巽巳	常 柱癸己巳 休开壬申 阴庚丙寅 丙午丁	合 禽辛丁卯 生生庚午 值戊甲子 未坤申	
旺 衰	阴 辅庚丙寅 惊景己巳 天乙壬申 甲卯乙	值 芮戊甲子 中死丁卯 玄丁庚午 戊五己	地 英丙辛未 伤杜乙丑 虎壬戊辰 庚酉辛	旺 衰
	朱 任丁庚午 死中甲子 合辛丁卯 丑艮寅	虎 心壬戊辰 景惊辛未 蛇己乙丑 壬子癸	天 蓬乙壬申 杜伤丙寅 常癸己巳 戌乾亥	
旺 衰		旺衰		旺 衰

阴二局 戊辰时

旺 衰		旺衰		旺 衰
	地 英丙辛未 中景丁卯 地丙辛未 辰巽巳	阴 辅庚丙寅 景中辛未 阴庚丙寅 丙午丁	值 芮戊甲子 惊惊己巳 值戊甲子 未坤申	
旺 衰	天 蓬乙壬申 开生戊辰 天乙壬申 甲卯乙	朱 任丁庚午 杜休丙寅 玄丁庚午 戊五己	虎 心壬戊辰 死伤甲子 虎壬戊辰 庚酉辛	旺 衰
	合 禽辛丁卯 休杜壬申 合辛丁卯 丑艮寅	蛇 冲己乙丑 生开庚午 蛇己乙丑 壬子癸	常 柱癸己巳 伤死乙丑 常癸己巳 戌乾亥	
旺 衰		旺衰		旺 衰

阴二局 己巳时

旺 衰		旺衰		旺 衰
	朱 任丁庚午 杜生丙寅 地丙辛未 辰巽巳	蛇 冲己乙丑 生杜庚午 阴庚丙寅 丙午丁	天 蓬乙壬申 开开戊辰 值戊甲子 未坤申	
旺 衰	地 英丙辛未 中惊丁卯 天乙壬申 甲卯乙	常 柱癸己巳 伤景乙丑 玄丁庚午 戊五己	合 禽辛丁卯 休死壬申 虎壬戊辰 庚酉辛	旺 衰
	阴 辅庚丙寅 景伤辛未 合辛丁卯 丑艮寅	值 芮戊甲子 惊中己巳 蛇己乙丑 壬子癸	虎 心壬戊辰 死休甲子 常癸己巳 戌乾亥	
旺 衰		旺衰		旺 衰

阴二局 庚午时

旺 衰		旺衰		旺 衰
	常 柱癸己巳 伤惊乙丑 地丙辛未 辰巽巳	值 芮戊甲子 惊伤己巳 阴庚丙寅 丙午丁	地 英丙辛未 中中丁卯 值戊甲子 未坤申	
旺 衰	朱 任丁庚午 杜开丙寅 天乙壬申 甲卯乙	虎 心壬戊辰 死生甲子 玄丁庚午 戊五己	阴 辅庚丙寅 景休辛未 虎壬戊辰 庚酉辛	旺 衰
	蛇 冲己乙丑 生死庚午 合辛丁卯 丑艮寅	天 蓬乙壬申 开杜戊辰 蛇己乙丑 壬子癸	合 禽辛丁卯 休景壬申 常癸己巳 戌乾亥	
旺 衰		旺衰		旺 衰

阴二局 辛未时

旺 衰		旺衰		旺 衰
	虎 心壬戊辰 死开甲子 地丙辛未 辰巽巳	天 蓬乙壬申 开死戊辰 阴庚丙寅 丙午丁	朱 任丁庚午 杜杜丙寅 值戊甲子 未坤申	
旺 衰	常 柱癸己巳 伤中乙丑 天乙壬申 甲卯乙	合 禽辛丁卯 休惊壬申 玄丁庚午 戊五己	蛇 冲己乙丑 生景庚午 虎壬戊辰 庚酉辛	旺 衰
	值 芮戊甲子 惊休己巳 合辛丁卯 丑艮寅	地 英丙辛未 中伤丁卯 蛇己乙丑 壬子癸	阴 辅庚丙寅 景生辛未 常癸己巳 戌乾亥	
旺 衰		旺衰		旺 衰

阴二局 壬申时

旺 衰		旺衰		旺 衰
	合 禽辛丁卯 休中壬申 地丙辛未 辰巽巳	地 英丙辛未 中休丁卯 阴庚丙寅 丙午丁	常 柱癸己巳 伤伤乙丑 值戊甲子 未坤申	
旺 衰	虎 心壬戊辰 死杜甲子 天乙壬申 甲卯乙	阴 辅庚丙寅 景开辛未 玄丁庚午 戊五己	值 芮戊甲子 惊生己巳 虎壬戊辰 庚酉辛	旺 衰
	天 蓬乙壬申 开景戊辰 合辛丁卯 丑艮寅	朱 任丁庚午 杜死丙寅 蛇己乙丑 壬子癸	蛇 冲己乙丑 生惊庚午 常癸己巳 戌乾亥	
旺 衰		旺衰		旺 衰

阴二局 癸酉时

旺 衰		旺衰		旺 衰
	阴 辅庚丙寅 景杜辛未 地丙辛未 辰巽巳	朱 任丁庚午 杜景丙寅 阴庚丙寅 丙午丁	虎 心壬戊辰 死死甲子 值戊甲子 未坤申	
旺 衰	合 禽辛丁卯 休伤壬申 天乙壬申 甲卯乙	蛇 冲己乙丑 生中庚午 玄丁庚午 戊五己	天 蓬乙壬申 开惊戊辰 虎壬戊辰 庚酉辛	旺 衰
	地 英丙辛未 中生丁卯 合辛丁卯 丑艮寅	常 柱癸己巳 伤休乙丑 蛇己乙丑 壬子癸	值 芮戊甲子 惊开己巳 常癸己巳 戌乾亥	
旺 衰		旺衰		旺 衰

阴二局 甲戌时

旺 衰		旺衰		旺 衰
	地 任乙辛巳 伤杜丙子 玄丙庚辰 辰巽巳	阴 冲辛丙子 惊景庚辰 蛇庚乙亥 丙午丁	值 蓬己甲戌 中死戊寅 天戊壬午 未坤申	
旺 衰	天 英戊壬午 杜伤丁丑 地乙辛巳 甲卯乙	朱 柱丙庚辰 死中乙亥 常丁己卯 戊五己	虎 禽癸戊寅 景惊壬午 合壬丁丑 庚酉辛	旺 衰
	合 辅壬丁丑 生生辛巳 阴辛丙子 丑艮寅	蛇 芮庚乙亥 开休己卯 值己甲戌 壬子癸	常 心丁己卯 休开甲戌 虎癸戊寅 戌乾亥	
旺 衰		旺衰		旺 衰

阴二局 乙亥时

旺 衰		旺衰		旺 衰
	天 英戊壬午 开伤己卯 玄丙庚辰 辰巽巳	合 辅壬丁丑 休生甲戌 蛇庚乙亥 丙午丁	蛇 芮庚乙亥 生休辛巳 天戊壬午 未坤申	
旺 衰	值 蓬己甲戌 惊死庚辰 地乙辛巳 甲卯乙	地 任乙辛巳 中杜戊寅 常丁己卯 戊五己	常 心丁己卯 伤开丙子 合壬丁丑 庚酉辛	旺 衰
	虎 禽癸戊寅 死惊乙亥 阴辛丙子 丑艮寅	阴 冲辛丙子 景景壬午 值己甲戌 壬子癸	朱 柱丙庚辰 杜中丁丑 虎癸戊寅 戌乾亥	
旺 衰		旺衰		旺 衰

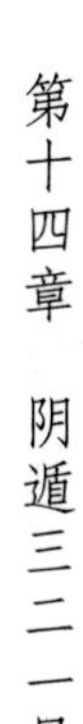

阴二局 丙子时

旺衰		旺衰		旺衰
	值 蓬己甲戌 中死戊寅 玄丙庚辰 辰巽巳	虎 禽癸戊寅 景惊壬午 蛇庚乙亥 丙午丁	阴 冲辛丙子 惊景庚辰 天戊壬午 未坤申	
旺衰	蛇 芮庚乙亥 开休己卯 地乙辛巳 甲卯乙	天 英戊壬午 杜伤丁丑 常丁己卯 戊五己	朱 柱丙庚辰 死中乙亥 合壬丁丑 庚酉辛	旺衰
	常 心丁己卯 休开甲戌 阴辛丙子 丑艮寅	合 辅壬丁丑 生生辛巳 值己甲戌 壬子癸	地 任乙辛巳 伤杜丙子 虎癸戊寅 戌乾亥	
旺衰		旺衰		旺衰

阴二局 丁丑时

旺衰		旺衰		旺衰
	蛇 芮庚乙亥 杜休丁丑 玄丙庚辰 辰巽巳	常 心丁己卯 生开辛巳 蛇庚乙亥 丙午丁	合 辅壬丁丑 开生己卯 天戊壬午 未坤申	
旺衰	阴 冲辛丙子 中景戊寅 地乙辛巳 甲卯乙	值 蓬己甲戌 伤死丙子 常丁己卯 戊五己	地 任乙辛巳 休杜甲戌 合壬丁丑 庚酉辛	旺衰
	朱 柱丙庚辰 景中壬午 阴辛丙子 丑艮寅	虎 禽癸戊寅 惊惊庚辰 值己甲戌 壬子癸	天 英戊壬午 死伤乙亥 虎癸戊寅 戌乾亥	
旺衰		旺衰		旺衰

阴二局 戊寅时

旺衰		旺衰		旺衰
	地 任乙辛巳 伤景丙子 玄丙庚辰 辰巽巳	阴 冲辛丙子 惊中庚辰 蛇庚乙亥 丙午丁	值 蓬己甲戌 中惊戊寅 天戊壬午 未坤申	
旺衰	天 英戊壬午 杜生丁丑 地乙辛巳 甲卯乙	朱 柱丙庚辰 死休乙亥 常丁己卯 戊五己	虎 禽癸戊寅 景伤壬午 合壬丁丑 庚酉辛	旺衰
	合 辅壬丁丑 生杜辛巳 阴辛丙子 丑艮寅	蛇 芮庚乙亥 开开己卯 值己甲戌 壬子癸	常 心丁己卯 休死甲戌 虎癸戊寅 戌乾亥	
旺衰		旺衰		旺衰

阴二局 己卯时

旺衰		旺衰		旺衰
	地 任乙辛巳 伤生丙子 玄丙庚辰 辰巽巳	阴 冲辛丙子 惊杜庚辰 蛇庚乙亥 丙午丁	值 蓬己甲戌 中开戊寅 天戊壬午 未坤申	
旺衰	天 英戊壬午 杜惊丁丑 地乙辛巳 甲卯乙	朱 柱丙庚辰 死景乙亥 常丁己卯 戊五己	虎 禽癸戊寅 景死壬午 合壬丁丑 庚酉辛	旺衰
	合 辅壬丁丑 生伤辛巳 阴辛丙子 丑艮寅	蛇 芮庚乙亥 开中己卯 值己甲戌 壬子癸	常 心丁己卯 休休甲戌 虎癸戊寅 戌乾亥	
旺衰		旺衰		旺衰

阴二局 庚辰时

旺衰		旺衰		旺衰
	常 心丁己卯 休惊甲戌 玄丙庚辰 辰巽巳	值 蓬己甲戌 中伤戊寅 蛇庚乙亥 丙午丁	地 任乙辛巳 伤中丙子 天戊壬午 未坤申	
旺衰	朱 柱丙庚辰 死开乙亥 地乙辛巳 甲卯乙	虎 禽癸戊寅 景生壬午 常丁己卯 戊五己	阴 冲辛丙子 惊休庚辰 合壬丁丑 庚酉辛	旺衰
	蛇 芮庚乙亥 开死己卯 阴辛丙子 丑艮寅	天 英戊壬午 杜杜丁丑 值己甲戌 壬子癸	合 辅壬丁丑 生景辛巳 虎癸戊寅 戌乾亥	
旺衰		旺衰		旺衰

阴二局 辛巳时

旺衰		旺衰		旺衰
	虎 禽癸戊寅 景开壬午 玄丙庚辰 辰巽巳	天 英戊壬午 杜死丁丑 蛇庚乙亥 丙午丁	朱 柱丙庚辰 死杜乙亥 天戊壬午 未坤申	
旺衰	常 心丁己卯 休中甲戌 地乙辛巳 甲卯乙	合 辅壬丁丑 生惊辛巳 常丁己卯 戊五己	蛇 芮庚乙亥 开景己卯 合壬丁丑 庚酉辛	旺衰
	值 蓬己甲戌 中休戊寅 阴辛丙子 丑艮寅	地 任乙辛巳 伤伤丙子 值己甲戌 壬子癸	阴 冲辛丙子 惊生庚辰 虎癸戊寅 戌乾亥	
旺衰		旺衰		旺衰

阴二局 壬午时

旺衰		旺衰		旺衰
	合 辅壬丁丑 生中辛巳 玄丙庚辰 辰巽巳	地 任乙辛巳 伤休丙子 蛇庚乙亥 丙午丁	常 心丁己卯 休伤甲戌 天戊壬午 未坤申	
旺衰	虎 禽癸戊寅 景杜壬午 地乙辛巳 甲卯乙	阴 冲辛丙子 惊开庚辰 常丁己卯 戊五己	值 蓬己甲戌 中生戊寅 合壬丁丑 庚酉辛	旺衰
	天 英戊壬午 杜景丁丑 阴辛丙子 丑艮寅	朱 柱丙庚辰 死死乙亥 值己甲戌 壬子癸	蛇 芮庚乙亥 开惊己卯 虎癸戊寅 戌乾亥	
旺衰		旺衰		旺衰

阴二局 癸未时

旺衰		旺衰		旺衰
	阴 冲辛丙子 惊杜庚辰 玄丙庚辰 辰巽巳	朱 柱丙庚辰 死景乙亥 蛇庚乙亥 丙午丁	虎 禽癸戊寅 景死壬午 天戊壬午 未坤申	
旺衰	合 辅壬丁丑 生伤辛巳 地乙辛巳 甲卯乙	蛇 芮庚乙亥 开中己卯 常丁己卯 戊五己	天 英戊壬午 杜惊丁丑 合壬丁丑 庚酉辛	旺衰
	地 任乙辛巳 伤生丙子 阴辛丙子 丑艮寅	常 心丁己卯 休休甲戌 值己甲戌 壬子癸	值 蓬己甲戌 中开戊寅 虎癸戊寅 戌乾亥	
旺衰		旺衰		旺衰

阴二局 甲申时

旺衰		旺衰		旺衰
	地 柱戊辛卯 休杜乙酉 常丙己丑 辰巽巳	阴 芮壬丙戌 中景己丑 值庚甲申 丙午丁	值 英庚甲申 伤死丁亥 地戊辛卯 未坤申	
旺衰	天 任己壬辰 死伤丙戌 玄乙庚寅 甲卯乙	朱 心乙庚寅 景中甲申 虎丁戊子 戊五己	虎 辅丁戊子 惊惊辛卯 阴壬丙戌 庚酉辛	旺衰
	合 冲癸丁亥 开生庚寅 蛇辛乙酉 丑艮寅	蛇 蓬辛乙酉 杜休戊子 天己壬辰 壬子癸	常 禽丙己丑 生开壬辰 合癸丁亥 戌乾亥	
旺衰		旺衰		旺衰

阴二局 乙酉时

旺衰		旺衰		旺衰
	天 任己壬辰 杜伤戊子 常丙己丑 辰巽巳	合 冲癸丁亥 生生壬辰 值庚甲申 丙午丁	蛇 蓬辛乙酉 开休庚寅 地戊辛卯 未坤申	
旺衰	值 英庚甲申 中死己丑 玄乙庚寅 甲卯乙	地 柱戊辛卯 伤杜丁亥 虎丁戊子 戊五己	常 禽丙己丑 休开乙酉 阴壬丙戌 庚酉辛	旺衰
	虎 辅丁戊子 景惊甲申 蛇辛乙酉 丑艮寅	阴 芮壬丙戌 惊景辛卯 天己壬辰 壬子癸	朱 心乙庚寅 死中丙戌 合癸丁亥 戌乾亥	
旺衰		旺衰		旺衰

阴二局 丙戌时

旺衰		旺衰		旺衰
	值 英庚甲申 伤死丁亥 常丙己丑 辰巽巳	虎 辅丁戊子 惊惊辛卯 值庚甲申 丙午丁	阴 芮壬丙戌 中景己丑 地戊辛卯 未坤申	
旺衰	蛇 蓬辛乙酉 杜休戊子 玄乙庚寅 甲卯乙	天 任己壬辰 死伤丙戌 虎丁戊子 戊五己	朱 心乙庚寅 景中甲申 阴壬丙戌 庚酉辛	旺衰
	常 禽丙己丑 生开壬辰 蛇辛乙酉 丑艮寅	合 冲癸丁亥 开生庚寅 天己壬辰 壬子癸	地 柱戊辛卯 休杜乙酉 合癸丁亥 戌乾亥	
旺衰		旺衰		旺衰

阴二局 丁亥时

旺衰		旺衰		旺衰
	蛇 蓬辛乙酉 死休丙戌 常丙己丑 辰巽巳	常 禽丙己丑 开开庚寅 值庚甲申 丙午丁	合 冲癸丁亥 杜生戊子 地戊辛卯 未坤申	
旺衰	阴 芮壬丙戌 伤景丁亥 玄乙庚寅 甲卯乙	值 英庚甲申 休死乙酉 虎丁戊子 戊五己	地 柱戊辛卯 生杜壬辰 阴壬丙戌 庚酉辛	旺衰
	朱 心乙庚寅 惊中辛卯 蛇辛乙酉 丑艮寅	虎 辅丁戊子 中惊己丑 天己壬辰 壬子癸	天 任己壬辰 景伤甲申 合癸丁亥 戌乾亥	
旺衰		旺衰		旺衰

阴二局 戊子时

旺衰		旺衰		旺衰
	地 柱戊辛卯 休景乙酉 常丙己丑 辰巽巳	阴 芮壬丙戌 中中己丑 值庚甲申 丙午丁	值 英庚甲申 伤惊丁亥 地戊辛卯 未坤申	
旺衰	天 任己壬辰 死生丙戌 玄乙庚寅 甲卯乙	朱 心乙庚寅 景休甲申 虎丁戊子 戊五己	虎 辅丁戊子 惊伤辛卯 阴壬丙戌 庚酉辛	旺衰
	合 冲癸丁亥 开杜庚寅 蛇辛乙酉 丑艮寅	蛇 蓬辛乙酉 杜开戊子 天己壬辰 壬子癸	常 禽丙己丑 生死壬辰 合癸丁亥 戌乾亥	
旺衰		旺衰		旺衰

阴二局 己丑时

旺衰		旺衰		旺衰
	朱 心乙庚寅 景生甲申 常丙己丑 辰巽巳	蛇 蓬辛乙酉 杜杜戊子 值庚甲申 丙午丁	天 任己壬辰 死开丙戌 地戊辛卯 未坤申	
旺衰	地 柱戊辛卯 休惊乙酉 玄乙庚寅 甲卯乙	常 禽丙己丑 生景壬辰 虎丁戊子 戊五己	合 冲癸丁亥 开死庚寅 阴壬丙戌 庚酉辛	旺衰
	阴 芮壬丙戌 中伤己丑 蛇辛乙酉 丑艮寅	值 英庚甲申 伤中丁亥 天己壬辰 壬子癸	虎 辅丁戊子 惊休辛卯 合癸丁亥 戌乾亥	
旺衰		旺衰		旺衰

阴二局 庚寅时

旺衰		旺衰		旺衰
	地 柱戊辛卯 休惊乙酉 常丙己丑 辰巽巳	阴 芮壬丙戌 中伤己丑 值庚甲申 丙午丁	值 英庚甲申 伤中丁亥 地戊辛卯 未坤申	
旺衰	天 任己壬辰 死开丙戌 玄乙庚寅 甲卯乙	朱 心乙庚寅 景生甲申 虎丁戊子 戊五己	虎 辅丁戊子 惊休辛卯 阴壬丙戌 庚酉辛	旺衰
	合 冲癸丁亥 开死庚寅 蛇辛乙酉 丑艮寅	蛇 蓬辛乙酉 杜杜戊子 天己壬辰 壬子癸	常 禽丙己丑 生景壬辰 合癸丁亥 戌乾亥	
旺衰		旺衰		旺衰

阴二局 辛卯时

旺衰		旺衰		旺衰
	虎 辅丁戊子 惊开辛卯 常丙己丑 辰巽巳	天 任己壬辰 死死丙戌 值庚甲申 丙午丁	朱 心乙庚寅 景杜甲申 地戊辛卯 未坤申	
旺衰	常 禽丙己丑 生中壬辰 玄乙庚寅 甲卯乙	合 冲癸丁亥 开惊庚寅 虎丁戊子 戊五己	蛇 蓬辛乙酉 杜景戊子 阴壬丙戌 庚酉辛	旺衰
	值 英庚甲申 伤休丁亥 蛇辛乙酉 丑艮寅	地 柱戊辛卯 休伤乙酉 天己壬辰 壬子癸	阴 芮壬丙戌 中生己丑 合癸丁亥 戌乾亥	
旺衰		旺衰		旺衰

阴二局 壬辰时

旺衰		旺衰		旺衰
	合 冲癸丁亥 开中庚寅 常丙己丑 辰巽巳	地 柱戊辛卯 休休乙酉 值庚甲申 丙午丁	常 禽丙己丑 生伤壬辰 地戊辛卯 未坤申	
旺衰	虎 辅丁戊子 惊杜辛卯 玄乙庚寅 甲卯乙	阴 芮壬丙戌 中开己丑 虎丁戊子 戊五己	值 英庚甲申 伤生丁亥 阴壬丙戌 庚酉辛	旺衰
	天 任己壬辰 死景丙戌 蛇辛乙酉 丑艮寅	朱 心乙庚寅 景死甲申 天己壬辰 壬子癸	蛇 蓬辛乙酉 杜惊戊子 合癸丁亥 戌乾亥	
旺衰		旺衰		旺衰

阴二局 癸巳时

旺衰		旺衰		旺衰
	阴 芮壬丙戌 中杜己丑 常丙己丑 辰巽巳	朱 心乙庚寅 景景甲申 值庚甲申 丙午丁	虎 辅丁戊子 惊死辛卯 地戊辛卯 未坤申	
旺衰	合 冲癸丁亥 开伤庚寅 玄乙庚寅 甲卯乙	蛇 蓬辛乙酉 杜中戊子 虎丁戊子 戊五己	天 任己壬辰 死惊丙戌 阴壬丙戌 庚酉辛	旺衰
	地 柱戊辛卯 休生乙酉 蛇辛乙酉 丑艮寅	常 禽丙己丑 生休壬辰 天己壬辰 壬子癸	值 英庚甲申 伤开丁亥 合癸丁亥 戌乾亥	
旺衰		旺衰		旺衰

阴二局 甲午时

旺衰		旺衰		旺衰
	地 心己辛丑 生杜甲午 虎丙戊戌 辰巽巳	阴 蓬癸丙申 伤景戊戌 天庚壬寅 丙午丁	值 任辛甲午 休死丙申 玄戊庚子 未坤申	
旺衰	天 柱庚壬寅 景伤乙未 常乙己亥 甲卯乙	朱 禽戊庚子 惊中壬寅 合丁丁酉 戊五己	虎 冲丙戊戌 中惊庚子 蛇壬乙未 庚酉辛	旺衰
	合 芮丁丁酉 杜生己亥 值辛甲午 丑艮寅	蛇 英壬乙未 死休丁酉 地己辛丑 壬子癸	常 辅乙己亥 开开辛丑 阴癸丙申 戌乾亥	
旺衰		旺衰		旺衰

阴二局 乙未时

旺衰		旺衰		旺衰
	天 柱庚壬寅 死伤丁酉 虎丙戊戌 辰巽巳	合 芮丁丁酉 开生辛丑 天庚壬寅 丙午丁	蛇 英壬乙未 杜休己亥 玄戊庚子 未坤申	
旺衰	值 任辛甲午 伤死戊戌 常乙己亥 甲卯乙	地 心己辛丑 休杜丙申 合丁丁酉 戊五己	常 辅乙己亥 生开甲午 蛇壬乙未 庚酉辛	旺衰
	虎 冲丙戊戌 惊惊壬寅 值辛甲午 丑艮寅	阴 蓬癸丙申 中景庚子 地己辛丑 壬子癸	朱 禽戊庚子 景中乙未 阴癸丙申 戌乾亥	
旺衰		旺衰		旺衰

阴二局 丙申时

旺衰		旺衰		旺衰
	值 任辛甲午 休死丙申 虎丙戊戌 辰巽巳	虎 冲丙戊戌 中惊庚子 天庚壬寅 丙午丁	阴 蓬癸丙申 伤景戊戌 玄戊庚子 未坤申	
旺衰	蛇 英壬乙未 死休丁酉 常乙己亥 甲卯乙	天 柱庚壬寅 景伤乙未 合丁丁酉 戊五己	朱 禽戊庚子 惊中壬寅 蛇壬乙未 庚酉辛	旺衰
	常 辅乙己亥 开开辛丑 值辛甲午 丑艮寅	合 芮丁丁酉 杜生己亥 地己辛丑 壬子癸	地 心己辛丑 生杜甲午 阴癸丙申 戌乾亥	
旺衰		旺衰		旺衰

阴二局 丁酉时

旺衰		旺衰		旺衰
	蛇 英壬乙未 景休乙未 虎丙戊戌 辰巽巳	常 辅乙己亥 杜开己亥 天庚壬寅 丙午丁	合 芮丁丁酉 死生丁酉 玄戊庚子 未坤申	
旺衰	阴 蓬癸丙申 休景丙申 常乙己亥 甲卯乙	值 任辛甲午 生死甲午 合丁丁酉 戊五己	地 心己辛丑 开杜辛丑 蛇壬乙未 庚酉辛	旺衰
	朱 禽戊庚子 中中庚子 值辛甲午 丑艮寅	虎 冲丙戊戌 伤惊戊戌 地己辛丑 壬子癸	天 柱庚壬寅 惊伤壬寅 阴癸丙申 戌乾亥	
旺衰		旺衰		旺衰

阴二局 戊戌时

旺衰		旺衰		旺衰
	地 心己辛丑 生景甲午 虎丙戊戌 辰巽巳	阴 蓬癸丙申 伤中戊戌 天庚壬寅 丙午丁	值 任辛甲午 休惊丙申 玄戊庚子 未坤申	
旺衰	天 柱庚壬寅 景生乙未 常乙己亥 甲卯乙	朱 禽戊庚子 惊休壬寅 合丁丁酉 戊五己	虎 冲丙戊戌 中伤庚子 蛇壬乙未 庚酉辛	旺衰
	合 芮丁丁酉 杜杜己亥 值辛甲午 丑艮寅	蛇 英壬乙未 死开丁酉 地己辛丑 壬子癸	常 辅乙己亥 开死辛丑 阴癸丙申 戌乾亥	
旺衰		旺衰		旺衰

阴二局 己亥时

旺衰		旺衰		旺衰
	朱 禽戊庚子 惊生壬寅 虎丙戊戌 辰巽巳	蛇 英壬乙未 死杜丁酉 天庚壬寅 丙午丁	天 柱庚壬寅 景开乙未 玄戊庚子 未坤申	
旺衰	地 心己辛丑 生休丙申 常乙己亥 甲卯乙	常 辅乙己亥 开景甲午 合丁丁酉 戊五己	合 芮丁丁酉 杜死己亥 蛇壬乙未 庚酉辛	旺衰
	阴 蓬癸丙申 伤伤戊戌 值辛甲午 丑艮寅	值 任辛甲午 休中丙申 地己辛丑 壬子癸	虎 冲丙戊戌 中休庚子 阴癸丙申 戌乾亥	
旺衰		旺衰		旺衰

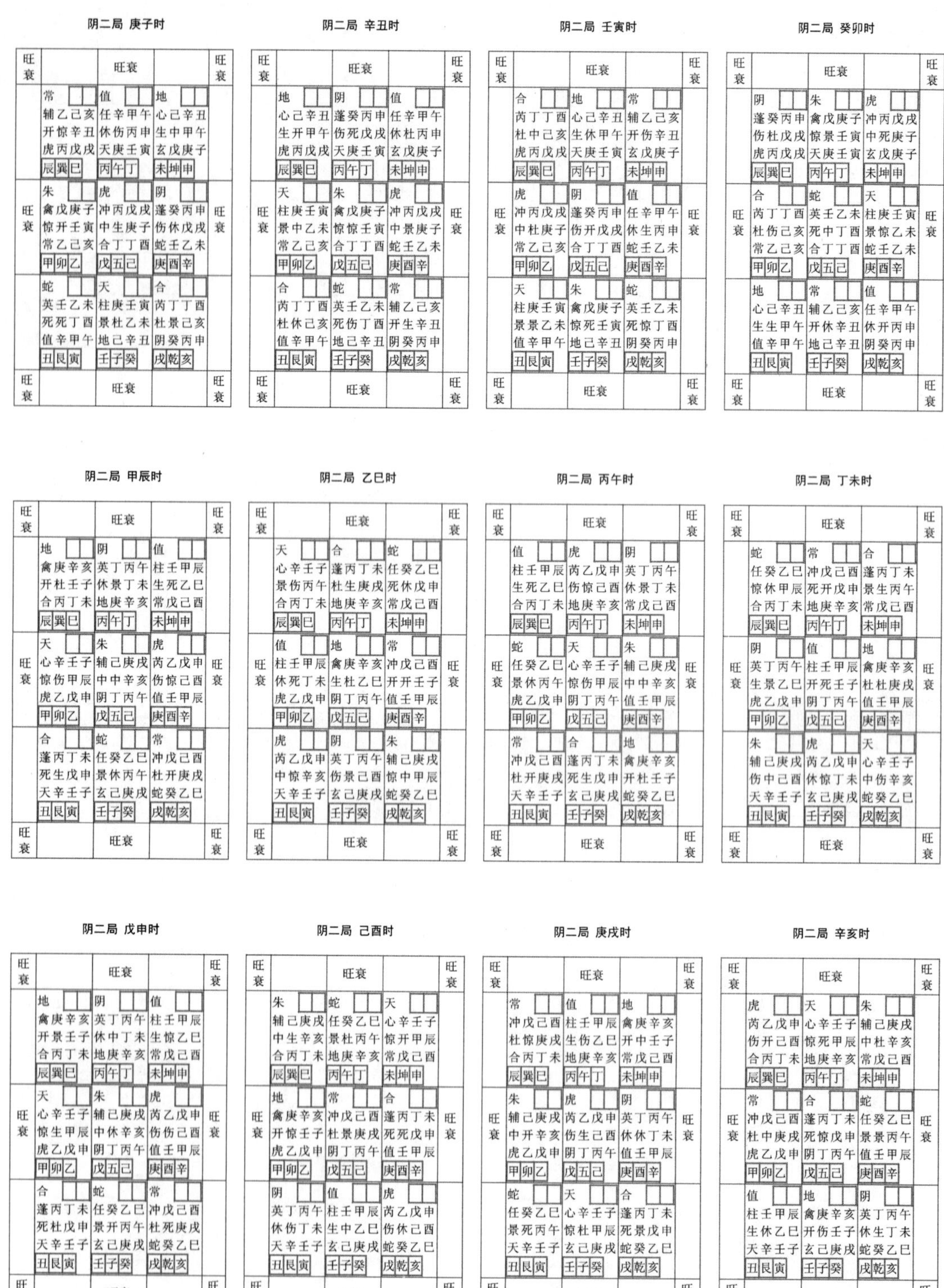

阴二局 庚子时

旺衰		旺衰		旺衰
	常 辅乙己亥 开惊辛丑 虎丙戊戌 辰巽巳	值 任辛甲午 休伤丙申 天庚壬寅 丙午丁	地 心己辛丑 生中甲午 玄戊庚子 未坤申	
旺衰	朱 禽戊庚子 惊开壬寅 常乙己亥 甲卯乙	虎 冲丙戊戌 中生庚子 合丁丁酉 戊五己	阴 蓬癸丙申 伤休戊戌 蛇壬乙未 庚酉辛	旺衰
	蛇 英壬乙未 死死丁酉 值辛甲午 丑艮寅	天 柱庚壬寅 景杜乙未 地己辛丑 壬子癸	合 芮丁丁酉 杜景己亥 阴癸丙申 戌乾亥	
旺衰		旺衰		旺衰

阴二局 辛丑时

旺衰		旺衰		旺衰
	地 心己辛丑 生开甲午 虎丙戊戌 辰巽巳	阴 蓬癸丙申 伤死戊戌 天庚壬寅 丙午丁	值 任辛甲午 休杜丙申 玄戊庚子 未坤申	
旺衰	天 柱庚壬寅 景中乙未 常乙己亥 甲卯乙	朱 禽戊庚子 惊惊壬寅 合丁丁酉 戊五己	虎 冲丙戊戌 中景庚子 蛇壬乙未 庚酉辛	旺衰
	合 芮丁丁酉 杜休己亥 值辛甲午 丑艮寅	蛇 英壬乙未 死伤丁酉 地己辛丑 壬子癸	常 辅乙己亥 开生辛丑 阴癸丙申 戌乾亥	
旺衰		旺衰		旺衰

阴二局 壬寅时

旺衰		旺衰		旺衰
	合 芮丁丁酉 杜中己亥 虎丙戊戌 辰巽巳	地 心己辛丑 生休甲午 天庚壬寅 丙午丁	常 辅乙己亥 开伤辛丑 玄戊庚子 未坤申	
旺衰	虎 冲丙戊戌 中杜庚子 常乙己亥 甲卯乙	阴 蓬癸丙申 伤开戊戌 合丁丁酉 戊五己	值 任辛甲午 休生丙申 蛇壬乙未 庚酉辛	旺衰
	天 柱庚壬寅 景景乙未 值辛甲午 丑艮寅	朱 禽戊庚子 惊死壬寅 地己辛丑 壬子癸	蛇 英壬乙未 死惊丁酉 阴癸丙申 戌乾亥	
旺衰		旺衰		旺衰

阴二局 癸卯时

旺衰		旺衰		旺衰
	阴 蓬癸丙申 伤杜戊戌 虎丙戊戌 辰巽巳	朱 禽戊庚子 惊景壬寅 天庚壬寅 丙午丁	虎 冲丙戊戌 中死庚子 玄戊庚子 未坤申	
旺衰	合 芮丁丁酉 杜伤己亥 常乙己亥 甲卯乙	蛇 英壬乙未 死中丁酉 合丁丁酉 戊五己	天 柱庚壬寅 景惊乙未 蛇壬乙未 庚酉辛	旺衰
	地 心己辛丑 生生甲午 值辛甲午 丑艮寅	常 辅乙己亥 开休辛丑 地己辛丑 壬子癸	值 任辛甲午 休开丙申 阴癸丙申 戌乾亥	
旺衰		旺衰		旺衰

阴二局 甲辰时

旺衰		旺衰		旺衰
	地 禽庚辛亥 开杜壬子 合丙丁未 辰巽巳	阴 英丁丙午 休景丁未 地庚辛亥 丙午丁	值 柱壬甲辰 生死乙巳 常戊己酉 未坤申	
旺衰	天 心辛壬子 惊伤甲辰 虎乙戊申 甲卯乙	朱 辅己庚戌 中中辛亥 阴丁丙午 戊五己	虎 芮乙戊申 伤惊己酉 值壬甲辰 庚酉辛	旺衰
	合 蓬丙丁未 死生戊申 天辛壬子 丑艮寅	蛇 任癸乙巳 景休丙午 玄己庚戌 壬子癸	常 冲戊己酉 杜开庚戌 蛇癸乙巳 戌乾亥	
旺衰		旺衰		旺衰

阴二局 乙巳时

旺衰		旺衰		旺衰
	天 心辛壬子 景伤丙午 合丙丁未 辰巽巳	合 蓬丙丁未 杜生庚戌 地庚辛亥 丙午丁	蛇 任癸乙巳 死休戊申 常戊己酉 未坤申	
旺衰	值 柱壬甲辰 休死丁未 虎乙戊申 甲卯乙	地 禽庚辛亥 生杜乙巳 阴丁丙午 戊五己	常 冲戊己酉 开开壬子 值壬甲辰 庚酉辛	旺衰
	虎 芮乙戊申 中惊辛亥 天辛壬子 丑艮寅	阴 英丁丙午 伤景己酉 玄己庚戌 壬子癸	朱 辅己庚戌 惊中甲辰 蛇癸乙巳 戌乾亥	
旺衰		旺衰		旺衰

阴二局 丙午时

旺衰		旺衰		旺衰
	值 柱壬甲辰 生死乙巳 合丙丁未 辰巽巳	虎 芮乙戊申 伤惊己酉 地庚辛亥 丙午丁	阴 英丁丙午 休景丁未 常戊己酉 未坤申	
旺衰	蛇 任癸乙巳 景休丙午 虎乙戊申 甲卯乙	天 心辛壬子 惊伤甲辰 阴丁丙午 戊五己	朱 辅己庚戌 中中辛亥 值壬甲辰 庚酉辛	旺衰
	常 冲戊己酉 杜开庚戌 天辛壬子 丑艮寅	合 蓬丙丁未 死生戊申 玄己庚戌 壬子癸	地 禽庚辛亥 开杜壬子 蛇癸乙巳 戌乾亥	
旺衰		旺衰		旺衰

阴二局 丁未时

旺衰		旺衰		旺衰
	蛇 任癸乙巳 惊休甲辰 合丙丁未 辰巽巳	常 冲戊己酉 死开戊申 地庚辛亥 丙午丁	合 蓬丙丁未 景生丙午 常戊己酉 未坤申	
旺衰	阴 英丁丙午 生景乙巳 虎乙戊申 甲卯乙	值 柱壬甲辰 开死壬子 阴丁丙午 戊五己	地 禽庚辛亥 杜杜庚戌 值壬甲辰 庚酉辛	旺衰
	朱 辅己庚戌 伤中己酉 天辛壬子 丑艮寅	虎 芮乙戊申 休惊丁未 玄己庚戌 壬子癸	天 心辛壬子 中伤辛亥 蛇癸乙巳 戌乾亥	
旺衰		旺衰		旺衰

阴二局 戊申时

旺衰		旺衰		旺衰
	地 禽庚辛亥 开景壬子 合丙丁未 辰巽巳	阴 英丁丙午 休中丁未 地庚辛亥 丙午丁	值 柱壬甲辰 生惊乙巳 常戊己酉 未坤申	
旺衰	天 心辛壬子 惊生甲辰 虎乙戊申 甲卯乙	朱 辅己庚戌 中休辛亥 阴丁丙午 戊五己	虎 芮乙戊申 伤伤己酉 值壬甲辰 庚酉辛	旺衰
	合 蓬丙丁未 死杜戊申 天辛壬子 丑艮寅	蛇 任癸乙巳 景开丙午 玄己庚戌 壬子癸	常 冲戊己酉 杜死庚戌 蛇癸乙巳 戌乾亥	
旺衰		旺衰		旺衰

阴二局 己酉时

旺衰		旺衰		旺衰
	朱 辅己庚戌 中生辛亥 合丙丁未 辰巽巳	蛇 任癸乙巳 景杜丙午 地庚辛亥 丙午丁	天 心辛壬子 惊开甲辰 常戊己酉 未坤申	
旺衰	地 禽庚辛亥 开惊壬子 虎乙戊申 甲卯乙	常 冲戊己酉 杜景庚戌 阴丁丙午 戊五己	合 蓬丙丁未 死死戊申 值壬甲辰 庚酉辛	旺衰
	阴 英丁丙午 休伤丁未 天辛壬子 丑艮寅	值 柱壬甲辰 生中乙巳 玄己庚戌 壬子癸	虎 芮乙戊申 伤休己酉 蛇癸乙巳 戌乾亥	
旺衰		旺衰		旺衰

阴二局 庚戌时

旺衰		旺衰		旺衰
	常 冲戊己酉 杜惊庚戌 合丙丁未 辰巽巳	值 柱壬甲辰 生伤乙巳 地庚辛亥 丙午丁	地 禽庚辛亥 开中壬子 常戊己酉 未坤申	
旺衰	朱 辅己庚戌 中开辛亥 虎乙戊申 甲卯乙	虎 芮乙戊申 伤生己酉 阴丁丙午 戊五己	阴 英丁丙午 休休丁未 值壬甲辰 庚酉辛	旺衰
	蛇 任癸乙巳 景死丙午 天辛壬子 丑艮寅	天 心辛壬子 惊杜甲辰 玄己庚戌 壬子癸	合 蓬丙丁未 死景戊申 蛇癸乙巳 戌乾亥	
旺衰		旺衰		旺衰

阴二局 辛亥时

旺衰		旺衰		旺衰
	虎 芮乙戊申 伤开己酉 合丙丁未 辰巽巳	天 心辛壬子 惊死甲辰 地庚辛亥 丙午丁	朱 辅己庚戌 中杜辛亥 常戊己酉 未坤申	
旺衰	常 冲戊己酉 杜中庚戌 虎乙戊申 甲卯乙	合 蓬丙丁未 死惊戊申 阴丁丙午 戊五己	蛇 任癸乙巳 景景丙午 值壬甲辰 庚酉辛	旺衰
	值 柱壬甲辰 生休乙巳 天辛壬子 丑艮寅	地 禽庚辛亥 开伤壬子 玄己庚戌 壬子癸	阴 英丁丙午 休生丁未 蛇癸乙巳 戌乾亥	
旺衰		旺衰		旺衰

阴二局 壬子时

旺 衰		旺衰		旺 衰
	地 禽庚辛亥 开中壬子 合丙丁未 辰巽巳	阴 英丁丙午 休休丁未 地庚辛亥 丙午丁	值 柱壬甲辰 生伤乙巳 常戊己酉 未坤申	
旺 衰	天 心辛壬子 惊杜甲辰 虎乙戊申 甲卯乙	朱 辅己庚戌 中开辛亥 阴丁丙午 戊五己	虎 芮乙戊申 伤生己酉 值壬甲辰 庚酉辛	旺 衰
	合 蓬丙丁未 死景戊申 天辛壬子 丑艮寅	蛇 任癸乙巳 景死丙午 玄己庚戌 壬子癸	常 冲戊己酉 杜惊庚戌 蛇癸乙巳 戌乾亥	
旺 衰		旺衰		旺 衰

阴二局 癸丑时

旺 衰		旺衰		旺 衰
	阴 英丁丙午 休杜丁未 合丙丁未 辰巽巳	朱 辅己庚戌 中景辛亥 地庚辛亥 丙午丁	虎 芮乙戊申 伤死己酉 常戊己酉 未坤申	
旺 衰	合 蓬丙丁未 死伤戊申 虎乙戊申 甲卯乙	蛇 任癸乙巳 景中丙午 阴丁丙午 戊五己	天 心辛壬子 惊惊甲辰 值壬甲辰 庚酉辛	旺 衰
	地 禽庚辛亥 开生壬子 天辛壬子 丑艮寅	常 冲戊己酉 杜休庚戌 玄己庚戌 壬子癸	值 柱壬甲辰 生开乙巳 蛇癸乙巳 戌乾亥	
旺 衰		旺衰		旺 衰

阴二局 甲寅时

旺 衰		旺衰		旺 衰
	地 辅辛辛酉 杜杜辛酉 阴丙丙辰 辰巽巳	阴 任丙丙辰 生景丙辰 玄庚庚申 丙午丁	值 心癸甲寅 开死甲寅 虎戊戊午 未坤申	
旺 衰	天 禽壬壬戌 中伤壬戌 合乙丁巳 甲卯乙	朱 冲庚庚申 伤中庚申 蛇丁乙卯 戊五己	虎 蓬戊戊午 休休戊午 天壬壬戌 庚酉辛	旺 衰
	合 英乙丁巳 景生丁巳 地辛辛酉 丑艮寅	蛇 柱丁乙卯 惊休乙卯 常己己未 壬子癸	常 芮己己未 死开己未 值癸甲寅 戌乾亥	
旺 衰		旺衰		旺 衰

阴二局 乙卯时

旺 衰		旺衰		旺 衰
	天 禽壬壬戌 惊伤乙卯 阴丙丙辰 辰巽巳	合 英乙丁巳 死生己未 玄庚庚申 丙午丁	蛇 柱丁乙卯 景休丁巳 虎戊戊午 未坤申	
旺 衰	值 心癸甲寅 生杜丙辰 合乙丁巳 甲卯乙	地 辅辛辛酉 开杜甲寅 蛇丁乙卯 戊五己	常 芮己己未 杜开辛酉 天壬壬戌 庚酉辛	旺 衰
	虎 蓬戊戊午 伤惊庚申 地辛辛酉 丑艮寅	阴 任丙丙辰 休景戊午 常己己未 壬子癸	朱 冲庚庚申 中中壬戌 值癸甲寅 戌乾亥	
旺 衰		旺衰		旺 衰

阴二局 丙辰时

旺 衰		旺衰		旺 衰
	值 心癸甲寅 开死甲寅 阴丙丙辰 辰巽巳	虎 蓬戊戊午 休惊戊午 玄庚庚申 丙午丁	阴 任丙丙辰 生景丙辰 虎戊戊午 未坤申	
旺 衰	蛇 柱丁乙卯 惊休乙卯 合乙丁巳 甲卯乙	天 禽壬壬戌 中伤壬戌 蛇丁乙卯 戊五己	朱 冲庚庚申 伤中庚申 天壬壬戌 庚酉辛	旺 衰
	常 芮己己未 死开己未 地辛辛酉 丑艮寅	合 英乙丁巳 景生丁巳 常己己未 壬子癸	地 辅辛辛酉 杜杜辛酉 值癸甲寅 戌乾亥	
旺 衰		旺衰		旺 衰

阴二局 丁巳时

旺 衰		旺衰		旺 衰
	蛇 柱丁乙卯 中休壬戌 阴丙丙辰 辰巽巳	常 芮己己未 景开丁巳 玄庚庚申 丙午丁	合 英乙丁巳 惊生乙卯 虎戊戊午 未坤申	
旺 衰	阴 任丙丙辰 开景甲寅 合乙丁巳 甲卯乙	值 心癸甲寅 杜死辛酉 蛇丁乙卯 戊五己	地 辅辛辛酉 死杜己未 天壬壬戌 庚酉辛	旺 衰
	朱 冲庚庚申 休中庚申 地辛辛酉 丑艮寅	虎 蓬戊戊午 生惊丙辰 常己己未 壬子癸	天 禽壬壬戌 伤伤戊午 值癸甲寅 戌乾亥	
旺 衰		旺衰		旺 衰

阴二局 戊午时

旺 衰		旺衰		旺 衰
	地 辅辛辛酉 杜景辛酉 阴丙丙辰 辰巽巳	阴 任丙丙辰 生中丙辰 玄庚庚申 丙午丁	值 心癸甲寅 开惊甲寅 虎戊戊午 未坤申	
旺 衰	天 禽壬壬戌 中生壬戌 合乙丁巳 甲卯乙	朱 冲庚庚申 伤休庚申 蛇丁乙卯 戊五己	虎 蓬戊戊午 休伤戊午 天壬壬戌 庚酉辛	旺 衰
	合 英乙丁巳 景杜丁巳 地辛辛酉 丑艮寅	蛇 柱丁乙卯 惊开乙卯 常己己未 壬子癸	常 芮己己未 死死己未 值癸甲寅 戌乾亥	
旺 衰		旺衰		旺 衰

阴二局 己未时

旺 衰		旺衰		旺 衰
	朱 冲庚庚申 伤生庚申 阴丙丙辰 辰巽巳	蛇 柱丁乙卯 惊杜乙卯 玄庚庚申 丙午丁	天 禽壬壬戌 中开壬戌 虎戊戊午 未坤申	
旺 衰	地 辅辛辛酉 杜惊辛酉 合乙丁巳 甲卯乙	常 芮己己未 死景己未 蛇丁乙卯 戊五己	合 英乙丁巳 景死丁巳 天壬壬戌 庚酉辛	旺 衰
	阴 任丙丙辰 生伤丙辰 地辛辛酉 丑艮寅	值 心癸甲寅 开中甲寅 常己己未 壬子癸	虎 蓬戊戊午 休休戊午 值癸甲寅 戌乾亥	
旺 衰		旺衰		旺 衰

阴二局 庚申时

旺 衰		旺衰		旺 衰
	常 芮己己未 死惊己未 阴丙丙辰 辰巽巳	值 心癸甲寅 开伤甲寅 玄庚庚申 丙午丁	地 辅辛辛酉 杜中辛酉 虎戊戊午 未坤申	
旺 衰	朱 冲庚庚申 伤开庚申 合乙丁巳 甲卯乙	虎 蓬戊戊午 休生戊午 蛇丁乙卯 戊五己	阴 任丙丙辰 生休丙辰 天壬壬戌 庚酉辛	旺 衰
	蛇 柱丁乙卯 惊死乙卯 地辛辛酉 丑艮寅	天 禽壬壬戌 中杜壬戌 常己己未 壬子癸	合 英乙丁巳 景景丁巳 值癸甲寅 戌乾亥	
旺 衰		旺衰		旺 衰

阴二局 辛酉时

旺 衰		旺衰		旺 衰
	虎 蓬戊戊午 休开戊午 阴丙丙辰 辰巽巳	天 禽壬壬戌 中死壬戌 玄庚庚申 丙午丁	朱 冲庚庚申 伤杜庚申 虎戊戊午 未坤申	
旺 衰	常 芮己己未 死中己未 合乙丁巳 甲卯乙	合 英乙丁巳 景惊丁巳 蛇丁乙卯 戊五己	蛇 柱丁乙卯 惊景乙卯 天壬壬戌 庚酉辛	旺 衰
	值 心癸甲寅 开休甲寅 地辛辛酉 丑艮寅	地 辅辛辛酉 杜伤辛酉 常己己未 壬子癸	阴 任丙丙辰 生生丙辰 值癸甲寅 戌乾亥	
旺 衰		旺衰		旺 衰

阴二局 壬戌时

旺 衰		旺衰		旺 衰
	合 英乙丁巳 景中丁巳 阴丙丙辰 辰巽巳	地 辅辛辛酉 杜休辛酉 玄庚庚申 丙午丁	常 芮己己未 死伤己未 虎戊戊午 未坤申	
旺 衰	虎 蓬戊戊午 休杜戊午 合乙丁巳 甲卯乙	阴 任丙丙辰 生开丙辰 蛇丁乙卯 戊五己	值 心癸甲寅 开生甲寅 天壬壬戌 庚酉辛	旺 衰
	天 禽壬壬戌 中景壬戌 地辛辛酉 丑艮寅	朱 冲庚庚申 伤死庚申 常己己未 壬子癸	蛇 柱丁乙卯 惊惊乙卯 值癸甲寅 戌乾亥	
旺 衰		旺衰		旺 衰

阴二局 癸亥时

旺 衰		旺衰		旺 衰
	地 辅辛辛酉 杜杜辛酉 阴丙丙辰 辰巽巳	阴 任丙丙辰 生景丙辰 玄庚庚申 丙午丁	值 心癸甲寅 开死甲寅 虎戊戊午 未坤申	
旺 衰	天 禽壬壬戌 中伤壬戌 合乙丁巳 甲卯乙	朱 冲庚庚申 伤中庚申 蛇丁乙卯 戊五己	虎 蓬戊戊午 休惊戊午 天壬壬戌 庚酉辛	旺 衰
	合 英乙丁巳 景生丁巳 地辛辛酉 丑艮寅	蛇 柱丁乙卯 惊休乙卯 常己己未 壬子癸	常 芮己己未 死开己未 值癸甲寅 戌乾亥	
旺 衰		旺衰		旺 衰

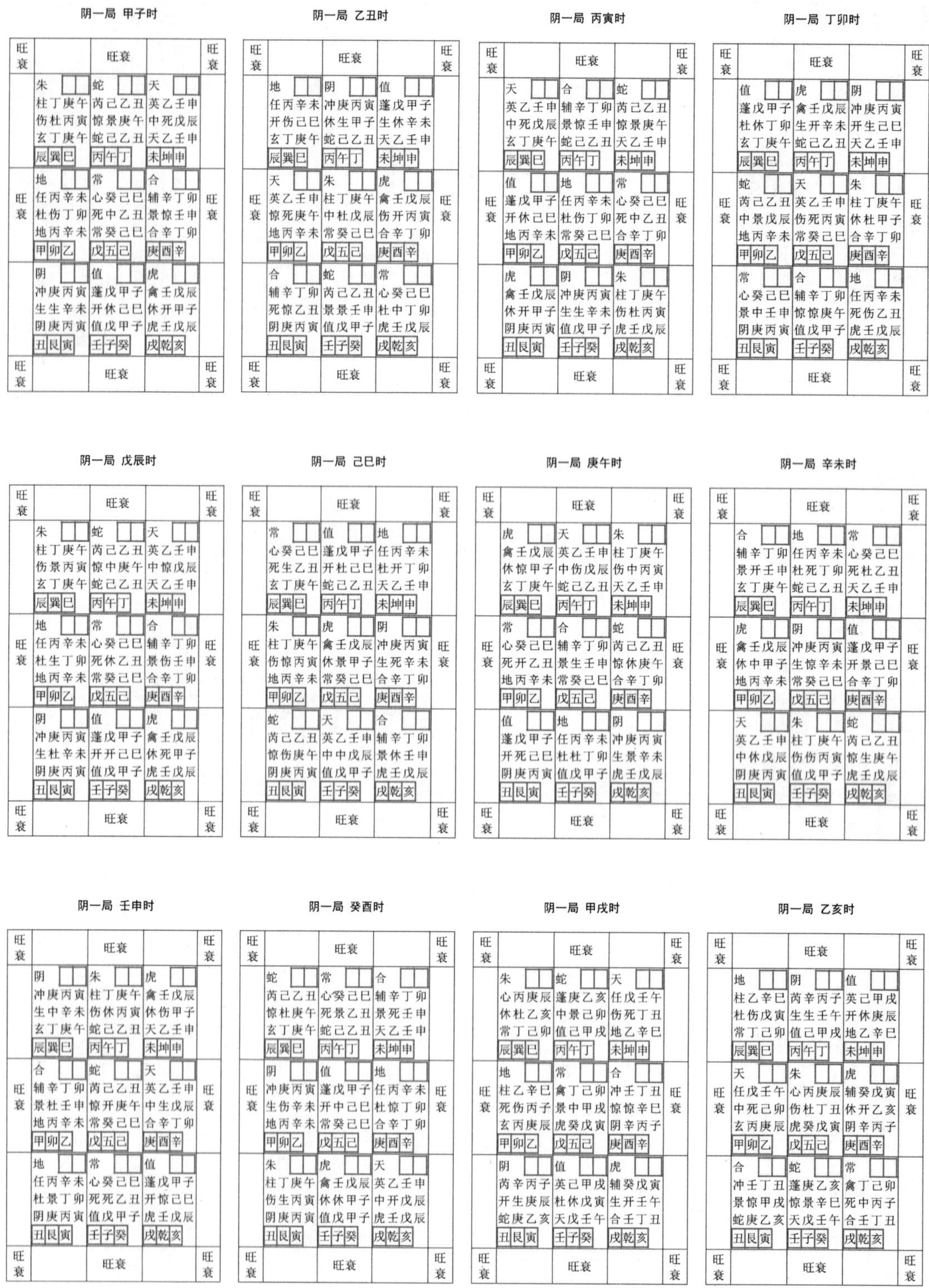

阴一局 甲子时

旺衰		旺衰		旺衰
	朱 柱丁庚午 伤杜丙寅 玄丁庚午 辰巽巳	蛇 芮己乙丑 惊景庚午 蛇己乙丑 丙午丁	天 英乙壬申 中死戊辰 天乙壬申 未坤申	
旺衰	地 任丙辛未 杜伤丁卯 地丙辛未 甲卯乙	常 心癸己巳 死中乙丑 常癸己巳 戊五己	合 辅辛丁卯 景惊壬申 合辛丁卯 庚酉辛	旺衰
	阴 冲庚丙寅 生生辛未 阴庚丙寅 丑艮寅	值 蓬戊甲子 开休己巳 值戊甲子 壬子癸	虎 禽壬戊辰 休开甲子 虎壬戊辰 戌乾亥	
旺衰		旺衰		旺衰

阴一局 乙丑时

旺衰		旺衰		旺衰
	地 任丙辛未 开伤己巳 玄丁庚午 辰巽巳	阴 冲庚丙寅 休生甲子 蛇己乙丑 丙午丁	值 蓬戊甲子 生休辛未 天乙壬申 未坤申	
旺衰	天 英乙壬申 惊死庚午 地丙辛未 甲卯乙	朱 柱丁庚午 中杜戊辰 常癸己巳 戊五己	虎 禽壬戊辰 伤开丙寅 合辛丁卯 庚酉辛	旺衰
	合 辅辛丁卯 死惊乙丑 阴庚丙寅 丑艮寅	蛇 芮己乙丑 景景壬申 值戊甲子 壬子癸	常 心癸己巳 杜中丁卯 虎壬戊辰 戌乾亥	
旺衰		旺衰		旺衰

阴一局 丙寅时

旺衰		旺衰		旺衰
	天 英乙壬申 中死戊辰 玄丁庚午 辰巽巳	合 辅辛丁卯 景惊壬申 蛇己乙丑 丙午丁	蛇 芮己乙丑 惊景庚午 天乙壬申 未坤申	
旺衰	值 蓬戊甲子 开休己巳 地丙辛未 甲卯乙	地 任丙辛未 杜伤丁卯 常癸己巳 戊五己	常 心癸己巳 死中乙丑 合辛丁卯 庚酉辛	旺衰
	虎 禽壬戊辰 休开甲子 阴庚丙寅 丑艮寅	阴 冲庚丙寅 生生辛未 值戊甲子 壬子癸	朱 柱丁庚午 伤杜丙寅 虎壬戊辰 戌乾亥	
旺衰		旺衰		旺衰

阴一局 丁卯时

旺衰		旺衰		旺衰
	值 蓬戊甲子 杜休丁卯 玄丁庚午 辰巽巳	虎 禽壬戊辰 生开辛未 蛇己乙丑 丙午丁	阴 冲庚丙寅 开生己巳 天乙壬申 未坤申	
旺衰	蛇 芮己乙丑 中景戊辰 地丙辛未 甲卯乙	天 英乙壬申 伤死丙寅 常癸己巳 戊五己	朱 柱丁庚午 休杜甲子 合辛丁卯 庚酉辛	旺衰
	常 心癸己巳 景中壬申 阴庚丙寅 丑艮寅	合 辅辛丁卯 惊惊庚午 值戊甲子 壬子癸	地 任丙辛未 死伤乙丑 虎壬戊辰 戌乾亥	
旺衰		旺衰		旺衰

阴一局 戊辰时

旺衰		旺衰		旺衰
	朱 柱丁庚午 伤景丙寅 玄丁庚午 辰巽巳	蛇 芮己乙丑 惊中庚午 蛇己乙丑 丙午丁	天 英乙壬申 中惊戊辰 天乙壬申 未坤申	
旺衰	地 任丙辛未 杜生丁卯 地丙辛未 甲卯乙	常 心癸己巳 死休乙丑 常癸己巳 戊五己	合 辅辛丁卯 景伤壬申 合辛丁卯 庚酉辛	旺衰
	阴 冲庚丙寅 生杜辛未 阴庚丙寅 丑艮寅	值 蓬戊甲子 开开己巳 值戊甲子 壬子癸	虎 禽壬戊辰 休死甲子 虎壬戊辰 戌乾亥	
旺衰		旺衰		旺衰

阴一局 己巳时

旺衰		旺衰		旺衰
	常 心癸己巳 死生乙丑 玄丁庚午 辰巽巳	值 蓬戊甲子 开杜己巳 蛇己乙丑 丙午丁	地 任丙辛未 杜开丁卯 天乙壬申 未坤申	
旺衰	朱 柱丁庚午 伤惊丙寅 地丙辛未 甲卯乙	虎 禽壬戊辰 休景甲子 常癸己巳 戊五己	阴 冲庚丙寅 生死辛未 合辛丁卯 庚酉辛	旺衰
	蛇 芮己乙丑 惊伤庚午 阴庚丙寅 丑艮寅	天 英乙壬申 中中戊辰 值戊甲子 壬子癸	合 辅辛丁卯 景休壬申 虎壬戊辰 戌乾亥	
旺衰		旺衰		旺衰

阴一局 庚午时

旺衰		旺衰		旺衰
	虎 禽壬戊辰 休惊甲子 玄丁庚午 辰巽巳	天 英乙壬申 中伤戊辰 蛇己乙丑 丙午丁	朱 柱丁庚午 伤中丙寅 天乙壬申 未坤申	
旺衰	常 心癸己巳 死开乙丑 地丙辛未 甲卯乙	合 辅辛丁卯 景生壬申 常癸己巳 戊五己	蛇 芮己乙丑 惊休庚午 合辛丁卯 庚酉辛	旺衰
	值 蓬戊甲子 开死己巳 阴庚丙寅 丑艮寅	地 任丙辛未 杜杜丁卯 值戊甲子 壬子癸	阴 冲庚丙寅 生景辛未 虎壬戊辰 戌乾亥	
旺衰		旺衰		旺衰

阴一局 辛未时

旺衰		旺衰		旺衰
	合 辅辛丁卯 景开壬申 玄丁庚午 辰巽巳	地 任丙辛未 杜死丁卯 蛇己乙丑 丙午丁	常 心癸己巳 死杜乙丑 天乙壬申 未坤申	
旺衰	虎 禽壬戊辰 休中甲子 地丙辛未 甲卯乙	阴 冲庚丙寅 生惊辛未 常癸己巳 戊五己	值 蓬戊甲子 开景己巳 合辛丁卯 庚酉辛	旺衰
	天 英乙壬申 中休戊辰 阴庚丙寅 丑艮寅	朱 柱丁庚午 伤伤丙寅 值戊甲子 壬子癸	蛇 芮己乙丑 惊生庚午 虎壬戊辰 戌乾亥	
旺衰		旺衰		旺衰

阴一局 壬申时

旺衰		旺衰		旺衰
	阴 冲庚丙寅 生中辛未 玄丁庚午 辰巽巳	朱 柱丁庚午 伤休丙寅 蛇己乙丑 丙午丁	虎 禽壬戊辰 休伤甲子 天乙壬申 未坤申	
旺衰	合 辅辛丁卯 景杜壬申 地丙辛未 甲卯乙	蛇 芮己乙丑 惊开庚午 常癸己巳 戊五己	天 英乙壬申 中生戊辰 合辛丁卯 庚酉辛	旺衰
	地 任丙辛未 杜景丁卯 阴庚丙寅 丑艮寅	常 心癸己巳 死死乙丑 值戊甲子 壬子癸	值 蓬戊甲子 开惊己巳 虎壬戊辰 戌乾亥	
旺衰		旺衰		旺衰

阴一局 癸酉时

旺衰		旺衰		旺衰
	蛇 芮己乙丑 惊杜庚午 玄丁庚午 辰巽巳	常 心癸己巳 死景乙丑 蛇己乙丑 丙午丁	合 辅辛丁卯 景死壬申 天乙壬申 未坤申	
旺衰	阴 冲庚丙寅 生伤辛未 地丙辛未 甲卯乙	值 蓬戊甲子 开中己巳 常癸己巳 戊五己	地 任丙辛未 杜惊丁卯 合辛丁卯 庚酉辛	旺衰
	朱 柱丁庚午 伤生丙寅 阴庚丙寅 丑艮寅	虎 禽壬戊辰 休休甲子 值戊甲子 壬子癸	天 英乙壬申 中开戊辰 虎壬戊辰 戌乾亥	
旺衰		旺衰		旺衰

阴一局 甲戌时

旺衰		旺衰		旺衰
	朱 心丙庚辰 休杜乙亥 常丁己卯 辰巽巳	蛇 蓬庚乙亥 中景己卯 值己甲戌 丙午丁	天 任戊壬午 伤死丁丑 地乙辛巳 未坤申	
旺衰	地 柱乙辛巳 死伤丙子 玄丙庚辰 甲卯乙	常 禽丁己卯 景中甲戌 虎癸戊寅 戊五己	合 冲壬丁丑 惊惊辛巳 阴辛丙子 庚酉辛	旺衰
	阴 芮辛丙子 开生庚辰 蛇庚乙亥 丑艮寅	值 英己甲戌 杜休戊寅 天戊壬午 壬子癸	虎 辅癸戊寅 生开壬午 合壬丁丑 戌乾亥	
旺衰		旺衰		旺衰

阴一局 乙亥时

旺衰		旺衰		旺衰
	地 柱乙辛巳 杜伤戊寅 常丁己卯 辰巽巳	阴 芮辛丙子 生生壬午 值己甲戌 丙午丁	值 英己甲戌 开休庚辰 地乙辛巳 未坤申	
旺衰	天 任戊壬午 中死己卯 玄丙庚辰 甲卯乙	朱 心丙庚辰 伤杜丁丑 虎癸戊寅 戊五己	虎 辅癸戊寅 休开乙亥 阴辛丙子 庚酉辛	旺衰
	合 冲壬丁丑 景惊甲戌 蛇庚乙亥 丑艮寅	蛇 蓬庚乙亥 惊景辛巳 天戊壬午 壬子癸	常 禽丁己卯 死中丙子 合壬丁丑 戌乾亥	
旺衰		旺衰		旺衰

阴一局 丙子时

旺衰		旺衰		旺衰
	天 任戊壬午 伤死丁丑 常丁己卯 辰巽巳	合 冲壬丁丑 惊惊辛巳 值己甲戌 丙午丁	蛇 蓬庚乙亥 中景己卯 地乙辛巳 未坤申	
旺衰	值 英己甲戌 杜休戊寅 玄丙庚辰 甲卯乙	地 柱乙辛巳 死伤丙子 虎癸戊寅 戊五己	常 禽丁己卯 景中甲戌 阴辛丙子 庚酉辛	旺衰
	虎 辅癸戊寅 生开壬午 蛇庚乙亥 丑艮寅	阴 芮辛丙子 开生庚辰 天戊壬午 壬子癸	朱 心丙庚辰 休杜乙亥 合壬丁丑 戌乾亥	
旺衰		旺衰		旺衰

阴一局 丁丑时

旺衰		旺衰		旺衰
	值 英己甲戌 死休丙子 常丁己卯 辰巽巳	虎 辅癸戊寅 开开庚辰 值己甲戌 丙午丁	阴 芮辛丙子 杜生戊寅 地乙辛巳 未坤申	
旺衰	蛇 蓬庚乙亥 伤景丁丑 玄丙庚辰 甲卯乙	天 任戊壬午 休死乙亥 虎癸戊寅 戊五己	朱 心丙庚辰 生杜壬午 阴辛丙子 庚酉辛	旺衰
	常 禽丁己卯 惊中辛巳 蛇庚乙亥 丑艮寅	合 冲壬丁丑 中惊己卯 天戊壬午 壬子癸	地 柱乙辛巳 景伤甲戌 合壬丁丑 戌乾亥	
旺衰		旺衰		旺衰

阴一局 戊寅时

旺衰		旺衰		旺衰
	朱 心丙庚辰 休景乙亥 常丁己卯 辰巽巳	蛇 蓬庚乙亥 中中己卯 值己甲戌 丙午丁	天 任戊壬午 伤惊丁丑 地乙辛巳 未坤申	
旺衰	地 柱乙辛巳 死生丙子 玄丙庚辰 甲卯乙	常 禽丁己卯 景休甲戌 虎癸戊寅 戊五己	合 冲壬丁丑 惊伤辛巳 阴辛丙子 庚酉辛	旺衰
	阴 芮辛丙子 开杜庚辰 蛇庚乙亥 丑艮寅	值 英己甲戌 杜开戊寅 天戊壬午 壬子癸	虎 辅癸戊寅 生死壬午 合壬丁丑 戌乾亥	
旺衰		旺衰		旺衰

阴一局 己卯时

旺衰		旺衰		旺衰
	朱 心丙庚辰 休生乙亥 常丁己卯 辰巽巳	蛇 蓬庚乙亥 中杜己卯 值己甲戌 丙午丁	天 任戊壬午 伤开丁丑 地乙辛巳 未坤申	
旺衰	地 柱乙辛巳 死惊丙子 玄丙庚辰 甲卯乙	常 禽丁己卯 景景甲戌 虎癸戊寅 戊五己	合 冲壬丁丑 惊死辛巳 阴辛丙子 庚酉辛	旺衰
	阴 芮辛丙子 开伤庚辰 蛇庚乙亥 丑艮寅	值 英己甲戌 杜中戊寅 天戊壬午 壬子癸	虎 辅癸戊寅 生休壬午 合壬丁丑 戌乾亥	
旺衰		旺衰		旺衰

阴一局 庚辰时

旺衰		旺衰		旺衰
	虎 辅癸戊寅 生惊壬午 常丁己卯 辰巽巳	天 任戊壬午 伤伤丁丑 值己甲戌 丙午丁	朱 心丙庚辰 休中乙亥 地乙辛巳 未坤申	
旺衰	常 禽丁己卯 景开甲戌 玄丙庚辰 甲卯乙	合 冲壬丁丑 惊生辛巳 虎癸戊寅 戊五己	蛇 蓬庚乙亥 中休己卯 阴辛丙子 庚酉辛	旺衰
	值 英己甲戌 杜死戊寅 蛇庚乙亥 丑艮寅	地 柱乙辛巳 死杜丙子 天戊壬午 壬子癸	阴 芮辛丙子 开景庚辰 合壬丁丑 戌乾亥	
旺衰		旺衰		旺衰

阴一局 辛巳时

旺衰		旺衰		旺衰
	合 冲壬丁丑 惊开辛巳 常丁己卯 辰巽巳	地 柱乙辛巳 死死丙子 值己甲戌 丙午丁	常 禽丁己卯 景杜甲戌 地乙辛巳 未坤申	
旺衰	虎 辅癸戊寅 生中壬午 玄丙庚辰 甲卯乙	阴 芮辛丙子 开惊庚辰 虎癸戊寅 戊五己	值 英己甲戌 杜景戊寅 阴辛丙子 庚酉辛	旺衰
	天 任戊壬午 伤休丁丑 蛇庚乙亥 丑艮寅	朱 心丙庚辰 休伤乙亥 天戊壬午 壬子癸	蛇 蓬庚乙亥 中生己卯 合壬丁丑 戌乾亥	
旺衰		旺衰		旺衰

阴一局 壬午时

旺衰		旺衰		旺衰
	阴 芮辛丙子 开中庚辰 常丁己卯 辰巽巳	朱 心丙庚辰 休休乙亥 值己甲戌 丙午丁	虎 辅癸戊寅 生伤壬午 地乙辛巳 未坤申	
旺衰	合 冲壬丁丑 惊杜辛巳 玄丙庚辰 甲卯乙	蛇 蓬庚乙亥 中开己卯 虎癸戊寅 戊五己	天 任戊壬午 伤生丁丑 阴辛丙子 庚酉辛	旺衰
	地 柱乙辛巳 死景丙子 蛇庚乙亥 丑艮寅	常 禽丁己卯 景死甲戌 天戊壬午 壬子癸	值 英己甲戌 杜惊戊寅 合壬丁丑 戌乾亥	
旺衰		旺衰		旺衰

阴一局 癸未时

旺衰		旺衰		旺衰
	蛇 蓬庚乙亥 中杜己卯 常丁己卯 辰巽巳	常 禽丁己卯 景景甲戌 值己甲戌 丙午丁	合 冲壬丁丑 惊死辛巳 地乙辛巳 未坤申	
旺衰	阴 芮辛丙子 开伤庚辰 玄丙庚辰 甲卯乙	值 英己甲戌 杜中戊寅 虎癸戊寅 戊五己	地 柱乙辛巳 死惊丙子 阴辛丙子 庚酉辛	旺衰
	朱 心丙庚辰 休生乙亥 蛇庚乙亥 丑艮寅	虎 辅癸戊寅 生休壬午 天戊壬午 壬子癸	天 任戊壬午 伤开丁丑 合壬丁丑 戌乾亥	
旺衰		旺衰		旺衰

阴一局 甲申时

旺衰		旺衰		旺衰
	朱 禽乙庚寅 生杜甲申 虎丁戊子 辰巽巳	蛇 英辛乙酉 伤景戊子 天己壬辰 丙午丁	天 柱己壬辰 休死丙戌 玄乙庚寅 未坤申	
旺衰	地 心戊辛卯 景伤乙酉 常丙己丑 甲卯乙	常 辅丙己丑 惊中壬辰 合癸丁亥 戊五己	合 芮癸丁亥 中惊庚寅 蛇辛乙酉 庚酉辛	旺衰
	阴 蓬壬丙戌 杜生己丑 值庚甲申 丑艮寅	值 任庚甲申 死休丁亥 地戊辛卯 壬子癸	虎 冲丁戊子 开开辛卯 阴壬丙戌 戌乾亥	
旺衰		旺衰		旺衰

阴一局 乙酉时

旺衰		旺衰		旺衰
	地 心戊辛卯 死伤丁亥 虎丁戊子 辰巽巳	阴 蓬壬丙戌 开生辛卯 天己壬辰 丙午丁	值 任庚甲申 杜休己丑 玄乙庚寅 未坤申	
旺衰	天 柱己壬辰 伤死戊子 常丙己丑 甲卯乙	朱 禽乙庚寅 休杜丙戌 合癸丁亥 戊五己	虎 冲丁戊子 生开甲申 蛇辛乙酉 庚酉辛	旺衰
	合 芮癸丁亥 惊惊壬辰 值庚甲申 丑艮寅	蛇 英辛乙酉 中景庚寅 地戊辛卯 壬子癸	常 辅丙己丑 景中乙酉 阴壬丙戌 戌乾亥	
旺衰		旺衰		旺衰

阴一局 丙戌时

旺衰		旺衰		旺衰
	天 柱己壬辰 休死丙戌 虎丁戊子 辰巽巳	合 芮癸丁亥 中惊庚寅 天己壬辰 丙午丁	蛇 英辛乙酉 伤景戊子 玄乙庚寅 未坤申	
旺衰	值 任庚甲申 死休丁亥 常丙己丑 甲卯乙	地 心戊辛卯 景伤乙酉 合癸丁亥 戊五己	常 辅丙己丑 惊中壬辰 蛇辛乙酉 庚酉辛	旺衰
	虎 冲丁戊子 开开辛卯 值庚甲申 丑艮寅	阴 蓬壬丙戌 杜生己丑 地戊辛卯 壬子癸	朱 禽乙庚寅 生杜甲申 阴壬丙戌 戌乾亥	
旺衰		旺衰		旺衰

阴一局 丁亥时

旺衰		旺衰		旺衰
	值 任庚甲申 景休乙酉 虎丁戊子 辰巽巳	虎 冲丁戊子 杜开己丑 天己壬辰 丙午丁	阴 蓬壬丙戌 死生丁亥 玄乙庚寅 未坤申	
旺衰	蛇 英辛乙酉 休景丙戌 常丙己丑 甲卯乙	天 柱己壬辰 生死甲申 合癸丁亥 戊五己	朱 禽乙庚寅 开杜辛卯 蛇辛乙酉 庚酉辛	旺衰
	常 辅丙己丑 中中庚寅 值庚甲申 丑艮寅	合 芮癸丁亥 伤惊戊子 地戊辛卯 壬子癸	地 心戊辛卯 惊伤壬辰 阴壬丙戌 戌乾亥	
旺衰		旺衰		旺衰

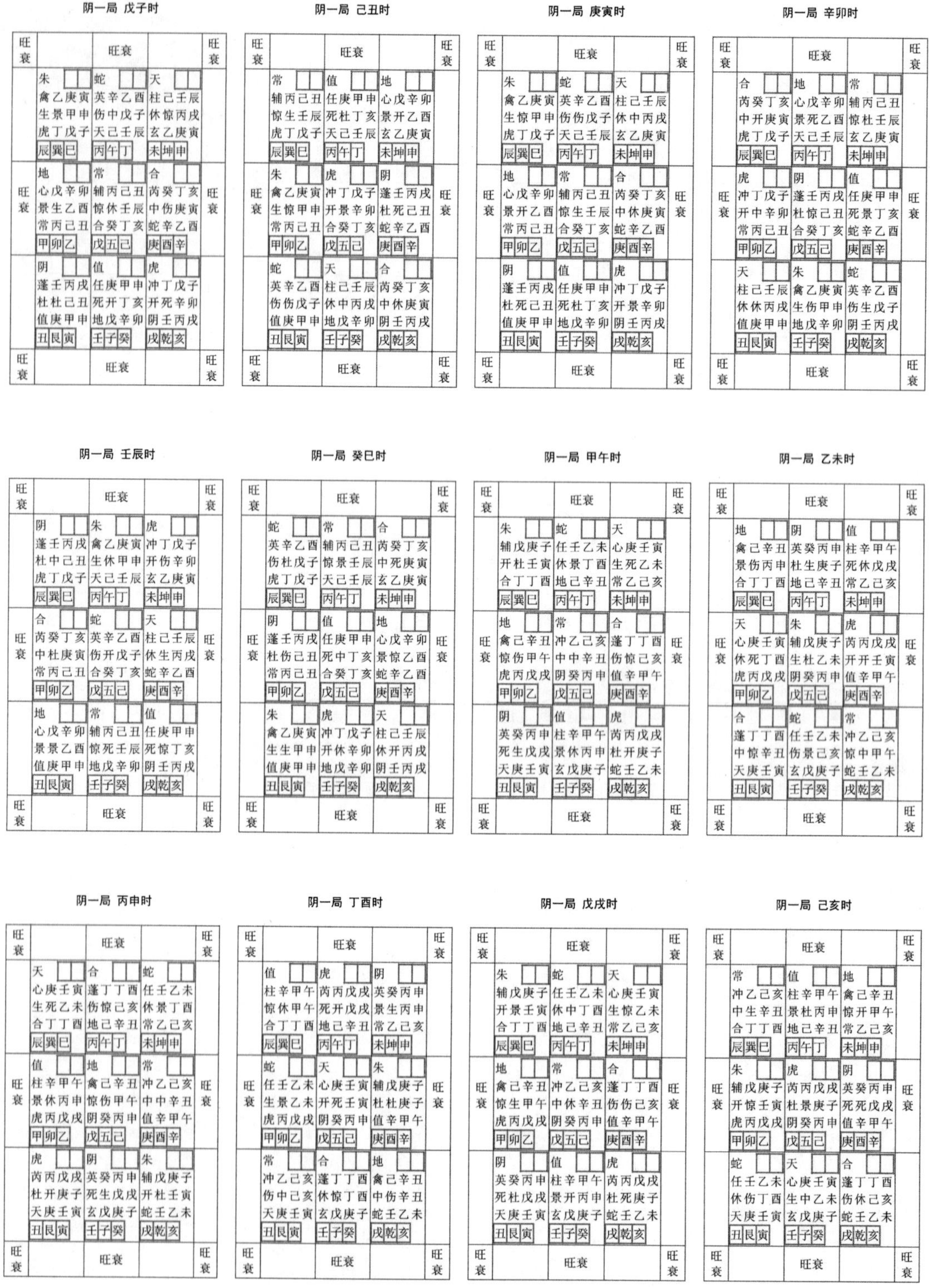

阴一局 戊子时

旺衰		旺衰		旺衰
	朱 禽乙庚寅 生景甲申 虎丁戊子 辰巽巳	蛇 英辛乙酉 伤中戊子 天己壬辰 丙午丁	天 柱己壬辰 休惊丙戌 玄乙庚寅 未坤申	
旺衰	地 心戊辛卯 景生乙酉 常丙己丑 甲卯乙	常 辅丙己丑 惊休壬辰 合癸丁亥 戊五己	合 芮癸丁亥 中伤庚寅 蛇辛乙酉 庚酉辛	旺衰
	阴 蓬壬丙戌 杜杜己丑 值庚甲申 丑艮寅	值 任庚甲申 死开丁亥 地戊辛卯 壬子癸	虎 冲丁戊子 开死辛卯 阴壬丙戌 戌乾亥	
旺衰		旺衰		旺衰

阴一局 己丑时

旺衰		旺衰		旺衰
	常 辅丙己丑 惊生壬辰 虎丁戊子 辰巽巳	值 任庚甲申 死杜丁亥 天己壬辰 丙午丁	地 心戊辛卯 景开乙酉 玄乙庚寅 未坤申	
旺衰	朱 禽乙庚寅 生惊甲申 常丙己丑 甲卯乙	虎 冲丁戊子 开景辛卯 合癸丁亥 戊五己	阴 蓬壬丙戌 杜死己丑 蛇辛乙酉 庚酉辛	旺衰
	蛇 英辛乙酉 伤伤戊子 值庚甲申 丑艮寅	天 柱己壬辰 休中丙戌 地戊辛卯 壬子癸	合 芮癸丁亥 中休庚寅 阴壬丙戌 戌乾亥	
旺衰		旺衰		旺衰

阴一局 庚寅时

旺衰		旺衰		旺衰
	朱 禽乙庚寅 生惊甲申 虎丁戊子 辰巽巳	蛇 英辛乙酉 伤伤戊子 天己壬辰 丙午丁	天 柱己壬辰 休中丙戌 玄乙庚寅 未坤申	
旺衰	地 心戊辛卯 景开乙酉 常丙己丑 甲卯乙	常 辅丙己丑 惊生壬辰 合癸丁亥 戊五己	合 芮癸丁亥 中休庚寅 蛇辛乙酉 庚酉辛	旺衰
	阴 蓬壬丙戌 杜死己丑 值庚甲申 丑艮寅	值 任庚甲申 死杜丁亥 地戊辛卯 壬子癸	虎 冲丁戊子 开景辛卯 阴壬丙戌 戌乾亥	
旺衰		旺衰		旺衰

阴一局 辛卯时

旺衰		旺衰		旺衰
	合 芮癸丁亥 中开庚寅 虎丁戊子 辰巽巳	地 心戊辛卯 景死乙酉 天己壬辰 丙午丁	常 辅丙己丑 惊杜壬辰 玄乙庚寅 未坤申	
旺衰	虎 冲丁戊子 开中辛卯 常丙己丑 甲卯乙	阴 蓬壬丙戌 杜惊己丑 合癸丁亥 戊五己	值 任庚甲申 死景丁亥 蛇辛乙酉 庚酉辛	旺衰
	天 柱己壬辰 休休丙戌 值庚甲申 丑艮寅	朱 禽乙庚寅 生伤甲申 地戊辛卯 壬子癸	蛇 英辛乙酉 伤生戊子 阴壬丙戌 戌乾亥	
旺衰		旺衰		旺衰

阴一局 壬辰时

旺衰		旺衰		旺衰
	阴 蓬壬丙戌 杜中己丑 虎丁戊子 辰巽巳	朱 禽乙庚寅 生休甲申 天己壬辰 丙午丁	虎 冲丁戊子 开伤辛卯 玄乙庚寅 未坤申	
旺衰	合 芮癸丁亥 中杜庚寅 常丙己丑 甲卯乙	蛇 英辛乙酉 伤开戊子 合癸丁亥 戊五己	天 柱己壬辰 休生丙戌 蛇辛乙酉 庚酉辛	旺衰
	地 心戊辛卯 景景乙酉 值庚甲申 丑艮寅	常 辅丙己丑 惊死壬辰 地戊辛卯 壬子癸	值 任庚甲申 死惊丁亥 阴壬丙戌 戌乾亥	
旺衰		旺衰		旺衰

阴一局 癸巳时

旺衰		旺衰		旺衰
	蛇 英辛乙酉 伤杜戊子 虎丁戊子 辰巽巳	常 辅丙己丑 惊景壬辰 天己壬辰 丙午丁	合 芮癸丁亥 中死庚寅 玄乙庚寅 未坤申	
旺衰	阴 蓬壬丙戌 杜伤己丑 常丙己丑 甲卯乙	值 任庚甲申 死中丁亥 合癸丁亥 戊五己	地 心戊辛卯 景惊乙酉 蛇辛乙酉 庚酉辛	旺衰
	朱 禽乙庚寅 生生甲申 值庚甲申 丑艮寅	虎 冲丁戊子 开休辛卯 地戊辛卯 壬子癸	天 柱己壬辰 休开丙戌 阴壬丙戌 戌乾亥	
旺衰		旺衰		旺衰

阴一局 甲午时

旺衰		旺衰		旺衰
	朱 辅戊庚子 开杜壬寅 合丁丁酉 辰巽巳	蛇 任壬乙未 休景丁酉 地己辛丑 丙午丁	天 心庚壬寅 生死乙未 常乙己亥 未坤申	
旺衰	地 禽己辛丑 惊伤甲午 虎丙戊戌 甲卯乙	常 冲乙己亥 中中辛丑 阴癸丙申 戊五己	合 蓬丁丁酉 伤惊己亥 值辛甲午 庚酉辛	旺衰
	阴 英癸丙申 死生戊戌 天庚壬寅 丑艮寅	值 柱辛甲午 景休丙申 玄戊庚子 壬子癸	虎 芮丙戊戌 杜开庚子 蛇壬乙未 戌乾亥	
旺衰		旺衰		旺衰

阴一局 乙未时

旺衰		旺衰		旺衰
	地 禽己辛丑 景伤丙申 合丁丁酉 辰巽巳	阴 英癸丙申 杜生庚子 地己辛丑 丙午丁	值 柱辛甲午 死休戊戌 常乙己亥 未坤申	
旺衰	天 心庚壬寅 休死丁酉 虎丙戊戌 甲卯乙	朱 辅戊庚子 生杜乙未 阴癸丙申 戊五己	虎 芮丙戊戌 开开壬寅 值辛甲午 庚酉辛	旺衰
	合 蓬丁丁酉 中惊辛丑 天庚壬寅 丑艮寅	蛇 任壬乙未 伤景己亥 玄戊庚子 壬子癸	常 冲乙己亥 惊中甲午 蛇壬乙未 戌乾亥	
旺衰		旺衰		旺衰

阴一局 丙申时

旺衰		旺衰		旺衰
	天 心庚壬寅 生死乙未 合丁丁酉 辰巽巳	合 蓬丁丁酉 伤惊己亥 地己辛丑 丙午丁	蛇 任壬乙未 休景丁酉 常乙己亥 未坤申	
旺衰	值 柱辛甲午 景休丙申 虎丙戊戌 甲卯乙	地 禽己辛丑 惊伤甲午 阴癸丙申 戊五己	常 冲乙己亥 中中辛丑 值辛甲午 庚酉辛	旺衰
	虎 芮丙戊戌 杜开庚子 天庚壬寅 丑艮寅	阴 英癸丙申 死生戊戌 玄戊庚子 壬子癸	朱 辅戊庚子 开杜壬寅 蛇壬乙未 戌乾亥	
旺衰		旺衰		旺衰

阴一局 丁酉时

旺衰		旺衰		旺衰
	值 柱辛甲午 惊休甲午 合丁丁酉 辰巽巳	虎 芮丙戊戌 死开戊戌 地己辛丑 丙午丁	阴 英癸丙申 景生丙申 常乙己亥 未坤申	
旺衰	蛇 任壬乙未 生景乙未 虎丙戊戌 甲卯乙	天 心庚壬寅 开死壬寅 阴癸丙申 戊五己	朱 辅戊庚子 杜杜庚子 值辛甲午 庚酉辛	旺衰
	常 冲乙己亥 伤中己亥 天庚壬寅 丑艮寅	合 蓬丁丁酉 休惊丁酉 玄戊庚子 壬子癸	地 禽己辛丑 中伤辛丑 蛇壬乙未 戌乾亥	
旺衰		旺衰		旺衰

阴一局 戊戌时

旺衰		旺衰		旺衰
	朱 辅戊庚子 开景壬寅 合丁丁酉 辰巽巳	蛇 任壬乙未 休中丁酉 地己辛丑 丙午丁	天 心庚壬寅 生惊乙未 常乙己亥 未坤申	
旺衰	地 禽己辛丑 惊生甲午 虎丙戊戌 甲卯乙	常 冲乙己亥 中休辛丑 阴癸丙申 戊五己	合 蓬丁丁酉 伤伤己亥 值辛甲午 庚酉辛	旺衰
	阴 英癸丙申 死杜戊戌 天庚壬寅 丑艮寅	值 柱辛甲午 景开丙申 玄戊庚子 壬子癸	虎 芮丙戊戌 杜死庚子 蛇壬乙未 戌乾亥	
旺衰		旺衰		旺衰

阴一局 己亥时

旺衰		旺衰		旺衰
	常 冲乙己亥 中生辛丑 合丁丁酉 辰巽巳	值 柱辛甲午 景杜丙申 地己辛丑 丙午丁	地 禽己辛丑 惊开甲午 常乙己亥 未坤申	
旺衰	朱 辅戊庚子 开惊壬寅 虎丙戊戌 甲卯乙	虎 芮丙戊戌 杜景庚子 阴癸丙申 戊五己	阴 英癸丙申 死死戊戌 值辛甲午 庚酉辛	旺衰
	蛇 任壬乙未 休伤丁酉 天庚壬寅 丑艮寅	天 心庚壬寅 生中乙未 玄戊庚子 壬子癸	合 蓬丁丁酉 伤休己亥 蛇壬乙未 戌乾亥	
旺衰		旺衰		旺衰

阴一局 庚子时

旺衰		旺衰		旺衰
	虎 芮丙戊戊 杜惊庚子 合丁丁酉 辰巽巳	天 心庚壬寅 生伤乙未 地己辛丑 丙午丁	朱 辅戊庚子 开中壬寅 常乙己亥 未坤申	
旺衰	常 冲乙己亥 中开辛丑 虎丙戊戊 甲卯乙	合 蓬丁丁酉 伤生己亥 阴癸丙申 戊五己	蛇 任壬乙未 休休丁酉 值辛甲午 庚酉辛	旺衰
	值 柱辛甲午 景死丙申 天庚壬寅 丑艮寅	地 禽己辛丑 惊杜甲午 玄戊庚子 壬子癸	阴 英癸丙申 死景戊戊 蛇壬乙未 戌乾亥	
旺衰		旺衰		旺衰

阴一局 辛丑时

旺衰		旺衰		旺衰
	朱 辅戊庚子 开开壬寅 合丁丁酉 辰巽巳	蛇 任壬乙未 休死丁酉 地己辛丑 丙午丁	天 心庚壬寅 生杜乙未 常乙己亥 未坤申	
旺衰	地 禽己辛丑 惊中甲午 虎丙戊戊 甲卯乙	常 冲乙己亥 中惊辛丑 阴癸丙申 戊五己	合 蓬丁丁酉 伤景己亥 值辛甲午 庚酉辛	旺衰
	阴 英癸丙申 死休戊戊 天庚壬寅 丑艮寅	值 柱辛甲午 景伤丙申 玄戊庚子 壬子癸	虎 芮丙戊戊 杜生庚子 蛇壬乙未 戌乾亥	
旺衰		旺衰		旺衰

阴一局 壬寅时

旺衰		旺衰		旺衰
	阴 英癸丙申 死中戊戊 合丁丁酉 辰巽巳	朱 辅戊庚子 开休壬寅 地己辛丑 丙午丁	虎 芮丙戊戊 杜伤庚子 常乙己亥 未坤申	
旺衰	合 蓬丁丁酉 伤杜己亥 虎丙戊戊 甲卯乙	蛇 任壬乙未 休开丁酉 阴癸丙申 戊五己	天 心庚壬寅 生生乙未 值辛甲午 庚酉辛	旺衰
	地 禽己辛丑 惊景甲午 天庚壬寅 丑艮寅	常 冲乙己亥 中死辛丑 玄戊庚子 壬子癸	值 柱辛甲午 景惊丙申 蛇壬乙未 戌乾亥	
旺衰		旺衰		旺衰

阴一局 癸卯时

旺衰		旺衰		旺衰
	蛇 任壬乙未 休杜丁酉 合丁丁酉 辰巽巳	常 冲乙己亥 中景辛丑 地己辛丑 丙午丁	合 蓬丁丁酉 伤死己亥 常乙己亥 未坤申	
旺衰	阴 英癸丙申 死伤戊戊 虎丙戊戊 甲卯乙	值 柱辛甲午 景中丙申 阴癸丙申 戊五己	地 禽己辛丑 惊惊甲午 值辛甲午 庚酉辛	旺衰
	朱 辅戊庚子 开生壬寅 天庚壬寅 丑艮寅	虎 芮丙戊戊 杜休庚子 玄戊庚子 壬子癸	天 心庚壬寅 生开乙未 蛇壬乙未 戌乾亥	
旺衰		旺衰		旺衰

阴一局 甲辰时

旺衰		旺衰		旺衰
	朱 冲己庚戌 杜杜辛亥 阴丁丙午 辰巽巳	蛇 柱癸乙巳 生景丙午 玄己庚戌 丙午丁	天 禽辛壬子 开死甲辰 虎乙戊申 未坤申	
旺衰	地 辅庚辛亥 中伤壬子 合丙丁未 甲卯乙	常 芮戊己酉 伤中庚戌 蛇癸乙巳 戊五己	合 英丙丁未 休惊戊申 天辛壬子 庚酉辛	旺衰
	阴 任丁丙午 景生丁未 地庚辛亥 丑艮寅	值 心壬甲辰 惊休乙巳 常戊己酉 壬子癸	虎 蓬乙戊申 死开己酉 值壬甲辰 戌乾亥	
旺衰		旺衰		旺衰

阴一局 乙巳时

旺衰		旺衰		旺衰
	地 辅庚辛亥 惊伤乙巳 阴丁丙午 辰巽巳	阴 任丁丙午 死生己酉 玄己庚戌 丙午丁	值 心壬甲辰 景休丁未 虎乙戊申 未坤申	
旺衰	天 禽辛壬子 生死丙午 合丙丁未 甲卯乙	朱 冲己庚戌 开杜甲辰 蛇癸乙巳 戊五己	虎 蓬乙戊申 杜开辛亥 天辛壬子 庚酉辛	旺衰
	合 英丙丁未 伤惊庚戌 地庚辛亥 丑艮寅	蛇 柱癸乙巳 休景戊申 常戊己酉 壬子癸	常 芮戊己酉 中中壬子 值壬甲辰 戌乾亥	
旺衰		旺衰		旺衰

阴一局 丙午时

旺衰		旺衰		旺衰
	天 禽辛壬子 开死甲辰 阴丁丙午 辰巽巳	合 英丙丁未 休惊戊申 玄己庚戌 丙午丁	蛇 柱癸乙巳 生景丙午 虎乙戊申 未坤申	
旺衰	值 心壬甲辰 惊休乙巳 合丙丁未 甲卯乙	地 辅庚辛亥 中伤壬子 蛇癸乙巳 戊五己	常 芮戊己酉 伤中庚戌 天辛壬子 庚酉辛	旺衰
	虎 蓬乙戊申 死开己酉 地庚辛亥 丑艮寅	阴 任丁丙午 景生丁未 常戊己酉 壬子癸	朱 冲己庚戌 杜杜辛亥 值壬甲辰 戌乾亥	
旺衰		旺衰		旺衰

阴一局 丁未时

旺衰		旺衰		旺衰
	值 心壬甲辰 中休壬子 阴丁丙午 辰巽巳	虎 蓬乙戊申 景开丁未 玄己庚戌 丙午丁	阴 任丁丙午 惊生乙巳 虎乙戊申 未坤申	
旺衰	蛇 柱癸乙巳 开景甲辰 合丙丁未 甲卯乙	天 禽辛壬子 杜死辛亥 蛇癸乙巳 戊五己	朱 冲己庚戌 死杜己酉 天辛壬子 庚酉辛	旺衰
	常 芮戊己酉 休中戊申 地庚辛亥 丑艮寅	合 英丙丁未 生惊丙午 常戊己酉 壬子癸	地 辅庚辛亥 伤伤庚戌 值壬甲辰 戌乾亥	
旺衰		旺衰		旺衰

阴一局 戊申时

旺衰		旺衰		旺衰
	朱 冲己庚戌 杜景辛亥 阴丁丙午 辰巽巳	蛇 柱癸乙巳 生中丙午 玄己庚戌 丙午丁	天 禽辛壬子 开惊甲辰 虎乙戊申 未坤申	
旺衰	地 辅庚辛亥 中生壬子 合丙丁未 甲卯乙	常 芮戊己酉 伤休庚戌 蛇癸乙巳 戊五己	合 英丙丁未 休伤戊申 天辛壬子 庚酉辛	旺衰
	阴 任丁丙午 景杜丁未 地庚辛亥 丑艮寅	值 心壬甲辰 惊开乙巳 常戊己酉 壬子癸	虎 蓬乙戊申 死死己酉 值壬甲辰 戌乾亥	
旺衰		旺衰		旺衰

阴一局 己酉时

旺衰		旺衰		旺衰
	常 芮戊己酉 伤生庚戌 阴丁丙午 辰巽巳	值 心壬甲辰 惊杜乙巳 玄己庚戌 丙午丁	地 辅庚辛亥 中开壬子 虎乙戊申 未坤申	
旺衰	朱 冲己庚戌 杜惊辛亥 合丙丁未 甲卯乙	虎 蓬乙戊申 死景己酉 蛇癸乙巳 戊五己	阴 任丁丙午 景死丁未 天辛壬子 庚酉辛	旺衰
	蛇 柱癸乙巳 生伤丙午 地庚辛亥 丑艮寅	天 禽辛壬子 开中甲辰 常戊己酉 壬子癸	合 英丙丁未 休休戊申 值壬甲辰 戌乾亥	
旺衰		旺衰		旺衰

阴一局 庚戌时

旺衰		旺衰		旺衰
	虎 蓬乙戊申 死惊己酉 阴丁丙午 辰巽巳	天 禽辛壬子 开伤甲辰 玄己庚戌 丙午丁	朱 冲己庚戌 杜中辛亥 虎乙戊申 未坤申	
旺衰	常 芮戊己酉 伤开庚戌 合丙丁未 甲卯乙	合 英丙丁未 休生戊申 蛇癸乙巳 戊五己	蛇 柱癸乙巳 生休丙午 天辛壬子 庚酉辛	旺衰
	值 心壬甲辰 惊死乙巳 地庚辛亥 丑艮寅	地 辅庚辛亥 中杜壬子 常戊己酉 壬子癸	阴 任丁丙午 景景丁未 值壬甲辰 戌乾亥	
旺衰		旺衰		旺衰

阴一局 辛亥时

旺衰		旺衰		旺衰
	合 英丙丁未 休开戊申 阴丁丙午 辰巽巳	地 辅庚辛亥 中死壬子 玄己庚戌 丙午丁	常 芮戊己酉 伤杜庚戌 虎乙戊申 未坤申	
旺衰	虎 蓬乙戊申 死中己酉 合丙丁未 甲卯乙	阴 任丁丙午 景惊丁未 蛇癸乙巳 戊五己	值 心壬甲辰 惊景乙巳 天辛壬子 庚酉辛	旺衰
	天 禽辛壬子 开休甲辰 地庚辛亥 丑艮寅	朱 冲己庚戌 杜伤辛亥 常戊己酉 壬子癸	蛇 柱癸乙巳 生生丙午 值壬甲辰 戌乾亥	
旺衰		旺衰		旺衰

阴一局 壬子时

旺衰		旺衰		旺衰
	朱 冲己庚戊 杜中辛亥 阴丁丙午 辰巽巳	蛇 柱癸乙巳 生休丙午 玄己庚戌 丙午丁	天 禽辛壬子 开伤甲辰 虎乙戊申 未坤申	
旺衰	地 辅庚辛亥 中杜壬子 合丙丁未 甲卯乙	常 芮戊己酉 伤开庚戌 蛇癸乙巳 戊五己	合 英丙丁未 休生戊申 天辛壬子 庚酉辛	旺衰
	阴 任丁丙午 景景丁未 地庚辛亥 丑艮寅	值 心壬甲辰 惊死乙巳 常戊己酉 壬子癸	虎 蓬乙戊申 死惊己酉 值壬甲辰 戌乾亥	
旺衰		旺衰		旺衰

阴一局 癸丑时

旺衰		旺衰		旺衰
	蛇 柱癸乙巳 生杜丙午 阴丁丙午 辰巽巳	常 芮戊己酉 伤景庚戌 玄己庚戌 丙午丁	合 英丙丁未 休死戊申 虎乙戊申 未坤申	
旺衰	阴 任丁丙午 景伤丁未 合丙丁未 甲卯乙	值 心壬甲辰 惊中乙巳 蛇癸乙巳 戊五己	地 辅庚辛亥 中惊壬子 天辛壬子 庚酉辛	旺衰
	朱 冲己庚戊 杜生辛亥 地庚辛亥 丑艮寅	虎 蓬乙戊申 死休己酉 常戊己酉 壬子癸	天 禽辛壬子 开开甲辰 值壬甲辰 戌乾亥	
旺衰		旺衰		旺衰

阴一局 甲寅时

旺衰		旺衰		旺衰
	朱 芮庚庚申 死杜庚申 蛇丁乙卯 辰巽巳	蛇 心丁乙卯 开景乙卯 常己己未 丙午丁	天 辅壬壬戌 杜死壬戌 合乙丁巳 未坤申	
旺衰	地 冲辛辛酉 伤伤辛酉 阴丙丙辰 甲卯乙	常 蓬己己未 休中己未 值癸甲寅 戊五己	合 任乙丁巳 生惊丁巳 地辛辛酉 庚酉辛	旺衰
	阴 柱丙丙辰 惊生丙辰 玄庚庚申 丑艮寅	值 禽癸甲寅 中休甲寅 虎戊戊午 壬子癸	虎 英戊戊午 景开戊午 天壬壬戌 戌乾亥	
旺衰		旺衰		旺衰

阴一局 乙卯时

旺衰		旺衰		旺衰
	地 冲辛辛酉 中伤甲寅 蛇丁乙卯 辰巽巳	阴 柱丙丙辰 景生戊午 常己己未 丙午丁	值 禽癸甲寅 惊休丙辰 合乙丁巳 未坤申	
旺衰	天 辅壬壬戌 开死乙卯 阴丙丙辰 甲卯乙	朱 芮庚庚申 杜杜庚申 值癸甲寅 戊五己	虎 英戊戊午 死开庚申 地辛辛酉 庚酉辛	旺衰
	合 任乙丁巳 休惊己未 玄庚庚申 丑艮寅	蛇 心丁乙卯 生景丁巳 虎戊戊午 壬子癸	常 蓬己己未 伤中辛酉 天壬壬戌 戌乾亥	
旺衰		旺衰		旺衰

阴一局 丙辰时

旺衰		旺衰		旺衰
	天 辅壬壬戌 杜死壬戌 蛇丁乙卯 辰巽巳	合 任乙丁巳 生惊丁巳 常己己未 丙午丁	蛇 心丁乙卯 开景乙卯 合乙丁巳 未坤申	
旺衰	值 禽癸甲寅 中休甲寅 阴丙丙辰 甲卯乙	地 冲辛辛酉 伤伤辛酉 值癸甲寅 戊五己	常 蓬己己未 休中己未 地辛辛酉 庚酉辛	旺衰
	虎 英戊戊午 景开戊午 玄庚庚申 丑艮寅	阴 柱丙丙辰 惊生丙辰 虎戊戊午 壬子癸	朱 芮庚庚申 死杜庚申 天壬壬戌 戌乾亥	
旺衰		旺衰		旺衰

阴一局 丁巳时

旺衰		旺衰		旺衰
	值 禽癸甲寅 伤休辛酉 蛇丁乙卯 辰巽巳	虎 英戊戊午 惊开丙辰 常己己未 丙午丁	阴 柱丙丙辰 中生甲寅 合乙丁巳 未坤申	
旺衰	蛇 心丁乙卯 杜景壬戌 阴丙丙辰 甲卯乙	天 辅壬壬戌 死死庚申 值癸甲寅 戊五己	朱 芮庚庚申 景杜戊午 地辛辛酉 庚酉辛	旺衰
	常 蓬己己未 生中丁巳 玄庚庚申 丑艮寅	合 任乙丁巳 开惊乙卯 虎戊戊午 壬子癸	地 冲辛辛酉 休伤己未 天壬壬戌 戌乾亥	
旺衰		旺衰		旺衰

阴一局 戊午时

旺衰		旺衰		旺衰
	朱 芮庚庚申 死景庚申 蛇丁乙卯 辰巽巳	蛇 心丁乙卯 开中乙卯 常己己未 丙午丁	天 辅壬壬戌 杜惊壬戌 合乙丁巳 未坤申	
旺衰	地 冲辛辛酉 伤生辛酉 阴丙丙辰 甲卯乙	常 蓬己己未 休休己未 值癸甲寅 戊五己	合 任乙丁巳 生伤丁巳 地辛辛酉 庚酉辛	旺衰
	阴 柱丙丙辰 惊杜丙辰 玄庚庚申 丑艮寅	值 禽癸甲寅 中开甲寅 虎戊戊午 壬子癸	虎 英戊戊午 景死戊午 天壬壬戌 戌乾亥	
旺衰		旺衰		旺衰

阴一局 己未时

旺衰		旺衰		旺衰
	常 蓬己己未 休生己未 蛇丁乙卯 辰巽巳	值 禽癸甲寅 中杜甲寅 常己己未 丙午丁	地 冲辛辛酉 伤开辛酉 合乙丁巳 未坤申	
旺衰	朱 芮庚庚申 死惊庚申 阴丙丙辰 甲卯乙	虎 英戊戊午 景景戊午 值癸甲寅 戊五己	阴 柱丙丙辰 惊死丙辰 地辛辛酉 庚酉辛	旺衰
	蛇 心丁乙卯 开伤乙卯 玄庚庚申 丑艮寅	天 辅壬壬戌 杜中壬戌 虎戊戊午 壬子癸	合 任乙丁巳 生休丁巳 天壬壬戌 戌乾亥	
旺衰		旺衰		旺衰

阴一局 庚申时

旺衰		旺衰		旺衰
	虎 英戊戊午 景惊戊午 蛇丁乙卯 辰巽巳	天 辅壬壬戌 杜伤壬戌 常己己未 丙午丁	朱 芮庚庚申 死中庚申 合乙丁巳 未坤申	
旺衰	常 蓬己己未 休开己未 阴丙丙辰 甲卯乙	合 任乙丁巳 生生丁巳 值癸甲寅 戊五己	蛇 心丁乙卯 开休乙卯 地辛辛酉 庚酉辛	旺衰
	值 禽癸甲寅 中死甲寅 玄庚庚申 丑艮寅	地 冲辛辛酉 伤杜辛酉 虎戊戊午 壬子癸	阴 柱丙丙辰 惊景丙辰 天壬壬戌 戌乾亥	
旺衰		旺衰		旺衰

阴一局 辛酉时

旺衰		旺衰		旺衰
	合 任乙丁巳 生开丁巳 蛇丁乙卯 辰巽巳	地 冲辛辛酉 伤死辛酉 常己己未 丙午丁	常 蓬己己未 休杜己未 合乙丁巳 未坤申	
旺衰	虎 英戊戊午 景中戊午 阴丙丙辰 甲卯乙	阴 柱丙丙辰 惊惊丙辰 值癸甲寅 戊五己	值 禽癸甲寅 中景甲寅 地辛辛酉 庚酉辛	旺衰
	天 辅壬壬戌 杜休壬戌 玄庚庚申 丑艮寅	朱 芮庚庚申 死伤庚申 虎戊戊午 壬子癸	蛇 心丁乙卯 开生乙卯 天壬壬戌 戌乾亥	
旺衰		旺衰		旺衰

阴一局 壬戌时

旺衰		旺衰		旺衰
	阴 柱丙丙辰 惊中丙辰 蛇丁乙卯 辰巽巳	朱 芮庚庚申 死休庚申 常己己未 丙午丁	虎 英戊戊午 景伤戊午 合乙丁巳 未坤申	
旺衰	合 任乙丁巳 生杜丁巳 阴丙丙辰 甲卯乙	蛇 心丁乙卯 开开乙卯 值癸甲寅 戊五己	天 辅壬壬戌 杜生壬戌 地辛辛酉 庚酉辛	旺衰
	地 冲辛辛酉 伤景辛酉 玄庚庚申 丑艮寅	常 蓬己己未 休死己未 虎戊戊午 壬子癸	值 禽癸甲寅 中惊甲寅 天壬壬戌 戌乾亥	
旺衰		旺衰		旺衰

阴一局 癸亥时

旺衰		旺衰		旺衰
	朱 芮庚庚申 死杜庚申 蛇丁乙卯 辰巽巳	蛇 心丁乙卯 开景乙卯 常己己未 丙午丁	天 辅壬壬戌 杜死壬戌 合乙丁巳 未坤申	
旺衰	地 冲辛辛酉 伤伤辛酉 阴丙丙辰 甲卯乙	常 蓬己己未 休中己未 值癸甲寅 戊五己	合 任乙丁巳 生惊丁巳 地辛辛酉 庚酉辛	旺衰
	阴 柱丙丙辰 惊生丙辰 玄庚庚申 丑艮寅	值 禽癸甲寅 中休甲寅 虎戊戊午 壬子癸	虎 英戊戊午 景开戊午 天壬壬戌 戌乾亥	
旺衰		旺衰		旺衰

附　录

附录一　辽东龙伏山人年谱

公元纪年	农历纪年	干支	年岁	事略
1760 年	乾隆二十五年	庚辰		龙伏山人祖父矫玉圣生于山东黄县。
1789 年	乾隆五十四年	己酉		龙伏山人祖父矫玉圣渡海迁居辽宁海城。拔贡。
1799 年	嘉庆四年	己未		龙伏山人之父矫一桂生于海城。业儒。
1842 年	道光二十二年	壬寅	1	农历九月十四日，龙伏山人出生于海城。龙伏山人，又号卓卓子，本名矫英方，又名矫晨熺。曾用名：廷嘻、廷憙等。
1843 ～ 1861 年	道光二十三年	癸卯	2	随父于塾中，习童蒙之学。后随父习科举。
1862 年	同治元年	壬戌	21	矫一桂病故。遂弃科举之学，务农教书，独自奉养母亲。时其长夫人已育有一女。因家境贫寒，入不敷出，始以卖卜为生。
1863 年	同治二年	癸亥	22	遍访明师，钻研奇门，博求诸史，购尚数十余极，读止千百卷已，始入门，即觉世本未有不北辙南辕，此臧彼否，换段移条，摘章更旨也者。其规则清纯，理论不杂，从未之有也。以是志稍有怠。

公元纪年	农历纪年	干支	年岁	事略
1866 年	同治五年	丙寅	25	同治五年，马贼刘老好等陷牛庄，县城岌岌可危，其师戚士升请于邑宰郝佩芬，募民勇，办团练，关门固守，昼夜巡视，城赖以安。
1870 年	同治九年	庚午	29	庚午之岁秋七月，街市偶来一卖卜人邹妙峰者，精于此术，相与友善，大有所得。
1871 年	同治十年	辛未	30	辛未冬日，偶逢天真老人，条分缕析，手画心印，口授秘密玄关，龙伏山人始得诀明道，录撰《奇门鸣法》、《奇门衍象》二书并作注释。 同治辛未仲冬五日，撰《奇门鸣法序》，记述学道始末及得道由来。
1875 年	光绪元年	乙亥	34	岁次乙亥夏四月廿一日，《奇门枢要》成，撰《奇门枢要序》。 光绪初，邑侯贺壎重修文庙，建筑他山书院讲堂、校舍、文场，并修补城垣，其师戚士升为书院绅董，奉委督理工务。
1879 年	光绪五年	己卯	38	是年秋日，《遁甲括囊集》正文稿初具规模。陈荫桥先生携去并欲为之注解。
1880 年	光绪六年	庚辰	39	是年，以面斥英法传教士蛊惑百姓，反对教会在海城设立教堂，被控告于官府，为朝廷所重视。幸赖戚允菴公、王冠廷二人大力维护及海城社会各界挽救，始免囹圄之祸。 夏，《遁甲括囊集》初稿归还。

公元纪年	农历纪年	干支	年岁	事略
1881 年	光绪七年	辛巳	40	初夏，龙伏山人母病重。季夏，其师戚允菴先生亦病重。 秋八月朔，其母谢世。望后一日，戚允菴先生亦长逝。年八十。
1882 年	光绪八年	壬午	41	壬午春，于海城县城东南栗子洼购十六亩五分二山地，作为矫家永久家族墓地。 二月，葬母。
1884 年	光绪十年	甲申	43	夏，前辈太守丁仙谱公自重庆以母艰回籍，常邀饮酌，谈及京师巴蜀南省见闻之事，并大内四库经史之盛，熺忧于是日解。
1889 年	光绪十五年	己丑	48	季冬，长子文彦生。矫文彦，名庸。矫文彦后抄写《奇门鸣法》、《奇门衍象》等传世，后人多有转抄。
1891 年	光绪十七年	辛卯	50	春，将几案经史及箱箧诸子百家及术数等书，仍如前翻览。随将所著《理气吟》、《察察论》并《遁甲括囊集》逐一详解。 次子矫文彪生。矫文彪，字作山。
1893 年	光绪十九年	癸巳	52	三子矫文彬生。矫文彬，字靖忠。
1894 年	光绪二十年	甲午	53	甲午海战爆发。甲午冬，清军御日寇于海城。 龙伏山人带全家避难山中，并组织团练收复海城，铲除汉奸。其城中家宅被汉奸拆除一空，唯余白地。 四子矫文彧生。矫文彧，字季声。

公元纪年	农历纪年	干支	年岁	事略
1895 年	光绪二十一年	乙未	54	乙未春，被徐牧聘。携全家复回海城。
1896 年	光绪二十二年	丙申	55	丙申秋，受累于贵侍卫，囚置囹圄。幸长婿云阁陈生纠集诸生士子，联名申冤，凡数往还，而督宪始释然。自陷皐陶之暇，始逐条釐正《遁甲括囊集》一书。
1897 年	光绪二十三年	丁酉	56	春，矿务阮少楼君以关约相订，襄理文案事宜，既而分查帽儿山等处。因此将《遁甲括囊集》全稿脱出，分为三卷，第有七篇。 荷月中伏二日，龙伏山人撰《遁甲括囊集序》于通化县帽儿山之公寓。 荷月望后六日，撰《遁甲括囊集后跋》于通化县帽儿山之阳。 五子矫文彤生。矫文彤，字季培。
1900 年	光绪二十六年	庚子	59	八国联军入侵北京。 龙伏山人卜国运，断定十年后清廷必亡。 龙伏山人又卜义和团运动，断其不久必败。
1905 年	光绪三十一年	乙巳	64	日俄战争，清廷宣布中立。海城为战场，生灵涂炭。
1906 年	光绪三十二年	丙午	65	被日寇多次殴辱，忧郁愤懑，无法排解，生胃疾，不食。十月，龙伏山人辞世，时年六十五岁。

附录二　奇门遁甲鸣法辽图全本

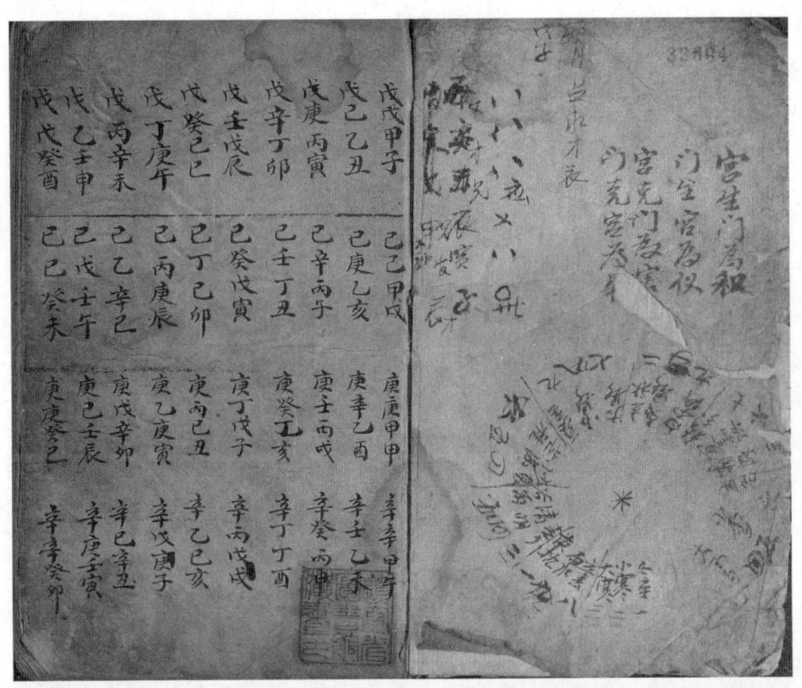

戊戊甲子　戊己乙丑　戊庚丙寅　戊辛丁卯　戊壬戊辰　戊癸己巳　戊丁庚午　戊丙辛未　戊乙壬申　戊戊癸酉

己己甲戌　己庚乙亥　己辛丙子　己壬丁丑　己癸戊寅　己丁己卯　己丙庚辰　己乙辛巳　己戊壬午　己己癸未

庚庚甲申　庚辛乙酉　庚壬丙戌　庚癸丁亥　庚丁戊子　庚丙己丑　庚乙庚寅　庚戊辛卯　庚己壬辰　庚庚癸巳

辛辛甲午　辛壬乙未　辛癸丙申　辛丁丁酉　辛丙戊戌　辛乙己亥　辛戊庚子　辛己辛丑　辛庚壬寅　辛辛癸卯

宫生门为和
门生宫为仪
宫克门为迫
门克宫为制

壬壬甲辰　壬癸乙巳　壬丁丙午　壬丙丁未　壬乙戊申　壬戊己酉　壬己庚戌　壬庚辛亥　壬辛壬子　壬壬癸丑

癸癸甲寅　癸丁乙卯　癸丙丙辰　癸乙丁巳　癸戊戊午　癸己己未　癸庚庚申　癸辛辛酉　癸壬壬戌　癸癸癸亥

奇門遁甲鳴法序

矯文彥本

術數之學惟奇門一家非他技可比徵之于數實出於河圖洛書九宮八卦徵之于理實係於天地人文陰陽消息但歷年悠遠真經久佚猶兼古昔聖王止傳真其心未明發其口繼世賢哲止著真其粗末筆明其雖精言傳有風后神章子房秘旨流呂耳聆其音並未面覩其色也況又杜撰由唐呂惺火自秦皇則應前代之成規蕩然絕滅後世之偽篇倏忽施張

附录

至業是學者尊謂説如準繩習是術者法謬言似紀
綱以妄導妄以盲引盲所以則偽本隨时而日興真
旨隨时而妄矣予自弱冠攻乎是技徧訪明師博求
諸史購尚數十餘種讀止千百卷已未有不北轍南轅北臧
彼否換毀移條摘章更旨也者其規則清俺理論不雜
從來之有也以是志稍有怠嘆形愈悴心愈專道愈
迷力愈進手不釋卷十數年之鳴魍寢不就枕百餘
月之辛勤亦良可惜目奈心志未甘苟聞講究奇门

之書者精研奇门之術者毋拘險阻必謁求之既謁之人既
求之書亦皆予胸中了了竟無有超出於某腹外之意
三伏有幸風世有緣庚午之歲秋七月街市偶來一賣卜人
鄒妙峰者精于此術相與交僅善出隻字片言則較比俗
本大為詳確蓋少有矛盾亦本待辯焉今祀冬日從降天
真子孫道一老人於卜之下時遭驟雨高座清淡老人放懸
河之口闡混沌之天發青囊之秘傾黃策之玄句句金鎖
字字珠鈴思之其網羅日月掌握乾坤者歟想慈領虎

頷龍目鶴顴姿偉軀垂顋隆準龐眉神光爍爍蒼鬚
垂垂形容古峭貌像異奇決非尋常之器因而拜之老人大
喜心即命潤筆修箋詳錄與予曰此我鵝眉山宏農道人
之心印而口授于我者也
命毋須妄傳今觀子形若槁木心若死灰芳年未壯而甘
隱於卜筮是必達時知命修身鍊性之人也故可以授之
戒慎勿遺匪人幸甚苟有良善之士志于斯者亦不可吝
焉予覽其訣伏冀拜謝助心悟之慌然有得可謂諱偽

於千年之前指南於百代之後弟古之津梁奕世之寶筏渡
生出苦海之間濟難離網羅之穴乃為大有益於天下者予
固不敢自善亦不敢行欺謹遵師教結撰九篇聊備高明
同志云爾

歲次

同治辛未仲冬五日

奇门遁甲鳴法目錄

上卷

入门　開端　用神　正格　下卷　輔格　奇格　遁干

周游　占法

夏至白露九三六　小暑八二五之間　大暑秋分七一四　立秋二五八相逆　霜降小雪五八二　大雪四七一相關　處暑排來一四七　立冬寒露六九三　此是陰陽遁起例　節氣推移細心參

冬至驚蟄一七四　小寒二八五同推　春分大寒三九六　立春八五二相隨　穀雨小滿五二八　雨水九六三為期　清明立夏四一七　芒種六三九為宜　十二節氣四時定　上中下元是根基

立冬

奇門遁甲鳴法　遼東　卧伏山人　撰

陰陽秘旨極玄微　二至分途順逆飛

冲和天地之氣無過乎陰陽，統攝陰陽之理無過乎節與氣。故冬至陽生，夏至陰生。陽生則消，萬物隨之所以生，乃知來之候，故奇門家用之於順也。陰始則陽息，萬物隨之所以死，乃數往之候，故奇門家用之於逆也。順逆異途，其星神門儀飛而佈之，則玄微之旨明矣。

先排掌上九宮位　先於掌上排坎一坤二震三巽四中五乾六兌七艮八離九之宮

次按節下三元依

次按冬至小寒大寒起一二三。立春雨水驚蟄起八九一。春分清明穀雨起三四五。立夏小滿芒種起四五六。即冬至驚蟄一七四，小寒二八五，大寒春分三九六，立春八五二，穀雨小滿五二八，雨水九六三，清明立夏四一七，芒種六三九是也。又於夏至小暑大暑起九八七，立秋處暑白露二一九，秋分寒露霜降起七六五，立冬小雪大雪六五四。此即夏至白露九三六，小暑八二五，秋分大暑七一四，立秋二五八，霜降小雪五八二，處暑一四七，立冬寒露六九三，大雪四一七是也。以故五日為一元，盡六甲之數，十五日為三元，盡一氣之數。而以甲己加子午卯酉為上元，加寅申巳亥為中元，加辰戌丑未為下元。上元則用上局，中元用中局，下元用下局。既而步之，自甲子冠首，迄癸亥終止，則三元三局自辨矣。

交氣正時為心法

認局之法，當以氣候正時為定，而分三局，上以時為準。如立春或冬至節子時交，冬至為子午卯酉為上局，不可出越

附录

節氣之外矣寅申巳亥為中局辰戌丑未為下局在節氣之內
須折補元局為妙
折補元局是妙機
折局之法蓋不泥上中下之概或節甲下或上中皆有之事故謂
之折也夫即折何補然而以交節氣之时為準而拘甲己子午
卯酉為上如乙丑交節在從寅申巳亥為中局又下又上又補之
至交彼之節氣為準矣
冬至十二為陽遁夏至以三為陰遁

辨却陰陽分局佈 理已明陰阳遁數之理須於
每節氣之中分定三局察其某局某宮而起甲子时也
六儀三奇一時移 此節上句而言已明陰阳局法則佈起
甲子戊。甲戌起己甲申庚甲午辛甲辰壬
甲寅癸。為六仪矣三奇乃乙丙丁乃日月星也
要將六仪直符取。須以八门直使隨
六仪即為其符而同其六仪之宮八门者即為使也
直符加於時干上。直使加之在時支。
以直符加於地盘將干之宮以其使加於旬下时支之上

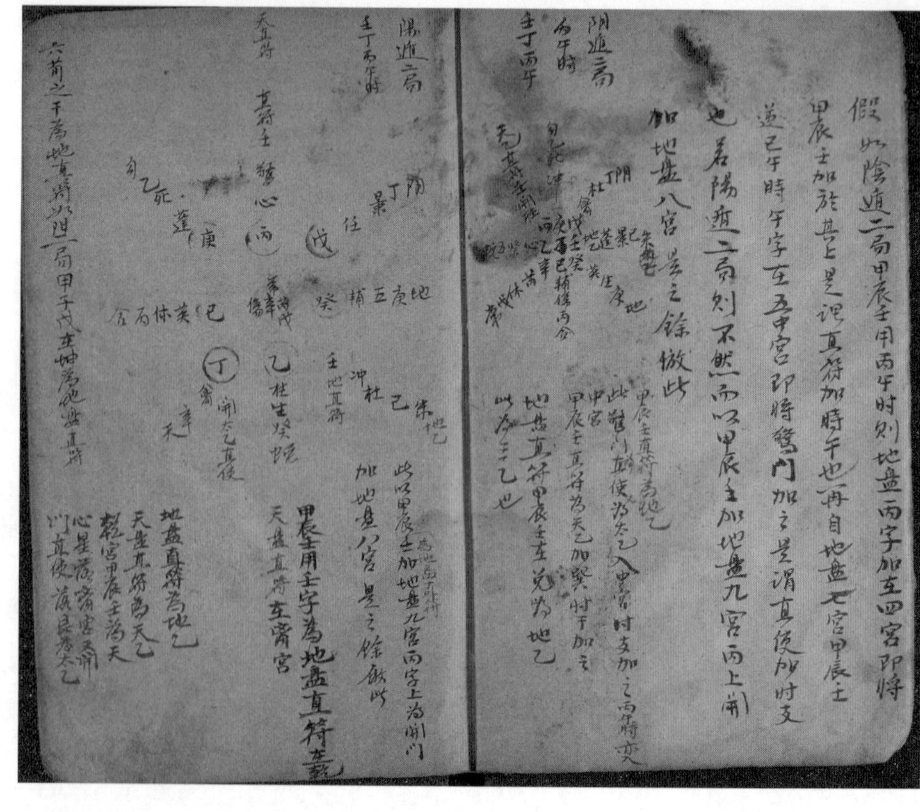

陽遁順儀奇逆布　陰遁逆儀奇順行

陽遁則順佈六仪逆佈三奇　陰遁則逆佈六仪順佈三奇

總以提法戊己庚辛壬癸丁丙乙飛宮而建則終無誤矣

九神順逆遁轉　九神者即直符螣蛇太阴六合勾陈太常朱雀九地九天也　陽遁順飛陰遁逆飛與奇仪無殊但勾陈有用白虎之时而朱雀有用玄武之时是因其事而用之不必泥於陽遁用勾陈朱雀阴遁用白虎玄武之时耶誤可矣

八門九星順宮馳　此象列宿天旋轉　此象太陽皆向右

九宮無逆是根基　八门者休死傷杜五开驚生景也

九星者蓬芮冲辅禽心柱任英也　然八门九星無分阴阳皆要須順去何謂也蓋以九宮無逆八門九星出自九宮之使焉亦象列宿天左旋七政有順逆有進退之說爾

八門九星飛排定　五隨五佈向六七

中宮蓋皆無直符使　直使為五人罕知

總然八门臨在五　何必寄宮艮坤矣

八门九星皆要隨宮飛排若臨五宮蓋即目五佈去而向六也

宮焉至中宮五皇極雖無门使則當以五為直使而遁往飛之若天子巡狩百官從之是用杜死寄坤直使用開之謬語可耳

日課一年兩氣應

法以子丑寅卯辰巳年為陽遁局午未申酉戌亥年為陰遁局子起冬至小寒丑起大寒立春寅起雨水驚蟄卯起春分清明辰起谷雨立夏巳起小滿芒種午起夏至小暑大暑立秋申起處暑白露酉起秋分寒露戌起霜降立冬亥起小雪大雪　於此六十日有奇為一元冬至雨水谷雨夏至處暑霜降六日乃換元之日也　所以年有二氣而備六局之數十二年二十四氣而備七十二候之數一一换去周而復始其日局之法可知矣

月法半世三局持

法以十二世為定一世應一辰次六十月為一局四仟三百二十月為一陰陽一世而主二氣即大寒立春在丑宮是之所以一運之中而數備矣則國朝乾隆九年甲子

年甲子月蓋冬至一局甲子課耳己卯年甲子月則小寒
上元甲子局也 約以五年為一月局十五年應三局之數
卅年則六元爲甲午年甲子月乃大寒三局甲子月課
己酉年甲子月則立春上元甲子局耳嘉慶九年甲子
年象雨水己卯年象驚蟄道光甲午年象春分己酉年
象清明同治甲子年象谷雨己卯年象立夏今歲辛未年
十一月乃谷雨二局辛 庚子月也
年依運計十有二

法以十二運為定一運應一辰次六十年為一局四仟三百
二十年為一陰陽遁一運而主二氣即冬至小寒在子宮
是之一会之數乃兆兩年半耳故當午会十一運蓋霜降
立冬之二氣今則十二運乃小雪大雪主矣是歲同治十年
在小雪二局戊辛未一課也

世從會算六元為

法以十二會為定一会乃一辰次六十世為一局四仟三百廿
世為一陰阳遁即十二萬九仟六百年盈天地始終之
數世每会有二氣六局定之計帝堯世課陽局之極蓋芒
種九局癸巳未時一課虞舜乃壬戌癸亥局焉今自夏禹
起算佈夏至陰九局甲子世課推至洪十七年甲子年換夏
至六局甲子世課迄今同治甲子年則己庚辰一世局也

二十四氣考分野世年月日獻安危

每於節氣交時各命一盤以參星宿分野定之則某
州之禍福某省之安危可以洞悉再詳世年月
日之局其治乱於何世災祥於何年何時之滅
賊何月之除乱則莫不了然於胸中矣

盤盤皆有支神位 甲子起子甲戌施

法以甲子旬於空起子甲戌旬於旬宮起戌順逆飛
排去之刑德神煞可知也

複自甲而數至癸 位位暗干可知之

法以甲子旬於旬宮起甲。甲戌旬亦然順逆飛排與時
支同行驗其暗干居旺衰之地動於不動並用神命
宮之勃桲吉凶及暗中之小人暗裏之機密無

不洞然前知矣
時支可以知神煞 時干可以知公私 神煞公私
皆知也 要明星神與門儀
戊己庚辛壬癸儀乙丙丁干是三奇六儀除戊為五
凶。三奇總言吉而宜甲乙丙丁戊陽長庚辛壬癸己
陰資。蓋然戊寄於艮上己寄於坤是衰時六甲隱
藏六戊下遁甲一有從此始。
此言以陽長陰消分定吉凶之名非臆度也至三奇

六儀前已註明不必須贅焉
八門休死傷與杜五開驚生景。休生開驚為吉门傷
杜景死驚凶户惟有中五無吉凶逢之仍属没门路。有
门有路尚可遊無门無路休展步
開陰極陽生休一陽來復生開陽資物三者皆陽
氣之動故謂之吉也傷陽洩精華杜陽極陰始景
一陰始結死陽氣已消驚陰作肅殺五者乃陰氣
之凝故謂之凶也 五皇極之位安寧之閫與百官

巡狩八方所以在處即帝座宮寢而常人遇之非
吉之有但又無門無路而步則何由得展也故以
避之為宜
九星蓬芮冲輔禽心柱任英大吉大凶否 蓬芮宮次凶次吉
英柱度輔禽心星上吉 方天冲天任小吉 孰凶逢生處旺更
凶吉至尅宮喜轉怒 吉得生鄉大吉昌 凶歸弱地凶不顧
凶星失第变吉 神吉宿非時凶似蠹
九星之吉凶本璇璣與玉衡但凶星亦有吉時吉宿亦有

凶時
謂其得第失第生宮尅宮是也假如天蓬臨於坤艮
宮受土之尅何凶之有至逢春夏之際死囚之地時值衰替
總得生扶則害亦难成焉其吉星之減否概㪅諸此耳
九神值符螣蛇是太陰六合勾陳次太常朱雀九地天午後
白虎玄武治值符九天吉且怡太陰六合九地利。勾陳螣蛇為
最凶白虎玄武乃災祟朱雀旺則小吉 云朱地之時轉凶事。
太常五行化氣神吉凶無應皆不意明得神仗奇。星门格局
吉凶要周備。九神之吉凶蓋本八卦之性情而來也

其勾用虎用玄用朱有陽有陰。陰遁陽遁午前午後
之别並有因事用白虎有因事用玄而因事用玄因事
用朱之義哉在学人按任會悟依幹求枝者焉
右第一章釋入門佈局之義也
預曉要明宗口旨天盤發用時干己时干乃是主宰
神格局吉凶考滅否吉則吉兮凶則凶進退存亡淡
只延
時干乃一時之主宰一卦之剛領事之禍福為之成敗

蓋皆前見而可進可退當存當亡無不瞭然在目與
天乙太乙地乙互相生尅並用神年命較先其初
末之應休咎之驗而全在茲矣
次便詳察天乙宮應事以來為初起太乙人盤
事應中家门吉凶要細（祥）。地盘地乙未缘由所主
之事是歸計
天乙者天盤直符也主事之初應太乙者人盘直
使也主事之中應並家内之妍媸。地乙者地盘直符

也主事之末應皆以其宮格局吉凶而論之反參合時
干年命用神生尅以决焉
四宮定分年命推所卜用神要參契假如求人問求名（謀）
時干年命定隆替
四宮者即天盤時干宮天乙宮太乙宮地乙宮也
天盤戊字宮甲年生人亦然用神者即求謀以時干
宮與年命宮生尅决之餘倣此
年尅年命年内凶月尅年命月内危日生年命日

内昌时生年命时内美年月日時四天干天盘奇仪
九宫（旨者）皆與命生尅相尅（較）看禍福吉凶可啓齿
卜年命運月令日下時间皆察此四干之宫而與年命
之宫生尅决矣
總以生我而為吉尅我吉凶在用矣我若尅他來问
言他来脱我非喜
無論何事總以他來生我為吉若來尅我須详所问
之事如我去求他的文藝財物雖屬尅我主我所

所得必速则亦不謂之凶若非此類其害必速也其我
尅他亦察其問事若彼人来向我求財求物而我雖
尅他不免與他人之財之物若非此類其吉可言也至於
我去生他其中必是耗我的神氣我难獲其善则不可
不慎學者以此决断则無不中矣
用主用客非似此地盘地乙是主司天盘直符名天乙九宫
以斯為客基中人都来观太乙生尅彼我驗酯庇
以地盘直符為主以天盤直符為客以人盘直使為中人

之偏正以心會悟以悟了然则開口取断無不立杆見影
休咎定自天盘時主客分明虚與實時生地符
主軍與(利)時生天符客軍吉若然直使(時)生分(分)中
人分(外)心自逸其或主客同受生兩造吉凶法
歸一尅客盗客客非宜盗主尅主主有失主
客皆尅時宫此事攪擾無頭緒主尅時干
主不情客尅時干客先搴太乙或来尅其
中人是非無定許至他年命與用神與時生尅(亦)也此語

主客雖定而時干之宫猶為最要然時干生尅盗洩年
命太乙主客用神反受年命太乙主客用神之盗洩生
尅则不可不一一詳之
夫夫時干者一卦之主宰萬卜之提綱上帝之座人王之位也
故民得其庇蔭者吉受其懲責者凶得其生扶者存而與受
其尅盗者亡而敗所時干制我謂之天逆人我制時干謂之人
逆天天逆人而我存試補過尚可矣人逆天安可乎要人之力勝
天纪法不立如不修德而我總以神機巧妙奪其造化天

未必能容之耶是以告凡者務主時干则事之可不可必昭然
而定苟自負其才以悖天天理其不遣過懲则吾不信焉
時值天蓬毋問情盗賊蜂起妻築城天芮多主奸臣起霧漫
天昏樂埋兵雷霆振動天衝位投武雪宽有權衡訪
道與師與修造輔星所主巽風鳴祭祀皇天與埋
葬天禽战勝任縱横書符合藥求神聖雪霰飄来
心有聲如或天陰小雨澤陰謀固守柱边营雲生
氣施逢天任謁鬼禳神此處精搴火向睛兼献計

亢旱推之在天英 以上九星值时之应以主天时之事
九天則值好揚兵 九地潛藏可立营伏兵且審太陰地
六合交来利埋名 朱雀之時要調説火攻滕蛇喜
怪魔勾陳決定遣人捕白虎交鋒死鬬戈玄武逢之
刼寨去太常以酒送妻羅值符最貴招安好此
是九神用運歌
九神專司地理故兵家主之以魁時干之值時干符
值開門 辨官合 求名應試定甲科休為喜樂
和美事生生耕耘并醫瘥傷宜捕獵兼討債杜好
藏形與遮那破陣投書須驗景行形弔死孝遏過
驚能擒訟行欺詐中五無門宜守窩八门九路時
宮考禍福憂慮可奈何
八门主人事魁應乘之時干而憂慮可知矣
右第二章釋開端主四宮之秘也各
又有用神法一端求財謀所生上观。门行市降外亦
依此 占求财须观生门 宫格局吉凶與年命宫
生尅盗洩决之若生门宫生命尅命其財必得。若比命
命宫尅生门生財反是其行市長落只以生门宫格
局吉凶迫制和義旺衰断之則不必與年命参矣
占買賣貨物利息有无並謀生財之所亦倣此也
功名詞訟向開干
如上功名以開门與命宫生尅盗洩决之而詞訟勝負則
開门與官長察其生尅主客而断蓋原告為主被告為客為官星是矣
捕人討債都三位 尋物傷门要驗看
捕人以傷门與六合論之討債以傷门與天乙論之尋物
以傷门與年命論之是也
家中否泰察直使
占家中之吉凶蓋以守门之奇仪為宅即玉女守门太白
入门之類是之
六合逃亡定安危 如走人蓋向六合宫覓之走失亦然
涉水婚姻休上遇
占婚姻以休门為喜神直符為男家地乙為女家

六合為媒妁男命為男。女命為女驗其生尅攻醖疵總以休门為主決之可耳涉水行船則年命與休门参焉詳其生尅盜洩而禍福可知矣

潛形避难杜边占

我要避难潛形須祥杜门之與我生尅決之大約以我生為吉我生為凶尅我為憂我尅為虞矣

信息文書推景上朱神之位亦相兼

如问文章牽之醖疵信音之動止并有関乎文字之者全在乎景门宮朱雀宮之與年命生尅旺衰決之

病症病人之本命芮星可決死生矣

占病以病人年命宮與天芮宮並生死二门宮格局生尅参看其病症之在臟在腑則以奇仪定之

口舌鬬毆並搶讼驚门生我宋已先

占口舌鬬毆搶讼之事俱观驚门宮與年命宮格局生尅斷之

若欲安居須審五。五宮命生命伴之

欲若安居问吉凶須審中五之宮若五宮生我比此我必属吉慶尅我不必然矣何谓也然五者居於八宮之中為皇極之位極樂之境雖無门路但處靜修葉得是宮生之則所以吉矣

靜修葉得　雀噪但詳朱雀位

雀噪須观朱雀臨之位格局吉凶與命宮生尅斷之

禽鳴須按禽之緣

禽謂鳳凰鸞鵬鷹　鷂鴿并鷄鴨鵓鷚之類是也

若此俄来而鳴則按天禽宮格局吉凶與主年命斷之

路途動靜決白虎大小風聲此宮研

欲知道吉凶須观白虎宮與命宮生尅決之若已風之大小来之北亦概詳此耳

交易須先詳主客　謀事成敗驗三傳

交易以出貨者為主納貨者為客以直使為中人而蒙生尅定成敗謀事以命宮為主與時干三奇乙四宮生尅詳之格局吉凶而存亡可知焉

雨卜天蓬壬癸地
問卜有雨無雨則察天蓬壬癸所落之宫旺衰斷矣
及得生得魁臨於九宫以参詳焉
田禾要向任星躔
田禾之收否須察天任一宫吉凶與太歲宫生尅次
之及三直宫而詳初中末也
英星可以辨晴日
如問晴否須看天英之下所值何干即逢地盘壬字
則壬日晴之類是矣若英星失陷須待水神廢没之令
斷之則是
玄武能知賊前
被竊詳玄武宫與命宫生尅及前後可知矣
大盗須占六庚下
盗賊虚实去来皆以天盘六庚入墓空亡斷焉
攻城要將開字看
攻城下寨要决開门臨中五三七之宫斷之

禽宿丙奇為我將敵宫受制他膽寒
丙奇天禽皆為主將以尅制敵宫為宜
如占國運徵其歲治乱三傳亦共恭
國運以太歲氣運之神格局吉凶而祥察之也
再以時干太乙天乙地乙四宫生尅沖合以参之而
因華治乱則必倏然而宋矣
應期皆在用神下
應期須看用神之下所值奇儀是之問求財
何日得而生门之下或臨地盘丙字即斷以丙日
財得也餘倣此
數目盡從五行諳壬癸乃云一六水甲乙三八木之
谈戊己本為五十土丙丁二七火包含庚辛欲问何
何属四九之金在此呼
数目多寡尽在五行旺則多衰則寡如占求
名榜次要看景门所臨何宫旺衰及天地二干之
數目如天盤癸加地盘丁癸六數丁二數共八數

以八名十二名八十名断之餘倣此
動静之間皆要卜驚闻之内盡須占
我動静之間忽有所闻忽有所感及闻之非常令
人詫異而震我心神見之非常令人驚愕而
惑我志意則皆可以卜之不必拘拘於有事也
借如闻北方人来否與命相生必至然
北方之人来與不来其方與命宫相生及格局
進茹我和義財必然至矣

狂風凛冽雲出岫日月交蝕正時鈐
若或雲氣非常風雷奇異及日蝕月蝕蚩尤彗星珥
暈及朝草木非時並與人間之罕見山川之忽崩
忽竭皆以所見之日正時課起則禍福休咎必昭然
之於目也
右第三章釋卜每事而用必覌焉
戊己庚辛壬下癸進茹減否喜來前
天盘戊加地盘己至庚加辛壬加癸乙加丙丁加戊之類

皆謂之進茹格凡謀為之事不論吉凶宜於進步
也
辛庚己戊退茹是休咎皆要步面旋
天盘辛加地盘庚至己加戊乙加甲丁加丙之類皆謂
之退茹格其吉宜退步為美
乙丁壬甲謂間格進步中途有阻擱
天盘乙加地盘丁至壬加甲庚加壬癸加乙之類謂之
謂間格主謂中途有人阻擱之象也

後间丁乙甲壬類退後當中犯艰难
天盘丁加地乙至甲加壬壬加庚庚加戊之類
謂之後间格主後退當中有人纏攪之象也
上合乙庚甲與己上親於下下人歡
天盤乙加地盘庚及甲加己丙加辛丁加壬之類皆謂之上合
格是以上親下之象而下人吉自
下合壬丁癸加戊下恭於上上保安
天盘庚加地盘乙及壬加丁癸加戊辛加丙之類皆謂之

下合格果以下致上之象而上者吉也
合土耕種宜農圃
合土格謂甲與已已與甲是也宜農圃事
合金錢財宜兵權。合金格謂乙與乙與庚庚與乙是也
宜錢財成武事。合水漂泊宜淫私
合水格謂丙加辛辛加丙是之宜漂蕩淫邪事
合木發生宜市廛
合木發生格謂丁加壬壬加丁是之宜經營動作事

事合火文書與音信功名籌策宜聘賢
合火格謂戊加癸癸加戊是之宜文謀籌策事
正冲庚上忽加甲对面鋒毋拘牽
正冲格謂甲與庚乙與辛壬與丙癸與丁是之宜对面理論冲鋒比武不可畏懼他人
背冲甲上庚相見背地擊攻可凱旋
背冲格謂反正冲者是也宜背地攻伐偷劫之事

戊

金冲先要揚威武
天盘庚加地盘甲及辛加乙謂之金冲格宜揚威振武演陣教兵爭战鬪殺之事也
木冲須宜用義宣
天盘甲加地盘庚及乙加辛謂之木冲格宜用義宣揚行謙下士叢林作伏滾木作攻之事
火冲用文及用火
天盘丙加地盘壬及丁加癸謂之冲格宜行文呂

士立词安民運籌謀化欺詐火攻之事也
水冲行智并行船
天盤壬加地盤丙及癸加丁謂之水冲格宜用智行誘酒食遊樂調河開渠水战水攻之事也
甲去冲庚冲屬木庚来冲甲是金閔諸冲尽是此之類一列其餘莫錄領
此上言冲格之屬以一作例而餘可尽知也

支破即如庚見癸謀為不就事虛然
支破格即庚加癸癸加庚壬加己己加壬戊
加辛辛加戊是之主謀為不就諸事難成
破財蕩產事耗氣
耗氣丙營加六戊我之財物不周全
丙加戊戊加庚庚加壬壬加甲甲加丙謂之耗氣格主耗我
之元陽而傷我之財物也
奪權如乙加丁位我之財物權衡被人專

乙加丁丁加己己加辛辛加癸癸加乙謂之奪權格
被人奪我之權衡也
丙加於己交陰象隱匿陰私利伏藏
丙加己戊加辛甲加丁壬加乙庚加癸謂之交陰格利
於婦女淫邪之事并有隱匿陰私之象
丁加戊位交陽是脫我精神我有傷
丁加戊。己加庚。乙加丙。辛加壬，癸加甲謂之交格事雖
主進未免有傷我之精血也

庚加六己為得母家中喜悅慶嘉祥
庚加己戊加丁壬加辛丙加乙甲加癸謂之得母格事雖屬
退然家中之和順大人之庇蔭亦必所不免也
己加六丙謂獲父福德貴人在身旁
己加丙辛加戊癸加庚乙加壬丁加甲謂之獲父格主
得大人之助父老之護也
庚加戊字乘權格假勢興隆大吉昌也
庚加戊戊加丙丙加甲甲加壬壬加庚謂之乘權格

雖屬後開但以進步而成揚之也
夫甲隱戊宮何由辨之甲加壬丙加甲也然則甲加壬非
戊加壬，丙加甲非丙加戊是以辨之所以六甲之時用
甲之事及占人之年命屬甲者蓋以甲謂之也如非甲
之事而人之年命又不屬甲豈有作甲之論乎所以
易曰神而明之存乎其人其是之謂與
丁加於乙倚勢賴恃他人我得揚
丁加乙乙加癸癸加辛辛加己己加丁謂之倚勢格主賴他

人之力而我得以飄揚也
乙上加庚外侵局外人欺我要隄防
甲加乙丙加辛戊加癸庚加乙壬加丁谓之外格然合中代尅
不免有上人之制是以云爾
庚上加乙内侵属家中欺我意不良
乙加庚丁加壬己加辛(甲)辛加丙(丙)癸加戊谓之内侵格
是亦合中代尅但自内尅外故云家中行欺爾
六乙戊同為外害。实殃陡起在他鄉

内害丙奇加在癸是非口舌家淫猖
丙加癸甲加辛戊加乙。庚加丁。壬加己谓之内害格主内
人要謀於我而禍在家下也
丙自加庚為制他人欺瞞隱銪銑
丙加庚甲加戊戊加壬庚加甲壬加丙謂之外制格主外人
制稽於我而我之勢力不能奮也
庚加丙之内制乙家裏翻騰欲尋殃
甲加庚丙加壬戊加甲庚加丙壬加戊谓之内制格主(内)人

制轄家裏紛擾而我之志不能伸也
乙加己位為外乱外国来兵要侵疆
乙加己丁加辛己加癸辛加乙癸加丁谓之外乱格主
他國兇兵外人结黨欲凌我邊疆之義也
乙加乙字内人乱家裏紛紛無主張
乙加乙乙加辛辛加丁丁加癸癸加己谓之内乱格主
内人紛紛不受法度而欲作乱之也
夫陽受陰尅為害陰受陽尅為侵陽受陽尅為制陰受

陰尅為乱此所以明生尅之奥焉其耗氣奪權得毋
獲父等等之格亦莫不法是矣蓋陽者剛健之氣
所成陰者柔弱之氣所化喻於人凡剛而中正為君
子柔而淫私為小人是故君子制人莫不以法
度小人君子莫不以偏邪斯格之定可謂高諸奇門
家之論诚得其真(真)矣
又有一般入墓訣 學人不可不直说即如丙丁加乾六
甲乙二宫坤墓诀 癸子在四 辛八艮(艮) 戊己亦同丙丁穴

诸事逢之多蹇滞 病人亡命氣已绝

入墓一格大為不祥 诸事逢之多遭蹇滞 病人死亡官詞被獄而無出頭之象也 必待冲墓之年月或日时始可以得好矣

甲子旬中空甲戌。甲戌旬中甲申。庚申申原来空甲午

甲午辛符長壬空。甲辰空為甲寅癸。甲寅旬中甲子空

然旬空之宫總生扶主宫命宫亦属吉兆也 逢空者凶不成之象 即直符前逆也 逢之須待出空之日期也 方可論其事可否為之成敗也

主空主人心虚詐

主即地乙也 主空即戊上乘己也 主人也 主人虚詐不實也

天乙来空人名没首格 謀為一切始难通

天乙乘空名没首格 主初事不利 斬頭之象也

直符使落空名失中格 主半途而廢 枉用功

直使落空名失中

為前功乃斷頓之象

年命空兮自虚驚

年命来空主虚驚之象 心神不定之似 主進退不決 占病近则吉 久病则凶 岁星空在者占了必待出空之日而可成也

用神若空求难遂 為意反複把叮嚀

用神即如求财则必為生门是也 如空难求财而不能有而难如意做此

格中偶然逢生命。命空徒然一場空。逢空總然為始終

旬空之宫雖生命亦無益也

天乙若然值旬空 濡滞之格子無終

天乙未落空 乃之無所归着也 名濡滞格 刖足之象

天時若空名無循 任君宏謀亦难行

以天盘时干乃一卦之主宰 不以旬空 以空者無循格 主妄策难行之象

六儀擊刑更為凶 戊儀所行在於東。己刑坤二庚八地

甲子戊见卯乃子卯為刑也

癸刑四宫壬亦空。辛在南方午刑午 逢之小人在内横

以戊在震己在坤[illegible]在艮

时干年命最忌此 官司惟恐犯官刑。

壬在巽宫癸[illegible]同 辛在离九皆谓刑擊也

戊臨三宫己臨二坤庚臨八艮癸壬臨巽午辛在离皆谓之擊刑 獄是非詞訟必旋踵而起也

右第四章二釋于生尅之儀而云五格者也

奇门鳴法下卷

遼東 龍伏山人 撰

甲乙若逢三與四 曲直格兮仁寿名 大利軍家施號令探听敵弊合经營

甲加乙乙加甲至三四宫名曲直格

乙木若然加一宫 此云胎息是發生 謀為從兹當進步。君子放扶事有成

乙加甲而甲加乙至一宫名胎息格 又谓發生格 如或土宫逢甲乙格為興創宜椅衡 最佳造作與修築 主客交峰不稱情

乙加甲甲加乙至二五八宫名興創格

甲乙加於六七宫 號之惺伐動鬬争 此時不利出軍去謀作交兵定震驚

乙加甲甲加乙至六七宫名悞伐格
九離之丙逢乙甲 此謂焚林一塲凶 守舊為宜固本美 毋須前進
并争鋒
乙加甲加乙至九宫名謂焚林格
丁丙同来离九宫 格名炎上氣虚冲 文書獻策為最吉 用火乘風可進功
丙加丁丁加丙至九宫名炎上格
天盘之丙地盘丁 二物臨於坎水庭 掩目滅光為其號 溺身死地犯
獄刑。丙加丁丁加丙至一宫名掩目格
丙丁二字齊見土 局是失光莫登程 前進必然招脫耗 破財傾屋壞
元精
丁加丙丙加丁至二五八宫名失光格
震三巽四丁遇丙 格云增輝利飛騰 文章顯達功名進舉

火軍浮煞興。丁加丙丙加丁至三四宫名增輝格
丙丁皆在六七宫 得鬬力之。占事不寧口舌與詞 概因此
逢之迅速退步停
丙加丁丁加丙至六七宫名鬬格
戊己忽臨五八二 格名稼穡宜躬耕 大力守边并下塞 安
營樂業與雕甍。戊加己己加戊至八五二宫名稼穡格
己戊並来於坎北 所云迫水慎招刑 田園致訟終耗力。交戰
出軍損兵丁。己加戊戊加己至一宫名迫水格
三四宫中逢戊己 其占壞體利堅貞 傷身損命猶劳功 退守
為宜毋進兵。己加戊戊加己至三四宫名壞體格
若然戊己居乾兑 格謂绝精事不通 耗散失元陽本面 诸般谋
作一塲空。戊加己己加戊至六七宫謂之绝精格 主耗散元氣矣

戊己離空忽俱到 名之变象乃元亨 資生萬物而成器 進步
方能萬里程。戊加己己加戊至九宫謂变象格
庚辛居於六七地 格名從革宜操矛 教軍演隊当依此 刼敵
發兵功最優。庚加辛辛加庚至六七宫名從革格
庚辛坎地忽飛走 格謂泄津是捲由 此象須防人陷我 錢財敗
損又添憂。庚加辛辛加庚至一宫名泄津格
庚辛八二游巡五 居属揚威利建候 興兵練陣皆其吉
樂道操丹向此修。辛加庚庚加辛至二五八宫名揚威格
震三巽四庚辛遊 逢刃之占有凶咎 傷其體兮敗其形
口舌争鬬命殘朽 辛加庚庚加辛至三四宫名逢刃格
辛與庚兮至離九 結冤閉口招獄囚 他人閑賺傷於我
途道绝粮切勿謀。辛加庚庚加辛至九宫名閉口格

壬癸並臨於坎北 格為润下宜會合 羞調詞訟水兼水战
鬬智乘船向此游。癸加壬壬加癸至一宫留絶名润下格
癸壬二五八宫留 絶跡之占命难守 傷其形質壞其身 疾
病官灾一時陡。壬加癸癸加壬至二五八宫名絶跡格
震巽之宫壬癸見 賊源格局有憂愁 諸般谋作皆费力
歸去空空似浮舟。壬加癸癸加壬至三四宫名敗源格
兑乾六壬癸守 歸曰通闋利策籌 迎鋒見陣皆為
吉 財利功名任所求
癸加壬壬加癸至六七宫名通闋格
壬癸加来值离九 滅润之格。溼頭利於淫邪私情
事非灾即禍將身囚 壬加癸癸加壬至九宫為滅润格

又有一般旺動章甲乙同加三四方丙丁相見於離
九。戊己二五八宮藏 庚辛二干直乾兑壬癸同居
坎方。休在六七景在四。生死九土地方裝
闹驚土位並金位傷杜水方合木方。蓬星都来
乾兑地 英宿震巽是威揚 芮任離星火
地位。衝輔木星是所强。心柱金処兼土処
朱雀螣蛇南離方 太陰九天七与六 勾陳九地
三土当。六合三四常居酉 白虎六七武水漲

直符旺貴離火上。伏返逢之則不祥。臨於
時上金為旺 吉凶尽在此運量 旺動訣即所庚之五行而加之於上也
但不宜伏吟返吟之地為将臨於坎宮逢冲辅之星則冲揣旺
動也若見天蓬則伏吟不為旺動其元武傷杜壬癸值此
亦然餘倣此
皆以天干時為主 生尅相驗論興亡 每卦皆以天盘时干為主宰以訛宮之
天盘奇仪星神门宮観其旺衰与时干生尅决之也
生於時干即為父 尅於时干作鬼方。時干尅者妻財位
時干生者子孫童 若然時干為比和此乃兄弟一宮祥

假如時干為丁火庚辛宮即财也於丙丁宮為弟兄戊己宮即子孙
甲乙宮乃父母 壬癸宮為官鬼也
父健文書与音信 椿樹榮之子欠康 即如时干丁火甲乙木宮旺也主老父吉利小兒欠康
母順家中多安乐 老翁安乐慶高堂 即如丁火时干乙木宮旺也主老母高寿家中
安乐之了各為母順格
兄弟財散欺强我 如丁时干丙丁火宮旺也主犯强奪之了名為兄奪格
弟爭產散有競張 如时干丙丁火旺也主犯競爭之了 名弟奪兄格
妻動之時内人旺 婦人專主家内婦女当权 之象名妻動格 牝雞司晨

子任財興人身有脱 安居乐業禍消亡 如时干丙火而戊己宮旺也家源有理灾消亡名子任格
子孫福神若居旺宮則百禍消散占病服藥有命灵必偈财
子作傳流皆吉泰 代代安康福禄多 即為时干丙火戊己土宮旺主事皆吉代代绵
傳遠惟功名不遂為子孙作格
官擾詞訟公名利 假如时干丙火而壬癸水宮旺也主詞訟功名之了名官擾格
鬼纏疾病與口舌 即如丙丁时干而壬癸水宮旺也主口舌之了名為鬼纏格
官擾詞訟功名利 假如时干丙火壬癸水宮旺也主词讼功名之了皆擾格
年命值父多劳碌 值鬼灾咎口舌羅 值妻財财順利息
傷值子孫安然太平歇 值兄傷财与惹氣

附录

但以天盘奇仪说（此上言年命论值何神则知平生之事矣）

蓬星坎兮景门九戊戊己已伏吟名。只宜静守不宜动

非灾即祸俱来尅（天蓬加坎景门必加九戊加戊名伏吟格）

蓬加宫位坐加二戊加辛上返吟过诸事逢之多返

复。排细会空亂移挪。（天蓬加九宫坐加坤位戊加辛上名反吟格）

被迫开门加震地祸从外入要防之（凡门克宫名为被迫格）

受制休加八五二 内福叠来将来欺（凡宫克其门为受制格）

交和开来休加九喜逢外人喜庆乃（凡门生宫谓之交和格）

奇格章

乙逢己辛丙庚戊。丁乘壬癸谓得使只利纳择填

房事 行军且若用阴私（此谓乙奇加己辛宫为三奇得使格）

又有三奇游六仪大战胜归威武气（三奇加於本旬值符谓之三奇游六仪格）

太乙加於丁地盘号为玉女守门扉 若作阴私和合

事请君但向此中推（直使加地盘丁奇号玉女守门格）

值使加於乙奇方日照门兮大吉昌谋为多应

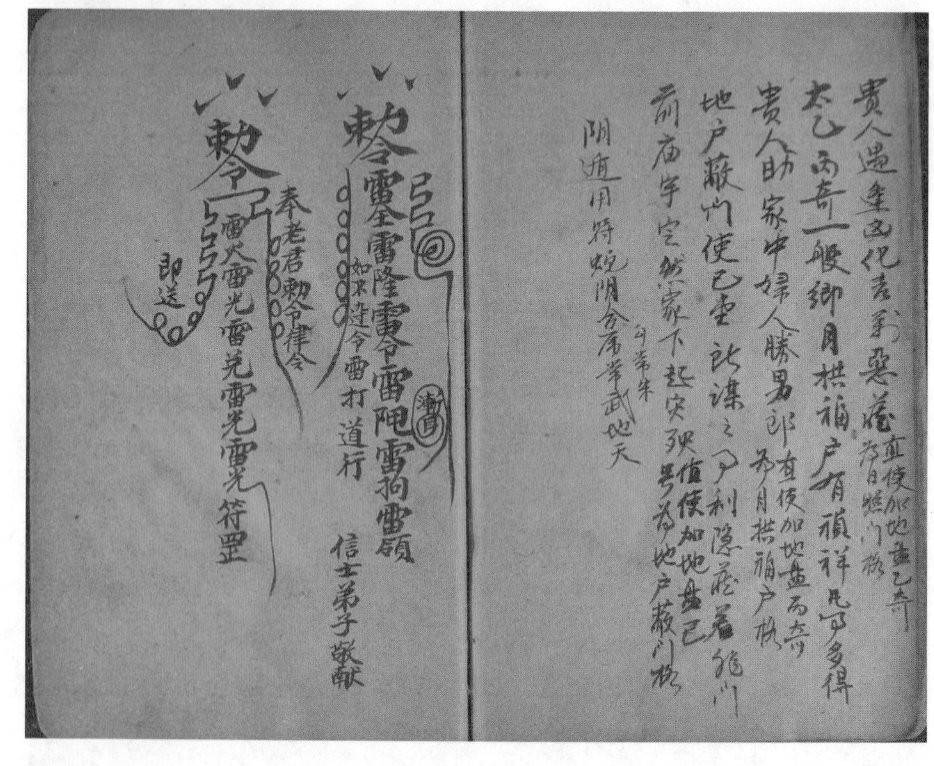

贵人遇逢凶化吉彩恶蕉（直使加地盘乙奇为日照门格）

太乙丙奇一般乡月拱福户有祯祥（凡事多得）

贵人助家中妇人胜男郎（直使加地盘丙奇为月拱福户格）

地户蔽门使己坐 诈谋之乃利隐藏能门

前庙宇空然家下起灾殃（值使加地盘己号为地户蔽门格）

阴遁用将蛇阴合虎常武地天（勾雀朱）

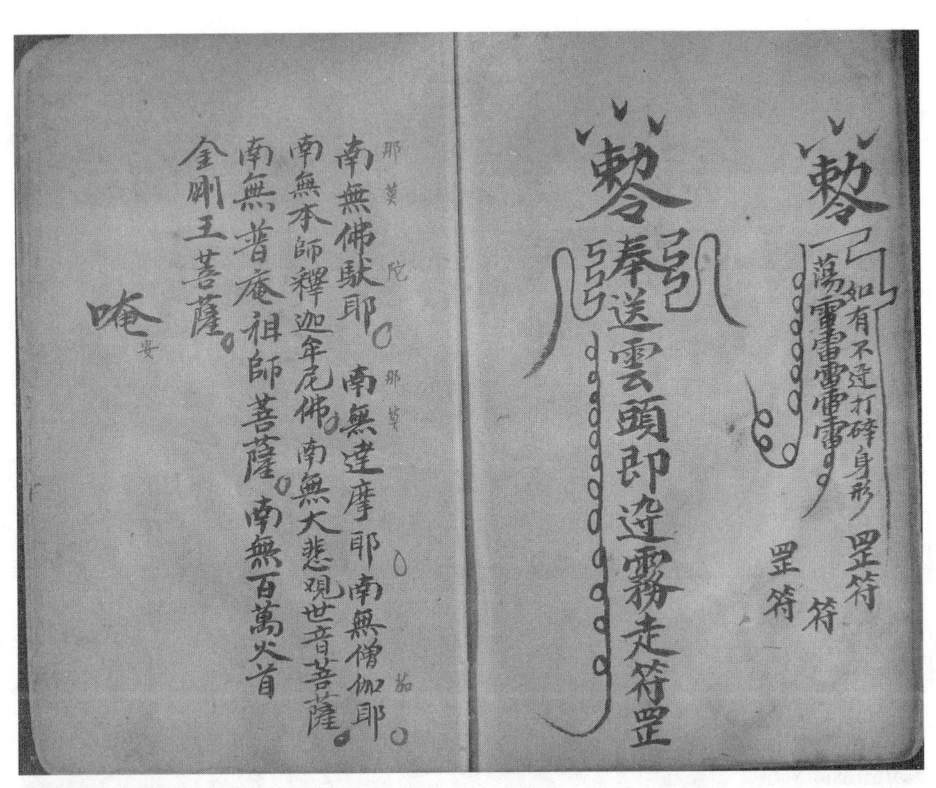

如有不遵打碎身形 罡符

罡符

奉送雲頭即遵霧走符罡

南無佛馱耶。南無達摩耶。南無僧伽耶。

南無本師釋迦牟尼佛。南無大悲观世音菩薩。

南無普庵祖師菩薩。南無百萬火首

金剛王菩薩。

唵

附录

界研迦迦迦。迦迦迦研界。遮遮遮神惹。叱叱叱怛那。多多多檀那。
波波波羌摩。波波悲悲波波悲。波悲波。羌波悲。
波悲羌。迦迦迦研界。遮遮遮神惹。叱叱叱怛那。多多多檀那
波波波羌摩。摩羌波波波。那檀多多多。那怛叱叱叱。惹神遮遮遮。
界研迦迦迦。迦迦迦研界。迦迦鸡鸡俱俱鸡裔兼兼兼
兼兼兼。验羌俔。羌俔验。迦迦迦研界。遮遮遮神惹。叱叱叱怛那。
多多多檀那。波波波羌摩。摩羌波波波。那檀多多多。那怛叱叱叱。
惹神遮遮遮。界研迦迦迦。迦迦迦研界。遮遮遮神惹。遮遮支支

朱朱叏毗占。占占占占占。验羌俔。羌俔验。迦迦迦研界
遮遮遮神惹。叱叱叱怛那。多多多檀那。波波波羌摩
摩羌波波波。那檀多多多。那怛叱叱叱。惹神遮遮遮
界研迦迦迦。迦迦迦研界。遮遮遮神惹。叱叱叱怛那
多多多檀。波波波羌摩。摩羌波波波。那檀多多多
那怛叱叱叱。惹神遮遮遮。界研迦迦迦。迦迦迦研界
遮遮遮神惹。叱叱叱怛那。叱叱啼啼都都啼。多撘。
撘撘撘撘撘。喃那吒。那吒喃。迦迦迦研界遮遮遮神惹

叱叱叱怛那。多多多檀那。波波波羌摩。
摩羌波波波。那檀多多多。那怛叱叱叱。惹神遮遮遮。
界研迦迦迦。迦迦迦研界。遮遮遮神惹。叱叱叱怛那
多多多檀那。多多啼啼多多啼。多谈。谈谈谈谈谈。
喃那吒。那吒喃。迦迦迦研界。遮遮遮神惹。叱叱叱怛那。
多多多檀那。波波波羌摩。摩羌波波波。那檀多多多。
那怛叱叱叱。惹神遮遮遮。界研迦迦迦。迦迦迦研界。
遮遮遮神惹。叱叱叱怛那。多多多檀那。波波波羌摩。

波波悲悲波波悲。波羌。羌羌羌羌。羌摩迷。摩迷羌
迦迦迦研界。遮遮遮神惹。叱叱叱怛那。多多多檀那
波波波羌摩。摩羌波波波。那檀多多多。那怛叱叱叱。
惹神遮遮遮。界研迦迦迦。迦迦迦研界。
迦迦鸡鸡俱俱郎。喻喻喻喻喻喻喻喻喻。羌俔验。验羌俔
迦迦迦研界。遮遮遮神惹。叱叱叱怛那。多多多檀。波波波羌摩
摩羌波波波。那檀多多多。那怛叱叱叱。惹神遮遮遮。
界研迦迦迦。迦迦迦研界。遮遮遮神惹。遮遮支支朱朱耶

喻喻。喻喻。喻喻喻喻喻。竞婉验。迦迦迦研界 遮遮遮神惹
吒吒吒怛那 多多多檀那 波波波羌摩。摩羌波波波
那檀多多多 那怛吒吒吒 惹神遮遮遮 界研迦迦迦
迦迦迦研界 遮遮遮神惹 吒吒吒怛那。吒吒諦諦 都都耶。
奴奴。奴奴。奴奴奴奴奴。那呢喃。喃那呢 迦迦迦研界
遮遮遮神惹吒吒怛那。多多多檀那。波波波羌摩。
摩羌波波波。那檀多多多 那怛吒吒吒。惹神遮遮遮
界研迦迦迦 迦迦迦研界 遮遮遮神惹吒吒吒怛那

多多多檀那。多多諦諦多多耶。奴。奴奴奴。奴奴。奴奴奴。
那呢喃。喃那呢（挪尼南）
迦迦迦研界。遮遮遮神惹。吒吒吒怛那 多多多檀那。
波波波羌摩。摩羌波波波。那檀多多多 那怛吒吒吒
惹神遮遮遮。界研迦迦迦。迦迦迦研界 遮遮遮神惹
吒吒吒怛那。多多多檀那。波波波羌摩。波波悲悲般波耶
毋毋。毋毋。毋毋毋毋毋 摩迷羌 羌摩迷

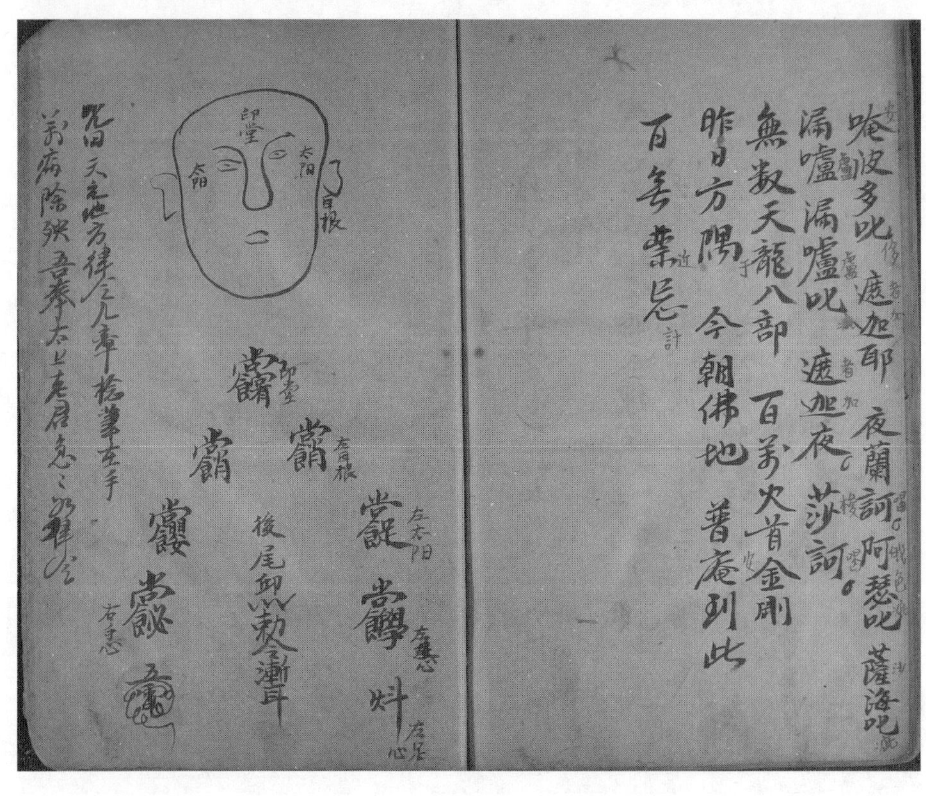

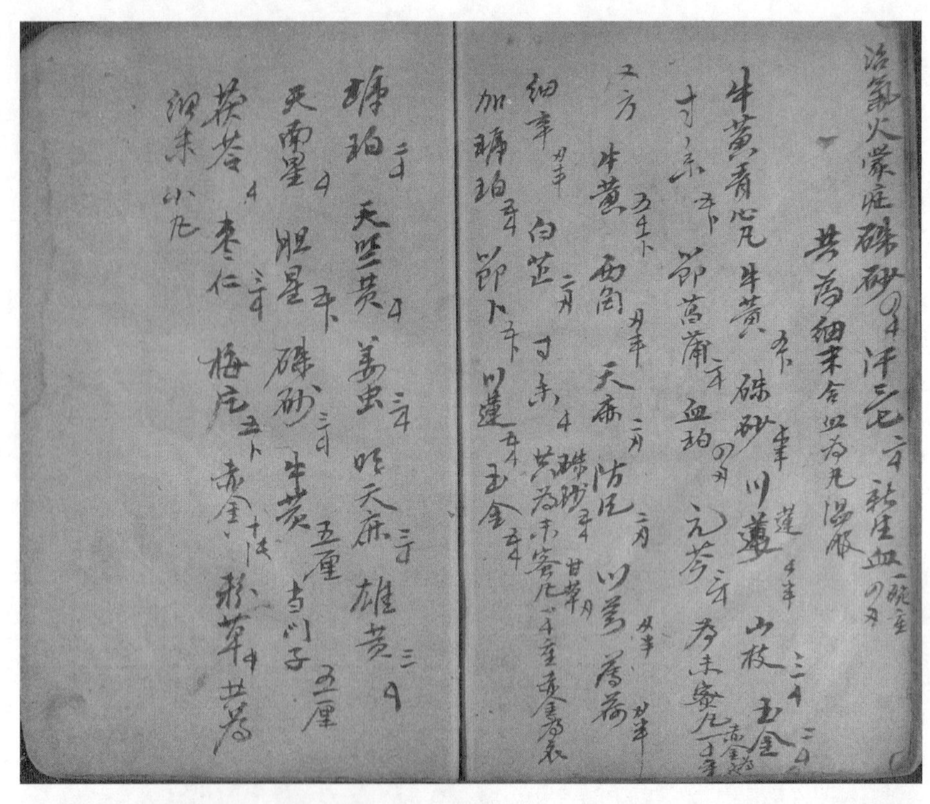

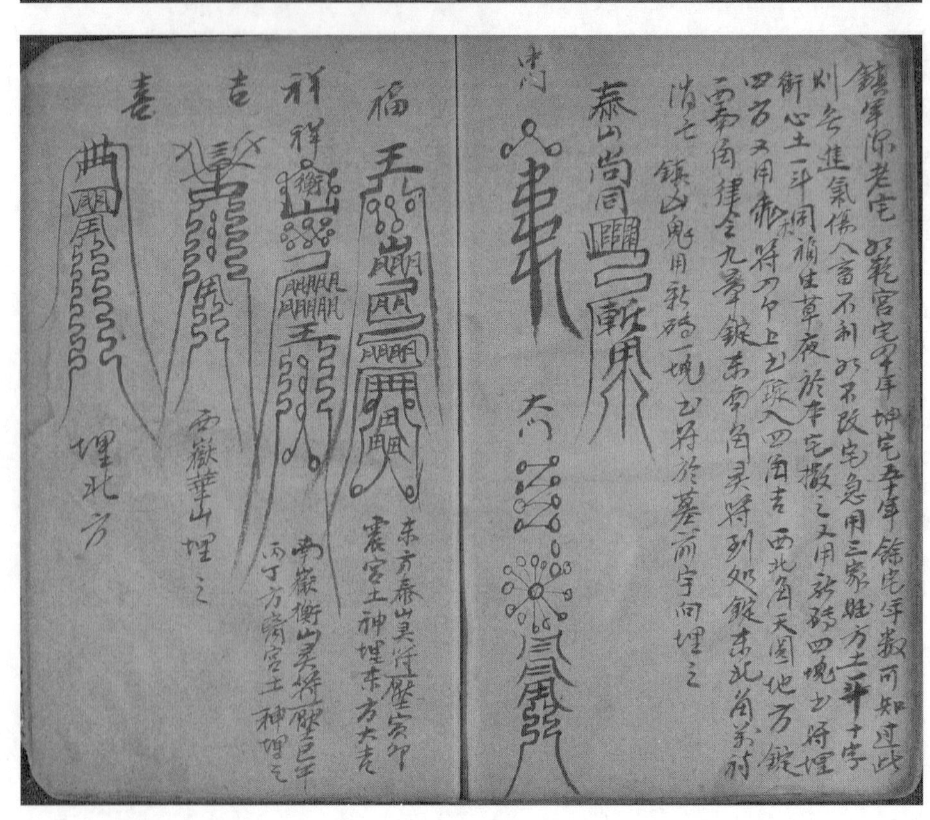

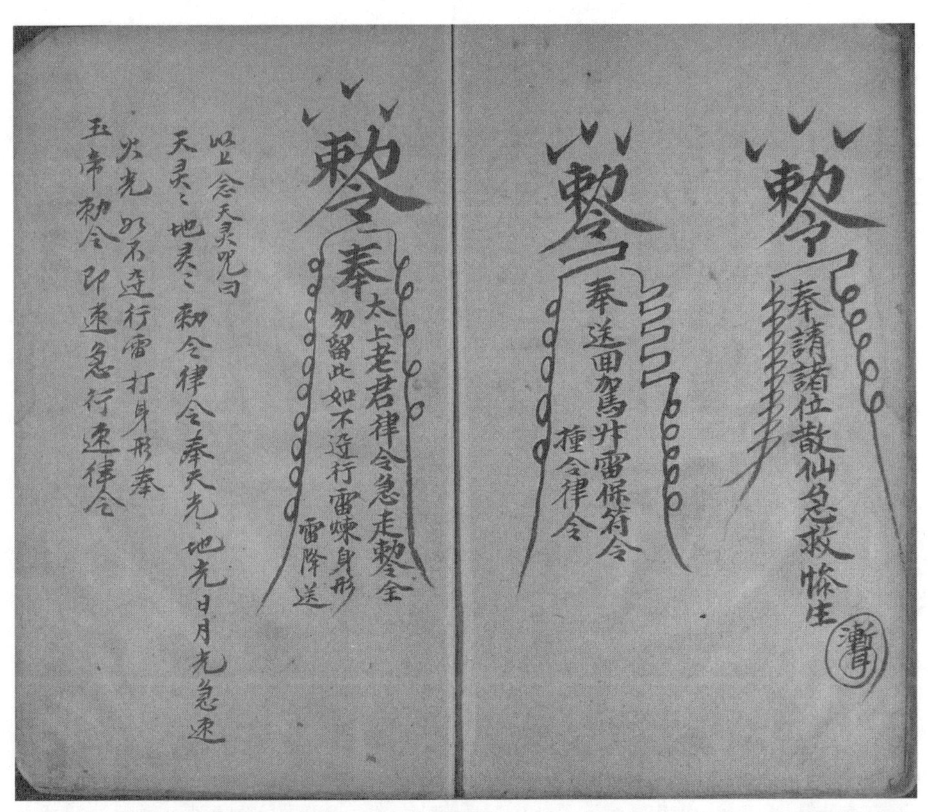

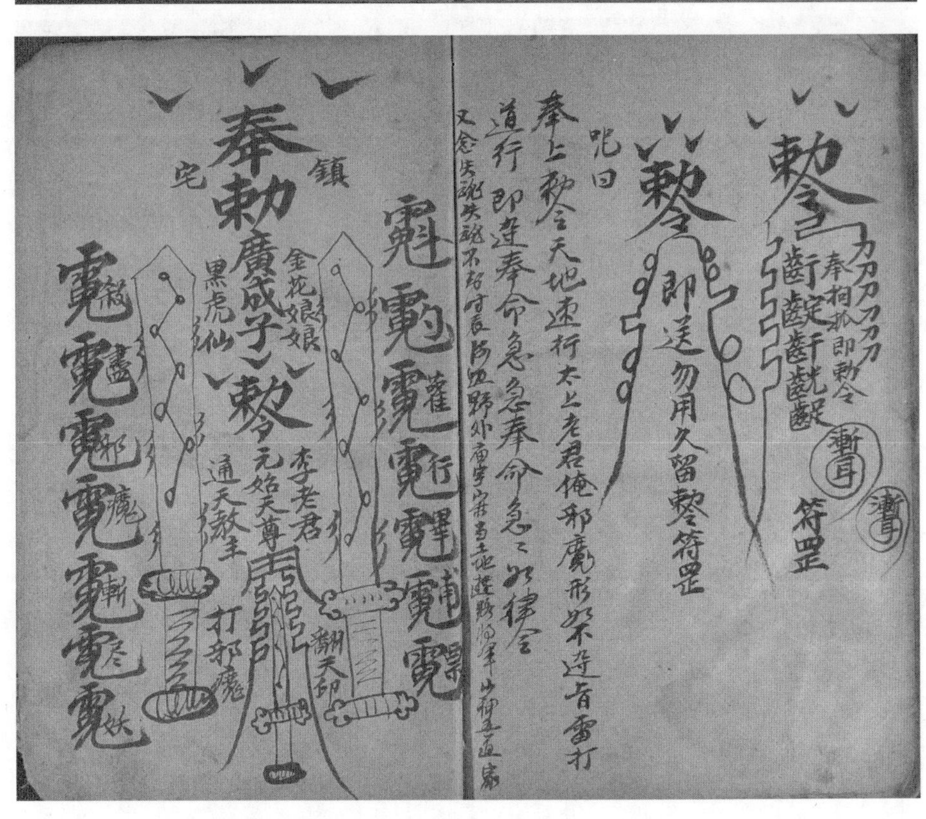

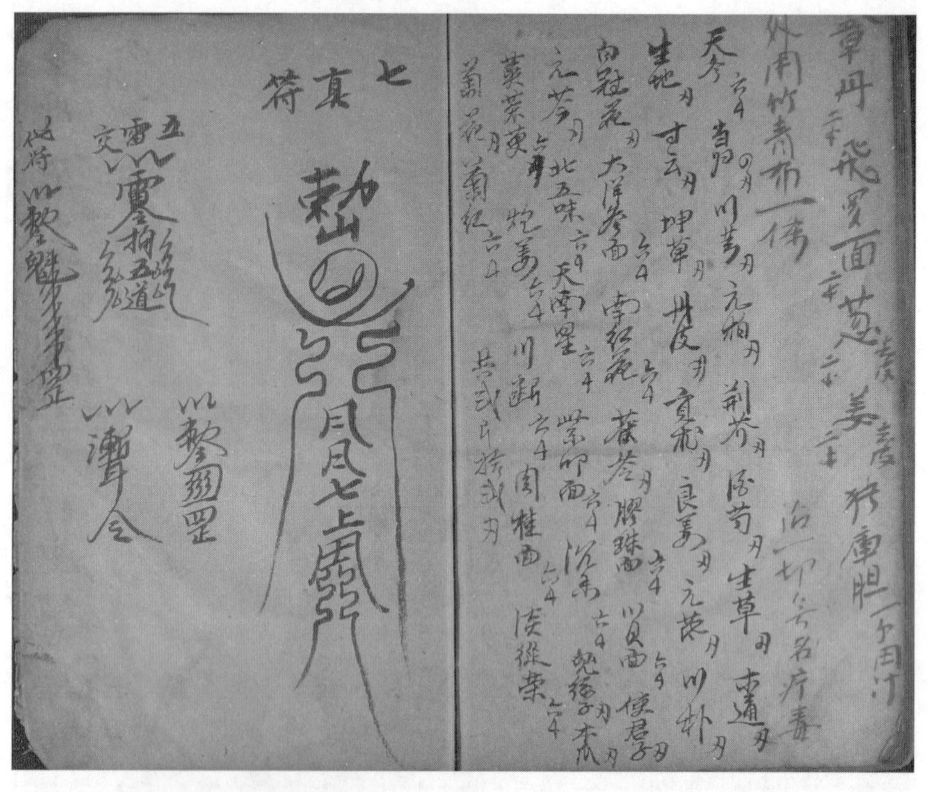

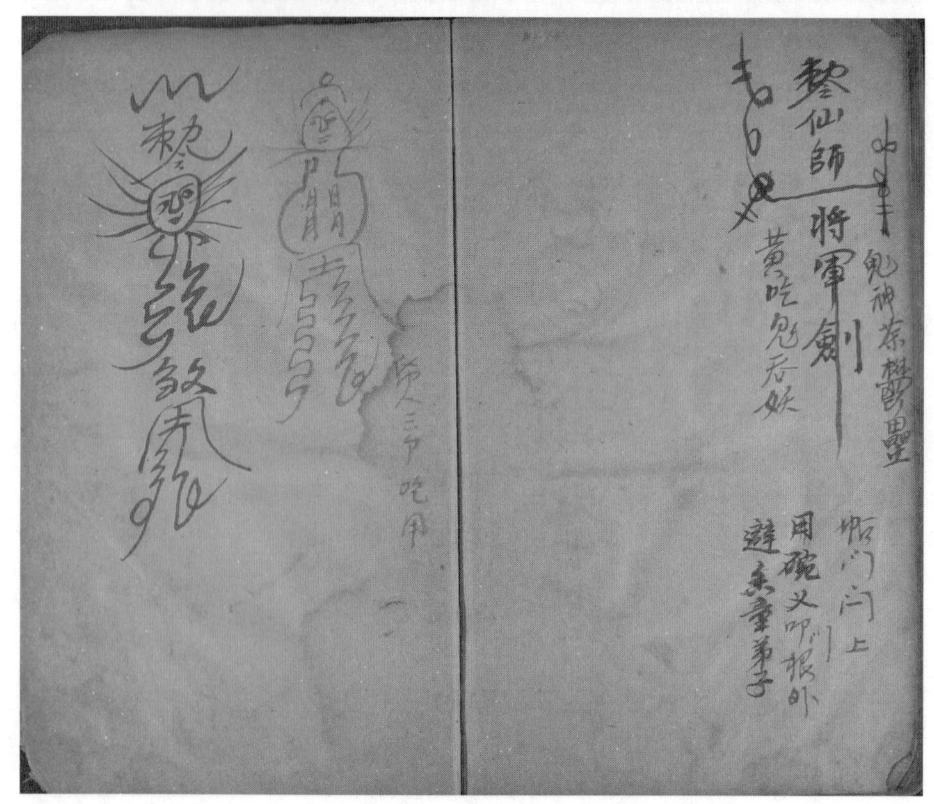

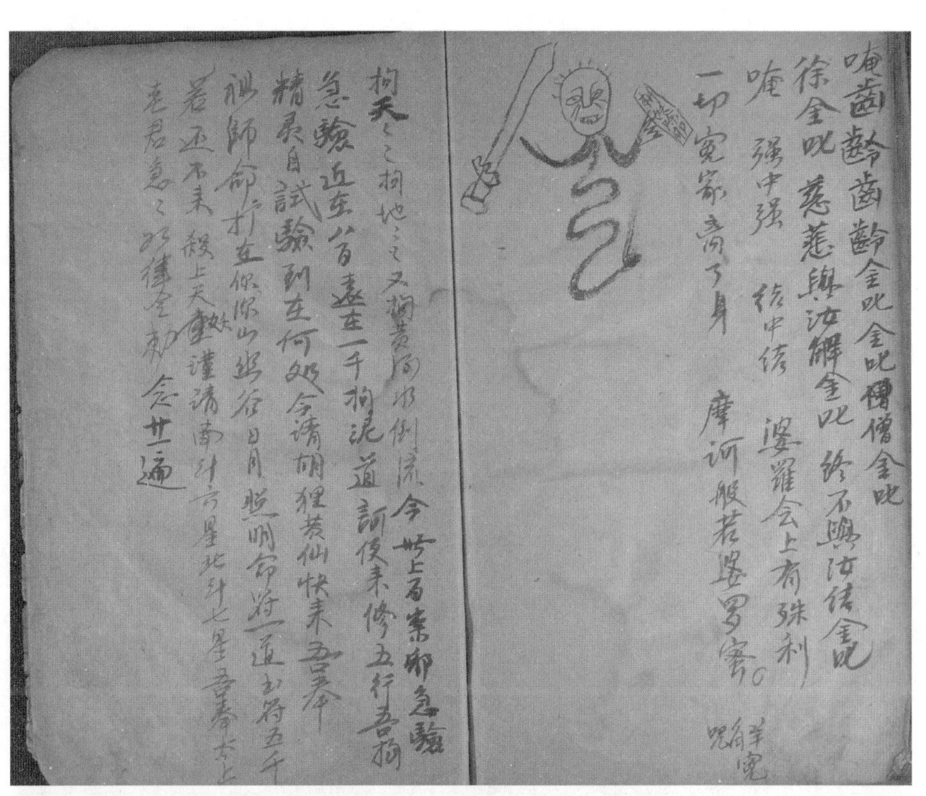

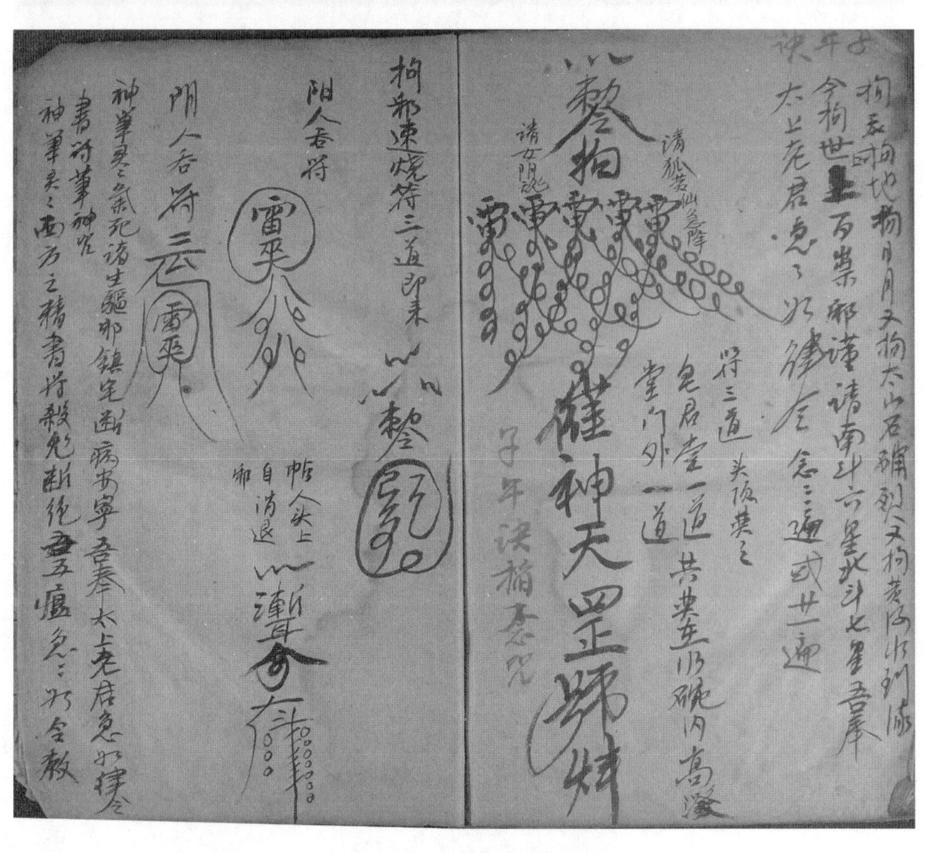

附录

五中原理　刘基

中五为戊己中央皇帝之位为太极统领八方号令四时无所不符故散巡四方而寄旺于四季之旺宫也春巽夏坤秋乾冬艮以承造化则结中五未必定位于坤也

论主星主门主宫

星符为人为本方使门为宅为财。主宫为祖业根基。魁星则人有准。魁门则财散魁宫则祖业荡废而不成家也

八中取一是真机

盖三盘之内奇仪重出头纷纭必须提纲挈领一线穿来方入彀也。八卦之中止取一卦为用即以符使星门所到之宫为用其余宫之吉凶与我毫干总不必提起也

四干宜详　符之天地二干　值使之天地二干或吉或凶最宜详晓

飞门流宫

使门所到之宫为流宫非值符宫也主星所适之门为飞门。主宫所涵之门亦为飞门凡飞流并旺克主宫魁主星主门皆凶

暗

主旺克飞流吉。俱以旺相休囚断之主星之下飞门之内有一暗干变化无穷不可不知。飞克主星可凶而门内忽有奇到外面逢凶地中实有人暗护临难而有救神也飞生主星可吉。而门内忽有庚到外面逢吉而中实有许多参差当加察焉

主星为我将帅主门为我藩篱主宫为我根基老营惟飞门流宫乃他人之将帅疆域

如上梁安葬赴任远行出入嫁娶谋为求名请谒家宅等事只宜地盘为主勿天盘星门奇仪生合地盘为上吉也生合天盘为上吉地生合天为次吉此乃费力缓慢

时干论

凡占人己宜分主客此外俱当以时干断之真符之干星将从六壬之初传也上有飞门犹中传也下临之地盘若克竟犹末传也八诈之神亦取临于直使此数之将十二贵神也而时干之重又当以本命之地盘作主如时干居所生全

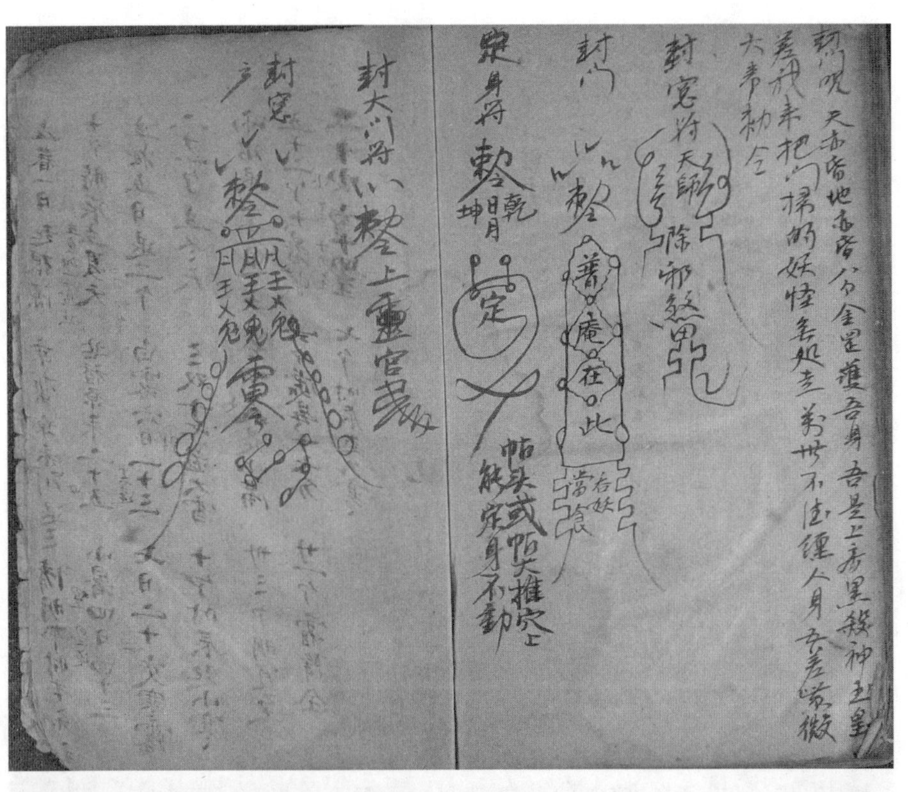

立春一日起根源 京蛰原来刖退三 清明本时未初刻
十夕時辰立夏天 廿種原来二十五 小暑四日四十三
立秋五日退二夕 白露六日十三 七日二十交寒露
二十一夕立冬天 三双十七並大雪 十夕时辰起小寒
雨水退三夕退三 谷四十七是小满 卅三夕明夏至
五十二夕大暑帐 六夕處暑十七分 廿一夕霜降全
[illegible] 七夕时辰起大寒

霜祥喜日莫他求 雨水原来三十九 五十八夕执京是一时一刻清明头 谷雨原来[illegible]
十夕时辰立夏天 小满十一交时为芒种 芒种廿五时辰 卅二夕是夏至 四十二夕小暑[illegible]
五十一夕交大暑 五十四夕立秋天 又加六夕交处暑 白露十三 秋分元来十三夕
七日卅寒露天 廿一夕为霜降 廿七夕立冬天 小雪原来廿夕 六日七夕大雪先
冬至原来十四夕 十夕时辰起小寒 大寒元来时正四夕时辰 立春年

具甘结人李赵氏今於
与甘结事 依奉结得情 因老身生女小蓬子
年某岁 年幼未婚不聽母训今經冰人介绍由老身
主婚许配某为妻 嫁夫从夫出阁後任凭夫主自行管理
生女倘有不遵管理自寻短見等情老身决無異言
具甘结是實

附录

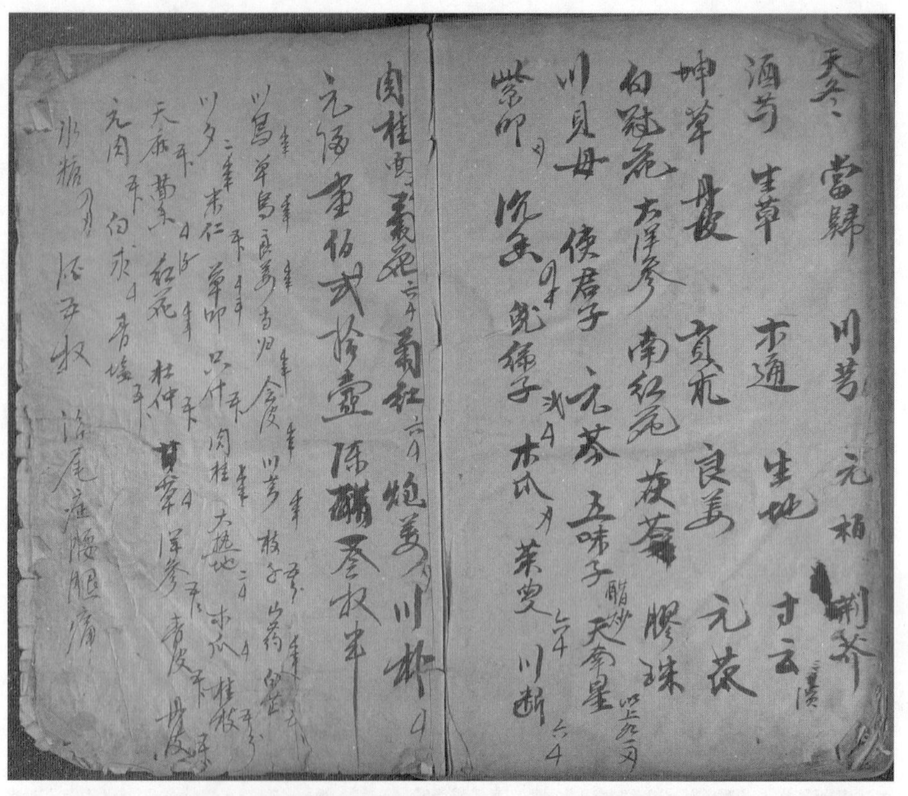

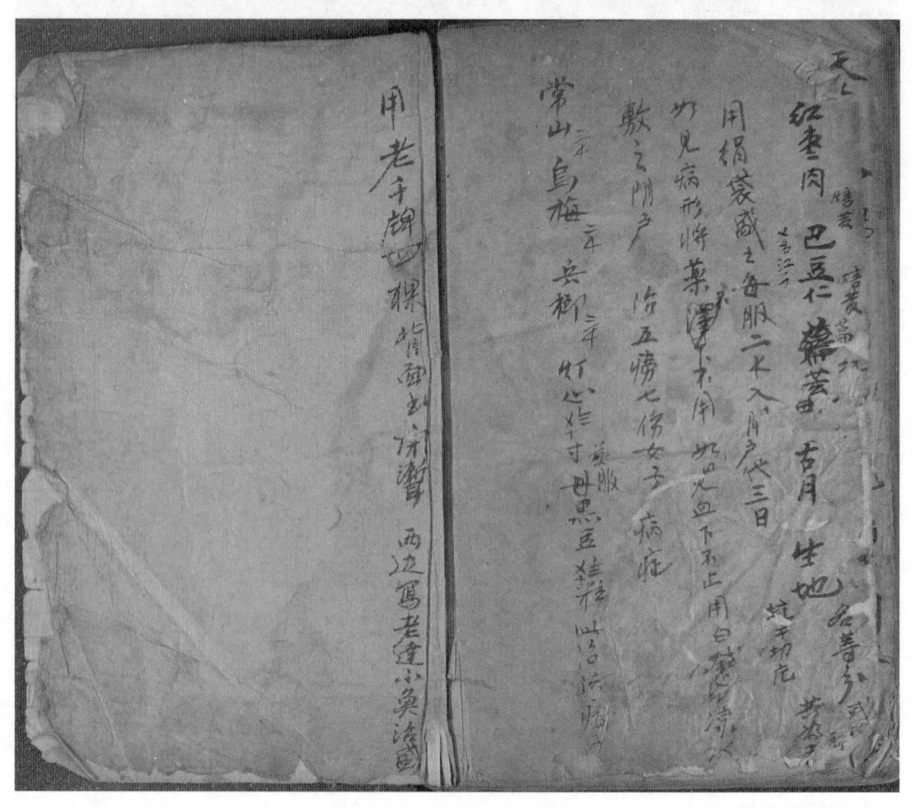

附录三　记矫庸先生[①]

·海城市史志办·

直到50年代末，凡是到过北京八道湾鲁迅故居纪念馆参观的人，都会聆听到一位学识渊博的老年讲解员，在如数家珍，为你解惑释疑。参观之后，人们对这位东北口音的老者油升敬意，纷纷请求与之合影留念。

又有谁人知晓，鲁迅故居纪念馆的这位首任管理员兼讲解员就是一生为革命做出许多特殊贡献的传奇人物，辽宁海城人矫庸同志。

——编者

矫庸，原名矫凤飞，又名矫文彦、矫醇，字靖东。1890年1月5日出生于辽宁省海城县海城镇西关街。祖籍山东省黄县九里站，世代以打鱼、织篓、务农和教书为生。曾祖父辈逃荒海城。

矫家居住在海城镇西门外，南靠海城河，门外的河滩就是官府的杀人场。矫庸童年时，目睹了日本、沙俄侵略军占领海城，屠杀中国人民的情景。亲身经历过逃难生活。

1906年10月，矫庸17岁时，其父矫子阳去世，生活更加困难。为了养家糊口，矫庸到海城成春堂药店当学徒，因其性情梗直、好辩理而被辞退。之后，矫庸又到农村行医，不到一年，无奈，只好到沈阳投亲，考入了警务学堂。毕业后分配到第五警务局实习，充任站岗之职。因厌恶衙役生活，不到半年便开小差跑回海城。

1910年，经戚香亭（矫家世交）介绍，矫庸到海城县公署统计处充任书记员（书写）工作，业余时间坚持研习文学。

① 编者注：原文载于《党史纵横》1996年05期，名为《“八道湾”老人传奇——记矫庸同志》。收入本书时，重新进行了校对。

1911年10月10日，爆发了武昌起义，革命风暴席卷全国。海城革命党人赵兰亭、张云塘、宁万岩（又名宁武）等人，发动学生和民众，成立同盟会。矫庸积极参加同盟会活动，夺取县公署。矫庸充任统计科雇员。

1915年，矫庸辞去统计科雇员的工作。1917年去沈阳同善堂当药工。1918年妻子康氏病故。同年冬季与海城牛庄人李育华结婚。

1920年，矫庸充任奉天财政厅会计员。1925年经于省吾介绍到张作霖的大帅府作文书工作。同年8月到省城税捐局当稽查。

1929年5月，矫庸跟随于省吾一起离职，到张学良创办的萃升书院管理图书，攻读古典文学，研究经史、诸子、诗词。此间，他结识了同乡爱国人士王汝棠（王荫南、一叶）、赵德澍（雨之）等人，大家思想融洽，经常在一起研究文学，交流思想，倾吐爱国之情。

1931年"九·一八"事变，日本帝国主义武装侵略中国东北。矫庸携家眷于10月10日逃离沈阳，流亡北平（今北京），参加了"东北抗日救国会"。1933年，与一叶、雨之等爱国人士共同创办了《光明夜报》、《光明文艺周刊》。

1934年，矫庸就任宛平县政府二科科长。此间，矫庸同志联络东北同乡和广大爱国人士，积极从事抗日宣传活动，经常阅读进步刊物，并从中国共产党内部秘密刊物《火线》上，得到中共地下党员刘全（辽宁省新民县人）的信息，从此矫刘二人经常进行秘密联系，并多次共同到长辛店等地宣传抗日救国。经过刘全介绍，又结识了张质夫（刘全的同乡）。1935年7月1日，经刘全同志介绍，矫庸同志加入了中国共产党。

1936年初，刘全同志被国民党逮捕后，矫庸同志多次设法进行营救。1937年9月，矫庸赴南京寻找刘全下落。此后，又到郑州、武汉、长沙等地继续查询，均未得到刘全信息。此间，他结识许多共产党员，经常参加共产党组织的各项活动。在湖南长沙聆听了徐特立同志的7次讲话。徐特立还亲切接见了矫庸，部署党的工作，指示矫庸回北京后，广泛发动群众，分化敌人，坚持反奸斗争。

1938年4月，矫庸先后结识了八路军搞物资工作的杨伯宗、杨文波（以上二人均为河北省宛平县人），并经常在西什库教堂等地进行秘密联系。1939年春，结识了中共地下党员肖丹峰（平西专署秘书长，1943年任延安中央党校四部教员，解放后任吉林省政府秘书长），以及杨春甫（平西根据地地委书记，挺进军宣传部部长，解放后任过机械部副部长、中共辽宁省委副书记）、朱其文（平西专署专员，解放后任沈阳市市长）、环宇（原名邹环宇，平西根据地的地下工作联络员）、赵建民（联络员）、焦若愚（曾用名焦土，宛平县县长，平西专署专员，解放后任沈阳市市长）等共产党员。他们以矫家为联络点，秘密开展抗日反奸斗争，搜集敌伪情报。

1939年春天，矫庸先后送长子、次子、幼子、侄女参加八路军，他们在各个战场上英勇打击日伪军。

1940年4月，遵照党组织的指示，矫庸及夫人李育华奔赴平西革命根据地，步行10余天，于5月6日到达塔河村教委会（北岳区党委），夫妻二人积极参加根据地的各项工作。矫庸被分配到晋察冀边区第六专区任财政科主任，后又转至涞水县任出入口税局局长。1941年春归并税局后，任政府收税主任。在艰苦的环境下，矫庸同志与军民同甘共苦，为开辟抗日财源、发展生产、支援前线而勤奋工作，经受了严酷的战火考验。

1941年7月，矫庸同志接受党的指示，回北平做地下工作。其间，曾秘密潜到海城、沈阳、长春等地，宣传抗日，了解东北敌情。

不久，矫庸与周世昌结亲。周世昌于早年留学法国，后就学莫斯科东方大学，加入中共。1942年2月在北平从事党的地下工作期间，经平津地下党联络人刘多贵介绍，与矫庸相识。两位革命老战士很快成为患难与共的亲密战友。矫庸将其妹妹的女儿张淑贞（又名张琛，小学教师）介绍给周。周张二人志同道合，很快结为夫妻，张淑贞成为周世昌在日伪统治区从事党的地下工作的贤内助。矫庸自此成为周世昌与平西抗日根据地的交通联络员，经常化装成教士，到平西及张家口城工部，传递情报，在敌占区散发传单。周世昌也经常化装成商人，往返于平西和京城。

1945年抗日战争胜利后，国民党反动派投靠美帝国主义，疯狂进攻我解放区。此间，矫庸与周世昌密切配合继续从事党的地下工作，穿梭于北平、天津及根据地之间，了解敌情，传送情报。此后，见到了叶剑英同志。

1946年1月，矫庸与周世昌去西山（平西抗日根据地），受到黄华和李克农的接见，接受了“回北平了解国民党特务预谋破坏我军调部的阴谋”的指示。矫庸通过多种关系，得知宛平乡绅于正月初七5时在育英中学开会，便巧妙进入会场，听到了国民党北平军警处处长、军统特务马汉三发动乡绅去军调处闹事，以及企图杀害叶剑英的煽动性讲话。矫庸得到情报，立即去北京饭店，向艾秀峰（矫庸送递情报的接收人）作了汇报。由于情报传送及时准确，采取了预防措施，使敌人的阴谋未能得逞。同年正月张家口解放后，矫庸前去联系工作，接受华北贸易总局领导（局长彭成、副局长马明）的委托，以商人身份，搜集和储藏电台机器部件。矫庸夫妻以开设“顺城无线电修理商行”为掩护，购置了一批电料器材，并继续搜集敌人情报。

自1946年周世昌被调到中共中央东北局工作后，矫庸的工作改由周殿垣同志领导，在策反国民党军队工作中，争取了陈界、孟兴亚、黄金鑫等多人，并继续搜集传递情报。

北平解放前夕，矫庸领导的孟照清，争取了铁道兵团18部电台负责人刘铎及二处电台30部负责人曹士鹏二人，以及他们所掌管的无线电与器材。并说服了国民党连长卜贵文率全连起义。在我解放军包围北平之时，矫庸说服了周神坤，成功地动员了国民党刘化南军4000人起义，争取了无线电技术人员132人归顺，得到电台91部、器材35卡车。

矫庸的革命伴侣、妻子李育华，1940年4月下旬，同丈夫矫庸一起，奔赴平西抗日根据地，担任残废军人疗养院院长，热情周到地照顾残废伤员。1942年后，从事党的地下工作，隐居在北平城内一座尼姑庵内，以此为掩护，密切配合矫庸及外甥女婿周世昌的联络工作。当得知两个儿子在战场上牺牲时，李育华同志忍受巨大的悲痛，工作更加勤奋。北京和平解放后，组织上让她同矫庸一起看管国民党起义将军曾泽生的房舍。1949年9月被调到鲁迅故居，负责看管故居、资料管理及接待等工作。

矫庸兄弟五人，除五弟矫季培早逝外，其他兄弟及所有子女在矫庸和周世昌影响下，也都参加了革命工作。

矫庸的二弟矫作山，热爱共产党，憎恨帝国主义。在抗日战争时期，亲自将长子矫其志、次子矫其丰、三子矫其魁送到抗日前线，参加了八路军。在解放战争时期，又将二女儿矫爱君、四子矫其士、五子矫其武送到前线，参加了中国人民解放军。在艰苦的斗争岁月里，在敌占区白色恐怖的情况下，为支持我党的地下工作，矫作山将自己的家作为周世昌同志在沈阳的第一个地下工作联络点、交通站。矫作山当时住在奉天省敷岛区厚生街四段124号（今沈阳市和平区皇寺路二段新予里18号），周世昌的外地交通员矫非就从这里传递情报；搜集沈阳敌情的交通员矫其魁也是在这里转递情报。为了掩护地下党负责人周世昌、张琛，当周张夫妻二人住在矫作山家的一年时间里，矫作山及妻子杨如清都给予精心照顾，帮助周张二人搞好接待、秘密联络等工作。为搞到电台，便于地下工作，杨如清还通过关系，争取了在国民党二〇七师任机务员的王兆云，得到两部电台。杨如清还作为交通员往返于沈阳、鞍山之间，与杨克冰保持经常联系，传递情报。

矫庸的三弟矫靖忠、四弟矫季声，受兄长矫庸、矫作山的影响，在解放战争期间，将三个孩子送到部队，参加了中国人民解放军，并积极支持矫庸、周世昌的工作。矫季声当时住在海城，作为周世昌同志的地下交通联络站，周世昌多次到这里了解情况，部署工作；各地的交通员也经常到这里转递传送情报。为掩护交通员的安全工作，矫季声夫妻二人轮流放哨，搞好防范，保证了周世昌及其他交通员的安全。

矫庸同志及弟兄、子女、亲友们，可以说与全国无数个革命家庭一样，他们热爱中国共产党，热爱祖国，热爱社会主义，为了打倒日本帝国主义，为推翻国民党反动派残酷统治，抛头颅，洒热血，无私无畏，献身革命，为中国人民的解放事业做出了巨大贡献。

1949年1月，北平和平解放，军管会文物部副部长王冶秋同志立即派人查看鲁迅故居，设法进行保护，并筹备恢复鲁迅故居。

1949年5月，北京市市长叶剑英当面指示，让矫庸夫妻二人去看管国民党起义将军曾泽生的住宅。9月20日下午，又按照董必武（华北人民政府主席）指示，矫庸夫妇到北京鲁迅故居担任看管工作（即管理员）。这位年近六

十、参加革命多年、为祖国解放事业做出重大贡献的老同志，不居功，不图名利，愉快地接受了这项任务。自此，矫庸夫妻二人默默无闻地守护鲁迅故居，勤奋工作，刻苦钻研，竭尽全力，忘我劳动，在平凡的工作岗位上，倾注了全部心血，得到了中央领导同志和广大群众的好评和赞扬。

鲁迅故居是座落在一条短而窄的胡同里的一座僻静小院。1950 年 3 月，许广平（鲁迅的夫人）将鲁迅故居及鲁迅的全部遗物捐献给国家。

1954 年初，文化部决定在鲁迅故居东侧筹建鲁迅纪念馆（后改称鲁迅博物馆），1956 年建成。

当时，矫庸夫妻带着小孙女，住在鲁迅故居的隔壁（宫门口西三条胡同 22 号，又称作西小院）的两间北屋里，与鲁迅故居有小门相通。

矫庸夫妻二人到任后，对这里的一草一木都充满了感情，立即投入到紧张的清理、修缮和布置陈列工作。经过一个月的日夜奋战，于 10 月 19 日鲁迅逝世纪念日之际，正式对外开放，供各界人士参观。

矫庸同志经常讲："组织上把鲁迅故居交给我们看管，这是党中央和人民政府对我们的最大信任，我们不能有丝毫的闪失。"因此，矫庸夫妻二人对看管工作认真负责，一丝不苟。每天晚间，手持手电筒，对故居房间逐个进行巡逻检查。天刚见亮，便打扫庭院，清理房间，时刻保持鲁迅的遗物无灰尘。白天，热情接待参观者。

50 年代建馆时，王冶秋局长指示："要配齐鲁迅藏书副本，以供研究。"矫庸和常惠两位同志，花费近 3 年的时间，走遍各种旧书店，按目录选配鲁迅藏书副本。

为了搞好接待参观的解说工作，几乎每天晚间，矫庸都要伏案学习，认真阅读鲁迅先生遗著、日记、杂文等，熟悉内容，写出解说稿。当时，规定的开馆时间是上午 8 时 30 分，闭馆时间是下午 4 时 30 分。可是一些外地路过北京或专程来京的参观人员，有时急等时间，需要早开馆或晚闭馆，矫庸同志总是尽量满足他们的要求，热情地接待和详细地解说。在讲解中，他对鲁迅故居中每件物品的来历、鲁迅的故事、鲁迅与夫人许广平的相识、结婚，以及鲁迅的艰苦生活等，都讲得有声有色，而且还时常引用鲁迅先生的原文，讲得活灵活现，使许多参观者久久不愿离去。众多参观者主动要求同矫庸合影留念，以示敬仰之情。

矫庸同志认真负责的工作态度，默默无闻的奉献精神，也得到了各级领导的称赞。

1950 年 9 月，鲁迅的夫人许广平（当时任中央人民政府政务院副秘书长）到鲁迅故居审查故居的复原、修缮工作时，看到故居不仅保持了原貌，而且进行了加固性修缮，十分高兴地说："修复得好，谢谢你们。"当许广平走进南屋，矫庸介绍说："这次的修缮工程比较彻底，重串了房瓦，把地下挖深，铺了方砖。"许广平高兴地说："这样好，以前太潮湿了。"休息时，矫庸与妻子李育华在院内丁香树下摆上小方桌，送上特地为许广平准备的清茶时，许广平满意地向矫庸夫妻道谢，并深有感触地说："故居能完整地保持到现在，十分不易，这要感谢中国共产党和人民政府。"

1955 年 5 月 22 日中午 12 时，周恩来总理来到鲁迅故居视察。周总理对矫庸夫妻二人的工作，给予了很高的评价。

1959 年末，矫庸同志退休后，年近七十的老人，仍然关心鲁迅博物馆的建设。为提高全馆干部的业务水平，曾多次受请，为干部进行专业讲座，详细讲述图书版本知识。矫庸同志就是这样默默无闻地工作，直到 1971 年 4 月与世长辞。李育华同志于 1977 年 9 月谢世。

附录四　家　谱

一　世

太高祖：矫钧壁

（生殁未考）

二　世

高　祖：矫玉圣

（1760–1802）

高祖母：矫张氏

（1768–1845）

三　世

曾祖父：矫一桂

（1799–1862）

曾祖母：姓氏未考

（生殁未考）

四　世

祖　父：矫英方

（1842–1906）

祖　母：矫姚氏

（　　　　）

祖　母：矫张氏

（　　　　）

五　世

大女：矫

女婿：陈雲阁

二女：矫

女婿：鞠守志

三女：矫

女婿：张秀峰

四女：矫

女婿：刘俊青

长子：矫文彦（1890–1971）

妻子：李玉华（1902–1977）

次子：矫文彪（1891–1976）

妻子：杨如清（1900–1983）

妻子：张书琴（1915–1975）

三子：矫文彬

妻子：郑　氏

四子：矫文彧

妻子：孙　氏

五子：矫文彬（病故于1938）

妻子：徐　氏（无后人　　）

六子：夭　亡

五女：矫敬如

女婿：秦少川

附录五　矫氏家族墓志

矫氏一族，自有族谱记载至今，已历八代，祖制名序为：钧、玉、一、方、文、其、永、在。

先祖矫钧壁生于山东黄县城西九里站矫家河。

二世祖矫玉圣乾隆廿五年（1760 年）生于黄县，乾隆五十四年（1789 年）渡海迁居辽东海城，嘉庆七年（1802 年）病故。

三世祖祖矫一桂嘉庆四年（1799 年）生于海城，一生教书，同治元年（1862 年）病故。

祖父矫英方，又名晨嘻，字子阳，道光廿二年（1842 年）农历九月十四日生于海城，光绪三十二年（1906 年）病故。一生钻研《易经》，号“四大山人”，爱国反倭反教会，曾被清政府通缉入狱，后经诸坤士申冤出狱免难。暮年在此（栗子洼）花三百银元购山地十六亩五分二，作为矫氏永久墓地。

长子矫文彦，字矫庸，光绪十五年（1889 年）生于海城，1971 年在北京病故。一生简朴，酷爱读书、藏书。日寇入侵东北，携妻及长子矫其恒（矫龙）等五口流亡北平，后全家参加八路军。次子矫其忞、三子矫其愈先后壮烈牺牲在抗日战场。

次子矫文彪，字作山，光绪十七年（1891 年）生于海城，1977 年病故于沈阳。少年学木匠，在哈尔滨向俄国人学习土建，返乡承包土建工程，在本溪开设石灰坊，在奉天（沈阳）设立三仁公司，日寇入侵，先后破产倒闭。为抗日救国，送长女矫丽君（杨华）、长子矫其志（矫正）、次子矫其丰（矫其峰）参军抗日。

三子矫文彬，字靖忠，光绪十九年（1893 年）生于海城，1963 年病故于沈阳。

四子矫文或，字季声，光绪廿年（1894 年）生于海城，1979 年病故于沈阳。在海城开设酱油厂。参加地下工作。送长子矫其怡、次子矫其悦、三子矫其恺参加解放战争。

五子矫文彤，字季培，光绪廿三年（1897 年）生于海城，1937 年病故于沈阳，壮年在张作霖大帅府参议厅参事。

纵观矫氏一门，不乏热血男子，爱国志士，值此抗战胜利六十周年之际，特镌碑祭扫，以慰先贤，以励来者。

孙　男：其恒、其懋、其豊、其恺、其魁
　　　　其士、其武、其海、其河、其湖
孙　女：爱君、瑞君、占君
曾孙女：继忞、丽、星
曾　孙：愚、鲁

敬　立

二〇〇五年八月十五日

附录六　1926 年矫氏祖孙三代海城老宅合影

旧历正月矫家海城西门外老宅前合影

中间往右：矫张氏、矫文彦（矫庸）、矫文彪（矫作山）
矫文彧（矫季声）、矫文彤（矫季培）

左　起：矫文彤夫人、矫文彧夫人、矫文彪夫人、矫文彦夫人

附录七　枢要心法备录

为各事而断卦，先照天理，因圣人云，顺天者存，逆天者亡。而讲天理之书，莫过《道德经》、《四书》、《金刚经》。如数学从天而生，或那卦那爻该怎的，都是天定的，人那可不遵之行。《易经》尤为论理论数的要书呢。理不明，多思则得。难记，时念则记住。

孔子曰：以约失之者鲜矣。博学而详说之，将以反说约也。归纳之，约之，皆以理。贯通一理为本体，变通变化以为末用。无事不可占。借假修真，如人之假躯壳，能修成真灵明。明灵倒逆，又如音乐捉假形声，又如学佛烧香奉供，皆可修炼明心见性，变化从心，本自然天道。聚灵用灵，活泼之机。无为无著，不着迹相。无适无莫，义之于比。不怖，不被绑缚，妙办法，灵解脱。重立志向，另定章程。数术学极精妙，通神达化，藉以养生，行道渡人，不为专业，学佛万能，如君子不器，大制不割，得假练习明理，执一理百，掌而不宰，执而不着，虽万相之纷纭，须一理而融贯。世事和乎天理，用灵怎作都可，以神明通，不以人力为。不过，无不及，和中，诚心坚恒，无不感应，在灵的精神，不在形式（注重精神，尽抛形式）。详思烧酒洋油如何即能去玻璃上灰渍呢，还能否去他物上垢秽呢。君子忧道不忧贫，学了正道真理来，谁都找，怎么都能，何能贫呢，就活起来了。不能停止、滞扭，顺当、开光，又好美，谁都敬仰。《经》云：道高龙虎伏，德重鬼神钦。就一味的拜天地、祀神明，诚坚恒，达道矣①。

数不达于理，理亦随乎数，由数而查理，此非天地之特逊，而能至于人也。人能尽重心思，穷究四时运旋之原，考核四方屏隅之象，于无定处而得不易之规，坎止流行，支分派合，四时之与四方，融化成为一片，发古人未发之奥义，成今时已成之精微矣。理配合乎数，方可登峰造极，而理可谈，而数可指，才非盲行妄动。如倒行逆施，天心岂能顺之乎。合理合数，断定可行，是合天也②。

---

① 按：原写于李德启本《奇门枢要》篇前，题目为编者所加。

② 原写于李德启本《奇门枢要》篇后。

附录八　《奇门枢要》篇末附记

庚戌日　辛巳时占书馆　问财星。

庚戌日　辛巳时　庚空　春分上元　阳三局　甲戌己　未申酉空

值符天辅星在6宫　值使杜门在2宫

相宫		胎宫		没宫
	妻甲戌　财 癸九地 天芮乙巳 值开门己戌	母己卯　子 己六合 天柱壬丑 常死门丁卯	比辛巳　鬼 辛太常空 天英丁卯 地杜门乙巳	
旺宫	子壬午　官 壬朱雀 天蓬丙辰 天中门戊午	财乙亥　父 丁九天 天冲戊午 蛇惊门庚亥	鬼丁丑　比 乙螣蛇空 天禽庚亥 合景门壬丑	死宫
	父戊寅　时 戊太阴 天心辛子 勾休门癸寅	比庚辰　孙 庚勾陈 天任癸寅 朱伤门丙辰	官丙子　母 丙值符 马天辅己戌 阴生门辛子	
废宫		休宫		囚宫

交立春初强，雨水渐强。旧历二月初最好，论月在卦占二月初。于是东方卯木生南方火，壬在火地得木生之，所以得生气则旺。

今岁康德六年己卯年（1939）。

年局正用大雪上元四局，六十年再换。

月局正用小暑上元八局，五年再换。

日局正用春分上元三局，两个月再换。

上半年用春分三元，一元两个月，二三六个月已半年矣。

按：一元两个月，三元共计六个月，半年。

下半年用清明三元，一元两个月，二三六个月已半年矣。

二共六元，正十二个月，即为一年矣。

年月日时四局皆以六十为定数，如年局以六十年换一元，月局以六十月换一元，日局以六十日换一元，时局以六十时换一元。

又月局，民国十三年甲子年（1924），用夏至上元九局，至五年用中元，再至五年用下元。三年用完即十五年矣。今岁康德六年己卯年（1939），用小暑上元八局，五年一换。

日局，今岁戊寅年（1938），寅起雨水惊蛰之三元。现在交立冬节，用惊蛰下元四局，至十月二十二日止。再换即是己卯年，用春分上元二个月，中元二个月，下元二个月，一共六个月。再换清明之上中下三元，用法同前。

甲申年（1944）旧历十二月四日，丁丑月戊戌日，小寒中元，阳遁八局。干癸己未，占今日借洋卅千，未晓利弊。

按：此局是农历1944年十二月初四例。其时柱己未，必系抽签而得。查当年万年历，十二月四日日柱不是戊戌，而是丙戌。幸好，作者起了一个抓得时柱局，又起了另一个正时局。从正时癸巳可知，丙戌日柱是对的。戊戌日的巳时是丁巳，而不会是癸巳。

北京学易斋书目

书　名	作　者	定　价	版别
影印涵芬楼本正统道藏 [宣纸线装;全512函1120册]	[明]张宇初编	480000.00	九州
影印涵芬楼本正统道藏 [道林纸线装;全512函1120册]	[明]张宇初编	280000.00	九州
易藏[宣纸线装;全50函200册]	编委会主编	98000.00	九州
重刊术藏[精装全100册]	编委会主编	68000.00	九州
续修术藏[精装全100册]	编委会主编	68000.00	九州
易藏[精装全60册]	编委会主编	48000.00	九州
道藏[精装全60册]	编委会主编	48000.00	九州
御制本草品汇精要[彩版8函32册]	(明)刘文泰等著	18000.00	海南
御纂医宗金鉴[20函80册]	(清)吴谦等著	28000.00	海南
影宋刻备急千金要方[4函16册]	(唐)孙思邈著	2380.00	海南
影元刻千金翼方[2函12册]	(唐)孙思邈著	2380.00	海南
芥子园画传[彩版3函13册]	(清)李渔纂辑	3800.00	华龄
十竹斋书画谱[彩版2函12册]	(明)胡正言编印	2800.00	华龄
影印明天启初刻武备志[精装全16册]	(明)茅元仪撰	13800.00	华龄
药王千金方合刊[精装全16册]	(唐)孙思邈著	13800.00	华龄
焦循文集[精装全18册,库存1套]	[清]焦循撰	9800.00	九州
邵子全书[精装全16册]	[宋]邵雍撰	12800.00	九州
子部珍本1:校正全本地学答问	1函3册	680.00	华龄
子部珍本2:赖仙原本催官经	1函1册	280.00	华龄
子部珍本3:赖仙催官篇注	1函1册	280.00	华龄
子部珍本4:尹注赖仙催官篇	1函1册	280.00	华龄
子部珍本5:赖仙心印	1函1册	280.00	华龄
子部珍本6:新刻赖太素天星催官解	1函2册	480.00	华龄
子部珍本7:天机秘传青囊内传	1函1册	280.00	华龄
子部珍本8:阳宅斗首连篇秘授	1函1册	280.00	华龄
子部珍本9:精刻编集阳宅真传秘诀	1函2册	480.00	华龄
子部珍本10:秘传全本六壬玉连环	1函2册	480.00	华龄
子部珍本11:秘传仙授奇门	1函2册	480.00	华龄
子部珍本12:祝由科诸符秘卷秘旨合刊	1函2册	480.00	华龄
子部珍本13:校正古本入地眼图说	1函2册	480.00	华龄
子部珍本14:校正全本钻地眼图说	1函2册	480.00	华龄
子部珍本15:赖公七十二葬法	1函2册	480.00	华龄
子部珍本16:杨筠松秘传开门放水阴阳捷径	1函2册	480.00	华龄
子部珍本17:校正古本地理五诀	1函2册	480.00	华龄
子部珍本18:重校古本地理雪心赋	1函2册	480.00	华龄

书　　名	作　者	定　价	版别
子部珍本 19:吴景鸾先天后天理气心印补注	1函1册	280.00	华龄
子部珍本 20:宋国师吴景鸾秘传夹竹梅花院纂	1函2册	480.00	华龄
子部珍本 21:影印原本任铁樵注滴天髓阐微	1函4册	1080.00	华龄
子部珍本 22:地理真宝一粒粟	1函1册	280.00	华龄
子部珍本 23:聚珍全本天机一贯	1函3册	680.00	华龄
子部珍本 24:阴宅造福秘诀	1函1册	280.00	华龄
子部珍本 25:增补诹吉宝镜图	1函2册	480.00	华龄
子部珍本 26:诹吉便览宝镜图	1函1册	280.00	华龄
子部珍本 27:诹吉便览八卦图	1函1册	280.00	华龄
子部珍本 28:甲遁真授秘集	1函4册	880.00	华龄
子部珍本 29:太上祝由科	1函2册	680.00	华龄
子部珍本 30:邵康节先生心易梅花数	1函1册	280.00	华龄
子部善本 1:新刊地理玄珠(宣纸线装)	2函10册	3000.00	华龄
子部善本 2:参赞玄机地理仙婆集(宣纸线装)	2函8册	2400.00	华龄
子部善本 3:章仲山地理九种(宣纸线装)	1函5册	1500.00	华龄
子部善本 4:八门九星阴阳二遁全本奇门断	2函18册	5400.00	华龄
子部善本 5:六壬统宗大全(宣纸线装)	2函6册	1800.00	华龄
子部善本 6:太乙统宗宝鉴(宣纸线装)	2函8册	2400.00	华龄
子部善本 7:重刊星海词林(宣纸线装)	14函56册	16800.00	华龄
子部善本 8:万历初刻三命通会(宣纸线装)	2函12册	3600.00	华龄
子部善本 9:增广沈氏玄空学(宣纸线装)	2函8册	2400.00	华龄
子部善本 10:江公择日秘稿(宣纸线装)	2函6册	1800.00	华龄
子部善本 11:刘氏家藏阐微通书(宣纸线装)	3函12册	3600.00	华龄
子部善本 12:影印增补高岛易断(宣纸线装)	2函8册	2400.00	华龄
子部善本 13:清刻足本铁板神数(宣纸线装)	3函13册	3900.00	华龄
子部善本 14:增订天官五星集腋(宣纸线装)	2函10册	3000.00	华龄
子部善本 15:太乙奇门六壬兵备统宗(宣纸线装)	9函36册	10800.00	华龄
子部善本 16:御定景祐奇门大全(宣纸线装)	8函32册	9600.00	华龄
子部善本 17:地理四秘全书十二种(宣纸线装)	4函16册	4800.00	华龄
子部善本 18:全本地理统一全书(宣纸线装)	3函15册	4500.00	华龄
子部善本 19:廖公画策扒砂经(宣纸线装)	1函4册	1200.00	华龄
子部善本 20:明刊玉髓真经(宣纸线装)	7函21册	6300.00	华龄
子部善本 21:蒋大鸿家藏地学捷旨(宣纸线装)	1函4册	1200.00	华龄
子部善本 22:阳宅安居金镜(宣纸线装)	1函4册	1200.00	华龄
子部善本 23:新刊地理紫囊书(宣纸线装)	2函6册	1800.00	华龄
子部善本 24:地理大成五种(宣纸线装)	8函24册	7200.00	华龄
子部善本 25:初刻鳌头通书大全(宣纸线装)	2函10册	3000.00	华龄
子部善本 26:初刻象吉备要通书大全(宣纸线装)	3函12册	3600.00	华龄
子部善本 27:武英殿板钦定协纪辨方书	8函24册	7200.00	华龄
子部善本 28:初刻陈子性藏书(宣纸线装)	2函6册	1800.00	华龄

书　　名	作　　者	定　价	版别
重刻故宫藏百二汉镜斋秘书四种(一):火珠林	1函1册	300.00	华龄
重刻故宫藏百二汉镜斋秘书四种(二):灵棋经	1函1册	300.00	华龄
重刻故宫藏百二汉镜斋秘书四种(三):滴天髓	1函1册	300.00	华龄
重刻故宫藏百二汉镜斋秘书四种(四):测字秘牒	1函1册	300.00	华龄
中外戏法图说:鹅幻汇编鹅幻余编合刊	1函3册	780.00	华龄
连山[一函一册]	[清]马国翰辑	280.00	华龄
归藏[一函一册]	[清]马国翰辑	280.00	华龄
周易虞氏义笺订[一函六册]	[清]李翊灼订	1180.00	华龄
周易参同契通真义	1函2册	480.00	华龄
御制周易[一函三册]	武英殿影宋本	680.00	华龄
宋刻周易本义[一函四册]	[宋]朱熹撰	980.00	华龄
易学启蒙[一函二册]	[宋]朱熹撰	480.00	华龄
易余[一函二册]	[明]方以智撰	480.00	九州
奇门鸣法	[一函二册]	680.00	华龄
奇门衍象	[一函二册]	480.00	华龄
奇门枢要	[一函二册]	480.00	华龄
奇门仙机[一函三册]	王力军校订	298.00	华龄
奇门心法秘纂[一函三册]	王力军校订	298.00	华龄
御定奇门秘诀[一函三册]	[清]湖海居士辑	680.00	华龄
宫藏奇门大全[线装五函二十五册]	[清]湖海居士辑	6800.00	星易
遁甲奇门秘传要旨大全[线装二函十册]	[清]范阳耐寒子辑	6200.00	星易
增广神相全编[线装一函四册]	[明]袁珙订正	980.00	星易
龙伏山人存世文稿[五函十册]	[清]矫子阳撰	2800.00	九州
奇门遁甲鸣法[一函二册]	[清]矫子阳撰	680.00	九州
奇门遁甲衍象[一函二册]	[清]矫子阳撰	480.00	九州
奇门遁甲枢要[一函二册]	[清]矫子阳撰	480.00	九州
遁甲括囊集[一函三册]	[清]矫子阳撰	980.00	九州
增注蒋公古镜歌[一函一册]	[清]矫子阳撰	180.00	九州
古本皇极经世书[一函三册]	[宋]邵雍撰	980.00	九州
明抄真本梅花易数[一函三册]	[宋]邵雍撰	480.00	九州
订正六壬金口诀[一函六册]	[清]巫国匡辑	1280.00	华龄
六壬神课金口诀[一函三册]	[明]适适子撰	298.00	华龄
改良三命通会[一函四册,第二版]	[明]万民英撰	980.00	华龄
增补选择通书玉匣记[一函二册]	[晋]许逊撰	480.00	华龄
绘图全本鲁班经匠家镜	1函4册	680.00	华龄
菊逸山房地理正书(天函):地理点穴撼龙经	1函3册	680.00	华龄
菊逸山房地理正书(地函):秘藏疑龙经大全	1函1册	280.00	华龄
菊逸山房地理正书(人函):杨公秘本山法备收	1函1册	280.00	华龄
青囊海角经	1函4册	680.00	华龄
阳宅三要	1函3册	298.00	华龄

书　　名	作　　者	定　价	版别
子部珍本备要(宣纸线装)		分函售价	九州
001 岣嵝神书	1 函 1 册	280.00	九州
002 地理啖蔗録	1 函 4 册	880.00	九州
003 地理玄珠精选	1 函 4 册	880.00	九州
004 地理琢玉斧峦头歌括	1 函 4 册	880.00	九州
005 金氏地学粹编	3 函 8 册	1840.00	九州
006 风水一书	1 函 4 册	880.00	九州
007 风水二书	1 函 4 册	880.00	九州
008 增注周易神应六亲百章海底眼	1 函 1 册	280.00	九州
009 卜易指南	1 函 1 册	280.00	九州
010 大六壬占验	1 函 1 册	280.00	九州
011 真本六壬神课金口诀	1 函 3 册	680.00	九州
012 太乙指津	1 函 2 册	480.00	九州
013 太乙金钥匙 太乙金钥匙续集	1 函 1 册	280.00	九州
014 奇门遁甲占验天时	1 函 2 册	480.00	九州
015 南阳掌珍遁甲	1 函 1 册	280.00	九州
016 达摩易筋经 易筋经外经图说 八段锦	1 函 1 册	280.00	九州
017 钦天监彩绘真本推背图	1 函 2 册	680.00	九州
018 清抄全本玉函通秘	1 函 3 册	680.00	九州
019 灵棋经	1 函 1 册	280.00	九州
020 道藏灵符秘法	4 函 9 册	2100.00	九州
021 地理青囊玉尺度金针集	1 函 6 册	1280.00	九州
022 奇门秘传九宫纂要	1 函 1 册	280.00	九州
023 影印清抄耕寸集一真本子平真诠	1 函 2 册	480.00	九州
024 新刊合并官板音义评注渊海子平	1 函 2 册	480.00	九州
025 影抄宋本五行精纪	1 函 6 册	1080.00	九州
026 影印明刻阴阳五要奇书 1一郭氏阴阳元经	1 函 2 册	480.00	九州
027 影印明刻阴阳五要奇书 2一克择璇玑括要	1 函 1 册	280.00	九州
028 影印明刻阴阳五要奇书 3一阳明按索图	1 函 2 册	480.00	九州
029 影印明刻阴阳五要奇书 4一佐玄直指	1 函 2 册	480.00	九州
030 影印明刻阴阳五要奇书 5一三白宝海钩玄	1 函 1 册	280.00	九州
031 相命图诀许负相法十六篇合刊	1 函 1 册	280.00	九州
032 玉掌神相神相铁关刀合刊	1 函 1 册	280.00	九州
033 古本太乙淘金歌	1 函 1 册	280.00	九州
034 重刊地理葬埋黑通书	1 函 2 册	480.00	九州
035 壬归	1 函 2 册	480.00	九州
036 大六壬苗公鬼撮脚二种合刊	1 函 1 册	280.00	九州
037 大六壬鬼撮脚射覆	1 函 2 册	480.00	九州
038 大六壬金柜经	1 函 1 册	280.00	九州
039 纪氏奇门秘书仕学备余	1 函 1 册	280.00	九州

书　　名	作　　者	定　价	版别
040 八门九星阴阳二遁全本奇门断	2 函 18 册	3680.00	九州
041 李卫公奇门心法	1 函 1 册	280.00	九州
042 武侯行兵遁甲金函玉镜海底眼	1 函 1 册	280.00	九州
043 诸葛武侯奇门千金诀	1 函 1 册	280.00	九州
044 隔夜神算	1 函 1 册	280.00	九州
045 地理五种秘笈合刊	1 函 1 册	280.00	九州
046 地理雪心赋句解	1 函 2 册	480.00	九州
047 九天玄女青囊经	1 函 1 册	280.00	九州
048 考定撼龙经	1 函 1 册	280.00	九州
049 刘江东家藏善本葬书	1 函 1 册	280.00	九州
050 杨公六段玄机赋杨筠松安门楼玉辇经合刊	1 函 1 册	280.00	九州
051 风水金鉴	1 函 1 册	280.00	九州
052 新镌碎玉剖秘地理不求人	1 函 2 册	480.00	九州
053 阳宅八门金光斗临经	1 函 1 册	280.00	九州
054 新镌徐氏家藏罗经顶门针	1 函 2 册	480.00	九州
055 影印乾隆丙午刻本地理五诀	1 函 4 册	880.00	九州
056 地理诀要雪心赋	1 函 2 册	480.00	九州
057 蒋氏平阶家藏善本插泥剑	1 函 1 册	280.00	九州
058 蒋大鸿家传地理归厚录	1 函 1 册	280.00	九州
059 蒋大鸿家传三元地理秘书	1 函 1 册	280.00	九州
060 蒋大鸿家传天星选择秘旨	1 函 1 册	280.00	九州
061 撼龙经批注校补	1 函 4 册	880.00	九州
062 疑龙经批注校补一全	1 函 1 册	280.00	九州
063 种筠书屋较订山法诸书	1 函 2 册	480.00	九州
064 堪舆倒杖诀 拨砂经遗篇 合刊	1 函 1 册	280.00	九州
065 认龙天宝经	1 函 1 册	280.00	九州
066 天机望龙经刘氏心法 杨公骑龙穴诗合刊	1 函 1 册	280.00	九州
067 风水一夜仙秘传三种合刊	1 函 1 册	280.00	九州
068 新镌地理八窍	1 函 2 册	480.00	九州
069 地理解醒	1 函 1 册	280.00	九州
070 峦头指迷	1 函 3 册	680.00	九州
071 茅山上清灵符	1 函 2 册	480.00	九州
072 茅山上清镇禳摄制秘法	1 函 1 册	280.00	九州
073 天医祝由科秘抄	1 函 2 册	480.00	九州
074 千镇百镇桃花镇	1 函 2 册	480.00	九州
075 轩辕碑记医学祝由十三科治病奇书合刊	1 函 1 册	280.00	九州
076 清抄真本祝由科秘诀全书	1 函 3 册	680.00	九州
077 增补秘传万法归宗	1 函 2 册	480.00	九州
078 祝由科诸符秘卷祝由科诸符秘旨合刊	1 函 1 册	280.00	九州
079 辰州符咒大全	1 函 4 册	880.00	九州

书　　名	作　者	定　价	版别
080 万历初刻三命通会	2函12册	2480.00	九州
081 新编三车一览子平渊源注解	1函3册	680.00	九州
082 命理用神精华	1函3册	680.00	九州
083 命学探骊集	1函1册	280.00	九州
084 相诀摘要	1函2册	480.00	九州
085 相法秘传	1函1册	280.00	九州
086 新编相法五总龟	1函1册	280.00	九州
087 相学统宗心易秘传	1函2册	480.00	九州
088 秘本大清相法	1函2册	480.00	九州
089 相法易知	1函1册	280.00	九州
090 星命风水秘传	1函1册	280.00	九州
091 大六壬隔山照	1函2册	480.00	九州
092 大六壬考正	1函1册	280.00	九州
093 大六壬类阐	1函2册	480.00	九州
094 六壬心镜集注	1函1册	280.00	九州
095 遁甲吾学编	1函2册	480.00	九州
096 刘明江家藏善本奇门衍象	1函1册	280.00	九州
097 遁甲天书秘文	1函2册	480.00	九州
098 金枢符应秘文	1函2册	480.00	九州
099 秘传金函奇门隐遁丁甲法书	1函2册	480.00	九州
100 六壬行军指南	2函10册	2080.00	九州
101 家藏阴阳二宅秘诀线法	1函2册	480.00	九州
102 阳宅一书阴宅一书合刊	1函1册	280.00	九州
103 地理法门全书	1函1册	280.00	九州
104 四真全书玉钥匙	1函1册	280.00	九州
105 重刊官板玉髓真经	1函4册	880.00	九州
106 明刊阳宅真诀	1函2册	480.00	九州
107 阳宅指南	1函1册	280.00	九州
108 阳宅秘传三书	1函1册	280.00	九州
109 阳宅都天滚盘珠	1函1册	280.00	九州
110 纪氏地理水法要诀	1函1册	280.00	九州
111 李默斋先生地理辟径集	1函2册	480.00	九州
112 李默斋先生辟径集续篇 地理秘缺	1函2册	480.00	九州
113 地理辨正自解	1函1册	280.00	九州
114 形家五要全编	1函4册	880.00	九州
115 地理辨正抉要	1函1册	280.00	九州
116 地理辨正揭隐	1函1册	280.00	九州
117 地学铁骨秘	1函1册	280.00	九州
118 地理辨正发秘初稿	1函1册	280.00	九州
119 三元宅墓图	1函1册	280.00	九州

书　　名	作　者	定　价	版别
120 参赞玄机地理仙婆集	2函8册	1680.00	九州
121 幕讲禅师玄空秘旨浅注外七种	1函1册	280.00	九州
122 玄空挨星图诀	1函1册	280.00	九州
123 影印稿本玄空地理筌蹄	1函1册	280.00	九州
124 玄空古义四种通释	1函2册	480.00	九州
125 地理疑义答问	1函1册	280.00	九州
126 王元极地理辨正冒禁录	1函1册	280.00	九州
127 王元极校补天元选择辨正	1函3册	680.00	九州
128 王元极选择辨真全书	1函1册	280.00	九州
129 王元极增批地理冰海原本地理冰海合刊	1函1册	280.00	九州
130 王元极三元阳宅萃篇	1函2册	480.00	九州
131 尹一勺先生地理精语	1函1册	280.00	九州
132 古本地理元真	1函2册	480.00	九州
133 杨公秘本搜地灵	1函1册	280.00	九州
134 秘藏千里眼	1函1册	280.00	九州
135 道光刊本地理或问	1函1册	280.00	九州
136 影印稿本地理秘诀	1函2册	480.00	九州
137 地理秘诀隔山照 地理括要 合刊	1函1册	280.00	九州
138 地理前后五十段	1函2册	480.00	九州
139 心耕书屋藏本地经图说	1函1册	280.00	九州
140 地理古本道法双谭	1函1册	280.00	九州
141 奇门遁甲元灵经	1函1册	280.00	九州
142 黄帝遁甲归藏大意 白猿真经 合刊	1函1册	280.00	九州
143 遁甲符应经	1函2册	480.00	九州
144 遁甲通明钤	1函1册	280.00	九州
145 景祐奇门秘纂	1函2册	480.00	九州
146 奇门先天要论	1函2册	480.00	九州
147 御定奇门古本	1函2册	480.00	九州
148 奇门吉凶格解	1函1册	280.00	九州
149 御定奇门宝鉴	1函3册	680.00	九州
150 奇门阐易	1函2册	480.00	九州
151 六壬总论	1函1册	280.00	九州
152 稿抄本大六壬翠羽歌	1函1册	280.00	九州
153 都天六壬神课	1函1册	280.00	九州
154 大六壬易简	1函2册	480.00	九州
155 太上六壬明鉴符阴经	1函1册	280.00	九州
156 增补关煞袖里金百中经	1函1册	280.00	九州
157 演禽三世相法	1函2册	480.00	九州
158 合婚便览 和合婚姻咒 合刊	1函1册	280.00	九州
159 神数十种	1函1册	280.00	九州

书　　名	作　　者	定　　价	版别
160 神机灵数一掌经金钱课合刊	1 函 1 册	280.00	九州
161 阴阳二宅易知录	1 函 2 册	480.00	九州
162 阴宅镜	1 函 2 册	480.00	九州
163 阳宅镜	1 函 1 册	280.00	九州
164 清精抄本六圃地学	1 函 1 册	280.00	九州
165 形峦神断书	1 函 1 册	280.00	九州
166 堪舆三昧	1 函 1 册	280.00	九州
167 遁甲奇门捷要	1 函 1 册	280.00	九州
168 奇门遁甲备览	1 函 1 册	280.00	九州
169 原传真本石室藏本圆光真传秘诀合刊	1 函 1 册	280.00	九州
170 明抄全本壬归	1 函 4 册	880.00	九州
171 董德彰水法秘诀水法断诀合刊	1 函 1 册	280.00	九州
172 董德彰先生水法图说	1 函 1 册	280.00	九州
173 董德彰先生泄天机纂要	1 函 2 册	480.00	九州
174 李默斋先生地理秘传	1 函 2 册	480.00	九州
175 新镘希夷陈先生紫微斗数全书	1 函 3 册	680.00	九州
176 海源阁藏明刊麻衣相法全编	1 函 2 册	480.00	九州
177 袁忠彻先生相法秘传	1 函 3 册	680.00	九州
178 火珠林要旨 筮杙	1 函 2 册	480.00	九州
179 火珠林占法秘传 续筮杙	1 函 1 册	280.00	九州
180 六壬类聚	1 函 4 册	880.00	九州
181 新刻麻衣相神异赋	1 函 1 册	280.00	九州
182 诸葛武侯奇门遁甲全书	1 函 2 册	480.00	九州
183 张九仪传地理偶摘	1 函 1 册	280.00	九州
184 张九仪传地理偶注	1 函 1 册	280.00	九州
185 阳宅玄珠	1 函 1 册	280.00	九州
186 阴宅总论	1 函 1 册	280.00	九州
187 新刻杨救贫秘传阴阳二宅便用统宗	1 函 1 册	280.00	九州
188 增补理气图说	1 函 2 册	480.00	九州
189 增补罗经图说	1 函 1 册	280.00	九州
190 重镌官板阳宅大全	1 函 4 册	880.00	九州
191 景祐太乙福应经	1 函 1 册	280.00	九州
192 景祐遁甲符应经	1 函 3 册	680.00	九州
193 景祐六壬神定经	1 函 3 册	680.00	九州
194 御制禽遁符应经	1 函 2 册	480.00	九州
195 秘传匠家鲁班经符法	1 函 3 册	680.00	九州
196 哈佛藏本太史黄际飞注天玉经	1 函 1 册	280.00	九州
197 李三素先生红囊经解	1 函 1 册	280.00	九州
198 杨曾青囊天玉通义	1 函 1 册	280.00	九州
199 重编大清钦天监焦秉贞彩绘历代推背图解	1 函 2 册	680.00	九州

书　名	作　者	定　价	版别
200 道光初刻相理衡真	1 函 4 册	880.00	九州
201 新刻袁柳庄先生秘传相法	1 函 3 册	680.00	九州
202 袁忠彻相法古今识鉴	1 函 2 册	480.00	九州
203 袁天纲五星三命指南	1 函 2 册	480.00	九州
204 新刻五星玉镜	1 函 3 册	680.00	九州
205 游艺录:筮遁壬行年斗数相宅	1 函 1 册	280.00	九州
206 新订王氏罗经透解	1 函 2 册	480.00	九州
207 堪舆真诠	1 函 3 册	680.00	九州
208 青囊天机奥旨二种	1 函 1 册	280.00	九州
209 张九仪传地理偶录	1 函 1 册	280.00	九州
210 地学形势集	1 函 8 册	1680.00	九州
211 神相水镜集	1 函 4 册	880.00	九州
212 稀见相学秘笈四种合刊	1 函 2 册	480.00	九州
213 神相金较剪	1 函 1 册	280.00	九州
214 神相证验百条	1 函 2 册	480.00	九州
215 全本神相全编	1 函 3 册	680.00	九州
216 神相全编正义	1 函 3 册	680.00	九州
217 八宅明镜	1 函 2 册	480.00	九州
218 阳宅卜居秘髓	1 函 3 册	680.00	九州
219 地理乾坤法窍	1 函 3 册	680.00	九州
220 秘传廖公画筴拨砂经	1 函 4 册	880.00	九州
221 地理囊金集注	1 函 1 册	280.00	九州
222 赤松子罗经要旨	1 函 1 册	280.00	九州
223 萧仙地理心法堪舆经	1 函 2 册	480.00	九州
224 新刻地理搜龙奥语	1 函 2 册	480.00	九州
225 新刻风水珠神真经	1 函 2 册	480.00	九州
226 寻龙点穴地理索隐	1 函 1 册	280.00	九州
227 杨公撼龙经考注	1 函 2 册	480.00	九州
228 李德贞秘授三元秘诀	1 函 1 册	280.00	九州
229 地理支陇乘气论	1 函 2 册	480.00	九州
230 道光刻全本相山撮要	2 函 6 册	1500.00	九州
231 药王真传祝由科全编	1 函 1 册	280.00	九州
232 梵音斗科符箓秘书	1 函 2 册	580.00	九州
233 御定奇门灵占	1 函 4 册	880.00	九州
234 御定奇门宝镜图	1 函 2 册	480.00	九州
235 汇纂大六壬玉钥匙心诀	1 函 1 册	280.00	九州
236 补完直解六壬五变中黄经	1 函 2 册	480.00	九州
237 六壬节要直讲	1 函 2 册	480.00	九州
238 六壬神课捷要占验	1 函 1 册	280.00	九州
239 六壬袖传神课捷要	1 函 1 册	280.00	九州

书名	作者	定价	版别
240 秘藏大六壬大全善本	2 函 8 册	1800.00	九州
241 阳宅藏书	1 函 2 册	480.00	九州
242 阳宅觉元氏新书	1 函 1 册	280.00	九州
243 阳宅拾遗	1 函 2 册	480.00	九州
244 阳基集腋	1 函 2 册	480.00	九州
245 阴阳二宅指正	1 函 2 册	480.00	九州
246 九天玄妙秘书内经	1 函 1 册	280.00	九州
247 青乌葬经葬经翼	1 函 1 册	280.00	九州
248 阳宅六十四卦秘断	1 函 1 册	280.00	九州
249 杨曾地理秘传捷诀	1 函 3 册	680.00	九州
250 三元堪舆秘笈救败全书	1 函 4 册	880.00	九州
251 纪氏地理末学	1 函 2 册	480.00	九州
252 堪舆说原	1 函 1 册	280.00	九州
253 河洛正变喝穴集	1 函 1 册	280.00	九州
254 太上洞玄灵宝素灵真符	1 函 1 册	280.00	九州
255 道家神符霹咒秘传	1 函 1 册	280.00	九州
256 堪舆秘传六十四论记师口诀	1 函 2 册	480.00	九州
257 相法秘笈太乙照神经	1 函 3 册	680.00	九州
258 哈佛藏子平格局解要	1 函 2 册	480.00	九州
259 三车一览命书详论	1 函 2 册	480.00	九州
260 万历初刊平学大成	1 函 4 册	880.00	九州
261 古本推背图说	1 函 2 册	680.00	九州
262 董氏诹吉新书	1 函 2 册	480.00	九州
263 蒋大鸿四十八局图	1 函 1 册	280.00	九州
264 阳宅紫府宝鉴	1 函 2 册	480.00	九州
265 宅经类纂	1 函 3 册	680.00	九州
266 杨公画筴图	1 函 1 册	280.00	九州
267 刘江东秘传金函经	1 函 1 册	280.00	九州
268 茔元总录	1 函 2 册	480.00	九州
269 纪氏奇门占验奇门遁甲要略合刊	1 函 1 册	280.00	九州
270 奇门统宗大全	1 函 4 册	880.00	九州
271 刘天君祛治符法秘卷	1 函 3 册	680.00	九州
272 圣济总录祝由术全编	1 函 2 册	480.00	九州
273 子平星学精华	1 函 1 册	280.00	九州
274 紫微斗数命理宣微	1 函 1 册	280.00	九州
275 火珠林卦爻精究集	1 函 2 册	480.00	九州
276 韩图孤本奇门秘要	1 函 1 册	280.00	九州
277 哈佛藏明抄六壬断易秘诀	1 函 1 册	280.00	九州
278 大六壬会要全集	1 函 3 册	680.00	九州
279 乾隆初刊六壬视斯	1 函 2 册	480.00	九州

书　　名	作　　者	定　价	版别
280 精抄历代六壬占验汇选	2 函 6 册	1280.00	九州
281 张九仪先生东湖地学	1 函 1 册	280.00	九州
282 张九仪先生东湖砂法	1 函 1 册	280.00	九州
283 张九仪先生东湖水法	1 函 1 册	280.00	九州
284 姚氏地理辨正图说	1 函 1 册	280.00	九州
285 地理辨正补注	1 函 2 册	480.00	九州
286 地理丛谈元运发微	1 函 1 册	280.00	九州
287 元空宅法举隅	1 函 1 册	280.00	九州
288 平洋地理玉函经	1 函 1 册	280.00	九州
289 元空法鉴三种	1 函 3 册	680.00	九州
290 蒋大鸿先生地理合璧	2 函 7 册	1480.00	九州
291 新刊地理五经图解	1 函 3 册	680.00	九州
292 三元地理辨惑	1 函 1 册	280.00	九州
293 风水内传秘旨	1 函 1 册	280.00	九州
294 杜氏地理图说	1 函 2 册	480.00	九州
295 地学仁孝必读	1 函 5 册	1080.00	九州
296 地理秘珍	1 函 2 册	480.00	九州
297 秘传四课仙机水法	1 函 1 册	280.00	九州
298 地理辨正图诀	1 函 1 册	280.00	九州
299 灵城精义笺	1 函 1 册	280.00	九州
300 仰山子新辑地理条贯	2 函 6 册	1280.00	九州
301 秘传堪舆经传类纂	1 函 1 册	280.00	九州
302 秘传堪舆论状类纂	1 函 1 册	280.00	九州
303 秘传堪舆秘书类纂	1 函 1 册	280.00	九州
304 秘传堪舆诗赋歌诀类纂	1 函 2 册	480.00	九州
305 秘传堪舆问答类纂	1 函 1 册	280.00	九州
306 秘传堪舆杂录类纂	1 函 2 册	480.00	九州
307 秘传堪舆辨惑类纂	1 函 1 册	280.00	九州
308 秘传堪舆断诀类纂	1 函 1 册	280.00	九州
309 秘传堪舆穴法类纂	1 函 1 册	280.00	九州
310 秘传堪舆葬法类纂	1 函 1 册	280.00	九州
311 大六壬兵占三种	1 函 2 册	480.00	九州
312 大六壬秘书四种	1 函 2 册	480.00	九州
313 大六壬毕法注解	1 函 1 册	280.00	九州
314 大六壬课体订讹	1 函 1 册	280.00	九州
315 大六壬类占	1 函 2 册	480.00	九州
316 大六壬全编	1 函 2 册	480.00	九州
317 大六壬杂释	1 函 1 册	280.00	九州
318 大六壬心镜	1 函 2 册	480.00	九州
319 六壬灵课玉洞金书	1 函 1 册	280.00	九州

书　　名	作　者	定　价	版别
320 六壬通仙	1 函 4 册	880.00	九州
321 五种秘窍全书—1—地理秘窍	1 函 1 册	280.00	九州
322 五种秘窍全书—2—选择秘窍	1 函 4 册	880.00	九州
323 五种秘窍全书—3—天星秘窍	1 函 1 册	280.00	九州
324 五种秘窍全书—4—罗经秘窍	1 函 4 册	880.00	九州
325 五种秘窍全书—5—奇门秘窍	1 函 2 册	480.00	九州
326 新编杨曾地理家传心法捷诀一贯堪舆	2 函 8 册	1780.00	九州
327 玉函铜函真经阴阳剪裁图注	1 函 3 册	680.00	九州
328 新刻石函平砂玉尺经全书	1 函 2 册	480.00	九州
329 三元通天照水经	1 函 2 册	480.00	九州
330 堪舆经书	1 函 5 册	1080.00	九州
331 神相汇编	1 函 2 册	480.00	九州
332 管辂神相秘传	1 函 1 册	280.00	九州
333 冰鉴秘本七篇月波洞中记合刊	1 函 1 册	280.00	九州
334 太清神鉴录	1 函 2 册	480.00	九州
335 新刊京本厘正总括天机星学正传	2 函 10 册	2180.00	九州
336 新监七政归垣司台历数袖里璇玑	1 函 4 册	880.00	九州
337 道藏古本紫微斗数	1 函 2 册	480.00	九州
338 增补诸家选择万全玉匣记	1 函 2 册	480.00	九州
339 杨公造命要诀	1 函 1 册	280.00	九州
340 造命宗镜	1 函 6 册	1280.00	九州
341 上清灵宝济度金书符咒大成	2 函 9 册	1980.00	九州
342 青城山铜板祝由十三科	1 函 2 册	480.00	九州
343 抄本祝由科别传	1 函 1 册	280.00	九州
344 遁甲演义	1 函 2 册	480.00	九州
345 武侯奇门遁甲玄机赋	1 函 1 册	280.00	九州
346 北法变化禽书	1 函 1 册	280.00	九州
347 卜筮全书	1 函 6 册	1280 .00	九州
348 卜筮正宗	1 函 4 册	880.00	九州
349 易隐	1 函 4 册	880.00	九州
350 野鹤老人占卜全书	1 函 5 册	1280.00	九州
351 地理会心集	1 函 2 册	480.00	九州
352 罗经会心集	1 函 2 册	480.00	九州
353 阳宅会心集	1 函 1 册	280.00	九州
354 秘传图注龙经全集	1 函 3 册	680.00	九州
355 地理精微集	1 函 2 册	480.00	九州
356 地理拾铅峦头理气合编	1 函 2 册	480.00	九州
357 萧客真诀	1 函 1 册	280.00	九州
358 地理铁案	1 函 2 册	480.00	九州
359 秘传四神课书仙机消纳水法	1 函 2 册	480.00	九州

书　　名	作　者	定　价	版别
360 蒋大鸿先生地理真诠	2 函 7 册	1480.00	九州
361 蒋大鸿仙诀小引	1 函 1 册	280.00	九州
362 管氏地理指蒙	1 函 1 册	280.00	九州
363 原本山洋指迷	1 函 2 册	480.00	九州
364 形家集要	1 函 1 册	280.00	九州
365 重镌地理天机会元	3 函 15 册	3080.00	九州
366 地理方外别传	1 函 2 册	480.00	九州
367 堪舆至秘旅寓集	1 函 1 册	280.00	九州
368 堪舆管见	1 函 1 册	280.00	九州
369 四神秘诀	1 函 2 册	480.00	九州
370 地理辨正补	1 函 3 册	680.00	九州
371 金书秘奥地理一片金合刊	1 函 1 册	280.00	九州
372 阳宅玉髓真经阴宅制煞秘法合刊	1 函 1 册	280.00	九州
373 堪舆至秘旅寓集 堪舆秘传	1 函 1 册	280.00	九州
374 地学杂钞连珠水法合刊	1 函 1 册	280.00	九州
375 黄妙应仙师五星仙机制化砂法	1 函 2 册	480.00	九州
376 造葬便览	1 函 1 册	280.00	九州
377 大六壬秘本	1 函 2 册	480.00	九州
378 太乙统类	1 函 1 册	280.00	九州
379 新雕注疏珞琭子三命消息赋	1 函 1 册	280.00	九州
380 新编四家注解经进珞琭子消息赋	1 函 2 册	480.00	九州
381 清代民间实用灵符汇编	1 函 2 册	680.00	九州
382 王国维批校宋本焦氏易林	1 函 2 册	480.00	九州
383 新刊应验天机易卦通神	1 函 1 册	280.00	九州
384 新镌周易数	1 函 5 册	1080.00	九州
增补四库青乌辑要[,全 18 函 59 册]	郑同校	11680.00	九州
第 1 种:宅经[1 册]	[署]黄帝撰	180.00	九州
第 2 种:葬书[1 册]	[晋]郭璞撰	220.00	九州
第 3 种:青囊序青囊奥语天玉经[1 册]	[唐]杨筠松撰	220.00	九州
第 4 种:黄囊经[1 册]	[唐]杨筠松撰	220.00	九州
第 5 种:黑囊经[2 册]	[唐]杨筠松撰	380.00	九州
第 6 种:锦囊经[1 册]	[晋]郭璞撰	200.00	九州
第 7 种:天机贯旨红囊经[2 册]	[清]李三素撰	380.00	九州
第 8 种:玉函天机素书/至宝经[1 册]	[明]董德彰撰	200.00	九州
第 9 种:天机一贯[2 册]	[清]李三素撰辑	380.00	九州
第 10 种:撼龙经[1 册]	[唐]杨筠松撰	200.00	九州
第 11 种:疑龙经葬法倒杖[1 册]	[唐]杨筠松撰	220.00	九州
第 12 种:疑龙经辨正[1 册]	[唐]杨筠松撰	200.00	九州
第 13 种:寻龙记太华经[1 册]	[唐]曾文辿撰	220.00	九州
第 14 种:宅谱要典[2 册]	[清]铣溪野人校	380.00	九州

书　　名	作　者	定　价	版别
第 15 种:阳宅必用[2 册]	心灯大师校订	380.00	九州
第 16 种:阳宅撮要[2 册]	[清]吴鼒撰	380.00	九州
第 17 种:阳宅正宗[1 册]	[清]姚承舆撰	200.00	九州
第 18 种:阳宅指掌[2 册]	[清]黄海山人撰	380.00	九州
第 19 种:相宅新编[1 册]	[清]焦循校刊	240.00	九州
第 20 种:阳宅井明[2 册]	[清]邓颖出撰	380.00	九州
第 21 种:阴宅井明[1 册]	[清]邓颖出撰	220.00	九州
第 22 种:灵城精义[2 册]	[南唐]何溥撰	380.00	九州
第 23 种:龙穴砂水说[1 册]	清抄秘本	180.00	九州
第 24 种:三元水法秘诀[2 册]	清抄秘本	380.00	九州
第 25 种:罗经秘传[2 册]	[清]傅禹辑	380.00	九州
第 26 种:穿山透地真传[2 册]	[清]张九仪撰	380.00	九州
第 27 种:催官篇发微论[2 册]	[宋]赖文俊撰	380.00	九州
第 28 种:入地眼神断要诀[2 册]	清抄秘本	380.00	九州
第 29 种:玄空大卦秘断[1 册]	清抄秘本	200.00	九州
第 30 种:玄空大五行真传口诀[1 册]	[明]蒋大鸿等撰	220.00	九州
第 31 种:杨曾九宫颠倒打劫图说[1 册]	[唐]杨筠松撰	200.00	九州
第 32 种:乌兔经奇验经[1 册]	[唐]杨筠松撰	180.00	九州
第 33 种:挨星考注[1 册]	[清]汪董缘订定	260.00	九州
第 34 种:地理挨星说汇要[1 册]	[明]蒋大鸿撰辑	220.00	九州
第 35 种:地理捷诀[1 册]	[清]傅禹辑	200.00	九州
第 36 种:地理三仙秘旨[1 册]	清抄秘本	200.00	九州
第 37 种:地理三字经[3 册]	[清]程思乐撰	580.00	九州
第 38 种:地理雪心赋注解[2 册]	[唐]卜则嵬撰	380.00	九州
第 39 种:蒋公天元余义[1 册]	[明]蒋大鸿等撰	220.00	九州
第 40 种:地理真传秘旨[3 册]	[唐]杨筠松撰	580.00	九州
增补四库未收方术汇刊第一辑(全 28 函)	线装影印本	11800.00	九州
第一辑 01 函:火珠林・卜筮正宗	[宋]麻衣道者著	340.00	九州
第一辑 02 函:全本增删卜易・增删卜易真诠	[清]野鹤老人撰	720.00	九州
第一辑 03 函:渊海子平音义评注・子平真诠・命理易知	[明]杨淙增校	360.00	九州
第一辑 04 函:滴天髓:附滴天秘诀・穷通宝鉴:附月谈赋	[宋]京图撰	360.00	九州
第一辑 05 函:参星秘要诹吉便览・玉函斗首三台通书・精校三元总录	[清]俞荣宽撰	460.00	九州
第一辑 06 函:陈子性藏书	[清]陈应选撰	580.00	九州
第一辑 07 函:崇正辟谬永吉通书・选择求真	[清]李奉来辑	500.00	九州
第一辑 08 函:增补选择通书玉匣记・永宁通书	[晋]许逊撰	400.00	九州
第一辑 09 函:新增阳宅爱众篇	[清]张觉正撰	480.00	九州
第一辑 10 函:地理四弹子・地理铅弹子砂水要诀	[清]张九仪注	340.00	九州
第一辑 11 函:地理五诀	[清]赵九峰著	200.00	九州

书　　名	作　者	定　价	版别
第一辑 12 函:地理直指原真	[清]释如玉撰	280.00	九州
第一辑 13 函:宫藏真本入地眼全书	[宋]释静道著	680.00	九州
第一辑 14 函:罗经顶门针·罗经解定·罗经透解	[明]徐之镆撰	360.00	九州
第一辑 15 函:校正详图青囊经·平砂玉尺经·地理辨正疏	[清]王宗臣著	300.00	九州
第一辑 16 函:一贯堪舆	[明]唐世友辑	240.00	九州
第一辑 17 函:阳宅大全·阳宅十书	[明]一壑居士集	600.00	九州
第一辑 18 函:阳宅大成五种	[清]魏青江撰	600.00	九州
第一辑 19 函:奇门五总龟·奇门遁甲统宗大全·奇门遁甲元灵经	[明]池纪撰	500.00	九州
第一辑 20 函:奇门遁甲秘笈全书	[明]刘伯温辑	280.00	九州
第一辑 21 函:奇门庐中阐秘	[汉]诸葛武侯撰	600.00	九州
第一辑 22 函:奇门遁甲元机太乙秘书六壬大占	[宋]岳珂纂辑	360.00	九州
第一辑 23 函:性命圭旨	[明]尹真人撰	480.00	九州
第一辑 24 函:紫微斗数全书	[宋]陈抟撰	200.00	九州
第一辑 25 函:千镇百镇桃花镇	[清]云石道人校	220.00	九州
第一辑 26 函:清抄真本祝由科秘诀全书·轩辕碑记医学祝由十三科	[上古]黄帝传	800.00	九州
第一辑 27 函:增补秘传万法归宗	[唐]李淳风撰	160.00	九州
第一辑 28 函:神机灵数一掌经金钱课·牙牌神数七种·珍本演禽三世相法	[清]诚文信校	440.00	九州
增补四库未收方术汇刊第二辑(全 36 函)	线装影印本	13800.00	九州
第二辑第 1 函:六爻断易一撮金·卜易秘诀海底眼	[宋]邵雍撰	200.00	九州
第二辑第 2 函:秘传子平渊源	燕山郑同校辑	280.00	九州
第二辑第 3 函:命理探原	[清]袁树珊撰	280.00	九州
第二辑第 4 函:命理正宗	[明]张楠撰集	180.00	九州
第二辑第 5 函:造化玄钥	庄圆校补	220.00	九州
第二辑第 6 函:命理寻源·子平管见	[清]徐乐吾撰	280.00	九州
第二辑第 7 函:京本风鉴相法	[明]回阳子校辑	380.00	九州
第二辑第 8—9 函:钦定协纪辨方书 8 册	[清]允禄编	780.00	九州
第二辑第 10—11 函:鳌头通书 10 册	[明]熊宗立撰辑	880.00	九州
第二辑第 12—13 函:象吉通书	[清]魏明远撰辑	1080.00	九州
第二辑第 14 函:选择宗镜·选择纪要	[朝鲜]南秉吉撰	360.00	九州
第二辑第 15 函:选择正宗	[清]顾宗秀撰辑	480.00	九州
第二辑第 16 函:仪度六壬选日要诀	[清]张九仪撰	680.00	九州
第二辑第 17 函:葬事择日法	郑同校辑	280.00	九州
第二辑第 18 函:地理不求人	[清]吴明初撰辑	240.00	九州
第二辑第 19 函:地理大成一:山法全书	[清]叶九升撰	680.00	九州
第二辑第 20 函:地理大成二:平阳全书	[清]叶九升撰	360.00	九州
第二辑第 21 函:地理大成三:地理六经注·地理大成四:罗经指南拔雾集·地理大成五:理气四诀	[清]叶九升撰	300.00	九州
第二辑第 22 函:地理录要	[明]蒋大鸿撰	480.00	九州
第二辑第 23 函:地理人子须知	[明]徐善继撰	480.00	九州

书　　名	作　者	定　价	版别
第二辑第 24 函:地理四秘全书	[清]尹一勺撰	380.00	九州
第二辑第 25-26 函:地理天机会元	[明]顾陵冈辑	1080.00	九州
第二辑第 27 函:地理正宗	[清]蒋宗城校订	280.00	九州
第二辑第 28 函:全图鲁班经	[明]午荣编	280.00	九州
第二辑第 29 函:秘传水龙经	[明]蒋大鸿撰	480.00	九州
第二辑第 30 函:阳宅集成	[清]姚廷銮纂	480.00	九州
第二辑第 31 函:阴宅集要	[清]姚廷銮纂	240.00	九州
第二辑第 32 函:辰州符咒大全	[清]觉玄子辑	480.00	九州
第二辑第 33 函:三元镇宅灵符秘箓·太上洞玄祛病灵符全书	[明]张宇初编	240.00	九州
第二辑第 34 函:太上混元祈福解灾三部神符	[明]张宇初编	360.00	九州
第二辑第 35 函:测字秘牒·先天易数·冲天易数/马前课	[清]程省撰	360.00	九州
第二辑第 36 函:秘传紫微	古朝鲜抄本	240.00	九州
子部善本 1:新刊地理玄珠	精装古本影印	380.00	华龄
子部善本 2:参赞玄机地理仙婆集	精装古本影印	380.00	华龄
子部善本 3:章仲山地理九种(上下)	精装古本影印	760.00	华龄
子部善本 4:八门九星阴阳二遁全本奇门断	精装古本影印	760.00	华龄
子部善本 5:六壬统宗大全	精装古本影印	380.00	华龄
子部善本 6:太乙统宗宝鉴	精装古本影印	380.00	华龄
子部善本 7:重刊星海词林(全五册)	精装古本影印	1900.00	华龄
子部善本 8:万历初刻三命通会(上下)	精装古本影印	760.00	华龄
子部善本 9:增广沈氏玄空学(上下)	精装古本影印	760.00	华龄
子部善本 10:江公择日秘稿	精装古本影印	380.00	华龄
子部善本 11:刘氏家藏阐微通书(上下)	精装古本影印	760.00	华龄
子部善本 12:影印增补高岛易断(上下)	精装古本影印	760.00	华龄
子部善本 13:清刻足本铁板神数	精装古本影印	380.00	华龄
子部善本 14:增订天官五星集腋(上下)	精装古本影印	760.00	华龄
子部善本 15:太乙奇门六壬兵备统宗(上中下)	精装古本影印	1140.00	华龄
子部善本 16:御定景祐奇门大全(上下)	精装古本影印	760.00	华龄
子部善本 17:地理四秘全书十二种	精装古本影印	380.00	华龄
子部善本 18:全本地理统一全书	精装古本影印	380.00	华龄
子部善本 19:廖公画策扒砂经(上下)	精装古本影印	760.00	华龄
子部善本 20:明刊玉髓真经(上下)	精装古本影印	760.00	华龄
子部善本 21:蒋大鸿家藏地学捷旨	精装古本影印	380.00	华龄
子部善本 22:阳宅安居金镜(上下)	精装古本影印	760.00	华龄
子部善本 23:新刊地理紫囊书(上下)	精装古本影印	760.00	华龄
子部善本 24:地理大成五种(上下)	精装古本影印	760.00	华龄
子部善本 25:初刻鳌头通书大全(上中下)	精装古本影印	1140.00	华龄
子部善本 26:初刻象吉备要通书大全(上中下)	精装古本影印	1140.00	华龄
子部善本 27:武英殿板钦定协纪辨方书(上下)	精装古本影印	760.00	华龄
子部善本 28:初刻陈子性藏书(上下)	精装古本影印	760.00	华龄

书　　名	作　者	定　价	版别
子平遗书第 1 辑(批命案例集甲子至戊辰全三册)	精装古本影印	980.00	华龄
子平遗书第 2 辑(批命案例集庚午至甲戌全三册)	精装古本影印	980.00	华龄
子平遗书第 3 辑(批命案例集乙亥至戊子全三册)	精装古本影印	980.00	华龄
子平遗书第 4 辑(批命案例集庚寅至庚子全三册)	精装古本影印	980.00	华龄
子平遗书第 5 辑(批命案例集辛丑至癸丑全三册)	精装古本影印	980.00	华龄
子平遗书第 6 辑(批命案例集甲寅至辛酉全三册)	精装古本影印	980.00	华龄
风水择吉第一书:辨方(简体精装)	李明清著	168.00	华龄
珞琭子三命消息赋古注通疏(精装上下)	一明注疏	188.00	华龄
增补高岛易断(简体横排精装上下)	(清)王治本编译	198.00	华龄
中国古代术数基础理论(精装 1 函 5 册)	刘昌易著	495.00	团结
飞盘奇门:鸣法体系校释(精装上下)	刘金亮撰	198.00	九州
白话高岛易断(上下)	孙正治孙奥麟译	128.00	九州
润德堂丛书全编 1:述卜筮星相学	袁树珊著	38.00	华龄
润德堂丛书全编 2:命理探原	袁树珊著	38.00	华龄
润德堂丛书全编 3:命谱	袁树珊著	68.00	华龄
润德堂丛书全编 4:大六壬探原 养生三要	袁树珊著	38.00	华龄
润德堂丛书全编 5:中西相人探原	袁树珊著	38.00	华龄
润德堂丛书全编 6:选吉探原 八字万年历	袁树珊著	38.00	华龄
润德堂丛书全编 7:中国历代卜人传(上中下)	袁树珊著	168.00	华龄
三式汇刊 1:大六壬口诀纂	[明]林昌长辑	68.00	华龄
三式汇刊 2:大六壬集应钤	[明]黄宾廷撰	198.00	华龄
三式汇刊 3:奇门大全秘纂	[清]湖海居士撰	68.00	华龄
三式汇刊 4:大六壬总归	[宋]郭子晟撰	58.00	华龄
三式汇刊 5:大六壬心镜	[唐]徐道符辑	48.00	华龄
三式汇刊 6:壬窍	[清]无无野人撰	48.00	华龄
青囊汇刊 1:青囊秘要	[晋]郭璞等撰	48.00	华龄
青囊汇刊 2:青囊海角经	[晋]郭璞等撰	48.00	华龄
青囊汇刊 3:阳宅十书	[明]王君荣撰	48.00	华龄
青囊汇刊 4:秘传水龙经	[明]蒋大鸿撰	68.00	华龄
青囊汇刊 5:管氏地理指蒙	[三国]管辂撰	48.00	华龄
青囊汇刊 6:地理山洋指迷	[明]周景一撰	32.00	华龄
青囊汇刊 7:地学答问	[清]魏清江撰	58.00	华龄
青囊汇刊 8:地理铅弹子砂水要诀	[清]张九仪撰	68.00	华龄
青囊汇刊 9:地理啖蔗录	[清]袁守定著	48.00	华龄
青囊汇刊 10:八宅明镜	[清]箬冠道人编	48.00	华龄
青囊汇刊 11:罗经透解	[清]王道亨著	58.00	华龄
青囊汇刊 12:阳宅三要	[清]赵玉材撰	48.00	华龄
青囊汇刊 13:一贯堪舆(上下)	[明]唐世友辑	108.00	华龄
青囊汇刊 14:地理辨证图诀直解	[唐]杨筠松著	58.00	华龄
青囊汇刊 15:地理雪心赋集解	[唐]卜应天著	58.00	华龄
青囊汇刊 16:四神秘诀	[元]董德彰撰	58.00	华龄

书　名	作　者	定　价	版别
子平汇刊1:渊海子平大全	[宋]徐子平撰	48.00	华龄
子平汇刊2:秘本子平真诠	[清]沈孝瞻撰	38.00	华龄
子平汇刊3:命理金鉴	[清]志于道撰	38.00	华龄
子平汇刊4:秘授滴天髓阐微	[清]任铁樵注	48.00	华龄
子平汇刊5:穷通宝鉴评注	[清]徐乐吾注	48.00	华龄
子平汇刊6:神峰通考命理正宗	[明]张楠撰	38.00	华龄
子平汇刊7:新校命理探原	[清]袁树珊撰	48.00	华龄
子平汇刊8:重校绘图袁氏命谱	[清]袁树珊撰	68.00	华龄
子平汇刊9:增广汇校三命通会(全三册)	[明]万民英撰	168.00	华龄
纳甲汇刊1:校正全本增删卜易	郑同点校	68.00	华龄
纳甲汇刊2:校正全本卜筮正宗	郑同点校	48.00	华龄
纳甲汇刊3:校正全本易隐	郑同点校	48.00	华龄
纳甲汇刊4:校正全本易冒	郑同点校	48.00	华龄
纳甲汇刊5:校正全本易林补遗	郑同点校	38.00	华龄
纳甲汇刊6:校正全本卜筮全书	郑同点校	68.00	华龄
纳甲汇刊7:火珠林注疏	刘恒注解	48.00	华龄
古今图书集成术数丛刊:卜筮(全二册)	[清]陈梦雷辑	80.00	华龄
古今图书集成术数丛刊:堪舆(全二册)	[清]陈梦雷辑	120.00	华龄
古今图书集成术数丛刊:相术(全一册)	[清]陈梦雷辑	60.00	华龄
古今图书集成术数丛刊:选择(全一册)	[清]陈梦雷辑	50.00	华龄
古今图书集成术数丛刊:星命(全三册)	[清]陈梦雷辑	180.00	华龄
古今图书集成术数丛刊:术数(全三册)	[清]陈梦雷辑	200.00	华龄
四库全书术数初集(全四册)	郑同点校	200.00	华龄
四库全书术数二集(全三册)	郑同点校	150.00	华龄
四库全书术数三集:钦定协纪辨方书(全二册)	郑同点校	98.00	华龄
增广沈氏玄空学	郑同点校	68.00	华龄
地理点穴撼龙经	郑同点校	32.00	华龄
绘图地理人子须知(上下)	郑同点校	78.00	华龄
玉函通秘	郑同点校	48.00	华龄
绘图入地眼全书	郑同点校	28.00	华龄
绘图地理五诀	郑同点校	48.00	华龄
一本书弄懂风水	郑同著	48.00	华龄
风水罗盘全解	傅洪光著	58.00	华龄
堪舆精论	胡一鸣著	29.80	华龄
堪舆的秘密	宝通著	36.00	华龄
中国风水学初探	曾涌哲	58.00	华龄
全息太乙(修订版)	李德润著	68.00	华龄
时空太乙(修订版)	李德润著	68.00	华龄
故宫珍本六壬三书(上下)	张越点校	128.00	华龄
大六壬通解(全三册)	叶飘然著	168.00	华龄

书　　名	作　　者	定　价	版别
壬占汇选(精抄历代六壬占验汇选)	肖岱宗点校	48.00	华龄
大六壬指南	郑同点校	28.00	华龄
六壬金口诀指玄	郑同点校	28.00	华龄
大六壬寻源编[全三册]	[清]周螭辑录	180.00	华龄
六壬辨疑　毕法案录	郑同点校	32.00	华龄
大六壬断案疏证	刘科乐著	58.00	华龄
六壬时空	刘科乐著	68.00	华龄
御定奇门宝鉴	郑同点校	58.00	华龄
御定奇门阳遁九局	郑同点校	78.00	华龄
御定奇门阴遁九局	郑同点校	78.00	华龄
奇门秘占合编:奇门庐中阐秘·四季开门	[汉]诸葛亮撰	68.00	华龄
奇门探索录	郑同编订	38.00	华龄
奇门遁甲秘笈大全	郑同点校	48.00	华龄
奇门旨归	郑同点校	48.00	华龄
奇门法窍	[清]锡孟樨撰	48.00	华龄
奇门精粹——奇门遁甲典籍大全	郑同点校	68.00	华龄
御定子平	郑同点校	48.00	华龄
增补星平会海全书	郑同点校	68.00	华龄
五行精纪:命理通考五行渊微	郑同点校	38.00	华龄
绘图三元总录	郑同编校	48.00	华龄
绘图全本玉匣记	郑同编校	32.00	华龄
周易初步:易学基础知识36讲	张绍金著	32.00	华龄
周易与中医养生:医易心法	成铁智著	32.00	华龄
增广梅花易数(精装)	刘恒注	98.00	华龄
梅花心易阐微	[清]杨体仁撰	48.00	华龄
梅花心易疏证	杨波著	48.00	华龄
梅花易数讲义	郑同著	58.00	华龄
白话梅花易数	郑同编著	30.00	华龄
梅花周易数全集	郑同点校	58.00	华龄
梅花易数	[宋]邵雍撰	28.00	九州
梅花易数(大字本)	[宋]邵雍撰	39.00	九州
河洛理数	[宋]邵雍述	48.00	九州
一本书读懂易经	郑同著	38.00	华龄
白话易经	郑同编著	38.00	华龄
知易术数学:开启术数之门	赵知易著	48.00	华龄
术数入门——奇门遁甲与京氏易学	王居恭著	48.00	华龄
周易虞氏义笺订(上下)	[清]李翊灼校订	78.00	九州
阴阳五要奇书	[晋]郭璞撰	88.00	九州
壬奇要略(全5册:大六壬集应钤3册,大六壬口诀纂1册,御定奇门秘纂1册)	肖岱宗郑同点校	300.00	九州

书　　名	作　者	定　价	版别
周易明义	邸勇强著	73.00	九州
论语明义	邸勇强著	37.00	九州
中国风水史	傅洪光撰	32.00	九州
古本催官篇集注	李佳明校注	48.00	九州
鲁班经讲义	傅洪光著	48.00	九州
天星姓名学	侯景波著	38.00	燕山
解梦书	郑同、傅洪光著	58.00	燕山
命理精论(精装繁体竖排)	胡一鸣著	128.00	燕山
辨方(繁体横排)	张明清著	236.00	星易
古易旁通	刘子扬著	320.00	星易
四柱预测机械通	明理著	300.00	星易
奇门万年历	刘恒著	58.00	资料
图解新编中医四大名著:温病条辨	周重建、郭号	68.00	天津
图解新编中医四大名著:伤寒论	周重建、郭号	68.00	天津
图解新编中医四大名著:黄帝内经	周重建、郭号	68.00	天津
图解新编中医四大名著:金匮要略	周重建、郭号	68.00	天津
中药学药物速认速查小红书(精装 64 开)	周重建	88.00	天津
国家药典药物速认速查小红书(精装 64 开)	高楠楠	88.00	天津
神农本草经(1 函 1 册)	宣纸线装	380.00	海南
黄帝内经素问灵枢(影宋本 2 函 9 册)	宣纸线装	3980.00	海南
仲景全书(影宋本 2 函 8 册)	宣纸线装	3980.00	海南
王翰林集注八十一难经(1 函 3 册)	宣纸线装	1280.00	海南
菩提叶彩绘明内宫写本金刚经(1 函 1 册)	宣纸线装	480.00	文物
故宫旧藏宋刊妙法莲华经(1 函 3 册)	宣纸线装	900.00	文物
铁琴铜剑楼藏钱氏述古堂抄营造法式(1 函 8 册)	宣纸线装	2800.00	文物
唐楷道德经(通行本全 1 函 1 册)	宣纸线装	380.00	文物
通志堂经解(全 138 种 600 册)	宣纸线装	36 万	文物
影印文明书局藏善本文献集成	精装 60 种	12800.00	九州